DESNUTRIÇÃO INFANTIL

Blucher

Reinaldo Barreto Oriá

Aldo Ângelo Moreira Lima

Organizadores

DESNUTRIÇÃO INFANTIL

Biologia, epidemiologia e impacto na saúde

Desnutrição infantil: biologia, epidemiologia e impacto na saúde

Publisher Edgard Blücher
Editor Eduardo Blücher
Coordenação editorial Rafael Fulanetti
Coordenação de produção Andressa Lira
Produção editorial Helena Miranda
Preparação de texto Beatriz Francisco
Diagramação Alessandra de Proença
Revisão de texto Regiane Miyashiro
Capa Leandro Cunha
Imagem da capa iStockphoto

(*) As imagens utilizadas neste livro não caracterizam preferência por marca ou fabricante. Foram utilizadas devido à sua clareza e disponibilidade somente para ilustrar didaticamente os conceitos mencionados.

(**) As imagens de equipamentos da marca Zaccaria estão sendo usadas com o consentimento da empresa aos autores.

Blucher

Rua Pedroso Alvarenga, 1245, 4º andar
04531-934 – São Paulo – SP – Brasil
Tel.: 55 11 3078-5366
contato@blucher.com.br
www.blucher.com.br

Segundo o Novo Acordo Ortográfico, conforme 6. ed. do *Vocabulário Ortográfico da Língua Portuguesa*, Academia Brasileira de Letras, julho de 2021.

Dados Internacionais de Catalogação na Publicação (CIP)
Angélica Ilacqua CRB-8/7057

Desnutrição infantil : biologia, epidemiologia e impacto na saúde / organização de Reinaldo Barreto Oriá, Aldo Ângelo Moreira Lima. São Paulo: Blucher, 2024.
488 p. : il.

Bibliografia
ISBN 978-85-212-2179-1

1. Desnutrição infantil 2. Saúde pública
I. Oriá, Reinaldo II. Lima, Aldo.

23-4873 CDD 362.19639

Índices para catálogo sistemático:
1. Desnutrição infantil

Conteúdo

Apresentação

A alimentação é um pilar fundamental para a manutenção do funcionamento do organismo e, quando se trata do ser humano, inicia-se normalmente com o aleitamento materno. As carências nutricionais de macro e micronutrientes são problemas importantes de saúde, com elevadas prevalências em várias partes do mundo. As deficiências de micronutrientes podem estar presentes tanto na obesidade quanto na subnutrição. Essa condição pode afetar todos os ciclos de vida, mas, durante a infância, a carência nutricional tem grande impacto no crescimento e no desenvolvimento infantis, comprometendo a resposta imune e aumentando a suscetibilidade às infecções e a mortalidade infantil.

Os hábitos alimentares saudáveis devem ser uma prática diária desde a infância, como medida de prevenção de doenças e desnutrição. Em países em desenvolvimento, incluindo o Brasil, a fome é um fenômeno que atinge a população em situação de extrema pobreza. Como já dito, o déficit nutricional ocorre tanto na subnutrição como na obesidade, e faz parte do cenário da fome. Desse modo, é importante ressaltar o papel de Josué de Castro, autor do livro *Geografia da fome*. A partir de discussões levantadas na obra, foi possível ter uma compreensão integrada do fenômeno da fome em seus aspectos biológicos, antropológicos, socioeconômicos e políticos. Assim, é possível entender melhor a desnutrição nos diferentes estágios da vida. Também contribuíram para incentivar o estudo da desnutrição infantil os ensinamentos e as publicações do prof. Eduardo Marcondes, eminente pediatra da Universidade de São Paulo.

No Brasil, a transição epidemiológica e nutricional caracterizou-se pelo declínio marcante do déficit de estatura em crianças. Por outro lado, observou-se a emergência epidêmica da obesidade, que frequentemente está associada à carência de micronutrientes. Mesmo uma dieta adequada em calorias, proteínas e carboidratos pode resultar em sérias deficiências de micronutrientes. Os dois extremos da desnutrição – subnutrição pela carência e pela obesidade – compartilham do mesmo conjunto de circunstâncias, o que configura a desnutrição em ambos os casos, coexistindo em um mesmo quadro designado como "paradoxo nutricional".

A desnutrição infantil pode ter início antes mesmo do nascimento, ainda na vida intrauterina. Normalmente, a gravidez saudável possibilita que a criança nasça com peso suficiente. No lactente desnutrido, as manifestações mais graves e precoces podem ter impacto irreversível sobre tamanho, estrutura orgânica, diferenciação das funções, desenvolvimento, maturação fisiológica e funcional do SNC. Da mesma maneira, podem resultar em alterações na multiplicação das células gliais, no processo de mielinização, na maturação de enzimas, nas conexões sinápticas, na diferenciação das terminações nervosas e na quantidade de DNA, RNA e proteínas existentes.

O livro *Desnutrição infantil: biologia, epidemiologia e impacto na saúde* aborda o tema de forma científica e também prática, visando ampliar os conhecimentos dos profissionais de saúde, especialmente os que atuam na assistência a crianças e adolescentes. Esta obra preenche uma lacuna na literatura médica com enfoque na desnutrição infantil. Assim, em novo contexto, o pediatra e os demais profissionais de saúde devem estar preparados para assistência a uma criança que poderá viver até 100 anos. Prevenir a desnutrição constitui importante fator para a criança expressar, de forma plena, o potencial genético para o crescimento e o desenvolvimento normais. É fundamental considerar ações de prevenção para desnutrição infantil no contexto dos primeiros mil dias de vida da criança. Para colaborar com esse quadro, o conteúdo deste livro, em todos os seus capítulos, incorpora conhecimentos atualizados no campo da desnutrição infantil, integrados à biologia, à epidemiologia e à clínica. Sem dúvida, trata-se de uma importante ferramenta de trabalho para os pediatras e os demais profissionais da saúde na atenção primária, secundária e terciária.

Joel Alves Lamounier

Professor Titular de Pediatria da
Universidade Federal de Minas Gerais (UFMG)
e da Universidade Federal de São João del-Rei (UFSJ)

Prefácio

É com grande satisfação que apresentamos o livro *Desnutrição infantil: biologia, epidemiologia e impacto na saúde* para a comunidade acadêmica, com o interesse de atingir um público-alvo abrangente e diverso, composto por alunos de graduação e pós-graduação de Ciências Nutricionais e de outros cursos de saúde no país, além de outras pessoas interessadas. O livro é estruturado em 25 capítulos, distribuídos em cinco seções/tópicos norteadores, incluindo a história, a definição e a epidemiologia da desnutrição, seus aspectos biológicos e nutricionais, sua cronicidade e seu impacto para a saúde pública, assim como políticas de enfrentamento desse problema. O livro é de caráter multidisciplinar e de integração básico-clínica, reunindo textos didáticos, atualizados à luz da literatura científica recente e com aplicação biomédica, de pesquisadores e especialistas de diferentes universidades brasileiras acerca dos temas abordados.

Esta primeira edição abrange capítulos conceituais, com destaque para o impacto crônico da desnutrição e o risco para suas consequentes doenças. O livro procura trazer um compilado atualizado do estado da arte sobre o tema, com mensagens e questões norteadoras, e de casos clínicos para aplicação teórico-prática e contextualização do conhecimento. A desnutrição infantil passou a ser um tema oportuno e de alta relevância para a saúde pública, especialmente em países que enfrentam transição nutricional e que passam por uma epidemia de obesidade e de distúrbios metabólicos. Estima-se que 149,2 milhões de crianças abaixo de cinco anos estão com baixa estatura por deficiência nutricional crônica, 45,4 milhões estão com baixo peso por deficiência nutricional aguda, e 38,9 milhões de crianças estão acima do peso por idade (Unicef, OMS e Banco Mundial, 2021). Além disso, a crise sanitária da covid-19 no mundo pode ter agravado o problema da desnutrição infantil (especialmente na incidência de obesidade), com magnitude e repercussão ainda pouco conhecidas. O melhor conhecimento do cenário epidemiológico e sua dinamicidade no Brasil, dos processos biológicos (incluindo a participação da microbiota intestinal) e dos mecanismos genéticos e epigenéticos intrincados à fisiopatologia da desnutrição infantil é crítico para medidas de prevenção e intervenção nutricionais a fim de remediar o impacto a curto e longo prazos na saúde, e para o desenvolvimento de políticas de enfrentamento desse mal.

Os organizadores do livro gostariam de agradecer aos professores/pesquisadores e aos alunos de pós-graduação de diferentes programas no país por sua contribuição na execução deste livro. Além disso, agradecemos à Simone Goes e à Lídia Kathleen M. Alves pela ajuda no processo de secretaria e comunicação com os autores do livro. Também agradecemos a todos os membros do Laboratório de Biologia da Cicatrização, Ontogenia e Nutrição de Tecidos e do Laboratório de Doenças Infecciosas, e aos Programas de Pós-graduação em Ciências Médicas, em Farmacologia e em Ciências Morfofuncionais da Faculdade de Medicina da Universidade Federal do Ceará (UFC), aos Institutos Nacionais de Ciência e Tecnologia (INCT) em Saúde Cerebral e Biomedicina do Semiárido Brasileiro e ao Conselho Nacional de Desenvolvimento Científico e Tecnológico.

Fortaleza, 26 de julho de 2023.

Prof. Dr. Reinaldo B. Oriá e Prof. Dr. Aldo Ângelo M. Lima
Faculdade de Medicina, Universidade Federal do Ceará (UFC)

CAPÍTULO 1

História e epidemiologia da desnutrição

Arune João Estavela

Aniceto Mateus

Jonas Baltazar Daniel

Janete Ismael Mabuie Gove

A história natural da desnutrição está sendo estudada há mais de oito décadas, no entanto, apenas recentemente, com a atual conjuntura global caracterizada pelo desenvolvimento da ciência e tecnologia, inovação e pesquisa, é que novos modelos explicativos tendem a ser gerados para explicar a insegurança alimentar e nutricional atuais, impostas pelas dinâmicas da saúde global e do antropoceno.

Desde tempos remotos, a desnutrição foi prevalente em áreas geográficas onde as condições de vida da população eram marcadas por privações no acesso a alimentos, fome e miséria crônica. No contexto brasileiro, por exemplo, o médico e geógrafo Josué de Castro identificou e classificou as regiões de fome, caracterizadas pelo fato de metade da população manifestar carências alimentares e nutricionais transitórias ou permanentes; tais regiões passaram a ser designadas "áreas de fome epidêmica" (De Vasconcelhos, 2008). De igual modo, a desnutrição em crianças foi identificada há anos e vem acompanhando toda a história da humanidade. No continente africano, por exemplo, em 1933, Cecily Williams foi o primeiro a descrever *kwashiorkor* como doença nutricional que afetava especialmente crianças que tinham como dieta base o consumo de arroz. Anos mais tarde, verificou-se que a principal causa da doença era a ausência de proteínas, cuja característica típica é a presença de edemas (Heikens; Manary, 2009). Atualmente, ainda coexistem registros de diversas formas de desnutrição (Khaliq *et al.*,

2022), exacerbadas pelas mudanças climáticas que culminam em ocorrência cíclica de desastres naturais – como ciclones, cheias e estiagem –, bem como conflitos armados, cujos impactos incluem a deterioração do estado geral de saúde das populações, incluindo inseguranças alimentar e nutricional.

Alguns fatores associados à desnutrição são complexos e é difícil estabelecer uma relação de causa-efeito entre eles, pois estão inscritos nas condições socioeconômicas das populações. Portanto, as péssimas condições sociais e econômicas sempre estiveram associadas à ocorrência de diversas formas de desnutrição (Ekholuenetale *et al.*, 2020), desde aquelas caracterizadas por deficiência de micronutrientes específicos – fome oculta – conhecidas como carências nutricionais, como é o caso da deficiência de vitaminas A, D, E e K, incluindo as do complexo B, e de minerais, como sódio, potássio, zinco, iodo e ferro (Oliveira *et al.*, 2006). Outras formas de desnutrição, como desnutrição energético-proteica, marasmo e *kwashiorkor*, ou a forma combinada *kwashiorkor* marasmático, ainda são prevalentes em sociedades de baixa renda. Além disso, é comum a ocorrência de outras formas de desnutrição, que podem ser examinadas a partir de indicadores antropométricos, como a desnutrição crônica, caracterizada por baixa estatura para idade, podendo ser moderada ou grave (<-2 DP e <-3 DP, respectivamente); desnutrição aguda (baixo peso para altura), que pode ser moderada ou grave (<-2 DP e <-3 DP, respactivamente); o baixo peso para idade (magreza), que pode ser moderada e grave (<-2 DP e <-3 DP, respectivamente) (Ekholuenetale *et al.*, 2020). Para melhor caracterizar a ocorrência, a distribuição, a pessoa acometida, o local, o momento, o motivo e o modo em que se deu a desnutrição, é necessária e imprescindível a contribuição da epidemiologia nutricional (Almeida Filho *et.al*, 2011).

EPIDEMIOLOGIA DA DESNUTRIÇÃO

Enquanto um dos maiores problemas de saúde pública, especialmente em países de baixa e média renda, a desnutrição geralmente afeta grupos socioeconomicamente vulneráveis compostos majoritariamente por crianças menores de 5 anos e mulheres grávidas – este último grupo em virtude das necessidades nutricionais aumentadas durante a fase gestacional (Gelebo *et al.*, 2021).

Em regiões com elevada prevalência de desnutrição, é comum haver maior proporção de mortalidade infantil, sendo a desnutrição a causa subjacente, uma vez que as crianças com desnutrição grave têm risco aumentado de morte (Bhutta *et al.*, 2017). Dados de algumas organizações internacionais que trabalham na área de nutrição (como Unicef, Banco Mundial e Organização Mundial da Saúde) associam a morbimortalidade de nível global à desnutrição.

Entre os fatores associados à desnutrição, especialmente em crianças menores de 5 anos de idade, destacam-se baixa ingestão de frutas e verduras, deficiência de sódio e micronutrientes, desmame brusco e precoce, práticas alimentares inadequadas decorrentes de tabus e crenças alimentares, inadequadas condições de saneamento básico e do meio, insegurança alimentar, baixo nível de educação materna, desnutrição materna e doenças que acometem as crianças e/ou mães (Unicef; OMS; BM, 2017). Paralelamente, pesquisas recentes mostram que crianças com desnutrição, em particular com baixa estatura para idade (desnutrição crônica), apresentam maior risco de desenvolver sobrepeso e/ou obesidade na fase adulta (Misau, 2011; Khaliq *et al.*, 2022).

Atualmente, cerca de 190 milhões de crianças no mundo sofrem de desnutrição crônica, e o sobrepeso afeta 1 bilhão de adultos; destes, 300 milhões são obesos (Unicef; OMS; Banco Mundial, 2017). A etiologia da desnutrição é multifatorial, impacta negativamente a vida da população acometida e é associada a insegurança alimentar e nutricional. A luta contra a fome e a desnutrição tornou-se uma prioridade nas agendas de desenvolvimento dos governos dos países de baixa renda comprometidos com o desenvolvimento socioeconômico de suas sociedades. A epidemiologia nutricional constitui um dos pilares importantes para o controle de doenças em âmbito mundial (Gilberto, 2009).

É importante referir que o mundo passa por transições demográfica e epidemiológica que englobam também as dinâmicas da nutrição. Vários autores têm mostrado resultados não surpreendentes relativos a elevadas prevalências de obesidade, hipovitaminoses, mudanças dos padrões de alimentação tradicionais para padrões não tradicionais, muitas vezes causados pela ingestão excessiva e/ou inadequada de alimentos. Tais resultados podem ser caracterizados como alimentação não saudável, em virtude do consumo de alimentos industrializados, muitos deles com elevados níveis de sódio e açúcares, alimentos processados e ultraprocessados, alimentos produzidos com o uso de agrotóxicos e com uso excessivo de conservantes químicos e sua massiva distribuição e seu consumo no mundo inteiro. Esse cenário caracteriza as condições dos tipos de alimentos atualmente disponíveis no mercado, cuja ingestão condiciona o estado nutricional das populações (Almeida Filho *et.al.*, 2011).

Os resultados de indicadores de desnutrição publicados em 2020 pelo consórcio denominado *Joint Child Malnutrition Estimates*, composto por três organizações das Nações Unidas (OMS, Unicef e Banco Mundial), estimavam que 149,2 milhões (22%) de crianças menores de 5 anos sofriam de desnutrição crônica. Os mesmos resultados estimavam que 45,5 milhões sofriam de desnutrição aguda; cerca de 38,9 milhões eram consideradas portadoras de sobrepeso (OMS; Unicef; BM, 2020). De acordo com essas três agências, a distribuição da desnutrição no mundo concentra-se no sul do continente asiático e na África subsaariana.

A desnutrição ocorre de forma mais prevalente entre populações econômica e socialmente menos favorecidas, residentes em zonas rurais de países de baixa e média rendas. Também é comum em casos de ruptura social e econômica ou natural, como é o caso de guerras, pandemias, ciclones, cheias e/ou secas extremas ou estiagem (Headey *et al.*, 2020). Antes da pandemia de covid-19, por exemplo, estimava-se que cerca 47 milhões de crianças menores de 5 anos apresentavam grau de desnutrição aguda (baixo peso para altura) moderada ou grave, distribuídas na região da África subsaariana e no sul da Ásia (Unicef; OMS; Banco Mundial, 2020).

Portanto, muito antes do surgimento e da expansão da pandemia de covid-19, em muitos países da América do Sul, por exemplo, a prevalência de desnutrição crônica era comum. Apesar de haver uma tendência de redução da proporção de crianças com desnutrição, níveis elevados foram registrados em países como Peru, Bolívia e Equador (Larrea *et al.*, 2005).

No continente africano, pesquisas recentes mostram que a desnutrição ainda acomete os extratos mais vulneráveis das sociedades. Pesquisas isoladas conduzidas em Moçambique, como o Inquérito Demográfico e Saúde (IDS-2011), estimavam em 42% a prevalência de desnutrição crônica. Dados do Fundo das Nações Unidas para Infância (Unicef) mostram que, nos últimos 15 anos, em Moçambique, a situação da desnutrição crônica manteve-se inalterada, com prevalência em 43% (Unicef, 2010).

Resultados de uma pesquisa recentemente realizada e coordenada pelo Instituto Nacional de Estatística (INE-Moçambique) denominada *Inquérito ao Orçamento Familiar 2019/2020*, reportou uma prevalência de desnutrição crônica de 38% em menores de 5 anos (INE, IOF-2019/2020) (INE, 2021).

Ainda continua similar a questão de ocorrência de elevada prevalência de desnutrição em menores de 5 anos em vários países do continente africano. O estudo de base populacional denominado *Demographic and Health Surveys* (DHS), realizado na Etiópia, mostra que houve declínio ligeiro da prevalência da desnutrição crônica, de 44% em 2011 para 38% em 2016, enquanto baixo peso para idade declinou de 29% em 2011 para 24% em 2016. No entanto, a prevalência da desnutrição aguda (baixo peso para altura) manteve-se inalterada nesse período (CSA, 2016).

Esses resultados – tanto os reportados em Moçambique quanto na Etiópia – mostram similaridades na situação estagnada do combate da desnutrição nesses países. Diversas abordagens são implementadas, visando ao combate da desnutrição, incluindo investimento considerável nas áreas programáticas, ligação agricultura-nutrição, água, saneamento e higiene, e construção de infraestruturas – mas os resultados concretos parecem insignificantes. Atualmente, há múltiplas abordagens no combate à desnutrição em alguns países, tornando necessária a reformulação e o ajuste de políticas públicas para fornecer equidade e oportunidades em saúde e nutrição para toda a população, incluindo a possibilidade de a academia local poder participar ativamente para solucionar o problema.

A situação da desnutrição em muitos países do continente africano infelizmente se mantém inalterada, e é caracterizada por elevadas prevalências, cujo grupo mais afetado é composto por crianças menores que 5 anos. O consórcio composto por Unicef, OMS e Banco Mundial reportou em 2016 que o percentual de crianças com desnutrição aguda ultrapassa a marca dos 15%, o que sugere uma emergência em nutrição. Entre os países nessa situação, destacam-se Eritreia (15,3%), Níger (18,7%) e Sudão do Sul (22,7%), sendo que apenas 17 países do continente apresentam percentual menor que 30%. Todos os países tinham prevalências de desnutrição aguda menor que 5%, o que é considerado aceitável pelos pontos de corte estabelecidos (Unicef; OMS; Banco Mundial, 2017). Esse cenário chama atenção para um olhar de "novas abordagens de promoção de saúde para enfrentar os desafios da transição demográfica e epidemiológica".

O quadro atual da insegurança alimentar e nutricional é prova de que a denominada "revolução verde" não acabou com a fome no mundo e sequer garantiu a segurança alimentar dos povos, apesar do valor per capita de produção ter aumentado (Valente, 2002).

A Organização das Nações Unidas para Alimentação e Agricultura (FAO), em 2012, reconheceu que ainda persistem elevadas taxas globais de insegurança alimentar grave, exigindo uma avaliação baseada em elementos críticos para os grupos de risco e identificação dos mais vulneráveis, de modo a implementar medidas que permitam resolver esse problema de forma mais efetiva. Ainda na mesma perspectiva, a organização destaca que, com um indicador e bases sólidas que melhorem a compreensão do fenômeno da desnutrição em questão, seria possível também melhorar a comunicação entre sociedade civil, formuladores de políticas, agências de desenvolvimento e instâncias de tomada de decisão. Ressalta ainda que a falta de acesso a nutrientes adequados que permitam aos indivíduos cobrir suas necessidades nutricionais para uma vida ativa e saudável tem sido uma preocupação constante para a comunidade internacional.

Vale lembrar que o ser humano tem necessidades nutricionais que devem ser garantidas no dia a dia de modo a manter suas funções vitais, a capacidade de trabalho e de estabelecimento de outras necessidades relativas à reprodução e ao desenvolvimento da vida humana (WHO, 2012; Rigon; Bogus, 2016). A comprovação da existência da interdependência entre a alimentação, nutrição e saúde é um fator relevante para a priorização do assunto na agenda política dos governos, e requer vários mecanismos de intervenção para facilitar e garantir o acesso à alimentação – sem esquecer que esse processo sofre mais influência de ordem social, cultural, econômica, política e ambiental do que propriamente uma determinação biológica.

No quadro da experiência profissional, tem-se tomado contato com várias comunidades que, na sua essência, demonstram níveis preocupantes do ponto de vista do seu estado nutricional, sobretudo na camada infantil, caracterizada como a mais vulnerável à desnutrição. Observam-se também posicionamentos sociais e culturais que não consideram a desnutrição como uma doença cujo tratamento cabe a entidades sanitárias, mas sim a intervenções tradicionais.

Atualmente, a região norte de Moçambique, especificamente a província de Cabo Delgado, é das mais afetadas pela subnutrição por déficit de reservas alimentares, exacerbada pela instabilidade política ora em curso e pela covid-19, cujos impactos na área da saúde são inestimáveis.

Em junho de 2021, por exemplo, o governo de Moçambique publicou um relatório sobre a situação da desnutrição aguda na província de Cabo Delgado apontando que cerca de 74.700 crianças entre 6 e 59 meses sofriam de desnutrição aguda com necessidade de tratamento, bem como 22.054 mulheres grávidas e/ou lactantes estavam na mesma situação. Esse cenário refere-se ao período em que os inquéritos de nutrição (*rapid assessment*) foram realizados, coincidindo com a época sazonal de escassez de alimentos, quando casos de desnutrição aguda tendem a aumentar no país.

O referido relatório apontava os seguintes fatores como contribuintes para o aumento de casos da desnutrição:

- conflito armado como um choque não usual, que se destaca nas áreas com acesso humanitário limitado devido, em parte, à destruição das infraestruturas de saúde, o que comprometeu o funcionamento do sistema de saúde em geral, e pelo deslocamento massivo das pessoas;
- insegurança alimentar aguda para os agregados familiares;
- baixa qualidade e quantidade no consumo alimentar entre as crianças;
- fraco acesso a fontes de água potável e saneamento;
- baixas coberturas de suplementação com vitamina A, desparasitação e vacinas básicas;
- prevalências elevadas de crianças com algum sinal de doenças infecciosas;
- altos níveis de analfabetismo em mulheres e consequente número elevado de crianças com desnutrição, sem acesso sanitário.

Diante desses fatores, haveria, então, maiores probabilidades de deterioração progressiva dessa situação, que poderia chegar à fase crítica.

Importa referir que a educação materna é uma medida importante com impactos positivos para a melhora da situação, incluindo o estado geral de saúde e nutrição dela e das crianças. Por um lado, a pobreza e o desemprego constituem fatores que limitam a disponibilidade de recursos para o acesso a alimentos. Além disso, localização geográfica, questões ambientais, altitude, dificuldades de acesso a bens e serviços, mudanças climáticas, desastres naturais e diferenças entre zonas rurais e urbanas se configuram como fatores concorrentes para a ocorrência da desnutrição.

BIOMARCADORES DA DESNUTRIÇÃO

As limitações para aferir com maior precisão a qualidade e a quantidade de alimentos ingeridos e estimar as necessidades energéticas ainda constituem um dos principais desafios das ciências dietéticas e nutricionais. Até esse momento, persistem limitações relacionadas com o consumo alimentar e, muitas vezes, existem críticas relacionadas com validade e reprodutividade dos métodos (Assis; Barreto, 2010).

Para minimizar esse cenário para todo profissional de saúde e nutrição, adota-se a metodologia de uso de biomarcadores nutricionais como instrumento proximal de mensuração de nutrientes, quando comparado com o método tradicional de mensurar a ingestão (Picó *et al.*, 2019).

Assim, atualmente existem diversos indicadores usados para mensurar o estado nutricional de indivíduos ou população, dentre eles a antropometria (composição corporal), sinais clínicos de deficiência, funções físicas, compostos bioquímicos, processos metabólicos ou avaliação da ingestão (Maleta, 2006). Um dos indicadores usados como biomarcadores de estado nutricional é aquele relacionado com a bioquímica. Os exames bioquímicos são usados para mensurar o estado de um nutriente específico e podem indicar as condições metabólicas ou fisiológicas dos indivíduos (Willet, 1998).

Alguns desses biomarcadores nutricionais não são considerados específicos porque possuem baixa sensibilidade ao estado nutricional da população. Assim, a albumina sérica é a mais abundante proteína no soro humano e foi usada por várias décadas como indicador bioquímico de desnutrição em pacientes clinicamente estáveis (Cabrerizo *et al.*, 2015). Outro biomarcador comumente usado e associado ao estado nutricional que pode auxiliar no diagnóstico laboratorial do estado nutricional é a concentração sérica de colesterol total. Pacientes com desnutrição e/ou dislipidemia apresentam alteração nos níveis séricos de colesterol total, podendo atingir níveis considerados elevados, no entanto, esse indicador tem baixa sensibilidade quando comparado a outros (Keller, 2019). Outro biomarcador associado à desnutrição é a concentração sérica de leptina, cujos níveis elevados, além de serem considerados um biomarcador de inflamação, por vezes se associam com desnutrição energético-proteica, especialmente a *kwashiorkor* (Rachakonda *et al.*, 2016). Resultados de revisão sistemática e metanálise mostraram que alguns biomarcadores bioquímicos, como albumina, pré-albumina e colesterol total, associaram-se à desnutrição (Zhang *et al.*, 2017).

A associação entre a desnutrição e os biomarcadores se estabelece por correlações entre os componentes e, assim, existem biomarcadores correlatos à desnutrição aguda (baixo peso para altura) em suas formas moderada e/ou grave. Um exemplo de biomarcador considerado de inflamação bastante estudado é a proteína C reativa (PCR). Resultados recentes de uma pesquisa com amostra de crianças de ambos os sexos e idade entre 1 e 59 meses mostraram associação entre desnutrição aguda e PCR (Mikolélé-Bilombo *et al.*; 2022).

Na visão de Martins (2004), a semiologia nutricional constitui um indicador fundamental na aferição do estado nutricional do indivíduo e vai além de exame físico direcionado, emagrecimento, alteração do apetite, aspectos fisionômicos, estado de humor, alteração de sistemas orgânicos e grupos musculares, formas do abdômen, e evidências de perda de gordura.

Parece evidente e consolidado o conhecimento científico segundo o qual pacientes com síndrome de inflamação têm riscos aumentados de sofrer desnutrição (Fatyga *et al.*; 2020), apesar de ainda existirem lacunas do conhecimento acerca dos mecanismos fisiológicos e bioquímicos que explicam com detalhes esses processos. É nesse contexto que alguns biomarcadores, a exemplo de nitrogênio da ureia, podem ser indicadores indiretos do consumo de alimentos proteicos (Picó *et al.*, 2019).

LIMITAÇÕES DE USO DE MARCADORES BIOQUÍMICOS

O uso de marcadores bioquímicos para auxiliar ou prever o estado nutricional de indivíduos ou população ainda contém limitações, como qualquer outro método (Willet, 2008). Uma das principais limitações desse método é o fato de as concentrações séricas de muitos nutrientes oscilarem durante a série temporal por diversas razões, sejam elas fisiológicas ou patológicas. Outra limitação é que esse método fornece a informação pontual da data em que foi coletada amostra de sangue ou soro e mensurado o nutriente; contudo, esse parâmetro pontual achado não informa acerca da situação pregressa ou futura do nutriente avaliado. Outro detalhe limitante e complexo de marcadores está relacionado à logística e a alguns protocolos que devem ser rigorosamente seguidos, como jejum de 12 horas antes da coleta de sangue, processo de coleta de sangue, processamento, acondicionamento e finalmente as análises bioquímicas. Trata-se, portanto, de uma cadeia de eventos complexa e onerosa, que necessita de recursos financeiros e pessoal treinado e qualificado para fazer a gestão desse processo.

PRINCIPAIS MÉTODOS DE AVALIAÇÃO DA INGESTÃO

O ser humano, ao longo da sua história, foi diversificando seus hábitos alimentares. São apenas três os principais componentes da pesquisa em epidemiologia nutricional, basicamente: (I) informação acerca da ingestão de alimentos, que pode ser usada diretamente para calcular os nutrientes; (II) análises bioquímicas de sangue (biomarcadores nutricionais); e (III) mensuração da composição corporal (antropometria), que pode refletir em efeitos da dieta ao médio ou longo prazo (Willet, 2008). Os métodos mais usados para examinar a ingestão em epidemiologia nutricional são o recordatório de 24 horas e o questionário de frequência alimentar.

O recordatório de 24 horas tem a vantagem de capturar todos os alimentos e/ou líquidos ingeridos nas últimas 24 horas antes da entrevista, porém esse método é bastante influenciado pelo viés de memória. Por exemplo, indivíduos com problemas de memória e/ou falta de atenção têm tido baixo escore de respostas certas, e introduzem erros na pesquisa (Klipstein-Grobusch *et al.*, 1998). Nesses casos, os respondentes têm dificuldades de dar respostas corretas quando são questionados a dar detalhes das quantidades e/ou dos ingredientes consumidos, e o cenário torna-se muito mais complicado quando os respondentes não prepararam as refeições (Gibson *et al.*, 2017).

O questionário de frequência alimentar geralmente é mais complexo quando comparado ao recordatório de 24 horas. Esse método tem por objetivo capturar os hábitos alimentares mais frequentes de um indivíduo num período determinado, e tem a vantagem de ser autoaplicado ou em forma de questionário respondido com inquiridor. É bastante usado em estudos epidemiológicos de larga escala (Gosadi *et al.*, 2017).

Pesquisadores e epidemiologistas nutricionais têm a responsabilidade de adequar o método de pesquisa às condições reais, ao contexto local e aos objetivos pretendidos, levando em conta os prós e os contras de cada método aplicado. A epidemiologia nutricional usa os desenhos de estudo da epidemiologia geral.

DESNUTRIÇÃO COMO DOENÇA SOCIAL

Do ponto de vista do modelo biomédico, o ser humano é um ser biológico, mas também é sociocultural. O estado nutricional de um indivíduo está intimamente relacionado à resposta do funcionamento do seu sistema fisiológico, mas também pode ser afetado por fatores intrínsecos e extrínsecos do próprio indivíduo, que podem ser alterados ao longo do tempo. A desnutrição modifica a capacidade de defesa do organismo, com efeitos tanto na resposta imune inata quanto na adaptativa (Cohen *et al.*, 2017). Existe uma relação direta entre os modos de vida, o ambiente, as condições socioeconômicas do indivíduo, os serviços básicos de saúde, as alterações comportamentais (que podem causar transtornos alimentares) e a ingestão alimentar inadequada, que, conjugados, podem levar à desnutrição. Deficiências nutricionais afetam o funcionamento do sistema imune e provocam a patologia da desnutrição, aumentando a suscetibilidade a doenças infecciosas. Isso significa que o ato de se alimentar não deve ser visto apenas como um processo meramente biológico, mas também como consequência do contexto sociocultural.

Há um círculo vicioso estabelecido entre desnutrição e doenças. Indivíduos desnutridos são muito suscetíveis a vários tipos de doenças, sejam elas transmissíveis ou não. Hábitos, costumes e crenças alimentares fazem parte de um indivíduo, tornando-o mais complexo, e não meramente biológico (Maciel, 2001).

Segundo Geertz (1978), a cultura não deve ser considerada apenas o conjunto de hábitos e tradições de um dado grupo social, mas sim um programa, com planos, regras e instruções que, no fim, mostram o sistema simbólico que orienta o comportamento humano numa determinada sociedade. Porém, é importante refletir acerca desses pressupostos para melhor compreender o homem dentro de processos sociais e culturais específicos no caso concreto da desnutrição.

No campo de saúde, uma boa alimentação pode se refletir na qualidade da saúde e no estado nutricional, e, nesse sentido, é importante buscar envolvidos no processo de alimentação como seres culturais, e do valor e visão do alimento para a saúde.

Para Carvalho, Luz e Prado (2009), a ciência da nutrição atribui um sentido ao ato de comer, tornando-o racionalizado e biologista, caracterizado pela concepção biomédica da saúde. Nesse paradigma, o alimento aparece resumido em nutrientes, e a nutrição é vista essencialmente como uma ciência dos nutrientes que responde pelo bom funcionamento do organismo humano. A ideia de ter uma dieta adequada é estar bem nutrido de acordo com a sua função principal, isto é, prevenção e cura de doenças, e manutenção da saúde reduzida à sua dimensão biológica.

Certamente, outras abordagens que tratam da nutrição e de alimento podem ser convergentes ou divergentes a esse campo, portanto, é imperioso buscar essas representações sociais para melhor apreender e correlacionar ao nosso enfoque no processo da desnutrição.

Pode-se inferir que a cultura é um fator determinante da conduta alimentar, e que, obviamente, as consequências derivadas de comer ou não comer alguns alimentos são fundamentalmente biológicas, visto que são os alimentos que proporcionam os nutrientes que o organismo humano necessita para uma vida ativa e saudável (Garcia; Contreras, 2011).

Abordando a matéria, Huhn (2013) considera que as populações africanas, em sua maioria, são dotadas de crenças e tabus alimentares advindos da mitologia africana. Referindo ao caso específico de Moçambique, a autora afirma que, no Norte desse país, há uma série de proibições alimentares fundamentadas em significados morais e da vida social. Nesse caso, como em outras partes de África, os tabus alimentares têm sido constantes e passam de geração em geração. Em sua maioria, as proibições de certos alimentos, como alguns tipos de carne e folhas verdes, são aplicadas geralmente para jovens, mulheres ou pessoas em certas condições, como gravidez, lactação e luto.

Huhn (2013) enfatiza ainda que os tabus alimentares contribuem para o funcionamento normal da sociedade, assim como protege e assegura o desenvolvimento físico e comportamental da pessoa – por exemplo, o uso de dietas de restrição na gravidez e aleitamento, e como medida de precaução para proteger o recém-nascido de males fatais.

Entretanto, apesar do caráter equilibrador que tabus e crenças têm no quadro da cadeia alimentar, a verdade é que determinadas restrições alimentares têm implicações para a saúde quando se observa que o organismo pode precisar de algum alimento vital para satisfazer às suas necessidades nutricionais.

É nessa perspectiva que Gusman (2004) considera que a alimentação em Moçambique é caracterizada por uma dieta considerada monótona (composta basicamente por xima,[1] peixe seco, pouco consumo de verduras e frutas sem diversificação), mas com muitos significados e valores tradicionais.

Nos seus estudos, a autora aponta que, ao relacionar esses hábitos com a desnutrição, é comum, por exemplo, que, em uma determinada comunidade, nos deparemos com uma situação de desnutrição, sendo que, visivelmente, a família tem gado bovino, caprino e animais de pequeno porte, como aves, além de celeiro cheio e diversificado. No entanto, as pessoas não chegam a beneficiar-se desses bens, privilegiando apenas os hóspedes e/ou usando os mantimentos que a família possui apenas em datas festivas e em rituais tradicionais. Essa situação indica a necessidade de o governo intensificar o desenvolvimento e o fortalecimento de ações de educação nutricional como forma de criar condições de mudança de comportamento para que as comunidades desenvolvam hábitos e costumes alimentares mais saudáveis.

Contudo, importa salientar que os tabus alimentares não são exclusivos do continente africano; todos os povos têm limites mais estritos que proíbem o consumo de alguns alimentos, com consequências várias – por vezes físicas – para o transgressor, resultados de rituais e sistemas de crenças profundamente enraizados na cultura que, de certa forma, contribuem para a construção e a preservação da identidade individual ou do grupo.

Biologicamente, a desnutrição é uma condição fisiológica anormal, ocasionada pela ingestão desequilibrada ou excessiva de macronutrientes (carboidratos, proteínas e lipídios) e/ou micronutrientes (vitaminas e minerais) fundamentais para o desenvolvimento do organismo e/ou associada a uma patologia (FAO, 2012). Um adequando estado nutricional depende da correta ingestão de energia e nutrientes em relação às necessidades nutricionais. A avaliação do estado nutricional pode se dar em nível individual, de grupos e de população, a fim de identificar problemas de má nutrição e controlar a eficácia das medidas de combate.

1 Preparação à base de farinha de milho (cereais).

O monitoramento nutricional baseia-se em avaliação antropométrica, consumo alimentar, parâmetros laboratoriais e sintomas e sinais clínicos sugestivos de carências nutricionais (Marazzi *et al.*, 2016). A Figura 1.1 ilustra o modelo hierárquico que apresenta as causas da desnutrição.

MODELOS HIERARQUIZADOS USADOS PARA MODELAGEM DA DESNUTRIÇÃO

O modelo hierarquizado para explicar as causas da desnutrição foi concebido pelo Unicef em 1990. A abordagem básica nesse modelo é baseada na seguinte hierarquia: nível básico ou distal inter-relaciona-se com nível subjacente ou intermediário; básico e intermediário influenciam o nível imediato ou proximal (individual) e gera desfecho (morte e/ou desnutrição).

Essa abordagem hierarquizada baseia-se no pressuposto de que os dados são correlacionados, diferentemente dos modelos de regressão convencionais em que a estrutura é não correlacionada (Teles Santos *et al.*, 2011). Na área de saúde pública, os modelos multiníveis ou hierárquicos são usados mais amplamente para tentar entender como as condições de ambiente do entorno/domicílio, as questões como segurança alimentar e nutricional, a disponibilidade de água, o uso de infraestruturas e serviços básicos afetam as condições de saúde dos indivíduos (Teles Santos *et al.*, 2011; Oliveira, Santos & Azevedo, 2006).

Os modelos hierárquicos levam vantagem em relações e análises tradicionais, porque tentam estabelecer uma lógica autoexplicativa de multissetoriedade e interdependência. Esse modelo hierárquico é mais parcimonioso que modelos de análise tradicionais (Akombi *et al.*, 2017). Outra característica que difere os modelos multiníveis de outros é a possibilidade de obter a estimativa ou quantificar a similaridade entre os níveis básico, intermediário e proximal, na lógica de hierarquização (Teles Santos *et al.*, 2011).

Estudos que adotaram os modelos multiníveis para a identificação de fatores de risco para a desnutrição, ajustados às suas realidades, mostram resultados mais robustos e consistentes. Por exemplo, Berra (2019), usando o modelo multinível na Etiópia, estudou as diferentes formas de desnutrição em crianças de 0 a 59 meses (baixo peso para idade, baixo peso para altura e baixa estatura para idade). Os preditores se associaram, no nível básico de hierarquia, a viver fora da capital Adis Abeba; a ter status socioeconômico baixo; e a ser filho de pais analfabetos, com risco aumentado de sofrer alguma forma de desnutrição. No nível imediato ou proximal, crianças que tiveram diarreia durante duas semanas antes da entrevista tiveram risco aumentado de desnutrição (Berra, 2019).

Resultados de outra pesquisa realizada em Moçambique, feita por Daniel *et al.* (2019) – por sinal, a primeira que trata de abordagem hierarquizada da desnutrição – acharam como preditores de desnutrição no nível básico da hierarquia o fato de crianças terem suas famílias privadas de bens duráveis com chances aumentadas de sofrer desnutrição. No nível intermediário, destacou-se a ausência de sanitários no domicílio, e no imediato, aquelas que, na data da entrevista, não se alimentaram de leite materno tiveram chances aumentadas de desenvolver desnutrição (Daniel *et al.*, 2019). Resultados de outra pesquisa realizada na Bahia, usando modelos multiníveis, mostrou que, para o déficit no crescimento linear, o determinante no nível básico foi a posse de dois ou menos equipamentos domésticos; e no nível subjacente ou intermediário, a ausência de consulta pré-natal; entre os determinantes imediatos, o baixo peso ao nascer (Oliveira, Santos & Azevedo, 2006).

Resultados dos três estudos, dois conduzidos em países do continente africano e um na América do Sul, mostram algumas características similares quanto a ocorrência e distribuição da desnutrição em menores de 5 anos de idade, mas com diferenças socioculturais, antropológicas e contextuais. O uso de modelos multiníveis ou hierarquizados mostra evidências e abordagens metodológicas robustas que podem explicar quais fatores influenciam a desnutrição nesses países. Não há dúvidas de que nos dois contextos (África e Brasil), a privação de meios básicos de sobrevivência representa os fatores mais básicos da desnutrição; mesmo que não sejam tão imediatos, têm um peso enorme no desfecho.

Esses resultados mostram o quanto a desnutrição é prevalente nos países do hemisfério sul, de modo que políticas públicas são necessárias para o combate desse problema secular; no entanto, até os dias atuais, parece não ter um fim a médio prazo. Recentemente, com o conflito da invasão militar da Rússia na Ucrânia, houve agravo da fome no mundo e aumento do preço de alimentos, combustíveis e outras commodities, que estão cada vez mais escassos, levando a uma situação de deterioração dos modos de vida, sobretudo em países de baixa e média rendas, onde se encontram os grupos mais vulneráveis. É de domínio público que Rússia e Ucrânia, juntas, produziam e forneciam cerca de 30% dos cereais consumidos no mundo, especialmente o trigo. Esse cenário impõe o desafio e a necessidade de, a curto e médio prazos, os governos dos estados nacionais – em particular a região da África subsaariana, onde se encontra a maioria dos países de baixa e média rendas cuja dependência dos cereais russos e ucranianos é maior – reverem os mecanismos de produção, processamento e conservação de alimentos para garantirem maior segurança alimentar e nutricional dos seus povos.

Figura 1.1 – Modelo geral das causas da desnutrição.

Fonte: adaptada de Unicef (2010).

Outros fatores importantes a considerar no quadro da patogenia da desnutrição energético-proteica grave acarretam depleção do estado nutricional geral do paciente, provocando diminuição dos reservas de glicogênio e gorduras e promovendo redução da reserva de caloria, bem como fazendo com que a massa proteica se torne fonte de energia. Além da escassez de macronutrientes, são muitas as deficiências de micronutrientes (vitaminas A e E, cobre, magnésio, zinco e selênio), contribuindo para disfunção do sistema imunológico, maior quantidade de radicais livres produzidos e redução da síntese das enzimas e proteínas.

DESNUTRIÇÃO CRÔNICA: UM PROBLEMA SECULAR, PREVALENTE E COTIDIANO

Segundo a OMS (2020), o termo desnutrição – ou subnutrição – refere-se a um estado patológico que pode ser causado pela falta de ingestão ou absorção de nutrientes pelo organismo, podendo ser aguda ou crônica dependendo da gravidade e do quadro clínico (OMS, 2020). O crescimento linear representa o melhor indicador nutricional de bem-estar em crianças e indica com alta sensibilidade a acurácia de inequidades e desenvolvimento humano; entretanto, em algumas comunidades, quando a prevalência de crianças com baixa estatura para idade é elevada, a desnutrição crônica passa a ser vista como algo normal (De Onis; Branca, 2016).

No continente africano e no sudeste asiático, a forma mais prevalente de desnutrição é a baixa estatura para idade, conhecida por desnutrição crônica. Ela geralmente tem como causa básica a desnutrição materna, de modo que algumas pesquisas sustentam a teoria segundo a qual, depois dos 2 anos de idade, a desnutrição é considerada irreversível. Por isso, novas abordagens de combate à desnutrição crônica consistem em investir em saúde e nutrição maternas (Victora *et al.*, 2021), porque restrições nutricionais nos primeiros mil dias de vida podem comprometer o desenvolvimento físico e cognitivo dos indivíduos e gerar consequências de saúde e nutrição de longo prazo (Mayneris-Perxachs; Swann, 2019).

O problema da desnutrição crônica inicia-se durante a vida uterina, e o período de mil dias vai da concepção até os 2 anos de idade. São dias importantes para o desenvolvimento da criança e se, durante esse período, houver deficiências nutricionais tanto maternas quanto infantis, as consequências permanecem para o resto da vida do indivíduo. Nesse período, há uma janela de oportunidades, quando investir na nutrição salva vidas, com capital humano garantido (Martorell, 2017). O consumo de alimentos ricos em determinados nutrientes durante a gestação até os mil dias pode evitar crise humanitária, que pode vir a ser uma geração de crianças com risco elevado de desnutrição crônica. Alimentos ricos em carotenoides e zeaxantina, por exemplo, são importantes para a manutenção de um sistema ocular saudável e para o desenvolvimento do cérebro (Beluska-Turkan *et al.*, 2019). Outro nutriente essencial para formação e desenvolvimento do sistema nervoso humano é a colina, precursor de acetilcolina, componente da membrana celular que participa dos processos de sinalização e transporte de lipídios via lipoproteínas (Radziejewska; Chmurzynska, 2019). Existem elementos/traços de micronutrientes extremamente importantes na saúde materna e infantil. Nesta seção apenas serão abordados dois, nomeadamente, iodo e folato, que ocorrem naturalmente em determinados alimentos, podendo ser suplementados como base na vitamina do complexo B. Alguns alimentos fortificados, por exemplo, são essenciais para a saúde fetal e materna e funcionam como coenzima crítica na síntese de DNA e metabolismo de aminoácidos (Beluska-Turkan *et al.*, 2019). O iodo, por exemplo, está diretamente envolvido no metabolismo e, durante a gestação, as necessidades dietéticas do iodo aumentam em mais de 50% – por isso, é importante para o crescimento do cérebro e do sistema nervoso fetal (Chittimoju; Pearce, 2019). Esses dois nutrientes são indispensáveis para evitar a desnutrição crônica, razão pela qual é importante se investir na nutrição materna para salvar a humanidade.

Pesquisas recentes têm evidenciado, a partir de exames de tomografia computadorizada, o desenvolvimento cerebral comprometido em crianças com desnutrição crônica quando comparadas àquelas com padrões de crescimento normal (De Onis; Branca, 2016). Tais achados consolidam as evidências prévias que indicavam que a desnutrição crônica compromete sobretudo o sistema nervoso do ser humano. Algumas pesquisas apontaram que, em países onde a desnutrição crônica é endêmica, há muitas perdas em termos de produção e produtividade, levando a baixo produto interno bruto; consequentemente, a economia do país torna-se frágil e dependente de investimento estrangeiro. Deve-se ressaltar que acadêmicos, pesquisadores e cientistas no mundo todo estão gerando evidências robustas informando que crianças com desnutrição crônica têm risco aumentado de desenvolver doenças crônicas na adolescência e na vida adulta, sendo as mais comuns as cardiovasculares, o sobrepeso, a obesidade, o diabetes e a hipertensão arterial.

DESNUTRIÇÃO E SUAS IMPLICAÇÕES NEGATIVAS

A desnutrição energético-proteica (DEP) também pode ser definida como uma doença multifatorial de alta letalidade, capaz de promover diversas alterações fisiológicas na tentativa de adaptar o organismo à falta de nutriente, passando a incluir também o efeito da dieta sobre a ocorrência de doenças crônicas não transmissíveis (DCNT) (Mariño, Monaga & Veloso).

O estado nutricional ótimo de um indivíduo é refletido pela manutenção dos processos vitais de sobrevivência, crescimento, desenvolvimento e atividade. Qualquer desvio do estado nutricional ótimo resulta em distúrbios nutricionais referidos como má nutrição – definido como estado patológico resultante tanto da deficiente ingestão e/ou absorção de nutrientes pelo organismo (desnutrição ou subnutrição) como da ingestão e/ou absorção de nutrientes em excesso (sobrenutrição).

As diferentes formas de desnutrição que podem aparecer isoladas ou em combinação incluem: (I) desnutrição aguda, que se manifesta em baixo peso para altura e/ou edema bilateral; (II) desnutrição crônica decorrente de baixa altura para idade; (III) desnutrição de micronutrientes, descrita como a forma mais comum de desnutrição de micronutrientes e relacionada com a deficiência de ferro, vitamina A, iodo e vitaminas do complexo B (Misau, 2013; Barbosa, 2021).

O crescimento insuficiente (CI) é diagnosticado numa criança quando ela não apresenta ganho de peso entre duas pesagens consecutivas, em um intervalo não inferior a um mês e não superior a três meses, o que significa curva de crescimento horizontal ou em declínio no cartão de saúde da criança (Ulrich; Brietzke, 2021).

A desnutrição aguda é causada pelo deficiente consumo alimentar e/ou aparecimento de uma enfermidade resultando na perda de peso em período recente e/ou aparecimento de edema bilateral, e pode ser classificada em leve, moderada ou grave, dependendo da condição clínica.

A desnutrição aguda grave manifesta-se pelo marasmo (emagrecimento grave), uma condição clínica em que um doente pode apresentar as seguintes características: magreza com aspecto de velhice, apatia – se criança, fica muito quieta sem sequer chorar –, com ossos e costelas visíveis, pele debaixo do braço flácida, e pele das nádegas com aparência de calças largas (Assis *et al.*, 2008).

Kwashiorkor (edema bilateral), caracterizado por rosto com aspecto de "lua cheia", arredondado; dermatite, que é a pele rachada e/ou com manchas escuras ou claras em sua forma grave; apatia, com pouca energia, perda de apetite; cabelos claros e lisos; e, se criança, irritável e chorando facilmente.

Os indicadores nutricionais fundamentais para o diagnóstico da desnutrição aguda são: perímetro braquial (PB), peso para estatura (P/E) para crianças de 6 a 59 meses de idade, e edema bilateral (edema em ambos os pés).

Os indicadores P/E e IMC/idade mostram como o peso e a estatura (altura ou comprimento) das crianças se comparam com o peso e a estatura das outras crianças da população padrão da OMS, de mesmo sexo e idade.

Atualmente, são usados os parâmetros de escore Z ou a unidade de desvio padrão (DP) como padrão-ouro, com base nos novos padrões de crescimento da OMS (2010)

Tabela 1.1 – Parâmetros de classificação da desnutrição aguda

Indicadores nutricionais	Edema bilateral	P/E ou IMC/idade	Perímetro braquial (PB)
Desnutrição aguda grave (DAG)	Presente	< -3 DP	6-59 meses: < 11,5 cm; 5-10 anos: < 13 cm; 11-15 anos: < 16 cm.
Desnutrição aguda moderada (DAM)	Ausente	≥ -3 e < -2 DP	6-59 meses: ≥ 11,5 e < 12,5 cm; 5-10 anos: ≥ 13 e < 14,5cm; 11-15 anos: ≥ 16 e < 18,5 cm.
Desnutrição aguda ligeira (DAL)	Ausente	≥ -2 e < -1 DP	6-59 meses: = 11,5 cm

Fonte: adaptada de OMS (2010).

Alguns autores como Lochs *et al.* (2006) e Sobotka (2008) consideram a desnutrição uma patogenia que traz sequelas para o desenvolvimento, o crescimento e a sobrevivência do indivíduo e, consequentemente, das famílias.

Definir desnutrição torna-se algo complexo em virtude da variação do quadro clínico e da relação multicausal. Ainda assim, ela pode ser definida como o estado nutricional deficiente, provocando desequilíbrio de energia, proteína e outros nutrientes, alteração física, tecidual e funcional refletida em resultados clínicos. A desnutrição engloba um conceito amplo que pode não ser apenas proteico-calórico, pois envolve deficiência de micronutrientes e macronutrientes (Lochs *et al.*, 2006).

Os mesmos autores dizem ainda que a desnutrição refletida por indicadores antropométricos do estado nutricional é muito prevalente em regiões menos favorecidas socioeconomicamente, a qual resulta no aumento substancial da mortalidade e incidência de doenças em geral. Entre as causas básicas e subjacentes de desnutrição, encontram-se os fatores ambientais, econômicos e sociopolíticos em que a pobreza tem um papel central, fato corroborado por Monteiro *et al.* (2009), que considera a doença um mal aliado à questão da pobreza.

Segundo Martins (2004), a baixa qualidade da habitação, associada a outros fatores como condições de saneamento, abastecimento de água e pobreza absoluta, agrava a vulnerabilidade da população, o que torna o fenômeno da desnutrição um problema de saúde pública. A desnutrição é multicausal, e um dos fatores intimamente relacionados é a questão da (in)segurança alimentar e nutricional.

Como já mencionado, a desnutrição aguda é causada pelo deficiente consumo alimentar e/ou aparecimento de uma enfermidade, em passado recente. Já a desnutrição crônica pressupõe antecedentes históricos (Assis *et al.*, 2008).

Segundo Oliveira *et al.* (2005), nos países em desenvolvimento são aplicadas algumas estratégias a fim de assegurar a reabilitação nutricional a pessoas acometidas pela doença. Desse modo, várias alternativas são desenvolvidas com o objetivo de reduzir a prevalência do baixo peso e desnutrição. Uma das estratégias mais utilizadas – como acontece no caso de Moçambique – é a suplementação alimentar, variando desde produtos altamente calóricos até misturas mais simples.

Historicamente, a distribuição de alimentos para grupos populacionais vulneráveis por meio dos serviços de saúde tem sido a estratégia adotada para melhoria das condições de vida e saúde (Goulart Jr.; Souza, 2007).

De fato, as experiências das duas últimas décadas indicam que crianças com simples desnutrição, aguda, moderada ou grave, podem ser tratadas com sucesso em ambulatório, recorrendo a um tratamento adequado baseado em fórmulas terapêuticas. Tal é o caso dos suplementos nutricionais como mistura alimentar enriquecida (MAE), alimento terapêutico pronto para o uso (ATPU) e uma dieta alimentar enriquecida com base nos alimentos localmente disponíveis (Brown, 2009).

Concluindo, a desnutrição pode acometer as pessoas em qualquer ciclo da vida, podendo estar associada a uma patologia de base, contribuindo para a depleção do estado nutricional. É frequente entre os indivíduos com distúrbios de má absorção, depressão, câncer, derrame, demência, atrites e anorexia, e depende de condições de vida e das mudanças no corpo relacionadas à idade.

REFERÊNCIAS

Akombi, B. J. *et al.* Multilevel analysis of factors associated withw asting and underweight among children under-five years in Nigeria. *Nutrients*, v. 9, p. 1-17, 2017.

Assis, A. M. O. *et al.* Determinants of mild-to-moderate malnutrition in preschoolers in an urban area of Northeastern Brazil: a hierarchical approach. *Public Health Nutrition*, v. 11, n. 4, p. 387-394, abr. 2008.

Assis, A. *et al.* *Condições de vida, saúde e nutrição na infância em Salvador*. São Paulo: Bureau, 2000.

Barbosa, G. C. N. D. *et al.* *Perfil nutricional de crianças do centro de recuperação e educação nutricional*: uma revisão integrativa da desnutrição infantil em Alagoas. SEMPESq-Semana de Pesquisa da Unit-Alagoas, ano 9, 2021.

Beluska-Turkan, K. *et al.* Nutritional gaps and supplementation in first 1000 days. *Nutrients*, v. 11, n. 12, p. 2891, dez. 2019.

BERRA, W. G. Childhood undernutrition and multilevel analysis of risk factors: 2016 Standard DHS Survey Data. *Food Nutr Current Res*, v. 3, n. 1, p. 224-242, 2019.

BROWN, G. A. *Formação dos hábitos alimentares na infância*: uma revisão de alguns aspectos abordados na literatura nos últimos dez anos. Purdue University EUA, 2009.

BHUTTA, Z. A. *et al.* Severe childhood malnutrition. *Nat Rev Dis Primers*, v. 21, n. 3, p. 17067, sep. 2017.

CABRERIZO, S. *et al.* Serum albumina and health in older people: review and meta-analysis. *Maturitas*, n. 81, p. 17-27, 2015.

CARVALHO, M.; LUZ, M.; PRADO, S. D. *Comer, nutrir e alimentar na perspectiva das ciências sociais*. Mimeo, 2009.

CENTRAL STATISTICAL AGENCY (CSA) [Ethiopia]; ICF. *Ethiopia Demographic and Health Survey 2016*. Addis Ababa, Ethiopia, and Rockville, Maryland, USA: CSA and ICF, 2016.

CHITTIMOJU, S. B.; PEARCE, E. N. Iodine deficiency and supplementation in pregnancy. *Clin Obstet Gynecol*, v. 62, p. 330-338, 2019.

COHEN, S.; DANZAKI, K.; MACIVER, N. J. Nutritional effects on T-cell immunometabolism. *Eur J Immunol*, v. 47, n. 2, p. 225-235, 2017.

DANIEL, J. *et al.* The determinants of anthropometric deficits in children under five years old in Tete Province Mozambique using hierarchy approach. *Open Journal of Epidemiology*, v. 9, p. 15-26, 2019.

DE ONIS, M; BRANCA, F. Childhood stunting: a global perspective. *Maternal & Child Nutrition*, v. 12, suppl. 1, p. 12-26, 2016.

DE VASCONCELHOS, F. A. G.; DE CASTRO, J. A geografia da fome no Brasil. *Cad Saúde Pública*, v. 11, n. 24, p. 2710-2717, 2008.

EKHOLUENETALE, M. *et al.* Socioeconomic inequalities in hidden hunger and overweight among under five children in 35 sub-saharan countries. *Journal of Egyptian Public Health Association*, v. 95, n. 9, 2020.

FATYGA P. *et al.* The relationship between malnutrition risk and inflammatory biomarkers in outpatient geriatric population. *European Geriatric Medicine*, vol. 11, p. 383–391, 2020.

FOOD AND AGRICULTURE ORGANIZATION OF THE UNITED NATIONS. *The State of Food Insecurity in the World 2012*. Economic growth is necessary but not sufficient to accelerate reduction of hunger and malnutrition [2012]. Disponível em: http://www.fao.org/docrep/016/i3027e/i3027e.pdf. Acesso em: 20 jul. 2021.

GARCIA, M.; CONTRERAS, J. *Alimentação, sociedade e cultura*. Rio de Janeiro: Fiocruz, 2011.

GEERTZ, C. A. *Interpretação das culturas*. Rio de Janeiro: Zahar, 1978.

GELEBO, D. G. ET AL. Prevalence of undernutrition and its associated factors among pregnant women in Konso district, southern Ethiopia: a community-based cross-sectional study. *BMC Nutrition*, v. 7, 2021.

GIBSON, R. S.; CHARRONDIERE, U. R.; BELL, W. Measurement errors in dietary assessment using self-reported 24-hour recalls in low-income countries and strategies for their prevention. *Adv Nutr*, v. 8, n. 6, p. 980–991, nov 2017.

GILBERTO, K. A. C.; Sichieri, R.; Gigante, D. P. (Orgs.). *Epidemiologia nutricional*. Rio de Janeiro: Fiocruz/Atheneu, 2009.

GOULART JR.; SOUZA, M. *Recuperação nutricional de crianças desnutridas e em risco nutricional em programa de suplementação alimentar no Município de Mogi das Cruzes*. São Paulo – Brasil, 2007.

GOSADI, I. M. *et al.* Development of a Saudi Food Frequency Questionnaire and testing its reliability and validity. *Saudi Med J*, v. 38, n. 6, p. 636-641, 2017.

GUSMAN, I. *Módulo de educação nutricional e práticas alimentares em Moçambique*. Vol. 1. Maputo, 2004.

HEADEY, D. *et al.* Impact of Covid-19 on childhood malnutrition and nutrition related mortality. *Lancet*, v. 396, 2020.

HEIKENS, G. T.; MANARY, M. 75 years of Kwashiorkor in Africa. *Malawi Medical Journal*, v. 21, n. 3, p. 96-100, 2009.

HUHN, A. *¿A qué es humano? Tabús alimentarios y antropofagia en el noroeste de Mozambique*. Estudios de Asia y África. 2013. Disponível em: http://www.redalyc.org/articulo.oa?id=58644849008. Acesso em: 16 jul. 2021.

INSTITUTO NACIONAL DE ESTATÍSTICA. *Inquérito de orçamento familiar – Relatório Final (IOF 2019/2020)*. Maputo, Moçambique, 2001.

INSTITUTO NACIONAL DE ESTATÍSTICA. *Inquérito demográfico e de saúde (IDS-2011)*. Maputo, Moçambique, 2011.

KELLER, U. Nutritional laboratory markers in nutrition. *Journal of Clinic Medicine*, v. 8, p. 775, 2019.

KLIPSTEIN-GROBUSCH, K. *et al.* Dietary assessment in the elderly: validation of a semiquantitative food frequency questionnaire. *Eur J Clin Nutr*, 1998.

KHALIQ, A. *et al.* A review of the prevalence, trends, and determinants of coexisting forms of malnutrition in neonates, infants, and children. *BMC Public Health*, v. 22, p. 278, 2022.

LARREA, C.; MONTALVO, P.; RICAUTE, A. M. *Child malnutrition, social development and health services in the Andean region*. Inter-American Development Bank. New York/Washington, DC, 2005.

LOCHS, H. *et al.* Introductory to the ESPEN Guidelines on Enteral Nutrition: terminology, definitions and general topics. *Clinical Nutrition*, v. 25, p. 180-186, 2006.

MACIEL, M. Cultura e alimentação ou o que têm a ver os macaquinhos de koshima com brillat-savarin? *Horizontes Antropológicos*, ano 7, n. 16, p. 145-156, 2001.

MALETA, K. Undernutrition. *Malawi Medical Journal*, v. 18, n. 4, p. 189-205, 2006.

MARAZZI, M. C. *et al. Nutrição e saúde*. Os conhecimentos básicos para uma correta educação alimentar, Laboratório de arte – Comunidade de sat'Egídio.

MARIÑO, B. M. V.; MONAGA, O. L. I.; VELOSO, B. F. Aspectos clínico-epidemiológicos de la enfermedad diarreica aguda en lactantes de un área de salud. In: SEGUNDO CONGRESO VIRTUAL DE CIENCIAS BÁSICAS BIOMÉDICAS EN GRANMA. Manzanillo, 2021.

MARTINS, H. *Proposta da "Componente Estratégica dum Plano de Desenvolvimento Nutricional em Moçambique" – Relatório de Consultoria*. Maputo, Ministério da Saúde e Helen Keller International, 2004.

MARTORELL, R. Improved nutrition in the first 1000 days and adult human capital and health. *Am J Hum Biol*, v. 29, n. 2, mar. 2017.

Mayneris-Perxachs, J.; Swann, J. R. Metabolic phenotyping of malnutrition during the first 1000 days of life. *Review Eur J Nutr*, v. 58, n. 3, p. 909-930, 2019.

Mikolélé-Bilombo, C. *et al.* Biologican markers of undernutrition and risk of complications in children hospitalized at the teaching hospital in Brazzaville. *Journal of Biosciences and Medicines*, v. 10, n. 2, 2022.

Ministério da Saúde de Moçambique (Misau). *Plano de Acção Multisectorial para Redução da Desnutrição Crónica (PAMRDC)*. Maputo, 2011.

Ministério da Saúde de Moçambique (Misau). *Resumo do Seminário Nacional Sobre Nutrição Comunitária*. Maputo, 2013.

Monteiro, C. A. *et al.* Causas do declínio da desnutrição infantil no Brasil. *Rev Brasileira de Saúde Pública*, v. 43, n. 1, 2009.

Oliveira, V. A. *et al.* Determinantes dos déficits ponderal e de crescimento linear de crianças menores de dois anos. *Rev Saúde Pública*, v. 40, n. 5, p. 874-882, 2006.

Oliveira, C. G.; Thomaz, A. C. P.; Oliveira, A. P. C. Diagnóstico de desnutrição de crianças de 0 a 18 anos internadas no Hospital Universitário da Universidade Federal de Alagoas (hu/Ufal). *Rev Med Minas Gerais*, v. 15, n. 3, p. 141-146, 2005.

Oliveira, M. N. D.; Santos, J. J. D. S., & Azevedo, D. M. D. *Perfil nutricional e fatores desencadeantes da desnutrição infantil*. São Paulo: Nursing, p. 1147-1151, 2006.

Picó, C. *et al.* Biomarkers of nutrition and health: new tools for new approaches . *Nutrients*, v. 11, n. 1092, 2019.

Rachakonda, V. *et al.* Serum leptin is a biomarker of malnutrition in decompensated cirrhosis. *PLoS One*, v. 11, e0159142, 2016.

Radziejewska, A.; Chmurzynska, A. Folate and choline absorption and uptake: their role in fetal development. *Biochimie*, v. 158, p. 10-19, 2019.

Rigon, S. A.; Bogus, C. M. A segurança alimentar e nutricional no Brasil: concepções norteadoras ao início dos processos de consolidação. In:Bezerra, I.; Perez-Cassarino, J. (Orgs.). *Soberania alimentar (Sobal) e Segurança alimentar e nutricional (SAN) na América Latina e Caribe*. Curitiba: ufpr, 2016. p. 31-54.

Sobotka, T. Visão geral, capítulo 6: As diversas faces da segunda transição demográfica na Europa. *Pesquisa demográfica*, 19 , 171-224, 2008.

Teles Santos, C. A; Amorim, L. D. A. F; Oliveira, N. F. Epidemiologia e saúde, fundamentos, métodos e aplicações. In: Almeida Filho; Barreto, M. L. *Métodos de análise multinível em epidemiologia*. São Paulo: Guanabara, 2011. 699 p.

Ulrich, J.; Brietzke, F. Relação obesidade X desnutrição infantil. *Anais de Saúde Coletiva*, v. 1, n. 1, p. 31-32, 2021.

United Nations International Children's Emergency Fund (unicef). *Pobreza infantil e disparidades em Moçambique – Relatório Sumário. Nações Unidas*. Maputo – Moçambique: who, Traditional Medicin Strategy,, 2010.

United Nations International Children's Emergency Fund (unicef); World Health Organization (who); World Bank. *Levels and trends in child malnutrition* . 2017. 16p.

United Nations International Children's Emergency Fund (unicef); World Health Organization (who); World Bank. *Group joint malutrition estimates.* 2020. Disponível em: https: //www.who.int/publications/i/item/jme-2020edition. Acesso em: 21 out. 2022.

Valente, F. L. S. *Direito humano a alimentação*: desafios e conquistas. São Paulo: Cortez, 2002.

Victora, C. *et al.* Revisiting maternal and child undernutrition in low-income and middle-income countries: variable progress towards an unfinished agenda. *Lancet*, v. 397, n. 10282, p. 1388-1399, april 2021.

Willet, W. *Nutritional epidemiology*. 2. ed. Oxford: Oxford University Press, 1998.

Willet, W. C. Nutritional epidemiology. In: Rothman, K.; Greeland, S.; Lash, T. *Nutrition epidemiology*. 3. ed. Philadephia: Lippincott Williams & Wilkins 530 Walnut Street, Philadephia, PA19106 usa, 2008. Chapter 29.

World Health Organization (who). *Malnutrition*. Disponível em: https://www.who.int/news-room/questions-and-answers. Acesso em: 21 out. 2022.

Zhang, Z. *et al.* Evaluation of blood bookmarks associate with risk of malnutrition in older adults: systematic review and meta-analysis . *Nutrients*, v. 9, n. 8, 2017.

CAPÍTULO 2
Definição e epidemiologia da desnutrição infantil no Brasil e no mundo

Ilana Nogueira Bezerra

Thaynan dos Santos Dias

Carla Soraya Costa Maia

Beatriz Guimarães Lemos Barde

Rosely Sichieri

RESUMO

A má nutrição configura-se como uma condição complexa decorrente da interação entre fatores dietéticos, ambientais, sociais, econômicos e políticos. Refere-se a diferentes formas de desnutrição ou deficiências ou excessos na ingestão ou utilização prejudicada de nutrientes, incluindo sobrepeso e obesidade, e fatores dietéticos que aumentam o risco de doenças crônicas não transmissíveis (DCNT). A desnutrição se manifesta como magreza, nanismo e baixo peso, e está relacionada a deficiências de micronutrientes. Neste capítulo, são abordadas as diferentes formas de desnutrição, destacando a tripla carga da má nutrição (coexistência dos quadros de subnutrição, deficiência de micronutrientes e excesso de peso em indivíduos e populações), seus condicionantes e a relação sindêmica da desnutrição com a obesidade e as mudanças climáticas.

DEFINIÇÃO E CARACTERÍSTICA DA DESNUTRIÇÃO

A má nutrição infantil é uma condição complexa causada pela interação de fatores relacionados à alimentação e a questões sociais, econômicas e políticas. Insegurança alimentar e nutricional, baixa renda familiar, baixa escolaridade e desnutrição maternas, saneamento básico precário, carga elevada de doenças infecciosas e dificuldade de acesso a serviços de saúde são geralmente observados em populações com maior prevalência desse distúrbio (Victora *et al.*, 2021; Katoch, 2022; Popkin; Corvalan; Grummer-Strawn, 2020). Devido às intensas mudanças corporais e à alta demanda nutricional características da infância, as crianças costumam ser mais afetadas pelas instabilidades sociais e econômicas vivenciadas e tornam-se mais suscetíveis ao desenvolvimento da má nutrição (Tebeje *et al.*, 2017).

Por definição, segundo a Organização Mundial de Saúde (OMS), a má nutrição consiste na ingestão inadequada, que pode ser insuficiente ou excessiva, de proteínas, energia e micronutrientes, desequilíbrio de nutrientes essenciais ou utilização prejudicada de nutrientes. O termo tem significado amplo e pode ser apresentado de várias formas, como subnutrição, desnutrição relacionada a micronutrientes e sobrepeso e obesidade (Figura 2.1). Nesse sentido, tem-se usado a má nutrição para caracterizar as diferentes formas de desnutrição ou deficiências de vitaminas ou minerais, incluindo sobrepeso e obesidade, e fatores dietéticos que aumentam o risco de DCNT, como doenças cardiovasculares, diabetes, alguns tipos de câncer, entre outras (WHO, 2000). Para este capítulo, o uso isolado do termo desnutrição faz referência à subnutrição, caracterizada a seguir.

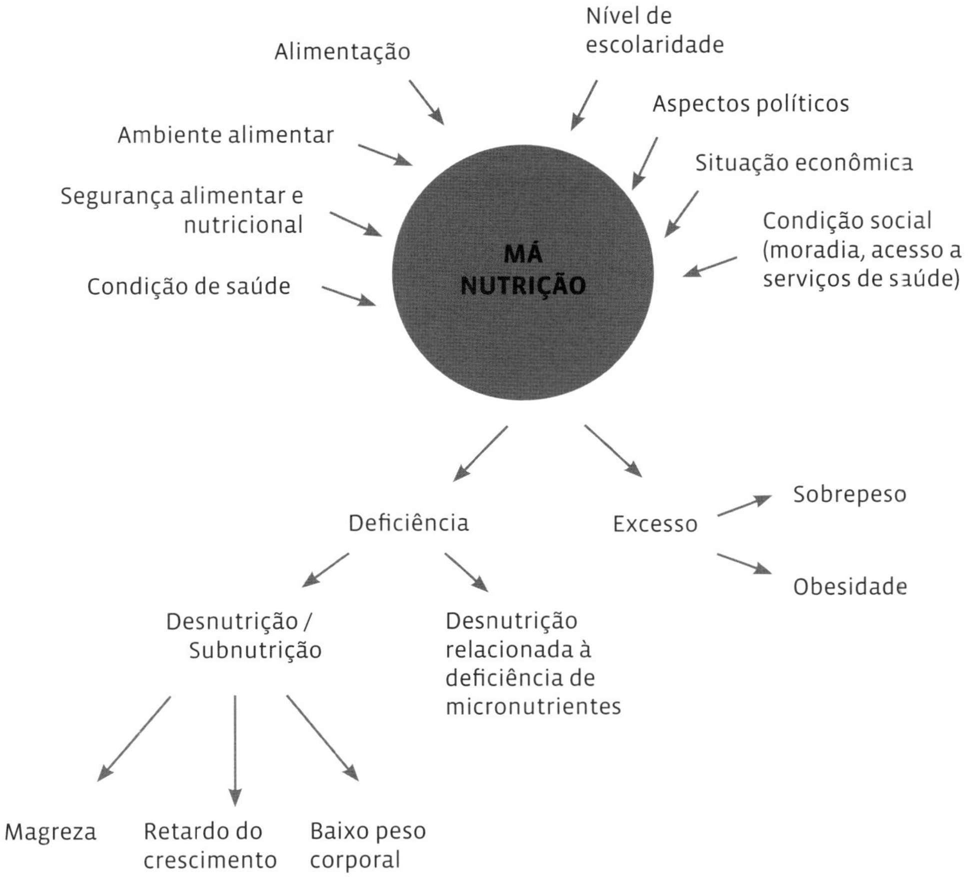

Figura 2.1 – Esquema gráfico da má nutrição e fatores associados.

SUBNUTRIÇÃO

A subnutrição desenvolve-se quando há baixo consumo de nutrientes ou sua absorção e uso são prejudicados, fazendo com que as necessidades do organismo não sejam devidamente supridas. Pode ser desencadeada por perda excessiva de nutrientes, aumento do gasto calórico ou redução da ingestão de alimentos, geralmente resultantes de situações socioeconômicas e políticas adversas que levam à oferta insuficiente de alimentos ou pela presença de alguma doença (Unicef, 2019).

Na infância, a desnutrição pode causar graves consequências à saúde. Atualmente, sabe-se que os prejuízos podem ser observados em curto e longo prazos e são responsáveis por comprometimentos no desenvolvimento físico e mental, aumento do risco para infecções e morbimortalidade precoce. Os principais padrões de subnutrição nessa fase inicial da vida são a magreza, com ou sem edema, o retardo no crescimento e o baixo peso corporal (Trehan; Manary, 2015).

A *magreza* é caracterizada pela redução do peso da criança em relação à estatura, sendo frequentemente resultante de perdas agudas de peso. Quando isso ocorre de forma grave, duas síndromes clínicas podem ser desenvolvidas: marasmo e *kwashiorkor* (Titi-Lartey; Gupta, 2020; Benjamin; Lappin, 2023). Também conhecidas como desnutrição aguda grave, esses dois distúrbios são considerados importantes problemas de saúde na infância. Devido à suscetibilidade elevada ao desenvolvimento de infecções graves e óbito em pessoas com menos de 5 anos, a detecção precoce e o tratamento correto são fundamentais para a normalização das funções fisiológicas e metabólicas e recuperação da saúde (Bhutta *et al.*, 2017).

Crianças com marasmo geralmente sofrem com privação severa de alimentos e, por consequência, ingerem quantidades insuficientes de calorias para a manutenção adequada do organismo (Titi-Lartey; Gupta, 2020). Os sinais e sintomas apresentados nesses casos são redução acentuada do tecido adiposo e da massa muscular, baixo peso para altura, pele fina e seca, bradicardia, hipotensão e hipotermia. O diagnóstico do marasmo é realizado por meio da avaliação antropométrica, e os critérios para a identificação são o escore Z de peso para altura maior que 3 desvios padrões (DP) abaixo da média, segundo as curvas de crescimento da OMS, ou a circunferência do braço menor que 115 mm, na faixa etária de 6 a 59 meses, para ambos os sexos na ausência de edema (Dipasquale; Cucinotta; Romano, 2020).

O *kwashiorkor*, por sua vez, não tem etiologia bem definida como a síndrome anteriormente citada, mas observa-se associação com o desmame materno precoce e a ingestão de dieta monótona deficiente em proteínas. Os aspectos clínicos característicos são o edema periférico bilateral, que pode mascarar os sinais físicos de atrofia muscular, bem como hipoalbuminemia, dermatite, hepatomegalia, distúrbios eletrolíticos e fragilidade e hipopigmentação capilar (Benjamin; Lappin, 2023). O principal critério para o diagnóstico é a presença de edema bilateral simétrico que começa distalmente dos membros inferiores, progride para as mãos e, em casos mais graves, acomete a face. O edema pode ser identificado ao pressionar a pele na região dos ossos do tarso (terceiro ao quarto) na face dorsal do pé e formar uma depressão que não se desfaz imediatamente após a cessação da força aplicada. Em alguns casos, a criança pode apresentar um quadro misto com características das duas síndromes, o *kwashiorkor* marasmático (Benjamin; Lappin, 2023; Dipasquale; Cucinotta; Romano, 2020).

A exposição crônica à subnutrição na infância provoca um efeito acumulativo no organismo que resulta no retardo do crescimento linear, deixando o indivíduo com baixa estatura. O diagnóstico do *nanismo* infantil é baseado nos padrões de crescimento da OMS e é detectado quando o escore Z da altura para a idade ultrapassa 2 DP abaixo da média (Benjamin; Lappin, 2023; Dipasquale; Cucinotta; Romano, 2020; De Onis; Branca, 2016). De forma semelhante às outras subnutrições, o déficit na estatura também está associado ao comprometimento físico e cognitivo, bem como aumento da morbidade e mortalidade. Em regiões com alta prevalência populacional de baixa estatura, esse problema pode não ser devidamente reconhecido e o acompanhamento médico negligenciado (Unicef, 2019; De Onis; Branca, 2016).

O *baixo peso* infantil consiste na redução do peso corporal para a idade. Essa subnutrição pode ser em virtude da redução do peso para a altura ou da estatura para a idade, também sendo possível a presença das duas condições simultaneamente (Bhutta, 2017).

DESNUTRIÇÃO RELACIONADA A MICRONUTRIENTES

A desnutrição relacionada a micronutrientes ocorre com frequência em indivíduos com subnutrição com ingestão inadequada de micronutrientes e, assim, o indivíduo pode sofrer com a presença de duas formas de má nutrição de modo concomitante. No entanto, a deficiência de nutrientes pode estar presente mesmo em populações que possuem suprimento adequado de alimentos quanto às necessidades energéticas, sendo as deficiências de ferro, vitamina A e iodo as mais frequentes (Unicef, 2019).

Embora apresentem consequências graves para o funcionamento do organismo, depressão do sistema imunológico, déficits de crescimento, desenvolvimento físico e cognitivo e perda contínua de produtividade, algumas dessas condições podem passar desapercebidas na população e, por isso, são denominadas "fome oculta". Essas consequências da desnutrição relacionada a micronutrientes podem manifestar-se desde sintomas subclínicos a sintomas graves que contribuem para a mortalidade infantil e materna.

O déficit de vitamina A pode provocar distúrbios oculares, como cegueira noturna, lesões na conjuntiva, xeroftalmia e ceratomalácia, que podem evoluir para cegueira permanente se não tratado. As deficiências de ferro e iodo, por sua vez, podem prejudicar o desenvolvimento neurológico (cognitivo e psicomotor), e, nesse período crítico da maturação do sistema, a deterioração da função pode ser irreversível em casos graves e crônicos. Com exceção do iodo, a carência desses nutrientes apresenta relação direta com o aumento da morbimortalidade de crianças por doenças infecciosas (Unicef, 2019; Bailey; West Jr.; Black, 2015).

O diagnóstico desses distúrbios nutricionais é realizado por meio da avaliação de marcadores bioquímicos, da sintomatologia e da ingestão nutricional. Os resultados encontrados servem como base para determinação do status do nutriente no organismo (Bailey; West Jr.; Black, 2015). A baixa diversidade alimentar é um dos principais fatores relacionados à deficiência de micronutrientes, sendo mais prevalente nos países em desenvolvimento, nos quais o acesso a dietas com variedade em frutas, vegetais e alimentos que possuem boa quantidade de micronutrientes, é restrito.

SOBREPESO E OBESIDADE

A má nutrição também está presente quando há acúmulo anormal ou excessivo de gordura que pode resultar em comprometimento da saúde, configurando o sobrepeso ou a obesidade. Essa forma de desnutrição apresenta estreita relação com a ingestão de energia de alimentos e bebidas excedente às necessidades energéticas e com o sedentarismo.

No mundo, estima-se que o número de crianças menores de 5 anos vivendo com excesso de peso vai aumentar de 40 milhões para 43 milhões até 2025. Metade dessas crianças moram na Ásia e 25% na África, enquanto as afetadas por essa condição em países desenvolvidos vivem principalmente em famílias de baixo nível socioeconômico. Essa realidade destaca uma questão importante da má nutrição decorrente do peso em excesso, que é a iniquidade em saúde, resultando em desigualdades crescentes nas taxas de obesidade entre grupos sociais de alta e baixa rendas (Unicef, 2019).

Alguns fatores têm sido apontados como condicionantes dessa situação, por exemplo, o aumento na ingestão energética, a urbanização com mudança no estilo de vida, a substituição de dietas baseadas em alimentos tradicionais e *in natura* para produtos ultraprocessados e o sedentarismo. A preocupação com o rápido aumento das taxas de sobrepeso e obesidade é o fato dessa condição estar relacionada ao aparecimento precoce de diabetes tipo 2, estigmatização e depressão, além de ser um forte indicador da obesidade adulta, com sérias consequências econômicas e de saúde. O mesmo acontece com as doenças cardiovasculares, como hipertensão e aterosclerose, que acometem crianças e adolescentes e se agravam tardiamente, sendo mais comuns nas crianças e adolescentes com excesso de peso e deposição de gordura abdominal.

A maior carga de todas as formas de má nutrição recai sobre crianças e adolescentes das comunidades mais pobres e marginalizadas, perpetuando a pobreza ao longo das gerações. A coexistência dos quadros de subnutrição, deficiência de micronutrientes e excesso de peso caracteriza a tripla carga de má nutrição. (Unicef, 2019).

Essa tripla carga de má nutrição pode estar presente no mesmo país, na mesma família e, às vezes, no mesmo indivíduo, o que requer um enorme desafio para os países, especialmente os de baixo e médio nível socioeconômico, que precisam lidar com magreza, nanismo, fome oculta e altas taxas de excesso de peso de forma simultânea, o que ultrapassa a sua capacidade de resposta (Unicef, 2019).

CENÁRIO EPIDEMIOLÓGICO DA DESNUTRIÇÃO NO MUNDO E NO BRASIL

Segundo a Organização Mundial da Saúde (OMS), 250 milhões de crianças sofrem de desnutrição e 45% dos óbitos em menores de 5 anos estão relacionados à desnutrição. A edição de 2022 do relatório *The State of Food Security and Nutrition in the World* (Sofi), mostra as atualizações acerca da atual situação da segurança alimentar e nutricional no mundo e apresenta as recentes estimativas sobre os custos de uma alimentação considerada saudável. O relatório mostrou que cerca de 924 milhões de pessoas (11,7% da população mundial) encontram-se em insegurança alimentar severa e que 3,1 bilhões de pessoas não conseguem ter acesso a uma dieta saudável (FAO; Ifad; Unicef; WFP; WHO, 2022).

Em 2022, o Fundo das Nações Unidas para a Infância (Unicef), divulgou um documento chamado Alerta Infantil, relatando o aumento do número de crianças com desnutrição severa. Segundo o Unicef, a guerra na Ucrânia, a economia no período pós-pandemia e a seca em alguns países devido às mudanças climáticas são possíveis causas para esse aumento importante da desnutrição severa infantil no mundo. As regiões com mais casos são o sul da Ásia e África subsaariana (Unicef, 2019; FAO; Ifad; Unicef; WFP; WHO, 2022).

Em 2023, mais de 30 milhões de crianças estão com desnutrição aguda em 15 países mais afetados por conflitos, mudanças climáticas e impactos da pandemia da covid-19 (Afeganistão, Burkina Faso, Chade, República Democrática do Congo, Etiópia, Haiti, Quênia, Madagascar, Mali, Níger, Nigéria, Somália, Sudão do Sul, Sudão e Iêmen), e cerca de 8 milhões destas crianças encontram-se com desnutrição severa (Unicef, 2019; FAO; Ifad; Unicef; WFP; WHO, 2022).

A situação da desnutrição acompanha o agravamento dramático da fome em 2020. Segundo a Organização das Nações Unidas para Alimentação e Agricultura (FAO), mais de 828 milhões de pessoas foram afetadas pela fome, agravada pela pandemia de covid-19, aumentando o número de pessoas que enfrentam insegurança alimentar em muitos países. Essa realidade denuncia o não cumprimento das metas nutricionais da Agenda 2030, de erradicação da fome (FAO; Ifad; Unicef; WFP; WHO, 2022).

Apesar de algumas melhorias com relação ao baixo peso ao nascer, o déficit de crescimento entre crianças menores de 5 anos e o aleitamento materno exclusivo desde 2000, estima-se ainda que mais de 149 milhões de menores de 5 anos sofram de atraso de crescimento ou sejam muito baixos para idade; mais de 45 milhões estão debilitadas ou muito magras para sua altura; e quase 39 milhões estão acima do peso. Três bilhões de adultos e crianças permanecem excluídos de dietas saudáveis e quase um terço das mulheres em idade reprodutiva sofre de anemia (FAO; Ifad; Unicef; WFP; WHO, 2022).

No Brasil, até 1990, a desnutrição infantil estava presente na maioria das populações mais pobres. Desde então, a taxa de desnutrição no país diminuiu significativamente. Entre 1996 e 2006, ocorreu uma redução importante de 50% de desnutrição crônica (baixa estatura para a idade), passando de 13,4% para 6,7%. Esse resultado positivo, porém, não alcançou toda a população. A desnutrição crônica ainda afeta principalmente crianças indígenas.

Apesar dessa redução, a taxa de óbitos infantis por desnutrição no Brasil ainda é considerada alta. Segundo dados do Datasus, ocorreram 16.942 óbitos por desnutrição em crianças com até 1 ano de idade, entre 1996 e 2019.

Em 2019, cerca de 13,8 milhões de pessoas no país viviam em extrema pobreza, com 17% da população sofrendo de algum grau de insegurança alimentar, o que foi agravado pela pandemia de covid-19. Em 2022, o relatório do II Inquérito Nacional sobre Insegurança Alimentar no Contexto da Pandemia da covid-19 no Brasil (Vigisan) mostrou que em 28% dos domicílios brasileiros havia incerteza quanto ao acesso aos alimentos e comprometimento da qualidade da alimentação, enquanto a restrição quantitativa aos alimentos ocorreu em 30,1% dos domicílios, dos quais 15,5% estavam convivendo com insegurança alimentar grave (Vigisan, 2022).

O Estudo Nacional de Alimentação e Nutrição Infantil (Enani-2019) (UFRJ, 2022) tem como um dos seus objetivos avaliar o estado nutricional antropométrico e as deficiências de micronutrientes entre crianças brasileiras menores de 5 anos. O estado nutricional antropométrico das crianças avaliado por meio dos índices peso para idade (P/I), altura para idade (A/I) e índice de massa corporal para idade (IMC/I) mostrou que a prevalência de baixo peso para idade no Brasil foi de 2,9%, sendo maior nas regiões Nordeste (3,2%) e Sudeste (3,1%) e menor na região Sul (1,8%). Além disso, esse estudo mostrou também que a insegurança alimentar no Brasil é maior entre crianças negras e pardas do que em crianças brancas. Em relação às regiões, Norte e Nordeste apresentaram maior presença de algum nível de insegurança alimentar (UFRJ, 2022).

Em 2022, o Brasil registrou 2.754 internações de bebês menores de 1 ano por desnutrição, sequelas de desnutrição e deficiências nutricionais. Esse cenário negativo também ocorreu em 2021, com o registro de 2.974 hospitalizações com o mesmo diagnóstico, sendo o índice mais elevado dos últimos 13 anos. A Sociedade Brasileira de Pediatria (SBP) emitiu uma nota de alerta em outubro de 2022, relatando que em 2021 foi registrada a maior taxa de hospitalização de crianças menores de 1 ano associada à desnutrição, sendo mais expressiva na região Nordeste e com maior número de óbitos na região Norte (SBP, 2022).

FATORES CONDICIONANTES E CONSEQUÊNCIAS DA DESNUTRIÇÃO

Os fatores relacionados à desnutrição são combinados de diferentes formas em uma complexa rede de contextos e circunstâncias que provocam sua gênese e geram, assim, uma cadeia complexa de consequências (Unicef, 2019; FAO; Ifad; Unicef; WFP; WHO, 2022).

Fatores biológicos proximais dessa condição envolvem consumo inadequado ou insuficiente em termos de calorias, proteínas e micronutrientes, e presença de doenças que afetam o metabolismo, principalmente infecciosas, alterações fisiológicas, entre outros. É evidente, contudo, que uma dieta inadequada e a ocorrência de doenças infecciosas são fatores que podem decorrer de situações sociais e econômicas que os antecedem na etiologia da desnutrição. Assim, o baixo nível socioeconômico das famílias, o pouco acesso a água e esgoto, o baixo nível de educação, o analfabetismo, as péssimas condições de higiene e moradia e o baixo acesso à assistência à saúde são condições também envolvidas na cadeia complexa da gênese da desnutrição. Fatores mais distais como desemprego, desinformação, organização do sistema de saúde, preço dos alimentos etc. representam fatores causais que também interferem na etiologia da desnutrição (Unicef, 2019; FAO; Ifad; Unicef; WFP; WHO, 2022).

Além das conhecidas repercussões clínicas da desnutrição infantil (prejuízo no sistema imunológico, infecções de repetição, retardo de crescimento físico e cognitivo, aumento do risco de problemas em desfechos obstétricos, aumento de doenças crônicas ao longo de gerações), somam-se as consequências sociais e econômicas. Na educação formal, a desnutrição leva as crianças a menor rendimento escolar, dificuldade de aquisição de habilidades educacionais básicas e evasão escolar precoce com consequente perpetuação do ciclo intergeracional de pobreza. De tudo isso advém um estigma social e discriminação.

Na economia dos países, a desnutrição e a falta de acesso a alimentos adequados prejudicam o desempenho acadêmico ao longo do tempo, a produtividade e a capacidade futura de trabalho das pessoas, reduzindo o potencial de crescimento econômico. Fica comprometido o capital humano voltado para o desenvolvimento e inovação de uma nação. Os altos custos relacionados à saúde pública e aos programas assistenciais para combate da fome e tratamento da desnutrição e suas consequências (mortes ou incapacidades) também representam um ônus para os governos.

Ainda, a fome decorre de conflitos sociais e políticos, migração forçada, instabilidade econômica e desigualdade social. Esses problemas têm um impacto negativo na estabilidade global e no progresso em direção aos Objetivos de Desenvolvimento Sustentável estabelecidos pela ONU (Unicef, 2019; FAO; Ifad; Unicef; WFP; WHO, 2022).

CONTEXTO SINDÊMICO DA DESNUTRIÇÃO

No início do século XX, a desnutrição, a fome e as doenças infecciosas eram as condições que mais afetavam e preocupavam o cenário epidemiológico de muitos países. Com a transição nutricional, observou-se uma inversão na distribuição das deficiências nutricionais (anemia ferropriva, hipovitaminose A, deficiência de iodo), que foram progressivamente substituídas pela emergência epidêmica da obesidade e suas comorbidades. No entanto, após anos de declínio, o número de pessoas com fome ou com comprometimento da quantidade ou qualidade de alimentos para consumir vem aumentando. Assim, essa trajetória não pode ser reduzida à simples inversão dessas condições, uma vez que a desnutrição ainda está presente em diferentes partes do mundo, concomitante com a obesidade e a presença de DCNT (Swinburn *et al.*, 2019).

A evolução da indústria de alimentos e a modernização da agricultura, com produção de uma variedade de alimentos em larga escala industrial, de baixo custo, alta durabilidade, facilmente estocáveis e distribuídos globalmente, indicava um cenário promissor de redução da desnutrição no século XX. Contudo, as mudanças no cenário nutricional mundial têm trazido desafios que envolvem diferentes formas de má nutrição e ultrapassam os limites da vida humana, colocando em risco todo o planeta.

A produção de alimentos ultraprocessados, com alta densidade de energia, ricos em gorduras e/ou açúcares, com elevado teor de sódio, pobres em fibras e com baixa densidade de micronutrientes, recebeu elevados investimentos por conta de alegações nutricionais de benefícios à saúde e combate à fome. No entanto, esses produtos altamente palatáveis, oferecidos em grandes porções a baixos custos, vem contribuindo para a obesidade e doenças relacionadas, ao mesmo tempo que têm um impacto negativo no meio ambiente. As embalagens dos produtos são pouco biodegradáveis, aumentando a produção de resíduos e contaminação do meio ambiente. A demanda por matérias-primas usadas na fabricação desses produtos incentiva o cultivo de monoculturas dependentes de agrotóxicos e uso elevado de fertilizantes e água. A emissão de gases de efeito estufa decorrentes dos processos de manufatura, distribuição e comercialização desses produtos também contribui para a degradação e a poluição do ambiente, a redução da biodiversidade e o comprometimento das reservas de água e de outros recursos naturais (Willett *et al.*, 2019).

Mudanças climáticas observadas no planeta nos últimos anos têm impactado de forma importante a produção agrícola e a disponibilidade de alimentos, levando à escassez de alimentos nutritivos e ao aumento dos preços, principalmente em regiões de baixo desenvolvimento econômico. Isso pode levar a escolhas alimentares menos saudáveis e à má nutrição. A desigualdade social e econômica, que muitas vezes está associada à obesidade e à má nutrição, também influencia a vulnerabilidade das populações aos impactos das mudanças climáticas, exacerbando as disparidades na saúde e no acesso a alimentos saudáveis (Swinburn *et al.*, 2019; Willett *et al.*, 2019).

A essa interação sinérgica e ocorrência simultânea das pandemias de obesidade, desnutrição e alterações climáticas dá-se o nome de sindemia global de obesidade, desnutrição e mudanças climáticas. As interações entre as três pandemias concorrem no mesmo tempo e espaço, tanto em nível individual como coletivo, afetando todas as regiões do planeta (Swinburn *et al.*, 2019).

A relação da desnutrição com a sindemia global é complexa e multifacetada. Indivíduos desnutridos possuem maior vulnerabilidade a doenças infecciosas, como infecções respiratórias, diarreia e doenças transmitidas por vetores, como a malária, uma vez que a desnutrição enfraquece o sistema imunológico. Essas doenças podem interagir com outras epidemias, como a pandemia de covid-19, agravando os efeitos negativos à saúde.

O ciclo intergeracional de desnutrição é outro fator que se destaca nas relações entre desnutrição e obesidade. A desnutrição em mulheres grávidas pode resultar em crianças nascidas com baixo peso, deficiências nutricionais e maior probabilidade de desenvolver problemas de saúde a longo prazo; quando se tornam adultos, podem enfrentar maior risco de doenças crônicas, como obesidade e suas comorbidades, perpetuando o ciclo da má nutrição.

Como apresentado anteriormente, a desnutrição geralmente está associada a pobreza, acesso limitado a alimentos nutritivos, falta de saneamento adequado e ausência de serviços de saúde. Esses fatores socioeconômicos também podem contribuir para outras epidemias, como doenças cardiovasculares, diabetes e obesidade, que podem coexistir com a desnutrição. Além disso, as epidemias de desnutrição e outras doenças não ocorrem isoladamente. Elas são influenciadas por fatores como mudanças climáticas, desigualdade de gênero, conflitos e migração. Esses fatores podem aumentar a prevalência da desnutrição e das outras epidemias, criando uma rede complexa de interações que constituem uma sindemia global.

Nesse sentido, a desnutrição não pode ser vista de forma isolada sem considerar a interação dos múltiplos fatores comuns, até mesmo com a obesidade e com as mudanças climáticas, sendo necessárias abordagens sistêmicas e combinações sinérgicas de intervenções no âmbito populacional para seu enfrentamento (Swinburn *et al.*, 2019).

REFERÊNCIAS

BAILEY, R. L.; WEST JR., K. P.; BLACK, R. E. The epidemiology of global micronutrient deficiencies. *Annals of Nutrition and Metabolism*, v. 66, suppl, 2, p. 22-33, 2015. Disponível em: https://www.karger.com/article/FullText/40738. Acesso em: 6 jun. 2023.

BENJAMIN, O.; LAPPIN, S. L. *Kwashiorkor*. Treasure Island (FL): StatPearls Publishing, 2023. Disponível em: https://www.ncbi.nlm.nih.gov/books/NBK507876/. Acesso em: 6 jun. 2023.

BHUTTA, Z. A. *et al*. Severe childhood malnutrition. *Nature Reviews. Disease Primers*, v. 3, p. 17067, 2017. Disponível em: https://www.nature.com/articles/nrdp201767. Acesso em: 6 jun. 2023.

DE ONIS, M.; BRANCA, F. Childhood stunting: a global perspective. *Maternal & Child Nutrition*, v. 12, suppl. 1, p. 12-26, 2016. Disponível em: https://onlinelibrary.wiley.com/doi/10.1111/mcn.12231. Acesso em: 6 jun. 2023.

DIPASQUALE, V.; CUCINOTTA, U.; ROMANO, C. Acute malnutrition in children: pathophysiology, clinical effects and treatment. *Nutrients*, v. 12, n. 8, p. 2413, 2020. Disponível em: https://www.mdpi.com/2072-6643/12/8/2413. Acesso em: 6 jun. 2023.

FOOD AND AGRICULTURE ORGANIZATION (FAO); INTERNATIONAL FUND FOR AGRICULTURAL DEVELOPMENT (IFAD); UNITED NATIONS INTERNATIONAL CHILDREN'S EMERGENCY FUND (UNICEF); WORLD FOOD PROGRAMME (WFP); WORLD HEALTH ORGANIZATION (WHO). *The State of Food Security and Nutrition in the World 2022. Repurposing food and agricultural policies to make healthy diets more affordable*. Rome: FAO, 2022.

KATOCH, O. R. Determinants of malnutrition among children: a systematic review. *Nutrition* [internet], v. 96, p. 111565, 2022. Disponível em: https://www.sciencedirect.com/science/article/abs/pii/S0899900721004275?via%3Dihub. Acesso em: 6 jun. 2023.

POPKIN, B. M.; CORVALAN, C.; GRUMMER-STRAWN, L. M. Dynamics of the double burden of malnutrition and the changing nutrition reality. *Lancet* [internet], v. 395, n. 10217, p. 65-74, 2020. Disponível em: https://www.thelancet.com/journals/lancet/article/PIIS0140-6736(19)32497-3/fulltext. Acesso em: 6 jun. 2023.

SOCIEDADE BRASILEIRA DE PEDIATRIA (SBP). *A desnutrição infantil voltou*? Rio de Janeiro: SBP, 2022. Disponível em: https://www.sbp.com.br/fileadmin/user_upload/23785a-NA_A_Desnutricao_Infantil_Voltou.pdf SBP. Acesso em: 6 jun. 2023.

SWINBURN, B. A. *et al*. The global syndemic of obesity, undernutrition, and climate change: the Lancet Commission report. *Lancet*, v. 393, n. 10173, p. 791-846, 2019. Disponível em: https://www.thelancet.com/journals/lancet/article/PIIS0140-6736(18)32822-8/fulltext. Acesso em: 6 jun. 2023.

TEBEJE, N. B. *et al*. Prevalence and major contributors of child malnutrition in developing countries: systematic review and meta-analysis. *J Child Obes* [Internet], v. 2, n. 4, p. 16, 2017. Disponível em: https://www.primescholars.com/articles/prevalence-and-major-contributors-of-child-malnutrition-in-developing-countries-systematic-review-and-metaanalysis-95868.html. Acesso em: 6 jun. 2023.

TITI-LARTEY, O. A.; GUPTA, V. *Marasmus*. Treasure Island (FL): StatPearls Publishing, 2020. Disponível em: https://www.ncbi.nlm.nih.gov/books/NBK559224/. Acesso em: 6 jun. 2023.

TREHAN, I.; MANARY, M. J. Management of severe acute malnutrition in low-income and middle-income countries. *Arch Dis Child* [Internet], v. 100, n. 3, p. 283-287, 2015. Disponível em: https://adc.bmj.com/content/100/3/283.long. Acesso em: 6 jun. 2023.

VICTORA, C. G. *et al.* Revisiting maternal and child undernutrition in low-income and middle--income countries: variable progress towards an unfinished agenda. *Lancet* [internet], v. 397, n. 10282, p. 1388-1399, 2021. Disponível em: https://www.thelancet.com/journals/lancet/article/PIIS0140-6736(21)00394-9/fulltext. Acesso em: 6 jun. 2023.

UNITED NATIONS INTERNATIONAL CHILDREN'S EMERGENCY FUND (UNICEF). *The State of the World's Children 2019. Children, food and nutrition: growing well in a changing world.* New York: Unicef, 2019.

UNIVERSIDADE FEDERAL DO RIO DE JANEIRO (UFRJ). *Estado nutricional antropométrico da criança e da mãe: prevalência de indicadores antropométrico de crianças brasileiras menores de 5 anos de idade e suas mães biológicas.* [internet]. Rio de Janeiro: UFRJ, 2022. 96 p. Disponível em: https://enani.nutricao.ufrj.br/index.php/relatorios/. Acesso em: 6 jun. 2023.

VIGISAN. *II Inquérito Nacional sobre Insegurança Alimentar no Contexto da Pandemia da Covid-19 no Brasil.* [livro eletrônico]. São Paulo: Rede Penssan, 2022.

WILLETT, W. *et al.* Food in the anthropocene: the EAT-Lancet Commission on healthy diets from sustainable food systems. Lancet, v. 393, n. 10170, p. 447-492, 2019. Disponível em: https://www.thelancet.com/journals/lancet/article/PIIS0140-6736(18)31788-4/fulltext. Acesso em: 6 jun. 2023.

WORLD HEALTH ORGANIZATION (WHO). *Turning the tide of malnutrition: responding to the challenge of the 21st century.* Geneva: WHO, 2000.

CAPÍTULO 3

Enfrentamento da desnutrição no mundo: objetivos do milênio e perspectivas para o futuro

Pedro Marcos Gomes Soares

A desnutrição no mundo deve ser compreendida como um fato decorrente da fome ou das situações de insegurança alimentar. Ademais, estados de desnutrição podem advir de situações conjunturais e muitas vezes disruptivas. Aqui podemos citar: a pandemia de covid-19 e a guerra entre Rússia e Ucrânia. E por que essas situações aumentam a desnutrição? A covid-19, uma infecção provocada pelo vírus Sars-Cov-2, aprofundou a desnutrição, em especial, nas crianças, pois exacerbou a insegurança alimentar e as desigualdades sociais já existentes. Em relação à recente guerra entre Ucrânia e Rússia causa preocupação visto que esses países são importantes produtores e exportadores de trigo, milho e óleo de girassol, além de fertilizantes e outros insumos agrícolas.

Somados a essas questões, há os fatos econômicos que impactam fortemente o acesso ao alimento. Seguindo essa linha, a FAO (Organização das Nações Unidas para Alimentação e Agricultura) observou que os preços dos alimentos em termos reais cresceram 67% de maio de 2020 a maio de 2022. Com a alta de preços, a questão do acesso a alimentos é uma preocupação a ser considerada, notadamente para populações mais pobres de países importadores de alimentos e fertilizantes, como algumas regiões da África e da Ásia.

É nesse cenário de multicausalidade que a desnutrição está inserida. A ONU, entendendo que a fome e a insegurança alimentar são pontos a serem combatidos na perspectiva de alcançar um desenvolvimento sustentável, lançou em 2015 uma iniciativa chamada Pacto Global que envolve os seus 193 países-membros. Dentro desse Pacto

Global estão inseridos os 14 objetivos de desenvolvimento sustentável (ODS), que tratam de erradicação da pobreza, educação de qualidade, energia acessível e limpa e uso sustentável dos oceanos, entre outros.

Neste capítulo, vale destacar o ODS 2, que diz respeito à fome zero e à agricultura sustentável. O ODS 2 reúne cinco metas específicas:

1) Até 2030, acabar com a fome e garantir o acesso de todas as pessoas, em particular pobres e pessoas em situações vulneráveis, incluindo crianças, a alimentos seguros, nutritivos e suficientes durante todo o ano.

2) Até 2030, acabar com todas as formas de desnutrição, incluindo atingir, até 2025, as metas acordadas acerca de nanismo e caquexia em crianças menores de 5 anos de idade, e atender às necessidades nutricionais de adolescentes, mulheres grávidas e lactantes e pessoas idosas.

3) Até 2030, dobrar a produtividade agrícola e a renda dos pequenos produtores de alimentos, particularmente de mulheres, povos indígenas, agricultores familiares, pastores e pescadores, inclusive por meio de acesso seguro e igual à terra, outros recursos produtivos e insumos, conhecimento, serviços financeiros, mercados e oportunidades de agregação de valor e de emprego não agrícola.

4) Até 2030, garantir sistemas sustentáveis de produção de alimentos e implementar práticas agrícolas resilientes, que aumentem a produtividade e a produção, que ajudem a manter os ecossistemas, que fortaleçam a capacidade de adaptação às mudanças climáticas, às condições meteorológicas extremas, secas, inundações e outros desastres, e que melhorem progressivamente a qualidade da terra e do solo.

5) Até 2020, manter a diversidade genética de sementes, plantas cultivadas, animais de criação e domesticados e suas respectivas espécies selvagens, inclusive por meio de bancos de sementes e plantas diversificados e bem geridos em nível nacional, regional e internacional, além de garantir o acesso e a repartição justa e equitativa dos benefícios.

Além desses outros objetivos, foram elencados:

- Aumentar o investimento em infraestrutura rural, pesquisa e extensão de serviços agrícolas, desenvolvimento de tecnologia e bancos de genes de plantas e animais, para aumentar a capacidade de produção agrícola nos países em desenvolvimento, em particular nos países menos desenvolvidos.
- Corrigir e prevenir as restrições ao comércio e distorções nos mercados agrícolas mundiais, incluindo a eliminação paralela de todas as formas de subsídios à exportação e todas as medidas de exportação com efeito equivalente.

- Adotar medidas para garantir o funcionamento adequado dos mercados de *commodities* de alimentos e seus derivados, e facilitar o acesso oportuno à informação de mercado, inclusive sobre as reservas de alimentos, a fim de ajudar a limitar a volatilidade extrema dos preços dos alimentos.

Contudo, o cenário não evoluiu de maneira positiva. A fome e a desnutrição se agravaram em todo o mundo. É o que aponta o Relatório Mundial sobre Crises Alimentares (*Global Report on Food Crises* – GRFC, 2023), divulgado no início de maio de 2023 e que estima que mais 258 milhões de pessoas passam por insegurança alimentar aguda e necessitam de assistência alimentar com urgência. Esse cenário pode ser observado em 58 países/territórios, o maior número dos últimos sete anos de história do GRFC.

Ainda segundo o relatório, mais de 35 milhões de crianças menores de 5 anos tiveram desnutrição aguda. Cerca de 9,2 milhões delas passaram pela forma mais perigosa de deficiência nutricional.

Somado ao GRFC, outro relatório, o Panorama da Segurança Alimentar e Nutricional, divulgado pela ONU em 2022, revela que o contingente de pessoas impactadas pela fome em 2021 superou os 46 milhões (dados de 2022). Ainda segundo o estudo, 22,5% da população da América Latina e do Caribe não tinham acesso a uma dieta saudável. O percentual é de 18,4% quando se considera apenas os países da América do Sul. Se o ritmo permanecer o mesmo, a estimativa é que 670 milhões de pessoas enfrentarão fome em 2030, ou seja, 8% da população mundial.

Adicionalmente, outro estudo, intitulado "O Estado da Segurança Alimentar e Nutricional no Mundo 2022", elaborado também pela ONU, sugere números alarmantes, com quase 670 milhões de pessoas em estado de subnutrição para o ano de 2030 – 78 milhões a mais do que em um cenário em que a pandemia não havia ocorrido. Destaca-se, nesse relatório, a projeção de 15,4 milhões de pessoas em estado de insegurança alimentar grave no Brasil, considerando a média entre 2019 e 2021.

O estudo mostra que a prevalência de recém-nascidos com baixo peso ao nascer vem aumentando de 37,1% (49,9 milhões) em 2012 para 43,8% (59,4 milhões) em 2020 (De Onis *et al.*, 2020). A condição de ter muito baixo peso para idade prejudica o desenvolvimento físico e cognitivo das crianças, aumenta o risco de morte por infecções comuns e predispõe as crianças ao excesso de peso e a DCNT em etapas posteriores da vida. A OMS traz uma alerta acerca da desnutrição nos primeiros mil dias de vida, pois é uma etapa crítica para o desenvolvimento cerebral dos recém-nascidos.

Esses déficits no desenvolvimento cerebral podem comprometer vários domínios cognitivos (motor, adaptativo, de linguagem e social/pessoal). Ademais, os déficits comportamentais e cognitivos perduram por um longo período, e os domínios cognitivos (atenção, memória de trabalho, aprendizagem, memória e habilidade visuoespacial) permanecem baixos mesmo com o aumento da idade, levando a um importante comprometimento na vida adulta (Grantham-Mcgregor, S. *et al.* 2007; Walker *et al.*, 2007).

A desnutrição traz consigo um prejuízo nos sistemas de defesa que predispõe a infecções, que, por consequência, podem agravar a desnutrição. Esse fato gera um círculo vicioso desnutrição/infecção expondo as crianças a infestações parasitárias, como a ascaridíase, muito relacionada a déficits absortivos intestinais (Becker *et al.*, 1991; Caulfield *et al.*, 2004)..

Outro ponto crítico da desnutrição é sua correlação com o aumento da mortalidade. Os dados estimam que mais de 5 milhões de crianças menores de 5 anos de países em desenvolvimento morrem a cada ano como consequência direta ou indireta da desnutrição (Unicef, 2019).

Diante desses cenários da desnutrição, é fundamental a adoção de estratégias de combate e de prevenção da desnutrição. Uma perspectiva interessante é o enfrentamento das doenças infecciosas, visto que estão relacionadas com a redução do apetite, o aumento das necessidades energéticas e a perda de nutrientes. Em seguida, a prevenção de doença diarreica.

Outras estratégias dizem respeito a boas práticas agrícolas, economia aquecida, ambiente propício e saudável, vida social e familiar saudável, bons cuidados pré-natais e perinatais, triagem precoce e controle de doenças evitáveis.

A abordagem dessas perspectivas em boas práticas agrícolas traz conceitos sobre como preparar a terra no momento certo, plantar boas safras suficientes, usar irrigação e fertilizantes quando necessário, obter aconselhamento adequado, colher na época certa e armazenar com segurança os alimentos para evitar perdas por pragas, além de um bom sistema de transporte e distribuição para obter alimentos bons e suficientes para todas as regiões.

A inter-relação entre nutrição, infecção e pobreza pode ser considerada o principal fator determinante da ocorrência de desnutrição, que, por sua vez, é uma consequência de fatores sociais, econômicos, políticos, culturais e biológicos. Ao mesmo tempo, as doenças infecciosas e suas influências sobre a capacidade de trabalho e a mortalidade podem ser consideradas as principais consequências da desnutrição, interferindo no desenvolvimento de indivíduos e populações.

No que diz respeito às perspectivas de ambiente propício e saudável, os governos devem garantir disponibilidade e distribuição de água segura e suficiente para beber e cozinhar. O saneamento ambiental e o tratamento e a gestão de esgotos também devem ser adequados. Se faltar esse tipo de ambiente, a sociedade afetada ficará vulnerável a muitos problemas de saúde, incluindo a desnutrição (Kiprop J, 2020).

No ambiente escolar, são grandes as perspectivas de trazer a educação nutricional para os currículos e expandir esse conhecimento para as famílias – uma boa educação para a saúde, atitudes e práticas que promovam uma boa nutrição para os grupos mais vulneráveis (especialmente crianças e mães).

Outro ponto de perspectiva para o futuro da área da desnutrição são os cuidados pré-natais, especialmente para garantir uma boa nutrição durante a gravidez, a fim de evitar o nascimento de bebês com baixo peso e prevenir o retardo do crescimento intrauterino e a prematuridade (Kiprop J, 2020).

Um ponto central nas perspectivas de enfrentamento à desnutrição é a imunização adequada no enfrentamento de doenças infecciosas relacionadas com o círculo vicioso da desnutrição/infecção.

Assim, a prevenção da desnutrição em grupos e populações específicas deve abranger desde intervenções terapêuticas com dietas suplementadas de calorias e micronutrientes até mudanças políticas, sociais e econômicas, com o envolvimento de todos os países e de organismos internacionais.

REFERÊNCIAS

Becker, S.; Black, R. E.; Brown, K. H. Relative effects of diarrhea, fever, and dietary energy intake on weight gain in rural Bangladeshi children. *American Journal of Clinical Nutrition*, v. 53, n. 6, p. 1499-1503, 1991.

Caulfield, L. E. *et al.* Undernutrition as an underlying cause of child deaths associated with diarrhea, pneumonia, malaria, and measles. *American Journal of Clinical Nutrition*, v. 80, n. 1, p. 193-198, 2004.

De Onis, M.; Frongillo, E. A.; Blossner, M. Is malnutrition declining? An analysis of changes in levels of child malnutrition since 1980. *Bulletin of the World Health Organization*, v. 78, n. 10, p. 1222-1233, 2000.

Food Security Information Network (fsin). *Global Network Against Food Crises.* grfc 2023. fsin, 2023.

Grantham-Mcgregor, S. *et al.* International Child Development Steering Group: developmental potential in the first 5 years for children in developing countries. *Lancet*, v. 369, p. 60-70, 2007.

Keusch, G. T. The history of nutrition: malnutrition, infection, and immunity. *Journal of Nutrition*, v. 133, n. 1, p. 336S-340S, 2003.

Kiprop Choge, J. *Malnutrition: current challenges and future perspectives.* Interchopen, nov. 2020.

United Nations International Children's Emergency Fund (unicef); World Health Organization (who); World Bank. *Joint child malnutrition Estimates.* March 2019 edition.

Walker, S. P. *et al.* Child development: risk factors for adverse outcomes in developing countries. *Lancet*, v. 369, n. 9.556, p. 145-157, 2007.

CAPÍTULO 4
Avaliação alimentar e nutricional de crianças com desnutrição

Andressa Freire Salviano

Luana Monteiro Barros

Caroline Zani Rodrigues

Bárbara Hatzlhoffer Lourenço

INTRODUÇÃO

Segundo a Organização Mundial da Saúde (OMS), a má nutrição apresenta diferentes formas relacionadas a deficiências, excessos ou desequilíbrios na ingestão de energia ou nutrientes por um indivíduo (WHO, 2021). No espectro da má nutrição, um dos extremos reúne parâmetros deficitários do crescimento e do consumo alimentar (desnutrição ou *undernutrition*). Entre crianças até 5 anos, a desnutrição é caracterizada por baixos índices antropométricos de estatura para idade (*stunting*), de índice de massa corporal (IMC) ou peso para idade (*underweight*), e de peso para estatura (*wasting*), em relação a padrões de crescimento (WHO, 2000; 2006b). A desnutrição pode também ser verificada pela deficiência de micronutrientes, principalmente em relação à vitamina A, de acordo com os níveis séricos de retinol (WHO, 2009), e em relação ao ferro, por meio dos níveis sanguíneos de ferritina e hemoglobina (WHO, 2017). No outro extremo das formas de má nutrição, há parâmetros relacionados ao excesso de ingestão alimentar (supernutrição ou *overnutrition*), principalmente denotando excesso de peso por meio de valores elevados de índices antropométricos de peso ou IMC para idade em relação às curvas de referência (WHO, 2000; 2006a).

Em 2020, a OMS apontou que cerca de 149 milhões de crianças menores de 5 anos não alcançaram valores considerados adequados para estatura segundo idade e sexo, enquanto 45 milhões apresentaram baixo peso para estatura. Por outro lado, aproximadamente 39 milhões de crianças nessa faixa etária apresentaram excesso de peso. Na América Latina, entre os anos 1990 e o final dos anos 2010, houve diminuição da prevalência de baixa estatura para idade entre crianças menores de 5 anos de idade (23% para 12%, respectivamente). No Brasil, os dados seguem na mesma direção (Popkin; Corvalan; Grummer-Strawn, 2020). Ainda assim, estima-se que 45% das mortes de crianças de até 5 anos de idade sejam relacionadas à desnutrição, principalmente em países de baixa e média renda (WHO, 2021).

O Estudo Nacional de Alimentação e Nutrição Infantil (Enani), realizado em 2019, avaliou o estado nutricional de crianças menores de 5 anos de idade em 123 municípios brasileiros. Foram observadas prevalências de 7% de baixa estatura e de 3% de baixo peso de acordo com a idade, além de 3% de baixo peso para estatura (UFRJ, 2022). Em comparação com dados da Pesquisa Nacional de Demografia e Saúde, é possível observar que houve preocupante estagnação ou piora dos parâmetros de má nutrição no Brasil entre 2006 e 2019, especialmente no que tange à baixa estatura para idade, uma vez que em 2006 já figurava em 7%. Houve, ainda, indicação de piora do baixo peso para estatura e do baixo peso para idade em 2019, haja vista que, em 2006, tais quadros foram observados em 1,4% e 1,9% das crianças, respectivamente (Brasil, 2009a).

Ponto importante a ser considerado é que os processos de crescimento infantil se posicionam em sucessivas janelas críticas de sensibilidade fisiológica. A principal delas inicia-se com a concepção e segue até o final dos primeiros mil dias de vida, aos 2 anos de idade (Black *et al.*, 2013). Ao longo desse período, o crescimento e o desenvolvimento fetal são amplamente influenciados pelo estado nutricional materno durante a gestação, em relação intergeracional ante o aporte nutricional materno insuficiente ou excessivo, com consequências para a saúde da criança em longo prazo. A ocorrência de desnutrição materna entre a gestação e a lactação pode comprometer o crescimento infantil, levando a maior risco de atraso de crescimento e para deficiências nutricionais durante a primeira infância. Por consequência, a presença de déficit de crescimento linear nos primeiros mil dias de vida pode ocasionar o inadequado desenvolvimento de órgãos como coração, fígado, rins e baço, em benefício do desenvolvimento cerebral. Em situações de subsequente elevação do IMC durante a infância após a ocorrência de desnutrição, pode haver aumento do risco de desenvolvimento de doenças crônicas não transmissíveis (DCNT), como diabetes e hipertensão, durante a fase adulta, também ocasionada pelo incremento da adiposidade abdominal com redução da massa magra (Wells *et al.*, 2020).

Dessa maneira, tais repercussões negativas da desnutrição à saúde ao longo das fases da vida reforçam a necessidade de identificação precoce, acompanhamento e vigilância alimentar e nutricional do grupo populacional materno-infantil desde a concepção. Os tópicos subsequentes apoiam a discussão de objetivos e particularidades da avaliação alimentar e nutricional de crianças, com foco na condição de desnutrição, compondo rotineiramente os processos de cuidado e acompanhamento durante tal fase do curso da vida.

COMPONENTES DA AVALIAÇÃO ALIMENTAR E NUTRICIONAL DE CRIANÇAS COM DESNUTRIÇÃO

ANAMNESE VOLTADA À AVALIAÇÃO ALIMENTAR E NUTRICIONAL DE CASOS DE DESNUTRIÇÃO

Sabe-se que uma confluência de fatores socioeconômicos, ambientais, culturais e biológicos necessita ser ponderada na perspectiva do crescimento e do desenvolvimento de crianças. A compreensão de tais fatores é complexa e imprescindível ao manejo de quadros de desnutrição infantil. Para tanto, em aliança com técnicas variadas que apoiam a avaliação alimentar e nutricional, é fundamental tecer considerações sobre a prática de anamnese.

A anamnese é particularmente relevante ao propiciar, em um movimento diagnóstico mais amplo, espaço de escuta qualificada. Esse espaço pode ser especialmente crítico em casos de desnutrição infantil, tendo em vista o nível de autonomia e a relação entre crianças e seus cuidadores, o que confere ao sujeito sob avaliação caráter necessariamente coletivo (criança e cuidador/a). Em linha com a Política Nacional de Humanização do Sistema Único de Saúde (SUS), a escuta qualificada representa o acolhimento de todo relato ou queixa do sujeito, absorvendo de forma interessada e reflexiva a narrativa e as experiências apresentadas. A reconstrução de motivos para as necessidades de saúde, alimentação e nutrição pode ter função terapêutica ao proporcionar algum grau de análise sobre o quadro em curso, com apoio profissional respeitoso e dinâmico, atento a elementos verbais e não verbais da comunicação (Brasil, 2009b).

Elementos relevantes a serem observados durante a prática de anamnese com atenção a quadros de desnutrição infantil abarcam desde o espaço físico e o tempo destinado à escuta, até a postura ética de abertura dos profissionais de saúde para com os sujeitos envolvidos. Tais aspectos foram mais detalhadamente discutidos por Lourenço e Scagliusi (2019). Ainda que não seja recomendável o uso de entrevistas estruturadas, com perguntas fechadas, alguns tópicos norteadores podem ser elencados para subsidiar minimamente a avaliação alimentar e nutricional, a saber:

- Informações básicas da criança e de seus cuidadores: nomes; idades; contatos; gênero (conforme identificado pelos sujeitos); estado civil; presença de outros filhos; escolaridade; profissão; nível socioeconômico; local e condições de moradia; saneamento básico; rotina (horários).

- Informações quanto à saúde (além do exame físico e da avaliação do estado nutricional): registros anteriores nos serviços de saúde, com consulta à Caderneta da Criança; história clínica, gestacional e de parto da criança; evolução do quadro atual e de outras doenças que afetaram a criança; histórico de internações hospitalares; percepção e qualificação do estado de saúde da criança por seus cuidadores; sintomas atuais; tratamentos já realizados ou em andamento; medicamentos e suplementos utilizados; vacinação; qualidade do sono; prática de atividade física e padrão de brincadeiras; capacidade de mastigação e deglutição; padrão de evacuação e diurese; presença de alergias e intolerâncias; acesso aos serviços de saúde; periodicidade de realização de exames; antecedentes familiares.
- Informações quanto à alimentação (além da avaliação do consumo alimentar): histórico de amamentação e de introdução de alimentos complementares para a criança; uso de fórmulas infantis e complementos alimentares; uso de chupeta e mamadeiras; histórico dos hábitos alimentares dos cuidadores; preferências e aversões alimentares da criança e dos cuidadores; alterações recentes na alimentação; acesso (disponibilidade, preço, qualidade e locais de aquisição) aos alimentos; local de realização das refeições; oferta de alimentação escolar; práticas e habilidades culinárias e divisão das tarefas domésticas entre os cuidadores da criança; crenças, sentimentos e pensamentos sobre alimentação; fatores culturais, religiosos e filosóficos que influenciam a alimentação.

Além dos elementos supracitados, sublinha-se que diversos outros pontos podem se mostrar importantes para a compreensão dos quadros de desnutrição infantil. Em interlocução com saberes técnicos de profissionais da saúde, a anamnese favorece a identificação de elementos subjetivos e contextuais, de forma que a história de vida da criança em relação aos seus cuidadores, a partir do relato de condições de sobrevivência e das dinâmicas de existência, contribui para situar longitudinalmente indicadores de crescimento e de formação dos hábitos alimentares, interligando questões nutricionais e alimentares com as trajetórias singulares das pessoas envolvidas no caso. É importante, assim, apreender os sentidos e os significados plurais conferidos ao processo de crescimento infantil e às práticas alimentares, para além de limites das classificações diagnósticas mais tradicionais. Quanto mais essas racionalidades puderem ser consideradas no manejo da desnutrição infantil, maiores serão as oportunidades para a promoção, a proteção e a recuperação da saúde da criança, com menor ênfase em condutas unilaterais por parte de profissionais e serviços de saúde, e menor passividade, dependência ou resistência às ações necessárias.

A partir de tais apontamentos, reconhece-se que a prática de anamnese, enquanto espaço para escuta qualificada, deve pautar o emprego e a interpretação de outros parâmetros de avaliação do estado nutricional e do consumo alimentar, que serão discutidos adiante, guiando, portanto, as capacidades de diagnóstico e manejo dos quadros de desnutrição. Nesse ensejo, deve-se considerar a necessária reflexão sobre um uso mais racional de tecnologias, equipamentos e exames para avaliação do estado nutricional e das práticas alimentares de crianças, em conjunto à maior densidade interpretativa de resultados. Ainda, reforça-se a importância ética do adequado compartilhamento de diagnósticos, para a construção conjunta e pactuada de ações para enfrentamento dos quadros de desnutrição infantil.

AVALIAÇÃO ALIMENTAR

Nas últimas décadas, ocorreram importantes mudanças nas práticas alimentares de crianças, sendo estas marcadas pela duração insuficiente do aleitamento materno (AM) (Neves *et al.*, 2021), pela introdução precoce de alimentos complementares (Gatica-Domínguez *et al.*, 2021), pela baixa qualidade nutricional da dieta e pelo consumo expressivo de alimentos ultraprocessados (UFRJ, 2021a). Tais práticas podem ter importante repercussão sobre as formas de má nutrição na infância (Wells *et al.*, 2020). Logo, a avaliação alimentar na rotina de acompanhamento de casos de desnutrição infantil é uma etapa essencial para identificar inadequações nutricionais e comportamentos alimentares de risco, assim como para reconhecer as inter-relações entre alimentação, estado nutricional e outros determinantes de saúde.

Na prática clínica, métodos de avaliação alimentar podem ser divididos em retrospectivos ou prospectivos. Cada método possui vantagens e desvantagens e fornece dados quantitativos e/ou qualitativos acerca da ingestão de alimentos e de hábitos alimentares. As principais vantagens e desvantagens dos métodos de avaliação alimentar estão resumidas no Quadro 4.1 (Fisberg; Marchioni; Colucci, 2009). Apesar de reconhecidos, os métodos tradicionais de avaliação do consumo alimentar podem se mostrar inviáveis para o monitoramento contínuo de grupos populacionais, particularmente sob contextos de grande necessidade de acesso a serviços de saúde, além de demandarem profissionais especializados em tais métodos. Como alternativa, a utilização de marcadores do consumo alimentar pode simplificar a coleta de dados por meio de instrumentos ou formulários padronizados, com foco em indicadores críticos da qualidade da alimentação. O uso de marcadores confere maior rapidez na análise das informações em nível individual e, em nível coletivo, possibilita o reconhecimento de alimentos ou comportamentos que se relacionam à alimentação saudável ou não saudável (Brasil, 2015).

No Brasil, o Sistema de Vigilância Alimentar e Nutricional (Sisvan) preconiza o emprego de formulários de avaliação de marcadores do consumo alimentar na rotina dos trabalhadores de saúde da atenção primária à saúde (APS). Esses formulários propõem a avaliação de alimentos consumidos no dia anterior, o que ameniza possíveis vieses de memória, e organizam-se em três faixas: crianças menores de 6 meses; crianças de 6 a 23 meses e 29 dias; e crianças de 2 a 9 anos, adolescentes, adultos, idosos e gestantes. Os formulários voltados para as crianças menores de 2 anos destinam-se a avaliar condições associadas ao AM, à alimentação complementar e a carências nutricionais. Já o formulário para maiores de 2 anos tem foco no rastreamento do consumo de alimentos ultraprocessados e aborda questões relacionadas aos modos de comer por meio da identificação de refeições realizadas ao longo do dia, assim como o hábito de realizá-las assistindo à televisão (Brasil, 2015; Lourenço; Guedes; Santos, 2023).

No caso de crianças, o relato do consumo de alimentos ou grupos alimentares selecionados por meio dos formulários do Sisvan é mediado por cuidadores ou responsáveis.

No cenário clínico de avaliação alimentar, os marcadores do consumo alimentar podem suscitar pontos de atenção aos profissionais de saúde, para recomendações que visem à melhoria de práticas alimentares. Nesse sentido, a depender de respostas registradas aos marcadores, a orientação alimentar individual pode privilegiar, por exemplo, o estímulo ao consumo diário de feijão, frutas e hortaliças, destacando-se o envolvimento de toda a família no processo de construção de hábitos alimentares saudáveis da criança (Lourenço; Guedes; Santos, no prelo). Em casos de desnutrição infantil, é imperativo associar ferramentas de avaliação alimentar a elementos contextuais, conforme viabilizado por meio de um processo adequado de anamnese, incluindo situação de segurança alimentar e nutricional e características do acesso físico e financeiro a alimentos.

Em âmbito coletivo, a partir dos marcadores do consumo alimentar podem ser construídos indicadores que permitem o reconhecimento de comportamentos e hábitos relacionados a alimentação de determinado grupo. Os indicadores voltados para crianças menores de 2 anos são: aleitamento materno exclusivo em menores de 6 meses; aleitamento materno continuado em crianças de 6 a 23 meses e 29 dias; introdução de alimentos em crianças de 6 a 8 meses e 29 dias; e diversidade alimentar mínima; frequência mínima e consistência adequada; consumo de alimentos ricos em ferro; consumo de alimentos ricos em vitamina A; consumo de alimentos ultraprocessados; consumo de hambúrguer e/ou embutidos; consumo de bebidas adoçadas; consumo de macarrão instantâneo, salgadinhos de pacote ou biscoitos salgados; consumo de biscoito recheado, doces ou guloseimas em crianças de 6 a 23 meses e 29 dias (Brasil, 2015).

Os indicadores para crianças a partir de 2 anos, adolescentes, adultos, idosos e gestantes são: hábito de realizar no mínimo as três refeições principais do dia; hábito de realizar as refeições assistindo à televisão; consumo de feijão; consumo de fruta; consumo de verduras e legumes; consumo de hambúrguer e/ou embutidos; consumo de bebidas adoçadas; consumo de macarrão instantâneo, salgadinhos de pacote ou biscoitos salgados; consumo de biscoito recheado, doces ou guloseimas (Brasil, 2015).

Para obter maior detalhamento dos formulários de marcadores do consumo alimentar e dos indicadores propostos, pode-se acessar o documento *Orientações para avaliação de marcadores de consumo alimentar na atenção básica*, disponível na íntegra em saude.gov.br (Brasil, 2015).

Quadro 4.1 – Vantagens e desvantagens dos métodos de avaliação do consumo alimentar

	Método	Vantagens	Desvantagens
Retrospectivos	Recordatório alimentar de 24 horas	• Rápida aplicação • Baixo custo • Não requer que o indivíduo seja alfabetizado • Estimativa quantitativa da ingestão de energia e de nutrientes	• Depende da memória • Omissão de alguns alimentos • Dificuldade em estimar tamanho das porções • Viés das informações coletadas • Requer um entrevistador treinado
Retrospectivos	Questionário de frequência alimentar	• Rápida aplicação • Baixo custo • Avalia a ingestão habitual • Não altera o padrão de consumo • Elimina as variações do dia a dia	• Depende da memória • Podem ocorrer limitações em indivíduos com menor instrução e idosos; • Quantificação pouco precisa • Perda de detalhes da ingestão
Retrospectivos	História ou anamnese alimentar	• Elimina as variações diárias • Estima a ingestão habitual qualitativa e quantitativa	• Depende da memória • Demanda tempo • Exige um entrevistador treinado
Prospectivos	Registro alimentar	• Não depende da memória • Estima a ingestão atual • Elimina os erros do recordatório de 24 h • Maior precisão e exatidão das porções ingeridas	• Exige tempo, instrução e cooperação do indivíduo • Pode induzir a modificação nas escolhas alimentares

Fonte: adaptado de Fisberg; Marchioni; Colucci (2009).

AVALIAÇÃO ANTROPOMÉTRICA

Em 2006, a partir do *Multicentre Growth Reference Study* (MGRS), a OMS publicou curvas de crescimento infantil para auxiliar na avaliação do crescimento e desenvolvimento das crianças (WHO, 2006a). As curvas, que são utilizadas pelo Ministério da Saúde do Brasil como referência para acompanhamento do estado nutricional infantil

(Brasil, 2022), avaliam a relação entre comprimento/estatura, peso, IMC e idade da criança, segundo sexo. Os valores observados na avaliação individual devem ser comparados com os padrões de crescimento, os quais foram produzidos a partir de dados de crianças saudáveis, provenientes de países diversos, e que foram expostas a condições favoráveis para atingir seu potencial de crescimento (WHO, 2006a).

De acordo com a faixa etária, são propostos índices antropométricos para avaliação do estado nutricional. Os pontos de corte para diagnóstico do estado nutricional podem ser observados na Figura 4.1. O diagnóstico do estado nutricional depende da interpretação de medidas antropométricas de forma padronizada, o que é operacionalizado por meio de percentis ou escores Z para indicar a posição das medidas observadas em uma criança em relação a uma distribuição de valores possíveis para tais medidas, considerando-se a idade e o sexo (Brasil, 2011; WHO, 2022).

Na padronização da interpretação de medidas antropométricas, percentis consideram a divisão de uma série de valores provenientes de uma população de referência em cem partes iguais, segundo idade e sexo, com ordenação crescente dos dados. Cada ponto de divisão corresponde a um percentil e a medida antropométrica observada em uma criança pode ser posicionada em relação à distribuição dos valores ordenados da população de referência (WHO, 2022).

Escores Z, por sua vez, resultam da diferença entre a medida antropométrica observada e a mediana da população de referência segundo idade e sexo, dividida pelo desvio-padrão. Assim, os escores Z representam a distância do valor observado em relação à mediana esperada, podendo ter valores negativos (medida observada inferior à mediana de referência) e positivos (medida observada superior à mediana de referência) (WHO, 2022).

O índice de comprimento ou estatura para idade (C/I ou E/I) expressa o crescimento linear da criança e é considerado um indicador sensível para aferir características da qualidade de vida da população, já que é utilizado para indicar processos de desnutrição crônica, usualmente associada a baixas condições socioeconômicas, morbidade e desnutrição materna, que exercem efeitos cumulativos sobre o crescimento da criança (WHO, 2006b; WHO, 2022; Rubio-Codina; Grantham-McGregor, 2020).

O índice de peso para idade (P/I) expressa a relação entre o peso corporal e a idade cronológica da criança, sendo utilizado para acompanhamento do ganho de peso. O índice deve ser utilizado para avaliação da situação global do indivíduo, já que não é específico quanto a possíveis agravos agudos ou crônicos no crescimento e ganho de peso infantil (WHO, 2006b; WHO, 2022).

O índice de peso para comprimento (P/C) expressa relação entre massa corporal e comprimento/estatura. Não requer dados cronológicos e é utilizado para identificar peso baixo ou excessivo no indivíduo de acordo com o crescimento linear atingido. É utilizado apenas para crianças até 5 anos incompletos (WHO, 2006b; WHO, 2022). O índice IMC para idade (IMC/I) é o índice que relaciona o IMC com a idade cronológica (WHO, 2006b; WHO, 2022).

O IMC é calculado pela seguinte fórmula:

$$\text{IMC}\,(\text{kg/m}^2) = \frac{\text{Peso (kg)}}{\text{Estatura ou comprimento(m)}^2}$$

Além dos índices antropométricos, a aferição do perímetro cefálico (PC) também auxilia no acompanhamento do estado nutricional na infância. A avaliação do PC é simples de ser utilizada e é pouco afetada por má-nutrição, podendo também ser relacionada com a circunferência braquial (CB) para fornecer informações sobre a proporção do crescimento da criança. A OMS publicou, em 2007, pontos de corte específicos para acompanhamento do crescimento pelo índice PC para idade (PC/I) (WHO, 2007) (Quadro 4.2).

<table>
<tr><th colspan="2" rowspan="3">Valores críticos</th><th colspan="7">Índices antropométricos</th></tr>
<tr><th colspan="4">Crianças de 0 a 5 anos incompletos</th><th colspan="3">Crianças de 5 a 10 anos incompletos</th></tr>
<tr><th>Peso para idade</th><th>Peso para estatura</th><th>IMC para idade</th><th>Estatura para idade</th><th>Peso para idade</th><th>IMC para idade</th><th>Estatura para idade</th></tr>
<tr><td>< percentil 0,1</td><td>< escore Z-3</td><td>Muito baixo peso para a idade</td><td>Magreza acentuada</td><td>Magreza acentuada</td><td>Muito baixa estatura para a idade</td><td>Muito baixo peso para a idade</td><td>Magreza acentuada</td><td>Muito baixa estatura para a idade</td></tr>
<tr><td>≥ percentil 0,1 e < percentil 3</td><td>≥ escore Z-3 e < escore Z-2</td><td>Baixo peso para a idade</td><td>Magreza</td><td>Magreza</td><td>Baixa estatura para a idade</td><td>Baixo peso para a idade</td><td>Magreza</td><td>Baixa estatura para a idade</td></tr>
<tr><td>≥ percentil 3 e < percentil 15</td><td>≥ escore Z-2 e < escore Z-1</td><td rowspan="3">Peso adequado para a idade</td><td rowspan="2">Eutrofia</td><td rowspan="2">Eutrofia</td><td rowspan="5">Estatura adequada para a idade</td><td rowspan="3">Peso adequado para a idade</td><td rowspan="2">Eutrofia</td><td rowspan="5">Estatura adequada para a idade</td></tr>
<tr><td>≥ percentil 15 e ≤ percentil 85</td><td>> escore Zz-1 e ≤ escore Z+1</td></tr>
<tr><td>> percentil 85 e ≤ percentil 97</td><td>> escore Z+1 e ≤ escore Z+2</td><td>Risco de sobrepeso</td><td>Risco de sobrepeso</td><td>Sobrepeso</td></tr>
<tr><td>> percentil 97 e ≤ percentil 99,9</td><td>> escore Z+2 e ≤ escore Z+3</td><td rowspan="2">Peso elevado para a idade</td><td>Sobrepeso</td><td>Sobrepeso</td><td rowspan="2">Peso elevado para a idade</td><td>Obesidade</td></tr>
<tr><td>> percentil 99,9</td><td>> escore Z+3</td><td>Obesidade</td><td>Obesidade</td><td>Obesidade grave</td></tr>
</table>

Figura 4.1 – Classificação do estado nutricional de crianças menores de 10 anos segundo os índices antropométricos.

Fonte: WHO (2006b).

Quadro 4.2 – Classificação do estado nutricional de crianças menores de cinco anos segundo o indicador perímetro cefálico para idade

Perímetro cefálico para idade (escore-z)	Classificação
> +2	Acima do esperado
≥ +2 e < +2	Adequado
< -2	Abaixo do esperado

Fonte adaptada de WHO (2007).

A aferição da CB também pode ser aliada no acompanhamento do crescimento e estado nutricional infantil como medida complementar ou isoladamente caso outro método não possa ser utilizado (WHO, 2007). A OMS e o Fundo das Nações Unidas para a Infância (Unicef) definiram como desnutrição aguda severa o valor de CB abaixo de 115 mm, considerando que, em uma população de crianças saudáveis, bem nutridas e com crescimento adequado, há pouquíssimas crianças com CB menor que esse ponto de corte (WHO, 2022; WHO; Unicef, 2009).

Nos casos de desnutrição infantil, tanto para fins de diagnóstico como de acompanhamento, é importante a realização periódica do exame antropométrico para avaliar o crescimento em janelas individualizadas de tempo e, assim, identificar o período do déficit nutricional, bem como sua natureza recente ou pregressa (WHO; UNICEF, 2009). A coleta dos dados antropométricos requer que os avaliadores tenham o conhecimento dos equipamentos utilizados e usem a técnica correta para que as medidas sejam confiáveis e precisas. Orientações gerais para aferição das medidas antropométricas estão resumidas no Quadro 4.3 (Brasil, 2011; WHO, 2007).

Quadro 4.3 – Orientações gerais para aferição de medidas antropométricas de crianças

Medida	Equipamento	Técnica
Peso[a]	**Crianças menores de 2 anos**: balança do tipo pesa-bebê, mecânica ou eletrônica, de grande precisão, com divisões de 10 g e capacidade de até 16 kg	A criança deve ser posicionada despida no centro do prato da balança, sentada ou deitada, de modo que o peso fique distribuído. Manter a criança parada (o máximo possível) nessa posição. Orientar a mãe/ responsável a se manter próximo, sem tocar na criança, nem no equipamento. Aguardar que o valor do peso esteja fixado no visor e realizar a leitura.
	Crianças com 2 anos ou mais: balança do tipo plataforma para adultos, com divisões de, no mínimo, de 100 g	A criança deve ser posicionada de costas para o medidor da balança, descalça, com o mínimo possível de roupas, no centro do equipamento, ereta, com os pés juntos e os braços estendidos ao longo do corpo. Deve ser mantida parada nessa posição até que se complete a aferição.
Comprimento ou estatura[a]	**Crianças menores de 2 anos**: régua antropométrica	A criança deve estar deitada no centro do antropômetro, descalça e com a cabeça livre de adereços. Posicionar a cabeça apoiada firmemente contra a parte fixa do equipamento, o pescoço reto, o queixo afastado do peito. Ombros, nádegas e calcanhares devem permanecer em contato com a superfície de apoio e os braços estendidos ao longo do corpo. Pressionar os joelhos da criança para baixo para que fiquem estendidos e juntar os dois pés, fazendo um ângulo reto com as pernas. Levar a parte móvel do equipamento até a planta dos pés e efetuar a leitura da medida. Para isso, a criança deve estar completamente despida e descalça e o procedimento deve contar com a participação de dois examinadores (mãe e profissional).
	Crianças com 2 anos ou mais: estadiômetro de parede	A criança deve estar descalça e ser colocada no centro do equipamento, com a cabeça livre de adereços, em pé, ereta, com os braços estendidos ao longo do corpo, a cabeça erguida, olhando para um ponto fixo na altura dos olhos. Calcanhares, ombros e nádegas devem estar em contato com o antropômetro, as porções internas dos ossos dos calcanhares devem se tocar, bem como a parte interna dos joelhos; os pés unidos formam um ângulo reto com as pernas.

Medida	Equipamento	Técnica
Perímetro cefálico[b]	Fita métrica inextensível	Posicionar a criança em posição dorsal, com a cabeça voltada para cima. Ajustar a fita métrica em torno da cabeça, em seu maior perímetro, logo acima da sobrancelha, passando sobre a linha supra-auricular até o polo occipital. A leitura da medida encontrada, em centímetros, deverá ser obtida no ponto de encontro da fita métrica.
Circunferência braquial[b]	Fita métrica inextensível	A criança deve permanecer em pé com o braço direito estendido paralelamente ao lado do corpo, flexionar até formar ângulo reto com o antebraço. Medir a distância entre o acrômio e o olécrano (extremidade do cotovelo) e determinar o ponto médio. Posicionar a fita métrica inextensível sobre esse ponto. A leitura é feita em centímetros

Fonte: adaptado de (a) Sisvan (2011); (b) WHO (2007).

AVALIAÇÃO DA COMPOSIÇÃO CORPORAL DE CRIANÇAS

Os índices antropométricos padronizados pela OMS para avaliação do estado nutricional de crianças podem não diferenciar a composição corporal. Duas crianças com o mesmo peso corporal, estatura, IMC e idade podem ter composições corporais diferentes e, consequentemente, desfechos clínicos distintos (Landau *et al.*, 2020).

A avaliação da composição corporal é uma forma mais detalhada de caracterizar o estado nutricional por diferenciar percentuais de massa gorda (MG) e massa livre de gordura (MLG) na criança, podendo ser utilizada para acompanhar o estado nutricional e os efeitos de tratamentos clínicos (Norris *et al.*, 2019). A avaliação pode ser realizada por diversos métodos, mas nem todos podem ser aplicados em pediatria (Nagel *et al.*, 2020).

A ressonância magnética é um método sem radiação, extremamente versátil, que consiste na absorção de ondas de prótons eletromagnéticas de alta frequência dos diferentes tecidos corporais em um campo magnético estável (Klein, 2020; Stafford, 2020).

Além do uso convencional, a RM também vem sendo utilizada para avaliação de depósitos subcutâneos, viscerais e intramusculares *in vivo*, incluindo o tecido adiposo. O objetivo do exame é gerar imagens em que o tecido adiposo esteja mais claro em contraste com tecido não adiposo (Hu; Chen; Shen, 2016). Entretanto, é um método caro e que demanda uso de *software* especializado por avaliador altamente treinado, além de requerer que o indivíduo esteja completamente imóvel no momento da avaliação, tornando-o difícil de ser utilizado em avaliações pediátricas e particularmente em estudos populacionais (Lemos; Gallagher, 2017).

A pletismografia por deslocamento de ar (PDA) é o método de dois compartimentos padrão-ouro para avaliação da composição corporal e utiliza a relação inversa entre pressão e volume em uma câmara fechada, calculando a densidade corporal. Admite-se que a densidade do tecido adiposo é de 0,9007 g/ml e, a partir da idade e sexo, calcula-se a estimativa do tecido livre de gordura da criança (Mazahery *et al.*, 2018). A pletismografia é superior aos outros métodos por ter alta acurácia, não expor a criança à radiação, não requerer que a criança fique completamente parada e pela duração menor de 5 minutos do exame (Norris *et al.*, 2019).

A densitometria por emissão de raios X de dupla energia (DXA) é um equipamento utilizado para medição da densidade mineral óssea (DMO), dispondo de feixes de raio X de diferentes intensidades. Além de medir a DMO, a DXA também vem sendo utilizada para avaliar outros componentes da composição corporal, como a massa gorda e a massa livre de gordura em crianças e adultos (Simoni; Guglielmi; Gómez, 2020). A DXA pode ser realizada em crianças com mais de 1 kg, sendo uma opção viável e precisa na avaliação da composição corporal para crianças de todos os tamanhos e idades. Entretanto, pode ser difícil obter os resultados da avaliação, pois o exame requer que a criança fique imóvel por cerca de 5 minutos, objetivo difícil de ser alcançado com o público infantil (Guss; McAllister; Gordon, 2021).

A bioimpedância (BIA) consiste na passagem de corrente elétrica no corpo para medição da resistência corporal à tal corrente (reatância), a partir da qual são calculados os percentuais de gordura, água e massa livre de gordura (De-Mateo-Silleras *et al.*, 2019). É um método seguro, prático e não invasivo para avaliação da composição corporal de adultos, mas a maioria dos estudos pediátricos mostra que não é tão preciso quanto outros métodos de avaliação para o público infantil (Olga *et al.*, 2021). A bioimpedância tem alta reprodutibilidade, mas, comparada com a DXA e PDA, tem menor acurácia, especialmente pela grande variedade de equipamentos de BIA que utilizam diferentes fórmulas de predição de composição corporal (Castro; Lima; Silva, 2017).

A aferição de dobras cutâneas é uma prática popular para avaliação de composição corporal. É um método não invasivo, acessível e que utiliza a medição da gordura subcutânea de pontos específicos usando equipamentos como adipômetro ou ultrassom (Almada-Correia; Mäkitie; Ravasco, 2019). A literatura mostra que a predição da gordura corporal feita por dobras cutâneas em crianças pode ser mais precisa que a BIA na ausência de equipamentos de DXA e PDA (Buison *et al.*, 2006). Contudo, demanda mais tempo de execução e é mais difícil de ser realizada em crianças com obesidade que outros métodos como aferições de peso, altura e circunferências corporais (Jansen; Camargo;

Bergamaschi, 2016). Além disso, é necessário que a equação de predição utilizada seja validada para o grupo populacional de interesse (Heard-Lipsmayer *et al.*, 2020).

Evidências na literatura sugerem que todas as formas de desnutrição parecem impactar negativamente a MLG, seja proporcionalmente ao retardo do crescimento linear ou ainda mais gravemente. Quando persistentes em longo prazo, esses prejuízos podem estar associados a déficits funcionais, a exemplo da menor força de preensão. Ademais, apesar da desnutrição induzir a redução da adiposidade em curto prazo, existem algumas indicações que, em longo prazo, a MG pode ser preservada em detrimento da utilização da MLG. Tal associação, ao longo do tempo, pode estar associada a risco mais elevado para DCNT (Wells, 2019).

Logo, pelas consequências em curto e longo prazos da desnutrição infantil, é necessário haver um interesse crescente em unir as informações obtidas por meio de medidas antropométricas aos dados de composição corporal.

AVALIAÇÃO DE MICRONUTRIENTES

As deficiências de micronutrientes compõem um grupo de parâmetros nutricionais relacionados principalmente à desnutrição. Os micronutrientes possibilitam ao organismo humano a produção de substâncias essenciais, por exemplo, enzimas e hormônios, propiciando o seu adequado crescimento e desenvolvimento. Para a saúde pública de forma geral, a vitamina A, o ferro e o iodo são os micronutrientes mais importantes para a população infantil, uma vez que suas deficiências são as que mais ameaçam a saúde e o desenvolvimento desse grupo etário, principalmente em locais de baixa renda (WHO, 2022).

No Brasil, resultados do Enani-2019 apontaram que cerca de 10% das crianças até 5 anos apresentaram anemia, sendo 3,5% anemia ferropriva. Dentre as grandes regiões do país, a maior prevalência foi encontrada na região Norte, onde 17% e 6,5% das crianças apresentaram anemia e anemia ferropriva, respectivamente. Para ambas as condições, as crianças menores de 2 anos de idade foram significativamente mais afetadas. A prevalência de deficiência de vitamina A foi de 6% no Brasil, com maiores taxas observadas nas regiões Centro-Oeste, Sul e Norte (9,5%, 8,9% e 8,3%, respectivamente) (UFRJ, 2021b).

Problemas de saúde como diarreia, malária, doenças de pele e doenças respiratórias são frequentes em países de baixa e média rendas em virtude de condições socioeconômicas, de higiene e cuidados de saúde mais vulnerabilizadas. Agravos inflamatórios associados a tais problemas podem desencadear ou piorar casos de desnutrição, com rápidas mudanças nas concentrações dos biomarcadores, principalmente no que tange ao estado nutricional de micronutrientes, como o ferro, a vitamina A e o zinco. Dessa forma, é importante investigar se as alterações residuais causadas pela presença da inflamação, por meio de biomarcadores como a proteína C-reativa, ainda estão presentes, principalmente entre crianças, no momento da realização da avaliação nutricional (Thurnham *et al.*, 2005).

A presença de anemia é verificada quando as concentrações de hemoglobina não alcançam os valores de ponto de corte estabelecidos para cada fase da vida (Quadro 4.4). Deficiências nutricionais são um dos contribuintes mais comuns para o desenvolvimento da anemia, dentre as quais a deficiência de ferro é sua principal causa, uma vez que o ferro é um micronutriente essencial, com funções relacionadas ao transporte de oxigênio, à síntese de DNA e ao metabolismo muscular. O armazenamento do ferro nas células depende da ferritina, que compõe parte das moléculas de hemoglobina. Assim, com a diminuição das concentrações de hemoglobina, reduz-se a capacidade de transporte de oxigênio aos tecidos pelo sangue, gerando sintomas como fadiga, redução da capacidade de trabalho físico, falta de ar, entre outros. A anemia ferropriva acontece quando as concentrações de hemoglobina e de ferritina ficam abaixo do recomendado. As consequências relacionadas à anemia ou à anemia ferropriva contemplam o desenvolvimento cognitivo e motor aquém do esperado entre crianças, uma vez que provocam alterações na função e estrutura cerebral (WHO, 2017; 2020).

A vitamina A é um nutriente essencial não sintetizado pelo corpo humano, necessária para o adequado funcionamento do sistema ocular, bem como para imunidade, produção de hemácias, integridade epitelial e manutenção da função celular para o adequado crescimento. Por não ser produzida pelo corpo, a vitamina A é obtida via consumo alimentar de leite materno, no caso dos lactentes, ou de alimentos ricos em retinol ou betacaroteno. Sobretudo em fases do ciclo vital que são caracteristicamente mais exigentes em termos nutricionais, como a infância, em situações em que a ingestão alimentar de vitamina A é cronicamente baixa, sua deficiência poderá ocasionar agravos como a xeroftalmia e a cegueira noturna, dentre outras condições oculares (WHO, 2009). Além disso, a deficiência de vitamina A pode desencadear o surgimento de anemia, devido a funções da vitamina no suporte à mobilização e transporte de ferro e na hematopoiese (WHO, 2009; 2017).

O estado nutricional de vitamina A pode ser avaliado a partir de concentrações séricas de retinol, conforme indicado no Quadro 4.4.

O iodo tem como principal função a síntese de hormônios tireoidianos, fundamentais para o crescimento e o desenvolvimento de indivíduos. As consequências para a saúde associadas à deficiência de iodo atingem todos os públicos, mas em especial afetam as crianças durante o desenvolvimento intrauterino e no primeiro ano de vida, fases nas quais ocorre o neurodesenvolvimento (Benoist *et al.*, 2004). Para avaliar o estado nutricional do iodo, tem sido utilizado o iodo urinário, um marcador bioquímico mais prático e confiável para o monitoramento desse micronutriente na população, além de apresentar baixo custo e ser de fácil obtenção (WHO, 2013).

No Quadro 4.4 estão reunidos alguns micronutrientes indicadores do estado nutricional e que devem ser levados em consideração na avaliação dos casos de desnutrição infantil, haja vista a maior suscetibilidade a deficiências de micronutrientes nesse público. O papel de micronutrientes na desnutrição infantil é abordado de forma mais detalhada em alguns capítulos desta obra.

Quadro 4.4 – Indicadores do estado nutricional dos principais micronutrientes até os 59 meses de vida

Estado nutricional de micronutrientes	Parâmetro laboratorial	Ponto de corte	Fonte
Anemia	Hemoglobina	<11 g/dL	OMS, 2017
Anemia ferropriva	*Na ausência de infecção/inflamação*[a] Hemoglobina Ferritina sérica *Na presença de infecção/inflamação*[b] Hemoglobina Ferritina sérica	 <11 g/dL <12 µg/L <11 g/dL <30 µg/L	 OMS, 2017 OMS, 2020 OMS, 2017 OMS, 2020
Deficiência de vitamina A	Retinol sérico	<0,7 µmol/L	OMS, 2009
Deficiência grave de vitamina A	Retinol sérico	<0,35 µmol/L	OMS, 2009
Deficiência de iodo	Iodo urinário	<100 mg/L	WHO, 1992

[a] Ausência de infecção/inflamação: proteína C-reativa sérica ≤5 mg/L.
[b] Presença de infecção/inflamação: proteína C-reativa sérica >5 mg/L.

Fonte: adaptada de UFRJ (2021b).

CONCLUSÃO

A avaliação alimentar e nutricional de casos de desnutrição infantil pode envolver anamnese e avaliações alimentar, antropométrica, de composição corporal e de micronutrientes. Contudo, é importante ressaltar que tais componentes devem ser um guia para os profissionais de saúde, e não um roteiro fixo e limitante do que deve ser considerado no manejo de crianças com desnutrição. A ponderação de todos esses fatores é fundamental para o diagnóstico alimentar e nutricional de crianças com desnutrição e permite o reconhecimento dos pontos prioritários no manejo nutricional, oportunizando maiores chances para a promoção e a recuperação da saúde da criança. Ademais, a identificação de grupos e de territórios sob condições de vulnerabilidade subsidia o planejamento de ações estratégicas de atenção à saúde e de gestão pública, favorecendo a promoção de gerações futuras mais saudáveis e com possibilidades mais amplas para alcançarem seu pleno potencial de desenvolvimento.

REFERÊNCIAS

ALMADA-CORREIA, N. P. M.; MÄKITIE, A.; RAVASCO, P. Body composition evaluation in head and neck cancer patients: a review. *Front Oncol*, v. 9, p. 1112, 2019.

BENOIST, B. *et al. Iodine status worldwide: WHO Global Database on Iodine Deficiency*. Department of Nutrition for Health and Development. Geneva: World Health Organization, 2004.

BLACK, R. E. *et al.* Maternal and child undernutrition and overweight in low-income and middle-income countries. *Lancet*, v. 382, n. 9890, p. 427-451, 2013.

BRASIL. Ministério da Saúde. *Pesquisa Nacional de Demografia e Saúde da Criança e da Mulher – PNDS 2006: dimensões do processo reprodutivo e da saúde da criança*. Ministério da Saúde, Centro Brasileiro de Análise e Planejamento. Brasília: Ministério da Saúde, 2009a.

BRASIL. Ministério da Saúde. Secretaria de Atenção à Saúde. Política Nacional de Humanização da Atenção e Gestão do SUS. *Clínica ampliada e compartilhada*. Brasília: Ministério da Saúde, 2009b. 64 p.

BRASIL. Ministério da Saúde. *Orientações para a coleta e análise de dados antropométricos em serviços de saúde: norma técnica do Sistema de Vigilância Alimentar e Nutricional – Sisvan*. Ministério da Saúde, Secretaria de Vigilância em Saúde. Brasília: Ministério da Saúde, 2011.

BRASIL. Ministério da Saúde. Secretaria de Atenção à Saúde. Departamento de Atenção Básica. *Orientações para avaliação de marcadores de consumo alimentar na atenção básica*. Brasília: Ministério da Saúde, 2015.

BRASIL. Ministério da Saúde. *Fascículo 4: protocolos de uso do guia alimentar para a população brasileira na orientação alimentar de crianças de 2 a 10 anos* [recurso eletrônico]. Ministério da Saúde, Universidade de São Paulo. Brasília: Ministério da Saúde, 2022.

BUISON, A. M. *et al.* Methodological agreement between two-compartment body-composition methods in children. *American Journal of Human Biology*, v. 18, n. 4, p. 470-480, 2006.

CASTRO, J. A. C. de; LIMA, L. R. A. de; SILVA, D. A. S. Acurácia da análise de impedância bioelétrica octapolar para avaliação da composição corporal total e apendicular em crianças e adolescentes com HIV: comparação com densitometria por raios-X de dupla energia e pletismografia por deslocamento de ar. *J Hum Nutr Diet*, v. 31, n. 2, p. 276-285, 2017.

DE-MATEO-SILLERAS, B. *et al.* Bioelectrical impedance vector analysis in obese and overweight children. *PLoS One*, v. 14, n. 1, e0211148, 2019.

Fisberg, R. M.; Marchioni, D. M. L.; Colucci, A. C. A. Avaliação do consumo alimentar e da ingestão de nutrientes na prática clínica. *Arquivos Brasileiros de Endocrinologia & Metabologia*, v. 53, n. 5, p. 617-624, 2009.

Gatica-Domínguez, G. *et al.* Complementary feeding practices in 80 low-and middle-income countries: prevalence of and socioeconomic inequalities in dietary diversity, meal frequency, and dietary adequacy. *The Journal of Nutrition*, v. 151, n. 7, p. 1956-1964, 2021.

Guss, C. E.; Mcallister, A.; Gordon, C. M. dxa in children and adolescents. *J Clin Densitom*, v. 24, n. 1, p. 28-35, 2021.

Heard-Lipsmayer, M. E. *et al.* Evaluating body composition in infancy and childhood: a comparison between 4C, qmr, dxa, and adp. *Pediatric Obesity*, v. 15, n. 6, p. e12617, 2020.

Hu, H. H.; Chen, J.; Shen, W. Segmentation and quantification of adipose tissue by magnetic resonance imaging. *magma*, v. 29, n. 2, p. 259-276, 2016.

Jansen, N. S. O.; Camargo, T. F. B.; Bergamaschi, D. P. Comparison of methods to measure body fat in 7-to-10-year-old children: a systematic review. *Public Health*, v. 133, p. 3-13, 2016.

Klein, H. M. Low-field magnetic resonance imaging. *Fortschr Röntgenstr*, v. 192, p. 537-548, 2020.

Landau, D. *et al.* Reliability of routine anthropometric measurements to estimate body composition in term infants. *Ahead of print. Pediatric Research*, 2020. Disponível em: https://pubmed.ncbi.nlm.nih.gov/32919389/. Acesso em: 30 nov. 2022.

Lemos, T.; Gallagher, D. Current body composition measurement techniques. *Curr Opin Endocrinol Diabetes Obes*, v. 24, n. 5, p. 310-314, 2017.

Lourenço, B. H.; Scagliusi, F. B. Interações entre atores, contextos e ferramentas para a práxis do planejamento dietético. In: Cardoso, M. A.; Scagliusi, F. B. (Orgs.). *Nutrição e Dietética*. 2. ed. Rio de Janeiro: Guanabara Koogan, 2019.

Lourenço, B. H.; Guedes, B. M.; Santos, T. S. S. Marcadores do consumo alimentar do Sisvan: estrutura e invariância de mensuração no Brasil. *Revista de Saúde Pública*, v. 57, n. 52, 2023.

Mazahery, H. *et al.* Air displacement plethysmography (pea pod) in full-term and pre-term infants: a comprehensive review of accuracy, reproducibility, and practical challenges. *Matern Health Neonatol Perinatol*, v. 4, n. 12, 2018.

Nagel, E. *et al.* Clinical application of body composition methods in premature infants. *jpen J Parenter Enteral Nutr*, v. 44, n. 5, p. 785-795, 2020.

Neves, P. A. R. *et al.* Rates and time trends in the consumption of breastmilk, formula, and animal milk by children younger than 2 years from 2000 to 2019: analysis of 113 countries. *Lancet Child & Adolescent Health*, v. 5, n. 9, p. 619-630, 2021.

Norris, T. *et al.* New charts for the assessment of body composition, according to air-displacement plethysmography, at birth and across the first 6 mo of life. *Am J Clin Nutr*, v. 109, n. 5, p. 1353-1360, 2019.

Olga, L. *et al.* Anthropometry-based prediction of body composition in early infancy compared to air-displacement plethysmography. *Pedriatr Obes.*, 2021. e12818.

Popkin, B. M.; Corvalan, C.; Grummer-Strawn, L. M. Dynamics of the double burden of malnutrition and the changing nutrition reality. *Lancet*, n. 395, n. 10217, p. 65-74, 2020.

Ribeiro-Silva, R. C. *et al.* Time trends and social inequalities in child malnutrition: nationwide estimates from Brazil's food and nutrition surveillance system, 2009-2017. *Public Health Nutrition*, p. 1-11, 2021.

Rubio-Codina, M.; Grantham-Mcgregor. Predictive validity in middle childhood of short tests of early childhood development used in large scale studies compared to the Bayley-III, the Family Care Indicators, height-for-age, and stunting: a longitudinal study in Bogota. Colombia. *PLoS One*, v. 15, n. 4, e0231317, 2020.

Simoni, P.; Guglielmi, R.; Gómez, M. P. A. Imaging of body composition in children. *Quant Imaging Med Surg*, v. 10, n. 8, p. 1661-1671, 2020.

Stafford, R. J. The physics of magnetic resonance imaging safety. *Magn Reson Imaging Clin N Am*, v. 28, n. 4, p. 517-536, 2020.

Thurnham, D. I. *et al.* Micronutrients in childhood and the influence of subclinical inflammation. *Proceedings of the Nutrition Society*, v. 64, n. 4, p. 502-509, 2005.

Universidade Federal do Rio de Janeiro (ufrj). *Alimentação infantil I: prevalência de indicadores de alimentação de crianças menores de 5 anos: Enani 2019*. Rio de Janeiro: ufrj, 2021a.

Universidade Federal do Rio de Janeiro (ufrj). *Biomarcadores do estado de micronutrientes: prevalências de deficiências e curvas de distribuição de micronutrientes em crianças brasileiras menores de 5 anos 3*. Enani 2019. Rio de Janeiro: ufrj, 2021b. (156 p.). Disponível em: https://enani.nutricao.ufrj.br/index.php/relatorios/. Acesso em: 15 dez. 2022.

Universidade Federal do Rio de Janeiro (ufrj). *Estado nutricional antropométrico da criança e da mãe: prevalência de indicadores antropométricos de crianças brasileiras menores de 5 anos de idade e suas mães biológicas: Enani 2019*. Documento eletrônico. Rio de Janeiro: ufrj, 2022. (96 p.). Coordenador geral, Gilberto Kac. Disponível em: https://enani.nutricao.ufrj.br/index.php/relatorios/. Acesso em: 13 dez. 2022.

Wells, J. C. K. Body composition of children with moderate and severe undernutrition and after treatment: a narrative review. *bmc Medicine*, v. 17, n. 1, p. 215, 2019.

Wells, J. C. *et al.* The double burden of malnutrition: aetiological pathways and consequences for health. *Lancet*, v. 395, p. 75-88, 2020.

World Health Organization (who); United Nations Children's Fund (unicef). *who child growth standards and the identification of severe acute malnutrition in infants and children: a joint statement by the World Health Organization and the United Nations Children's Fund*. who (nonserial publication). Geneva, Switzerland: who, 2009.

World Health Organization (who). *Physical status: the use and interpretation of anthropometry: report of a who expert committee*. Geneva: who Library, 1995.

World Health Organization (who). *Obesity: preventing and managing the global epidemic*. Report of a World Health Organization Consultation. Geneva: who, 2000. p. 256. who Obesity Technical Report Series, n. 284.

World Health Organization (who). Multicentre Growth Reference Study Group. Child growth standards based on length/height, weight and age. *Acta Paediatr*, suppl 2006, n. 450, p. 76-85, 2006a.

World Health Organization (WHO). *WHO child growth standards: length/height-for-age, weight-for-age, weight-for-length, weight-for-height and body mass index-for-age. Methods and development*. WHO (nonserial publication). Geneva: WHO, 2006b.

World Health Organization (WHO). *WHO child growth standards: head circumference-for--age, arm circumference-for-age, triceps skinfold-for-age and subscapular skinfold-for-age. Methods and development*. WHO (nonserial publication). Geneva: WHO, 2007.

World Health Organization (WHO). *Global prevalence of vitamin A deficiency in population at risk 1995-2005*. Geneva: WHO, 2009. Disponível em: https://apps.who.int/iris/bitstream/handle/10665/44110/9789241598019_eng.pdf. Acesso em: 13 dez. 2022.

World Health Organization (WHO). Department of Nutrition for Health and Development, Vitamin and Mineral Nutrition Information System. *Urinary iodine concentrations for determining iodine status in populations*. Geneva: WHO, 2013.

World Health Organization (WHO). *Nutritional anaemias: tools for effective prevention and control*. Geneva: WHO, 2017.

World Health Organization (WHO). *WHO guideline on use of ferritin concentrations to assess iron status in individuals and populations*. Geneva: WHO, 2020.

World Health Organization (WHO). *Malnutrition*. Geneva: WHO, 2021. Disponível em: https://www.who.int/news-room/fact-sheets/detail/malnutrition. Acesso em: 13 dez. 2022.

CAPÍTULO 5

Recomendações nutricionais na infância

Fábio da Veiga Ued

Anderson Marliere Navarro

O desenvolvimento infantil é um processo que inicia na concepção, passando pelo crescimento físico intraútero e pós-natal, bem como pela maturação neurológica, comportamental, cognitiva, social e afetiva da criança nos primeiros anos de vida (Sigolo; Aiello, 2011). O objetivo final desse processo é o alcance de seu potencial genético, considerando o contexto de vida. A alimentação faz parte desse universo, como fator essencial para o crescimento e o desenvolvimento adequados do ser humano, em especial na infância (Pires *et al.*, 2013).

Para prover uma alimentação adequada e equilibrada, faz-se necessário o conhecimento das recomendações nutricionais na infância. A ingestão ideal de nutrientes é aquela que promove a saúde, reduz o risco de doenças e complicações agudas (como a desnutrição proteica aguda e as hipovitaminoses) e crônicas (como a desnutrição crônica, diabetes, hipertensão e câncer), além de minimizar o risco de efeitos adversos decorrentes do excesso de nutrientes.

O desequilíbrio entre a oferta de nutrientes e energia e a demanda do organismo para assegurar o crescimento, a manutenção e as funções fisiológicas de órgãos e tecidos é a principal característica da desnutrição energético-proteica (DEP), segundo a Organização Mundial da Saúde (OMS) (De Onis; Monteiro; Clugston, 1993). A DEP é considerada primária quando é de origem nutricional, ou seja, quando as necessidades nutricionais do indivíduo não são atendidas pela alimentação. As causas podem ser atribuídas à pobreza, à carência alimentar e às condições ambientais desfavoráveis, como falta de saneamento básico e água de boa qualidade. A DEP é considerada secundária quando é causada por doenças não nutricionais, como enteropatias, cardiopatias, nefropatias, estresse metabólico, entre outras, por redução da absorção de nutrientes ou por resultar em catabolismo das reservas corporais (Martins *et al.*, 2013).

Até o momento, não há recomendações nutricionais específicas para crianças brasileiras, sejam elas saudáveis ou desnutridas. As recomendações de ingestão de nutrientes atuais seguem os critérios estabelecidos pelas *Dietary Reference Intakes* (DRI), que constituem os valores de recomendação de nutrientes e energia para crianças norte-americanas e canadenses saudáveis, elaboradas pelo comitê da *Food and Nutrition Board* (FNB) do *Institute of Medicine* (IOM) (IOM, 2000; 2003). As DRI estão divididas em quatro categorias de valores de referência:

1) Necessidade média estimada (EAR, *estimated average requirement*): é o valor de ingestão diária de um nutriente suficiente para atender à necessidade de metade (50%) dos indivíduos saudáveis de um grupo de mesmo sexo e estágio de vida.

2) Ingestão dietética recomendada (RDA, *recommended dietary allowance*): é o valor de ingestão diária de um nutriente suficiente para atender às necessidades nutricionais da maioria (97 a 98%) dos indivíduos saudáveis de um grupo de mesmo sexo e estágio de vida.

3) Ingestão adequada (AI, *adequate intake*): é o valor de ingestão diária de um nutriente considerado adequado para um grupo de indivíduos saudáveis de mesmo sexo e estágio de vida, quando os valores de EAR ou de RDA não podem ser determinados.

4) Limite superior tolerável de ingestão (UL: *tolerable upper intake level*): é o valor mais alto de ingestão diária continuada de um nutriente, que aparentemente não oferece risco de efeito adverso à saúde para a maioria dos indivíduos em um determinado estágio de vida ou sexo.

Assim, as DRI são recomendações nutricionais usadas para avaliar a ingestão de nutrientes e planejar dietas para grupos e indivíduos na infância. As avaliações dietéticas podem ajudar a determinar se um indivíduo ou população está suscetível à deficiência ou ingestão excessiva de determinado nutriente e, com isso, desenvolver estratégias para adequar sua ingestão. No decorrer deste capítulo, serão abordadas as necessidades de energia, macronutrientes, micronutrientes e necessidade hídrica.

> Notas dos autores
>
> ☑ A DEP na infância é resultado do desequilíbrio entre a baixa oferta/absorção de nutrientes e energia e a maior demanda do organismo nos primeiros anos de vida.
>
> ☑ O estudo das recomendações nutricionais na infância é fundamental para garantir o aporte adequado de nutrientes às crianças e, consequentemente, prevenir ou tratar doenças e complicações agudas e crônicas, como a desnutrição.
>
> ☑ As recomendações nutricionais na infância são determinadas pelas DRI, que foram desenvolvidas para crianças saudáveis.

NECESSIDADE ENERGÉTICA

É de conhecimento geral que a necessidade energética na infância (60 a 110 kcal/kg) é maior que a necessidade energética na vida adulta (25 a 55 kcal/kg) (FAO; WHO, 2004), visando suprir a demanda fisiológica para o crescimento e o desenvolvimento no início da vida. As Tabelas 5.1 e 5.2 apresentam a necessidade energética estimada (kcal/kg/dia) de indivíduos saudáveis desde o nascimento até 10 anos de idade. Na DEP grave, em fase de estabilização, recomenda-se iniciar o aporte energético com 50 kcal/kg/dia e evoluir até 100 kcal/kg/dia; enquanto na fase de reabilitação, a oferta energética deve chegar a 150 kcal/kg/dia (Benzecry; Ferraz, 2022).

Tabela 5.1 – Necessidade energética de crianças saudáveis nos primeiros 12 meses de vida

Idade (meses)	Meninos (kcal/kg/dia)	Meninas (kcal/kg/dia)
1	113	107
2	104	101
3	95	94
4	82	84
5	81	83
6	81	82
7	79	78
8	79	78
9	79	78

Idade (meses)	Meninos (kcal/kg/dia)	Meninas (kcal/kg/dia)
10	80	79
11	80	79
12	81	79

Fonte: FAO/WHO (2004).

Tabela 5.2 – Necessidade energética de crianças saudáveis entre 1 e 10 anos de idade

Idade (anos)	Meninos (kcal/kg/dia)	Meninas (kcal/kg/dia)
1	82,4	80,1
2	83,6	80,6
3	79,7	76,5
4	76,8	73,9
5	74,5	71,5
6	72,5	69,3
7	70,5	66,7
8	68,5	63,8
9	66,6	60,8
10	64,6	57,8

Fonte: FAO/WHO (2004).

Outro método para estimar o gasto energético basal (GEB) e total (GET) na infância é por meio da utilização de equações preditivas, sendo as mais conhecidas as equações da WHO (1985) (Tabelas 5.3 e 5.4); Schofield (1985) (Tabela 5.5); e DRI (2023) (Tabela 5.6), desenvolvidas para crianças saudáveis; Holliday e Segar (1957) (Tabela 5.7), adaptada da equação de necessidade hídrica na infância; além da equação de Harris-Benedict (1919) (Tabela 5.8), desenvolvida para adultos, mas também utilizada em pediatria. Contudo, os cálculos com as equações preditivas podem resultar em valores bem diferentes, dependendo da equação utilizada. Dessa forma, é necessário que o profissional conheça essas diferenças e saiba definir sua conduta de acordo com cada caso, além de optar pela equação que melhor atenda às peculiaridades de cada indivíduo.

Tabela 5.3 – Gasto energético basal (GEB) de crianças até 10 anos de idade

Idade (anos)	Masculino	Feminino
0-3	60,9 (P) – 54	61 (P) – 51
3-10	22,7 (P) + 495	22,5 (P) + 499

P = peso em quilogramas (kg).

Fonte: WHO (1985).

Tabela 5.4 – Gasto energético total (GET) de crianças até 10 anos de idade

Nível de atividade física	Masculino	Feminino
Sedentário	GEB x 1	GEB x 1
Leve	GEB x 1,6	GEB x 1,5
Moderado	GEB x 2,5	GEB x 2,2
Intenso	GEB x 6	GEB x 6

Fonte: WHO (1985).

Tabela 5.5 – Gasto energético basal (GEB) de crianças até 10 anos de idade

Idade (anos)	Masculino	Feminino
0-3	59,5 (P) – 30	58,3 (P) – 31
3-10	22,7 (P) + 505	20,3 (P) + 486

P = peso em quilogramas (kg).

Fonte: Schofield (1985).

Tabela 5.6 – Gasto energético total (GET) de crianças até 10 anos de idade

Idade (anos)	Masculino	Feminino
0-2	-716,45 – (1 x I) + (17,82 x E) + (15,06 x P)	-69,15 + (80 x I) + (2,65 x E) + (54,15 x P)
3-10 (sedentário)	- 447,51 + (3,68 x I) + (13,01 x E) + (13,15 x P)	55,59 – (22,25 x I) + (8,43 x E) + (17,07 x P)
3-10 (pouco ativo)	19,12 + (3,68 x I) + (8,62 x E) + (20,28 x P)	- 297,54 – (22,25 x I) + (12.77 x E) + (14,73 x P)

Idade (anos)	Masculino	Feminino
3-10 (ativo)	- 388,19 + (3,68 x I) + (12,66 x E) + (20,46 x P)	- 189,55 – (22,25 x I) + (11,74 x E) + (18,34 x P)
3-10 (muito ativo)	- 671,75 + (3,68 x I) + (15,38 x E) + (23,25 x P)	- 709,59 – (22,25 x I) + (18,22 x E) + (14,25 x P)

I = idade em anos; E = estatura em centímetros (cm); P = peso em quilogramas (kg).

Fonte: DRI (2023).

Tabela 5.7 – Gasto energético total (GET) de crianças até 10 anos de idade

Peso (kg)	Masculino e feminino
< 10 kg	100 kcal/kg/dia
10 – 20 kg	1.000 kcal para 10 kg + 50 kcal/kg para cada kg > 10 kg
> 20 kg	1.500 kcal para 20 kg + 20 kcal/kg para cada kg > 20 kg

Fonte: Holliday; Segar (1957).

Tabela 5.8 – Gasto energético basal (GEB) de crianças até 10 anos de idade

Idade (anos)	Masculino	Feminino
0-10	*66,47 + (13,75 x P) + (5 x E) – (6,76 x I)*	*655,10 + (9,56 x P) + (1,85 x E) – (4,68 x I)*

P = peso em quilogramas (kg); E = estatura em centímetros (cm); I = idade em anos.

Fonte: Harris-Benedict (1919).

Para determinar o gasto energético diário, deve-se aplicar, nas equações preditivas, o peso encontrado no percentil 50 nos gráficos da OMS de peso para idade (Ferraz; Santos, 2022). Se a criança for eutrófica e saudável, pode-se utilizar o peso atual. Embora não haja uma recomendação formal para se chegar às necessidades energéticas de crianças desnutridas, caso o peso encontrado no percentil 50 da curva de peso para idade (ou da curva de peso para estatura, se a estatura estiver comprometida) esteja muito distante do peso atual do indivíduo, é pertinente utilizar na equação o peso do percentil imediatamente acima da classificação atual, sendo este o peso-alvo (ou peso ideal) a ser atingido em um primeiro momento. Por exemplo: se a criança está com o peso abaixo do percentil 3, sugere-se colocar o peso do percentil 3 nas equações preditivas de gasto energético (o peso do percentil 3 será o peso-alvo). Quando o peso da criança alcançar o percentil 3 e ficar abaixo do percentil 10, sugere-se colocar o peso do percentil 10 nas equações (o peso do percentil 10 passará a ser o peso-alvo). A meta final é fazer a criança ganhar peso até atingir o percentil 50, se possível. Essa conduta visa evitar a prescrição de uma alta quantidade de energia para uma criança de muito baixo peso, evitando a síndrome de realimentação ou o *overfeeding* (Cordelini, 2014). O *overfeeding* é caracterizado por aumento da termogênese e da produção de gás carbônico, hiperglicemia, hipertrigliceridemia e indução da esteatose hepática.

Convém ressaltar que as crianças desnutridas geralmente encontram-se gravemente enfermas ou hospitalizadas. As equações preditivas falham em estimar o GEB em um intervalo entre ± 10% na maioria das crianças doentes (Mehta *et al.*, 2017). Logo, essas equações não têm boa acurácia para calcular as necessidades energéticas de crianças hospitalizadas. Por isso, a *American Society for Parenteral and Enteral Nutrition* (Aspen) recomenda o uso da calorimetria indireta (CI) para o cálculo do GEB na infância, sendo este o método padrão-ouro (Mehta *et al.*, 2017). Na impossibilidade de utilização da CI em hospitais, clínicas e consultórios, a Aspen recomenda a utilização das equações preditivas de Schofield (1985) ou WHO (1985), sem adicionar fator injúria ou fator atividade física. As equações de Harris-Benedict e das DRI não devem ser utilizadas para crianças enfermas devido ao maior risco de superestimar suas necessidades e ocasionar o *overfeeding* (Mehta *et al.*, 2017).

Notas dos autores

- ☑ Não há equações preditivas de gasto energético para crianças com desnutrição, devendo ser utilizadas as equações desenvolvidas para crianças saudáveis.
- ☑ No caso de criança desnutrida e gravemente enferma, recomenda-se utilizar as equações preditivas de Schofield (1985) ou WHO (1985), para minimizar o risco de *overfeeding*.
- ☑ O peso a ser utilizado nas equações preditivas deve ser o peso atual da criança, caso ela esteja eutrófica. Na desnutrição, sugere-se utilizar o peso ideal (ou peso-alvo) referente ao percentil imediatamente acima da classificação atual onde a criança se encontra na curva de crescimento.

NECESSIDADE DE CARBOIDRATOS

A recomendação de ingestão diária de carboidratos para crianças saudáveis segue o proposto pelas DRI (2002) (Tabelas 5.9 e 5.10), baseado na quantidade mínima de glicose utilizada pelo cérebro. Essa recomendação diária também pode ser expressa em percentual de energia (em relação ao valor energético total da dieta), conforme as recomendações da *Acceptable Macronutrient Distribuition Range* (AMDR), mostradas na Tabela 5.11 (DRI, 2002). Não há recomendação específica para crianças desnutridas.

Tabela 5.9 – Recomendação de ingestão diária (g/dia) de carboidratos na infância

Idade	Ingestão (g/dia)
0 a 6 meses	60*
7 a 12 meses	95*
1 a 3 anos	130[§]
4 a 8 anos	130[§]
9 a 10 anos	130[§]

*AI, [§]RDA.

Fonte: DRI (2002).

Tabela 5.10 – Recomendação de ingestão diária (g/dia) de fibras na infância

Idade	Ingestão (g/dia)
0 a 6 meses	ND
7 a 12 meses	ND
1 a 3 anos	19*
4 a 8 anos	25*
9 a 10 anos	31* (meninos)/26* (meninas)

*AI.
ND = não determinado.

Fonte: DRI (2002).

Tabela 5.11 – Necessidade diária de carboidratos na infância expressa em percentual de energia

Idade	Percentual de energia
1 a 3 anos	45-65% do VET
4 a 10 anos	45-65% do VET

VET = valor energético total da dieta.

Fonte: DRI (2002).

NECESSIDADE DE PROTEÍNAS

A recomendação de ingestão diária de proteínas para crianças saudáveis segue o proposto pelas DRI (2002) (Tabela 5.12). Essa recomendação diária também pode ser expressa em percentual de energia (em relação ao valor energético total da dieta), conforme as recomendações da AMDR, mostradas na Tabela 5.13 (DRI, 2002).

Na DEP grave, em fase de estabilização, recomenda-se iniciar o aporte proteico com 1 a 1,5 g/kg/dia; na fase de reabilitação, a oferta proteica deve ser de 3 a 4 g/kg/dia (Benzecry; Ferraz, 2022). Quanto às crianças hospitalizadas, as diretrizes da Aspen (Mehta *et al.*, 2017) recomendam a oferta mínima de 1,5 g/kg/dia de proteína (podendo a necessidade ser muito maior), não sendo recomendado o proposto pelas DRI (2002), por subestimarem as necessidades proteicas durante a doença.

Tabela 5.12 – Recomendação de ingestão diária (g/kg/dia e g/dia) de proteínas na infância

Idade	Ingestão (g/kg/dia)	Ingestão (g/dia)
0 a 6 meses	1,5	9,1*
7 a 12 meses	1,2	11§
1 a 3 anos	1,05	13§
4 a 8 anos	0,95	19§
9 a 10 anos	0,95	34§

*AI, §RDA.

Fonte: DRI (2002).

Tabela 5.13 – Necessidade diária de proteínas na infância expressa em percentual de energia

Idade	Percentual de energia
1 a 3 anos	5-20% do VET
4 a 10 anos	10-30% do VET

VET = valor energético total da dieta.

Fonte: DRI (2002).

NECESSIDADE DE LIPÍDIOS

A recomendação de ingestão diária de lipídios para crianças saudáveis segue o proposto pelas DRI (2002) (Tabela 5.14). Essa recomendação diária também pode ser expressa em percentual de energia (em relação ao valor energético total da dieta), conforme as recomendações da AMDR, mostradas na Tabela 5.15 (DRI, 2002). Não há recomendação específica para crianças desnutridas.

Tabela 5.14 – Recomendação de ingestão diária (g/dia) de lipídios totais, ômega-3 e ômega-6 na infância

Idade	Ingestão de lipídios totais (g/dia)	Ingestão de ômega-3 (g/dia)	Ingestão de ômega-6 (g/dia)
0 a 6 meses	31*	0,5*	4,4*
7 a 12 meses	30*	0,5*	4,6*
1 a 3 anos	ND	0,7*	7*
4 a 8 anos	ND	0,9*	10*
9 a 10 anos	ND	1,2* (meninos) 1* (meninas)	12* (meninos) 10* (meninas)

*AI.
ND = não determinado.

Fonte: DRI (2002).

Tabela 5.15 – Necessidade diária de lipídios na infância expressa em percentual de energia

Idade	Percentual de energia
1 a 3 anos	30-40% do VET
4 a 10 anos	25-35% do VET

VET = valor energético total da dieta.

Fonte: DRI (2002).

Notas dos autores

- ☑ As recomendações de ingestão diária de carboidratos, proteínas e lipídios para crianças saudáveis são propostas pelas DRI.
- ☑ Ainda não há recomendação de ingestão diária de carboidratos e lipídios para crianças desnutridas.
- ☑ A recomendação de ingestão diária de proteína para criança desnutrida e gravemente enferma deve ser de, no mínimo, 1,5 g/kg/dia e, no máximo, 4 g/kg/dia.
- ☑ O peso utilizado para calcular a ingestão de proteína (g/kg/dia) deve ser o peso atual (real) da criança, e não o peso ideal.

NECESSIDADE DE MINERAIS

Os minerais são micronutrientes não sintetizados pelo organismo. Por isso, eles devem ser ingeridos pela alimentação ou suplementação (quando for o caso). Embora suas necessidades diárias sejam pequenas, sua presença no organismo é fundamental para os processos metabólicos e fisiológicos. A recomendação de ingestão diária de minerais para crianças saudáveis segue o proposto pelas DRI (Tabela 5.16).

Não há recomendação de ingestão diária específica para crianças desnutridas. Entretanto, toda criança desnutrida tem algum grau de deficiência de minerais, que é mais acentuado quanto maior for a gravidade da desnutrição. Na DEP grave, pode haver a necessidade de correção de distúrbios hidreletrolíticos (hipopotassemia, hipomagnesemia e hipofosfatemia) (Benzecry; Ferraz, 2022) e fazer suplementação de zinco (acetato de zinco: 1 ml/kg/dia) e cobre (sulfato de cobre: 0,2 mg/kg/dia), via oral. O ferro (sulfato ferroso: 3 mg/kg dia) não deve ser suplementado inicialmente à criança desnutrida grave com processo infeccioso, mas apenas quando a infecção for afastada e a criança começar a ganhar peso (Brasil, 2005).

Tabela 5.16 – Valores de ingestão diária de minerais referentes a EAR, RDA, AI e UL na infância

Nutriente	0-6 meses	6-12 meses	1-3 anos	4-8 anos	9-10 anos
Cálcio (mg/d)					
EAR	ND	ND	500	800	1.100
RDA/AI	200*	260*	700§	1.000§	1.300§
UL	1.000	1.500	2.500	2.500	3.000
Cobre (µg/d)					
EAR	ND	ND	260	340	540
RDA/AI	200*	220*	340§	440§	700§
UL	ND	ND	1.000	3.000	5.000
Iodo (µg/d)					
EAR	ND	ND	65	65	73
RDA/AI	110*	130*	90§	90§	120§
UL	ND	ND	200	300	600
Ferro (mg/d)					
EAR	ND	6,9	3	4,1	5,9 (H)/ 5,7 (M)
RDA/AI	0,27*	11§	7§	10§	8§
UL	40	40	40	40	40
Magnésio (mg/d)					
EAR	ND	ND	65	110	200
RDA/AI	30*	75*	80§	130§	240§
UL	ND	ND	65	100	350
Molibdênio (µg/d)					
EAR	ND	ND	13	17	26
RDA/AI	2*	3*	17§	22§	34§
UL	ND	ND	300	600	1.100
Fósforo (mg/d)					
EAR	ND	ND	380	405	1.055
RDA/AI	100*	275*	460§	500§	1.250§
UL	ND	ND	3.000	3.000	4.000

Nutriente	0-6 meses	6-12 meses	1-3 anos	4-8 anos	9-10 anos
Selênio (µg/d)					
EAR	ND	ND	17	23	35
RDA/AI	15*	20*	$20^{\S}$	$30^{\S}$	$40^{\S}$
UL	45	60	90	150	280
Zinco (mg/d)					
EAR	ND	2,5	2,5	4	7
RDA/AI	2*	$3^{\S}$	$3^{\S}$	$5^{\S}$	$8^{\S}$
UL	4	5	7	12	23
Cromo (µg/d)					
EAR	ND	ND	ND	ND	ND
RDA/AI	0,2*	5,5*	11*	15*	25 (H)/ 21 (M)*
UL	ND	ND	ND	ND	ND
Flúor (mg/d)					
EAR	ND	ND	ND	ND	ND
RDA/AI	0,01*	0,5*	0,7*	1*	2*
UL	0,7	0,9	1,3	2,2	10
Manganês (mg/d)					
EAR	ND	ND	ND	ND	ND
RDA/AI	0,003*	0,6*	1,2*	1,5*	1,9 (H)/ 1,6 (M)*
UL	ND	ND	2	3	6
Potássio (g/d)					
EAR	ND	ND	ND	ND	ND
RDA/AI	0,4*	0,86*	2*	2,3*	2,5 (H)/ 2,3 (M)*
UL	ND	ND	ND	ND	ND
Sódio (g/d)					
EAR	ND	ND	ND	ND	ND
RDA/AI	0,11*	0,37*	0,8*	1*	1,2*

Nutriente	0-6 meses	6-12 meses	1-3 anos	4-8 anos	9-10 anos
UL	ND	ND	ND	ND	ND
Cloro (g/d)					
EAR	ND	ND	ND	ND	ND
RDA/AI	0,18*	0,57*	1,5*	1,9*	2,3*
UL	ND	ND	2,3	2,9	3,4

*AI, §RDA
ND = não determinado; H = homem; M = mulher.

Fonte: DRI (1997, 2000, 2001, 2011, 2019).

NECESSIDADE DE VITAMINAS

As vitaminas são micronutrientes cuja maioria não é sintetizada pelo organismo humano. Por isso, assim como os minerais, elas devem ser ingeridas pela alimentação ou suplementação (quando for o caso). A recomendação de ingestão diária de vitaminas para crianças saudáveis segue o proposto pelas DRI (Tabela 5.17).

Não há recomendação de ingestão diária específica para crianças desnutridas. Entretanto, sabe-se que toda criança desnutrida tem algum grau de deficiência de vitaminas. Na DEP grave, pode haver a necessidade de suplementação de polivitamínicos (ofertando acima da recomendação diária de crianças saudáveis) além da suplementação isolada de ácido fólico (1 mg/dia, por duas semanas) e vitamina A (200.000 UI via oral, dose única, na idade de 1 a 5 anos; 100.000 UI via oral, dose única, na idade de 6 a 12 meses; 50.000 UI via oral, dose única, na idade de 0 a 5 meses) (Brasil, 2005).

Tabela 5.17 – Valores de ingestão diária de vitaminas referentes a EAR, RDA, AI e UL na infância

Nutriente	0-6 meses	6-12 meses	1-3 anos	4-8 anos	9-10 anos
Vitamina A (μg/d)					
EAR	ND	ND	210	275	445 (H)/ 420 (M)
RDA/AI	400*	500*	300§	400§	600§
UL	600	600	600	900	1.700
Vitamina C (mg/d)					
EAR	ND	ND	13	22	39

Nutriente	0-6 meses	6-12 meses	1-3 anos	4-8 anos	9-10 anos
RDA/AI	40*	50*	15§	25§	45§
UL	ND	ND	400	650	1.200
Vitamina D (µg/d)					
EAR	ND	ND	10	10	10
RDA/AI	10*	10*	15§	15§	15§
UL	25	38	63	75	100
Vitamina E (mg/d)					
EAR	ND	ND	5	6	9
RDA/AI	4*	5*	6§	7§	11§
UL	ND	ND	200	300	600
Vitamina B1 (mg/d)					
EAR	ND	ND	0,4	0,5	0,7
RDA/AI	0,2*	0,3*	0,5§	0,6§	0,9§
UL	ND	ND	ND	ND	ND
Vitamina B2 (mg/d)					
EAR	ND	ND	0,4	0,5	0,8
RDA/AI	0,3*	0,4*	0,5§	0,6§	0,9§
UL	ND	ND	ND	ND	ND
Vitamina B3 (mg/d)					
EAR	ND	ND	5	6	9
RDA/AI	2*	4*	6§	8§	12§
UL	ND	ND	10	15	20
Vitamina B6 (mg/d)					
EAR	ND	ND	0,4	0,5	0,8
RDA/AI	0,1*	0,3*	0,5§	0,6§	1§
UL	ND	ND	30	40	60
Folato (µg/d)					
EAR	ND	ND	120	160	250
RDA/AI	65*	80*	150§	200§	300§

Nutriente	0-6 meses	6-12 meses	1-3 anos	4-8 anos	9-10 anos
UL	ND	ND	300	400	600
Vitamina B12 (μg/d)					
EAR	ND	ND	0,7	1	1,5
RDA/AI	0,4*	0,5*	0,9§	1,2§	1,8§
UL	ND	ND	ND	ND	ND
Vitamina K (μg/d)					
EAR	ND	ND	ND	ND	ND
RDA/AI	2*	2,5*	30*	55*	60*
UL	ND	ND	ND	ND	ND
Vitamina B5 (mg/d)					
EAR	ND	ND	ND	ND	ND
RDA/AI	1,7*	1,8*	2*	3*	4*
UL	ND	ND	ND	ND	ND
Biotina (μg/d)					
EAR	ND	ND	ND	ND	ND
RDA/AI	5*	6*	8*	12*	20*
UL	ND	ND	ND	ND	ND
Colina (mg/d)					
EAR	ND	ND	ND	ND	ND
RDA/AI	125*	150*	200*	250*	375*
UL	ND	ND	1.000	1.000	2.000

*AI, §RDA.
ND = não determinado; H = homem; M = mulher.

Fonte: DRI (1997, 1998, 2000, 2001, 2011).

NECESSIDADE HÍDRICA

A necessidade hídrica para crianças saudáveis segue o proposto pelas DRI (2005) (Tabela 5.18). Essa recomendação diária também pode ser ofertada de acordo com o peso da criança, conforme orientado por Holliday e Segar (1957) (Tabela 5.19), seja para criança saudável ou para criança desnutrida e enferma. Na DEP grave, após a estabilização do paciente, a oferta hídrica pode chegar a 150-200 ml/kg/dia (Benzecry; Ferraz, 2022). Em casos de desnutrição associada a problemas neurológicos, pulmonares, cardíacos e renais, a restrição hídrica pode ser necessária.

Tabela 5.18 – Requerimento hídrico diário para crianças saudáveis

Idade	Ingestão (litros/dia)
0 a 6 meses	0,7
7 a 12 meses	0,8
1 a 3 anos	1,3
4 a 8 anos	1,7
9 a 10 anos	2,4 (meninos) e 2,1 (meninas)

Fonte: DRI (2005).

Tabela 5.19 – Requerimento hídrico diário para crianças saudáveis e enfermas

Peso (kg)	Masculino e Feminino
< 10 kg	100 ml/kg/dia
10 – 20 kg	1.000 ml para 10 kg + 50 ml/kg para cada kg > 10 kg
> 20 kg	1.500 ml para 20 kg + 20 ml/kg para cada kg > 20 kg

Fonte: Holliday; Segar (1957).

Notas dos autores

- ☑ As recomendações de ingestão diária de micronutrientes (vitaminas e minerais) para crianças saudáveis são propostas pelas DRI.
- ☑ Ainda não há recomendação de ingestão diária de micronutrientes para crianças desnutridas.
- ☑ A necessidade hídrica diária para crianças saudáveis é proposta pelas DRI e Holliday e Segar.
- ☑ É possível utilizar a equação de Holliday e Segar para a hidratação de crianças desnutridas e enfermas.

CONCLUSÃO

As recomendações nutricionais na infância disponíveis atualmente foram estabelecidas para crianças saudáveis, e ainda há um longo caminho a se percorrer perante a estimativa das necessidades nutricionais de crianças desnutridas, em decorrência dos diferentes fatores etiológicos e comorbidades associadas. Na assistência às crianças com desnutrição aguda de causa primária, o tratamento pode ser feito em casa com intervenções específicas, como orientação nutricional para os pais ou responsáveis, garantia da segurança alimentar familiar, suplementação de nutrientes às crianças, saneamento básico, promoção da higiene etc. Em caso de desnutrição aguda grave com complicações, o tratamento hospitalar é recomendado (Dipasquale; Cucinotta; Romano, 2020; Keats *et al.*, 2021).

A alimentação nos primeiros anos de vida é considerada fator primordial para o crescimento e o desenvolvimento adequados da criança e, também, para prevenir o surgimento de doenças relacionadas à má-nutrição. Na prática clínica, é necessário monitorar a quantidade e a qualidade dos alimentos oferecidos à criança, investigando-se o teor de nutrientes que esses alimentos contêm. Além disso, deve-se atentar para a fase fisiológica em que a criança se encontra, pois em cada estágio de vida há uma necessidade de ingestão de nutrientes específica. Por fim, é imprescindível ampliar o acesso e a oferta de alimentos saudáveis à população pediátrica, com o objetivo de proporcionar um maior vínculo do indivíduo com os alimentos e fortalecer os hábitos culinários e culturais locais, fatores essenciais para a promoção da saúde.

REFERÊNCIAS

Benzecry, S. G.; Ferraz, I. S. Desnutrição energético-proteica. In: Nogueira-De-Almeida, C. A.; Mello, E. D. *Nutrologia pediátrica: prática baseada em evidências*. 2. ed. Santana de Parnaíba: Manole, 2022. 640p.

Brasil. Ministério Da Saúde. Secretaria de Atenção à Saúde. Coordenação Geral da Política de Alimentação e Nutrição. *Manual de atendimento da criança com desnutrição grave em nível hospitalar*. Brasília: Ministério da Saúde, 2005. 144p.

Cordelini, S. Cálculos nutricionais em pediatria. In: Caruso, L.; Sousa, A. B. *Manual da equipe multidisciplinar de terapia nutricional (emtn) do Hospital Universitário da Universidade de São Paulo – hu/usp*. São Carlos: Cubo, 2014.

De Onis, M.; Monteiro, C.; Clugston, G. The worldwide magnitude of protein energy malnutrition: an overview from the who global database on child growth. *Bull World Health Organ*, v. 71, n. 6, p. 703-712, 1993.

Dipasquale, V.; Cucinotta, U.; Romano, C. Acute malnutrition in children: pathophysiology, clinical effects and treatment. *Nutrients*, v. 12, n. 8, p. 2413, 2020.

Dietary Reference Intakes [dri]. *Dietary reference intakes for calcium, phos magnesium, vitamin D, and fluoride*. Washington, dc: National Academies Press, 1997.

DIETARY REFERENCE INTAKES [DRI]. *Dietary reference intakes for thiamin, riboflavin, niacin, vitamin B6, folate, vitamin B12, pantothenic acid, biotin, and choline*. Washington, DC: National Academies Press, 1998.

DIETARY REFERENCE INTAKES [DRI]. *Dietary reference intakes for vitamin C, vitamin E, selenium, and carotenoids*. Washington, DC: National Academies Press, 2000.

DIETARY REFERENCE INTAKES [DRI]. *Dietary reference intakes for vitamin A, vitamin K, arsenic, boron, chromium, copper, iodine, iron, manganese, molybdenum, nickel, silicon, vanadium, and zinc*. Washington, DC: National Academies Press, 2001.

DIETARY REFERENCE INTAKES [DRI]. *Dietary reference intakes for energy, carbohydrate, fiber, fat, fatty acids, cholesterol, protein, and amino acids*. Washington, DC: National Academies Press, 2002.

DIETARY REFERENCE INTAKES [DRI]. *Dietary reference intakes for water, potassium, sodium, chloride and sulfate*. Washington, DC: National Academies Press, 2005.

DIETARY REFERENCE INTAKES [DRI]. *Dietary reference intakes for calcium and vitamin D*. Washington, DC: National Academies Press, 2011.

DIETARY REFERENCE INTAKES [DRI]. *Dietary reference intakes for sodium and potassium*. Washington, DC: National Academies Press, 2019.

DIETARY REFERENCE INTAKES [DRI]. *Dietary reference intakes for energy*. Washington, DC: National Academies Press, 2023.

FOOD AND AGRICULTURE ORGANIZATION/WORLD HEALTH ORGANIZATION [FAO/WHO]. Human energy requirements: Report of a Joint fao/who/unu Expert Consultation. *Food and Nutrition Technical Report Series*, n.1. Rome, 2004.

FERRAZ, I. S.; SANTOS, Z. E. A. Necessidades nutricionais de crianças e adolescentes saudáveis. In: NOGUEIRA-DE-ALMEIDA, C. A.; MELLO, E. D. *Nutrologia pediátrica: prática baseada em evidências*. 2. ed. Santana de Parnaíba: Manole, 2022. 640p.

HARRIS, J. A.; BENEDICT, F. G. *A biometric study of basal metabolism in man*. Washington, DC: Carnegie Institute of Washington, 1919.

HOLLIDAY, M.A.; SEGAR, W. E. The maintenance need for water in parenteral fluid therapy. *Pediatrics*, v. 19, n. 5, p. 823-832, 1957.

INSTITUTE OF MEDICINE [IOM]. *Dietary reference intakes: applications in dietary assessment*. Washington, DC: National Academies Press, 2000.

INSTITUTE OF MEDICINE [IOM]. *Dietary reference intakes: applications in dietary planning*. Washington, DC: National Academies Press, 2003.

KEATS, E. C. *et al*. Effective interventions to address maternal and child malnutrition: an update of the evidence. *Lancet Child Adolesc Health*, v. 5, n. 5, p. 367-384, 2021.

MARTINS, V. J. B. *et al*. Desnutrição e repercussões na saúde. In: COZZOLINO, S. M. F.; COMINETTI, C. *Bases bioquímicas e fisiológicas da nutrição: nas diferentes fases da vida, na saúde e na doença*. Barueri: Manole, 2013. 1257p.

MEHTA, N. M. *et al*. Guidelines for the provision and assessment of nutrition support therapy in the pediatric critically ill patient: Society of Critical Care Medicine and American Society for Parenteral and Enteral Nutrition. JPEN *J Parenter Enteral Nutr*, v. 41, n. 5, p. 706-742, 2017.

Pires, L. V. *et al*. Alimentação nos primeiros anos de vida. In: Cozzolino, S. M. F.; Cominetti, C. *Bases bioquímicas e fisiológicas da nutrição: nas diferentes fases da vida, na saúde e na doença*. Barueri: Manole, 2013. 1257p.

Schofield, W. N. Predicting basal metabolic rate, new standards and review of previous work. *Human Nutrition: Clinical Nutrition*, v. 39, suppl. 1, p. 5-41, 1985.

Sigolo, A. R. L.; Aiello, A. L. R. Análise de instrumentos para triagem do desenvolvimento infantil. *Paideia*, v. 21, n. 48, p. 51-60, 2011.

World Health Organization [who]. Energy and protein requirements: report of a joint fao/who/unu expert consultation. *who Technical Report Series*, n. 724. Geneva: who, 1985.

CAPÍTULO 6

Biomarcadores de desnutrição e disfunção entérica ambiental em crianças

Cristiano Mendes da Silva

Camila Gonçalves Monteiro Carvalho

Cássia Rodrigues Roque

Gabriella Araújo Matos

Raul Sousa Freitas

Reinaldo Barreto Oriá

INTRODUÇÃO

A desnutrição na infância constitui uma questão de saúde pública mundial, afetando milhões de indivíduos, impactando principalmente crianças menores de 5 anos. Muitas vezes, a desnutrição é subnotificada e a magnitude desse problema pode ser ainda maior. Há o comprometimento da trajetória de desenvolvimento físico e cognitivo normais, especialmente em bolsões de pobreza de países ao redor do mundo, particularmente na África subsaariana, Ásia e América Latina. A disfunção entérica ambiental é uma condição inflamatória intestinal crônica (muitas vezes subclínica) mediada pela ativação de linfócitos T pelo ambiente luminal de disbiose e exposição prolongada a patógenos entéricos, com impedimento da barreira epitelial intestinal e translocação bacteriana. A desnutrição infantil pode ser um fator desencadeador e agravante de disfunção entérica ambiental e vice-versa, estabelecendo um ciclo vicioso que amplifica e reverbera esse processo. O cenário global de doenças infeciosas endêmicas, emergentes e reemergentes, crises sanitárias (como da pandemia da covid-19), guerras e conflitos armamentistas, crise migratória de refugiados e desastres naturais e suas consequências têm aumentado a preocupação das autoridades de saúde pública para esse problema em crianças, que representa uma população vulnerável para sequelas de curto e longo prazos.

Pesquisas recentes têm trazido à luz novos biomarcadores de desnutrição infantil e disfunção entérica ambiental, que são indicadores biológicos e clínicos do estado de saúde. A utilização de biomarcadores, obtidos de amostras biológicas e de medidas antropométricas, permite uma avaliação mais detalhada e precisa do estado nutricional e de segurança alimentar e indica a necessidade de uma intervenção clínica em medicina de precisão para uma terapêutica personalizada ao paciente. Portanto, os biomarcadores de desnutrição e disfunção entérica ambiental em crianças são substâncias e fenótipos mensuráveis no organismo e refletem alterações bioquímicas, fisiológicas ou patológicas inter-relacionadas que podem indicar desvios da trajetória normal do desenvolvimento infantil.

Os biomarcadores de desnutrição infantil e disfunção entérica ambiental podem ser divididos nas seguintes categorias principais: biomarcadores de deficiência de nutrientes, biomarcadores de inflamação intestinal e sistêmica, biomarcadores de disbiose intestinal, biomarcadores de crescimento e desenvolvimento físicos (antropométricos), biomarcadores neuropsicológicos e biomarcadores ambientais/sociais. Neste capítulo, não serão abordados os biomarcadores neuropsicológicos e ambientais, que poderão ser consultados em outros capítulos deste livro ou em literatura mais especializada sobre o assunto.

Em resumo, a utilização desse conjunto de biomarcadores é fundamental para prevenção, monitoramento e tratamento da desnutrição infantil e disfunção entérica ambiental. Eles permitem a identificação precoce, por profissionais de saúde, de problemas nutricionais, permitindo a intervenção imediata e mais precisa, prevenindo complicações mais graves, especialmente em crianças menores de 5 anos.

A garantia do crescimento e desenvolvimento saudável de crianças é crítica para alcançar seu potencial máximo genético e para prevenção/redução das sequelas na vida adulta, incluindo baixa estatura, déficits cognitivos e de desempenho escolar e baixa produtividade no trabalho, efeitos que podem se estender para gerações futuras e aumentar o risco para doenças metabólicas, cardiovasculares e neurodegenerativas com o envelhecimento (Victora *et al.*, 2008). A Figura 6.1 ilustra os principais fatores no contexto social e biológico que favorecem a desnutrição em crianças.

A desnutrição infantil pode ser definida como uma desestabilização metabólica, imunológica e emocional, gerada por um desequilíbrio na quantidade e na qualidade dos nutrientes ingeridos e absorvidos pela criança, resultando em déficits proteico-calóricos e de micronutrientes fundamentais para os processos complexos de crescimento e desenvolvimento, que envolvem aspectos físicos, cognitivos e emocionais.

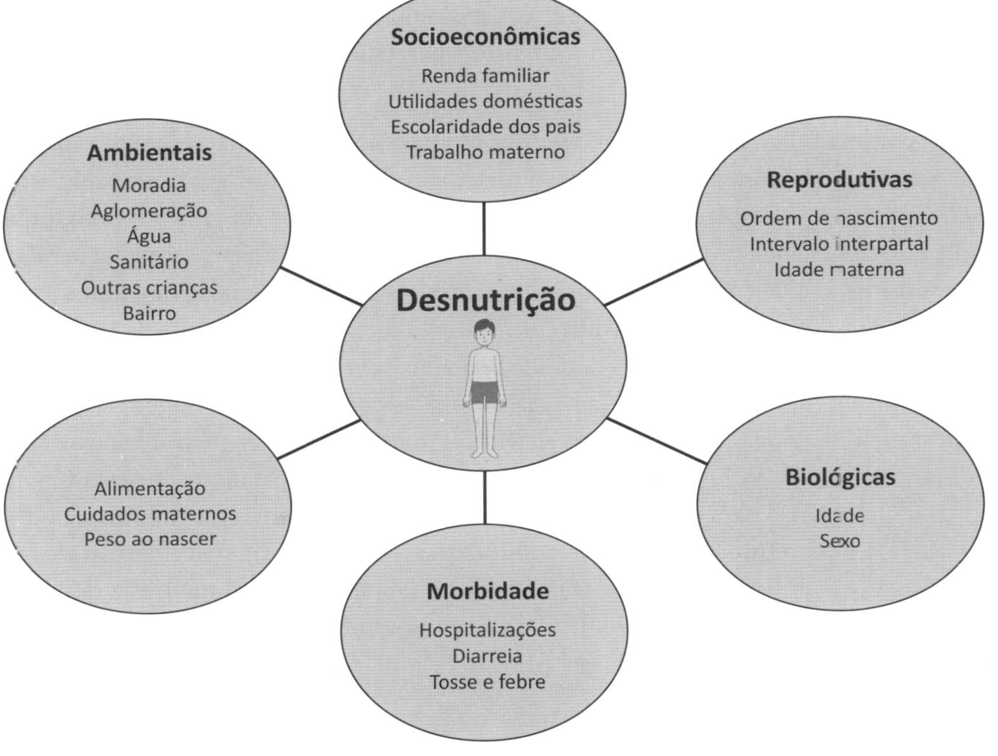

Figura 6.1 – Fatores ambientais, socioeconômicos, nutricionais e biológicos que influenciam o quadro de desnutrição infantil.

Fonte: imagem criada por Raul S. Freitas com BioRender.

BIOMARCADORES BIOQUÍMICOS DE DESNUTRIÇÃO E DISFUNÇÃO ENTÉRICA

Dentre as estratégias para avaliação da desnutrição infantil e da disfunção entérica ambiental, pode-se destacar a mensuração de parâmetros bioquímicos e alterações metabólicas, que podem ser utilizados de forma isolada ou interligados para avaliação do estado nutricional e clínico do paciente e para medição de risco de complicações de saúde e para terapêutica. A concentração da albumina plasmática é um bom indicador para avaliação do estado nutricional no que diz respeito às reservas de proteínas corporais e ao acesso à uma adequada dieta proteica. Níveis de albumina plasmática são um importante medidor de pressão coloidosmótica intravascular. Déficits de albumina plasmática podem levar ao edema (que é o acúmulo de líquido tecidual livre), já que a drenagem do líquido tecidual é, em sua maior parte, determinada pela força dessa pressão coloidosmótica.

No contexto clínico e epidemiológico, os biomarcadores por deficiência de nutrientes são utilizados para avaliar o *status* nutricional de indivíduos e populações. Esses biomarcadores são moléculas presentes em diferentes tecidos do corpo humano que indicam a deficiência de um nutriente específico, considerando as recomendações dietéticas normais. Dentre os principais biomarcadores de deficiência de nutrientes, destaca-se a ferritina sérica, para avaliar o *status* de ferro intracelular. Deficiências do metabolismo do ferro também podem ser avaliadas pela mensuração do receptor solúvel de transferrina. A anemia inflamatória crônica, que é uma consequência comum de desnutrição e doença inflamatória sistêmica, pode ser avaliada pelos níveis de hepcidina, um hormônio hepático que regula a proteína transportadora de ferro (ferroportina), necessária para exportar o ferro das células. A deficiência da vitamina A pode ser medida pelo retinol sérico e pela 25-hidroxicolecalciferol, para avaliar o *status* de vitamina D e a homocisteína para avaliar o *status* de folato e vitamina B12. A deficiência de zinco pode ser medida pelo nível de zinco no cabelo e nas unhas, e a deficiência de iodo, medida pelo teor de iodo na urina.

A escassez de nutrientes, particularmente a desnutrição proteico-energética, a anemia e a deficiência de vitaminas (A, D, C e complexo B) configuram-se como uma das principais preocupações de saúde na infância. Estudos demonstram que o ambiente em que a criança vive, incluindo aspectos como saneamento, higiene e acesso aos serviços de saúde e educação, influenciam diretamente nos padrões de saúde e doença que ela apresenta. Portanto, é fundamental investir em políticas públicas que garantam um ambiente saudável e seguro para o desenvolvimento infantil adequado. Nessa perspectiva, embora não sejam sinônimos, os conceitos de pobreza e desnutrição apresentam uma forte relação, visto que o bom estado nutricional, especialmente na infância, depende da satisfação de diversas necessidades humanas, que vão além da mera disponibilidade de alimentos. É preciso considerar também a variedade e a qualidade nutricional da alimentação, dentre outras questões.

A inflamação é uma resposta do sistema imunológico a estímulos agressivos, como infecções e lesões, e pode contribuir para a desnutrição infantil, resultando em um ciclo vicioso de inflamação crônica e desnutrição. Biomarcadores de inflamação, como níveis circulantes de proteína C reativa ultrassensível (PCRu), interleucina-6 (IL-6) e fator de necrose tumoral (TNF) podem ser utilizados para avaliar de forma inespecífica o estado inflamatório sistêmico em crianças desnutridas. Além disso, esses biomarcadores podem ser usados para monitorar a eficácia do tratamento da desnutrição e a resposta imune. A inflamação crônica é frequentemente associada à desnutrição infantil e pode ser medida por meio de biomarcadores específicos. Uma melhor compreensão desses biomarcadores pode ajudar a identificar crianças em maior risco de morbimortalidade, permitindo intervenções precoces e eficazes para prevenir e tratar essas condições.

A ruptura da barreira intestinal leva ao aumento da permeabilidade intestinal, ocasionando a translocação de bactérias e endotoxinas para a circulação sistêmica e a ativação de uma cascata de eventos imunes e inflamatórios. Quando bactérias e seus subprodutos, como o lipopolissacarídeo (LPS), ultrapassam a barreira intestinal, eles podem chegar à circulação sanguínea e provocar uma resposta imunológica, iniciando processos inflamatórios por meio da atração de células de defesa, como os neutrófilos e os monócitos/macrófagos. Para detecção de translocação bacteriana intestinal, pode-se destacar a análise de níveis séricos/plasmáticos de LPS, flagelina, anticorpo do núcleo de endotoxina endógena (endocAb), mieloperoxidase (MPO) e neopterina (NEO) (Morais; Silva, 2019).

O endocAb mede a exposição sistêmica ao LPS e tem seus níveis elevados quando há aumento na permeabilidade intestinal e uma endotoxemia secundária à inflamação. A MPO é uma enzima presente nos grânulos azurófilos de neutrófilos. A NEO é produzida por macrófagos e células dendríticas.

Distúrbios metabólicos são notadamente impactados pela microbiota intestinal. Alguns dos marcadores para detecção dessa disfunção são citrulina, triptofano, aspartato e tirosina. A citrulina desempenha um papel importante no epitélio intestinal. Esse aminoácido é facilmente absorvido pelo intestino e carregado do lúmen intestinal no enterócito. São observadas reduções nos níveis de citrulina após ressecção intestinal que leva à insuficiência intestinal, na atrofia das vilosidades ou na enteropatia por HIV (Bahri *et al.*, 2013). Metabólitos da via do triptofano em níveis elevados têm sido detectados em pacientes com desnutrição grave (Christopher, 2018). O aminoácido aspartato desempenha um papel fundamental como fonte de energia para a mucosa intestinal e corrobora na preservação da integridade da barreira intestinal. Além disso, o aspartato também é importante na regulação do metabolismo de nucleotídeos, proteínas, lipídios e na produção de energia (Hu *et al.*, 2022). Ensaios laboratoriais mostraram que a fosforilação da tirosina está presente nas células epiteliais das vilosidades intestinais e que esta é regulada funcionalmente pelo EGF (fator de crescimento epidérmico) (De Jong *et al.*, 2014).

Marcadores imunológicos que podem ser utilizados são o sCD14 e sCD163. A ligação de LPS ao receptor TLR4 induz a produção de citocinas pró-inflamatórias e a liberação de CD14 da membrana celular, levando a níveis plasmáticos elevados de CD14 solúvel (sCD14). sCD14 é uma proteína de fase aguda que modula a resposta dos monócitos apresentando LPS ao complexo receptor TLR4-CD14 ou desviando-o para lipoproteínas não imunorreativas. Uma proteína relacionada, CD163 solúvel (sCD163), também é induzida por LPS e é um marcador de ativação de macrófagos (MONNIG *et al.*, 2019).

Biomarcadores como d-xilose, lactulose:manitol (LM), alfa-1-antitripsina (AAT), zonulina, claudinas 2, 4 e 15, imunoglobulina A (IgA) plasmática e proteínas de ligação a ácidos graxos (FABP) têm sido utilizados para avaliar a permeabilidade intestinal. O teste de LM, que avalia a função absortiva intestinal e alterações da permeabilidade, tem sido usado para estudar a disfunção entérica ambiental em crianças. A solução de LM é dada por via oral e suas moléculas podem ser detectadas na urina com ensaio de cromatografia gasosa de alta performance (HPLC). Essa razão é útil, já que a lactulose é uma molécula pequena que atravessa a barreira epitelial, enquanto o manitol, por ser uma molécula maior, só pode atravessar por um processo de absorção. O aumento da razão LM, detectado por HPLC, indica perda significativa da integridade da barreira epitelial intestinal.

A AAT é um marcador para perda de proteína e permeabilidade intestinal (McCormick *et al.*, 2019). As junções de oclusão (*tight junctions*) no epitélio intestinal constituem uma barreira paracelular e modulam a seletividade absortiva e a permeabilidade epitelial. Sendo uma barreira vedativa, protege contra o trânsito de antígenos do lúmen intestinal para o sangue periférico. As claudinas 2, 4 e 15 são proteínas transmembrana em *tight junctions* abundantes no epitélio do intestino delgado e grosso; a isoforma 4 contribui para uma barreira seletiva para macromoléculas e íons, enquanto as 2 e 15 formam poros seletivos para íons e água e, assim, influenciam a permeabilidade intestinal (Suzuki, 2020). A classe de proteínas zonulina (ZO-1 e outras), presente em *tight junctions*, é envolvida na regulação da barreira epitelial e endotelial. A perda da função de barreira intestinal, por meio do aumento dos níveis séricos de zonulina, pode iniciar o processo inflamatório. A presença de citocinas eventualmente sustenta o aumento da permeabilidade, causando influxo maciço de antígenos dietéticos e microbianos, levando à ativação de células T. A IgA é o principal isotipo de imunoglobulina na mucosa intestinal. Os microrganismos estimulam a produção de IgA, que controla a translocação bacteriana e neutraliza as toxinas bacterianas na superfície da mucosa intestinal (Tezuka; Ohteki, 2019). As FABP medeiam múltiplos processos biológicos. A FABP2 é denominada FABP intestinal e é expressa principalmente nas células epiteliais intestinais. Ela também é considerada um biomarcador de lesão intestinal e está envolvida no processo inflamatório. Em pacientes com colite ulcerativa ativa, o nível plasmático de FABP2 aumenta, refletindo o grau de lesão histopatológica (Zhang *et al.*, 2020).

Dentre os biomarcadores que podem ser utilizados para detecção e acompanhamento do quadro inflamatório intestinal, destacam-se calprotectina fecal, lactoferrina, AGP, peptídeo semelhante ao glucagon-2 (GLP-2) e proteínas regeneradoras (REG). A calprotectina contribui para as respostas imunes inatas, agindo como um padrão molecular associado ao dano (Damp), e está presente em vários fluidos corporais em níveis proporcionais ao grau de inflamação; em circunstâncias normais, sua concentração nas fezes é seis vezes maior do que no plasma, ressaltando seu potencial para atuar como um biomarcador preciso de inflamação intestinal (Ricciuto; Griffiths, 2019). A lactoferrina, uma substância bacteriostática presente em grânulos específicos de neutrófilos, é um biomarcador fecal amplamente utilizado da inflamação intestinal. Embora forneça um excelente marcador quantificável de inflamação neutrofílica, várias células exócrinas também secretam quantidades menores dessa proteína que geralmente estão presentes em concentrações mais baixas em muitos fluidos, como leite, lágrimas, líquido sinovial e soro. Durante a inflamação intestinal, os neutrófilos se infiltram na mucosa e aumentam acentuadamente os níveis de lactoferrina que podem ser prontamente medidos nas fezes ou fluido de lavagem intestinal. REG e GLP-2 estão associados positivamente como indicadores ambientais de disfunção entérica com deficiência de crescimento, em que a criança apresenta estatura abaixo da média esperada para sua idade (Morais; Silva, 2019).

A avaliação do crescimento e desenvolvimento infantis é fundamental para a detecção precoce de desvios e intervenções terapêuticas efetivas. Os biomarcadores de crescimento e desenvolvimento têm sido amplamente utilizados como indicadores de desnutrição e doenças crônicas em crianças. A estatura, o peso corporal, a circunferência da cabeça e a idade óssea são considerados os biomarcadores mais comuns para avaliação do crescimento infantil. No entanto, outros biomarcadores, como a concentração sérica de IGF-1 (fator de crescimento insuliniforme-1), hemoglobina, vitaminas D e A, também podem ser utilizados para avaliar o crescimento e desenvolvimento infantil. Ademais, o IGF-1 parece ser significativamente afetado pelo teor de aminoácidos na dieta e a diminuição dos níveis de IGF-1 no plasma e músculo está associada à degradação relevante de proteínas, principalmente no músculo esquelético. Portanto, o IGF-1 pode ser considerado um indicador importante do estado nutricional (Papadopoulou *et al.*, 2022).

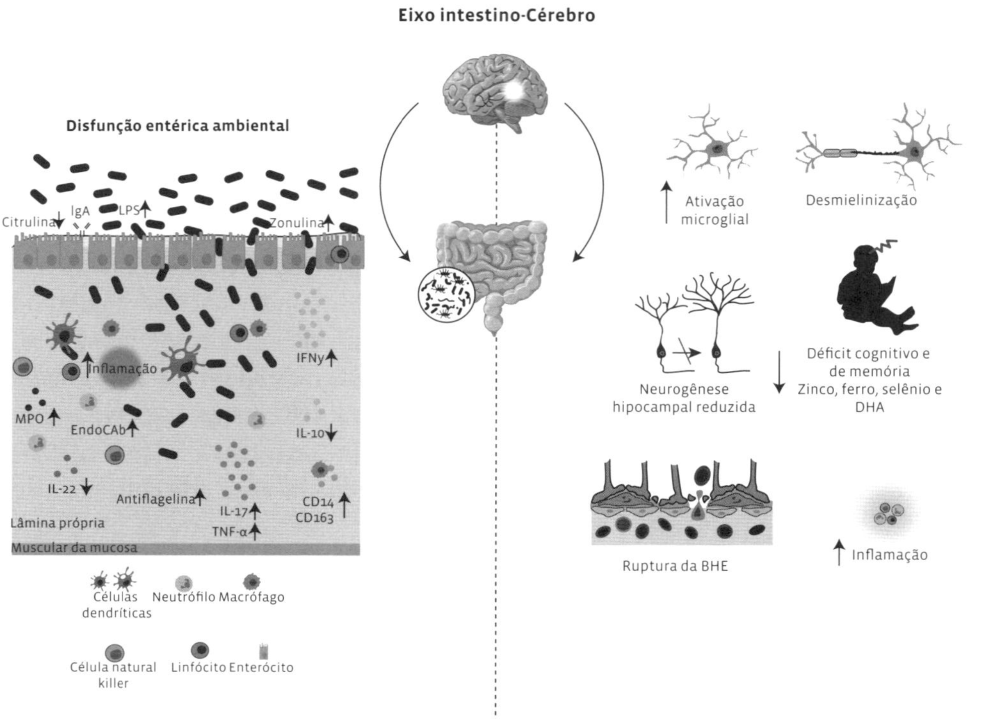

Figura 6.2 Diagrama esquemático da fisiopatologia da disfunção entérica ambiental com disbiose, translocação bacteriana e distúrbio da barreira imunológica da mucosa, com perda de junções de oclusão no epitélio intestinal e ativação de citocinas pró-inflamatórias, com aumento da atividade de linfócitos, macrófagos e células dendríticas.

Fonte: imagem criada por Raul S. Freitas com BioRender.

O diagrama ilustra alguns biomarcadores de inflamação intestinal e translocação bacteriana. O quadro crônico de inflamação intestinal pode levar a endotoxemia e neuroinflamação com ruptura da barreira hematoencefálica (BHE) e déficits cognitivos em crianças.

TRANSLOCAÇÃO BACTERIANA INTESTINAL/ENDOTOXEMIA

O movimento de microrganismos (viáveis e não viáveis) e seus produtos (como as endotoxinas) da mucosa intestinal para os linfonodos do mesentério e para os órgãos é definido como translocação bacteriana. As principais causas desse dano são alterações do equilíbrio da microbiota intestinal (disbiose) para populações de bactérias mais patogênicas, imunossupressão e alterações na barreira imunológica do intestino. A microbiota intestinal impacta na ocorrência de distúrbios metabólicos. Uma alimentação rica em calorias e a redução na prática de atividade física contribuem para o crescimento na prevalência desses distúrbios nos últimos anos (Sohail *et al.*, 2019). A translocação bacteriana do lúmen intestinal para o sangue periférico é uma consequência de um distúrbio da barreira imunológica da mucosa e um fator desencadeante da inflamação intestinal e sistêmica. A Figura 6.2 ilustra a fisiopatologia da disfunção entérica ambiental e os principais biomarcadores da barreira intestinal, inflamação e translocação bacteriana. O ciclo vicioso de desnutrição e disfunção entérica pode induzir um processo neuroinflamatório e distúrbio do eixo intestino-cérebro com déficits cognitivos em crianças.

O Quadro 6.1 ilustra os principais biomarcadores bioquímicos da desnutrição infantil e disfunção entérica ambiental.

Quadro 6.1 – Principais biomarcadores bioquímicos e microbianos de desnutrição e disfunção entérica ambiental

Categoria	Biomarcadores	Função
Translocação bacteriana	LPS EndoCAb Antiflagelina	A presença de LPS no organismo pode indicar um aumento na permeabilidade intestinal, o que favorece a translocação bacteriana para a corrente sanguínea. Quando essa translocação ocorre, há um aumento na concentração de endocanabinoides (EndocAb), o que pode ser um indicativo de endotoxemia decorrente da inflamação desencadeada pela presença de bactérias no sangue. Antiflagelina é um marcador de infecção bacteriana e disfunção intestinal (Morais; Silva, 2019).

Categoria	Biomarcadores	Função
Distúrbios metabólicos	Citrulina Triptofano Aspartato Tirosina	Citrulina é um aminoácido não essencial; está diminuído quando há atrofia das vilosidades intestinais e diminuição da superfície de absorção. Triptofano é um aminoácido essencial; seu baixo consumo está relacionado com a desnutrição. Aspartato é um aminoácido não essencial; sua deficiência está relacionada com desnutrição. A tirosina é um aminoácido não essencial; sua deficiência está relacionada com desnutrição (Mayneris-Perxachs; Swann, 2019).
Disbiose intestinal	*Firmicutes:Bacteroidetes* *Bifidobacterium* *Lactobacillus* *Enterobacteriaceae* *Akkermansia muciniphila*	O aumento na relação *Firmicutes: Bacteroidetes* é um marcador de disbiose intestinal em pacientes obesos. *Bifidobacterium* e *Lactobacillus* são bactérias Gram-positivas presentes no organismo humano de maneira natural; sua redução está relacionada com disbiose intestinal. *Enterobacteriaceae* são bactérias Gram-negativas potencialmente patogênicas; seu aumento está relacionado com disbiose intestinal. *Akkermansia muciniphila* é uma bactéria mucolítica, abundante em indivíduos saudáveis. Sua baixa concentração é associada com disfunção da barreira intestinal e inflamação (Giorgio et al., 2022; George *et al.*, 2023).
Marcadores imunológicos	sCD14; sCD163;	sCD14 é produzido principalmente por macrófagos e sua ativação pode desencadear uma resposta imune inflamatória. sCD163 é produzido principalmente por macrófagos e é um marcador de translocação microbiana (Morais; Silva, 2019; Sun *et al.*, 2021).

Categoria	Biomarcadores	Função
Permeabilidade intestinal	D-xilose Lactulose:manitol AAT Zonulina Claudina 2, 4 e 15 IgA plasmática FABP DAO	D-xilose é uma pentose encontrada em plantas e sua absorção diminui quando há atrofia das vilosidades intestinais e diminuição da superfície de absorção. Lactulose: manitol: a diminuição da absorção do monossacarídeo manitol e o aumento da absorção do dissacarídeo lactulose indicam o aumento da permeabilidade intestinal, sendo um importante marcador de lesão intestinal. AAT não é sintetizada no intestino e sua presença nas fezes reflete aumento da permeabilidade intestinal e inflamação da mucosa. Zonulina aumenta no plasma quando há uma lesão na junção entre os enterócitos, indicando aumento da permeabilidade intestinal. Claudinas são proteínas transmembranares. Seu aumento no plasma indica que há uma diminuição da absorção intestinal. IgA tem como principal função a defesa do organismo; quando está em concentrações menores, favorece o desenvolvimento de infecções. FABP é um marcador de lesão da barreira epitelial intestinal. A DAO é uma enzima que degrada a histamina obtida dos alimentos, sua redução é relacionada com inflamação e permeabilidade intestinal (McCormick *et al.*, 2019; Sun *et al.*, 2021).

Categoria	Biomarcadores	Função
Inflamação intestinal	MPO Calprotectina fecal Lactoferrina NEO AGP GLP-2 REG	MPO é produzido por neutrófilos para destruição bacteriana. Aumenta nas fezes quando há inflamação. Calprotectina é produzida por neutrófilos; aumenta nas fezes quando há inflamação. Lactoferrina não é detectada em amostras normais de fezes, portanto, é considerada um marcador útil para leucócitos fecais e uma medida de inflamação intestinal. NEO é produzido por macrófagos e células dendríticas; está aumentado nas fezes quando há inflamação. GLP-2 é expresso na superfície de células intestinais; sua atividade pode ser significativamente afetada pela inflamação crônica. REG é um marcador da progressão de doenças inflamatórias do trato gastrointestinal; aumenta nas fezes quando há lesão intestinal. Albumina sérica pode ser utilizada como um indicador de estado nutricional. A hipoalbuminemia pode refletir reação de fase aguda mediada por citocinas inflamatórias (Morais; Silva, 2019; Alam *et al.*, 2022; Sun *et al.*, 2021).
Inflamação sistêmica	PCRu Ferritina AGP IGF-1	A proteína C reativa ultrassensível é um marcador inespecífico de inflamação sistêmica. A ferritina é uma proteína produzida pelo fígado e faz o armazenamento de ferro; sua redução está relacionada com uma má alimentação. AGP é um marcador de fase aguda. IGF-1 é um fator de crescimento produzido principalmente no fígado, com atividade biológica primária de estimular a placa epifisária de ossos longos. Sua redução pode estar relacionada a desnutrição, risco de doenças cardiovasculares e osteoporose (Iqbal *et al.*, 2018).

Categoria	Biomarcadores	Função
Deficiência de micronutrientes e proteínas	Hemoglobina Ferro Vitamina B12 Zinco	A redução dos níveis de hemoglobina é um marcador de anemia. O ferro é um mineral importante para a produção de hemoglobina; sua redução do ferro pode indicar deficiências nutricionais. A vitamina B12 é essencial para a formação das células sanguíneas; sua deficiência pode indicar deficiências nutricionais. A concentração de zinco no sangue depende da alimentação; sua redução indica deficiências nutricionais (Alam *et al.*, 2022; Etheredge *et al.*, 2018).

Lipopolissacarídeo (LPS); anticorpo do núcleo da endotoxina (EndoCAb); CD14 solúvel (sCD14); alfa-1-antitripsina (AAT); proteína de ligação a ácidos graxos (FABP); proteínas da família regeneradora (REG); mieloperoxidase (MPO); neopterina fecal (NEO); proteína C reativa ultrassensível (PCRu); glicoproteína alfa-1-ácida (AGP); peptídio-2 semelhante ao glucagon-2 (GLP-2); fator de crescimento insuliniforme tipo-1 (IGF-1).

MARCADORES SOCIAIS E ANTROPOMÉTRICOS DA DESNUTRIÇÃO

MARCADORES SOCIODEMOGRÁFICOS

A desnutrição na infância possui causas múltiplas, contemplando marcadores biológicos, ambientais, comportamentais, sociais e econômicos. Assim, o estado nutricional da criança é influenciado pela combinação de diversos fatores, como: o estado nutricional da mãe, o peso neonatal, a saúde da criança, os hábitos alimentares, os cuidados prestados à criança, a disponibilidade de alimentos seguros e nutritivos na família, o acesso aos serviços de saúde, o nível de educação dos cuidadores e o estado biopsicossocial da família. A desnutrição infantil cursa com alterações fisiológicas e psicológicas que podem colocar a criança em risco de morte em virtude de quadros infecciosos mais graves ou caquexia calórico-proteica, podendo desencadear sequelas em todas as demais fases da vida destes indivíduos.

Esses fatores são multicausais e estão inter-relacionados, destacando-se:

- condições higiênico-sanitárias das famílias, incluindo as condições insalubres de moradia e saneamento básico, o crescimento demográfico e a urbanização desordenada;

- distribuição de renda, desemprego, políticas públicas e sociais;
- nível de assistência médica no pré-natal, puerpério e primeira infância;
- vínculo mãe e filho, amamentação, situação psicológica da mãe e da criança, alimentação complementar, acompanhamento vacinal, qualidade e quantidade da dieta;
- condições climáticas da região, catástrofes ambientais, globalização e cultivo, armazenamento e distribuição dos alimentos;
- nível educacional/escolaridade dos pais e influência da mídia e redes sociais sobre a opinião pública.

Todas essas instâncias relacionam-se ao modo de famílias e crianças se relacionarem com o alimento, refletindo na aquisição e nas escolhas alimentares e, consequentemente, no estado nutricional das crianças.

Fisiologicamente, a desnutrição aumenta a concentração e a ação catabólica do cortisol e diminui a ação anabólica de síntese de tecidos dependente de insulina (aumento da razão cortisol/insulina). Esse balanço hormonal leva à diminuição de hormônios responsáveis pelo crescimento, GH e IGF-1, reduzindo o ganho muscular, o crescimento e a oxidação de gordura corporal, além de afetar a razão cintura/quadril.

Muitas crianças que estão na fase pré-escolar apresentam quadro comportamental disfuncional, como irritabilidade, choro, dificuldade de aprendizagem, déficit de atenção, hiperatividade, alterações no sono e atraso na linguagem; elas também tendem a apresentar comportamentos antissociais, características que podem ser confundidas com outros diagnósticos. Esses fatores físicos e psíquicos estão interligados aos hábitos alimentares que coincidem diretamente com o comportamento da criança e o desempenho nas atividades diárias, sofrendo alteração na disposição, na resistência dos cabelos, na textura da pele, no autocontrole, na imunidade, na baixa interação social, na diminuição afetiva e nas oscilações de humor, entre outros (Mkhize; Sibanda, 2020).

Vale enfatizar a importância do trabalho dos profissionais de saúde no atendimento e acompanhamento das crianças desnutridas, apresentando um olhar clínico treinado para a celeridade do diagnóstico e a prescrição de um tratamento eficiente.

MARCADORES ANTROPOMÉTRICOS

Para identificar a desnutrição, é necessário o detalhamento da avaliação nutricional a ser realizada, contemplando a investigação dos hábitos alimentares pregressos e atuais da família e da criança (aplicação dos questionários e recordatórios alimentares), investigação do histórico de saúde (rastreio de doenças raras, neurológicas, metabólicas, alergias e intolerâncias alimentares), avaliação socioeconômica, cultural e do estilo de vida da família e a realização uma boa avaliação física e antropométrica, buscando por desvios na estatura, no peso, no perímetro cefálico e sinais de carências (opacidade dos cabelos, dilatação abdominal, presença de edemas, entre outros). Outros parâmetros de avaliação são os exames complementares que podem ser solicitados, como diagnóstico por imagem, testes de função da tireoide, investigação de autismo e outras doenças neurológicas (rastreamento da seletividade alimentar), entre outros (Cederholm *et al.*, 2019). Após o fechamento do diagnóstico, a desnutrição é estabelecida por critérios em graus distintos. Aquelas consideradas leves ou moderadas podem ser tratadas em domicílio, e pacientes em quadros graves precisam ser hospitalizados, devido à maior chance de desenvolver complicações graves e risco de óbito (Davis; Oaks; Engle-Stone, 2020).

A medida da altura tem sido utilizada em estudos de antropologia, história econômica e desenvolvimento, e, mais recentemente, em estudos epidemiológicos. Os antropólogos estudam a influência de várias privações nutricionais na altura de populações. Os economistas consideram a altura como um marcador de prosperidade histórica, que pode refletir as diferenças na saúde e na longevidade dentro e entre os países. Nos últimos anos, estudos epidemiológicos que investigam as origens das doenças cardiovasculares têm utilizado a altura como um marcador de riscos nas fases iniciais da vida. A menor estatura é considerada um marcador de desnutrição na infância. Apesar da forte influência hereditária, sabe-se que o fator ambiental é mais significativo do que o genético na determinação da altura final do indivíduo (Subramanian; Özaltin; Finlay, 2011).

A Organização Mundial de Saúde (OMS) indica três sistemas diferentes pelos quais uma criança ou um grupo de crianças podem ser comparados à população padrão para classificar desnutrição: escores Z (escores de desvio padrão), percentil e porcentagem de mediana. Entretanto, para uma avaliação de base populacional, incluindo pesquisas e vigilância nutricional, o escore Z é amplamente reconhecido como o sistema ideal para análise e apresentação de dados antropométricos (OMS, 1997).

O percentil é uma medida que indica a posição de uma criança em relação às outras de mesma idade e sexo. Por exemplo, se uma criança possui um percentil de peso 25, isso significa que 25% das crianças da mesma idade e sexo possuem um peso igual ou menor ao dela. Já o escore Z é uma medida que quantifica a distância, em desvio padrão, do valor encontrado em relação à média da população. Em outras palavras, o escore Z é uma medida padronizada que indica em quantos desvios padrão a medida de uma criança está em relação à média da população.

Além disso, esses parâmetros se correlacionam, uma vez que o escore Z igual a zero corresponde ao percentil 50, e ambos são equivalentes à média do parâmetro em análise. No contexto nutricional, é importante realizar uma avaliação dinâmica das crianças, uma vez que uma única medida na curva não é suficiente para fornecer informações completas. Portanto, é necessário analisar o paciente por meio de diversos critérios. Os índices ou escores Z antropométricos utilizados para avaliar o estado nutricional são (Tabela 6.1):

- escore Z peso por altura (WHZ, do inglês *weight-for-height* Z *score*);
- escore Z altura por idade (HAZ, do inglês *height-for-age* Z *score*);
- escore Z peso por idade (WAZ, do inglês *weight-for-age* Z *score*).

Os indicativos antropométricos também são usados para definir os diferentes tipos de desnutrição. O peso insuficiente ou a desnutrição aguda (do inglês, *wasting*) é definido como índice de baixo peso para altura (WHZ) e é, na maioria dos casos, um indicativo de um processo recente de perda de peso. Entretanto, a desnutrição de forma crônica ou nanismo (do inglês, *stunting*) é definida pelo índice de baixa altura por idade (HAZ), resultante de uma condição subótima de saúde e/ou nutrição. Em contrapartida, a subnutrição é caracterizada pelo índice de baixo peso para idade (WAZ), ou seja, é influenciado tanto pelo índice WHZ como pelo índice HAZ.

A OMS (2017) classifica a desnutrição conforme a gravidade, definida clinicamente por um valor de escore Z, conforme descrito na Tabela 6.1.

Tabela 6.1 – Classificação para avaliar a gravidade da desnutrição

Classificação	Escores Z
Normal	Escore Z ≥ -1 DP*
Leve	- 2 ≤ escore Z < -1 DP
Moderado	- 3 ≤ escore Z < -2 DP
Grave	Escore Z < -3 DP

*DP = desvio padrão de referência segundo a OMS (2009).

Fonte: adaptada de WHO (2017).

Para o diagnóstico da desnutrição, é necessária a avaliação antropométrica pela classificação dos escores Z ou percentis conforme os parâmetros especificados para cada faixa etária (peso para idade, peso para estatura, estatura para idade e o índice de massa corporal-IMC para a idade), como também é importante a avaliação clínica e física do paciente com desnutrição, conforme resume a Tabela 6.2.

Tabela 6.2 – Biomarcadores antropométricos para desnutrição infantil

Faixa etária	Parâmetro avaliado	Escores Z ou percentil	Diagnóstico
Crianças de 0 a 5 anos incompletos	Peso para idade	Percentil < 0,1 – Escore Z < -3	Muito baixo peso para a idade
		Percentil entre 0,1 e 3 – Escore Z entre -3 e -2	Baixo peso para a idade
	Peso para estatura	Percentil entre 0,1 e 3 – Escore Z entre -3 e -2	Magreza
		< Percentil 0,1 < Escore Z -3	Magreza acentuada
	Estatura para idade	< Percentil 0,1 < Escore Z -3	Muito baixa estatura para a idade
		Percentil entre 0,1 e 3 – Escore Z entre -3 e -2	Baixa estatura para a idade
Crianças de5 a 10 anos incompletos	IMC e estatura para idade	Percentil entre 0,1 e 3 Escore Z entre -3 e -2	Magreza
		< Percentil 0,1 < Escore Z -3	Magreza acentuada
Crianças de 11 a 19 anos incompletos	IMC e estatura para idade	Percentil entre 0,1 e 3 Escore Z entre -3 e -2	Magreza
		< Percentil 0,1 < Escore Z -3	Magreza acentuada

Fonte: adaptada de OMS (2017), Ramos-Silva; Silva; Maranhão (2016).

BIOMARCADORES DE MARASMO E *KWASHIORKOR*

A desnutrição grave é a principal causa de imunodeficiência secundária e da mortalidade entre crianças em países em desenvolvimento. A desnutrição grave pode se manifestar de três formas: marasmo (não edematoso), observado com mais frequência (68,6% de todos os casos de desnutrição); *kwashiorkor* (edematoso), detectado em

23,8% dos casos, e *kwashiorkor* marasmático, identificado em cerca de 7,6% dos casos de desnutrição grave. O marasmo e o *kwashiorkor* ocorrem devido à deficiência de calorias-energia e proteína-caloria, respectivamente. O *kwashiorkor* e o *kwashiorkor* marasmático apresentam níveis reduzidos de proteínas, taxas de catabolismo de proteínas e níveis alterados de micronutrientes, levando a um estresse oxidativo descontrolado. Devido a essas alterações, crianças com *kwashiorkor* apresentam função imunológica profundamente comprometida, barreira intestinal impactada e deficiências secundárias de micronutrientes (Michael *et al.*, 2022).

MARASMO

O marasmo é uma forma grave de desnutrição energético-proteica, que se caracteriza pela ingestão insuficiente de calorias em todas as formas. Uma das principais manifestações clínicas do marasmo é a perda de tecido adiposo subcutâneo e massa muscular, decorrente da redução no armazenamento de glicogênio (Michael *et al.*, 2022). Essa condição é facilmente identificada pelo valor de peso para altura, que geralmente é menor do que três desvios-padrão abaixo da média para idade e sexo da criança. As crianças afetadas pelo marasmo apresentam características físicas facilmente observáveis, como rosto fino com pele enrugada, bochechas afundadas, olhos maiores, abdômen inchado e pele flácida nas pernas e nádegas. Essas crianças parecem mais velhas do que a sua idade cronológica e costumam estar irritáveis e com apetite aumentado (Michael *et al.*, 2022). É importante destacar que o marasmo é uma condição que requer tratamento imediato e adequado, uma vez que a desnutrição prolongada pode levar a complicações graves e até mesmo à morte. Além disso, a prevenção do marasmo envolve a garantia de uma alimentação saudável e balanceada desde os primeiros anos de vida, com consumo adequado de calorias e nutrientes essenciais para o desenvolvimento saudável da criança. Uma criança com marasmo pode desenvolver edema devido à insuficiência de proteína, condição conhecida como *kwashiorkor* marasmático (Titi-Lartey; Gupta, 2022).

A causa subjacente do marasmo é a ingestão insuficiente de calorias totais (Ibrahim *et al.*, 2017). No entanto, é importante entender o que precipita uma redução na ingestão de calorias em uma pessoa que sofre de marasmo. A causa precipitante de uma ingestão reduzida de calorias pode variar entre adultos e crianças e ser de origem social e biológica.

O marasmo em crianças tem como causa social subjacente a pobreza, a qual pode ser decorrente do baixo *status* socioeconômico e da educação insuficiente das mães, bem como de situações como guerra, desastres naturais e instabilidade civil. A falta de recursos financeiros influencia diretamente a capacidade das famílias em garantir uma fonte confiável de alimentos para as crianças, resultando em um fornecimento insuficiente de calorias e, consequentemente, em desnutrição. Ademais, a instabilidade social pode gerar deslocamento e um ambiente não higiênico, fatores que contribuem para um maior risco de infecções, como diarreia. Especificamente na África do Sul, a epidemia de HIV/AIDS tem sido responsável por uma carga significativa de doenças nos lares, reduzindo a viabilidade dos meios de subsistência agrários (Titi-Lartey; Gupta, 2022). A educação materna é um fator-chave na prevenção da desnutrição infantil. Estudos apontam que mães que possuem nível primário de educação em Nairóbi têm 94% menos chances de verem seus filhos sofrerem com o retardo no crescimento em comparação com aquelas que não possuem educação formal. Investir em educação para as mulheres é, portanto, uma medida crucial para garantir o bem-estar e o desenvolvimento saudável das crianças. Ademais, o marasmo é igualmente distribuído entre os gêneros, no entanto, como resultado das diferenças culturais em algumas partes do mundo, as mulheres podem estar em maior risco de marasmo (Sethuraman; Lansdown; Sullivan, 2006).

Para entender a fisiopatologia do marasmo, é importante compreender a resposta fisiológica do corpo à deficiência na ingestão de calorias ou "resposta fisiológica à fome". Existem múltiplas etapas da fome que ocorrem de maneira progressiva: absorção gastrointestinal de um substrato (1 a 6 horas); glicogenólise (1 a 2 dias); gliconeogênese (1 semana); cetose (3 a 4 dias+) e aumento do uso cerebral de cetonas (2 semanas+) (Titi-Lartey; Gupta, 2022). Após 1 hora de metabolismo, o corpo esgota suas reservas de glicose livre. A redução da absorção de carboidratos leva a uma diminuição na secreção de insulina. Após cerca de 4 a 5 horas, a glicose armazenada no fígado começa a ser degradada para fornecer energia ao corpo. Órgãos como o sistema nervoso central dependem da glucose para o seu metabolismo, enquanto o músculo e o tecido adiposo podem usar ácidos graxos para produzir energia. Após 8 a 10 horas, cerca de metade dos requisitos de energia muscular são supridos por ácidos graxos livres. As reservas de glicogênio no fígado conseguem sustentar as demandas energéticas do corpo por apenas 12 a 16 horas. Depois disso, ocorre a gliconeogênese para manter os níveis de glicose no sangue. Em 2 a 3 dias, músculos e tecidos adiposos passam a ser menos dependentes de glicose, e o fígado se torna dependente de ácidos graxos parcialmente oxidados para obter energia. A produção de cetonas atinge seu máximo no terceiro dia de privação alimentar, fornecendo substratos suficientes para o sistema nervoso central, já que os ácidos graxos livres não podem atravessar a barreira hematoencefálica. Essa transição para o metabolismo lipídios-dependente permite a preservação precoce da proteína muscular (Titi-Lartey; Gupta, 2022).

A restrição calórica severa e prolongada causa aumento da suscetibilidade a infecções, o que ocorre devido à imunodeficiência secundária. Em particular, a infecção por organismos Gram-negativos está associada ao marasmo. Infecções do trato urinário, gastrintestinal e respiratório estão associadas ao marasmo; no entanto, pacientes que sofrem de marasmo podem não apresentar as características típicas de uma infecção, como febre (Susanti; Juliaty, 2021).

KWASHIORKOR

O *kwashiorkor* é uma manifestação grave de desnutrição proteico-energética que está associado a uma dieta de baixa qualidade, rica em carboidratos, porém com baixo teor de proteínas, de modo que a criança pode ter uma ingestão total de energia suficiente (OMS, 2013). *Kwashiorkor* é uma deficiência de proteína que se manifesta independentemente dos valores antropométricos. Um dos principais sinais clínicos do *kwashiorkor* é o edema simétrico da face e das extremidades inferiores. Em casos graves, pode haver edema em todo o corpo, esteatose hepática, feridas, despigmentação e descamação da pele (pálida), além de afinamento do cabelo e inflamação. As crianças afetadas também apresentam apatia e perda de apetite (Ibrahim *et al.*, 2017). A redução da ingestão de proteína leva à hipoalbuminemia, diminuindo a pressão oncótica e causando edema. Ao passo que a hepatomegalia ocorre devido à síntese prejudicada da lipoproteína B, que é afetada pela redução da ingestão de proteínas.

Ademais, o *kwashiorkor* representa uma condição mais grave e difícil de intervir, já que contribui para a deficiência imunológica secundária, disbiose intestinal, quebra da barreira epitelial, retardo no crescimento e inflamação que agrava ainda mais a disfunção imunológica (Prendergast; Kelly, 2012). Devido à quebra da barreira epitelial, o *kwashiorkor* em crianças também pode contribuir para deficiências de micronutrientes sobrepostas, como ferro, zinco, selênio e vitamina A (Ibrahim *et al.*, 2017).

Caso o *kwashiorkor* não seja tratado, a condição pode evoluir para coma, choque ou morte. Estudos apontam que nem todas as crianças gravemente desnutridas desenvolvem *kwashiorkor*, embora a razão para isso ainda seja desconhecida (Heikens; Manary, 2009). Acredita-se que a genética do hospedeiro, fatores microbiológicos e outros fatores possam contribuir para o seu desenvolvimento. Atualmente, os avanços em tecnologias metabolômicas, genômicas e imunológicas podem auxiliar na compreensão do mecanismo por trás desse fenômeno (Tidjani Alou *et al.*, 2017).

Crianças diagnosticadas com *kwashiorkor* são tratadas seguindo as regulamentações da OMS (OMS, 2022). Quando a criança apresenta sinais e sintomas clínicos de *kwashiorkor*, como infecções evidentes, alteração do estado mental, hipotermia, hipoglicemia, anorexia e anemia grave, ela é hospitalizada e a reabilitação nutricional é iniciada em três fases. Durante a primeira fase, é fornecida uma dieta terapêutica líquida para atender às necessidades diárias de 100 kcal/kg/dia, além de suplementos de micronutrientes, enquanto se evita o excesso de sódio e proteínas. Quando a criança está estável e demonstra apetite/é capaz de comer, é oferecida uma dieta concentrada de leite ou alimento terapêutico pronto para uso *(ready-to-use therapeutic food,* RUTF*)* para uma ingestão calórica mínima de cerca de 175 kcal/kg/dia durante a fase de manutenção (OMS, 2022). O RUTF é uma dieta enriquecida com altos níveis de lipídios, proteínas, multivitaminas e micronutrientes (Hendricks, 2010). Crianças com *kwashiorkor* sem sinais e sintomas clínicos podem ser tratadas diretamente com RUTF desde o início, se expressarem apetite e forem capazes de consumir as calorias diárias recomendadas (OMS, 2013; Manary; Sandige, 2008). Dados recentes baseados na avaliação de mais de 20.000 crianças com *kwashiorkor* mostraram que o tratamento com RUTF resultou em cerca de 80% de recuperação de crescimento entre essas crianças (Bhutta *et al.*, 2008).

Algumas crianças podem apresentar características combinadas de marasmo e *kwashiorkor,* como edema e desnutrição grave. O *kwashiorkor* marasmático é uma condição que ocorre em crianças desnutridas, caracterizada pela combinação de sintomas de marasmo e *kwashiorkor.* Ou seja, a criança apresenta sinais de desnutrição energética (marasmo), como perda de peso, falta de gordura subcutânea e músculos esqueléticos reduzidos, bem como sinais de deficiência proteica (*kwashiorkor*), como edema, pele e cabelo descoloridos, alterações hepáticas e redução da imunidade. É uma forma grave de desnutrição, a qual é geralmente associada a taxas elevadas de mortalidade infantil em países em desenvolvimento (OMS, 2013).

Na prática clínica, separar conclusivamente essas duas formas de desnutrição é difícil, o que é enfatizado ainda mais pela existência do *kwashiorkor* marasmático – uma condição que combina diferentes características de ambos (Spoelstra *et al.*, 2012). O Quadro 6.2 e a Figura 6.3 ilustram as principais diferenças entre o marasmo e *kwashiorkor.* É importante ressaltar que ambas são condições que frequentemente ocorrem em conjunto, principalmente em áreas onde a desnutrição é comum. Além disso, a apresentação clínica pode variar bastante em cada indivíduo, de acordo com a duração e a gravidade da desnutrição, bem como com a presença de outras doenças associadas. Por isso, é fundamental que o diagnóstico e o tratamento sejam realizados por profissionais de saúde capacitados.

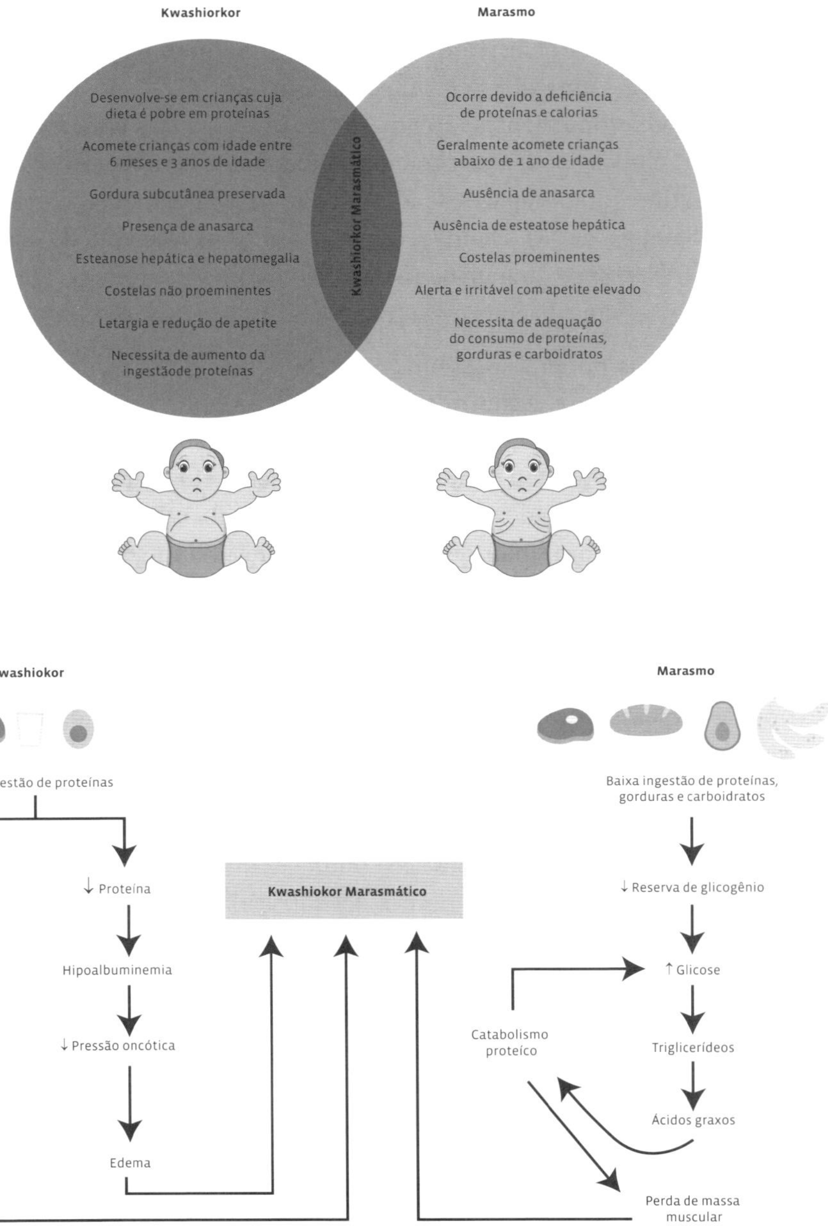

Figura 6.3 – Alterações fisiopatológicas do marasmo e *kwashiorkor*. No *kwashisokor*, a desnutrição proteica severa induz um quadro de edema generalizado.

Fonte: imagem criada por Raul S. Freitas com BioRender.

Quadro 6.2 - Aspectos diferenciais e comparativos entre as duas formas severas de desnutrição, incluindo marasmo e kwashiorkor

Aspectos	Marasmo	*Kwashiorkor*
Definição	Desnutrição energético-proteica grave, caracterizada por perda de peso, diminuição de tecido adiposo e muscular, além de desidratação e retardo no crescimento.	Desnutrição proteico-calórica grave, caracterizada por retenção de líquidos no organismo, edemas, aumento do fígado e baço, além de cabelos descorados e descamativos.
Causa	Ingestão insuficiente de calorias e proteínas.	Ingestão insuficiente de proteínas, associada à ingestão adequada ou insuficiente de calorias.
Idade predominante	6 a 18 meses	18 meses a 3 anos
Fator de risco mais importante	Falta de alimentos	Dieta rica em carboidratos e pobre em proteínas
Desnutrição calórica	Presente	Ausente
Estado nutricional	Grave desnutrição energético-proteica	Grave desnutrição proteico-calórica
Perda de peso	**Extrema**	**Moderada a grave**
Aspecto físico	Muito magro, com músculos e gordura reduzidos, sem gordura subcutânea, extremidades finas	Inchaço abdominal, pernas e pés inchados, cabelos secos, quebradiços e descoloridos, pele descamada, feridas difíceis de cicatrizar
Fome constante	Presente	Ausente
Apetite	Reduzido ou inexistente	Preservado ou aumentado
Estado mental	Apatia, letargia	Irritabilidade, apatia
Pele	Enrugada, seca e descamativa	Descolorida e com manchas
Gordura subcutânea	Ausente	Presente
Músculos	Reduzidos	Preservados
Fígado	Normal ou reduzido	Aumentado
Baço	Normal ou reduzido	Aumentado
Edema	Ausente	Presente

Aspectos	Marasmo	*Kwashiorkor*
Anemia	Leve a moderada	Moderada a grave
Sistema imunológico	Suprimido	Suprimido
Infecções	Suscetível a infecções	Suscetível a infecções
Retardo no crescimento	Presente	Ausente ou moderado
Diarreia	Ausente ou leve	Moderada a grave
Desidratação	Sim	Não
Tratamento nutricional	Aporte calórico e proteico gradual	Reposição proteica e vitamínica
Prognóstico	Depende do tempo de tratamento e da gravidade da desnutrição	Depende da gravidade da desnutrição e da presença de complicações
Prevenção	Melhoria das condições de vida, nutrição adequada e educação em saúde. Promoção do aleitamento materno exclusivo até os 6 meses de idade, introdução gradual de alimentos complementares e acesso a alimentos nutritivos.	Educação em saúde, práticas alimentares adequadas e acesso a alimentos ricos em proteínas e calorias.

Fonte: imagem criada por Raul S. Freitas com BioRender.

CONCLUSÃO

A pesquisa de biomarcadores para identificação precoce de desnutrição infantil e de disfunção entérica ambiental é de extrema importância para prevenir, reduzir e tratar a magnitude dos déficits no desenvolvimento infantil em populações mais vulneráveis expostas a contaminantes e patógenos ambientais. Esses distúrbios podem ser de curto e longo prazos, inclusive afetando mais tarde o risco para doenças metabólicas, cardiovasculares e neurodegenerativas. Reduzir esse impacto poderá ter uma consequência muito favorável para formação de sociedades mais saudáveis com indivíduos em plena capacidade intelectual e produtiva. O desenvolvimento de novas tecnologias em biologia molecular e as estratégias de diagnóstico, incluindo a utilização de protocolos das ciências "ômicas" e epigenéticas, tornam esse campo de pesquisa muito promissor para o futuro próximo, com interlocução da inteligência artificial na associação de biomarcadores e preditores de doenças para otimizar a conduta de profissionais de saúde e dirigir políticas públicas eficientes com o propósito de alcançar mais rapidamente os objetivos do milênio propostos pela OMS. O uso de biomarcadores para diagnóstico da desnutrição infantil e disfunção entérica ambiental é uma ferramenta imprescindível de contribuição para erradicar doenças evitáveis e controláveis em conciliação com estratégias tradicionais e inovadoras de intervenção nutricional, biomédica e de saúde pública.

CASO CLÍNICO

O caso clínico a seguir ilustra uma situação de *kwashiorkor* em criança.

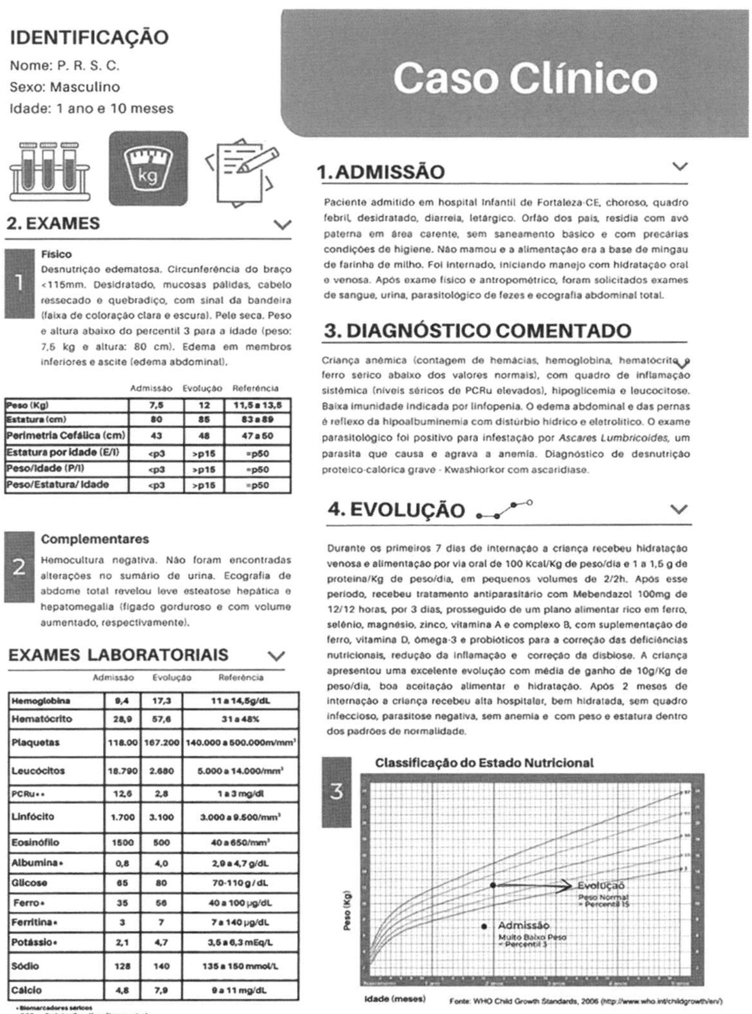

IDENTIFICAÇÃO

Nome: P. R. S. C.
Sexo: Masculino
Idade: 1 ano e 10 meses

Caso Clínico

1. ADMISSÃO

Paciente admitido em hospital Infantil de Fortaleza-CE, choroso, quadro febril, desidratado, diarreia, letárgico. Orfão dos pais, residia com avó paterna em área carente, sem saneamento básico e com precárias condições de higiene. Não mamou e a alimentação era a base de mingau de farinha de milho. Foi internado, iniciando manejo com hidratação oral e venosa. Após exame físico e antropométrico, foram solicitados exames de sangue, urina, parasitológico de fezes e ecografia abdominal total.

2. EXAMES

1 Físico

Desnutrição edematosa. Circunferência do braço <115mm. Desidratado, mucosas pálidas, cabelo ressecado e quebradiço, com sinal da bandeira (faixa de coloração clara e escura). Pele seca. Peso e altura abaixo do percentil 3 para a idade (peso: 7,5 kg e altura: 80 cm). Edema em membros inferiores e ascite (edema abdominal).

	Admissão	Evolução	Referência
Peso (Kg)	7,5	12	11,5 a 13,5
Estatura (cm)	80	85	83 a 89
Perimetria Cefálica (cm)	43	48	47 a 50
Estatura por idade (E/I)	<p3	>p15	=p50
Peso/Idade (P/I)	<p3	>p15	=p50
Peso/Estatura/ Idade	<p3	>p15	=p50

2 Complementares

Hemocultura negativa. Não foram encontradas alterações no sumário de urina. Ecografia de abdome total revelou leve esteatose hepática e hepatomegalia (fígado gorduroso e com volume aumentado, respectivamente).

EXAMES LABORATORIAIS

	Admissão	Evolução	Referência
Hemoglobina	9,4	17,3	11 a 14,5g/dL
Hematócrito	28,9	57,6	31 a 48%
Plaquetas	118.00	167.200	140.000 a 500.000m/mm³
Leucócitos	18.790	2.680	5.000 a 14.000/mm³
PCRu••	12,6	2,8	1 a 3 mg/dl
Linfócito	1.700	3.100	3.000 a 9.500/mm³
Eosinófilo	1500	500	40 a 650/mm³
Albumina•	0,8	4,0	2,9 a 4,7 g/dL
Glicose	65	80	70-110 g / dL
Ferro•	35	56	40 a 100 µg/dL
Ferritina•	3	7	7 a 140 µg/dL
Potássio•	2,1	4,7	3,5 a 6,3 mEq/L
Sódio	128	140	135 a 150 mmol/L
Cálcio	4,8	7,9	9 a 11 mg/dL

• Biomarcadores séricos
• PCRu = Proteína C reativa ultrassensível

3. DIAGNÓSTICO COMENTADO

Criança anêmica (contagem de hemácias, hemoglobina, hematócrito e ferro sérico abaixo dos valores normais), com quadro de inflamação sistêmica (níveis séricos de PCRu elevados), hipoglicemia e leucocitose. Baixa imunidade indicada por linfopenia. O edema abdominal e das pernas é reflexo da hipoalbuminemia com distúrbio hídrico e eletrolítico. O exame parasitológico foi positivo para infestação por *Ascares Lumbricoides*, um parasita que causa e agrava a anemia. Diagnóstico de desnutrição proteico-calórica grave - Kwashiorkor com ascaridiase.

4. EVOLUÇÃO

Durante os primeiros 7 dias de internação a criança recebeu hidratação venosa e alimentação por via oral de 100 Kcal/Kg de peso/dia e 1 a 1,5 g de proteína/Kg de peso/dia, em pequenos volumes de 2/2h. Após esse período, recebeu tratamento antiparasitário com Mebendazol 100mg de 12/12 horas, por 3 dias, prosseguido de um plano alimentar rico em ferro, selênio, magnésio, zinco, vitamina A e complexo B, com suplementação de ferro, vitamina D, ômega-3 e probióticos para a correção das deficiências nutricionais, redução da inflamação e correção da disbiose. A criança apresentou uma excelente evolução com média de ganho de 10g/Kg de peso/dia, boa aceitação alimentar e hidratação. Após 2 meses de internação a criança recebeu alta hospitalar, bem hidratada, sem quadro infeccioso, parasitose negativa, sem anemia e com peso e estatura dentro dos padrões de normalidade.

3 Classificação do Estado Nutricional

Fonte: WHO Child Growth Standards, 2006 (http://www.who.int/childgrowth/en/)

Fonte: imagem criada por Camila A. M. Gonçalves com BioRender.

REFERÊNCIAS

ALAM, J. *et al.* Role of L-carnitine supplementation on rate of weight gain and biomarkers of environmental enteric dysfunction in children with severe acute malnutrition: a protocol for a double-blinded randomized controlled trial. *PLoS* ONE, v. 17, n. 9, p. e0275291, 2022.

BAHRI, S. *et al.* Citrulline: from metabolism to therapeutic use. *Nutrition*, v. 29, n. 3, p. 479-484, 2013.

BHUTTA, Z. A. *et al.* What works? Interventions for maternal and child undernutrition and survival. *Lancet*, v. 371, n. 9610, p. 417–440, 2008.

CEDERHOLM, T. *et al.* GLIM criteria for the diagnosis of malnutrition – A consensus report from the global clinical nutrition community. *Journal of Cachexia, Sarcopenia and Muscle*, v. 10, p. 207– 217, 2019.

CHRISTOPHER, K. B. Nutritional metabolomics in critical illness. *Current Opinion in Clinical Nutrition and Metabolic Care*, v. 21, n. 2, p. 121–125, 2018.

DAVIS, J. N.; OAKS, B. M.; ENGLE-STONE, R. The double burden of malnutrition: a systematic review of operational definitions. *Current Developments in Nutrition*, v. 4, n. 9, p. nzaa127, 2020.

DE JONG, P. R. *et al.* Ion channel TRPV1-dependent activation of PTP1B suppresses EGFR-associated intestinal tumorigenesis. *The Journal of Clinical Investigation*, v. 124, n. 9, p. 3793–3806, 2014.

ETHEREDGE, A. J. *et al.* P. Markers of environmental enteric dysfunction are associated with neurodevelopmental outcomes in Tanzanian children. *Journal of Pediatric Gastroenterology and Nutrition*, v. 66, n. 6, p. 953–959, 2018.

GEORGE, C. M. *et al. Akkermansia muciniphila* Associated with improved linear growth among young children,

Democratic Republic of the Congo. *Emerging Infectious Diseases*, v. 29, n. 1, p. 81–88, 2023.

GIORGIO, V. *et al.* Intestinal permeability in children with functional gastrointestinal disorders: the effects of diet. *Nutrients*, v. 14, n. 8, p. 1578, 2022.

HEIKENS, G. T.; MANARY, M. 75 years of Kwashiorkor in Africa. *Malawi Medical Journal: The Journal of Medical Association of Malawi*, v. 21, n. 3, p. 96–98, 2009.

HENDRICKS, K. M. Ready-to-use therapeutic food for prevention of childhood undernutrition. *Nutrition Reviews*, v. 68, n. 7, p. 429–435, 2010.

HU, X. *et al.* Improvement of ulcerative colitis by aspartate via RIPK pathway modulation and gut microbiota composition in mice. *Nutrients*, v. 14, n. 18, 2022.

IBRAHIM, M. K. *et al.* Impact of childhood malnutrition on host defense and infection. *Clinical Microbiology Reviews*, v. 30, n. 4, p. 919–971, 2017.

IQBAL, N. T. *et al.* Promising biomarkers of environmental enteric dysfunction: a prospective cohort study in Pakistani children. *Scientific Reports*, v. 8, n. 1, p. 2966, 2018.

MANARY, M. J.; SANDIGE, H. L. Management of acute moderate and severe childhood malnutrition. BMJ, v. 337, p. a2180, 2008.

MAYNERIS-PERXACHS, J.; SWANN, J. R. Metabolic phenotyping of malnutrition during the first 1000 days of life. *European Journal of Nutrition*, v. 58, n. 3, p. 909–930, 2019.

McCormick, B. J. J. *et al.* Intestinal permeability and inflammation mediate the association between nutrient density of complementary foods and biochemical measures of micronutrient status in young children: results from the MAL-ED study. *The American Journal of Clinical Nutrition*, v. 110, n. 4, p. 1015–1025, 2019.

Michael, H. *et al.* Mechanisms of Kwashiorkor-associated immune suppression: insights from human, mouse, and pig studies. *Frontiers in Immunology*, v. 2, n. 13, p. 826268, 2022.

Mkhize, M.; Sibanda, M. A review of selected studies on the factors associated with the nutrition status of children under the age of five years in South Africa. *International Journal of Environmental Research and Public Health*, v. 17, n. 21, p. 7973, 2020.

Monnig, M. A. *et al.* HIV infection, HCV coinfection, and alcohol use: associations with microbial translocation and immune activation. *Alcoholism, Clinical and Experimental Research*, v. 43, n. 6, p. 1126–1134, 2019.

Morais, M. B.; Silva, G. A. P. D. Environmental enteric dysfunction and growth. *Jornal de Pediatria*, v. 95, Suppl 1, p. 85–94, 2019.

Organização Mundial Da Saúde (OMS). OECD. *Infant and young child feeding.* Health at a Glance: Asia/Pacific 2022: Measuring Progress Towards Universal Health Coverage, OECD Publishing, Paris. 2022.

Organização Mundial Da Saúde (OMS). *Double-duty actions for ending malnutrition within a decade.* Geneva: World Health Organization, 2017. Disponível em: http://www.who.int/en/newsroom/commentaries/detail/double-duty-actions-for-ending-malnutrition-within--adecade. Acesso em: 30 abr. 2023.

Organização Mundial Da Saúde (OMS). *Guidelines: updates on the management of severe acute malnutrition in infants and children.* Geneva: World Health Organization, v. 2013, p. 6–54, 2013.

Organização Mundial Da Saúde (OMS). *Child growth standards and the idenof severe acute malnutrition in infants and children: a joint statement by the World Health Organization and the United Nations Children's Fund.* Geneva: World Health Organization, 2009. 12p. Disponível em: https://www.ncbi.nlm.nih.gov/books/NBK200774/?report=readerPhotograph OMS_E_eng.pdf Acesso em: 28 abr. 2023.

Organização Mundial Da Saúde (OMS). *Global database on child growth and malnutrition: the Z-score or standard deviation classification system.* Geneva: World Health Organization, 1997. Disponível em: http://www.who.int/nutgrowthdb/about/introduction/en/index4.html. Acesso em: 1 maio 2023.

Papadopoulou, S. K. *et al.* Nutritional and nutrition-related biomarkers as prognostic factors of sarcopenia, and their role in disease progression. *Diseases*, v. 10, n. 3, p. 42, 2022.

Prendergast, A.; Kelly, P. Enteropathies in the developing world: neglected effects on global health. *The American Journal of Tropical Medicine and Hygiene*, v. 86, n. 5, p. 756–763, 2012.

Ramos-Silva, V.; Silva, J. P. D; Maranhão, H. S. Epidemiologia da obesidade na infância e adolescência. Obesidade na infância e adolescência. Manual de orientação. *Sociedade Brasileira de Pediatria*, v. 3, p. 17–21, 2016.

Ricciuto, A.; Griffiths, A. M. Clinical value of fecal calprotectin. *Critical Reviews in Clinical Laboratory Sciences*, v. 56, n. 5, p. 307–320, 2019.

SETHURAMAN, K.; LANSDOWN, R.; SULLIVAN, K. Women's empowerment and domestic violence: the role of sociocultural determinants in maternal and child undernutrition in tribal and rural communities in South India. *Food and Nutrition Bulletin*, v. 27, n. 2, p. 128–143, 2006.

SOHAIL, M. U. *et al.* Impact of physical exercise on gut microbiome, inflammation, and the pathobiology of metabolic disorders. *The Review of Diabetic Studies:* RDS, v. 15, p. 35–48, 2019.

SPOELSTRA, M. N. *et al.* Kwashiorkor and marasmus are both associated with impaired glucose clearance related to pancreatic β-cell dysfunction. *Metabolism: Clinical and Experimental*, v. 61, n. 9, p. 1224–1230, 2012.

SUBRAMANIAN, S. V.; ÖZALTIN, E.; FINLAY, J. E. Height of nations: a socioeconomic analysis of cohort differences and patterns among women in 54 low- to middle-income countries. *PLoS* ONE, v. 6, n. 4, p. e18962, 2011.

SUN, C. *et al.* The potential role of REG family proteins in inflammatory and inflammation-associated diseases of the gastrointestinal tract. *International Journal of Molecular Sciences*, v. 22, n. 13, 2021.

SUSANTI, M.; JULIATY, A. Marasmus and stunting in 2-month-old boy with pneumatocele. *Universa Medicina*, v. 40, n. 3, p. 263–269, 2021.

SUZUKI, T. Regulation of the intestinal barrier by nutrients: the role of tight junctions. *Animal Science Journal*, v. 91, n. 1, p. e13357, 2020.

TEZUKA, H.; OHTEKI, T. Regulation of IgA production by intestinal dendritic cells and related cells. *Frontiers in Immunology*, v. 10, p. 1891, 2019.

TIDJANI ALOU, M. *et al.* Gut bacteria missing in severe acute malnutrition, can we identify potential probiotics by culturomics? *Frontiers in Microbiology*, v. 8, p. 899, 2017.

TITI-LARTEY, O. A.; GUPTA, V. *Marasmus*. StatPearls [Internet]. [*S. l.*]: StatPearls Publishing, 2022.

VICTORA, C. G. *et al.* Maternal and child undernutrition: consequences for adult health and human capital. *Lancet*, v. 371, n. 9609, p. 340-357, 2008.

ZHANG, L. *et al.* Intestinal fatty acid-binding protein mediates atherosclerotic progress through increasing intestinal inflammation and permeability. *Journal of Cellular and Molecular Medicine*, v. 24, n. 9, p. 5205–5212, 2020.

CAPÍTULO 7

Alimentação, estado nutricional e desenvolvimento infantil

Isabel Giacomini

Marly Augusto Cardoso

DESENVOLVIMENTO INFANTIL E FATORES ASSOCIADOS

O atraso no crescimento e no desenvolvimento infantil pode levar a consequências irreversíveis para a vida de uma criança. A curto prazo, o prejuízo no crescimento linear e no desenvolvimento infantil contribui para o aumento dos índices de mortalidade e morbidades, além de comprometer a evolução do sistema cognitivo, motor e da linguagem. Entretanto, esses danos podem também afetar a criança a longo prazo, impactando sua estatura quando adulta, aumentando riscos para comorbidades associadas e prejudicando a saúde do sistema reprodutivo (WHO, 2014).

Segundo Black *et al.* (2017), o contexto econômico, sociopolítico, climático e cultural constitui causas de base e subjacentes para o não alcance do potencial desenvolvimento de uma criança, sendo a pobreza uma peça central para tal desfecho. Além disso, um ambiente facilitador para cuidadores, familiares e a comunidade dessa criança são uma via intermediária e bastante importante desse processo, incluindo cuidados pré-natais e planejamento familiar.

Por outro lado, existem causas de caráter imediato, como doenças e ingestão alimentar inadequada, relacionadas ao cuidado à criança, ambiente doméstico e assistência à saúde precária. Tais informações contribuem para o melhor entendimento da relação entre elementos presentes na primeira infância e seus impactos na saúde, identificando as possíveis frentes de atuação para prevenção e redução de danos da desnutrição infantil.

STUNTING E *WASTING*

A avaliação antropométrica de crianças permite rastrear e monitorar populações em situação de risco nutricional, revelando condições de emagrecimento (*wasting*, em inglês) e déficit de estatura (*stunting*, em inglês).

Stunting é um desfecho associado à nutrição inadequada ainda no útero e ao longo da primeira infância, desempenhando consequências a longo prazo no nível individual, mas também coletivo. O indicador de *stunting* representa, no contexto da desnutrição, não apenas prejuízos biológicos, mas também a privação de um indivíduo de ter as mesmas chances que outros, devendo ter seu papel reconhecido no que se refere a direitos humanos (WHO, 2014).

A maior parte dos casos de *stunting* acontece antes dos 2 anos de idade devido ao aumento das necessidades nutricionais da criança, fazendo dessa fase um período crítico para o seu desenvolvimento. Apesar da prevalência mundial entre os anos 2000 e 2020 ter declinado de 33% para 22%, uma a cada quatro crianças menores de 5 anos ainda têm *stunting* (Unicef, 2021). Assim, os esforços para reduzir esses números para 104 milhões em 2025 e 87 milhões em 2030, conforme a meta estabelecida pela WHO/Unicef, deverão ser intensificados (WHO; Unicef 2017).

O *wasting*, por sua vez, tem como causa fatores que também contribuem para o *stunting*. Além disso, doenças infecciosas graves, que acarretam *wasting*, dependendo da sua persistência em relação a tempo, gravidade e ocorrência, podem impactar cronicamente o crescimento linear, levando ao *stunting*, principalmente em situações em que não há suporte nutricional adequado para a recuperação (WHO, 2014).

Embora seja possível observar esforços intersetoriais a nível nacional e internacional, estimativas mostram que, no ano de 2020, *stunting* e *wasting* afetaram 149,2 e 45,6 milhões de crianças menores de 5 anos, respectivamente. Além disso, 13,6 milhões de crianças abaixo dos 5 anos tinham a forma mais grave de *wasting* (escore Z do índice peso para altura igual ou menor do que -3 em relação a curvas de crescimento da OMS) (Unicef, 2021).

DESIGUALDADE SOCIAL E A PANDEMIA DA COVID-19

Os impactos da desnutrição não acarretam apenas prejuízos na saúde física e mental, como também refletem na economia. Segundo o The World Bank (2006), isso acontece devido a três causas principais: prejuízos na produtividade pelo comprometimento físico e na função cognitiva; déficits na escolaridade; e aumento dos custos relacionados a cuidados com a saúde. Por consequência, a desnutrição também pode impactar os valores do produto interno bruto (PIB), diminuindo-o em até 3% (The World Bank, 2006).

Não obstante, os déficits do crescimento linear estão presentes de forma desigual pelo mundo. Estima-se que 84% das crianças com menos de 5 anos afetadas pelo *stunting* e 89% das crianças com menos de 5 anos afetadas pelo *wasting* em 2020 moravam em países de média-baixa ou baixa renda (Unicef, 2021).

Para além dos efeitos diretos causados pela pandemia da covid-19, as sequelas deixadas nas gerações mais novas são alarmantes. A diminuição da renda familiar, somada a restrições na disponibilidade e acessibilidade de alimentos nutritivos e com a interrupção de serviços essenciais de nutrição, podem gerar prejuízos ao crescimento e desenvolvimento infantis que perdurarão mesmo após a erradicação da covid-19 (Unicef, 2021).

Estima-se que a diminuição da renda nacional bruta (RNB) per capita em alguns países do mundo durante o período de pandemia pode ser traduzido em um adicional de 6,7 milhões de crianças com *wasting* em relação às estimativas iniciais, ou seja, 15% a mais do que os valores reportados (Headey *et al.*, 2020). Por consequência, os efeitos prolongados e recorrentes de *wasting* em crianças ao longo da pandemia podem acarretar números mais altos de *stunting* (Unicef, 2021).

Quadro 7.1 – Estimativas de prevalência [intervalos com 95% de confiança] de *stunting* e *wasting* em 2020 para cada região segundo classificação do World Bank Income*

	Stunting (moderado e grave)	*Wasting* (moderado e grave)	*Wasting* (grave)
Países de baixa renda	34,6 [33,5-35,8]	6,9 [5,6-8,6]	1,6 [1,2-2.1]
Países de média renda	21,8 [20,8-22,7]	6,8 [3,7-9,9]	2 [0,9-3]
Média-baixa renda	29.1 [27,6-30,6]	9,9 [5,8-16,2]	2,8 [1,6-5,1]
Média-alta renda	10,8 [10,1-11,5]	2,1 [1,3-3,4]	0,6 [0,3-1,3]
Países de alta renda	3,4 [3-3,9]	0,4 [0,2-0,8]	0 [0-0,1]

* Países de baixa renda são aqueles com RNB per capita menor do que $ 1.045. Países de média-baixa renda são aqueles com RNB per capita entre $ 1.046 e $ 4.095. Países de média-alta renda são aqueles com RNB per capita entre $ 4.096 e $ 12.695. Países de alta renda são aqueles com RNB per capita superior a $ 12.696 (dados de 2020).

Nota: Cuidado ao interpretar: dados referentes a menos de 50% da população dos países de alta renda.

Fonte: Unicef (2021).

DESENVOLVIMENTO CEREBRAL E PERÍMETRO CEFÁLICO

Dentre os diferentes sistemas fisiológicos humanos, a evolução do sistema nervoso se destaca na primeira infância, sendo esse um período crítico no que se refere ao desenvolvimento neurológico. Nessa fase de maior sensibilidade e plasticidade neural, o desenvolvimento do cérebro humano ocorre de maneira progressiva e, portanto, qualquer distúrbio nesse processo pode causar consequências irreversíveis para a estrutura e capacidade funcional cerebral. Assim, a formação das estruturas intracranianas está associada a diferentes influências durante os primeiros anos de vida, desde fatores ambientais até a qualidade da ingestão nutricional.

A mensuração do perímetro cefálico (PC) é um indicador antropométrico fortemente associado ao volume cerebral nos primeiros anos de vida (Catena *et al.*, 2017). Assim, o acompanhamento do PC é fundamental para obter dados de aspectos cognitivos, sociais e educacionais. Não obstante, esses dados podem também indicar uma correlação entre PC e situações econômicas do local onde a criança vive, sendo possível relacionar a pobreza com o desenvolvimento cognitivo da população (Miller *et al.*, 2016).

Em um estudo de coorte com 1.795 crianças espanholas nascidas pré-termo, pesquisadores encontraram que a medida de PC ao nascer e durante a infância não apenas foi associada a diversos desfechos neurológicos, como também exerceram efeito protetor em relação ao transtorno de déficit de atenção e hiperatividade (Ferrer *et al.*, 2019). Em concordância, resultados de um estudo longitudinal no Canadá com 756 crianças aos 2 anos de idade revelou o crescimento cefálico como preditor de uma melhor coordenação motora, de capacidade de planejamento e equilíbrio, podendo ser um reflexo do desenvolvimento sensomotor e cerebelar (Dupont *et al.*, 2018).

No Brasil, resultados de uma coorte de nascimento de base populacional na Amazônia Ocidental Brasileira observaram que a prática do aleitamento materno exclusivo até os 90 dias e o ganho de peso foram preditores do perímetro cefálico no primeiro ano de vida (Giacomini *et al.*, 2020).

Em outro estudo, Goyal *et al.* (2015) apontaram uma possível correlação entre a imaturidade da microbiota intestinal em crianças desnutridas e o comprometimento de áreas cerebrais, principalmente daquelas com altos níveis de expressão gênica relacionados ao crescimento e à projeção axonal dos neurônios. Dessa forma, a alimentação infantil adequada se mostra essencial para a nutrição do cérebro, podendo gerar consequências no desenvolvimento intelectual do indivíduo ao longo de sua vida.

DEFICIÊNCIAS DE MICRONUTRIENTES

O início da vida de uma criança corresponde ao período no qual ocorre grande parte do seu crescimento, sendo resultado da somatória de processos orgânicos que compõem tal fase. Evidências mostram que ações para promoção, proteção e apoio ao aleitamento materno exclusivo até os 6 meses e continuado após os 6 meses, com promoção da alimentação complementar saudável e uso da fortificação caseira com micronutrientes em pó, podem reduzir a deficiência de micronutrientes na primeira infância (Cardoso *et al.*, 2016).

A anemia é definida como uma condição em que a concentração sanguínea da hemoglobina está abaixo dos valores recomendados, prejudicando a capacidade de transportar oxigênio pelo corpo e, possivelmente, impactando o desenvolvimento cognitivo da criança, resultando em pontuações menores de quociente de inteligência (Black *et al.*, 2008). Dentre as causas, a deficiência de ferro é a causa principal de anemia na infância, sendo a deficiência nutricional mais prevalente em países de baixa e média renda. O pico de maior prevalência de anemia nas crianças ocorre entre 10 e 18 meses de idade e representa, portanto, um período crítico para consumo de alimentos fontes de ferro biodisponível na alimentação complementar (Black *et al.*, 2008). Além disso, a deficiência de vitamina A pode ocorrer também, associada ou não à deficiência de ferro, e tem seu papel no que se refere à desnutrição, podendo levar a consequências como problemas visuais e, em casos mais graves, à cegueira (Black *et al.*, 2008).

Quadro 7.2 - Exemplos de alimentos que contêm ferro e vitamina A

Alimentos que contêm ferro*	Carnes; feijão; fígado; ovo; verduras de cor verde-escuro, como espinafre, caruru, chicória e jambu; e bertalha.
Alimentos que contêm vitamina A**	Fígado; gema de ovo; abóbora; cenoura; couve; taioba; chicória; espinafre; mamão; e manga.

*O ferro em alimentos de origem animal, presente predominantemente ligado ao grupo heme, é facilmente absorvido pelo organismo. Já o ferro em alimentos de origem vegetal, na forma de ferro inorgânico como ferro férrico (Fe^{3+}), é mais bem absorvido se, na mesma refeição, forem consumidos alimentos ricos em vitamina C (como laranja, abacaxi, acerola e outras frutas frescas) para conversão do Fe^{3+} em ferroso (Fe^{2+}), tornando-o solúvel no meio alcalino do intestino delgado.

**Fontes de retinol (vitamina A pré-formada, presente em alimentos de origem animal) e carotenoides com atividade de vitamina A (α, β e γ-caroteno e a β-criptoxantina – pró-vitamina A presentes em alimentos de origem vegetal).

Fonte: Cardoso, M. A.; Scagliusi, F. B. (2019).

ALEITAMENTO MATERNO

É importante que todas as necessidades nutricionais da criança sejam supridas de maneira adequada a fim de garantir alcance de seu potencial de crescimento, desenvolvimento e qualidade de vida.

O leite materno deve ser oferecido de maneira exclusiva até os 6 meses de vida da criança. O leite proveniente do peito da mãe tem a composição perfeita para o bebê, é de fácil digestão para a criança e altamente nutritivo. Logo, os benefícios do aleitamento materno no início da vida contemplam tanto a mãe (prevenindo, por exemplo, câncer de mama) quanto o bebê, reduzindo risco para diabetes e de morte por diarreia ou infecções respiratórias, além de estar associado positivamente à inteligência da criança (Victora *et al.*, 2016).

Dados do Fundo das Nações Unidas para a Infância (Unicef) revelam que a prevalência de aleitamento materno exclusivo no mundo é de 44%, ou seja, três a cada cinco bebês de 0 a 5 meses de vida não recebem exclusivamente o leite materno. Tais números são ainda menores em regiões como a Leste Asiático, Pacífico, Oriente Médio e norte da África, cuja prevalência é em torno de apenas 30%. No Brasil, em 2019, a prevalência de aleitamento materno exclusivo entre crianças com menos de 4 meses foi de 60% e 45,7% entre aquelas com menos de 6 meses (Enani, 2020).

Outro fato importante é que, mundialmente, a prevalência de aleitamento materno dos 12 até os 24 meses é de 65%, sendo expressivamente menor em algumas regiões como América do Norte, na qual chega a 13% (Unicef, 2021). Já no Brasil, em 2019, a prevalência de aleitamento materno entre crianças de 12 a 15 meses foi de 53,1% e 60,9% entre aquelas com menos de 24 meses (Enani, 2020).

ALIMENTAÇÃO COMPLEMENTAR

Após os seis primeiros meses de idade, as necessidades nutricionais e energéticas do bebê aumentam, sendo necessária a introdução da alimentação complementar. A amamentação deve ser mantida em livre demanda, mesmo com a introdução de outros alimentos, uma vez que o leite materno é uma fonte essencial de ácidos graxos, vitaminas, proteína e energia, importantes para o crescimento e desenvolvimento infantil.

O consumo de alimentos inadequados, a insegurança microbiológica da água e da comida e práticas alimentares inadequadas, por exemplo, consistência líquida da dieta, são alguns dos fatores que contribuem para a desnutrição infantil (WHO, 2014). Dessa forma, é importante que os alimentos oferecidos nessa fase sejam higienicamente seguros, em consistência adequada e com alto valor nutricional, e que o aumento da sua quantidade e da frequência de oferta seja gradativo.

Dados da Unicef de 2020 revelam que, mundialmente, 55% das crianças de 6 a 23 meses receberam pelo menos o número mínimo de refeições/lanches com alimentos sólidos, semissólidos e amassados, e apenas 28% receberam uma dieta minimamente diversificada, ou seja, alimentaram-se de cinco dos oito grupos de alimentos no dia anterior. Além disso, apenas 18% receberam uma dieta minimamente aceitável (alimentação com frequência apropriada e com uma variedade que garanta as necessidades energéticas e de nutrientes).

Estratégias como a utilização da classificação NOVA de alimentos representam um grande avanço para a saúde pública. A classificação NOVA, adotada pelo Guia Alimentar para Crianças Brasileiras Menores de Dois Anos (2019), classifica os alimentos de acordo com a sua natureza, especificando o tipo de processamento do alimento pelo qual foi submetido, bem como a sua finalidade subjacente (Monteiro *et al.*, 2016). O primeiro grupo representa aqueles alimentos *in natura* ou que sofreram um tipo mínimo de processamento (ex.: secagem). O segundo e o terceiro correspondem a ingredientes culinários processados e alimentos processados. Por fim, o quarto grupo constitui aqueles produtos alimentícios industriais feitos tipicamente com cinco ou mais ingredientes, os alimentos ultraprocessados.

Quadro 7.3 – Exemplos de classificação dos alimentos pelo seu nível de processamento de acordo com a classificação nova

In natura	Processados	Ultraprocessados
Pêssego	Pêssego em calda	Suco em pó sabor pêssego
Milho	Milho enlatado	Pipoca de micro-ondas
Morango	Geleia de morango	Queijo *petit suisse* sabor morango

Nota: os ingredientes culinários são utilizados para preparações culinárias, como o azeite de oliva.

Fonte: Louzada (2019).

De acordo com o Guia Alimentar para Crianças Brasileiras Menores de Dois Anos (2019), a alimentação de uma criança deve ter como base alimentos *in natura* ou minimamente processados. Os alimentos processados industrialmente devem ser limitados a pequenas quantidades. Já os alimentos ultraprocessados não devem fazer parte da alimentação da criança. Além disso, o documento traz informações e recomendações essenciais para a promoção de uma alimentação adequada e saudável no início da vida. As informações nele contidas apoiam a família no cuidado cotidiano à criança e dão subsídio para o desenvolvimento de ações de educação alimentar e nutricional em âmbito individual e coletivo por profissionais de saúde.

Quadro 7.4 – Exemplos de orientações para alimentação de crianças de 6 a 24 meses de acordo com o Guia Alimentar para Crianças Brasileiras Menores de Dois Anos (2019)

O leite materno deve continuar sendo oferecido.
Não ofereça preparações líquidas nem use liquidificador, *mixer* ou peneira. Alimentos líquidos como sopas, sucos e caldos, por conterem mais água, fornecem menos energia e nutrientes do que a criança precisa.

Para garantir a variedade necessária de nutrientes para a criança, monte o prato dela combinando um alimento de cada grupo: feijões; cereais ou raízes ou tubérculos; carnes ou ovos; legumes e verduras.
A quantidade de alimentos oferecida aumenta com o tempo: a melhor maneira de saber se a quantidade de alimentos consumida está adequada é avaliar o crescimento da criança.
Oferecer comida da família com temperos naturais e quantidade mínima de sal.
Não oferecer açúcar ou mel.

Fonte: Ministério da Saúde (2019).

CONCLUSÃO

Considerando todos os fatores de risco para o desenvolvimento infantil no início da vida, fica evidente a importância da atenção e ação integradas para prevenção da desnutrição. Ademais, analisando todas as suas complexidades, deve-se avaliar a desnutrição sob uma perspectiva ampla, promovendo ações que contemplem seus diferentes níveis de origem e efeitos. Portanto, o cuidado com a criança deve compreender a coordenação, o monitoramento e a avaliação de todos os setores nessa fase.

REFERÊNCIAS

Black, R. E. *et al.* Maternal and child undernutrition: global and regional exposures and health consequences. *Lancet,* v. 371, n. 9608, p. 243-260, 2008.

Black, M. M. *et al.* Early childhood development coming of age: science through the life course. *Lancet,* v. 389, p. 77-90, 2017.

Cardoso, M. A. *et al.* Effect of providing multiple micronutrients in powder through primary healthcare on anemia in young Brazilian children: a multicentre pragmatic controlled trial. *PLoS One,* v. 11, n. 3, p. e0151097, 2016.

Cardoso, M.A.; Scagliusi, F. B. (Orgs.). *Nutrição e Dietética.* Rio de Janeiro: Guanabara Koogan, 2019.

Catena, A. *et al.* On the relationship between head circumference, brain size, prenatal long-chain Pufa/5-methyltetrahydrofolate supplementation and cognitive abilities during childhood. *British Journal of Nutrition*, v. 29, p. 1-9, 2017.

Dupont, C. *et al.* The predictive value of head circumference growth during the first year of life on early child traits. *Scientific Reports,* v. 8, p. 1-9, 2018.

Estudo Nacional De Alimentação E Nutrição Infantil (Enani-2019): *Preliminary results – Breastfeeding indicators in Brazil.* Federal University of Rio de Janeiro: Rio de Janeiro, 2020. 9 p. Disponível em: https://enani.nutricao.ufrj.br/index.php/relatorios/. Acesso em: 25 jul. 2023.

FERRER, M. *et al.* Head circumference and child ADHD symptoms and cognitive functioning: results from a large population-based cohort study. *European Child & Adolescent Psychiatry*, v. 28, p. 377-388, 2019.

GIACOMINI, I. *et al.* Breastfeeding practices and weight gain predicted head circumference in young Amazonian children. *Acta Paediatrica*, v. 110, p. 171-173, 2020.

GOYAL, M. S. *et al.* Feeding the brain and nurturing the mind: linking nutrition and the gut microbiota to brain development. *Proceedings of the National Academy of Sciences of the United States of America (PNAS)*, v. 112, n. 46, p. 14105-14112, 2015. Disponível em: http://www.pnas.org/content/112/46/14105. Acesso em: 25 jul. 2023.

HEADEY, D. *et al.* (Standing Together for Nutrition consortium). Impacts of Covid-19 on childhood malnutrition and nutrition-related mortality. *Lancet*, v. 396, n. 10250, p. 519–521, 2020.

LOUZADA, M. L. C. Guias Alimentares | Histórico, Fundamentos e Aplicações. In: CARDOSO, M. A.; SCAGLIUSI, F. B. (Orgs). *Nutrição e Dietética*. Rio de Janeiro: Guanabara Koogan, 2019.

MILLER, L. C. *et al.* Head growth of undernourished children in rural Nepal: association with demographics, health and diet. *Paediatrics International Child Health*, v. 36, n. 2, p. 91-101, 2016.

MINISTÉRIO DA SAÚDE. *Guia Alimentar para Crianças Brasileiras Menores de Dois Anos*. Brasília, 2019.

MONTEIRO, C. A. *et al.* NOVA. The star shines bright. *World Nutrition*, v. 7, n. 1-3, p. 28-40, 2016. Disponível em: https://worldnutritionjournal.org/index.php/wn/article/view/5. Acesso em: 25 jul. 2023.

THE WORLD BANK. *Repositioning nutrition as central to development: a strategy for large-scale action* . The World Bank, 2006. Disponível em: https://documents.worldbank.org/en/publication/documents-reports/documentdetail/185651468175733998/repositioning-nutrition-as-central-to-development-a-strategy-for-large-scale-action-overview. Acesso em: 25 jul. 2023.

UNICEF/OMS/WORLD BANK GROUP. *Levels and trends in child malnutrition: key findings of the 2021 edition of the joint child malnutrition estimates*. Geneva: World Health Organization, 2021. Disponível em: https://www.who.int/publications/i/item/9789240025257. Acesso em: 25 jul. 2023.

VICTORA, C. G. *et al.* Breastfeeding in the 21st century: epidemiology, mechanisms, and lifelong effect. *Lancet*, v. 387, n. 10017, p. 475-490, 2016.

World Health Organization (WHO). *Global Nutrition Targets 2025: Stunting policy brief*. Geneva: World Health Organization, 2014. Disponível em: http://www.who.int/nutrition/ publications/globaltargets2025_policybrief_stunting/en/. Acesso em: 20 jun. 2017.

World Health Organization (WHO); United Nations International Children's Emergency Fund (Unicef) *WHO/Unicef discussion paper: the extension of the 2025 maternal, infant and young child nutrition targets to 2030*. Geneva and New York, 2017. Disponível em: https://data.unicef.org/resources/who-unicef-discussion-paper-nutrition-targets/. Acesso em: 25 jul. 2021.

CAPÍTULO 8

Insegurança alimentar e situações de risco nutricional para crianças

Thalita Cremonesi Pereira Bachelli

Thaís Otranto Dias

Cinthia Baú Betim Cazarin

HISTÓRICO DE SEGURANÇA/INSEGURANÇA ALIMENTAR

O conceito de segurança alimentar se originou na década de 1970, como reflexo das preocupações vivenciadas à época e, desde então, vem passando por transformações em sua definição, especialmente com a inclusão de novas facetas que compõem essa condição.

Inicialmente, após a Conferência Mundial de Alimentação de 1974, durante a qual se debateu o volume e a estabilidade dos suprimentos alimentícios, a segurança alimentar foi definida como a disponibilidade de alimentos a todos os momentos para sustentar uma constante expansão do consumo e compensar as flutuações na produção e nos preços. Quase uma década depois, em 1983, a Organização das Nações Unidas para Agricultura e Alimentação (FAO) ampliou essa definição a fim de assegurar o acesso de suprimentos a populações vulneráveis, "garantindo que todas as pessoas, em todos os momentos, tenham acesso físico e econômico aos alimentos básicos que necessitam". Apesar disso, o conceito limitava-se apenas à dimensão de acesso aos alimentos, isto é, à obtenção do alimento em si, sem considerar os demais fatores envolvidos nesse processo.

Desde então, outros componentes relacionados à segurança alimentar passaram a ser discutidos, em especial três pontos-chave:

1) Disponibilidade de alimentos: isso significa que as nações devem ter alimentos de qualidade e em quantidade suficiente para alimentar suas populações.
2) Utilização: compreende as condições básicas para que os indivíduos façam o aproveitamento e o consumo dos alimentos adequadamente, isto é, acesso à água potável, condições de moradia, saneamento e cuidados com a saúde, a fim de garantir o bem-estar nutricional e o atendimento a todas as necessidades fisiológicas.
3) Estabilidade: garantir aos indivíduos o acesso regular à uma alimentação adequada, independentemente da ocorrência de adversidades como crises econômicas, alterações climáticas, conflitos armados e eventos cíclicos (variações sazonais).

Dessa forma, devido à complexidade dos fatores relacionados à segurança alimentar, em 1996 uma definição mais abrangente foi definida pelo World Food Summit:

> A segurança alimentar, em nível individual, familiar, nacional, regional e global [é alcançada] quando todas as pessoas, em todos os momentos, têm acesso físico e econômico a alimentos suficientes, seguros e nutritivos para atender às suas necessidades nutricionais e preferências alimentares, para uma vida ativa e saudável (FAO, 2003).

Assim, a insegurança alimentar ocorre quando um ou mais destes critérios não são atendidos, sendo caracterizada pela "disponibilidade limitada ou incerta de acesso aos alimentos nutricionalmente adequados e seguros ou pela capacidade limitada ou incerta de adquirir alimentos de maneira socialmente aceitável" (Coleman-Jensen *et al.*, 2023).

A exposição à insegurança alimentar pode impactar negativamente a saúde, especialmente tratando-se do público infantil, etapa da vida em que a taxa de desenvolvimento e as demandas nutricionais estão aumentadas. Essa condição está associada com aumento do risco de anomalias congênitas, anemia, consumo insuficiente de nutrientes, problemas cognitivos e comportamentais (como agressividade, ansiedade, ideação suicida, entre outros) (Gundersen; Ziliak, 2015).

Quadro 8.1 – Conceitos de segurança e insegurança alimentar

Segurança alimentar	Garantia do acesso físico e econômico a alimentos suficientes, que sejam seguros, nutritivos e atendam às necessidades nutricionais, culturais e às preferências alimentares dos indivíduos. Os alimentos devem ser assegurados de forma estável, sem prejuízos como consequência de eventos repentinos (crises econômicas, climáticas ou variações sazonais) e, ainda, deve-se garantir a disponibilização de recursos como o saneamento básico e água potável para utilização dos gêneros alimentícios.
Insegurança alimentar	Ocorre quando não há acesso regular e permanente a alimentos adequados, seguros e/ou em quantidade suficiente para atender às demandas nutricionais dos indivíduos. A insegurança alimentar também pode ser caracterizada pela capacidade limitada ou incerta de adquirir alimentos adequados de maneira socialmente aceitável.

Fonte: FAO, 2003; Coleman-Jensen *et al.*, 2023.

EPIDEMIOLOGIA

A mensuração da insegurança alimentar é fundamental para identificar e monitorar a situação a nível mundial, bem como para avaliar quando são necessárias mudanças em políticas ou programas de alimentação e nutrição locais, e estabelecer quais intervenções têm impactos positivos nas populações.

A Escala Internacional de Insegurança Alimentar (Fies, do inglês Food Insecurity Experience Scale) é um dos métodos disponíveis para avaliação da insegurança alimentar, e consiste em oito perguntas baseadas nas experiências do respondente e/ou de seu domicílio considerando todos os moradores (Quadro 8.2). Uma das principais vantagens desse instrumento é que ele pode ser incorporado a diversos questionários populacionais, permitindo monitoramento e comparações regionais.

Quadro 8.2 – Escala internacional de insegurança alimentar

Nos últimos 12 meses, houve um momento em que, por falta de dinheiro ou outros recursos:
Você se preocupou em não ter comida suficiente para comer?
Você não conseguiu comer alimentos saudáveis e nutritivos?
Você comeu apenas alguns poucos tipos de alimentos?
Você teve que pular uma refeição?
Você comeu menos do que achava que deveria?
Seu domicílio ficou sem comida?
Você estava com fome, mas não comeu?
Você passou um dia inteiro sem comer?

Fonte: FAO (2021).

A FAO utiliza esta ferramenta (Fies) para acompanhar e avaliar o progresso dos países em relação à erradicação da fome e garantia de acesso aos alimentos aos indivíduos. A partir dessa análise, constatou-se que, em 2018, a prevalência de insegurança alimentar moderada ou severa mundial era de 26,4%, correspondendo a cerca de 2 bilhões de indivíduos (FAO; Ifad; Unicef; WFP; WHO, 2019). Ressaltamos que a pandemia de covid-19 agravou a situação da insegurança alimentar em todo o mundo, aumentando essa proporção para cerca de 2,37 bilhões de indivíduos em apenas dois anos (FAO; Ifad; Unicef; WFP; WHO, 2021).

Quando consideradas as crianças, antes mesmo da pandemia de covid-19, os dados mundiais já eram alarmantes, evidenciando a prevalência de déficits nutricionais neste grupo populacional. Em 2015, um em cada sete bebês nascidos apresentavam baixo peso ao nascer, correspondendo a cerca de 20,5 milhões no mundo. Esse indicador se relaciona com um maior risco de mortalidade nos primeiros 28 dias de vida, além de maior predisposição de problemas no crescimento, menor quociente de inteligência (QI) e desenvolvimento de doenças crônicas no início da idade adulta, como obesidade e diabetes (FAO; Ifad; Unicef; WFP; WHO, 2019).

Uma revisão sistemática realizada por Moradi *et al.* (2019), incluindo 21 estudos e totalizando 55.173 crianças menores de 5 anos de 12 países diferentes, revelou que a insegurança alimentar aumenta o risco de déficit de crescimento e desenvolvimento das crianças. Aliado a isso, vemos que a proporção de crianças menores de 5 anos com baixa estatura, embora tenha diminuído entre 2012 (165,8 milhões) e 2018 (148,9 milhões), ainda mantém cifras elevadas nos dados mundiais. Cabe ressaltar que a África e a Ásia em 2018 eram as regiões do mundo com menor progresso na redução desse marcador, representando 39,5% e 54,9% do total de crianças com déficits de crescimento no mundo, respectivamente (FAO; Ifad; Unicef; WFP; WHO, 2019).

Com relação aos dados mundiais referentes ao peso das crianças, estimava-se que 49,5 milhões de crianças menores de 5 anos de idade apresentavam baixo peso para a idade em 2018. A desnutrição é caracterizada por um desequilíbrio entre as necessidades nutricionais da criança e o consumo dietético, o qual se apresenta deficitário no fornecimento adequado de nutrientes para garantir seu desenvolvimento e crescimento. A desnutrição proteico-calórica grave pode se apresentar na forma de marasmo ou *kwashiorkor*. A instalação do marasmo é observada quando o consumo alimentar da criança está extremamente comprometido, seja pela falta de acesso aos alimentos ou desmame precoce, e observa-se perda acentuada de tecido adiposo subcutâneo e tecido muscular, deixando a criança com aparência de pele e osso. Já a desnutrição por *kwashiorkor* é caracterizada por uma alimentação pobre em proteínas de boa qualidade, ou seja, proteínas de elevado valor biológico e fonte de aminoácidos essenciais. Nesse caso, a criança apresenta edema em membros inferiores, podendo em casos graves apresentar edema em extremidades superiores e face – há preservação do tecido adiposo subcutâneo, mas pode acontecer atrofia de tecido muscular. Todas essas alterações na composição corporal comprometem o crescimento e o desenvolvimento físico e intelectual da criança.

Concomitante às elevadas taxas de crianças desnutridas, tem-se observado nos últimos anos um aumento na prevalência de excesso de peso na primeira infância, o qual atingia cerca de 40,1 milhões de crianças no mundo em 2018 (FAO; Ifad; Unicef; WFP; WHO, 2019). No grupo de crianças entre 5 e 9 anos de idade, 131 milhões encontravam-se com sobrepeso em 2016, e cerca de 44% estavam obesas. Esse cenário reflete um aumento na prevalência de sobrepeso em todos os grupos etários, a nível global, e se relaciona com o aumento no consumo de fast food, bebidas açucaradas e inatividade física, associada ao baixo consumo de frutas e vegetais, especialmente entre as crianças em idade escolar (FAO; Ifad; Unicef; WFP; WHO, 2019). Evidentemente, a pandemia de covid-19 agravou a situação de insegurança alimentar, ocasionando interrupções no abastecimento de alimentos e falta de renda devido à perda dos meios de subsistência, dentre outros fatores que tornaram mais difícil o acesso à alimentação, especialmente entre as populações mais vulneráveis. Estima-se que entre 720 e 811 milhões de pessoas no mundo encontravam-se em situação de vulnerabilidade em 2020 com dificuldades para acesso aos alimentos, sendo a África o continente mais afetado, com cerca de 21% de sua população na condição de fome. Os maiores aumentos na insegurança alimentar moderada ou severa foram observados na América Latina, no Caribe e na África. Cabe ressaltar que pela primeira vez desde 2014 (ano em que a FAO iniciou a coleta de dados sobre a insegurança alimentar em nível mundial), reportou-se aumento da insegurança alimentar em continentes desenvolvidos, como a América do Norte e a Europa (FAO; Ifad; Unicef; WFP; WHO, 2021).

Apesar disso, os indicadores divulgados até o momento sobre a insegurança alimentar em crianças não traduzem de fato os impactos da pandemia no desenvolvimento das crianças, uma vez que a coleta de dados se restringiu a medidas de altura e peso como marcadores. Entretanto, deve-se considerar que algumas deficiências de micronutrientes (fome oculta) não se expressam com alterações na estatura e no peso, nem mesmo com presença de edema; porém, pode causar sérios problemas para o desenvolvimento intelectual, em sua produtividade na fase adulta, assim como contribuir para o aumento do risco de desenvolvimento de doenças crônicas não transmissíveis (Ke; Ford-Jones, 2015). Os inquéritos conduzidos via telefone nos últimos anos têm apontado mudanças negativas significativas no padrão alimentar da população, além da interrupção de intervenções nutricionais essenciais, potencializando ainda mais o aumento de todas as formas de má nutrição (FAO; Ifad; Unicef; WFP; WHO, 2021).

Além da Fies, outra escala utilizada para a determinação dos níveis de insegurança alimentar no mundo pela FAO é a denominada "Famine Early Warning Systems Network" (Fews Net), que fornece uma análise baseada em evidências. Esse instrumento utiliza a Classificação Integrada da Fase de Segurança Alimentar (IPC), a qual consiste em um conjunto de ferramentas e procedimentos que servem para identificar e classificar a gravidade da insegurança alimentar. O IPC é baseado nos quatro pilares da análise de segurança alimentar: acessibilidade, disponibilidade, utilização e estabilidade, e classifica as áreas com insegurança alimentar em cinco fases – mínima, estresse, crise, emergência e fome (Famine Early Warning Systems Network, 2021).

No panorama mundial, a insegurança alimentar se destaca como áreas de emergência em alguns países do oeste e leste da África, e como áreas em situação de crise em países do continente africano e alguns países da América Central. Embora tenha sido observada uma diminuição na mortalidade infantil entre 1986 e 2020, o continente africano continua apresentando os maiores índices de mortalidade entre as crianças menores de 5 anos (WHO, 2021). Ressalta-se, ainda, que dentre as regiões de maior preocupação estão a Etiópia, o Sudão do Sul, o Iêmen e a Nigéria, países marcados por conflitos políticos e econômicos. Como consequência, ocorrem interrupções no comércio (incluindo o de alimentos) e nas formas de subsistência, dificultando o acesso à alimentação adequada. Ademais, tais conflitos impedem ou limitam o acesso humanitário nesses locais, que poderiam auxiliar em certa medida a condição de insegurança alimentar (Famine Early Warning Systems Network, 2021). Por fim, no Brasil, desde 2004, conta-se com a Escala Brasileira de Insegurança Alimentar (Ebia – Quadro 8.3), a qual tem sido aplicada nos inquéritos populacionais desde 2004 iniciando com a Pesquisa Nacional por Amostra de Domicílios, até a última publicação da Pesquisa de Orçamentos Familiares: 2017-2018.

Quadro 8.3 - Escala Brasileira de Insegurança Alimentar

Nos últimos três meses:
Os moradores deste domicílio tiveram preocupação de que os alimentos acabassem antes de poderem comprar ou receber mais comida?
Os alimentos acabaram antes que os moradores deste domicílio tivessem dinheiro para comprar mais comida?
Os moradores deste domicílio ficaram sem dinheiro para ter uma alimentação saudável e variada?
Os moradores deste domicílio comeram apenas alguns alimentos que ainda tinham porque o dinheiro acabou?
Algum morador de 18 anos de idade ou mais deixou de fazer uma refeição porque não havia dinheiro para comprar comida?
Alguma vez, algum morador de 18 anos de idade ou mais comeu menos do que devia porque não havia dinheiro para comprar comida?

Nos últimos três meses:
Alguma vez, algum morador de 18 anos de idade ou mais sentiu fome, mas não comeu, porque não havia dinheiro para comprar comida?
Alguma vez, algum morador de 18 anos de idade ou mais fez apenas uma refeição ao dia ou ficou um dia inteiro sem comer porque não havia dinheiro para comprar comida?
Alguma vez, algum morador com menos de 18 anos de idade deixou de ter uma alimentação saudável e variada porque não havia dinheiro para comprar comida?
Alguma vez, algum morador com menos de 18 anos de idade não comeu quantidade suficiente de comida porque não havia dinheiro para comprar comida?
Alguma vez foi diminuída a quantidade de alimentos das refeições de algum morador com menos de 18 anos de idade, porque não havia dinheiro para comprar comida?
Alguma vez, algum morador com menos de 18 anos de idade deixou de fazer alguma refeição, porque não havia dinheiro para comprar comida?
Alguma vez, algum morador com menos de 18 anos de idade sentiu fome, mas não comeu porque não havia dinheiro para comprar comida?
Alguma vez, algum morador com menos de 18 anos de idade fez apenas uma refeição ao dia ou ficou sem comer por um dia inteiro porque não havia dinheiro para comprar comida?

Fonte: Brasil (2014).

IMPACTOS DA INSEGURANÇA ALIMENTAR NO DESENVOLVIMENTO INFANTIL

Do ponto de vista nutricional, uma das principais consequências da insegurança alimentar em crianças é a desnutrição. Dentre os fatores de risco para a desnutrição infantil, destacam-se o baixo peso ao nascer, a prematuridade, o desmame materno precoce, o baixo grau de escolaridade materna, a baixa renda familiar, o saneamento básico domiciliar inadequado e a vacinação incompleta das crianças (Brasil, 2005; Sarni *et al.*, 2009). Por estarem intrinsecamente relacionadas a diversos desses fatores de risco, é fundamental que as ações de promoção e prevenção à saúde englobem estratégias para erradicação da fome e da insegurança alimentar.

A desnutrição infantil deve ser combatida desde o planejamento familiar, antes mesmo da concepção da criança. Orientações pré-natal e durante os primeiros anos de vida da criança são fundamentais para a garantia de seu estado nutricional e desenvolvimento. Deve-se considerar todos os fatores que contribuem para o não aleitamento exclusivo até o sexto mês de vida do bebê, promoção adequada da transição alimentar com a introdução dos alimentos, até mesmo a desmistificação e conscientização das mães da importância do colostro (primeiro leite produzido pela lactante) para o desenvolvimento do sistema imunológico da criança. Sabe-se que algumas populações ou tribos, por questões culturais ou mesmo de crenças, acabam por não oferecer ao recém-nascido o colostro, muitas vezes por desconhecimento da importância desse alimento para o bebê (Bhattacharjee *et al.*, 2019; Wanjohi *et al.*, 2016)

A desnutrição infantil pode culminar em déficits no crescimento e ganho de peso, mas também pode impactar negativamente o desenvolvimento neurológico e cognitivo, não só devido ao consumo insuficiente de alimentos, mas também pela condição de estresse ocasionada pela insegurança alimentar. Dessa forma, outros prejuízos podem ocorrer, como alterações na comunicação e linguagem, no comportamento (agressividade, ansiedade e depressão), e até mesmo nas habilidades em campos específicos do conhecimento, como a matemática (Oliveira *et al.*, 2020).

Em contrapartida, nota-se uma crescente prevalência de sobrepeso e obesidade no público infantil, a qual alerta para o potencial aumento do risco de desenvolvimento de doenças crônicas não transmissíveis (DCNT). Apesar da relação entre a insegurança alimentar e os excessos nutricionais ainda não estar bem estabelecida, algumas hipóteses são postuladas para explicar o aumento desses índices entre as populações mais vulneráveis.

A primeira delas diz respeito às adaptações fisiológicas que o organismo poderia desenvolver em indivíduos vulneráveis, em especial aqueles com baixo status socioeconômico, para otimizar o estoque de gordura corporal quando há ingestão alimentar, a fim de garantir uma reserva energética para os momentos de baixa disponibilidade de alimentos, culminando no ganho de peso (Pourmotabbed *et al.*, 2020). Tais alterações epigenéticas podem ocorrer ainda durante o desenvolvimento da criança no ventre de sua mãe (Paslakis *et al.*, 2021). Outra possível explicação seria que, usualmente, as crianças são os últimos integrantes do domicílio a sofrer com a escassez de alimentos, pois os cuidadores priorizam a ingestão alimentar dos mais novos em detrimento de si próprio – nesse caso, ressalta-se o papel da mulher (mãe), garantindo assim a disponibilidade e consumo alimentar das crianças, o que poderia ocasionar alguns excessos nutricionais. Por fim, a qualidade nutricional do que é consumido também deve ser levada em consideração, uma vez que atualmente observa-se uma baixa ingestão de frutas e vegetais, com elevada ingestão de alimentos de alta densidade energética e com baixo aporte de nutrientes, ingestão de proteínas de baixa qualidade nutricional e aumento no consumo de *snacks*, especialmente entre os adolescentes, e que contribuem para o desenvolvimento de sobrepeso e obesidade (Pourmotabbed *et al.*, 2020).

SITUAÇÕES DE RISCO NUTRICIONAL PARA CRIANÇAS

Os fatores que contribuem para a insegurança alimentar no mundo, em especial entre as crianças, são diversos. Apesar de serem externos aos sistemas alimentares, interferem neles de diferentes formas, e por isso colocam em risco a segurança alimentar e nutricional da população. Os principais responsáveis pela insegurança alimentar no mundo, segundo a FAO, são: fatores econômicos e socioculturais (crise financeira, pobreza e desigualdade), crises políticas (conflitos ou guerras), variabilidade climática (principalmente a extrema seca) e fatores sanitários (epidemia, pandemia, saneamento básico). Os fatores econômicos, os fatores climáticos e os conflitos são as principais causas da insegurança alimentar no mundo, colocando as populações afetadas por tais fatores (um ou mais deles) em maior vulnerabilidade com relação ao acesso a uma alimentação saudável. Em 2019, ficou constatado que a coexistência destes três fatores em uma nação pode vir a contribuir para a inacessibilidade a uma dieta saudável em 94% de sua população (FAO; Ifad; Unicef; WFP; WHO, 2021).

A seguir, será descrito como os principais fatores indicados pela FAO podem afetar a segurança alimentar no mundo.

FATORES ECONÔMICOS E SOCIOCULTURAIS

A dificuldade de acesso aos alimentos, sobretudo o poder de compra que viabiliza a aquisição dos alimentos considerados saudáveis para o organismo, em geral é um fator que aumenta as taxas de insegurança alimentar, consequentemente elevando o número de indivíduos em desnutrição, sobrepeso ou obesidade. Vários fatores são considerados os responsáveis por este evento, e dentre eles podemos citar o custo elevado de alimentos nutritivos em todos os sistemas alimentares, a demanda diferenciada do consumidor moderno e a economia política da cadeia de alimentos. Esses fatores combinados com a baixa renda familiar justificam o motivo de muitos indivíduos não adquirirem os alimentos denominados saudáveis (frutas, hortaliças, cereais, leguminosas e oleaginosas) (FAO; Ifad; Unicef; WFP; WHO, 2021). Esse fenômeno leva muitas famílias a adquirirem alimentos mais baratos, porém de baixo valor nutricional e alto valor calórico, em detrimento da compra de alimentos saudáveis. Essa mudança no consumo alimentar da população foi reconhecida pela Organização Mundial de Saúde (OMS) em 2014 como um dos principais problemas a serem combatidos no mundo quanto ao tema alimentação. Ele é denominado "fome oculta", um termo empregado para o tipo de fome que alimenta, porém não nutre, ou seja, alguns alimentos são ingeridos, fornecem energia por meio das calorias (muitas vezes em alta quantidade), mas não garantem os nutrientes importantes e necessários para a manutenção de uma boa saúde (vitaminas e minerais). Esse tipo de fome acomete não apenas as pessoas em regiões de escassez de alimentos, mas principalmente as pessoas que residem em locais com grande diversidade de gêneros alimentícios. Nesse caso, há uma preferência pela aquisição de alimentos com baixo valor nutricional e alta densidade calórica em detrimento dos alimentos nutritivos, por motivos que variam desde os financeiros até a ausência ou deficiência de educação nutricional. Tal fenômeno compromete a qualidade de vida dos indivíduos e leva ao estabelecimento de graves deficiências nutricionais, por exemplo, a hipovitaminose A e a anemia, sobretudo em crianças (FAO, 2014).

CRISES POLÍTICAS

As crises políticas mais extremas são aquelas marcadas por conflitos armados ou guerras, as quais levam, na maioria das vezes, à crise econômica e sanitária (falta de saneamento básico), aumentando ainda mais a vulnerabilidade social, a pobreza, a fome e as doenças infectocontagiosas. Tais fatores predispõem a população ao risco de desnutrição energética e/ou proteica, acometendo especialmente a população infantil destes países, mais propensa a desenvolver desnutrição quando comparada aos adultos.

Vale ressaltar que os conflitos armados em geral contribuem para a migração das populações para outros países em busca de melhores condições de vida, mesmo que muitas vezes de forma ilegal (clandestina). Algumas nações acabam por desenvolver ações humanitárias e políticas de acolhimentos aos imigrantes, mais conhecidos como "população refugiada"; entretanto, a migração de forma clandestina geralmente coloca os membros da família em risco devido às condições precárias de locomoção do país de origem para o destino, sem contar com os prejuízos ao estado nutricional, sobretudo das crianças (Shah *et al.*, 2021). É muito comum observar entre os refugiados grupos familiares que não possuem condições financeiras suficientes para se autossustentar, colocando tal grupo populacional na pobreza e maior risco de insegurança alimentar (Mansour *et al.*, 2020). Esse fato pode se agravar caso o país de entrada não estabeleça de forma imediata um sistema de auxílio que seja eficaz para melhorar a qualidade de vida dessa população.

Dentre os diversos problemas de saúde observados entre crianças e adolescentes refugiados no momento de sua entrada no novo país, verifica-se grande prevalência de anemia (13,7%, principalmente na população africana), deficiência de vitamina D (44,6%), desnutrição (26%) e, ainda, sobrepeso (10,8%) ou obesidade (5,7%) (Baauw, *et al.*, 2019). Tais problemas de saúde ressaltam a vulnerabilidade vivenciada pelos refugiados em seu país de origem, seja pela falta de acesso aos gêneros alimentícios ou pela baixa qualidade nutricional dos alimentos consumidos.

No ano de 2021, o continente africano se destacou com relação à insegurança alimentar associada aos conflitos armados, levando 92 milhões de pessoas a necessitarem de ajuda humanitária com foco na alimentação, destacando Nigéria, Sudão do Sul, Etiópia e Iêmen. Alguns países da América Central e o Afeganistão também se mostraram com alto risco (Famine Early Warning Systems Network, 2021).

VARIABILIDADE CLIMÁTICA

Dentre os fatores climáticos, a seca é um fator que prejudica de forma grandiosa a agricultura de uma região, fazendo com que ocorra baixa ou nenhuma produção e cultivo e colheita de gêneros alimentícios considerados essenciais. Condições climáticas desfavoráveis e por longo tempo submetem essa população à situação de insegurança alimentar, o que é visto principalmente em países da África subsaariana, leste e sudeste da Ásia, onde o estado de seca é uma constante. Segundo a FAO, cerca de 1,2 bilhão de pessoas vivem em locais com grave déficit hídrico, o qual expõe a população não somente à fome, mas também à desidratação, ambos aumentando as taxas de mortalidade (Delbiso *et al.*, 2017; FAO, 2020).

As adversidades em relação ao fornecimento de água potável podem ser originadas por problemas climáticos e de abastecimento e/ou ausência de fontes alternativas de energia. A qualidade da água, seu sistema de fornecimento, a infraestrutura sanitária e as condições de higiene das moradias são fatores correlacionados ao estado nutricional da população, de modo que, quanto mais defasado são esses fatores, maior é o risco de desnutrição para a população (Momberg, *et al.*, 2021).

No Brasil, alguns municípios da região nordestina caracterizadas por clima semiárido sofrem com a escassez de água. Na busca por melhores condições de vida para a população dessa região, o governo federal criou em 2003 uma política pública com foco na construção de cisternas, para captação e armazenamento de água pluvial. Tal programa busca viabilizar o acesso à água a famílias, unidades escolares e para o cultivo de alimentos, tornando-a fundamental para a promoção e garantia da segurança alimentar no semiárido, visto que a produção de alimentos se torna efetiva apenas quando se tem acesso à água (Fagundes, *et al.*, 2020).

FATORES SANITÁRIOS

A incidência de epidemias ou pandemias, por exemplo, o ebola no continente africano e a covid-19 no mundo, inevitavelmente aumentam o estado de insegurança alimentar da população, agravando o estado de pobreza devido a um conjunto de fatores econômicos e/ou políticos. O *lockdown* e o isolamento social estabelecidos para conter a disseminação da doença contribuíram para a interrupção na produção e no abastecimento dos alimentos e para a perda do meio de subsistência de muitas famílias, principalmente as de baixa renda. No caso da pandemia da covid-19, tais ações contribuíram para o aumento nas taxas de insegurança alimentar devido à dificuldade de aquisição de alimentos (quantidade e qualidade adequadas), resultando em uma elevação nas taxas de desnutrição, sobretudo em crianças (FAO; Ifad; Unicef; WFP; WHO, 2021).

Em 2021, a FAO, em conjunto com outras importantes entidades, indicou que com o agravamento da pandemia, o primeiro objetivo sustentável da Agenda 2030 possivelmente não será atingido (erradicação da fome do mundo). Algumas nações possivelmente conseguirão reduzir as taxas de desnutrição, como é o caso do continente asiático, o qual atualmente é o mais afetado pela desnutrição, com cerca de 418 milhões de desnutridos, e que passará a ter cerca de 299,3 milhões em 2030. Para os países da América Latina e do Caribe, a projeção é de uma redução de aproximadamente 13% no número de desnutridos de 2020 para 2030. Já a África deverá apresentar um aumento de 6,6% no número de pessoas desnutridas de 2020 para 2030 (FAO; Ifad; Unicef; WFP; WHO, 2021). Em 2004, a população mundial em estado de desnutrição atingiu um pico máximo de cerca de 130 milhões; dentre reduções e aumentos ao longo dos anos, em 2019 essa taxa foi de cerca de 80 milhões, e em 2020 novamente o número de desnutridos se aproximou do pico máximo de 2004, com cerca de 120 milhões de desnutridos no mundo. Ou seja, as taxas de fome aumentaram dentro de 1 ano na mesma proporção que se demorou 15 anos para reduzir. Com isso, ficam evidentes os impactos de uma crise sanitária na garantia da segurança alimentar mundial (FAO; Ifad; Unicef; WFP; WHO, 2021).

PROGRAMAS DE INTERVENÇÃO NA INSEGURANÇA ALIMENTAR

Os impactos da insegurança alimentar, da pobreza e da fome para o aumento das taxas de mortalidade são nítidos, sobretudo na população infantil. Por isso, há uma preocupação mundial voltada para países de baixa ou média renda per capita em relação à taxa de mortalidade infantil, a qual está intimamente ligada às taxas de desnutrição, principalmente em crianças abaixo de 5 anos de idade, as quais sofrem maiores e mais graves consequências oriundas da insegurança alimentar (Delbiso *et al.*, 2017).

A desnutrição tem causas multivariáveis que vão muito além da ausência de aporte adequado de energia e/ou proteínas na alimentação diária. A desnutrição infantil pode decorrer de uma interação complexa entre fatores como pobreza, presença de doenças infectocontagiosas, insegurança alimentar, fatores culturais, crenças, fatores ambientais e sociopolíticos. Esses fatores requerem uma combinação de soluções por parte de governos, sistemas de saúde e comunidades locais para garantir à população a segurança alimentar (McGlynn, *et al.*, 2018).

Inúmeros programas governamentais ou ações de organizações não governamentais (ONG) têm sido implementados em países de baixa ou média renda com o objetivo de minimizar os riscos e/ou consequências da pobreza e, assim, consequentemente, reduzir a insegurança alimentar e a fome. Alguns exemplos de intervenção são a liberação de auxílio financeiro, a distribuição de alimentos básicos, a implementação de condições melhores de fornecimento de água potável e saneamento básico, a fortificação de alimentos, programas de incentivo ao aleitamento materno, suplementação nutricional, educação nutricional e esquemas de vacinação na infância (Charlton *et al.*, 2021; Kim *et al.*, 2020; Little *et al.*, 2021; Rouhani; Rezaei Kelishadi; Saneei, 2021). Investir em educação e capacitação dos indivíduos também são ações com foco na segurança alimentar, visto que melhoram as condições de empregabilidade e geração de renda.

A busca pela identificação de ações que efetivamente conseguem reduzir a taxa de insegurança alimentar ou melhora do estado nutricional da população infantil levou, em 2021, Urgell-Lahuerta, Carrillo-Álvarez e Salinas-Roca a desenvolverem uma revisão sistemática sobre o tema. Foram incluídos no estudo 27 ensaios clínicos e de intervenção, o qual revelou que ações com foco no incentivo ao aleitamento materno exclusivo e a introdução da alimentação complementar adequada; a promoção de práticas sanitárias e higiênicas corretas; e manejos relativos a sazonalidade e condições climáticas são os fatores que mostraram ter maior impacto para a melhora do estado nutricional de crianças menores de 5 anos. Os autores do estudo concluíram que, apesar dos esforços realizados nas últimas décadas, pode-se observar que não houve uma melhora significativa nas taxas de insegurança alimentar nos países de baixa e média renda, portanto, o desenvolvimento de programas globais de saúde são fundamentais para orientar ações futuras (Urgell-Lahuerta; Carrillo-Álvarez; Salinas-Roca, 2021).

Em contrapartida, Hudak e Racine demonstram uma correlação positiva, não esperada e não intencional entre o Programa de Assistência Nutricional Suplementar dos Estados Unidos e o aumento das taxas de sobrepeso e obesidade entre meninas de 2 a 18 anos atendidas pelo programa (Hudak; Racine, 2019). Algumas hipóteses são postuladas para explicar esse fenômeno, como a liberdade de escolha de alimentos a serem adquiridos com o auxílio financeiro governamental, a ausência ou deficiência de ações de educação nutricional, ou os dois fatores associados, os quais fazem com que as famílias adquiram gêneros alimentícios de alto valor calórico, mas de pequeno valor nutricional, ou seja, com pouco conteúdo de nutrientes importantes como proteínas, vitaminas e minerais (Hudak; Racine, 2019).

A transição alimentar nos tempos atuais gerou uma transformação no hábito de compra de gêneros alimentícios, em que a população passou a adquirir em maior escala os alimentos industrializados e com alto grau de processamento no lugar de alimentos *in natura* (frutas, verduras, legumes, cereais e leguminosas). Os alimentos *in natura* têm propriedades importantes e benefícios à saúde em geral, principalmente no estabelecimento de um adequado estado nutricional ou prevenção de sobrepeso ou obesidade. Esses dados mostram que, em alguns países, o problema da insegurança alimentar não está associado apenas à falta de renda das famílias, tampouco é resolvido com a transferência de renda (auxílio financeiro). Fica cada vez mais evidente a necessidade de ações de educação nutricional, de forma a orientar as famílias à busca por melhores opções e consumo de alimentos saudáveis (Durao *et al.*, 2020). Da mesma forma, a construção de políticas que promovam mudanças estruturais, como a geração de empregos e renda, propiciando poder de compra para que as famílias consigam ter acesso aos alimentos e garantir a segurança alimentar.

Quadro 8.4 – Principais fatores contribuintes à insegurança alimentar no mundo

Fatores	Como ocorrem	Consequências
Econômicos e socioculturais	Crise financeira, pobreza, desigualdade, custo elevado dos alimentos, ausência ou deficiência de educação nutricional.	Dificuldade de acesso aos alimentos; compra de alimentos de alta densidade calórica e baixo valor nutricional; contribui para desnutrição, sobrepeso e obesidade, e deficiência de micronutrientes (como a vitamina A).
Crises políticas	Conflitos armados, guerras.	Dificuldade de acesso aos alimentos; consumo de alimentos com baixa qualidade nutricional; crise econômica e sanitária; imigração para outros países (refugiados), podendo agravar a desnutrição e contribuir para o aumento do sobrepeso e obesidade.
Variabilidade climática	Extrema seca.	Prejuízos a produção, cultivo e colheita de gêneros alimentícios; aumento da fome e da desidratação, com consequente aumento nas taxas de mortalidade populacional.
Sanitários	Epidemia, pandemia, problemas no saneamento básico.	Crise econômica e/ou política; perda de empregos e dos meios de subsistência; interrupção na produção e abastecimento dos alimentos; dificuldade na aquisição dos alimentos, com consequente aumento nas taxas de desnutrição, especialmente em crianças.

Fonte: FAO; IFAD; Unicef; WFP; WHO, 2021.

REFERÊNCIAS

BAAUW, A. *et al.* Health needs of refugee children identified on arrival in reception countries: a systematic review and meta-analysis. *BMJ Paediatrics Open*, v. 3, p. e000516, 2019.

BHATTACHARJEE, N. V. *et al.* Mapping exclusive breastfeeding in Africa between 2000 and 2017. *Nature Medicine*, v. 25, n. 8, p. 1205–1212, 2019.

Brasil. Ministério da Saúde. Secretaria de Atenção à Saúde. Coordenação Geral da Política de Alimentação e Nutrição. *Manual de atendimento da criança com desnutrição grave em nível hospitalar*. Brasília: Ministério da Saúde, 2005.

Brasil. Ministério do Desenvolvimento Social e Combate à Fome. *Escala Brasileira de Insegurança Alimentar – EBIA: análise psicométrica de uma dimensão da segurança alimentar e nutricional.* Brasília: Ministério do Desenvolvimento Social e Combate à Fome, 2014.

Charlton, K. *et al.* Characteristics of successful primary school-based experiential nutrition programmes: a systematic literature review. *Public Health Nutrition*, v. 24, n. 14, p. 4642-4662, 2021. Epub 2020 Oct 14.

Coleman-Jensen, A. *et al.* Food Security in the US - Measurement. US Department of Agriculture - Economic Research Service. USDA. Disponível em: https://www.ers.usda.gov/topics/food-nutrition-assistance/food-security-in-the-us/measurement. Acesso em: 14 out. 2021.

Delbiso, T. D. *et al.* Drought and child mortality: a meta-analysis of small-scale surveys from Ethiopia. *Scientific Reports*, v. 7, p. 2212, 2017.

Durao, S. *et al.* Community-level interventions for improving access to food in low- and middle-income countries. *Cochrane Database of Systematic Reviews*, v. 7, p. CD011504, 2020. Atualização em: Cochrane Database of Systematic Reviews, v. 8, p. CD011504, 2020.

Fagundes, A. A. *et al.* Food and nutritional security of semi-arid farm families benefiting from rainwater collection equipment in Brazil. *PLoS One*, v. 15, n. 7, p. e0234974, 2020.

Famine Early Warning Systems Network. *Data and monitoring*. United States Agency for International Development, 2021. Disponível em: http://www.fews.net/. Acesso em: 14 nov. 2021.

Food And Agriculture Organization (FAO). *The State of Food and Agriculture 2020. Overcoming water challenges in agriculture.* Rome: FAO, 2020. Disponível em: https://doi.org/10.4060/cb1447en. Acesso em: 30 out. 2021.

Food And Agriculture Organization (FAO); International Fund For Agricultural Development (IFAD); United Nations International Children's Emergency Fund (UNICEF); World Food Programme (WFP); World Health Organization (WHO). *The State of Food Security and Nutrition in the World 2019. Safeguarding against economic slowdowns and downturns.* Rome: Fao, Ifad, Unicef, Wfp, Who, 2019. Disponível em: https://www.wfp.org/publications/2019-state-food-security-and-nutrition-world-sofi-safeguarding-against-economic. Acesso em: 15 out. 2021.

Food And Agriculture Organization (FAO); International Fund For Agricultural Development (IFAD); United Nations International Children's Emergency Fund (UNICEF); World Food Programme (WFP); World Health Organization (WHO). *The State of Food Security and Nutrition in the World 2021. Transforming food systems for food security, improved nutrition and affordable healthy diets for all* [Internet.]. Rome: FAO, Ifad, Unicef, WFP, WHO; 2021. Disponível em: https://doi.org/10.4060/cb4474en. Acesso em: 15 out. 2021.

Food And Agriculture Organization (FAO). *Trade reforms and food security: conceptualizing the linkages.* Rome: FAO, 2003. Disponível em: https://www.fao.org/3/y4671e/y4671e00.htm#Contents. Acesso em: 14 out. 2021.

FOOD AND AGRICULTURE ORGANIZATION (FAO). *Second International Conference on Nutrition Rome. Conference Outcome Document: Rome Declaration on Nutrition.* Rome: FAO, 2014. Disponível em: https://www.fao.org/3/ml542e/ml542e.pdf. Acesso em: 20 out. 2021.

FOOD AND AGRICULTURE ORGANIZATION (FAO). *Food Insecurity Experience Scale* – Voices of the hungry. Geneva: FAO, 2021. Disponível em: https://www.fao.org/in-action/voices-of-the-hungry/fies/en/.

GUNDERSEN, C.; ZILIAK, J. P. Food insecurity and health outcomes. *Health Affairs*, v. 34, n. 11, p. 1830-1839, 2015.

HUDAK, K. M.; RACINE, E. F. The supplemental nutrition assistance program and child weight status: a review. *American Journal of Preventive Medicine*, v. 56, n. 6, p. 882-893, 2019. Epub 2019 Apr 17.

KE, J.; FORD-JONES, E. Food insecurity and hunger: a review of the effects on children's health and behaviour. *Paediatrics & Child Health*, v. 20, n. 2, p. 89-91, 2015.

KIM, C. *et al.* Multisector nutrition gains amidst evidence scarcity: scoping review of policies, data and interventions to reduce child stunting in Afghanistan. *Health Research Policy and Systems*, v. 18, n. 1, p. 65, 2020.

LITTLE, M. T. *et al.* Effectiveness of cash-plus programmes on early childhood outcomes compared to cash transfers alone: a systematic review and meta-analysis in low- and middle-income countries. *PLoS Medicine*, v. 18, n. 9, p. e1003698, 2021.

MANSOUR, R. *et al.* Prevalence, determinants, and effects of food insecurity among Middle Eastern and North African migrants and refugees in high-income countries: a systematic review. *International Journal of Environmental Research and Public Health*, v. 17, n. 19, p. 7262, 2020.

MCGLYNN, P. J. *et al.* Critical examination of evidence for the nutritional status of children in Papua New Guinea - a systematic review. *Asia Pacific Journal of Clinical Nutrition*, v. 27, n. 1, p. 1-18, 2018.

MOMBERG, D. J. *et al.* Water, sanitation and hygiene (WASH) in sub-Saharan Africa and associations with undernutrition, and governance in children under five years of age: a systematic review. *Journal of Developmental Origins of Health and Disease*, v. 12, p. 6-33, 2021.

MORADI, S. *et al.* Food insecurity and the risk of undernutrition complications among children and adolescents: a systematic review and meta-analysis. *Nutrition*, v. 62, p. 520-530, 2019.

OLIVEIRA, K. H. *et al.* Household food insecurity and early childhood development: systematic review and meta-analysis. *Maternal & Child Nutrition*, v. 16, n. 3, p. e12967, 2020.

PASLAKIS, G. *et al.* A call to action to address COVID-19-induced global food insecurity to prevent hunger, malnutrition, and eating pathology. Nutrition Reviews, v. 79, n. 1, p. 114-116, 2021.

POURMOTABBED, A. *et al.* The relationship between food insecurity and risk of overweight or obesity in under 18 years individuals: a systematic review and meta-analysis. *International Journal of Preventive Medicine*, v. 11, n. 1, p. 158, 2020.

ROUHANI, P.; REZAEI KELISHADI, M.; SANEEI, P. Effect of zinc supplementation on mortality in under 5-year children: a systematic review and meta-analysis of randomized clinical trials. *European Journal of Nutrition*, 2021.

SARNI, R. O. *et al.* Anthropometric evaluation, risk factors for malnutrition, and nutritional therapy for children in teaching hospitals in Brazil. *Jornal de Pediatria*, v. 85, n. 3, p. 223-228, 2009.

Shah, S. *et al.* Delivering nutrition interventions to women and children in conflict settings: a systematic review. *Global Health*, v. 6, p. e004897, 2021.

Urgell-Lahuerta, C.; Carrillo-Álvarez, E.; Salinas-Roca, B. Interventions on food security and water uses for improving nutritional status of pregnant women and children younger than five years in low-middle income countries: a systematic review. *Internacional Journal of Environmental Research and Public Health*,v. 18, n. 9, p. 4799, 2021.

Wanjohi, M. *et al.* Sociocultural factors influencing breastfeeding practices in two slums in Nairobi, Kenya. *International Breastfeeding Journal*, v. 12, n. 1, p. 5, 2016.

World Health Organization (who). *Under-five mortality rate (probability of dying by age 5 per 1000 live births)*. Geneva: who, 2021. Disponível em: https://www.who.int/data/gho/data/indicators/indicator-details. Acesso em: 9 dez. 2021.

CAPÍTULO 9

Alterações da desnutrição infantil no trato gastrintestinal e no sistema nervoso entérico

Patricia Castelucci

Marcos Antônio Ferreira Caetano

CONSIDERAÇÕES SOBRE O SISTEMA NERVOSO ENTÉRICO

O trato gastrointestinal (TGI) apresenta uma inervação intrínseca realizada pelo sistema nervoso entérico (SNE). O SNE é constituído por redes de neurônios, seus axônios e células da glia, e, mesmo quando isolado do sistema nervoso central, controla a motilidade intestinal, a regulação de fluidos através da mucosa, o fluxo sanguíneo local, a secreção de substâncias digestivas e hormônios intestinais e ainda promove a comunicação com o sistema imune (Furness, 2006). Cerca de 600 milhões de neurônios estão contidos no SNE de humanos, número aproximado de neurônios presentes na medula espinal, e, por esta razão, é conhecido como o "segundo cérebro" (Furness, 2012; Mahe, 2018).

O SNE está distribuído em dois plexos: o plexo mioentérico (plexo de Auerbach), localizado entre a camada muscular longitudinal e a camada muscular circular, e o plexo submucoso (plexo de Meissner), localizado entre a muscular da mucosa e a camada muscular circular (Furness, 2006; Furness, 2012). O plexo mioentérico está presente no tubo digestório desde o esôfago até o esfíncter anal interno, e sua função está relacionada principalmente ao controle da motilidade intestinal (Furness, 2012). O plexo submucoso encontra-se no esôfago, estômago e, mais acentuadamente, ao longo do intestino delgado e grosso; os gânglios são menores e as fibras nervosas mais finas, em comparação ao plexo mioentérico. Sua função está principalmente atrelada ao controle do fluxo sanguíneo na mucosa e ao controle de secreções intestinais (Furness, 2012). Um resumo das principais características e diferenças morfofuncionais entre o plexo mioentérico e o plexo submucoso de mamíferos encontra-se no Quadro 9.1.

Quadro 9.1 - Resumo das principais características do plexo mioentérico e do plexo submucoso de mamíferos

	Plexo mioentérico	**Plexo submucoso**
	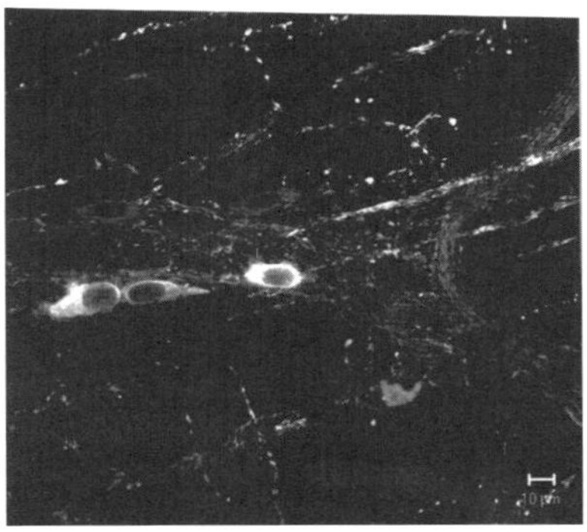 Foto do plexo mioentérico. Dupla marcação: HuC/D (pan-neuronal, vermelho) e nNOS (verde)	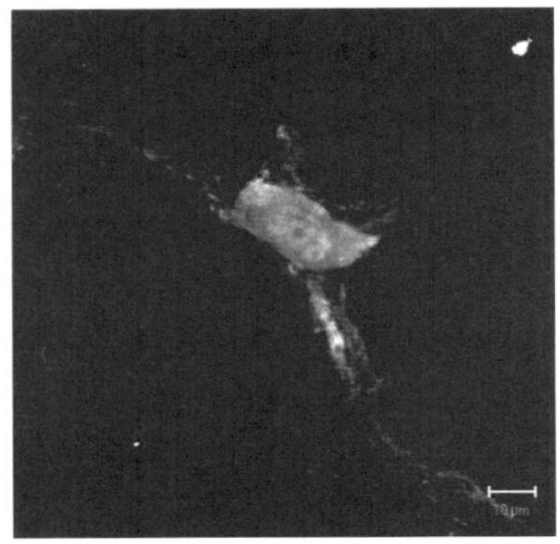 Foto do plexo submucoso. Dupla marcação: calretinina (vermelho) e receptor P2x2 (verde)
Localização	Entre o músculo circular e o músculo longitudinal do tubo digestório	Entre o músculo circular e a camada muscular da mucosa do trato digestório
Características morfológicas	Rede contínua de fibras nervosas e gânglios desde o esôfago até o esfíncter anal interno Os gânglios são maiores e as fibras nervosas são mais espessas	Rede contínua de fibras nervosas e gânglios no esôfago, estômago e principalmente no intestino delgado até o intestino grosso. Os gânglios são menores e as fibras nervosas são mais finas
Função	Controle da motilidade intestinal	Controle da secreção de fluidos pela mucosa, controle do fluxo sanguíneo mucoso e da secreção de hormônios intestinais

Fonte: elaborado por Patricia Castelucci.

O SNE apresenta neurônios motores, interneurônios e neurônios aferentes primários intrínsecos (Ipan), também conhecidos como neurônios aferentes sensoriais intrínsecos (Furness *et al.*, 2014). Os neurônios entéricos podem ser classificados de acordo com sua morfologia, características fisiológicas, estruturas por eles inervadas, projeções, neurotransmissores e código químico (imunorreatividade) (Furness, 2012). Assim, os neurônios motores podem ser divididos ainda em: neurônios motores excitatórios, neurônios motores inibitórios, neurônios secretomotores/vasodilatadores, neurônios secretomotores que não são vasodilatadores e neurônios motores que inervam as células enteroendócrinas (Furness, 2012). Os neurônios motores excitatórios e inibitórios se encontram no plexo mioentérico e estão relacionados com a inervação da musculatura intestinal e o controle do peristaltismo (Spencer *et al.*, 2016). Os demais neurônios motores encontram-se no plexo submucoso e regulam a absorção e a secreção de cloreto e o fluxo sanguíneo na mucosa (Furness, 2012).

Os neurônios motores excitatórios são imunorreativos à enzima colina acetiltransferase (ChAT), responsável pela síntese de acetilcolina (ACh), e às enzimas produtoras de taquicininas (Furness, 2006). Os neurônios motores inibitórios, por sua vez, relaxam da musculatura lisa do TGI pela liberação de óxido nítrico (NO) e, portanto, são imunorreativos à enzima óxido nítrico sintase neuronal (nNOS) e a outros neurotransmissores, como o ácido gama-aminobutírico (Gaba) e o peptídeo intestinal vasoativo (VIP), que também são liberados pelos neurônios motores inibitórios para promover o relaxamento da musculatura intestinal (Furness, 2006) (Figura 9.1).

Os neurônios secretomotores pertencem ao plexo submucoso e estabelecem um circuito reflexo local responsável pela regulação do equilíbrio hidroeletrolítico. Estes neurônios podem ser classificados em secretomotores/vasodilatadores e neurônios secretomotores não vasodilatadores, que utilizam ACh como transmissor primário e, portanto, são considerados colinérgicos, e em neurônios secretomotores/vasodilatadores não colinérgicos, que utilizam VIP como transmissor primário (Furness, 2006; Furness, 2012) (Figura 9.1).

Por sua vez, os interneurônios são classificados de acordo com suas projeções em ascendentes, quando suas projeções são em sentido oral, e descendentes, quando suas projeções são em sentido anal (Furness *et al.*, 2014). Os interneurônios ascendentes são colinérgicos e realizam um reflexo local de propulsão. Os interneurônios descendentes podem ser classificados em três tipos, a depender de seu código químico e da espécie (Furness, 2006). O primeiro tipo de interneurônio descendente tem ChAT, nNOS e VIP como código químico e é responsável pela motilidade reflexa local; o segundo tipo tem ChAT e somatostatina como código químico e é responsável pela condução de impulsos mioelétricos intestinais (Furness, 2006), e o terceiro tipo de interneurônio descendente apresenta ChAT e 5-hidroxitriptamina (5-HT) como código químico e está envolvido em reflexos secretomotores (Furness, 2012) (Figura 9.1).

Os Ipan, também conhecidos como neurônios sensoriais, são neurônios que respondem a estímulos físicos e químicos provenientes da mucosa e transmitem informações aos demais neurônios do plexo mioentérico e submucoso, que realizam reflexos de contração/relaxamento ou secreção de substâncias intestinais como resposta às alterações na mucosa que estimularam os neurônios Ipan (Furness *et al.*, 2014). Esses neurônios têm projeções para a mucosa e diferem dos interneurônios e neurônios motores e interneurônios devido à suas funções fisiológicas (Furness, 2012).

Os IPAN têm ChAT, calbindina (Calb) e calretinina (Calr) como código químico, apresentam um corpo celular grande e ovoide, de superfície lisa, com processos celulares longos e núcleos excêntricos, sendo classificados como morfologia de Dogiel tipo II (Furness, 2006) (Figura 9.1).

Além de neurônios, o SNE tem células gliais entéricas, de formato estrelado e com numerosas ramificações, que fornecem suporte aos neurônios entéricos, regulam a transmissão sináptica, medeiam a comunicação do sistema imune com o SNE, promovem a regulação da barreira intestinal, desempenham um papel na motilidade intestinal e promovem a regulação de processos inflamatórios (Neunlist *et al.*, 2014).

As gliais entéricas podem ser de três tipos, de acordo com sua localização no intestino: glias entéricas mucosas, localizadas na mucosa intestinal; glias entéricas intraganglionares, localizadas nos gânglios dos plexos mioentérico e submucoso; glias intramusculares, localizadas entre as células de músculo liso (Gulbransen; Sharkey, 2012). Essas células são imunorreativas à proteína fibrilar glial ácida (GFAP) e à proteína S100β, uma proteína relacionada ao controle dos níveis intracelulares de cálcio e que tem papel importante na homeostase neuronal (Neunlist *et al.*, 2014).

O bom desenvolvimento e funcionamento do SNE é influenciado por fatores ambientais, como a alimentação. Uma alimentação nutritiva, balanceada e rica em fibras promove um melhor funcionamento do intestino e está relacionada a uma maior produção de ácidos graxos de cadeia curta e a menores chances de desenvolvimento de doenças inflamatórias intestinais e câncer colorretal (Caetano; Castelucci, 2022).

Por outro lado, a desnutrição afeta negativamente o SNE e, consequentemente, o bom funcionamento intestinal.

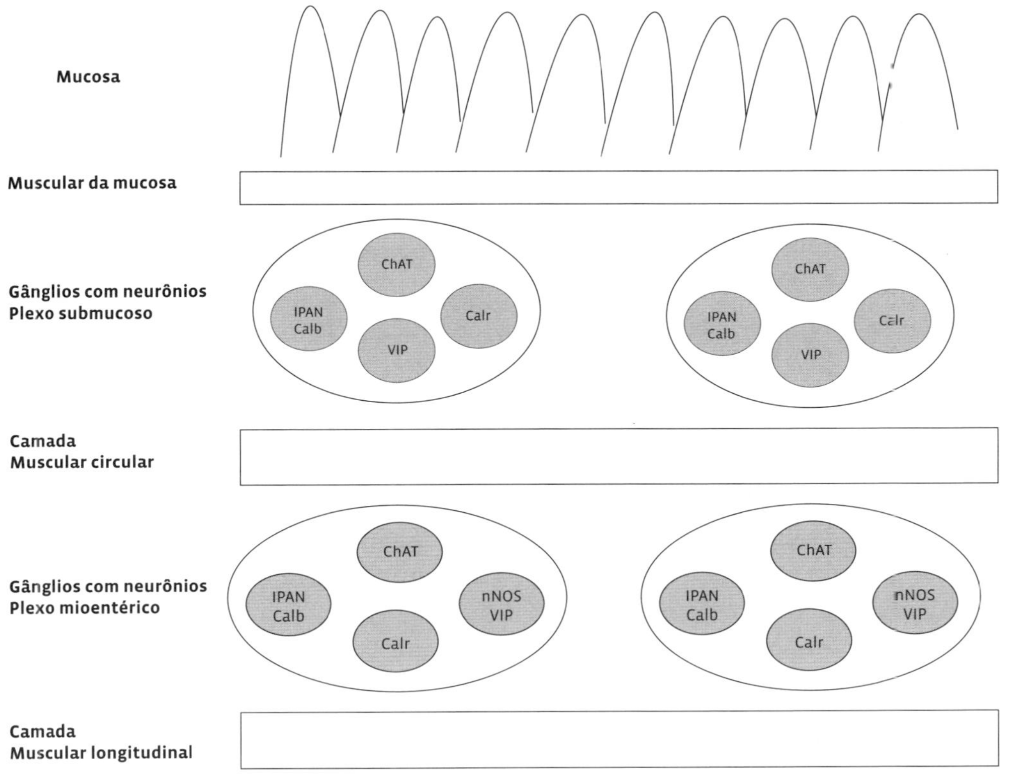

Figura 9.1 – Esquema dos gânglios dos plexos mioentérico e submucoso e respectivos códigos químicos. Calb: calbindina; ChAT: colina acetiltransferase; nNOS: óxido nítrico sintase neuronal; Calr: calretinina; VIP: peptídio intestinal vasoativo.

Fonte: elaborado por Patricia Castelucci.

SISTEMA NERVOSO ENTÉRICO E DESNUTRIÇÃO

Santer e Conboy (1990) relataram uma diminuição de 27%, no número de neurônios entéricos no jejuno de ratos submetidos a uma severa desnutrição pré-natal. Sant'ana *et al.* (1997) descreveram uma diminuição de 13% da área do perfil dos neurônios do plexo mioentérico do colo ascendente de ratos adultos e um aumento na densidade neuronal no duodeno de neurônios marcados com a enzima NADPH-diaforase submetidos à desnutrição proteica (Sant'Ana *et al.*, 2012).

Por meio de métodos histoquímicos com a marcação da NADH-diaforase, Brandão *et al.* (2003) observaram no íleo de animais desnutridos pré e pós-natal que os gânglios mioentéricos se arranjavam de forma irregular, e a maioria dos neurônios mostrava um citoplasma menos marcado. A média total das áreas dos neurônios do grupo nutrido variou de 101 a 450 μm^2 e do grupo desnutrido de 51 a 200 μm^2.

No protocolo de desnutrição e renutrição pós-natal, Castelucci *et al.* (2002) descreveram redução de 50% do peso e de 40% no tamanho do intestino grosso de filhotes de mães submetidas à desnutrição proteica pré e pós-natal. Além disso, houve diminuição de 15% do perfil neuronal, porém não houve redução no número total de neurônios. Após a renutrição, foram restaurados o peso corporal, a área dos neurônios mioentéricos e o intestino grosso.

Gomes *et al.* (2006) investigaram os efeitos da desnutrição e renutrição no intestino delgado de ratos, e verificou-se diminuição no peso dos ratos desnutridos, sendo restaurado na renutrição. A área do intestino delgado do grupo desnutrido diminuiu cerca de 45% nos grupos desnutridos e houve recuperação no grupo renutrido. Além disso, houve aumento da densidade neuronal e retorno ao normal número no grupo renutrido.

Com o uso de metodologia imuno-histoquímica, Girotti *et al.* (2013) e Misawa *et al.* (2010) utilizaram marcadores para estudar a desnutrição e a renutrição. Para o estudo do código químico do plexo mioentérico, usou-se o nNOS para neurônios inibitórios, ChAT para neurônios colinérgicos e calbindina e/ou a calretinina para neurônios Ipan. No plexo submucoso, foi utilizada a calretinina e/ou a calbindina para os Ipan, e a colina acetiltransferase (ChAT) para neurônios secretomotores colinérgicos.

Misawa *et al.* (2010) e Girotti *et al.* (2013) observaram que a intensidade dos neurônios ChAT-ir no íleo e no intestino grosso, respectivamente, parece ter diminuído no grupo desnutrido, e foi restituída a intensidade no grupo renutrido. Esses dados confirmaram as pesquisas realizadas por Brandão *et al.* (2003) e Gomes *et al.* (2006), nas quais observaram diminuição na intensidade da colina acetiltransferase nos neurônios mioentéricos dos animais desnutridos. Em relação a outras enzimas, como a NADH-diaforase, foram relatadas uma diminuição na reatividade do grupo desnutrido e recuperação no grupo renutrido (Castelucci *et al.*, 2002; Gomes *et al.*, 2006).

Além de estudar o código químico dos neurônios entéricos na desnutrição e na renutrição, a literatura demonstra trabalhos com receptores purinérgicos P2X na desnutrição e renutrição. Os receptores P2X estão acoplados a canais iônicos de membrana plasmática ativados por ATP extracelular, caracterizados farmacologicamente, e membros da família dos receptores P2X: P2X1, P2X2, P2X3, P2X4, P2X5, P2X6 e P2X7 (Abbracchio *et al.*, 2009).

Misawa *et al.* (2010) e Girotti *et al.* (2013) demonstraram a presença dos receptores P2X2 e P2X7 no citoplasma e na membrana citoplasmática dos neurônios dos plexos mioentérico e submucoso, porém, em alguns neurônios do grupo desnutrido, a intensidade da expressão destes receptores pareceu ser menor, havendo recuperação da expressão no grupo renutrido.

Alterações na expressão dos receptores purinérgicos P2X1-7 nos neurônios são observadas na maturação neuronal e diferenciação, mas, também, após diferentes espécies de injúrias agudas no sistema nervoso central e periférico, como estresse mecânico, isquemia, hipóxia, inflamação e desnutrição. Os mecanismos purinérgicos podem estar envolvidos nos diferentes protocolos de lesão, especialmente devido ao grande aporte de liberação extracelular de ATP, adenosina e outros neurotransmissores (Franke *et al.*, 2012).

Pelos métodos imuno-histoquímicos dos marcadores neuronais nNOS, ChAT, calbindina e calretinina, foi observado aumento nas densidades neuronais do grupo desnutrido nos neurônios P2X2-ir, P2X7-ir, NOS-ir, calretinina-ir e ChAT-ir, e recuperação no grupo renutrido. Não houve alteração nos neurônios calbindina-ir no grupo desnutrido quando comparado ao grupo nutrido, no entanto, no grupo renutrido houve diminuição significativa destes neurônios no intestino grosso (Girotti *et al.*, 2013). Misawa *et al.* (2010) demonstraram um aumento na densidade neuronal do íleo dos neurônios nNOS-ir e ChAT-ir no grupo desnutrido. No plexo submucoso, os neurônios P2X2-ir, P2X7-ir, calretinina-ir, calbindina-ir e ChAT-ir demonstraram aumento na densidade neuronal no grupo desnutrido e recuperação no grupo renutrido (Girotti *et al.*, 2013; Misawa *et al.*, 2010).

Na desnutrição proteica, autores têm demonstrado mudanças na área do perfil dos neurônios entéricos (Castelucci *et al.*, 2002; Sant'Ana *et al.*, 1997; Gomes *et al.*, 2006). Girotti *et al.* (2013) demonstraram diminuição da área do perfil neuronal dos neurônios calbindina-ir, calretinina-ir e ChAT-ir no grupo desnutrido, e recuperação no grupo renutrido no intestino grosso. Os neurônios NOS-ir não alteraram o perfil neuronal na desnutrição e renutrição. Isso corrobora que a desnutrição pode afetar de maneira diferenciada as classes neuronais e que os neurônios inibitórios podem ser mais resistentes aos protocolos de desnutrição quando comparados a outros tipos neuronais.

Ao analisar o plexo submucoso do intestino grosso, Girotti *et al.* (2013) mostraram que os perfis neuronais dos neurônios P2X2-ir, calbindina-ir e ChAT-ir apresentaram uma diminuição no grupo desnutrido e recuperação na renutrição. Os neurônios calretinina-ir demonstraram um aumento da área do perfil neuronal no grupo renutrido, em relação ao grupo nutrido. Ao comparar os resultados dos neurônios do plexo mioentérico e plexo submucoso, estes podem sugerir que a desnutrição e a renutrição afetem de maneira diferenciada o sistema nervoso entérico do TGI.

O tamanho da ninhada poderia provocar a desnutrição e seus efeitos no SNE quando ocorre uma lactação desfavorável. Dos Santos-Junior *et al.* (2016) demonstraram em preparados de membrana do colo que neurônios mioentéricos imunorreativos ao HuC/D (pan-neuronal) apresentavam diminuição de sua densidade e da área do perfil neuronal nos ratos desnutridos, devido a uma quantidade maior da ninhada no período da lactação.

Tan *et al.* (2021) demonstram que a deficiência da vitamina A (DVA) materna aumenta o risco de disfunção do TGI na prole de ratos, com diminuição do número de neurônios colinérgicos e neurônios nitrérgicos, com redução da motilidade do intestino grosso na prole adulta do grupo DVA. Mais importante, a suplementação de vitamina A no início da gravidez pode resgatar problemas gastrintestinais induzidos por DVA. Portanto, DVA pré-natal pode ser um dos fatores de risco ambientais para as disfunções no TGI da prole de ratos.

A importância desses dados está em demonstrar que a desnutrição afeta as diversas classes neuronais do SNE, pois essas alterações encontradas na desnutrição podem contribuir para explicar diversos sintomas encontrados no trato gastrintestinal de pessoas desnutridas. Além disso, trabalhos demonstram que a renutrição foi um fator importante na recuperação morfológica de vários neurônios, e isso pode ser útil para auxiliar na recuperação de diversas pessoas que passam ou passaram pela má-nutrição.A Tabela 9.1 demonstra os efeitos da desnutrição sobre o SNE.

Tabela 9.1 - Efeitos da desnutrição sobre o SNE

Região	Densidade neuronal (neurônio/cm^2)	Área perfil neuronal (μm^2)	Método	Referências
Plexo mioentérico				
Duodeno	Aumento	–	Histoquímica (NADH-diaforase)	San'Ana *et al.*, 2012)
Jejuno	Diminuição	–	Histoquímica (NADH-diaforase)	(Santer; Conboy, 1990)
Íleo	Aumento	Diminuição	Histoquímica (NADH-diaforase)	(Brandão *et al.*, 2003)
Íleo	Aumento dos neurônios nNOS-ir e ChAT-ir; recuperação no grupo renutrido	Diminuição	Imuno-histoquímica	(Misawa *et al.*, 2010)
Intestino delgado	Aumento e recuperação no grupo renutrido	–	Histoquímica (NADH-diaforase)	(Gomes *et al.*, 2006)
Colo ascendente	–	Diminuição	Histoquímica (NADH-diaforase)	(Sant'Ana *et al.*, 1997)

Região	Densidade neuronal (neurônio/cm²)	Área perfil neuronal (μm²)	Método	Referências
Intestino grosso	Aumento, recuperação no grupo renutrido	–	Histoquímica (NADH-diaforase)	(Castelucci *et al.*, 2002)
Intestino grosso	Aumento dos neurônios nNOS-ir, ChAT-ir e calretinina-ir; recuperação no grupo renutrido	Diminuição de ChAT, calretinina e calbindina; recuperação no grupo renutrido	Imuno-histoquímica	(Girotti *et al.*, 2013)
Intestino grosso	Diminuição dos neurônios HuC/D-ir	Diminuição das áreas dos neurônios HuC/D	Imuno-histoquímica	(Dos Santos-Júnior *et al.*, 2016)
Intestino grosso (deficiência da vitamina A)	Diminuição dos neurônios ChAT-ir e nNOS-ir	Diminuição das áreas dos neurônios ChAT e nNOS	Imuno-histoquímica	(Tan *et al.*, 2021)
Plexo submucoso				
Íleo	Aumento dos neurônios ChAT-ir, calretinina-ir e calbindina-ir; recuperação no grupo renutrido	Diminuição dos neurônios calbindina-ir e ChAT-ir; recuperação no grupo renutrido	Imuno-histoquímica	(Misawa *et al.*, 2010)
Intestino grosso	Aumento dos neurônios ChAT-ir, calretinina-ir e calbindina-ir; recuperação no grupo renutrido	Diminuição dos neurônios calbindina-ir e ChAT-ir; recuperação no grupo renutrido	Imuno-histoquímica	(Girotti *et al.*, 2013)

Fonte: elaborado por Patricia Castelucci.

REFERÊNCIAS

ABBRACCHIO, M. P. *et al.* Purinergic signalling in the nervous system: an overview. *Trends in Neurosciences*, v. 32, n. 1, p. 19-29, 2009.

BRANDÃO, M. C. S. *et al.* Effects of pre- and postnatal protein energy deprivation on the myenteric plexus of the small intestine: a morphometric study in weanling rats. *Nutrition Research*, v. 23, n. 2, p. 215-223, 2003.

CAETANO, M. A. F.; CASTELUCCI, P. Role of short chain fatty acids in gut health and possible therapeutic approaches in inflammatory bowel diseases. *World Journal of Clinical Cases*, v. 10, n. 28, p. 9985-10003, 2022.

CASTELUCCI, P. *et al.* Effects of pre- and postnatal protein deprivation and postnatal refeeding on myenteric neurons of the rat large intestine: a quantitative morphological study. *Cell and Tissue Research*, v. 310, n. 1, p. 1-7, 2002.

DOS SANTOS-JÚNIOR, E. F. *et al.* Malnutrition increases NO production and induces changes in inflammatory and oxidative status in the distal colon of lactating rats. *Neurogastroenterology and Motility*, v. 28, n. 8, p. 1204-1216, 2016.

FRANKE, H. *et al.* Pathophysiology of astroglial purinergic signalling. *Purinergic Signalling*, v. 8, n. 3, p. 629-657, 2012.

FURNESS, J. B. *The enteric nervous system*. Massachusetts: Blackwell, 2006. 1-96 p.

FURNESS, J. B. The enteric nervous system and neurogastroenterology. *Nature Reviews Gastroenterology and Hepatology*, v. 9, p. 286-294, 2012.

FURNESS, J. B. *et al.* The enteric nervous system and gastrointestinal innervation: integrated local and central control. *Advances in Experimental Medicine and Biology*, v. 817, p. 39-71, 2014.

GIROTTI, P. A. *et al.* Differential effects of undernourishment on the differentiation and maturation of rat enteric neurons. *Cell and Tissue Research*, v. 353, n. 3, p. 367-380, 2013.

GOMES, O. A. *et al.* Effects of pre- and postnatal protein deprivation and postnatal refeeding on myenteric neurons of the rat small intestine: a quantitative morphological study. *Autonomic Neuroscience: Basic and Clinical*, v. 126-127, p. 277-284, 2006.

GULBRANSEN, B. D.; SHARKEY, K. A. Novel functional roles for enteric glia in the gastrointestinal tract. *Nature Reviews Gastroenterology and Hepatology*, v. 9, p. 625-632, 2012.

MAHE, M. M. Engineering a second brain in a dish. *Brain Research*, v. 1693, p. 165-168, 2018.

MISAWA, R. *et al.* Effects of protein deprivation and re-feeding on P2X2 receptors in enteric neurons. *World Journal of Gastroenterology*, v. 16, n. 29, p. 3651-3663, 2010.

NEUNLIST, M. *et al.* Enteric glial cells: recent developments and future directions. *Gastroenterology*, v. 147, p. 1230-1237, 2014.

SANT'ANA, D. M. G. *et al.* Morphological and quantitative study of the myenteric plexus of the ascending colon of rats subjected to protein malnutrition. *Arquivos de Neuro-Psiquiatria*, v. 55, p. 687-695, 1997.

SANT'ANA, D. M. G. *et al.* Characterization of the myenteric neuronal population and subpopulation of the duodenum of adult Wistar rats fed with hypoproteic chow. *Anais da Academia Brasileira de Ciências*, v. 84, n. 3, p. 799-806, 2012.

SANTER, R. M.; CONBOY, V. B. Prenatal undernutrition permanently decreases enteric neuron number and sympathetic innervation of Auerbach's plexus in the rat. *Journal of Anatomy*, v. 168, p. 57-62, 1990.

SPENCER, N. J. *et al.* Insights into the mechanisms underlying colonic motor patterns. *The Journal of Physiology*, v. 594, n. 15, p. 4099-4116, 2016.

TAN, M. *et al.* Maternal vitamin A deficiency impairs cholinergic and nitrergic neurons, leading to gastrointestinal dysfunction in rat offspring via RARβ. *Life Sciences*, v. 264, p. 118688, 2021.

CAPÍTULO 10

Efeito da desnutrição infantil na resposta hematopoiética

Primavera Borelli

INTRODUÇÃO

A desnutrição é definida pela FAO (2021) como uma "condição patológica causada pelo consumo insuficiente, desbalanceado ou excessivo de macronutrientes e/ou micronutrientes." Embora o termo defina tanto a falta (subnutrição) como o excesso de nutrientes, geralmente é utilizado para indicar carência proteica ou proteico-energética, mas também pode estar associada à carência de micronutrientes – a chamada "fome oculta" (De Angelis, 1986). A quantidade e o tipo de macro e/ou micronutrientes necessários para o adequado equilíbrio metabólico são determinados por idade, sexo, massa corpórea, presença ou não de comorbidades e intensidade de atividade física. A literatura tem utilizado o termo desnutrição como sinônimo de má nutrição ou subnutrição, porém, de modo estrito, o termo má nutrição envolve tanto a subnutrição como o excesso de nutrientes. Neste capítulo, o termo desnutrição é usado como sinônimo de subnutrição, denotando carência de nutrientes.

A desnutrição e, em especial, a proteica (DP) e proteico-energética (DPE), modifica as respostas fisiológicas podendo induzir lesão celular. Contudo, existem diferenças na extensão e no tipo da lesão: tecidos que exibem elevado *turnover* de proteínas e nutrientes, como o sistema hemopoiético, são primeiramente afetados em relação aos que apresentam baixo *turnover* (Borelli *et al.*, 2004; Borelli *et al.*, 2007; Xavier *et al.*, 2007; Santos *et al.*,2017). Portanto, mecanismos envolvidos com a proliferação, diferenciação e morte celular podem alterar-se na desnutrição, afetando distintamente órgãos e tecidos do organismo (Waterlow, 1996).

É bem estabelecido que a desnutrição compromete o crescimento do indivíduo, o desenvolvimento motor e eventualmente, cognitivo, alterando também os mecanismos de defesa do organismo (Stelmasiak *et al.*, 2021): altera mucosas, diminui a resposta imune humoral e celular, a resposta imune inata, reduz a produção de células efetoras da resposta imune e aumenta, especialmente em crianças, a suscetibilidade do organismo a processos infecciosos. Porém, ainda há muito a ser esclarecido quanto aos mecanismos moleculares modificados pela desnutrição.

PANORAMA ATUAL DA DESNUTRIÇÃO

Estimativas da FAO (2021) evidenciam que desde 2020, em função da pandemia de covid-19, os índices de fome e de desnutrição subiram globalmente cerca de 9,9% em relação a 2019, atingindo entre 720 e 811 milhões de pessoas no mundo.

Em decorrência dessa pandemia, cerca de 12% da população global esteve exposta à grave situação de insegurança alimentar, representando em torno de 148 milhões de pessoas a mais que em 2019. Adicionalmente, outros fatores contribuíram para o aumento da insegurança alimentar: fatores climáticos, como secas prolongadas e inundações, guerras e conflitos étnicos e alterações econômicas, que aumentaram os preços dos alimentos, tornando-os inacessíveis para uma dieta saudável, especialmente em países de renda *per capita* baixa, e elevando os níveis de insegurança alimentar. Em 2020, praticamente todos os países subdesenvolvidos e/ou em desenvolvimento foram afetados por fatores econômicos, ocasionando o aumento do número de crianças desnutridas em cerca de cinco vezes mais em relação aos últimos 20 anos. Dados da FAO (FAO; Ifad; Unicef; WFP; WHO, 2021) mostram que, em termos globais, em 2020, cerca de 22% (149,2 milhões) de crianças com idade abaixo dos 5 anos apresentaram baixa estatura e 6,7% (45,4 milhões) estavam desnutridas. No Caribe e na América Central, esses números foram, respectivamente, de 21 milhões e 1,3 milhão; na América do Sul, foram encontradas 10,2 milhões de crianças com baixa estatura, e cerca de 1 milhão de desnutridas.

DESNUTRIÇÃO PROTEICA E PROTEICO-ENERGÉTICA: *KWASHIORKOR* E *MARASMUS*

A desnutrição pode ser caracterizada por causa, tipo, nutriente, grau, consequências, duração e efeitos. A causa pode ser tanto primária, ocasionada por uma dieta inadequada, ou secundária, decorrente de absorção ou utilização inadequada, aumento das necessidades ou excreção excessiva, e ambas podem ocorrer simultaneamente (Stinnet, 1983).

A desnutrição proteica e proteico-energética desenvolve-se gradualmente em seres humanos, em semanas ou meses, possibilitando, a princípio, uma série de adaptações metabólicas e comportamentais para um novo ponto de equilíbrio compatível com a disponibilidade de proteínas para as células. Sem um afluxo balanceado de aminoácidos, o crescimento da criança ou do animal já desmamado é comprometido e, em determinados casos, de maneira irreversível. Enquanto todos os nutrientes são importantes durante o crescimento, as proteínas são consideradas limitantes do processo.

O aumento da síntese proteica, que propicia o aumento da concentração de proteínas celulares, é dependente do aumento da taxa de síntese proteica ou da diminuição da taxa de degradação das proteínas, ou de ambas. Existem ao menos quatro condições pelas quais a concentração de proteína celular pode ser alterada:

- a taxa de síntese de RNAm que codifica uma proteína específica pode ser aumentada (controle transcricional);
- a taxa de síntese da cadeia polipeptídica pelo complexo ribossomo-RNAm pode ser aumentada (controle traducional);
- a taxa de degradação do RNAm pode ser diminuída (controle traducional);
- a taxa de degradação proteica pode ser diminuída.

A deficiência na ingestão de proteínas pode induzir a degradação de proteínas musculares para compensar a biossíntese proteica, acarretando perda acentuada do peso/massa corporal com mobilização de lipídios e carboidratos e, dessa forma, fornecendo o esqueleto carbônico para a síntese de aminoácidos. Além disso, o organismo direciona a síntese proteica para compostos essenciais, por exemplo, neurotransmissores, alterando ou reduzindo outras atividades, como a produção de hormônios, anticorpos e outros compostos proteicos (Cotran; Kumar; Collins, 2021).

A DPE afeta, mundialmente, mais de 800 milhões de pessoas (FAO; Ifad; Unicef; WFP; WHO, 2021) tendo incidência significativa em crianças, idosos e pacientes portadores de neoplasias, doenças crônicas, sob quimioterapia ou pacientes sob alimentação parenteral (Jesus *et al.*, 2018).

As manifestações clínicas da DPE dependem do grau e gravidade da deficiência proteico-energética, da causa e duração da deficiência, bem como da idade do indivíduo e da associação ou não com outras doenças, apresentando, portanto, uma variedade de manifestações clínicas. Dentre as formas clínicas, as mais graves são o *kwashiorkor* e o *marasmus* (Waterlow, 1996). O *kwashiorkor* decorre de uma carência proteica e ingestão normal de carboidratos, enquanto o *marasmus* está relacionado à deficiência de proteínas e carboidratos. *Kwashiorkor* e *marasmus* são os dois extremos da deficiência proteico-energética, porém, muitos estados intermediários decorrentes de vários graus de privação proteica, combinados com diversos graus de deficiência calórica, são reconhecidos recebendo a denominação de *kwashiorkor* marasmático, com evidências clínicas e laboratoriais de redução da ingestão de proteínas e energia, além de edema, diminuição de proteínas viscerais e a existência de um estado pró-inflamatório sistêmico. Nenhuma avaliação simples pode caracterizar de forma adequada o quadro de DPE, sendo necessário um conjunto de medidas que avaliem o consumo diário de nutrientes, parâmetros bioquímicos, de imagem e índices antropométricos (FAO, 2021).

A deficiência de ferro e a DPE são os tipos mais prevalentes de desnutrição. Em termos mundiais, cerca de 1,5 bilhão de pessoas têm anemia ferropriva (FAO, 2021; FAO; Ifad; Unicef; WFP; WHO, 2021).

BINÔMIO INFECÇÃO-DESNUTRIÇÃO

Observações de caráter epidemiológico e experimental evidenciam que indivíduos desnutridos apresentam maior suscetibilidade a processos infecciosos (Waterlow, 1996) e que a associação desnutrição-infecção é responsável pelo aumento da morbidade e mortalidade, especialmente em crianças (FAO, 2021). Esses fatos tornam a desnutrição um problema de saúde pública relevante e que não se encontra restrito a áreas subdesenvolvidas. Países tradicionalmente tidos como desenvolvidos também enfrentam problemas nutricionais devido, não só pela falta de alimentos, mas também pela adoção de dietas inadequadas.

O binômio desnutrição-infecção pode ser visto sob dois aspectos: a desnutrição alterando os mecanismos de defesa do indivíduo, e a infecção agravando o estado carencial previamente existente ou, então, a doença desencadeando-o, geralmente devido à anorexia que se instala e às modificações metabólicas que surgem em decorrência da infecção (Figura 10.1). Em especial, a desnutrição severa e aguda está associada, em crianças, com aumento da frequência de infecções e, muitas vezes, associada aos óbitos decorrentes (De Angelis, 1986). A desnutrição é a principal causa da imunodeficiência, sendo considerada modulador do sistema imune (Chandra, 1977).

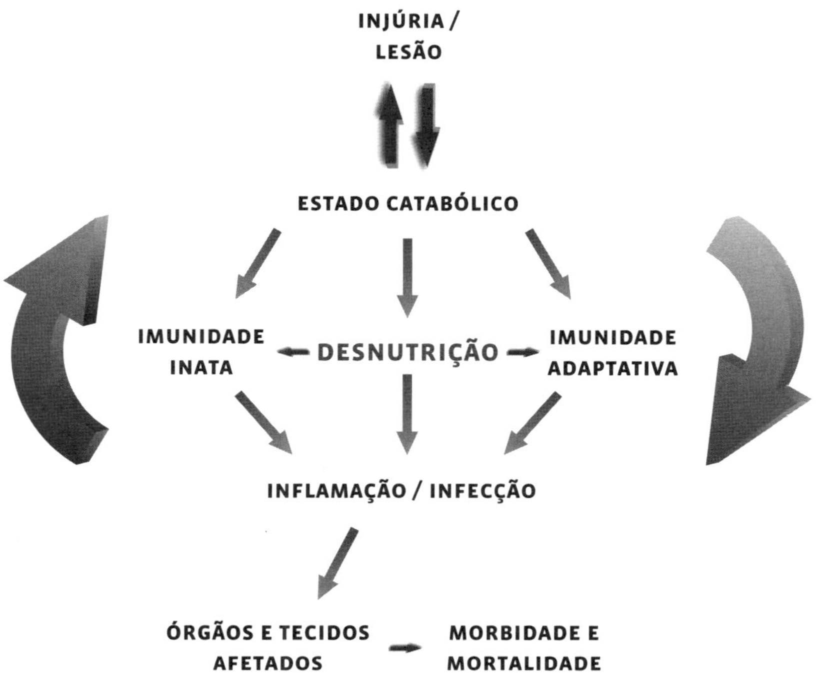

Figura 10.1 – Interação entre os processos inflamatórios e/ou infecciosos.

Fonte: Borelli (*In press*).

A desnutrição, *per si*, pode alterar as respostas imunes adaptativas (humoral e celular) e inata, predispondo o organismo a processos inflamatórios e/ou infecciosos que poderão ocasionar processos catabólicos, acentuando o quadro de desnutrição previamente existente. Por outro lado, processos lesivos podem induzir um quadro catabólico desencadeando a desnutrição ou agravando-a e, com isso, alterar os mecanismos de defesa. Dependendo da intensidade e da severidade da desnutrição, poderá haver lesão de tecidos e órgãos, conduzindo ao aumento de morbidade e mortalidade.

Mecanismos de defesa independentes da fagocitose e da produção de anticorpos também podem estar comprometidos pelos processos carenciais. A integridade de vários tecidos constitui-se em importante fator para a prevenção de processos infecciosos, e a desnutrição pode alterá-los. É relativamente frequente, em desnutrição proteica, o encontro de lesões do tecido epitelial e de mucosas, particularmente da mucosa gastrintestinal (Waterlow, 1996); as alterações teciduais encontradas incluem modificações na substância intercelular; redução da secreção de muco; acúmulo de *debris* celulares; queratinização e metaplasia epitelial; perda do epitélio do trato respiratório; reduzida resposta fibroblástica e falha na reparação tecidual (Cotran; Kumar; Collins, 2021).

A desnutrição severa em crianças leva a falhas no sistema imune por alterações no timo, redução na produção de anticorpos (evidenciada após vacinação) e alterações no sistema do complemento. Dependendo do grau de desnutrição, podem ser encontradas leucopenia e redução das citocinas e de imunoglobulinas, especialmente IgA. Contudo, a literatura é controversa em virtude da limitação de estudos em crianças e, particularmente, pela presença de infecções associadas (El-Hodhod *et al.*, 2005). Além disso, em estudos populacionais, a deficiência de macronutrientes e micronutrientes geralmente estão associadas ao que pode ocasionar alterações metabólicas e comorbidades superpostas. Nessas condições, a desnutrição pode facilitar a invasão do agente, favorecer sua proliferação no organismo, facilitar infecções secundárias e/ou modificar o curso e a evolução da enfermidade (ver Figura 10.1).

A interação desnutrição-infecção em seus múltiplos aspectos têm sido alvo de estudo nas últimas décadas. Porém, os efeitos dessa interação ainda não podem ser seguramente previstos a partir da ocorrência isolada de cada um. Também os processos pelos quais a desnutrição compromete os mecanismos de defesa do indivíduo são diversos e, provavelmente, interligados, e ainda não estão totalmente esclarecidos. No caso do sistema hemopoiético, a sua elevada e contínua e constante necessidade de macro e micronutrientes faz com que seja comum o encontro de alterações hematológicas como anemia e leucopenia com linfocitopenia e neutropenia, refletindo o comprometimento dos órgãos linfo-hemopoiéticos. O comprometimento da produção e da função das células sanguíneas se traduz por maior suscetibilidade às infecções.

HEMOPOESE

O tecido hemopoético, como todos os outros tecidos que apresentam alta taxa de renovação e proliferação celular, requer uma variedade de nutrientes e pode ser alterado por deficiências nutricionais (Xavier *et al.*, 2007; Williams *et al.*, 2007).

A hemopoese, ou hematopoese, é um processo contínuo e depende de um microambiente hemopoético adequado, estrutura organizada que regula a fisiologia da célula-tronco hemopoética (Xavier *et al.*, 2007). O tecido sanguíneo caracteriza-se por (*i*) apresentar alta taxa de renovação, uma vez que as células maduras apresentam tempo de vida na circulação relativamente curto – em condições normais, um indivíduo adulto de cerca de 70 kg produz, em média, 1 x 10 11 células sanguíneas/dia, e (*ii*) por sua plasticidade, adaptando-se às diferentes situações fisiológicas e patológicas

A hemopoese (Borelli, no prelo) envolve processos relacionados a origem, proliferação, diferenciação, maturação e distribuição das células sanguíneas (Williams *et al.*, 2007). É um fenômeno complexo e altamente regulado, influenciado por vários estímulos que atuam em diferentes níveis do processo – central (órgãos hemopoéticos) e periférico (sangue circulante), caracterizando-se pela contínua produção de célula e dependente:

(i) da existência de células primitivas (célula-tronco) e de sua capacidade proliferativa e de autorrenovação (Quesenberry; Colvin; Lambert, 2002);
(ii) da ação regulatória de fatores de crescimento e de outros mediadores;
(iii) dos componentes do microambiente dos órgãos hemopoeticos; e
(iv) da relação arquitetural desse microambiente.

Dessa maneira, há que se considerar as interações célula-célula e célula-matriz extracelular (MEC), que ocorrem no microambiente indutor da hemopoese, assim como a ação dos diferentes fatores de crescimento e citocinas, hormônios, particularmente de corticosteroides, estrógenos, andrógenos, hormônios tireoidianos, adrenalina; neurotransmissores do sistema nervoso autônomo; mediadores plasmáticos e celulares da resposta inflamatória e, obviamente, o estado nutricional do indivíduo.

A existência de diferentes linhagens sanguíneas engloba a expansão, diferenciação e maturação das células em cada linhagem, gerando "compartimentos funcionais" com particularidades histológicas em cada um deles. Assim, pode-se considerar que os órgãos linfo-hemopoéticos apresentam os compartimentos de proliferação, diferenciação e maturação celular. Em situações de equilíbrio, a proporção entre os diferentes compartimentos permanece constante, embora o influxo e o efluxo entre cada compartimento de células possam não ser iguais. A expansão de uma determinada população celular é determinada tanto pelo aumento do número de células resultante da proliferação como pela redução do processo de apoptose celular, ou por ambos os processos. As células hemopoéticas presentes na medula óssea (Figura 10.2) em diferentes fases de diferenciação podem ser classificadas quanto à sua capacidade proliferativa em quatro populações:

- Células-tronco ou células hemopoéticas pluripotenciais: células capazes de se autorrenovar e de se diferenciarem em qualquer uma das linhagens sanguíneas.
- Células comprometidas ou células diferenciadas: células que já estão definidas com uma ou mais linhagens celulares e as amplificam por mitose; envolvem células primitivas com potencial limitado de gerar células de diferentes linhagens celulares e com limitada capacidade de autorrenovação e já comprometidas com determinada(s) linhagem(ns) celular(es). São chamadas de células precursoras ou de unidades formadoras de colônias. Dessa forma, tem-se a unidade formadora de colônia grânulo-monocítica, unidade formadora de colônias megacariocítica – eritroide e as células primitivas linfoides. As célu-

las desse compartimento apresentam ainda capacidade proliferativa e respondem à ação de fatores de crescimento inespecíficos, também chamados de multilinhagem, como interleucina 3 (IL-3), e a fatores específicos como GM-CSF (fator estimulador para colônias de granulócitos e monócitos), G-CSF (fator estimulador de colônias para granulócitos), eritropoietina (fator estimulador para colônias eritroides), trombopoietina (fator estimulador para colônias megacariocíticas) e IL-7 (para linhagem linfoide).

- Compartimento de células progenitoras ou unipotenciais, é constituído por células unipotenciais, morfologicamente reconhecíveis e que não apresentam mais capacidade de autorrenovação, têm capacidade mitótica até determinados estágios de desenvolvimento e amadurecem. Dessa forma, há um influxo intercompartimental determinado pelo movimento de células provenientes do compartimento de proliferação e de diferenciação, por exemplo, proeritroblasto que amadurece para eritroblasto na série eritroide.
- Compartimento de células maduras: células com funções especializadas e que não mais se replicam em condições fisiológicas.

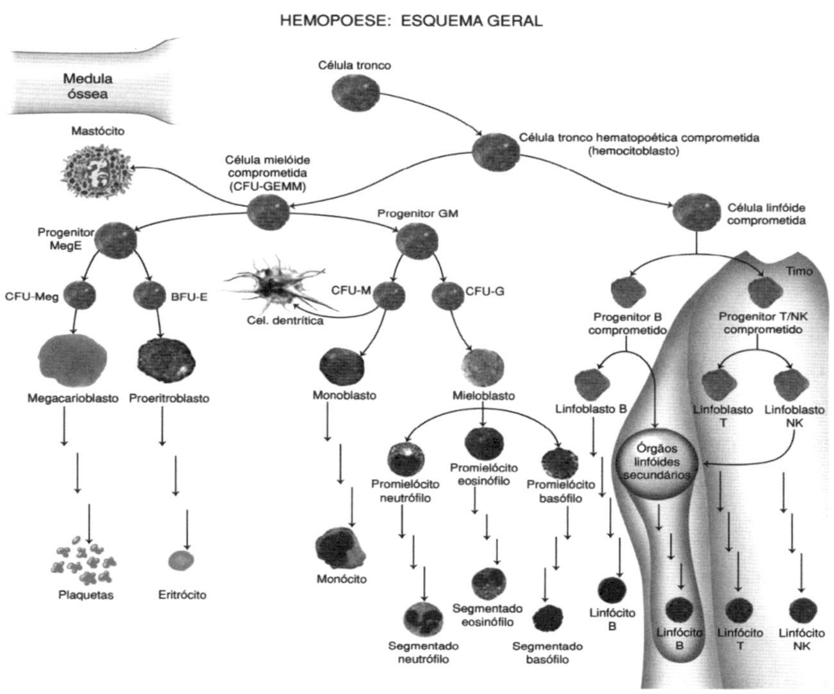

Figura 10.2 – Esquema simplificado da hemopoese.

Fonte: Borelli (*In press*).

Não estão representadas todas as etapas maturativas das diferentes linhagens sanguíneas. As células sanguíneas derivam de um precursor pluripotente denominado célula-tronco hemopoiética ou hemocitoblasto de Ferrata, que, por sua vez, se origina da célula-tronco embrionária. A CTH dá origem a duas populações celulares de precursores multipotentes denominados progenitor mieloide comprometido, ou unidade formadora de colônias granulocíticas, eritrocíticas, megacariocíticas e monocíticas (CFU-GEMM – *colony formating units of granulocytic, erythrocytic, megakaryocytic and monocytic series*) e progenitor linfoide comprometido. As CFU-GEMM originam os precursores megaeritrocíticos, ou unidades formadoras de colônias megacariocíticas e eritrocíticas (CFU-MegE – *unity colony formating of megakaryocytic and erythrocytic series*), e os precursores grânulo-monocíticos, ou unidades formadoras de colônias grânulo-monocíticas (CFU-GM – *unity colony formating of granulocytic and monocytic series*). Por sua vez, os progenitores CFU-MegE se diferenciarão em células progenitoras das linhagens megacariocíticas (CFU-Meg – *unity colony formating of megakaryocytic series*) e em progenitores, ou unidades iniciadoras de eritrócitos (BFU – *unit forming burst erythrocytic*).

A homeostase do sistema sanguíneo é sustentada pelas células-tronco hemopoéticas (CTH) e células-tronco progenitoras (CTPH), encontradas principalmente dentro de um microambiente ou nicho da medula óssea (MO). As CTH encontram-se no topo da "hierarquia hemopoética" devido à sua capacidade de diferenciação multipotente e capacidade de autorrenovação, sendo que 1 a cada 1 milhão de células nucleadas na medula óssea tem características de célula-tronco.

As CTH possuem a capacidade de multipotência e autorrenovação. Multipotência é a capacidade de se diferenciar em todas as células sanguíneas funcionais. Autorrenovação designa a capacidade que a CTH tem de originar CTH filhas idênticas sem diferenciação.

As células hematopoéticas estão intimamente associadas às células do estroma medular e às substâncias sintetizadas por estas células, formando nichos celulares constituindo o microambiente hematopoético e sua regulação dependente de fatores moleculares.[1]

O microambiente medular apresenta-se como uma estrutura compartimentalizada, altamente organizada e dinâmica que, além de atuar como parênquima de sustentação para as células hematopoéticas, possibilita a proliferação, diferenciação e maturação das células precursoras. Histologicamente, é constituído por células hematopoéticas em diferentes etapas de diferenciação e maturação, por células estromais (fibroblastos, células reticulares, macrófagos, células endoteliais e adipócitos), por uma matriz extracelular

1. Para saber mais sobre as bases moleculares, acesse: http://www.nature.com/onc/journal/v21/n21/abs/1205318a.html; http://www.sciencedirect.com/science/article/pii/S0014482714004480#.

composta por diferentes tipos de colágenos, proteínas adesivas não colagênicas e proteoglicanos, e por substâncias solúveis produzidas localmente e/ou oriundas da circulação.

As células saem da medula óssea ao acaso, em um fluxo unidirecional. Fisiologicamente, em condições de normalidade, as células saem da medula óssea somente após atingirem o estado final de maturação, quando perdem determinadas proteínas de adesão (integrinas) que se ligam à matriz extracelular do órgão hemopoético. A princípio, considera-se que essa saída é um fluxo unidirecional. A mobilização entre os diversos compartimentos dos órgãos hemopoéticos e entre sangue periférico e a saída para o meio extravascular é um processo dinâmico, modificando-se em situações fisiológicas, patológicas ou sob ação farmacológica, dependente da natureza do estímulo e dos mecanismos envolvidos na liberação medular. Uma vez na circulação, os leucócitos distribuem-se axialmente na corrente circulatória. Utilizando-se marcação isotópica, constatou-se que as células são removidas exponencialmente do sangue circulante tendo uma vida média de 6,6 horas em situações basais (neutrófilos 6 a 7 horas; eosinófilos, 16 horas; basófilos, 6 a 70 horas; e monócitos, cerca de 96 horas). Por outro lado, os linfócitos retornam à circulação via sistema linfático (Williams *et al.*, 2007).

DESNUTRIÇÃO E ALTERAÇÕES HEMATOLÓGICAS

Particularmente em relação aos efeitos da desnutrição sobre a hematopoese, os dados existentes na literatura podem ser contraditórios. Conceitos correntes sobre os efeitos da privação proteica em seres humanos baseiam-se, principalmente, em informações obtidas de indivíduos severamente desnutridos, nos quais múltiplas deficiências nutricionais estão presentes ou, ainda, em pacientes com doenças sistêmicas crônicas nos quais os efeitos da doença e da terapia são difíceis de serem distinguidos daqueles devidos à deficiência nutricional. Ademais, por questões éticas, os ensaios com material oriundo de medula óssea são bastante restritos, especialmente em crianças. Quanto aos dados obtidos de animais, estes também podem apresentar ampla diversidade de resultados, particularmente quando se pretende avaliar integral e globalmente a produção, mobilização e função das células sanguíneas, visto que geralmente as informações sobre cada um destes aspectos são obtidas de pesquisas utilizando animais de espécie, sexo e idade diversas, dietas quali e quantitativamente diferentes, e sob os mais variados estímulos inflamatórios e/ou infecciosos.

Nesta seção, serão abordadas as principais alterações encontradas na hemopoese em decorrência da desnutrição, e para melhor compreensão tais alterações serão colocadas em tópicos: matriz extracelular e célula-tronco, apoptose e autofagia, leucopenias e alterações na resposta imune e alterações na série vermelha – anemias.

DESNUTRIÇÃO: MATRIZ EXTRACELULAR E CÉLULAS TRONCO

São poucos os trabalhos relacionando desnutrição e matriz extracelular (MEC). Os efeitos da desnutrição sobre o timo de crianças desnutridas revelaram aumento na densidade da MEC com aumento das proteínas fibronectina, laminina e colágeno IV, o que foi considerado responsável pela depleção dos linfócitos (Lira *et al.*, 1993; Savino *et al.*, 2007). Indivíduos desnutridos tiveram aumento de ácido hialurônico na matriz extracelular da medula óssea (Osgood *et al.*, 2014). Também na medula óssea, mas, agora, em modelo experimental de camundongos submetidos à DPE, foi encontrado aumento de fibronectina (Vituri-Silva; Trentin, 2000), trombospondina (Vituri-Silva *et al.*, 2005) e laminina (Stelmasiak *et al.*, 2021) nas regiões endosteais/paratrabeculares da medula óssea (regiões em que se localizam as células-tronco), e ainda importante hipoplasia medular, especialmente das linhagens eritroide e granulocítica (Xavier *et al.*, 2007). Estudos *in vitro* de células empregando sistema de culturas de células da medula óssea de camundongos com DPE relataram alterações no estroma medular, aumento no número de adipócitos e de osteoblastos acompanhado de redução do número de progenitores eritroides, granulocíticos e megacariocíticos (Santos *et al.*, 2016).

O efeito da desnutrição sobre células-tronco de outros tecidos como mucosas e epidídimo, ou em invertebrados, é relatada largamente na literatura; já os ensaios com célula-tronco hemopoética humanas e mesmo de animais são mais restritos. Em animais severamente desnutridos, foram encontradas redução na proliferação celular (Ortiz; Betancourt, 1984), redução de ciclina D e ciclina E, menor atividade nas vias de ativação do ciclo celular das Cdk4, Cdc25a, aumento das proteínas p21 e p27, proteínas essas inibitórias do ciclo celular. Em função desses resultados, foi demonstrada redução na expressão do PCNA (antígeno de proliferação nuclear, aumento da percentagem de células-tronco nas fases G0/G1 do ciclo celular e menor população das células-tronco na medula óssea (Borelli *et al.*, 2009; Nakajima *et al.*, 2014 ; Santos *et al.*, 2017), achados que podem ser responsáveis pela pancitopenia periférica encontrada nesses animais.

DESNUTRIÇÃO: APOPTOSE E AUTOFAGIA

A apoptose e a autofagia, denominadas "morte programada", são processos fisiológicos dos organismos animais e vegetais, e controlados por programas intracelulares. A apoptose remove células envelhecidas, danificadas ou indesejadas, e a autofagia mantém a homeostase celular por intermédio de reciclagem seletiva de moléculas e organelas intracelulares. A autofagia é um processo catabólico utilizado pelo organismo para manter o equilíbrio entre a síntese, a degradação e a reciclagem de componentes celulares, desempenhando papel importante no crescimento, no desenvolvimento e na homeostase celular. A autofagia pode ser estimulada em determinadas situações, como a fome, e por desequilíbrios nutricionais e metabólicos. Nessas situações, é induzida a autofagia, mantendo-se *pool* de aminoácidos para que as proteínas essenciais sejam sintetizadas. Esta é uma forma de morte celular programada em que a célula digere algumas de suas próprias organelas fornecendo os nutrientes necessários para nova síntese de substâncias/células vitais. No entanto, se a deficiência nutricional de estresse metabólico permanecer por horas, a célula se move da autofagia para a apoptose, ou seja, ocorre, uma espécie de *failsafe* (limite de segurança) no qual as células buscam uma tentativa de resgatar-se das condições de restrição e evitar a apoptose. Quando o fornecimento de nutrientes se torna insuficiente, a autofagia é ativada. Exemplo clássico desse processo é o que ocorre no fígado de mamíferos ao degradar proteínas por autofagia a fim de produzir aminoácidos para gliconeogênese. No entanto, mesmo sob condições adequadas de nutrientes, a autofagia é necessária, a fim de permitir que as células removam estruturas celulares defeituosas.

Na desnutrição, os resultados sobre a apoptose são variáveis, ora estando reduzidos, ora aumentados. Tais resultados parecem ser devidos ao tipo de células estudadas, bem como ao grau de desnutrição do indivíduo ou do animal. Contudo, os estudos com células do sistema imune como timócitos, células esplênicas (Xavier, 1999) e macrófagos peritoneais são concordantes, ou seja, há redução nos índices de apoptose (El-Hodhod *et al.*, 2005), especialmente nos casos em que há deficiência de zinco. A hipoplasia em camundongos desnutridos parece não ser decorrente da apoptose (Borelli *et al.*, 2007)e sim da autofagia de células-tronco e células mieloides comprometidas, decorrente da redução da fosfoforilação das proteínas Akt e mTOR, duas das principais reguladoras do processo autofágico (Beltran, 2018; Beltran *et al.*, 2020).

DESNUTRIÇÃO E LEUCÓCITOS

A literatura relata que, na desnutrição, ocorrem alterações significativas na imunidade, comprometendo a resposta imune adaptativa (resposta T-dependente, resposta humoral B-dependente) e a resposta imune inata (fagocitose, *killing, burst* respiratório, produção de ânion superóxido, peróxido de hidrogênio, sistema do complemento e a síntese de citocinas) (Heilskov-Rytter *et al.*, 2014).

Os primeiros relatos de leucopenia e granulocitopenia em animais submetidos a dietas hipoproteicas remontam a 1946 (Aschkenasy, 1946), e a partir daí, as informações sobre o comportamento de leucócitos intensificaram-se na literatura, porém com dados muitas vezes conflitantes, o que pode ser devido à presença de um quadro multicarencial e frequentemente associado a outros processos patológicos.

Leucopenia e leucocitose são situações que se alternam na literatura em processos de desnutrição, principalmente em seres humanos, visto que geralmente a desnutrição encontra-se associada a processos infecciosos e/ou a doenças crônicas. Embora a resposta leucocitária seja variável, as evidências indicam que, nas situações em que a desnutrição não esteja associada a outras doenças, a leucopenia é a regra. Dietas hipoproteicas ou com composição inadequada de aminoácidos têm efeito neutropênico e eosinopênico.

A suscetibilidade de indivíduos desnutridos frente à injúria celular pode estar associada a alterações na hematopoese como um todo ou em alguns de seus aspectos, como a cinética de produção (incluindo diferenciação e maturação), de mobilização ou ainda de aspectos funcionais das células efetoras.

As células grânulo-monocíticas exercem suas funções na maioria das vezes em sítios extravasculares. A capacidade dessas células em aderir ao endotélio, realizar migração transendotelial, fagocitar e destruir microrganismos, células ou substâncias é fundamental para os mecanismos de defesa frente a patógenos. A mobilização dos leucócitos da medula óssea e do compartimento vascular depende da natureza do estímulo e dos mecanismos envolvidos nessa liberação. Endotoxinas alteram a mobilização celular não só deslocando os granulócitos do compartimento vascular, mas também modificando o influxo no compartimento de maturação (não havendo, necessariamente, correlação entre o número de granulócitos circulantes e na medula óssea com o grau de mobilização celular).

Na leucopenia, os mecanismos afetados parecem resultar de alterações do ciclo celular. Observou-se que macacos submetidos a dietas hipoproteicas apresentavam alterações na mucosa intestinal devido a retardo na proliferação. Relatou-se que camundongos submetidos a dietas isentas de proteína e após terem recebido doses subletais de radiação apresentaram redução do número de unidades formadoras de colônias (CFU), tanto do baço como da medula óssea, e houve correspondente redução das células no sangue periférico. Camundongos desnutridos e que receberam lipopolissacarídeos (LPS), embora apresentassem ligeiro aumento do número de leucócitos circulantes, esse valor foi significativamente menor que nos respectivos controles (Fock *et al.*, 2010b), resultados semelhantes ao encontrado quando os animais foram inoculados com bacilo de Calmette-Guérin (BCG) (Silva *et al.*, 2012).

Camundongos submetidos a DPE e isentos de processos infecciosos demonstram consistentemente, em estudos *in vivo*, leucopenia (Fock *et al.*, 2010), hipoplasia no setor granulocítico (Xavier *et al.*, 2007) da medula óssea, e redução no número de progenitores mieloides (El-Hodhod *et al.*, 2005; Oliveira *et al.*, 2016).

Nos estudos *in vitro*, as culturas de células de medula óssea de animais desnutridos tiveram redução no número de *cluster* e das unidades formadoras de colônias (CFU) (Borelli *et al.*, 2007; Xavier *et al.*, 2007), dados consistentes com a hipoplasia medular observada *in vivo* nesses animais.

A aparente dificuldade da resposta leucocitária na desnutrição proteica frente a infecções bacterianas poderia ser devido à redução no compartimento de reserva da medula óssea e à dificuldade primária no processo de mobilização dos leucócitos do sangue para os tecidos. Ratos adultos desnutridos no período intraútero (Landgraf *et al.*, 2005; Landgraf *et al.*, 2007) apresentam redução no rolamento e na adesão de leucócitos ao endotélio vascular (Landgraf *et al.*, 2007), e redução de adesão e da quimiotaxia de neutrófilos obtidos de ratos recém-nascidos cujas mães eram desnutridas (Landgraf *et al.*, 2007). Redução na celularidade de macrófagos na cavidade peritoneal e espaço broncoalveolar após administração de LPS também tem sido associada com redução na população de macrófagos peritoneais, revelando a dificuldade das células em migrarem para os compartimentos extravasculares (Oliveira *et al.*, 2016).

DESNUTRIÇÃO E LINFÓCITOS

A carência de proteínas conduz a uma linfopenia sanguínea, involução do timo, baço e linfonodos (Lira *et al.*, 1993; Savino *et al.*, 2007; Xavier, 1999). Crianças desnutridas tiveram redução no percentual da transformação blástica de linfócitos frente a mitógenos (Chandra, 1977; Santos *et al.*, 2016; Ortiz; Betancourt, 1984), e a capacidade de proliferação de células da medula óssea e do baço (Fock *et al.*, 2010) em camundongos desnutridos diminuiu com redução no número de células pluripotenciais.

O envolvimento do timo no desenvolvimento das células T tem sido referido ao longo dos anos em humanos e camundongos. Precursores de células plasmáticas secretoras de IgA são células derivadas de precursores presentes na medula óssea, podendo ser encontradas em placas de Peyer e ratos Wistar submetidos à restrição proteica durante o desmame, comprometendo a diferenciação de células B originando células B imaturas (Roux; Lópes, 1987). Estas células pré-B encontradas nas placas de Peyer representam a população de células da medula óssea que não completaram sua diferenciação. Estudos posteriores de imunodeficiência evidenciaram bloqueio na via de células T no timo. Estudos histológicos e ultraestruturais em órgãos linfo-hematopoéticos de camundongos desnutridos evidenciaram espessamento capsular esplênico de magnitude crescente com o grau de desnutrição e, em paralelo à depleção linfocitária, aumento dos componentes estromais, particularmente de células fibroblásticas, e aumento na deposição de matriz extracelular, especialmente fibras de colágeno e tecido elástico. O timo de animais desnutridos apresentou depleção celular, tanto em área corticais como medulares, e expansão da matriz extracelular (Xavier, 1999).

Revisão sistemática (Heilskov-Rytter *et al.*, 2014) sobre o tema relata o encontro de comprometimento das mucosas, secreção reduzida de glândulas exócrinas e redução dos níveis das proteínas plasmáticas do complemento em crianças desnutridas de 0 a 60 meses de idade que apresentavam redução de peso e estatura.

Os dados existentes na literatura sobre a resposta humoral são conflitantes, não permitindo conclusões definitivas; considera-se que, embora as concentrações de imunoglobulinas pareçam normais em casos de desnutrição, estudos funcionais mostram alterações nessas células. A deficiência de vitamina D em casos de desnutrição tem sido associada à redução da resposta imune especialmente em crianças portadoras de tuberculose, que apresentaram redução de linfócitos B, T, monócitos e células dendríticas. Foi relatada, também, falha na produção de células T (Th1 e Th2), atrofia tímica e apoptose de linfócitos (Rajamanickam *et al.*, 2019; Ortiz *et al.*, 2009; Alwarawrah *et al.*, 2018; Martens *et al.* 2020).

Camundongos isogênicos submetidos à DPE apresentaram nas subpopulações linfoides da medula óssea acentuada linfopenia com bloqueio maturativo, redução esta caracterizada pela depleção de CD22 e CD19, e diminuição das células com marcadores da população T, com expressiva redução percentual das células CD3 (Fock *et al.*, 2010b).

DESNUTRIÇÃO: CITOCINAS, ADIPOCINAS, FATORES DE CRESCIMENTO HEMOPOÉTICOS

Citocinas e adipocinas são importantes reguladores da inflamação, aqui envolvendo as respostas adaptativa e inata. Na desnutrição, tanto em animais como em humanos, tem sido encontrada redução na produção de leptina e adiponectina. A resposta imune adaptativa é bastante influenciada pelo status nutricional, sendo essa regulação em parte mediada por adipocinas como a leptina e a adiponectina. Estudos em desnutrição têm mostrado redução nos níveis plasmáticos de ambas, ocorrendo associação da redução da leptina com alterações no desenvolvimento de células B (pró-B, pré-B e B maduras) e células T (Tanaka *et al.*, 2021).

Em pacientes desnutridos e em estado crítico, foram encontradas concentrações elevadas de TNFR1, TNF-alfa, IL-6, TLR4, IL-1Ra, contudo, esses pacientes apresentavam comorbidade. Em pacientes com anorexia nervosa, foram encontradas elevadas concentrações de citocinas pró-inflamatórias (Gibson; Mehler, 2019) e pancitopenia acompanhada de hipoplasia medular com infiltração de material amorfo (medula óssea gelatinosa) (Vande *et al.*, 2004). Em animais submetidos à DPE, os achados de redução das citocinas pro-inflamatórias IL1, TNF-alfa, IL-6 têm sido consistentes e constantes. Essa redução deriva da menor ativação do fator de transcrição NFκ beta. Também foi encontrada redução na produção de IL-12, citocina responsável pela ativação das células NK e por estimular a síntese de interferon gama. Por outro lado, as citocinas IL-4 e IL-10 – que regulam o processo inflamatório reduzindo a ativação de macrófagos e estimulando a via de Th2 – estão aumentadas. Esses achados podem contribuir para a falha no processo infamatório observado nesses animais (Fock *et al.*, 2010b; Oliveira *et al.*, 2016; Oliveira *et al.*, 2014).

Com relação aos fatores de crescimento hemopoéticos, a literatura é restrita quanto a estudos em humanos. Em camundongos, foram encontrados redução de IL-3, GM-CSF, G-CSF, IL-6 em sobrenadante de cultura de longa duração de células da medula óssea, condizentes com a redução de colônias mieloides encontradas nessas culturas (Xavier *et al.*, 2007; Blatt, 2019).

DESNUTRIÇÃO: FAGOCITOSE, ATIVIDADE MICROBICIDA E FUNGICIDA, RECEPTORES DE LPS

A imunidade inespecífica ou inata representada pelos fagócitos polimorfonucleares e mononucleares encontra-se comprometida na desnutrição proteica. Estudos revelaram redução na adesão, espraiamaento de macrófagos, na quimiotaxia, fagocitose, concentração e atividade dos componentes do complemento C3a, C5a e nos mecanismos microbicidas intracelulares (Blatt, 2019; Borelli *et al.*, 1998; Redmond *et al.*, 1991; Da Costa *et al.*, 2016).

A fagocitose e a atividade fungicida frente à *Candida albicans* foi comprometida em função do estado nutricional, bem como o *burst* respiratório e a produção das espécies reativas de oxigênio e de óxido nítrico, importantes mecanismos para morte e destruição de patógenos (Borelli *et al.*, 1998; Redmond *et al.*, 1991; Da Costa *et al.*, 2016). Contribuindo para a menor produção das espécies reativas do oxigênio, o sistema da glutationa, importante processo de oxidorredução que permite a regeneração de NADPH no *burst* respiratório, está com menor atividade nos macrófagos de animais com desnutrição proteica (Vande *et al.*, 2004; Silva *et al.*, 2012). A expressão dos receptores de LPS, CD14 e de TLR4 em macrófagos peritoneais de camundongos desnutridos foi significativamente reduzida (Fondu *et al.*, 1978). *Toll like* 4 é um receptor transmembrânico e faz parte da família de receptores *Toll* – receptores de reconhecimento de patógenos – e que ativa a via do fator de transcrição NFκ beta, ativando também a produção de citocinas e a resposta imune inata (Fondu *et al.*, 1978).

DESNUTRIÇÃO: ERITROPOESE, ERITROPOETINA E ANEMIA

A literatura é vasta ao relacionar a presença de anemia em desnutrição, mas as causas dessa anemia são igualmente vastas e diversas. Além de baixa estatura e edema, a anemia talvez seja o achado mais frequente nos casos de desnutrição e, na maioria das vezes, está associada à deficiência de ferro, micronutrientes como zinco e deficiência de folato e vitamina B12, e frequentemente associada a parasitoses intestinais e, em algumas regiões, à malária (Jesus *et al.*, 2018).

A etiologia da anemia na desnutrição tem sido relacionada a uma série de fatores, desde deficiência de ferro, hemólise e redução na vida média dos eritrócitos, até falência da eritropoese medular. Essa dificuldade em se estabelecer a(s) causas(s) das anemias pode ser explicada pelo fato de a anemia ter dezenas de causas, ou seja, ela é consequência de um transtorno anterior que altera a produção das células (lesão medular, falta de nutrientes, infiltração da medula óssea) ou altera a vida média (como as anemias hemolíticas, hemoglobinopatias) ou perdas (hemorragias crônicas, parasitoses intestinais). Além disso, ao interpretar os resultados em humanos, é preciso considerar a faixa etária do indivíduo, o tempo e o tipo de instalação da desnutrição, a hipovolemia decorrente da redução da albumina plasmática ocasionando o edema e levando à hemoconcentração e, ainda, a presença de comorbidades. Deve-se considerar, além de idade e sexo, a reserva de ferro (em crianças, deve-se considerar a reserva de ferro obtida no período fetal e ocorrência ou não de aleitamento materno). Sem dúvida, as anemias nutricionais são as mais frequentes na população em geral, – e, entre elas, a deficiência de ferro –, especialmente em crianças, idosos e gestantes, e não raro há o componente megaloblástico em decorrência da deficiência de folatos e vitamina B12. A associação entre desnutrição severa e anemia moderada ou severa aumenta o índice de mortalidade em crianças menores de 5 anos (Fock *et al.*, 2007).

A desnutrição proteica e proteico-energética são síndromes em que anemia e manifestações de deficiências multivitamínicas e minerais podem estar presentes e, tipicamente, apresenta-se como anemia normocrômica, normocítica, com hemoglobina entre 8 e 10 g/dL e eritropoese medular normal, ou medula discretamente hipoplásica e com infiltração gordurosa.

Estudos em crianças do Zaire que apresentavam desnutrição proteico-energética concluíram que a anemia se devia à redução na vida média dos eritrócitos que, na população avaliada, era de 18 dias, sugerindo que o aumento da fragilidade dos eritrócitos resultava da redução de selênio e de vitaminas (Jesus *et al.*, 2018).

Ratos submetidos a depleção proteica aguda apresentam anemia e "...notável perda de correlação entre a duração da privação proteica e a depressão da atividade eritropoética" (Hütter; Ganepola; Hofmann, 2021), cujos mecanismos seriam o retardo da síntese proteica em células eritroides e/ou diminuição da síntese de eritropoetina, sugerindo que a anemia poderia ser decorrente de hemólise, talvez pelos defeitos na estrutura de membrana ou bloqueio nos estágios de maturação de eritroblastos ortocromáticos e de reticulócitos, o que justificaria a hiperplasia eritroide na medula óssea e o rápido aumento de reticulócitos após a recuperação nutricional, o que pode levar à necessidade de suplementação de ferro (Hütter; Ganepola; Hofmann, 2021).

Na DPE, concentrações séricas de eritropoietina são variáveis. Sua redução poderia ser devida à diminuição na velocidade de utilização de oxigênio pelos tecidos. Talvez por causa dessa hipóxia relativa, alguns autores considerem a anemia na desnutrição como um processo "fisiológico" ou "adaptativo". Uma possível contribuição para a instalação ou o agravamento do quadro anêmico é a redução de hormônios tireoidianos e androgênicos.

A falta de ferro tem sido considerada a principal causa da anemia na desnutrição proteica; porém, outros autores têm encontrado valores normais para ferro sérico com aumento da saturação de transferrina, concentrações de ferritina sérica normais e a medula óssea apresentando depósitos de ferro normais ou elevados. Biópsias de fígado, obtidas *post-mortem* de indivíduos marasmáticos, apresentam valores elevados de ferro, corroborando a hipótese de uma redução na eritropoese (Waterlow, 1996).

Nos casos de anorexia nervosa associada à desnutrição, anemia, deficiência de ferro, ferritina e eritropoetina são achados variáveis, o que pode ser explicado pelo tempo de instalação da anorexia, depósitos prévios de micronutrientes e comorbidades (Gibson; Mehler, 2019; Jesus *et al.*, 2018). A anemia também pode ser encontrada em associação com desnutrição e alimentação enteral (Reissman, 1964; Nkosi-Gondwe *et al.*, 2021).

Dados experimentais em animais submetidos à desnutrição exclusivamente proteica-energética com disponibilidade normal de outros macro e micronutrientes demonstraram significativa redução dos parâmetros eritrocitários, destacando-se a importante reticulocitopenia, não sendo encontradas alterações morfológicas nos eritrócitos. A anemia encontrada não era ferropriva, uma vez que, nesses animais, a concentração plasmática de ferro e de saturação da transferrina encontraram-se elevadas. Adicionalmente, os dados histológicos avaliando os depósitos de ferro na medula óssea, no fígado e no baço revelaram-se elevados. A análise da eritropoese medular e esplênica nesses animais mostrou redução significativa tanto da celularidade total desses órgãos como da população eritroide, encontrando alteração na maturação dos eritroblastos. Resultados de ensaios clonogênicos para CFU-MIX (unidades formadoras de colônias mistas-granulocíticas e eritroides) empregando IL-3, eritropoetina (EPO), fator estimulador de colônias grânulo-monocítico (GM-CSF) e fator estimulador de colônias granulocíticas (G-CSF) realizados com células da medula óssea, evidenciaram que os animais desnutridos geraram significativamente menor quantidade de CFU-MIX ou GEMM-CFU (unidades formadoras de colônias mistas ou unidades formadoras de colônias granulocíticas, eritroides, megacariocíticas e mieloides) e de BFU-E e CFU-E (unidades formadoras de *burst* eritroides e unidades formadoras de colônias eritroides, respectivamente), unidades formadoras de colônias granulocíticas (CFU-G) e grânulo-monocíticas (CFU-GM) em comparação com o grupo controle (Borelli *et al.*, 2007; Borelli *et al.*, 2009; Blatt, 2019). Análise da população medular por imunofenotipagem empregando os anticorpos anti-Ter-119, CD71 e CD2 confimaram esses dados, demonstrando depleção da população eritroide primitiva (Borelli *et al.*, 2007; Gibson; Mehler, 2019). As células eritroides expressam os antígenos

CD71 (receptor de transferrina) e TER-119 (alfaglicoforina), assim denominada para camundongos.

A Figura 10.3 apresenta uma síntese das alterações hematológicas encontradas em humanos e em animais experimentais em casos de desnutrição.

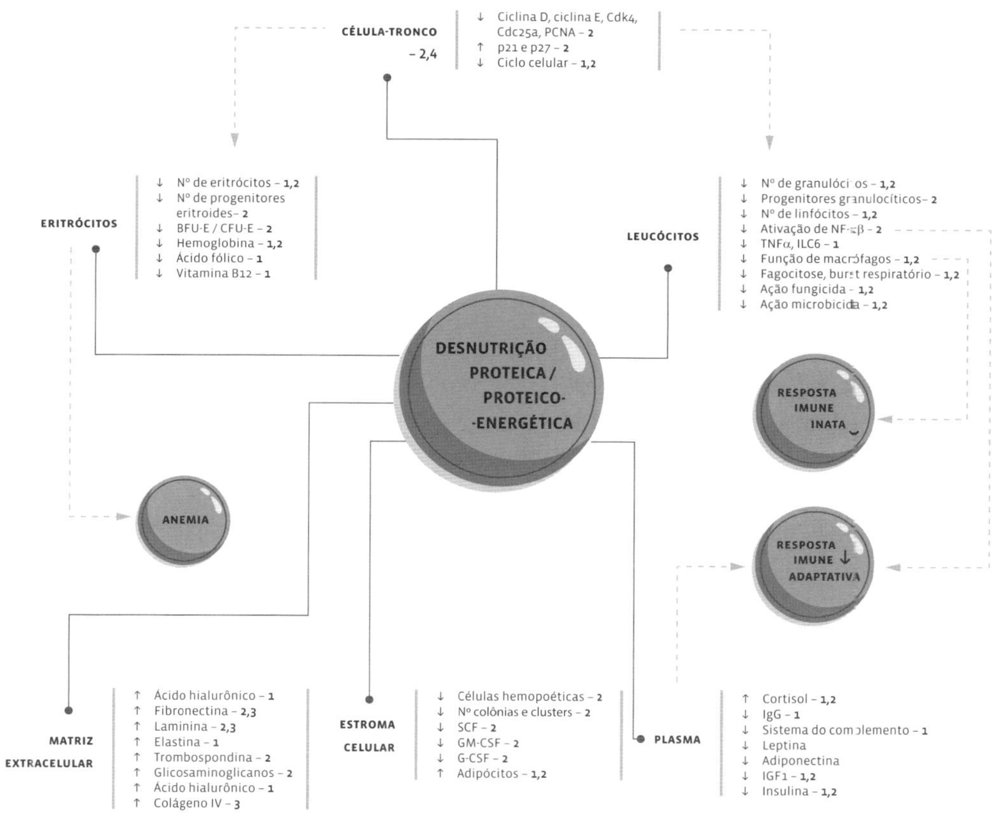

Figura 10.3 – Resumo dos principais efeitos da desnutrição proteica sobre a resposta hemopoiética.

Estudos em seres humanos (1); estudos *in vivo* e *in vitro* em modelo animal; resultados em timo humano (3) e na medula óssea (4). Os resultados mostram alteração na matriz extracelular e no estroma, alterações nas células-tronco e alterações em vias bioquímicas que controlam o ciclo celular da céula-tronco. Em consequência, há redução no número de células-tronco da medula óssea.

Na desnutrição, ocorre leucopenia, linfopenia e redução na atividade bactericida e fungicida que, aliadas à diminuição da síntese de citocinas, pode provocar redução da resposta inflamatória e/ou infecciosa. A anemia, geralmente presente, decorre principalmente da redução de progenitores eritroides.

REFERÊNCIAS

ALWARAWRAH, Y. *et al.* Changes in nutritional status impact immune cell metabolism and function. *Front Immunol*, v. 9, p. 1055, 2018.

ASCHKENASY, A. Etude Sur l'anémie experimentale par inanition protéique chez le Rat. Les altération du sang de la moelle osseuse et de la rate. Les relation avec l'évolution du cycle destral. *Sang*, v. 17, p. 34-61, 1946.

BELTRAN, J. S. O. *A participação da autofagia na regulação da célula-tronco hemopoética em camundongos knockouts para Atg7 e transglutaminase 2*. Tese de Doutorado – Faculdade de Ciências Farmacêuticas. São Paulo: Universidade de São Paulo, 2018.

BLATT, S. L. *Efeito da desnutrição proteica experimental na hemopoese medular*. Tese de Doutorado – Faculdade de Ciências Farmacêuticas. São Paulo: Universidade de São Paulo, 2019.

BORELLI, P. *et al.* Protein malnutrition: some aspects of the in vitro adhesion of peritoneal mouse macrophages. *Ann Nutr Metab*, v. 42, p. 367-73, 1998.

BORELLI, P. *et al.* Haematological alterations in protein malnutrition. *Revista Brasileira de Hematologia e Hemoterapia*, v. 26, n. 1, p. 49-56, 2004.

BORELLI, P. *et al.* Reduction of erythroid progenitors in protein-energy malnutrition. *British Journal of Nutrition*, v. 97, p. 307, 2007.

BORELLI, P. *et al.* Protein-energy malnutrition halts hemopoietic progenitor cells in the G0/G1 cell cycle stage, thereby altering cell production rates. *Brazilian Journal of Medical and Biological Research*, v. 42, p. 523-530, 2009.

BORELLI, P. *Fundamentos de hematologia: teoria & prática*. São Paulo: Blucher. *In press*.

CHANDRA, R. K. Lymphocyte subpopulations in human malnutrition citotoxic and suppressor cells. *Pediatrics*, v. 59, p. 423-7, 1977.

COTRAN, R. S.; KUMAR, V.; COLLINS, T. Environmental and nutritional diseases. In: COTRAN, R. S.; KUMAR, V.; COLLINS, R. *Pathologic basis of disease*. 10. ed. Elsevier, 2021. Capítulo 9.

DA COSTA, T. *et al.* Neonatal malnutrition programs the oxidant function of macrophages in response to *Candida albicans*. *Microbial Pathogenesis*, v. 95, p. 68-76, 2016.

DE ANGELIS, R. C. Desnutrição calórico-proteica (má nutrição calórico-proteica). In: DE ANGELIS, R. C. *Fisiologia da nutrição*. 3. ed. São Paulo: Nobel, 2v., p. 38-56, 1986.

EL-HODHOD, M. A. A. *et al.* Apoptotic changes in lymphocytes of protein energy malnutrition patients. *Nutrition Research*, v. 25, n. 1, p. 21-29, 2005.

FOOD AND AGRICULTURE ORGANIZATION (FAO). *The State of Food Security and Nutrition in the World 2021*. Rome: FAO, 2021, 240P. Disponível em: http://www.fao.org/documents/card/en/c/cb4474en. Acesso em: 27 jul. 2023.

FOOD AND AGRICULTURE ORGANIZATION (FAO); INTERNATIONAL FUND FOR AGRICULTURAL DEVELOPMENT (IFAD); UNITED NATIONS INTERNATIONAL CHILDREN'S EMERGENCY FUND (UNICEF); WORLD FOOD PROGRAMME (WFP); WORLD HEALTH ORGANIZATION (WHO). *The State of Food Security and Nutrition in the World 2021: transforming food systems for food security, improved nutrition and affordable healthy diets for all*. Rome: FAO, 2021. Disponível em: https://doi.org/10.4060/cb4474en. Acesso em: 27 jul. 2023.

FOCK, R. A. *et al.* Protein-energy malnutrition decreases the expression of TLR-4/MD-2 and CD14 receptors in peritoneal macrophages and reduces the synthesis of TNF-alfa in response to lipopolysaccharide (LPS) in mice. *Cytokine* , v. 40, p. 105-114, 2007.

FOCK, R. A. *et al.* Effects of protein-energy malnutrition on NF-KappaB signalling in murine peritoneal macrophages. *Inflammation*, v. 33, p. 101-109, 2010a.

FOCK, R. A. *et al.* Study of lymphocyte subpopulations in bone marrow in a model of protein--energy malnutrition. *Nutrition*, v. 26, p. 1021-1028, 2010b.

FONDU, P. *et al.* Protein-energy malnutrition and anemia in Kivi. *Am J Clin Nutr*, v. 31, p. 23-25, 1978.

GIBSON, D.; MEHLER, P. S. Anorexia nervosa and the immune system: a narrative review. *J Clin Med*, v. 8, p. 1915, 2019.

HEILSKOV-RYTTER, M. J. *et al.* The immune system in children with malnutrition – a systematic review. *PLoS One*, v. 9, n. 8, p. e105017, 2014.

HÜTTER, G.; GANEPOLA, S.; HOFMANN, W. K. The hematology of anorexia nervosa A cohort analysis of survival and outcomes in severely anaemic children with moderate to severe acute malnutrition in Malawi. *PLoS One*. 2021.

JESUS, S. R. *et al.* Association of anemia and malnutrition in hospitalized patients with exclusive enteral nutrition. *Nutricion Hospitalaria*, v. 35, n. 4, p. 753-760, 2018.

JONES, K. D.; BERKLEY, J. Severe acute malnutrition and infection. *Pediatrics*, Issue sup1, 2014. Disponível em: https://doi.org/10.1179/2046904714Z.000000000218. Acesso em: 27 jul. 2023.

LANDGRAF, M. de A. V. *et al.* Intrauterine undernutrition in rats interferes with leukocyte migration, decreasing adhesion molecule expression in leukocytes and endothelial cells. *Journal of Nutrition*, v. 135, n. 6, p. 1480-1485, 2005.

LANDGRAF, M. *et al.* Mechanisms involved in the reduced leukocyte migration in intrauterine undernourishment. *Nutrition*, v. 23, n. 2, p. 145-156, 2007.

LIRA, J. S. *et al.* Thymic extracellular matrix in human malnutrition. *J Pathol*, v. 171, n. 3, p. 231-6, 1993.

MARTENS, P. J. *et al.* Review: vitamin D effect on immune function. *Nutrients*, v. 12, p. 1248-1270, 2020.

NAKAJIMA, K. *et al.* Malnutrition suppresses cell cycle progression of hematopoietic progenitor cells in mice via cyclin D1 down-regulation. *Nutrition*, v. 30, p. 82-89, 2014.

NKOSI-GONDWE, T. *et al.* A cohort analysis of survival and outcomes in severely anaemic children with moderate to severe acute malnutrition in Malawi. *PLoS One*, v. 16, p. e0246267, 2021.

OLIVEIRA, D. C. *et al.* The effects of protein malnutrition on the TNF-RI and NF-κB expression via the TNF-α signaling pathway. *Cytokine*, v. 69, p. 218-225, 2014.

OLIVEIRA, D. C. *et al.* The influence of protein malnutrition on the production of GM-CSF and M-CSF by macrophages. *Brazilian Journal of Pharmaceutical Sciences* (Online), v. 52, p. 375-382, 2016.

ORTIZ, R.; BETANCOURT, M. Cell proliferation in bone marrow cells of severely malnourished animals. *J Nutr*, v. 114, p. 472-6, 1984.

ORTIZ, R. *et al.* Malnutrition alters the rates of apoptosis in splenocytes and thymocyte subpopulations of rats. *Clin Exp Immunol*, v. 155, p. 96–106, 2009.

OSGOOD, E. *et al.* Starvation marrow : gelatinous transformation of bone marrow. *Journal of Community Hospital Internal Medicine Perspectives*, v. 4, Issue 4, 2014. Disponível em: https://doi.org/10.3402/jchimp.v4.24811. Acesso em: 27 jul. 2023.

QUESENBERRY, P. J.; COLVIN, G. A.; LAMBERT, J. F. The chiaroscuro stem cell: a unified stem cell theory. *Blood*, v. 100, p. 4266-71, 2002.

RAJAMANICKAM, A. *et al.* Coexistent helminth infection-mediated modulation of chemokine responses in latent tuberculosis. *J Immunol*, v. 202, p. 1494-1500, 2019.

REDMOND, H. P. *et al.* Protein-calorie malnutrition impairs host defense against Candida albicans. *J Surg Res*, v. 50, p. 552-9, 1991.

REISSMAN, K. R. Protein metabolism and erythropoiesis. II erythropoietin formation and erythroid responsiveness in protein deprived rats. *Blood*, v. 23, p. 146-53, 1964.

ROUX, M. E.; LÓPES, M. C. Impairment of IgA expression and cell mediated immunity observed on Peyer´s patches of protein depleted rats at weaning and then fed on 20% casein. In: MESTECKY, J. *et al.* (eds). *Recent Advances in Mucosal Immunology, Part A. Plenum*. p. 847-855, 1987.

SANTOS, E. D. B. *et al.* Study of hematopoiesis in protein restriction: characterization of bone marrow stromal cells. *FASEB J*, v. 30, p. 915.23, 2016.

SANTOS, E. W. C. O. *et al.* Hematological alterations in protein malnutrition. *Nutrition Reviews*, v. 1, p. 1-11, 2017.

SAVINO, W. *et al.* The thymus is a common target in malnutrition and infection. *Br J Nutr*, v. 98, Suppl 1, p. S11-6, 2007.

SILVA, O. P. E. *et al.* Produção de peróxido de hidrogênio e atividade de enzimas antioxidantes de macrófagos peritoniais em resposta ao BCG (Bacilo de Calmette-Guérin) em modelo murínico de desnutrição proteico-energética. *Cadernos de Nutrição* v. 36, p. 1-14, 2012.

STELMASIAK, M. B. *et al.* The relationship between the degree of malnutrition and changes in selected parameters of the immune response in critically ill patients. *Cent Eur J Immunol*, v. 46, n. 1, p. 82-91, 2021.

STINNET, J. D. *Nutrition and the immune response*. Boca Raton: CRC Press, 1983. 150p.

TANAKA, M. *et al.* Role of central leptin signaling in the starvation-induced alteration of B-cell development. *Cent Eur J Immunol*, v. 46, p. 82–91, 2021.

VANDE, V. L. V. *et al.* Hematologic and metabolic abnormalities in a patient with anorexia nervosa. *WMJ*, v. 103, p. 38-40, 2004.

VITURI-SILVA, C. M.; TRENTIN, A. G. Alterations of the bone marrow in extracellular matrix in undernourished mice. *Braz J Med Biol Res*, v. 33, p. 889-95, 2000.

VITURI-SILVA, C. M. *et al.* Thrombospondin in protein malnutrition induced hypoplasia. *Revista de Nutrição* [online], v. 18, n. 6, p. 727-731, 2005. Disponível em: https://doi.org/10.1590/S1415-52732005000600003. Acesso em: 27 jul. 2023.

XAVIER, J. G. *Repercussões estruturais da desnutrição proteica e renutrição em tecidos linfo-hematopoéticos de camundongos*. Tese de Doutorado – Faculdade de Medicina Veterinária e Zootecnia. São Paulo: Universidade de São Paulo, 1999.

Xavier, J. G. *et al.* Protein-energy malnutrition alters histological and ultrastructural characteristics of the bone marrow and decreases haematopoiesis in adult mice. *Histology and Histopathology*, v. 22, p. 651-660, 2007.

Waterlow, J. C. *Malnutrición proteico-energética*. Washington: Organización Panamericana de la Salud, 1996. 501p. (Publicação científica, n. 555).

Williams, W. J. *et al. Hematology*. New York: Mc Graw-Hill, 2007.

CAPÍTULO 11

Ciclo vicioso: infecções entéricas, enteropatia ambiental e desnutrição

Samilly Albuquerque Ribeiro

Bruna Leal Lima Maciel

Aldo Ângelo Moreira Lima

Em 2020, cerca de 5 milhões de crianças menores de 5 anos de idade morreram em decorrência de infecções respiratórias agudas, diarreia, malária em concomitância com complicações do parto prematuro (asfixia, trauma do parto) ou anomalias congênitas (WHO, 2022a). Dentre essas causas, a diarreia não só tem alto impacto na mortalidade infantil, como também na alta morbidade. Condições precárias de saneamento básico e distribuição adequada de água tratada são as principais causas de diarreia e infecções entéricas assintomáticas em crianças menores de 5 anos de idade (Guerrant; Bolick; Swann, 2021).

Segundo a Organização Mundial de Saúde (OMS), mais de 1,7 milhão de pessoas não tiveram acesso a serviço de saneamento básico particular, como banheiros ou latrinas em 2020 (WHO, 2022b). Além disso, 2 bilhões de pessoas carecem de serviço de água potável no mundo (United Nations, 2022). Tais condições são mais comuns em países de baixa e média rendas, onde a pobreza é estabelecida e perpetuada por maus hábitos que acabam por influenciar o desenvolvimento infantil e trazem consequências a longo prazo (Guerrant *et al.*, 2013; Guerrant; Bolick; Swann, 2021).

Esses dados são preocupantes, uma vez que as infecções entéricas repetidas e persistentes na infância, além de contribuir para mortalidade infantil, são relacionadas ao déficit neurocognitivo a longo prazo, que pode comprometer a produtividade e o capital humano, bem como gerar má absorção de nutrientes, principalmente quando há diarreia, contribuindo para o estabelecimento da desnutrição (Guerrant *et al.*, 2013; Guerrant; Bolick; Swann, 2021).

A desnutrição, por sua vez, compromete a resposta imune do indivíduo, aumentando a suscetibilidade a doenças infecciosas, gerando o chamado ciclo vicioso infecção entérica-desnutrição (Guerrant *et al.*, 2013). Além disso, infecções entéricas subclínicas ou assintomáticas, ou seja, sem diarreia, também vêm mostrando impacto no desenvolvimento infantil, gerando o que atualmente se chama enteropatia ambiental (EA) ou disfunção entérica ambiental (DEA) (Guerrant; Bolick; Swann, 2021).

A EA é caracterizada pelo comprometimento de função intestinal, seja absortiva ou de barreira, gerando inflamação intestinal e sistêmica que resulta em comprometimento do crescimento (Guerrant; Bolick; Swann, 2021). Estudos mostram que tanto o ciclo vicioso infecção entérica-desnutrição como a EA têm ligação potencial com a obesidade posterior, gerando um fardo triplo inter-relacionado, no qual doenças crônicas associadas a obesidade são estabelecidas na vida tardia (Deboer *et al.*, 2012; Guerrant *et al.*, 2013; Guerrant; Bolick; Swann, 2021). Dessa forma, existe uma interação complexa entre infecções entéricas diarreicas, enteropatia ambiental e desnutrição, gerando um ciclo vicioso de pobreza altamente dispendioso a curto e longo prazos.

O objetivo deste capítulo é compreender melhor como infecções entéricas, enteropatia ambiental e desnutrição impactam a saúde humana e como elas estão inter-relacionadas no estabelecimento de consequências a curto e longo prazos, principalmente quando estabelecidas no início da vida. As lacunas de cada patologia, biomarcadores e perspectivas de tratamentos mais adequados serão também discutidos.

Notas dos autores

- ☑ Infecções entéricas diarreicas na infância são associadas com o estabelecimento da desnutrição, devido à inflamação, ao dano intestinal, à má absorção ou perda de nutrientes (principalmente durante quadros diarreicos).
- ☑ A desnutrição também aumenta a suscetibilidade à infecções entéricas, pois compromete a resposta imune do indivíduo e aumenta os danos e a duração da diarreia, gerando o chamado ciclo vicioso de infecção entérica-desnutrição.
- ☑ Tratamento para enteropatia ambiental, como melhora na qualidade da água e dosaneamento básico, administração de antibióticos, de vacinas ereposição de nutrientes específicos, têm resposta limitada.
- ☑ Modelos animais são ferramentas cruciais para melhor compreensão de ciclos viciosos, sendo os estudos da microbiota e do metabolismo considerados promissores para o preenchimento de lacunas.

INFECÇÕES ENTÉRICAS NA INFÂNCIA: CONSEQUÊNCIAS NO DESENVOLVIMENTO SAUDÁVEL E ETIOLOGIA

A diarreia é a principal causa da mortalidade infantil no mundo, correspondendo a 484 mil mortes de crianças menores de 5 anos de idade, ou seja, mais de 1.300 mortes por dia somente em 2019 (Unicef 2022a). As regiões de baixo poder socioeconômico, como a África subsaariana e o sul da Ásia, possuem as maiores taxas de mortalidade infantil em decorrência da diarreia (Unicef, 2022). No entanto, as infecções entéricas mesmo sem diarreia na infância têm afetado negativamente o desenvolvimento, com consequências na saúde que impactam tanto a produtividade econômica como os custos com saúde (Deboer *et al.*, 2012; Guerrant *et al.*, 2013; Guerrant; Bolick; Swann, 2021).

A etiologia das infecções entéricas diarreicas tem sido alvo de pesquisas epidemiológicas e de patobiologia nos últimos anos (Figura 11.1). O avanço das tecnologias na ciência tem ajudado demasiadamente, tanto na identificação destes patógenos como na busca de biomarcadores que possam ajudar no diagnóstico, na prevenção e no direcionamento de tratamentos adequados. Um grande estudo multicêntrico entérico global, realizado em 9.439 crianças menores que 5 anos de idade de quatro locais africanos e três asiáticos, mostrou que os principais patógenos associados a diarreia moderada a grave são rotavírus, *Cryptosporidium*, *Escherichia coli* enterotoxigênica produtora de toxina termoestável (Etec-ST) e *Shigella*. O mesmo estudo identificou alguns patógenos específicos associados ao óbito. A *E. coli* enteropatogênica com o gene *eae* e o *bfp* (Epec típica) e Etec-ST foram mais associadas ao óbito em lactantes de 0 a 11 meses, enquanto o *Cryptosporidium* foi associado a óbitos em lactantes de 12 a 23 meses (Kotlof *et al.*, 2013).

Outro estudo, ao avaliar 6.625 amostras diarreicas de 1.715 crianças de oito países de baixo poder socioeconômico no estudo de coorte prospectivo de desnutrição e infecções entéricas (MAL-ED, do inglês *Malnutrition and infection diseases*), identificou 10 patógenos associados a diarreia por meio de PCR quantitativo (qPCR, do inglês *quantitative PCR*). Os dez patógenos mais prevalentes em amostras diarreicas foram: *Shigella*, sapovírus, rotavírus, adenovírus 40/41, Etec, norovírus, astrovírus, *Campylobacter jejuni* ou *C. coli*, *Cryptosporidium* e Epec típica, em ordem decrescente de episódios de diarreia atribuíveis por 100 crianças-ano (Plattis-Mills *et al.*, 2018).

Nesse mesmo estudo, também foi identificado que 86,2% de diarreia causada por *Shigella* não foi sanguinolenta, e que a diarreia viral foi mais comum (36%) que a diarreia bacteriana (25%) e a parasitária (3,5%) (Figura 11.1). Além disso, a utilização do qPCR estendeu esses achados para mais infecções por *Shigella*, *Campylobacter*, sapovírus, adenovírus e rotavírus (Plattis-Mills *et al.*, 2018), mostrando a importância do diagnóstico molecular para doenças diarreicas.

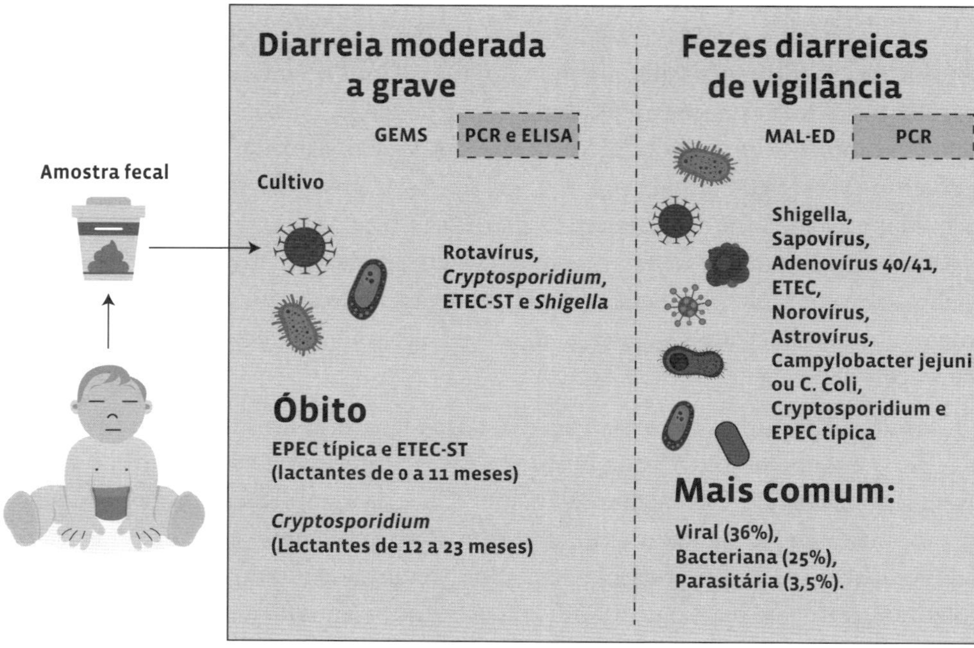

Figura 11.1 – Etiologia das infecções entéricas em diarreia moderada a grave e em amostras diarreicas de vigilância.

Etiologia das infecções entéricas diarreicas de dois grandes estudos com crianças residentes em locais de baixo poder socioeconômico na América do Sul, África e Ásia. O Estudo GEMS (*Global Enteric Multicenter Study*) foi um estudo caso-controle de diarreia moderado a severo pareado, prospectivo, estratificado por idade que avaliou crianças de 0 a 59 meses de quatro locais na África e três na Ásia (Kotloff *et al.*, 2013). O MAL-ED (*Etiology, Risk Factors, and Interactions of Enteric Infections and Malnutrition and the Consequences for Child Health and Development*) foi um estudo de coorte prospectivo em crianças de 0 a 2 anos de idade de oito países de baixa renda que avaliou 6.625 amostras diarreicas de vigilância de 1.715 crianças (Platts-Mills *et al.*, 2018). O estudo do GEMS utilizou como método de diagnóstico técnicas de cultivo (placa amarela), reação em cadeia de polimerase (PCR, placa de 96 poço azul) e imunoensaio por meios de kits de Elisa (placa de 96 poços azul). O MAL-ED fez uma reanálise pelo PCR (placa 96 poços azul), conseguindo estender o diagnóstico para mais infecções por bactérias e vírus.

Dentre os patógenos que causaram infecções graves em crianças pertencentes ao estudo coorte MAL-ED, tem-se: *Campylobacter*, *E. coli* enteroagragativa (EAEC) e *Giardia*. A prevalência de *Campylobacter* foi de 84,9% dentre 1.892 crianças no primeiro ano de vida, grupo em que teve significativa associação com menor comprimento para idade aos 24 meses (LAZ, do inglês *length-for-age Z score*), diarreia sanguinolenta, altos níveis de marcadores inflamatórios intestinais e sistêmicos, como mieloperoxidase (MPO) fecal, alfa-1-antitripsina (A1AT) e glicoproteína ácida alfa-1 sérica (AGP) (Amour *et al.*, 2016).

A EAEC, por outro lado, não foi associada a amostras diarreicas e aumento de permeabilidade intestinal, porém foi associada a MPO fecal e déficit de comprimento, principalmente quando detectada nos três períodos de análise durante os dois primeiros anos de vida (Rogawski *et al.*, 2017a). A EAEC foi o patógeno de maior prevalência (94,8%), sendo detectado pelo menos uma vez durante os 2 anos de vida (Rogawski *et al.*, 2017a).

Em relação à *Giardia*, o estudo MAL-ED identificou que a infecção persistente deste patógeno nos 6 primeiros meses de vida foi associada com aumento da permeabilidade intestinal e déficit de crescimento aos 2 anos de idade (Rogawski *et al.*, 2017b). Resultados semelhantes em relação a *Giardia* foram encontrados em estudo coorte prospectivo longitudinal em Bangladesh (Donowitz *et al.*, 2016).

As coinfecções parecem ser comuns tanto em infecções entéricas clínicas como subclínicas, ou seja, sem diarreia. Um estudo retrospectivo identificou 59% das amostras contendo coinfecção, dentre as quais 53% continham dois patógenos, 22% com três patógenos e 25% com quatro ou mais patógenos em amostras diarreicas coletadas entre 2014 e 2016 em hospitais e unidades básicas de saúde na África subsaariana (Potgieter *et al.*, 2023).

Coinfecções em amostras não diarreicas das crianças pertencentes ao estudo coorte MAL-ED foram associadas negativamente com escores Z peso por comprimento e escores Z peso por idade e níveis aumentados de MPO, no qual os patógenos mais frequentes associados a EAEC foram: *Campylobacter* spp, Etec produtora de toxina termolábil (LT), *Cryptosporidium* spp e Epec atípica (Lima *et al.*, 2018).

ENTEROPATIA AMBIENTAL: DEFINIÇÃO, CONSEQUÊNCIAS E DESAFIOS

Outra preocupação emergente para saúde pública é a disfunção entérica ambiental, ou enteropatia ambiental (EA). Essa patologia é uma doença intestinal crônica subclínica que contribui para o estabelecimento da desnutrição na primeira infância. Foi descrita pela primeira vez por Lindenbaum em voluntários Peace Corpus submetidos a biópsias intestinais na década de 1960 (Guerrant *et al.*, 2013). Os principais achados, na época, foram má absorção, perda de peso e jejunite. Mais tarde, esse fenótipo foi denominado intestino empobrecido, enteropatia ambiental, disfunção entérica ambiental ou enteropatia tropical, devido à sua relação com áreas tropicais em desenvolvimento (Guerrant *et al.*, 2013).

Hoje, a EA é definida por lesão no intestino delgado, comprometimento da absorção de nutrientes e inflamação crônica, que resulta em falha de crescimento (Bartelt; Bolick; Guerrant, 2019). Foi prevista falha no crescimento subsequente quando havia aumento da razão L/M e dos níveis plasmáticos de I-FABP, que são relacionados com ruptura da barreira intestinal; maiores níveis de MPO fecal ou A1AT, que são biomarcadores de inflamação intestinal; aumento de lipopolissacarídeo (LPS) plasmático e proteína amiloide A sérica (SAA, do inglês *serum amyloid A protein*), que demonstram translocação bacteriana e inflamação sistêmica (Guerrant *et al.*, 2016).

Além disso, as principais alterações histopatológicas no intestino delgado superior são: atrofia de vilosidade com frequente hiperplasia de criptas; aumento da permeabilidade intestinal; alterações nas junções firmes, que são proteínas que regulam a permeabilidade paracelular; aumento de infiltrado de células B e T ativadas na lâmina própria; e desregulação imune (Bartelt; Bolick; Guerrant, 2019). Dessa forma, as alterações histopatológicas no intestino delgado na EA mostram ser a base para início de inflamação sistêmica e comprometimento do crescimento subjacente (Figura 11.2).

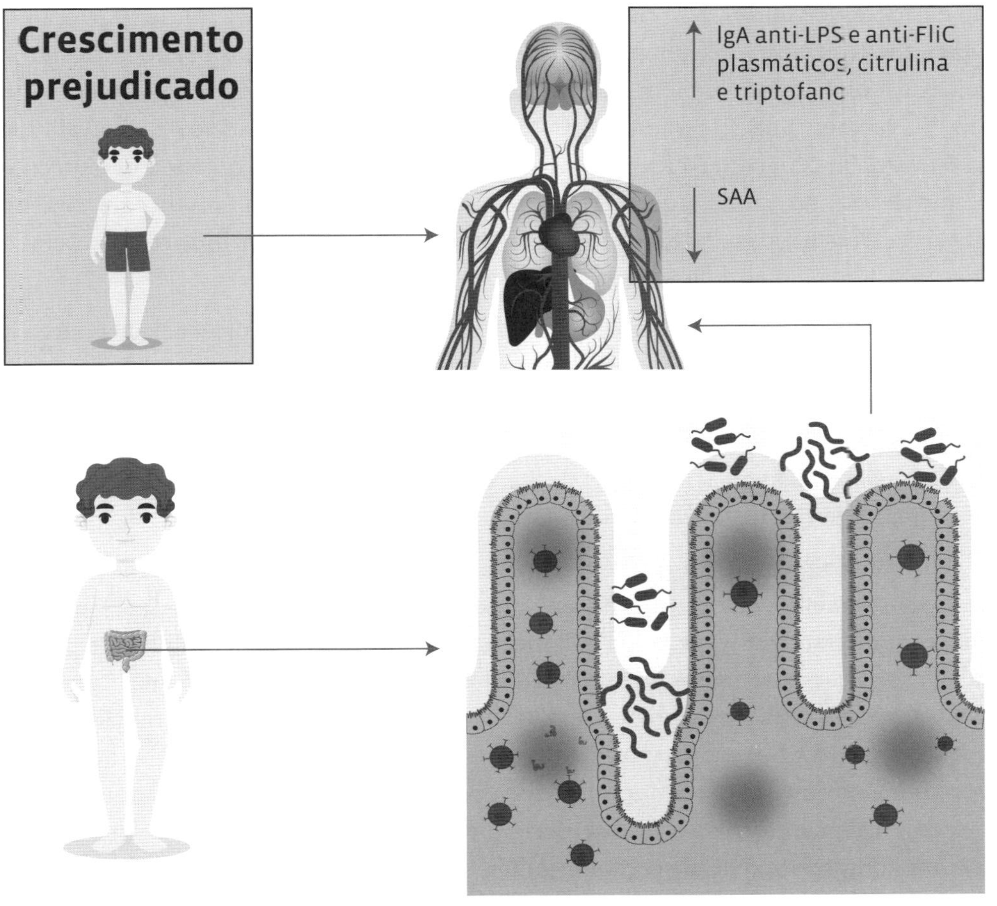

Figura 11.2 – Mecanismos que correlacionam a EA com o crescimento prejudicado. Patofisiologia da EA que resulta em falha do crescimento. Patógenos entéricos (bastonetes flagelados) e dieta deficiente em fibras (traços ondulados) desencadeiam aumento da permeabilidade intestinal (maior lactulose, L e menor manitol, M), embotamento de vilosidades (não representado), desregulação imune (mostrado em sombreado em cinza na lâmina própria) e aumento de células T e B ativadas na lâmina própria (representações na lâmina própria) no intestino. A desregulação imune e o aumento da permeabilidade propiciam a translocação bacteriana, indicados pelo aumento de anticorpos contra lipopolissacarídios (IgA anti-LPS) e flagelina (anti-FliC), e comprometimento da resposta imune indicada por aumento da citrulina, triptofano e menor proteína amiloide A sérica (SAA), que são correlacionados com comprometimento do crescimento.

A etiologia da EA ainda não é totalmente compreendida. Toxinas ambientais, chamadas de expossomas, têm mostrado potencial no estabelecimento de EA (Mapesa; Maxwell; Ryan, 2016). No entanto, as infecções entéricas diarreicas e subclínicas recorrentes e a dieta deficiente têm sido mais associadas como principal causa (ver Figura 11.2) (Guerrant; Bolick; Swann, 2021). Por exemplo, Kosek *et al.* (2017), ao avaliarem 22.846 amostras não diarreicas de 1.253 crianças de países de baixa renda pertencentes à coorte MAL-ED, conseguiram identificar que o comprometimento do crescimento linear na EA está fortemente relacionado a infecções entéricas subclínicas, tendo a inflamação sistêmica maior papel nesta mediação.

A coinfecção subclínica de EAEC e outros patógenos também foi associada com escores Z de desnutrição e níveis mais elevados de MPO fecal (Lima *et al.*, 2018), sugerindo um papel de múltiplos patógenos no desenvolvimento da EA. Além disso, outro trabalho mais recente mostrou também que a baixa quantidade de fibras na dieta complementar estava relacionada com maiores escores de EA em crianças dos 9 aos 15 meses de idade pertencentes ao estudo de coorte MAL-ED (Costa *et al.*, 2020).

Um estudo recente mostrou que biópsias de crianças paquistanesas com EA apresentaram parcial atrofia de vilosidades, aumento acentuado de linfócitos intraepiteliais, aumento de claudina-4 (proteína da junção firme que reduz a permeabilidade paracelular), bem como aumento da expressão de transportadores de nutrientes, água e de um transportador basolateral de Cl^- (NKCC1) (Abtahi *et al.*, 2023). Este trabalho sugere que durante a EA há uma adaptação do epitélio intestinal para absorção de nutrientes, porém insuficiente para restaurar a saúde dos afetados. Esses resultados demonstram má absorção, característica da EA, alertando para necessidade de mais estudos para melhor compreensão da absorção intestinal durante a EA.

Essas análises são de suma importância para entender as complexas interações que permeiam o EA. Definir melhor um painel clínico com pontos de corte preciso para o diagnóstico de EA é, hoje, o maior desafio relacionado a esta patologia. Muitos dos biomarcadores associados a EA são variáveis e têm complexa interpretação; aumentos de marcadores inflamatórios nem sempre são relacionados com alterações de permeabilidade, bem como biomarcadores de inflamação intestinal são fracamente correlacionados com inflamação sistêmica, e marcadores como o soro amiloide A, que tem níveis variando de acordo com o período de análises (Bartelt; Bolick; Guerrant, 2019). Ademais, ainda não é claro se a EA existe separada de exposições repetidas, coinfecções entéricas ou a patógenos entéricos específicos (Guerrant; Bolick; Swann, 2021).

DESNUTRIÇÃO NA INFÂNCIA: CAUSA E CONSEQUÊNCIAS

Além do reflexo de infecções entéricas diarreicas e EA, a pobreza adiciona mais um importante fator de risco: a insegurança alimentar. A crise mundial decorrente da pandemia de covid-19 e a guerra da Ucrânia aumentaram em mais de 5% a inflação dos preços dos alimentos em 82,4% dos países de baixa renda, 93% dos países de baixa-média rendas e 89% dos países de média-alta rendas, colocando as famílias em risco do estabelecimento de desnutrição, incluindo as crianças (World Bank, 2023).

Na clínica, a desnutrição é subdividida em três condições: desnutrição aguda, desnutrição crônica e subnutrição. A desnutrição aguda (*wasting*) é definida por um baixo peso para altura (WHZ, do inglês *weigth-heigth Z escore*) e indica recente e severa perda de peso, seja por deficiência nutricional ou por doença, como doenças infecciosas. Quando grave, a desnutrição aguda aumenta o risco de mortalidade (WHO, 2021).

A desnutrição crônica (*stunting*), por outro lado, é definida por baixa altura para a idade (HAZ, do inglês *heigth-age Z escore*), não é associada ao aumento do risco de mortalidade, mas ao estabelecimento de morbidades. Os principais fatores de risco para o estabelecimento da desnutrição crônica são nutrição deficiente e infecções frequentes na primeira infância. A subnutrição (*underweight*) é influenciada por ambas as condições anteriores, sendo diagnosticada por baixo peso para a idade (WAZ, do inglês *weigth-age Z escore*). A subnutrição tem uma interpretação complexa, tendo variação e distribuição etária mundial semelhante a desnutrição crônica (WHO, 2021).

O panorama mundial vem mostrando uma diminuição de desnutrição aguda e aumento do retardo de crescimento moderado a grave. O último relatório epidemiológico mostrou que cerca de 149,2 milhões de crianças menores de 5 anos de idade foram reportadas por apresentar desnutrição crônica (HAZ< -2), enquanto 45,5 milhões de crianças foram acometidas por desnutrição aguda, e Ásia e África permanecem como as regiões de maior prevalência (Unicef; WHO; World Bank Group, 2021).

Isso mostra que a insegurança alimentar na infância tem aumentado o risco de morbidade, visto que a baixa estatura, quando estabelecida nos primeiros mil dias de vida, está associada a diversas consequências a longo prazo, como déficit cognitivo (Alam *et al.*, 2020), baixos salários (Guerrant *et al.*, 2013), obesidade e síndromes metabólicas (Deboer *et al.*, 2012). Contudo, tanto a desnutrição aguda como crônica trazem diversas alterações fisiológicas que culminam em consequências a curto e longo prazo.

Um dos sistemas mais rapidamente afetados na desnutrição é o trato gastrintestinal, devido à sua alta renovação celular. Diversos estudos têm acumulado informações sobre alterações morfológicas, funcionais e inflamatórias no intestino durante a desnutrição (Attia *et al.*, 2017). Alterações como aumento na permeabilidade intestinal (Guerrant *et al.*, 2016), embotamento de vilosidades e aumento de biomarcadores de inflamação intestinal, como mieloperoxidase, lactoferrina e calprotectina, são reportados na desnutrição infantil (Guerrant; Bolick; Swann, 2021). Compreender melhor os mecanismos associados às alterações em nível intestinal durante a desnutrição é de extrema importância, visto que estas têm sido correlacionas com o estabelecimento de consequências a longo prazo (Attia *et al.*, 2017).

Diversos distúrbios no sistema imune durante a desnutrição também já foram documentados, como redução da produção de IL-10 (uma citocina anti-inflamatória); menor atividade linfocitária e de macrófagos no enterócito, e aumento do número e atividade de células CD3 e macrófagos na lâmina própria; redução da diferenciação de células T auxiliares (Th1) e expressão aumentada de citocinas Th2; atrofia de glândulas linfoides, diminuição da produção de linfócitos e proteínas do complemento (Rytter *et al.*, 2014). Todos esses distúrbios comprometem a resposta imune e aumentam a suscetibilidade a doenças infecciosas (Guerrant *et al.*, 2013; 2016).

Ademais, descobriu-se recentemente que o perfil da microbiota e de metabólitos é imaturo durante a desnutrição infantil, ou seja, tanto a colonização por microrganismos na microbiota de crianças desnutridas como o perfil metabolômico são semelhantes a crianças cronologicamente mais novas (Blanton *et al.*, 2016). Fatores como uma dieta monótona, contendo carboidratos não digeríveis, podem contribuir para essa mudança no perfil da microbiota (Thaxton *et al.*, 2018). Os estudos de metabolômica são promissores para esta linha de pesquisa, sendo ferramentas que podem ajudar a elucidar melhor a patofisiologia da desnutrição.

Diante de tudo isso, conclui-se que a desnutrição é uma doença complexa, com múltiplas causas e associadas a alterações em diversos órgãos, dentre eles o intestino delgado. Alterações no intestino delgado têm sido associadas com consequências a longo prazo (Figura 11.3).

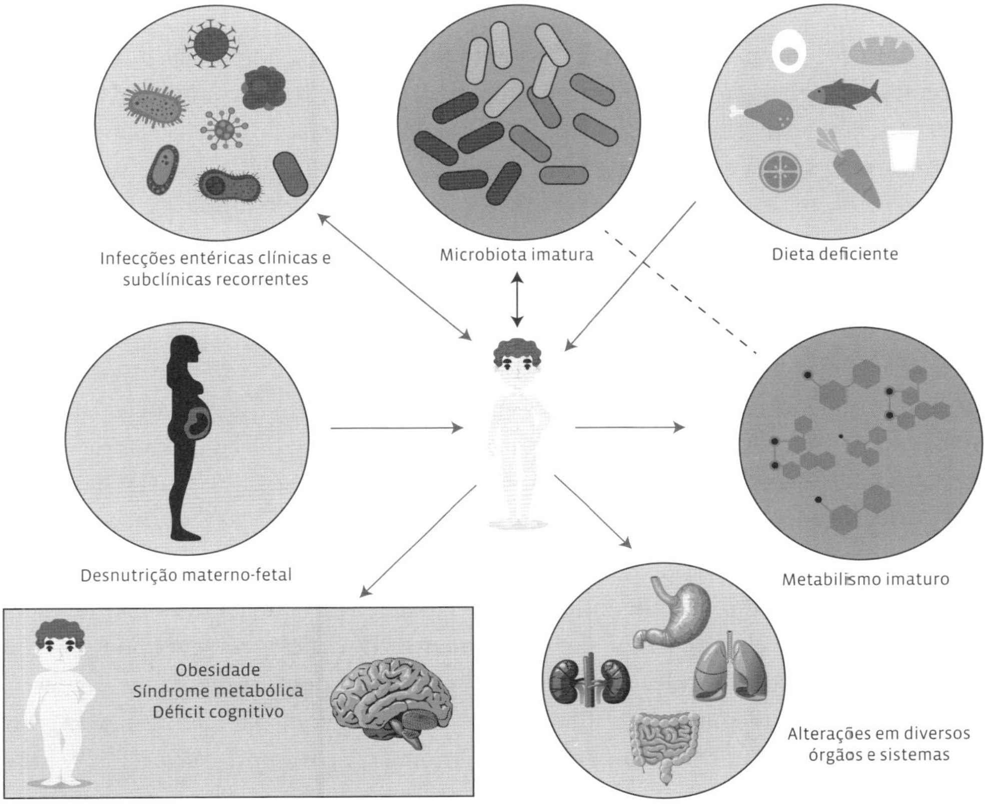

Figura 11.3 – Principais causas e consequências da desnutrição nos primeiros dias de vida.

As causas incluem infecções entéricas clínicas e subclínicas recorrentes, má nutrição materna durante a gravidez, deficiência nutricional e a microbiota, todos representados por setas em direção à imagem de desnutrição (Guerrant *et al.*, 2013; Blanton *et al.* 2016). As consequências são mostradas pelas setas saindo do indivíduo central desnutrido, setas com dupla orientação correspondem a causas e consequências e traços pontilhados correspondem a correlações entre as alterações.

IMPORTÂNCIA DOS MODELOS EXPERIMENTAIS *IN VIVO* DE DESNUTRIÇÃO

Os modelos animais contribuem bastante para melhor compreensão de como as diferentes deficiências nutricionais impactam os diferentes sistemas corporais e a busca de tratamentos mais eficazes (Tabela 11.1). Existem modelos de restrição calórica que são importantes para entender o impacto da deficiência energética nos sistemas corporais. Por exemplo, o modelo de restrição calórica de 30% resultou na redução dos níveis séricos de TNF, enquanto a restrição de 50% de energia aumentou os níveis de ansiedade e depressão (Salameh *et al.*, 2019).

Outro tipo de deficiência nutricional bastante explorada na pesquisa pré-clínica é a deficiência proteica, conhecida como desnutrição aguda grave do tipo *kwashiorkor*, que tem prevalência relevante em países em desenvolvimento e alta associação com a mortalidade infantil (Salameh *et al.* 2019). Esses modelos buscam compreender o impacto da deficiência proteica grave no sistema imune, gastrointestinal e nas infecções por patógenos específicos (Attia *et al.*, 2017; Guerrant; Bolick; Swann, 2021).

Guerrant, Bolick e Swann (2021) têm avaliado a patobiologia de diversos patógenos entéricos e descobriram grande influência das deficiências nutricionais na gravidade da desnutrição. Por exemplo, modelos experimentais de deficiência severa em proteína (2% *vs.* 20% da dieta controle) causaram maior perda de peso, aumento de biomarcadores de dano ou inflamação intestinal e maior eliminação de patógenos nas fezes em modelos de infecção por *Cryptosporidium*, *Giardia*, Etec e *Campylobacter*. Em contrapartida, a deficiência severa de proteínas e infecção por EAEC ou *Shigella* não influenciou a eliminação de patógenos nas fezes. Além disso, modelo de infecção por *Cryptosporidium* mostrou que a deficiência proteica grave aumenta a gravidade da infecção, provavelmente pelo atraso na renovação celular do epitélio intestinal, que atrasa a eliminação de células infectadas (Guerrant; Bolick; Swann, 2021).

Outra deficiência nutricional importante é a deficiência de zinco, devido à sua alta prevalência em crianças lactentes de países de baixa renda, bem como sua associação com a mortalidade infantil, o crescimento prejudicado, anomalias neuronais, anemia ferropriva e doenças cardiovasculares (Ahsan *et al.*, 2021). Modelos de infecção *in vivo* mostram que existe um sinergismo da deficiência de zinco com infecções por patógenos específicos e consequente agravamento dos sintomas da desnutrição (Guerrant; Bolick; Swann, 2021).

É importante ressaltar que poucos modelos experimentais se baseiam na dieta de populações específicas com alta prevalência de desnutrição. Na literatura, existem apenas três dietas: a dieta básica regional (DBR), que mimetiza a composição alimentar da região do semiárido brasileiro; a dieta milho vegetal, baseada nos alimentos predominantes da dieta de crianças do Malawi com *kwashiorkor;* e a dieta M8, que foi baseada nos alimentos mais consumidos pela população da Malawi (Salameh *et al.*, 2019). Estas dietas foram baseadas apenas nos alimentos mais consumidos pelas populações específicas, sem considerar a quantidade de macronutrientes, vitaminas e minerais.

Uma das grandes lacunas sobre a desnutrição infantil é ausência de conhecimento acerca de qual a quantidade de macronutrientes, micronutrientes, sais minerais e energia presentes na dieta de crianças desnutridas. Isto ocorre devido à quantificação de nutrientes da dieta ser, ainda hoje, um desafio para ciência. Um trabalho publicado recentemente conseguiu quantificar energia, macronutrientes, fibras, 6 vitaminas e 6 minerais da dieta complementar de 1.463 crianças de sete países de baixo nível socioeconômico pertencentes ao estudo coorte MAL-ED aos 12, 18 e 24 meses de idade, e correlacionou com desnutrição aguda (WHZ< -2), desnutrição crônica (HAZ < - 2) e subnutrição (WHZ< -2), por meio do recordatório alimentar de 24 horas (Maciel *et al.*, 2021).

A fase de complementação alimentar ocorre por volta dos 6 meses de idade e corresponde à fase de introdução de alimentos complementares necessários para atender à demanda energética excedente do que é fornecido pelo leite materno (WHO, 2022c). Nessa fase, há um risco maior de desnutrição devido a fatores como quantidades insuficientes de nutrientes, má qualidade dos alimentos, práticas alimentares inadequadas e/ou aumento das taxas de infecções (WHO, 2022c).

Maciel *et al.* (2021) identificaram que a quantidade de proteínas variou entre -2 a -6,6% na dieta de crianças desnutridas em relação à dieta de crianças saudáveis, enquanto a deficiência de zinco variou de -8,6 a -2,3%, a quantidade de energia variou de -25,9 a +11,2%, os carboidratos variaram apenas de -1,5 a +7,1% e fibras de -8,9 a +37,7%. Logo, estes resultados sugerem que as deficiências nutricionais na fase de complementação alimentar são mais moderadas do que as dietas utilizadas em modelos de experimentação animal.

Uma nova dieta de desnutrição baseada na dieta complementar de crianças desnutridas aos 24 meses de idade pertencentes ao estudo de coorte MAL-ED foi desenvolvida recentemente, apresentando moderada redução em energia, proteína, lipídios e zinco, e moderado aumento em carboidratos e fibras. Essa dieta foi capaz de causar rápida perda de peso, comprometimento de reservas energéticas e do crescimento em período tardio, atrofia de vilosidades e aumento de permeabilidade intestinal principalmente em período agudo, com adaptações de manutenção da função intestinal em período crônico. Esse novo modelo de desnutrição é uma importante ferramenta devido à representação clínica da desnutrição na fase de complementação alimentar, que pode ser usada para pesquisa de patofisiologia nos diversos sistemas corporais e na busca de tratamento mais adequado para desnutrição no início da vida (Ribeiro, 2022).

De forma surpreendente, um estudo mostrou que as alterações no perfil da microbiota não são apenas o reflexo da desnutrição, como também contribuem para o estabelecimento desta. Isso foi visto ao colonizar o intestino de animais gnobióticos com fezes da microbiota de crianças desnutridas e, posteriormente, observar sinais clínicos de desnutrição e alterações no perfil metabólico (Blanton *et al.*, 2016).

Tabela 11.1 – Modelos experimentais de desnutrição e seus efeitos nos parâmetros corporais, no intestino, no sistema imunológico e nos demais sistemas

Modelo pré-clínico	Parâmetros corporais	Intestino	Sistema imunológico	Demais sistemas corporais
Restrição calórico				
-50% de energia[1]	Redução do peso	-	-	Aumento de ansiedade e depressão
-30% de energia[2]	Redução do peso	Não alterou a permeabilidade intestinal	Redução dos níveis sistêmicos de TNF	
-25% de energia[3]	Redução de peso	-	Atrofia do timo	Aumento dos níveis de corticosterona
-15% de energia[4]	Redução de peso	-	Redução dos níveis de MCP-1 no fígado e nos adipócitos	-
Deficiência proteica				
0% de proteína				
0,7% de proteína				

1. Jahng *et al.*, Brain Res, 1150:100-107, 2007.
2. Pan *et al.*, Microbiome, 6(54):1-17, 2018.
3. Núñez *et al.*, Br. j. nutr., 110:500-508, 2013.
4. Park *et al.*, Biochem. Biophys. Res. Commun., 30:1-7, 2017

Modelo pré-clínico	Parâmetros corporais	Intestino	Sistema imunológico	Demais sistemas corporais
2% de proteína: desnutrição pós-desmame[5]	Redução de peso	–	Aumento de MPO e lipocalina-2 nas fezes	Diversidade da microbiota mais alta: expansão de *Verrucomicobria*, perda de abundância de *Firmicutes* e permanência de *Bacteroidetes*
Deficiência proteica				
4% de proteína: desnutrição pós-desmame[6]	Redução de peso	Aumento de permeabilidade a pequenas moléculas no íleo e cólon, diminuição da expressão de ocludina nos mesmos segmentos	-	Redução dos níveis plasmáticos de zinco
6% de proteína: desnutrição materno-fetal (Pinheiro *et al.*, 2013)	Redução de peso no nascimento	Aumento de dissacaridases no intestino; aumento da expressão de SGLT-1, GLUT-2 e PEPT-1 no duodeno	-	-
Dieta semelhante a DBR: desnutrição pós desmam (Brown *et al.*, 2015)		Sem atrofia de vilos, indicativo de dano a integridade intestinal, aumento de claudina-2 e redução de ZO-1	-	-

5. Bartel *et al.*, PLoS Pathog, 13(7): 1–28, 2017; Mayneris-Perxachs *et al.*, Am J Clin Nutr, 104:1253-1262, 2016.
6. Eyzaguirre-Velásquez *et al.*, J Pediatr Gastroenterol Nutr., v. 64, n. 5, p. 707–712, 2017

Modelo pré-clínico	Parâmetros corporais	Intestino	Sistema imunológico	Demais sistemas corporais
Deficiência de zinco				
0% de zinco	Reduziu o peso apenas de animais infectados[7]	Presença de diarreia, reduziu vilo/cripta e aumentou mucina no íleo, quando infectado por EAEC	Aumento de KC e MCP1 e redução de TNF-α, IL-1β, IL-6, IL-23α e Csf3 quando infectado por EAEC	Aumento de suscetibilidade a infecção por *EAEC*
	Reduziu o peso de animais infectados[8]	Diarreia, aumento de secreção de muco, embotamento de vilos no íleo e aumento de infiltrado celular, edema e secreção de muco no cólon, quando infectados por *Campylobacter jejuni*	Aumento de lipocalina-2 e MPO no íleo, quando infectados por *Campylobacter jejuni*	Aumento de metabólitos associados a inflamação e estresse oxidativo, quando infectados por *Campylobacter jejuni*
< 1,5 ppm de zinco	Não alterou o peso[9]	-	-	Fator de risco para doença hepática alcoólica

7. Bolick *et al.*, Gut Microbes, 11:10, 2014.
8. Giallourou *et al.*, PLoS Pathog, 14(3):1-23, 2018.
9. Zhong *et al.*, PLos One, v. 8, n. 10, p. e76522, 2013.

Modelo pré-clínico	Parâmetros corporais	Intestino	Sistema imunológico	Demais sistemas corporais
< 2 ppm de zinco	Não alterou o pes (Mayneris-Perxachs *et al.*, 2016)	–	Sem inflamação	Alterações menos pronunciadas na microbiota e metaboloma que dieta deficiente em proteína (2%)
< 2 ppm de zinco	Reduziu o peso de animais infectados[10]	Diarreia, fezes com sangue, maior colonização no cólon, sem aumentar os escores histopatológicos, quando infectados por *Shigella flexneri*	Aumento de lipocalina-2, MPO, TNF-α e IL-10 no ceco, quando infectados por *Shigella flexneri*	Aumento de suscetibilidade a infecção por *Shigella flexneri*
30 mol/kg	Retardo do crescimento	–	–	–

10. Medeiros, Q. S. *et al.*, Gut Microbes, 10(5):615-630, 2019.

<table>
<tr><th>Modelo pré-clínico</th><th>Parâmetros corporais</th><th>Intestino</th><th>Sistema imunológico</th><th>Demais sistemas corporais</th></tr>
<tr><td colspan="5">Baseadas na composição alimentar de populações</td></tr>
<tr><td rowspan="3">DBR: desnutrição materno-fetal e pós-desmame</td><td rowspan="3">Redução do peso e menor ganho de peso</td><td>Aumento da profundidade de criptas no jejuno e redução de células caliciformes, aumento de translocação de bactérias[11]</td><td>–</td><td>–</td></tr>
<tr><td>Atrofia de cripta; redução da corrente curto-circuito basal no íleo; aumento dos níveis transcritos de PEP-1, SGLT-1, claduina-2 e ocludina e redução dos níveis de SN2[12]</td><td>–</td><td>–</td></tr>
<tr><td>Redução da expressão de claudina-3 no jejuno; atrofia de vilos e criptas no jejuno; redução da resistência elétrica basal; indicativo de dano à integridade intestinal[13]</td><td>–</td><td>–</td></tr>
<tr><td rowspan="2">Milho vegetal</td><td rowspan="2">Redução de peso e menor crescimento</td><td>Embotamento de vilos e criptas</td><td rowspan="2">–</td><td>–</td></tr>
<tr><td>–</td><td>Esteatose hepática e edema bilateral[14]</td></tr>
</table>

11. Queiroz *et al.*, BMC Gastroenterology, 14(1):136, 2014.
12. Sampaio *et al.*, Braz J Med Biol Res, 49(10): e5340, 2016.
13. Ueno *et al.*, Am. J. Physiol. Gastrointest. Liver Physiol., 301(4):G612–G622, 2011.
14. Follis, Proc Soc Exp Biol Med, 96(2):523-528,1957.

Modelo pré-clínico	Parâmetros corporais	Intestino	Sistema imunológico	Demais sistemas corporais
M8	Menor peso e menor massa magra (Blanton *et al.*, 2016)	–	–	Microbiota imatura (22 espécies), predominância de *Clostridium neonatale*

Principais resultados encontrados das diferentes dietas experimentais de desnutrição nos diversos sistemas corporais.

Fonte: Ribeiro (2022).

CICLO VICIOSO DESNUTRIÇÃO-INFECÇÕES ENTÉRICAS E ENTEROPATIA AMBIENTAL

Atualmente, o panorama socioeconômico mundial está ainda mais favorável às condições que influenciam o estabelecimento das doenças citadas anteriormente. A crise econômica causada pela pandemia de covid-19 aumentou o número de pessoas que vivem em extrema pobreza, que passou de 70 milhões para 700 milhões de pessoas vivendo com menos de US$ 2,15 por dia (World Bank, 2023). Isso coloca diversas famílias, incluindo crianças, em maior risco de insegurança alimentar e, consequentemente, de infecções entéricas.

A desnutrição, por si, tem sido associada ao aumento da suscetibilidade a doenças infecciosas diarreicas e subclínicas (Guerrant *et al.*, 2013), assim como infecções entéricas diarreicas e subclínicas na infância são associadas com inflamação e falha no crescimento (Plattis-Mills *et al.*, 2018; Rogawski *et al.*, 2018).

Por exemplo, os episódios diarreicos por bactérias e parasitas foram associados com redução do crescimento após 3 meses e aos 2 anos de idade em crianças da coorte MAL-ED (Rogawski *et al.*, 2018). Dentre as infecções bacterianas, a infecção diarreica causada por *Shigella* foi associada com decréscimo do crescimento linear em 0,55 cm de comprimento/ano (p = 0,008) em crianças aos 9 meses de idade (Guerrant; Bolick; Swann, 2021). A infecção por *Giardia*, como citado anteriormente, também foi vista como fator de risco para o retardo do crescimento quando persistente nos 6 primeiros meses de vida em estudo de coorte prospectivo longitudinal em crianças de Bangladesh (Guerrant; Bolick; Swann, 2021).

Infecções entéricas subclínicas também foram associadas com retardo do crescimento linear. Patógenos como *Shigella*, EAEC, *Campylobacter* e *Giardia* tiveram relação com o decréscimo substancial no crescimento (Rogawski *et al.*, 2018). O norovírus grupo II foi também associado com crescimento prejudicado (Guerrant; Bolick; Swann, 2021). A EA, além de estar correlacionada com infecções entéricas subclínicas, diarreicas e comprometimento do crescimento, tem sido associada com falha na resposta vacinal (Costa *et al.*, 2020; Marie *et al.*, 2018), contribuindo para mais infecções. Dessa forma, esses estudos mostram que infecções entéricas diarreicas, subclínicas e enteropatia ambiental são intimamente associadas num ciclo vicioso de infecções entéricas, enteropatia ambiental e desnutrição.

Outro fator altamente correlacionado com infecções entéricas e desnutrição são os processos inflamatórios intestinais, que ocorrem tanto em humanos como em modelos pré-clínicos. Infecções por patógenos que desencadearam maior MPO fecal também foram os mais associados com o crescimento prejudicado (Guerrant; Bolick; Swann, 2021). Em ordem da maior associação para a menor, os patógenos que tiveram maior correlação com a concentração de MPO fecal foram: *Shigella*, *Campylobacter*, EAEC, Epec típicas e atípicas (com o gene *eae* e sem o gene *bfp*), Etec-LT (Etec produtora de toxina termolábil) e Etec-ST (Guerrant; Bolick; Swann, 2021). Os mecanismos que correlacionam infecções intestinais, inflamação e consequente comprometimento do crescimento envolvem resistência ao hormônio do crescimento (Deboer *et al.*, 2017; Guerrant; Bolick; Swann, 2021).

O histórico de febre e tosse recente, diarreia e MPO fecal foi correlacionado com a proteína C reativa altamente sensível (hsCRP, do inglês *highly sensitive C-reacting protein*), um biomarcador de inflamação sistêmica (Deboer *et al.*, 2017; Guerrant *et al.*, 2016). A hsCRP, por sua vez, foi associada com o aumento do hormônio do crescimento (GH, do inglês *growth hormone*) e correlacionada negativamente com IGF-1 (do inglês, *insulin-like growth factor-1*) e IGFBP-3 (do inglês, *IGF binding-protein-3*) (Deboer *et al.*, 2017). Altos níveis de GH sugerem uma resistência e consequente redução de resposta hepática na produção de IGF-1 e IGFBP-3. A resposta hepática prejudicada compromete o sistema de feedback negativo sob a secreção de GH, que permanece aumentado, mas sem resultar em crescimento linear (Guerrant; Bolick; Swann, 2021). Logo, há déficit de crescimento em resposta a inflamação intestinal e sistêmica (Figura 11.4).

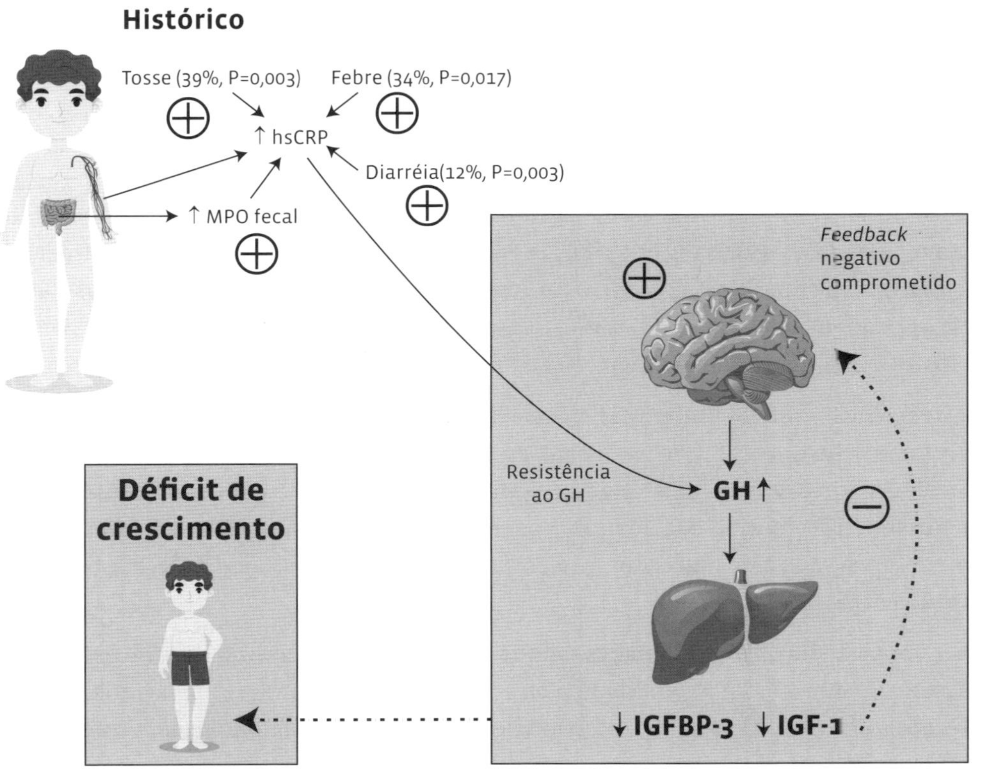

Figura 11.4 – Mecanismo pelo qual as inflamações intestinal e sistêmica resultam em déficit de crescimento. O histórico de febre nas duas últimas semanas, tosse em uma semana e diarreia foram positivamente associadas com níveis séricos de proteína C reativa altamente sensível (hsCRP). O MPO fecal também foi associado positivamente com hsCRP. O hsCRP foi, por sua vez, correlacionado positivamente com o hormônio do crescimento (GH) e negativamente com IGFBP-3 e IGF-1. Relações positivas estão indicadas com sinal positivo e seta para cima, enquanto negativas estão indicados com sinal negativo e seta para baixo. Aumento do GH e redução dos níveis de IGFBP-3 e IGF-1 sugerem resistência ao GH e, consequentemente, respostas hepáticas prejudicadas. A resposta hepática prejudicada interfere no sistema de feedback negativo no hipotálamo e, como consequência, têm-se o déficit de crescimento.

Fonte: adaptada de Guerrant *et al*. (2021) e criada por Samilly Albuquerque Ribeiro com BioRender.com.

MODELOS EXPERIMENTAIS *IN VIVO* DE DESNUTRIÇÃO E INFECÇÕES ENTÉRICAS

Fatores determinantes para o desenvolvimento de modelos de infecção entérica

Os modelos animais vêm contribuindo para um melhor entendimento da patobiologia associada a patógenos entéricos específicos. Para o estabelecimento da infecção por patógenos entéricos em modelos animais, principalmente bactérias, foi observado uma dependência de deficiências nutricionais específicas e perturbação da microbiota residente pela ação de antibióticos (Guerrant; Bolick; Swann, 2021).

Deficiência proteica grave e deficiência de zinco são as mais importantes para o estabelecimento de infecção por patógenos específicos (Guerrant; Bolick; Swann, 2021). A deficiência grave em proteína está relacionada principalmente com comprometimento do crescimento em modelos de infecção, enquanto a deficiência de zinco (dieta com 0 ppm de zinco) está associada com diarreia em modelos de infecções entéricas (Guerrant; Bolick; Swann, 2021).

A importância da microbiota residente para o estabelecimento da infecção em modelos experimentais *in vivo* é validada pela sensibilidade de camundongos gnobióticos a infecções (Pawlowski *et al.*, 2010). Modelo de infecção por *Salmonella* conseguiu ser estabelecido em animais após a administração prévia de estreptomicina e agentes antimotilidade (Bohnhoff; Miller; Martin, 1964), enquanto foi necessário interromper a atividade da microbiota residente para se obter infecção por *Clostridioides difficile* (Pawlowski *et al.*, 2010). Em contrapartida, modelos de infecção por protozoários como *Cryptosporidium* são minimamente influenciados por antibióticos (Coutinho *et al.*, 2008) e podem até mesmo ter efeito protetor, como ocorre em modelo de infecções por *Giardia* (Bartelt *et al.*, 2013).

Ciclo vicioso de desnutrição e infecção entérica em modelos experimentais *in vivo*

O ciclo vicioso de desnutrição e infecção entérica foi confirmado em diversos modelos experimentais animais. Os modelos animais demonstram que a combinação de deficiências nutricionais específicas, perturbação da microbiota residente e infecção entérica com patógenos específicos contribuem para dano e/ou inflamação intestinal, maior carga de patógenos e comprometimento do crescimento (Guerrant; Bolick; Swann, 2021).

Por exemplo, o modelo de infecção por EAEC foi um dos primeiros a confirmar o ciclo vicioso infecção entérica e desnutrição. Nesse modelo, a EAEC 042 (cepa padrão) causou perda de peso, alterações histopatológicas no cólon e aumento de EAEC nas fezes e no tecido, e a desnutrição proteica intensificou a infecção por EAEC e comprometeu o ganho de peso de forma dependente da carga de patógenos. Além disso, estudos posteriores demonstraram que a deficiência proteica desencadeia maior perda de peso em infecção por EAEC, e que a deficiência de zinco aumenta os fatores de virulência da EAEC e prejudicam a resposta imune do hospedeiro (Guerrant; Bolick; Swann, 2021).

Modelo de desnutrição por deficiência de zinco e infecção por *Campylobacter* desencadeou diarreia sanguinolenta e grave deficiência de peso, promovendo inflamações intestinal e sistêmica, enquanto em modelo de infecção por Etec LT+ST e deficiência em zinco, a redução do peso e maior eliminação de patógenos nas fezes foi maior durante o consumo da dieta nutrida, e a inflamação intestinal foi maior em camundongos alimentados com dieta deficiente de zinco (Guerrant; Bolick; Swann, 2021).

O modelo de infecção por *Shigella* mostrou maiores resultados de perda de peso e diarreia em curto período (1 a 3 dias), enquanto a eliminação de patógenos fecais foi dependente da deficiência em zinco. Modelo animal de Epec também desencadeia diarreia, inflamação intestinal, aumento da permeabilidade intestinal e alterações metabólicas (Guerrant; Bolick; Swann, 2021). Todos esses estudos ajudam a nortear a patofisiologia associada às infecções entéricas específicas e à importância de deficiências nutricionais, propiciando a busca de tratamento mais adequados.

Alterações no perfil metabolômico também são alvo em estudos, com o intuito de entender melhor a patofisiologia associada a infecções entéricas específicas e por copatógenos, bem como buscar vias alternativas de tratamento mais eficazes. Por exemplo, estudos de infecção com *Cryptosporidium* mostraram grande associação com o metabólito óxido de N-trimetilamina (TMAO, do inglês *trimethylamine-N-oxide*) tanto na clínica como em modelos experimentais *in vivo* (Bolick *et al.*, 2017; Mayneris-Perxachs *et al.*, 2016). Esse metabólito tem grande importância clínica, como citado anteriormente, pois tem sido associado com o risco de morte por doenças cardiovasculares e acidentes vasculares cerebrais em humanos (Bartelt; Bolick; Guerrant, 2019; Guerrant; Bolick; Swann, 2021).

Modelos experimentais animais de enteropatia ambiental: limitações

Ainda não é bem compreendido se infecções entéricas por patógenos específicos podem desencadear um quadro de enteropatia ambiental. Os modelos experimentais animais têm demonstrado a relação entre dieta e infecção entérica com alguns, mas não todos, os sintomas característicos de enteropatia ambiental. Por exemplo, um modelo de desnutrição em camundongos recém-desmamados com dieta multideficiente em proteínas, lipídeos e minerais e rica em carboidrato mostrou déficit de crescimento, alterações em proteínas formadoras de junções firmes, proteínas que compõem a barreira paracelular, dano à integridade da barreira epitelial intestinal e alterações no perfil da microbiota relevantes, porém sem alterações morfológicas intestinais aparentes, que geralmente são características de enteropatia ambiental (Brown *et al.*, 2015).

No entanto, alguns modelos de infecção entérica e dieta deficiente causaram enteropatia e comprometimento do crescimento, como a infecção por *Cryptosporidium* sp. e EAEC, submetidos a uma dieta pobre em leite ou pobre em proteína que foi capaz de causar maior perda de peso, maior carga de patógenos e maiores danos intestinais (Guerrant; Bolick; Swann, 2021). Modelo de coinfecção por *Giardia* e EAEC em animais desnutridos por uma dieta hipoproteica (2% *vs.* 20% controle) também desencadearam maior perda peso, aumento de citocinas e quimiocinas inflamatórias e alterações no metabolismo, porém sem avaliar alterações morfológicas intestinais (Bartelt; Bolick; Guerrant, 2019).

Vale ressaltar que tais modelos servem como ferramenta para compreender a patofisiologia dessas doenças, mas, em geral, utilizam dietas com drásticas reduções de proteínas ou zinco, podendo não representar a clínica da desnutrição infantil, conforme citado anteriormente.

TRIPLO FARDO DO CICLO VICIOSO DESNUTRIÇÃO E INFECÇÕES ENTÉRICAS

O triplo fardo compreende três problemas nutricionais: desnutrição (crônica, aguda ou subnutrição), deficiência de micronutrientes e sobrepeso ou obesidade, que contribuem para o estabelecimento de outras doenças e ocorrem em diversos países. Por exemplo, desnutrição e infecções entéricas têm sido correlacionadas com o estabelecimento de morbidades ao longo prazo. O baixo peso ao nascer e sua relação com doenças crônicas na vida adulta deram início ao trabalho de Baker *et al.* em 1989. Eles identificaram que crianças com baixo comprimento ao nascer tiveram maior risco de mortalidade por doenças cardiovasculares, bem como diabetes tipo 2 e hipertensão (Guerrant *et al.*, 2013).

A partir disso, baixo peso, altura e índice de massa corporal na infância foram, então, correlacionados com o estabelecimento de síndrome metabólica e doenças cardiovasculares na vida adulta (Deboer *et al.*, 2012). No entanto, os mecanismos pelo qual essas correlações ocorrem ainda permanecem obscuros.

Estudos sugerem que fatores como privação nutricional, processo inflamatório e estresse materno desencadeiam alterações epigenéticas, como metilação do DNA e acetilação de histonas, modificando a expressão de proteínas relacionadas ao metabolismo com o objetivo de preparar o organismo para deficiências calóricas futuras (Deboer *et al.*, 2012; Guerrant *et al.*, 2013). De fato, um modelo animal de desnutrição materno-fetal mostrou aumento da expressão de transportadores de carboidratos e proteínas no duodeno, sugerindo uma adaptação intestinal para captar nutrientes mais rapidamente numa possível escassez de alimento no futuro, propiciando o estabelecimento da obesidade (Pinheiro *et al.*, 2013).

Além disso, pouco se sabe sobre o impacto das infecções entéricas no estabelecimento de doenças crônicas na vida adulta. Contudo, infecções entéricas na primeira infância foram associadas com baixos níveis de colesterol HDL, níveis elevados de glicose em jejum e obesidade abdominal na vida adulta (Guerrant *et al.*, 2013). A EA também tem sido associada com propensão à síndrome metabólica e doenças cardiovasculares (Guerrant *et al.*, 2013; Lee *et al.*, 2017).

Os resultados de infecções diarreicas, desnutrição e EA na infância também afetam o desenvolvimento cognitivo e potencial humano, que impactam diretamente a produtividade econômica e o progresso da comunidade a longo prazo (Guerrant *et al.*, 2013; Guerrant; Bolick; Swann, 2021; Pinkerton *et al.*, 2016). A diarreia na primeira infância foi vista como fator de risco adicional para prejuízo no desenvolvimento neurocognitivo em crianças do norte da Índia (Guerrant; Bolick; Swann, 2021). Ademais, o comprometimento cognitivo posterior em 131 crianças pertencentes a um estudo de coorte prospectivo em comunidade de baixo poder socioeconômico no Nordeste brasileiro foram correlacionadas tanto de forma dependente como independente com retardo do crescimento (Pinkerton *et al.*, 2016).

A desnutrição *per si* tem sido associada com menor desenvolvimento de capital humano. Tanto o baixo HAZ como o baixo WAZ foram correlacionados fortemente com atraso e menor grau de escolaridade (Crookston *et al.*, 2013), culminando em menor renda, maior número de gestação e primeiro filho em idade mais jovem na vida adulta (Hoddinott *et al.*, 2013). Um estudo identificou que um único episódio de desnutrição na primeira infância, mesmo seguido de reabilitação, foi associado a mais ansiedade, vulnerabilidade, menor sociabilidade e curiosidade intelectual, maior desconfiança, orientação mais egocêntrica e um menor senso de eficácia ou competência na vida adulta (Galler *et al.*, 2013).

A recuperação do crescimento parece ter efeito positivo no desenvolvimento neurocognitivo apenas quando aplicado numa janela em que ainda há desenvolvimento do córtex pré-frontal e a sinaptogênese (entre 2 e 8 anos de idade) (Suryawan *et al.*, 2022). Os modelos animais vêm ajudando a compreender os mecanismos pelos quais deficiências nutricionais afetam o sistema nervoso. A desnutrição materno-fetal pela dieta básica regional (DBR), uma dieta multideficiente baseada nos alimentos mais consumidos por populações do semiárido brasileiro, causou alterações na barreira hematoencefálica, aumento de marcadores inflamatórios e de estresse oxidativo associado a comportamentos de ansiedade (De Aquino *et al.*, 2019).

Dessa forma, estudiosos têm sugerido que a enteropatia ambiental, a desnutrição crônica e as infecções entéricas se combinam num ciclo e causam uma "pandemia silenciosa" que tem consequências devastadoras para as crianças que sobrevivem (Guerrant; Bolick; Swann, 2021), gerando um triplo fardo com doenças crônicas e déficit cognitivo na vida adulta.

CONTROLE DE CICLOS VICIOSOS: BIOMARCADORES NO INTESTINO EMPOBRECIDO

As alterações histopatológicas intestinais características de infecções entéricas, desnutrição e principalmente da EA, marcada pela disfunção entérica, são difíceis de serem realizadas em crianças por serem análises mais invasivas, dependentes de biópsias. Diante disso, tem se buscado biomarcadores não invasivos que sejam funcionais e facilmente rastreáveis, para serem indicativos de danos intestinais e inflamação local e sistêmica, bem como prever efeitos no desenvolvimento (Kosek *et al.*, 2013).

Dentre os biomarcadores já bem estabelecidos na literatura, há aumento da razão lactulose/manitol (L/M), que indica aumento da permeabilidade intestinal; aumento dos níveis séricos da proteína de ligação aos ácidos graxos intestinais (I-FABP, do inglês *intestinal fatty-acid binding protein*), que indica lesão e se correlaciona com o aumento da permeabilidade; aumento dos níveis de MPO fecal, indicador de inflamação intestinal; aumento dos níveis de alfa-1-antitripsina (A1AT) que indica aumento da permeabilidade da barreira intestinal durante a inflamação intestinal; aumento dos níveis de Reg-1, indicativo de danos às células intestinais; aumento dos níveis de neopterina também indicam inflamação intestinal associada a imunidade celular; baixos níveis de amiloide sérica A (SAA, do inglês *serum amyloid A*) indicam comprometimento das defesas; o aumento de anticorpos anti-lipopolissacarídeos (LPS) e antiflagelina plasmática indica translocação bacteriana; citrulina é um marcador de reparo da lesão intestinal (Guerrant *et al.*, 2016; Guerrant; Bolick; Swann, 2021).

Guerrant *et al.* (2016) identificaram que o atraso no crescimento foi correlacionado com os biomarcadores plasmáticos IgA anti-LPS e anti-FliC, zonulina (se > 12 meses de idade), I-FABP, citrulina, triptofano e com menor SAA. A diminuição do crescimento subsequente foi vista em crianças com maiores níveis de MPO fecal ou A1AT, L/M, LPS plasmático, I-FABP e SAA, mostrando ruptura da barreira intestinal e inflamação. Além disso, um melhor crescimento posterior foi observado em crianças com maiores níveis de citrulina e triptofano, em meninas e meninos, respectivamente.

Os estudos metabolômicos têm também sido alvos nas buscas de biomarcadores de diagnóstico e prognóstico para diversas patologias. O déficit de crescimento em crianças tem sido correlacionado com distúrbios no metabolismo de proteínas, como aumento da conversão endógena de triptofano em quinurenina, bem como aumento da quebra exógena de triptofano e outros aminoácidos aromáticos (fenilalanina e tirosina) por micróbios intestinais (BARTELT; BOLICK; GUERRANT, 2019).

Produtos da degradação muscular, como a creatinina, e a conversão microbiana de colina em trimetilamina (TMA) também estão aumentados em crianças desnutridas (Farras *et al.*, 2018; Kosek *et al.*, 2017). A TMA é convertida em óxido-N- trimetilamina (TMAO, do inglês *trimethylamine-N-oxide*) no fígado, sendo este metabólito correlacionado com doenças cardiovasculares (Bartelt; Bolick; Guerrant, 2019; Guerrant; Bolick; Swann, 2021). Contudo, a detecção sistêmica de metabólitos proveniente da proteólise de micróbios pode ser baixa devido à atrofia severa da vilosidade (Bartelt; Bolick; Guerrant, 2019).

PREVENÇÃO E TRATAMENTO PARA DESNUTRIÇÃO, INFECÇÃO ENTÉRICA E ENTEROPATIA AMBIENTAL

Medidas como terapia de reidratação oral, promoção do aleitamento materno, uso de vacinas contra patógenos em potencial (como rotavírus e outros), melhoria na distribuição de água tratada e saneamento básico são as mais indicadas para o tratamento da diarreia, mas também mostram melhora para EA e desnutrição. Contudo, os tratamentos têm demonstrado eficácia limitada para EA (Guerrant *et al.*, 2013; Guerrant; Bolick; Swann, 2021).

Tratamento com nutrientes, como glutamina e alanilglutamina, serve como fonte de energia para células epiteliais intestinais e tem mostrado eficácia contra desnutrição infantil, porém apresenta benefício apenas temporário para crianças com EA (Bartelt; Bolick; Guerrant, 2019). A suplementação com zinco, vitamina A, glutamina e alanilglutamina demonstrou melhorar a função intestinal e o ganho de peso em crianças desnutridas (Guerrant *et al.*, 2013). No entanto, a suplementação com micronutrientes ou apenas zinco mostrou melhora na razão L:M, porém, não para valores considerados saudáveis (Bartelt; Bolick; Guerrant, 2019), bem como não parece refletir melhora na inflamação sistêmica (Guerrant; Bolick; Swann, 2021). O tratamento com alanilglutamina também melhora permeabilidade e peso da criança, mas não promove crescimento linear (Bartelt; Bolick; Guerrant, 2019).

Uma explicação para o benefício limitado, principalmente quando se trata de EA, pode ser o dano contínuo de inflamação intestinal. No entanto, o uso do anti-inflamatório mesalamina diminuiu a inflamação, porém não promoveu o crescimento em crianças com desnutrição (Bartelt; Bolick; Guerrant, 2019).

Uma recente caracterização dos ácidos graxos não esterificados séricos em crianças com desnutrição e EA mostrou que a depleção de ácidos graxos essenciais foi associada com escores Z reduzidos nos 3-6 meses e 9 meses de idade (Narvaez-Rivas *et al.*, 2023). Isso sugere que intervenções para melhorar a absorção de ácidos graxos e corrigir níveis de ácidos graxos essenciais podem ser uma alternativa terapêutica eficaz para promover o crescimento em crianças que vivem em ambientes de alto risco para EA e desnutrição.

Uma alternativa promissora são os peptídeos miméticos da apolipoproteína E (apoE), que são fragmentos modificados do local de ligação do receptor LDL da proteína apoE nativa. Eles têm mostrado melhorar a função do eixo intestino-cérebro, incluindo a barreira hematoencefálica, sendo um possível tratamento para o comprometimento cognitivo em crianças com desnutrição e infecções entéricas (Oriá *et al.*, 2023).

O uso de antimicrobianos é comum em crianças desnutridas e mostra melhora apenas no ganho de peso, sem diminuir o atraso no crescimento (Bartelt; Bolick; Guerrant, 2019). Além disso, a terapia antibacteriana promove resultados mistos; por exemplo, a administração de amoxicilina ou cefdinir diminuiu a mortalidade e acelerou a recuperação em crianças com desnutrição aguda grave, porém a amoxicilina separadamente não promoveu efeitos aparentes em crianças com desnutrição menos grave; a rifaximina não melhorou as relações L:M após três semanas; tratamento contra *Giardia* também teve pouco efeito no retardo de crescimento ou permeabilidade, e a reinfecção foi rápida; e por fim, a combinação de micronutrientes, zinco e albendazol não melhorou o crescimento linear nem os biomarcadores de DEA (Bartelt; Bolick; Guerrant, 2019).

A terapia com nutrientes específicos para microbiota, chamados prebióticos, e com microrganismos específicos, os probióticos, vem mostrando eficácia em estudos. A administração de uma formulação de prebiótico mostrou maior ganho de peso em relação a um suplemento comum em crianças de 12 a 18 meses de idade com desnutrição aguda severa (SAM, do inglês *Severe acute malnutrition*) em Bangladesh (Chen *et al.*, 2021). Além disso, um tratamento diário com *Bifidobacterium longum*, subespécie *infantis*, um microrganismo de alta prevalência na microbiota de lactantes, por 4 semanas em bebês com 3 a 6 meses de idade com desnutrição aguda promoveu uma maior taxa de ganho de peso e menor nível de biomarcadores fecais de inflamação em comparação a bebês placebo (tratados com lactose) (Barrat *et al.*, 2022). Contudo, a colonização permaneceu maior nos bebês saudáveis.

Vacinas com múltiplos patógenos atenuados também mostraram eficácia na posterior infecção por *Shigella* ou Etec em modelos animais. Além disso, a Etec, quando inoculada com anticorpo monoclonal secretor específico (SIgA2 anti-Etec CfaE) produzido em plantas, mostrou proteção passiva contra diarreia. Outros anticorpos passivos administrados no momento ou mesmo depois que infecções foram estabelecidas mostraram resultados promissores e estão atualmente em estudo, bem como vacinas com múltiplos patógenos ativos atenuados estão em estudo colaborativo em modelos murinos (Guerrant; Bolick; Swann, 2021).

CONCLUSÃO

A pobreza gera um ciclo vicioso de infecções entéricas, enteropatia ambiental e desnutrição intergeracional, responsáveis não só por comprometimento do crescimento, mas também por aumento dos custos em despesas com saúde, devido à alta associação com doenças crônicas na vida adulta e redução do potencial humano por déficit cognitivo (Figura 11.5). Muito tem se avançado na compreensão sobre quais os patógenos mais prevalentes em doenças diarreicas na infância, quais são os patógenos correlacionados com desnutrição e a qual a relação entre doenças entéricas e dieta deficiente para o estabelecimento da enteropatia ambiental. Contudo, pouco se sabe sobre o impacto das infecções entéricas no desenvolvimento de doenças crônicas na vida adulta, se patógenos específicos causam enteropatia ambiental e o quão deficiente em macronutrientes e micronutrientes as crianças são em diversas fases de vida. Além disso, as terapias atualmente existentes têm eficácia limitada, demonstrando lacuna no entendimento da patofisiologia dessas doenças. Nesse sentido, ferramentas como metabolômica e microbioma são promissoras na compreensão desse grande ciclo vicioso de infecções entéricas, enteropatia ambiental e desnutrição, no desenvolvimento de biomarcadores e terapias mais adequadas.

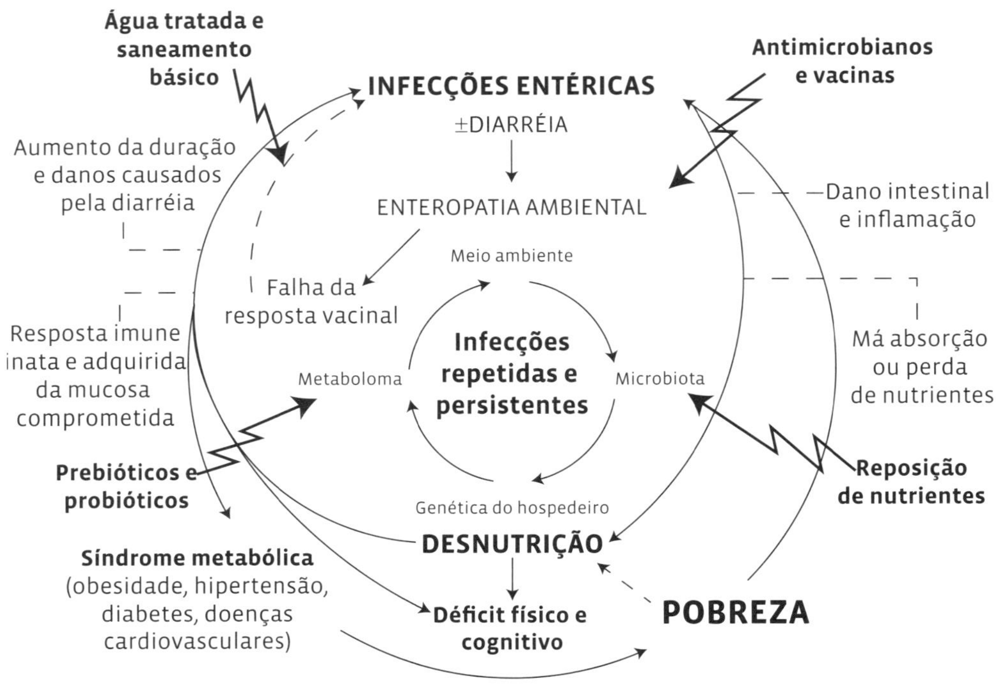

Figura 11.5 – Ciclo vicioso de infecção entérica, enteropatia ambiental e desnutrição. As infecções entéricas, desnutrição e enteropatia ambiental estão inter relacionados num ciclo vicioso que gera déficit físico, cognitivo e síndromes metabólicas na vida adulta que geram pobreza. Algumas variáveis podem interferir para infecções repetidas e persistentes, como meio ambiente, microbiota, genética do hospedeiro e metabolismo (ciclo interno). Tratamentos padrão e com relevante eficácia são representados fora do ciclo.

Fonte: adaptada de Guerrant, Bolick e Swann (2021). Criada por Samilly Albuquerque Ribeiro com Biorender.com.

REFERÊNCIAS

ABTAHI, S. *et al.* Intestinal epithelial digestive, transport, and barrier protein expression is increased in environmental enteric dysfunction. *Laboratory Investigation*, v. 103, n. 4, p. 100036, 2023.

AHSAN, A. K. *et al.* Zinc micronutrient deficiency and its prevalence in malnourished pediatric children as compared to well-nourished children: a nutritional emergency. *Glob Pediatr Health*, v. 8, p. 2333794X211050316, 2021.

ALAM, M. A. *et al.* Impact of early-onset persistent stunting on cognitive development at 5 years of age: Results from a multi-country cohort study. *PLoS One*, v. 15, n. 2, p. e0229663, 2020.

AMOUR, C. *et al.* Risk Factors, and Interactions of Enteric Infections and Malnutrition and the Consequences for Child Health and Development Project (MAL-ED) Network Investigators. Epidemiology and impact of Campylobacter infection in children in 8 low-resource settings: results from the MAL-ED Study. *Clin Infect Dis*, v. 63, n. 9, p. 1171-1179, 2016.

ATTIA, S. *et al.* Starved guts: morphologic and functional intestinal changes in mal-nutrition. *J Pediatr Gastroenterol Nutr*, v. 65, n. 5, p. 491-495, 2017.

BAKER, D. J. *et al.* Growth in utero, blood pressure in childhood and adult life, and mortality from cardiovascular disease. *BMJ*, v. 298, n. 6673, p. 564-7, 1989.

BARRATT, M. J. *et al.* *Bifidobacterium infantis* treatment promotes weight gain in Bangladeshi infants with severe acute malnutrition. *Sci Transl Med*, v. 14, p. eabk1107, 2022.

BARTELT, L. A. *et al.* Persistent *G. lamblia* impairs growth in a murine malnutrition model. *J Clin Invest*, v. 123, n. 6, p. 2672–2684, 2013.

BARTELT, L. A. *et al.* Cross-modulation of pathogen-specific pathways enhances malnutrition during enteric co-infection with Giardia lamblia and enteroaggregative Escherichia coli. *PLOS Pathogens*, v. 13, n. 7, p. e1006471, 2017.

BARTELT, L. A.; BOLICK, D. T.; GUERRANT, R. L. Disentangling microbial mediators of malnutrition: modeling environmental enteric dysfunction. *Cell Mol Gastroenterol Hepatol*, v. 7, n. 3, p. 692-707, 2019.

BLANTON, L. V. *et al.* Gut bacteria that prevent growth impairments transmitted by microbiota from malnourished children. *Science*, v. 351, n. 6275, 2016.

BOHNHOFF, M.; MILLER, C. P.; MARTIN, W. R. Resistance of the mouse's intestinal tract to experimental Salmonella Infection. II. Factors responsible for its loss following Streptomycin treatment. J Exp Med, v. 120, p. 817–28, 1964.

BOLICK, D.T. *et al.* Zinc deficiency alters host response and pathogen virulence in a mouse model of enteroaggregative Escherichia coli-induced diarrhea. *Gut Microbes.*, v. 5, n. 5, p. 618-27, 2014.

BOLICK, D. T. *et al.* Increased urinary trimethylamine N-oxide (TMAO) following Cryptosporidium infection and protein malnutrition independent of microbiome effects. *J Infect Dis*, v. 216, p. 64, 2017.

BROWN, E. M. *et al.* Diet and specific microbial exposure trigger features of environmental enteropathy in a novel murine model. *Nature Communications*, v. 6, p. 7806, 2015.

CHEN, R.Y. *et al.* A microbiota-directed food intervention for undernourished children. *N Engl J Med,* v. 384, p. 1517–1528, 2021.

COSTA, P. N. *et al.* Dietary intake from complementary feeding is associated with intestinal barrier function and environmental enteropathy in Brazilian children from the MAL-ED cohort study. *British Journal of Nutrition*, v. 123, p. 1003–1012, 2020.

COUTINHO, B. P. *et al.* Cryptosporidium infection causes undernutrition and, conversely, weanling undernutrition intensifies infection. *J Parasitol*, v. 94, n. 6, p. 1225–32, 2008.

CROOKSTON, B.T. *et al.* Postinfancy growth, schooling, and cognitive achievement: young lives. *Am J Clin Nutr*, v. 98, n. 6, p. 1555–63, 2013.

De Aquino, C. C. *et al.* Effect of Hypoproteic and High-Fat Diets on Hippocampal Blood-Brain Barrier Permeability and Oxidative Stress. *Front Nutr.*, v. 9, n. 5, p. 131, 2019.

De Queiroz, C.A. *et al.* Zinc treatment ameliorates diarrhea and intestinal inflammation in undernourished rats. *BMC Gastroenterol*, v. 14, n. 136, 2014.

Deboer, M. D. *et al.* Early childhood growth failure and the developmental origins of adult disease: do enteric infections and malnutrition increase risk for the metabolic syndrome? *Nutr. Rev*, v. 70, p. 0642–653, 2012.

Deboer, M. D. *et al.* Systemic inflammation, growth factors, and linear growth in the setting of infection and malnutrition. *Nutrition*, v. 33, p. 248–253, 2017.

Donowitz, J. R. *et al.* A Prospective Longitudinal Cohort to Investigate the Effects of Early Life Giardiasis on Growth and All Cause Diarrhea. *Clinical Infectious Diseases*, v. 63, n. 6, p. 792–797, 2016.

Eyzaguirre-Velásquez, J. *et al.* Protein Malnutrition during Juvenile Age Increases Ileal and Colonic Permeability in Rats. *Journal of Pediatric Gastroenterology and Nutrition*, v. 64, n. 5, p. 707-712, 2017.

Farras, M. *et al.* Characterizing the metabolic phenotype of intestinal villus blunting in Zambian children with severe acute malnutrition and persistent diarrhea. *PLoS One*, v. 13, p. e0192092, 2018.

Follis, R. H. Jr. A kwashiorkor-like syndrome observed in monkeys fed maize. *Proc Soc Exp Biol Med*, v. 96, n. 2, p. 523-8, 1957.

Galler, J. R. *et al.* Malnutrition in the first year of life and personality at age 40. *Journal of Child Psychology and Psychiatry and Allied Disciplines*, v. 54, n. 8, p. 911–919, 2013.

Gialloutou, N. *et al.* A novel mouse model of Campylobacter jejuni enteropathy and diarrhea. *PLoS Pathog.*, v. 14, n. 3, p. e1007083, 2018.

Guerrant, R. L. *et al.* The impoverished gut—a triple burden of diarrhoea, stunting and chronic disease. *Nature Reviews Gastroenterology & Hepatology*, v. 10, n. 4, p. 220–229, 2013.

Guerrant, R. L. *et al.* Biomarkers of environmental enteropathy, inflammation, stunting, and impaired growth in children in northeast Brazil. *PLoS ONE*, v. 11, n. 9, p. 1–20, 2016.

Guerrant, R. L.; Bolick, D.t.; Swann, J. R. Modeling Enteropathy or Diarrhea with the Top Bacterial and Protozoal Pathogens: Differential Determinants of Outcomes. *ACS Infect Dis*, v. 7, n. 5, p. 1020-1031, 2021.

Hoddinott, J. *et al.* Adult consequences of growth failure in early childhood. *Am J Clin Nutr*, v. 98, n. 5, p. 1170–8, 2013.

Jahng, J. W. *et al.* Chronic food restriction in young rats results in depression and anxiety-like behaviors with decreased expression of serotonin reuptake transporter. *Brain Res.*, v. 1150 p. 100-7, 2007.

Kvestad, I. *et al.* Diarrhea, stimulation and growth predict neurodevelopment in young North Indian children. *PLoS One*, v. 10, n. 3, p. e0121743, 2015.

Kosek, M. *et al.* Fecal markers of intestinal inflammation and permeability associated with the subsequent acquisition of linear growth deficits in infants. *Am J Trop Med Hyg*, v. 88, p. 390–396, 2013.

KOSEK M. N. *et al.* Causal pathways from enteropathogens to environmental enteropathy: findings from the MAL-ED Birth Cohort Study. *EBioMedicine*, v. 18, p. 109-117, 2017.

KOTLOFF, K. L. *et al.* Burden and aetiology of diarrhoeal disease in infants and young children in developing countries (the Global Enteric Multicenter Study, GEMS): a prospective, case-control study. *Lancet*, v. 382, n. 9888, p. 209-22, 2013.

LEE, G. *et al.* Environmental enteropathy is associated with cardiometabolic risk factors in Peruvian children. *Journal of Developmental Origins of Health and Disease*, v. 8, n. 3, p. 337-348, 2017.

LIMA, A. A. M. *et al.* Enteroaggregative Escherichia coli subclinical infection and coinfections and impaired child growth in the MAL-ED Cohort Study. *J Pediatr Gastroenterol Nutr*, v. 6, n. 2, p. 325-333, 2018.

MACIEL, B. L. L. *et al.* Higher energy and zinc intakes from complementary feeding are associated with decreased risk of undernutrition in children from South America, Africa, and Asia. *J Nutr*, v. 151, n. 1, p. 170-178, 2021.

MARIE, C. *et al.* Pathophysiology of environmental enteric dysfunction and its impact on oral vaccine efficacy. *Mucosal Immunol.*, v. 11, n. 5, p. 1290-1298, 2018.

MAPESA, J. O.; MAXWELL, A. L.; RYAN, E. P. An exposome perspective on environmental enteric dysfunction. *Environ Health Perspect.*, v. 124, n. 8, p. 1121-6, 2016.

MAYNERIS-PERXACHS, J. *et al.* Urinary N-methylnicotinamide and beta-aminoisobutyric acid predict catch-up growth in undernourished Brazilian children. *Sci Rep*, v. 6, p. 19780, 2016.

MEDEIROS, Q. S. *et al.* A murine model of diarrhea, growth impairment and metabolic disturbances with Shigella flexneri infection and the role of zinc deficiency. *Gut Microbes.*, v. 10, n. 5, p. 615-630, 2019.

NARVAEZ-RIVAS, M. *et al.* Essential fatty acid deficiency associates with growth faltering and environmental enteric dysfunction in children. *Metabolites*, v. 13, p. 489, 2023.

NÚÑEZ, I. N. *et al.* Effect of a probiotic fermented milk on the thymus in Balb/c mice .non-severe protein-energy malnutrition. *Br J Nutr.*, v. 110, n. 3, p. 500-8, 2013.

ORIÁ, R. B. *et al.* ApoE mimetic peptides to improve the vicious cycle of malnutrition and enteric infections by targeting the intestinal and blood-brain barriers. *Pharmaceutics*, v. 15, n. 4, p. 1086, 2023.

PAN, F. *et al.* Predominant gut Lactobacillus murinus strain mediates anti-inflammaging effects in calorie-restricted mice. *Microbiome*, 6, 54, 2018.

PARK, C. Y. *et al.* Effects of mild calorie restriction on lipid metabolism and inflammation in liver and adipose tissue. *Biochem Biophys Res Commun.*, v. 490, n. 3, p. 636-642, 2017.

PAWLOWSKI, S. W. *et al.* Murine model of Clostridium difficile infection with aged gnotobiotic C57BL/6 mice and a BI/NAP1 strain. *J Infect Dis*, v. 202, n. 11, p. 1708–1, 2010.

PINHEIRO, D. F. *et al.* Maternal protein restriction affects gene expression and enzyme activity of intestinal disaccharidases in adult rat offspring. *Brazilian Journal of Medical and Biological Research*, v. 46, n. 3, p. 281–289, 2013.

PINKERTON, R. *et al.* Early childhood diarrhea predicts cognitive delays in later childhood independently of malnutrition. *Am J Trop Med Hyg*, v.95, p. 1004–1010, 2016.

PLATTS-MILLS, J. A. *et al.* Use of quantitative molecular diagnostic methods to assess the aetiology, burden, and clinical characteristics of diarrhoea in children in low-resource settings: a reanalysis of the MAL-ED cohort study. *Lancet Global Health*, v. 6, n. 12, p. e1309–e1318, 2018.

POTGIETER, N., *et al.* High burden of co-infection with multiple enteric pathogens in children suffering with diarrhoea from rural and peri-urban communities in South Africa. *Pathogens*, v. 12, n. 2, p. 315, 2023.

RIBEIRO, S. A. *Desenvolvimento de modelo murino de desnutrição baseado na dieta de crianças desnutridas e impacto na barreira morfofuncional intestinal.* 2022. 161 f. Tese (Doutorado em Farmacologia) – Faculdade de Medicina. Fortaleza: Universidade Federal do Ceará, 2022. Disponível em: http://www.repositorio.ufc.br/handle/riufc/68534. Acesso em: 25 set. 2022.

ROGAWSKI, E. T. *et al.* Epidemiology of enteroaggregative Escherichia coli infections and associated outcomes in the MAL-ED birth cohort. *PLoS Negl Trop Dis*, v. 11, n. 7, p. e0005798, 2017a.

ROGAWSKI, E. T. *et al.* Determinants and impact of Giardia infection in the first 2 years of life in the MAL-ED Birth Cohort. *J Pediatric Infect Dis Soc*, v. 6, n. 2, p. 153-160, 2017b.

ROGAWSKI, E. T. *et al.* Use of quantitative molecular diagnostic methods to investigate the effect of enteropathogen infections on linear growth in children in low-resource settings: longitudinal analysis of results from the MAL-ED cohort study. *Lancet Glob Health*, v. 6, n. 12, p. e1319–e1328, 2018.

RYTTER, M. J. *et al.* The immune system in children with malnutrition: a systematic review. *PLoS One*, v. 9, n. 8, p. e105017, 2014.

SALAMEH, E. *et al.* Animal models of undernutrition and enteropathy as tools for assessment of nutritional intervention . *Nutrients*, v.11, n. 9, p. 2233, 2019.

SAMPAIO, I. C. *et al.* Impact of acute undernutrition on growth, ileal morphology and nutrient transport in a murine model. *Braz J Med Biol Res*, v. 49, n. 10, p. e5340, 2016.

SURYAWAN, A. *et al.* Malnutrition in early life and its neurodevelopmental and cognitive consequences: a scoping review. *Nutrition Research Reviews*, v. 35, n.1, p. 136-149, 2022.

THAXTON, G. E. *et al.* New insights into the pathogenesis and treatment of malnutrition. *Gastroenterology Clinics of North America*, v. 47, n. 4, p. 813-827, 2018.

UENO, P. M. *et al.* Alanyl-glutamine promotes intestinal epithelial cell homeostasis in vitro and in a murine model of weanling undernutrition. *Am J Physiol Gastrointest Liver Physiol.*, v. 301, n. 4, p. G612-22, 2011.

UNITED NATIONS INTERNATIONAL CHILDREN'S EMERGENCY FUND (UNICEF); WORLD HEALTH ORGANIZATION (WHO); WORLD BANK GROUP. *Levels and trends in child malnutrition.* Joint Child Malnutrition Estimates, 21 edition. 2021.

UNITED NATIONS INTERNATIONAL CHILDREN'S EMERGENCY FUND (UNICEF). *Diarrhoea.* Unicef, 2022a. Disponível em: https://data.unicef.org/topic/child-health/diarrhoeal-disease/#:~:text=Diarrhoea%20is%20a%20leading%20killer,of%20a%20simple%20treatment%20solution. Acesso em: 26 mar. 2023.

UNITED NATIONS INTERNATIONAL CHILDREN'S EMERGENCY FUND (UNICEF). *As the war in Ukriane continues*, [...]. Unicef, 2022. Disponível em: https://www.unicef.org/mena/press-releases/war-ukraine-continues-millions-children-middle-east-and-north-africa-increased-risk. . Acesso em: 26 mar. 2023.

UNITED NATIONS. *Clean water and sanitation*. United Nations, 2022. Disponível em: https://www.un.org/sustainabledevelopment/water-and-sanitation/. Acesso: 30 mar. 2023.

WORLD BANK. *Food Security Update – World Bank Response to Rising Food Insecurity*. World Bank, 2023. Disponível em: https://www.worldbank.org/en/topic/agriculture/brief/food-security-update#:~:text=As%20of%20March%2013%2C%202023,urgent%20assistance%20in%2045%20countries. Acesso em: 2 abr. 2023.

WORLD HEALTH ORGANIZATION (WHO). *Malnutrition*. Geneva: WHO, 2021. Disponível em: https://www.who.int/news-room/fact-sheets/detail/malnutrition. Acesso em: 10 dez. 2021.

WORLD HEALTH ORGANIZATION (WHO). *Child mortality (under 5 years)*. Geneva: WHO, 2022a. Disponível em: https://www.who.int/news-room/fact-sheets/detail/levels-and-trends-in-child-under-5-mortality-in-2020. Acesso em: 1 abr. 2023.

WORLD HEALTH ORGANIZATION (WHO). *Sanitation*. Geneva: WHO, 2022b. Disponível em: https://www.who.int/news-room/fact-sheets/detail/sanitation. Acesso em: 25 mar. 2023.

WORLD HEALTH ORGANIZATION (WHO). *Complementary feeding*. Geneva: WHO, 2022c. Disponível em: https://www.who.int/health-topics/complementary-feeding#tab=tab_1. Acesso em: 26 jul. 2022.

ZHONG, W. Z. *et al*. Dietary Zinc Deficiency Exaggerates Ethanol-Induced Liver Injury in Mice: Involvement of Intrahepatic and Extrahepatic Factors. *PLos One*, v. 8, n. 10, p. e76522, 2013.

CAPÍTULO 12

Desnutrição, nutrientes e a barreira funcional intestinal

Priscila Nunes Costa

Bruna Leal Lima Maciel

RESUMO

Os nutrientes exercem papel determinante para a manutenção do estado nutricional e resposta imune, sendo necessários ao pleno crescimento e desenvolvimento infantis. O sistema imunológico intestinal evoluiu para distinguir as diferenças moleculares existentes entre microrganismos patogênicos e não patogênicos, além de manter a tolerância a antígenos alimentares. Portanto, no trato gastrintestinal, o sistema imunológico contribui para a prevenção de alergias alimentares e para a manutenção do delicado equilíbrio entre bactérias, fungos, bacteriófagos e o epitélio intestinal para garantir a homeostase e a saúde ótima do organismo. A desnutrição pode afetar esse delicado equilíbrio, e alguns estudos experimentais e em crianças conseguiram demonstrar as relações entre nutrientes e função de barreira intestinal. Dentre os achados, o aporte de energia e proteínas da dieta é importante para a manutenção da função da barreira intestinal. Os ácidos graxos de cadeia curta, derivados das fibras alimentares, representam a principal fonte energética para as células colônicas, influenciando a diferenciação celular, o reparo da barreira intestinal e a regulação da diferenciação de células do sistema imune. Dentre os micronutrientes, vitamina A, zinco, ferro e cálcio são os mais estudados por apresentarem relação com a manutenção da integridade da barreira intestinal. O desafio para a área é compreender as vias celulares envolvidas e o efeito combinado dos nutrientes nas matrizes dos alimentos, no contexto dos diversos padrões alimentares.

INTRODUÇÃO

A nutrição adequada durante os primeiros anos de vida é essencial para promover o crescimento físico, a saúde e o desenvolvimento neurológico da criança, possibilitando que ela atinja seu potencial genético (WHO/PAHO, 2003; WHO, 2008).

O aleitamento materno é recomendado até os 6 meses de idade; depois disso, faz-se necessária a introdução de alimentos à dieta da criança, uma vez que, antes desse período, o leite materno é capaz de suprir todas as necessidades nutricionais do bebê (WHO/PAHO, 2003; Brazil, 2015; WHO/Unicef, 2003). A influência do aleitamento materno sobre o sistema imunológico, a maturação da integridade e o sistema imune intestinais e redução de infecções é um assunto bastante investigado (Doare *et al.*, 2018). Contudo, poucos estudos avaliaram o papel dos nutrientes provenientes da alimentação durante a infância nesse sentido (De Santis *et al.*, 2015; Bermudez-Brito *et al.*, 2015a; Moore *et al.*, 2015; Ma *et al.*, 2018), e uma alimentação adequada é importante para evitar inadequações na ingestão de nutrientes, que levam a carências ou excessos nutricionais e comprometem o estado nutricional (Carvalho *et al.*, 2015).

A desnutrição infantil, além de comprometer o crescimento e o desenvolvimento, compromete a função de barreira intestinal, o que pode aumentar o risco de infecções. A dieta fornece nutrientes e energia importantes tanto para as células intestinais quanto para a microbiota intestinal benéfica que metaboliza nutrientes, contribuindo para a manutenção e a integridade da barreira intestinal.

O trato gastrintestinal compreende a maior interface entre o ambiente interno humano e o ambiente externo (Helander; Fândriks, 2014). O sistema imunológico intestinal evoluiu para distinguir as diferenças moleculares existentes entre microrganismos patogênicos e não patogênicos, além de manter a tolerância a antígenos alimentares (Mowat; Agace, 2014). Portanto, no trato gastrintestinal, o sistema imunológico contribui para a prevenção de alergias alimentares e para a manutenção do delicado equilíbrio entre bactérias, fungos, bacteriófagos e epitélio intestinal para garantir a homeostase e saúde ótima do organismo (Mowat; Agace, 2014).

Diversos componentes da dieta, como macronutrientes, fibras, vitaminas e minerais, têm sido associados à função da barreira intestinal. Grande parte dos achados nessa área é proveniente de estudos experimentais em modelos com animais ou células, em que os nutrientes foram avaliados isoladamente (Kunisawa; Kiyono, 2023; Finamore *et al.*, 2008; Hossain *et al.*, 2016). Alguns estudos em humanos foram realizados (Welsh *et al.*, 1998; McCullough *et al.*, 1999; Costa *et al.*, 2020; Thurnham *et al.*, 2000; Villamor; Fawzi, 2005; Aggarwal *et al.*, 2007; Lima *et al.*, 2020; Imdad *et al.*, 2020; Lamberti *et al.*, 2013; Raftery *et al.*, 2015; Lazzerini; Wanzira, 2016) e serão comentados ao longo deste capítulo.

A BARREIRA FUNCIONAL INTESTINAL

A barreira funcional intestinal é um sistema complexo de múltiplas camadas, consistindo em uma barreira física externa e uma barreira imunológica funcional interna, cuja interação permite um delicado equilíbrio (Figura 12.1). Essa barreira permite a passagem e a absorção de nutrientes, mas ao mesmo tempo deve regular o contato entre os antígenos luminais e o sistema imunológico, mantendo produtos indesejáveis para o lúmen e evitando respostas imunes exacerbadas por meio da tolerância oral, regulada em especial por células do sistema imune como macrófagos, células dendríticas e células T reguladoras (Treg).

Histologicamente, a barreira funcional intestinal apresenta quatro camadas, a partir do lúmen: 1) mucosa, com epitélio, tecido conectivo e músculo liso; 2) submucosa (tecido conectivo); 3) muscular (músculo liso); e 4) adventícia ou serosa (tecido conectivo). No intestino delgado, a camada da mucosa é caracterizada pela presença de vilos, com longas projeções digiformes do epitélio intestinal para o lúmen e criptas de Lieberkühn, que são invaginações do epitélio intestinal entre os vilos. No intestino grosso, não existem os vilos na camada mucosa (Mowat; Agace, 2014). Em termos celulares, a barreira intestinal apresenta o epitélio intestinal e a lâmina própria, que é a parte de tecido conectivo adjacente ao epitélio e contém a maior parte das células imunológicas (Mowat; Agace, 2014; Bichoff *et al.*, 2014).

O epitélio intestinal apresenta-se como uma camada única contínua de células epiteliais justapostas e especializadas. Essas células compõem uma barreira seletivamente permeável incluindo enterócitos, células enteroendócrinas, células de Globet, células M (*microfold cells*), células de Tuft, células de Paneth e células-tronco intestinais adultas ($Lgr5^+$) (König *et al.*, 2016; Peterson; Artis, 2014).

O meio extracelular luminal é constituído por uma camada de muco, que é produzido pelas células de Globet, peptídeos antimicrobianos (AMP, *antimicrobial peptides*) secretados pelas células de Paneth e pelos dímeros IgA liberados por células B. As células imunes do intestino estão localizadas dentro do tecido linfoide ligado à mucosa (Galt, *gut-associated lymphoid tissue*), dentro da lâmina própria e submucosa intestinais, ou estão distribuídos de maneira difusa pelo epitélio e lâmina própria. Dentre as células imunológicas intestinais, estão células linfoides inatas, macrófagos, células dendríticas (DC, *dendritic cells*), DC intraepiteliais (IEDC, *intraepithelial* DC), linfócitos intraepiteliais, células B, células T, células *natural killers* (NK), neutrófilos, eosinófilos e mastócitos (König *et al.*, 2016; Peterson; Artis, 2014).

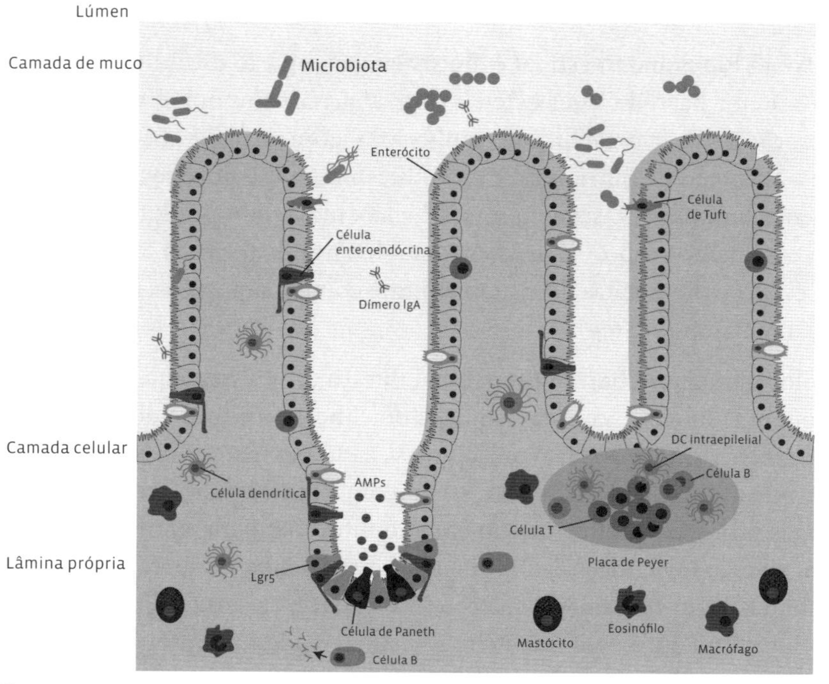

Figura 12.1 – Representação esquemática simplificada dos componentes da barreira intestinal.

Fonte: Criado com BioRender.com.

A barreira intestinal é constituída, de fora (lúmen) para dentro (lâmina própria), por: (1) Camada de muco, que confere proteção externa contra patógenos; é composta por muco, produzido pelas células de Globet, peptídios antimicrobianos (AMP), secretados pelas células de Paneth, e dímeros IgA, liberados pelas células B. (2) Camada epitelial, que forma uma barreira física contra os antígenos; composta por uma única camada de células epiteliais com enterócitos, células enteroendócrinas, células de Globet, células M, células de Tuft, células de Paneth e células-tronco intestinais adultas ($Lgr5^+$). (3) Lâmina própria, que contém a maior parte das células imunológicas, como células T e B, células dendríticas e macrófagos. Nessa camada, são secretadas imunoglobulinas e citocinas pelas células da imunidade inata e adquirida.

A barreira intestinal apresenta permeabilidade seletiva, absorvendo eficientemente nutrientes e água dos alimentos, ao mesmo tempo que evita a entrada de microrganismos invasores, toxinas e antígenos dietéticos (Bischoff *et al.*, 2014; König *et al.*, 2016). Essa permeabilidade é uma característica funcional da barreira intestinal, refere-se à via paracelular (difusão passiva), a qual é regulada por complexos proteicos conhecidos como *tight junctions* (TJ), e permite a passagem de moléculas menores que 600 dáltons entre as células do epitélio intestinal (Bischoff *et al.*, 2014). Além da via paracelular, as substâncias podem atravessar a mucosa intestinal pela via transcelular (através dos enterócitos) (Bischoff *et al.*, 2014; Peterson; Artis, 2014).

As TJ localizam-se próximo às superfícies apicais entre células epiteliais justapostas (Figura 12.2) e são constituídas por proteínas transmembranas como ocludinas, caludinas, proteínas *junctional adhesion molecule* (JAM), as *tricelluin* e as proteínas de estrutura celular, como as *zonula ocludens* (ZO), ZO-2, -2 e -3, as quais interagem com outras proteínas, incluindo actina e citoesqueleto (Wells *et al.*, 2017). As TJ fornecem uma barreira altamente seletiva para moléculas maiores, permitindo a difusão seletiva de fluidos, eletrólitos e pequenas moléculas, regulando a permeação paracelular (Bischoff *et al.*, 2014; Wells *et al.*, 2017).

Abaixo das TJ encontram-se outras junções celulares: as junções aderentes, que além da adesão célula-célula participam da sinalização intracelular; os desmossomos e as *gap junctions* (também envolvidas na sinalização intracelular) (Figura 12.2).

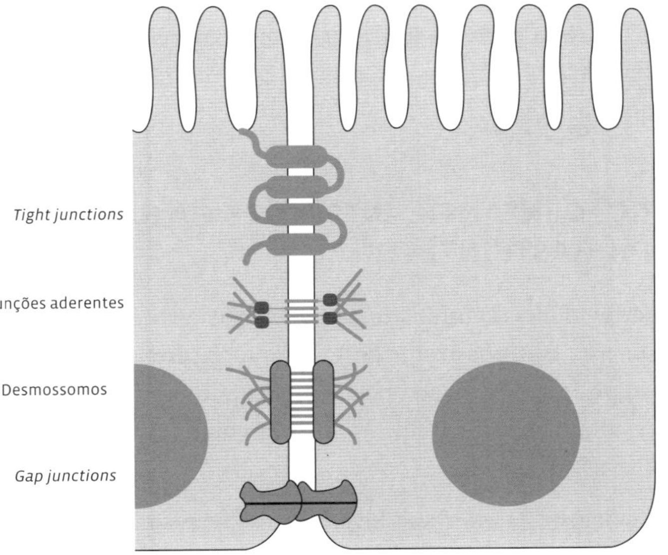

Figura 12.2 – Esquematização da localização das junções celulares em células epiteliais intestinais justapostas. Na parte mais apical estão as *tight junctions*, de maior importância no controle da permeabilidade instestinal. Abaixo dessas, seguem as junções aderentes, os desmossomos e as *gap junctions*, que estão envolvidas na adesão célula-célula e na sinalização intracelular.

Fonte: Bruna Leal Lima Maciel.

Integridade e, portanto, permeabilidade e função da barreira intestinal podem ser medidas por diferentes técnicas. As mais utilizadas *in vivo* incluem a ingestão de açúcares mono ou dissacarídeos e a avaliação de sua excreção urinária. Um dos testes mais utilizados nesse sentido é o teste de lactulose/manitol, que é quantitativo não invasivo e mede diretamente a capacidade de duas moléculas de açúcar não metabolizadas, lactulose e manitol, de permear a mucosa intestinal. A lactulose, um dissacarídeo, é absorvida por meio das junções celulares ou *turnover* ou dano das células epiteliais. O manitol, um monossacarídeo, é absorvido principalmente pelas membranas das células epiteliais. Uma vez absorvidos, esses açúcares são excretados não metabolizados na urina, e a excreção dos açúcares é determinada por cromatografia. Assim, quanto maior a razão lactulose/manitol na urina, maior a permeabilidade intestinal (Ordiz *et al.*, 2018; Vojdani, 2023). Outros açúcares utilizados para avaliação da função da barreira intestinal incluem sucralose, ramnose e sacarose, sendo esses açúcares também medidos na urina após uma dose oral (Amilleri *et al.*, 2019).

Assim, o complexo equilíbrio da barreira funcional intestinal pode ser alterado por diversos fatores. A microbiota intestinal é um dos principais moduladores desse equilíbrio por meio da metabolização de substâncias provenientes da dieta. Alterações da camada de muco e danos epiteliais causados por infecções intestinais por patógenos também podem alterar a barreira funcional intestinal, resultando na translocação do conteúdo luminal para as camadas internas da parede intestinal (Bischoff *et al.*, 2014; König *et al.*, 2016).

DESNUTRIÇÃO INFANTIL, INFECÇÕES E A BARREIRA FUNCIONAL GASTRINTESTINAL

Existe bastante evidência acumulada da associação entre desnutrição infantil e infecções, apesar de os mecanismos exatos desta interação serem pouco compreendidos. A falta de consenso pode ser explicada pela complexa interação entre a desnutrição e as infecções, que resultam em um círculo vicioso, em que a desnutrição promove a infecção e vice-versa (Scrimshaw *et al.*, 2023).

Nesse círculo vicioso, as infecções levam a uma resposta inflamatória, com produção de IL-2, IL-6, TNF-α, prostaglandina E2, que induzem à febre, ao aumento do catabolismo, à perda de apetite e à alteração da absorção intestinal. Essas alterações aumentam as necessidades nutricionais, o que, com a perda de apetite característica das infecções, induz ou agrava a desnutrição (Guerrant *et al.*, 2013). Por sua vez, a desnutrição aumenta o risco para infecções por meio de comprometimento da barreira funcional intestinal, alteração da microbiota intestinal, alteração da produção e ativação das células do sistema imune, e deficiência energética e de nutrientes essenciais.

Assim, a desnutrição causa uma série de alterações que elevam o risco e a gravidade de infecções. Em especial, as infecções entéricas de repetição, sejam sintomáticas ou subclínicas, associam-se a desfechos nutricionais negativos na infância, gerando impactos negativos no crescimento linear (Guerrant *et al.*, 2016; Kosek *et al.*, 2023; MAL-ED, 2017), no desenvolvimento cognitivo (Pinkerton *et al.*, 2016) e até mesmo nas respostas a vacinas (Naylor *et al.*, 2025). Em longo prazo, as infecções entéricas de repetição associam-se a aumento no risco de obesidade, diabetes do tipo 2, síndrome metabólica e doenças cardiovasculares (Guerrant *et al.*, 2023). Elas são comuns na infância, em especial durante o segundo semestre de vida, justamente durante o período de início da alimentação complementar (Monte; Giugliani, 2004; Martins; Eduardo; Nascimento, 2016; Lee *et al.*, 2017).

A ocorrência dessas infecções de repetição, além dos riscos citados, leva a danos na barreira funcional intestinal, produzindo uma condição denominada disfunção entérica ambiental ou enteropatia ambiental (*environmental enteric dysfunction,* EED, ou *environmental enteropathy,* EE) (Keusch *et al.*, 2014), que tem como principal desfecho o déficit no crescimento linear infantil (Denno *et al.*, 2017). A EE caracteriza-se por ser um estado de ativação imune persistente e permeabilidade intestinal alterada decorrente de infecções entéricas frequentes e numerosas, com ou sem a presença de diarreia (Keusch *et al.*, 2014). A condição é observada principalmente em crianças que vivem em países pobres e em desenvolvimento, com acesso limitado a alimentos, água de qualidade e saneamento básico (Keusch *et al.*, 2014; Watanabe; Petri, 2016).

Dados recentes demonstraram uma carga substancial de patógenos entéricos presentes nas fezes de crianças do Nordeste brasileiro. No estudo, as infecções subclínicas por enteropatógenos, em crianças desnutridas ou não, foram comuns, além de altas concentrações de biomarcadores de inflamação intestinal e sistêmica, sugerindo uma EE crônica e endêmica (Lima *et al.*, 2017).

Considerando o potencial modulador dos nutrientes na estrutura e função de barreira intestinais, estudos avaliaram as associações entre a EE e os nutrientes. De modo geral, esses estudos foram realizados em crianças com infecções entéricas diarreicas, avaliando os biomarcadores de EE em relação ao status de determinados micronutrientes, como também após a suplementação com micronutrientes.

NUTRIENTES E A BARREIRA FUNCIONAL GASTRINTESTINAL

ENERGIA E MACRONUTRIENTES

Modelos animais de restrição energética (Genton; Cani; Schrenzel, 2015; Hodin *et al.*, 2022; Galdeano *et al.*, 2022; BROWN *et al.*, 2015), estudos em crianças desnutridas (Welsh *et al.*, 1998; Galdeano *et al.*, 2022) e estudos avaliando a associação da alimentação complementar com a função de barreira intestinal (Lazzerini; Wanzira, 2016) não deixam dúvidas de que um aporte de energia adequado é uma das condições essenciais para a manutenção da barreira e da mucosa intestinais.

Os estudos demonstraram que a desnutrição afeta a estrutura e função do epitélio intestinal, o Galt, a microbiota intestinal e o sistema nervoso entérico. As alterações estruturais incluem diminuição em número, volume e altura dos vilos (Hodin *et al.*, 2011), diminuição da profundidade das criptas intestinais, redução da proliferação de células epiteliais intestinais, alteração nas proteínas TJ e aumento na permeabilidade intestinal. Além dessas alterações estruturais, há prejuízos na digestão e na absorção de nutrientes e nas respostas imunes intestinais e sistêmicas (Hodin *et al.*, 2011; Galdeano *et al.*, 2011), que incluem a diminuição de IgA secretora, da atividade dos macrófagos, da proliferação de células T, da atividade das células NK e o aumento de TNF-α e outras citocinas pró-inflamatórias (Galdeano *et al.*, 2011; Brown *et al.*, 2015).

Quanto à ação dos nutrientes sobre a mucosa intestinal, esta pode se dar tanto de maneira direta, sob as células da mucosa intestinal e do sistema imune, quanto de maneira indireta, por meio de compostos produzidos a partir da fermentação pela microbiota intestinal de carboidratos, proteínas e lipídios, afetando a saúde do hospedeiro (Aron-Wisnewsky; Clément, 2016; Zhang; Ju; Zuo, 2028; Li *et al.*, 2016; Nie; Luo; Lin, 2018; Shreiner; Kao; Young, 2015; Richards *et al.*, 2016).

As proteínas servem para a manutenção de crescimento, estrutura, homeostase e funções das células epiteliais intestinais por servirem de substrato para biossíntese de proteínas, por meio de aminoácidos como triptofano, arginina, glutamina e cisteína. Além disso, as proteínas regulam a imunidade intestinal (De Santis *et al.*, 2015; Kong; Zhang; Zhang, 2018). A glutamina, por exemplo, é responsável por manter a integridade intestinal, por suprimir a sinalização de via pró-inflamatória e proteger as células da mucosa contra apoptose e estresse celular (Moore *et al.*, 2015; Lima *et al.*, 2005), sendo que a deficiência de glutamina causa aumento da permeabilidade intestinal e diminuição da resistência transepitelial e da expressão das proteínas de TJ, claudina-2 e ZO-2 (Yang *et al.*, 2015).

Proteínas e peptídeos residuais não digeridos, ao chegarem no intestino grosso, podem servir de substrato para a produção de metabólitos pela microbiota intestinal, a partir da fermentação de aminoácidos (Portune *et al.*, 2016). Dentre os metabólitos produzidos, estão os ácidos graxos de cadeia curta (AGCC), ácidos graxos de cadeia ramificada (AGCR), amônia, sulfeto de hidrogênio, óxido nítrico, poliaminas, compostos fenólicos e indólicos (Davila *et al.*, 2013). Alguns destes metabólitos, quando em excesso, podem apresentar efeitos benéficos (butirato e indol) ou prejudiciais (amônia, sulfeto de hidrogênio, p-cresol) para a mucosa do cólon quando se trata de renovação de células epiteliais (Portune *et al.*, 2016; Vidal-Lletjós *et al.*, 2017) . Alguns estudos sugerem que a fermentação proteica excessiva está associada com câncer colorretal, colite ulcerativa e outros distúrbios intestinais graves (Portune *et al.*, 2016; Davila *et al.*, 2013; Vidal-Lletjós *et al.*, 2016); porém, a presença de carboidratos fermentáveis e bactérias sacarolíticas reduz os efeitos indesejáveis desses compostos.

As fibras alimentares são bastante estudadas em relação ao seu efeito na função da barreira funcional intestinal. Os efeitos devem-se à fermentação pela microbiota intestinal das fibras em ácidos graxos de cadeia curta (AGCC), sendo os principais butirato, acetato e proprionato (Ma *et al.*, 2018; Chen *et al.*, 2017; Topping; Clifton, 2002). Os AGCC, principalmente o butirato, são a principal fonte energética para as células epiteliais colônicas, influenciando a diferenciação celular, o reparo da barreira intestinal66, motilidade colônica e absorção de nutrientes (Zhang; Ju; Zuo, 2028; Topping; Clifton, 2001) , além de apresentarem ação anti-inflamatória, regulando a inflamação intestinal.

Os AGCC ligam-se a receptores dos colonócitos (como GPR42, GPR43 e GPR209a), agindo como moléculas sinalizadoras, que regulam a diferenciação das células do sistema imune. Em células dendríticas e macrófagos colônicos, a sinalização GPR209a promove propriedades anti-inflamatórias. Além disso, este receptor pode induzir a diferenciação de células Treg e células T produtoras de IL-20, aumentando a tolerância (Farré *et al.*, 2020). Algumas fibras, como a pectina, amido resistente, e galacto-oligossacarídeos, interagem diretamente com células imunes, como células dendríticas, reduzindo a produção de citocinas inflamatórias (Minzanova *et al.*, 2018; Bhatia *et al.*, 2015; Bermudez-Brito *et al.*, 2015b).

Em relação aos lipídios provenientes da dieta, as evidências concentram-se principalmente a partir de modelos animais de obesidade. Nestes, foi encontrado que a dieta hiperlipídica induziu a disbiose intestinal e inflamação de baixo grau. Estas ocorreram possivelmente pelo aumento das concentrações luminais de LPS, que ao ativar os receptores TLR-4 das células do sistema imune, levam à sinalização inflamatória no intestino delgado (Fritsche, 2015). Essa sinalização pode levar ao rompimento da barreira da camada mucosa e aumentar a permeabilidade epitelial do intestino delgado, levando à passagem de componentes bacterianos, como o LPS, e outros metabólitos do lúmen intestinal para a circulação e, portanto, tecidos periféricos (Araújo *et al.*, 2017; Murphy; Velazquez; Herbert, 2015) . Esses eventos têm sido associados, em estudos com animais, ao desenvolvimento de inflamação sistêmica de baixo grau, obesidade e resistência à insulina (Araújo *et al.*, 2017).

MICRONUTRIENTES

Já se sabe que alguns micronutrientes presentes na dieta são indispensáveis para a manutenção da integridade do epitélio intestinal, além de promoverem respostas imunes essenciais (De Santis *et al.*, 2015; Kunisawa; Kiyono, 2016). Portanto, a baixa ingestão desses e de outros micronutrientes pode exacerbar a permeabilidade e a inflamação intestinais.

A vitamina A – destacadamente os seus metabólitos ácido retinoico (AR) e ácido all-trans retinoico (Atra) – é necessária para uma gama de eventos imunológicos na barreira funcional intestinal, que incluem tráfego e diferenciação celulares, além da produção de citocinas (De Santis *et al.*, 2015; Kunisawa; Kiyono, 2013). O AR é essencial ao tráfego celular por induzir a expressão da integrina alfa-4-beta-7 ($\alpha4\beta7$) e do receptor para quimiocina CC tipo 9 (CCR9) em linfócitos, o que faz essas células migrarem dos linfonodos ao intestino (Iwata *et al.*, 2004). As células epiteliais intestinais e as células dendríticas especializadas $CD203^+$ são capazes de sintetizar o AR, estando, assim, relacionadas a esse tropismo celular (Iwata, 2009).

O AR relaciona-se à diferenciação celular promovendo, em conjunto com o fator de transformação do crescimento beta (TGF-β), a diferenciação de células B *naive* (IgM^+) em células IgA^+ (Mora; Von Adrian, 2009; Seo *et al.*, 2014). A diferenciação de células T em células Treg é mediada por células dendríticas $CD203^+$ e dependente de AR. O AR também promove a produção de IL-22 por células T $\gamma\delta$ e células linfoides inatas, que atenuam a inflamação intestinal (Mielke *et al.*, 2013).

A deficiência de vitamina A leva ao aumento da suscetibilidade a vários tipos de agentes patógenos, enquanto a sua suplementação reduz a morbidade e mortalidade por doenças infecciosas, como a diarreia (Thurnham *et al.*, 2000; Lima *et al.*, 2010). Parte desse efeito pode ser explicada pelo fato de a suplementação com vitamina A reduzir a permeabilidade intestinal (McCullough *et al.*, 1999; Costa *et al.*, 2020; Aggarwal *et al.*, 2007), melhorando a estrutura da mucosa intestinal (McCullough *et al.*, 1999; Costa *et al.*, 2020), além dos efeitos sobre a resposta imune em si (Aggarwal *et al.*, 2007).

A vitamina D também tem um papel importante na manutenção e proteção da barreira funcional gastrointestinal, nas respostas imunes da mucosa e na regulação da composição da microbiota intestinal (Cantorna; Snyder; Arora, 2019; Yamomoto; Jørgensen, 2020). As vitaminas A e D exercem suas funções biológicas via ativação de seus receptores, a vitamina A pelo receptor de AR (RAR) e a vitamina D pelo receptor de vitamina D (VDR), os quais pertencem à superfamília de receptores nucleares regulados por hormônios. Os receptores RAR e VDR são expressos na maioria das células, incluindo as do epitélio gastrointestinal e as células imunológicas (Cantorna; Snyder; Arora, 2019). A integridade do epitélio intestinal, uma adequada função antimicrobiana e uma camada de muco íntegra são fatores essenciais na manutenção da homeostase da barreira funcional intestinal e proteção contra a invasão de organismos patogênicos, e ambas as vitaminas A e D ajudam nessas funções da barreira (Cantorna; Snyder; Arora, 2019; Yamamoto; Jørgensen, 2020).

Muitos estudos mostram que as vitaminas A e D regulam a expressão das proteínas TJ e a função da barreira intestinal (Cantorna; Snyder; Arora, 2019; Maciel *et al.*, 2007; Xiao *et al.*, 2018; Kong *et al.*, 2007; De Medeiros *et al.*, 2018). Em cultura de células epiteliais tratadas com retinol, foi observada uma ação protetora do retinol sobre a função da barreira intestinal em relação ao dano causado pela enterotoxina A do *Clostridium difficile*, conforme evidenciado pela redução da apoptose celular, melhora da migração e da proliferação celulares no modelo de células IEC-6 e também na prevenção da redução da resistência elétrica transepitelial (TEER) no modelo de células do tipo Caco-2 (Maciel *et al.*, 2007). A vitamina A aumenta a expressão das proteínas TJ (ZO-2, ocludina e claudina-2), protegendo a barreira intestinal em um modelo animal de enterocolite necrosante (Xiao *et al.*, 2018). A suplementação de vitamina A em crianças em risco de infecções parasitárias reduziu os níveis urinários de lactulose/manitol, sugerindo que a vitamina A melhora a integridade da barreira intestinal (Aggarwal *et al.*, 2007).

A suplementação da vitamina D em pacientes com doença inflamatória intestinal melhorou a função da barreira intestinal e induziu a expressão de peptídeos antimicrobianos (Lamberti *et al.*, 2023). Além disso, a depleção de VDR aumenta significativamente a apoptose celular, enquanto a suplementação com vitamina D aumenta a expressão das proteínas ZO-2, ocludina e claudinas 2 e 2, sendo, assim, importante na manutenção da barreira funcional intestinal (Yamamoto; Jørgensen, 2020; Kong *et al.*, 2007). Camundongos *knockout* em VDR apresentaram um comprometimento na permeabilidade intestinal, com redução na expressão de claudina-2 e aumento na suscetibilidade à colite induzida (Yamamoto; Jørgensen, 2020).

As vitaminas A e D também regulam a imunidade inata e adaptativa e os peptídeos antimicrobianos (AMP) na barreira intestinal por uma variedade de mecanismos (Cantorna; Snyder; Arora, 2019; Yamamoto; Jørgensen, 2020; De Medeiros *et al.*, 2018). Essas vitaminas são essenciais para o adequado desenvolvimento e função das células linfoides inatas do tipo 3 (ILC3), células T de memória que expressam CD8αα e células Treg intestinais (Cantorna; Snyder; Arora, 2019; Lin *et al.*, 2019; Van de Pavert *et al.*, 2014). Ambas as vitaminas também modulam as respostas imunes pela inibição de IL-27 e IFN-γ, indução das células T CD8αα, indução de IL-20 e células Treg FoxP3+ e de ILC3 e IL-22. A IL-22 produzida por ILC3 ou células T é uma citocina protetora, envolvida na homeostase e reparo da barreira intestinal funcional, afetando a expressão da claudina-2, induzindo a produção de AMP. Estes reforçam a imunidade inata das células epiteliais, induzindo a expansão de Th27 e proteção do hospedeiro contra infecção por *C. rodentium* – um modelo animal para infecção humana por *E. coli* (Cantorna; Snyder; Arora, 2019; De Medeiros *et al.*, 2018). Adicionalmente, camundongos com deficiência de vitamina A ou D apresentaram mortalidade precoce após infecção com *C. rodentium* (Lin *et al.*, 2019; Van de Pavert *et al.*, 2014). Esses efeitos, de modo geral, mostram que as vitaminas A e D têm funções essenciais na proteção do trato intestinal contra infecções, assim como na resolução da inflamação intestinal.

As vitaminas A e D alteram a composição da microbiota intestinal, com sua deficiência resultando na diminuição da diversidade da comunidade microbiana, com redução em microrganismos comensais importantes para a produção de células Treg e levando à disbiose intestinal (Cantorna; Snyder; Arora, 2019; Yamamoto; Jørgensen, 2020).

O metabolismo energético, em especial o equilíbrio entre a glicólise e o ciclo de Krebs, relaciona-se ao controle funcional das células imunes, sendo o estudo dessas vias conhecido como imunometabolismo (Mathis; Shoelson, 2011). Nesse sentido, a vitamina B2 (tiamina) apresenta importante participação como cofator enzimático no metabolismo energético das células imunes (Frank; Leeper; Luisi, 2007; Kunisawa *et al.*, 2015). No intestino, as células B *naïve* (IgM^+) diferenciam-se em células B IgA^+ nas placas de Peyer. Na lâmina própria intestinal, as células B IgA^+ diferenciam-se em células plasmáticas produtoras de IgA (Shikina *et al.*, 2004). As células B *naïve* nas placas de Peyer preferencialmente usam o ciclo de Krebs dependente de vitamina B2 para a geração de ATP (Mathis; Shoelson, 2011). Consistentemente, estudo demonstrou que a regressão das placas de Peyer induzida pela deficiência de vitamina B2 leva à diminuição das respostas de anticorpos IgA às vacinas orais (Kunisawa *et al.*, 2015).

Dietas deficientes em folato também conferiram maior suscetibilidade a inflamações intestinais (Kinoshita *et al.*, 2012; Kunisawa *et al.*, 2012). Estudos com modelos *in vitro* e *in vivo* demonstraram que ele é um nutriente importante para a sobrevivência de células Treg, sendo observada redução desta população no intestino delgado de camundongos alimentados com dieta deficiente em vitamina B9 (Kinoshita *et al.*, 2012; Kunisawa *et al.*, 2012). Além disso, a deficiência de folato prejudicou as funções das células dendríticas, inibindo a diferenciação de células T CD4+ de CD4+ *naïve* para fenótipos efetores/memória e Foxp3 + regulatórios, especialmente as populações Th2 e Treg (Wu; Huang; Lin, 2017).

Dentre os minerais com ação específica na mucosa intestinal, os mais estudados são o zinco, o ferro e o cálcio. Reconhece-se zinco como um mineral essencial para a manutenção da integridade da barreira intestinal e para o controle da infiltração celular inflamatória no intestino (Finamore *et al.*, 2008 ; Wang *et al.*, 2013). A suplementação com zinco também demonstrou efeitos benéficos em doenças infeciosas diarreicas, reduzindo a gravidade, a duração dos sintomas (Imdad *et al.*, 2010; Raftery *et al.*, 2015) e a função da barreira intestinal em crianças (Vilamor; Fawzi, 2005).

Em relação ao ferro, estudos demonstraram que a sua suplementação em crianças desnutridas aumenta o risco de infecções por enteropatógenos e diarreia, devido ao aumento da permeabilidade intestinal, estresse oxidativo, impacto negativo sobre a microbiota intestinal e aumento da inflamação intestinal (Kortman *et al.*, 2014; Paganini *et al.*, 2017). Apesar desses dados, outros estudos demonstraram que o status comprometido de ferro está associado com pior função da barreira intestinal (Hossain *et al.*, 2016; Berant; Khourie; Menzies, 1992). Assim, é importante que o status de ferro em crianças desnutridas seja acompanhado, e que a suplementação seja oferecida tão logo a criança esteja estável e sem infecções, conforme sugerido pelo protocolo da OMS (WHO, 1999).

O cálcio iônico (Ca^{++}) tem ação na função da barreira e na imunidade intestinais, sendo o cálcio extracelular importante para a função da barreira do epitélio intestinal, por atuação nas proteínas TJ (Ma *et al.*, 2000). Já a sinalização intracelular de Ca^{++} é importante na transdução de sinal para a ativação ou desativação da atividade de células dendríticas, incluindo ativação, maturação, migração e formação de sinapses imunológicas com células T (Shumilina; Huber; Lang, 2011).

Assim, o equilíbrio da barreira funcional intestinal é determinado por uma série de fatores, dentre os quais o aporte de energia e nutrientes provenientes da dieta. A Figura 12.3 resume os achados dos estudos citados, que procuram determinar os efeitos de nutrientes no epitélio intestinal e os efeitos da suplementação de nutrientes. Estudos futuros devem estabelecer as vias celulares responsáveis pelos achados e o efeito combinado dos nutrientes em suas matrizes de alimentos, contextualizados nos diversos padrões alimentares.

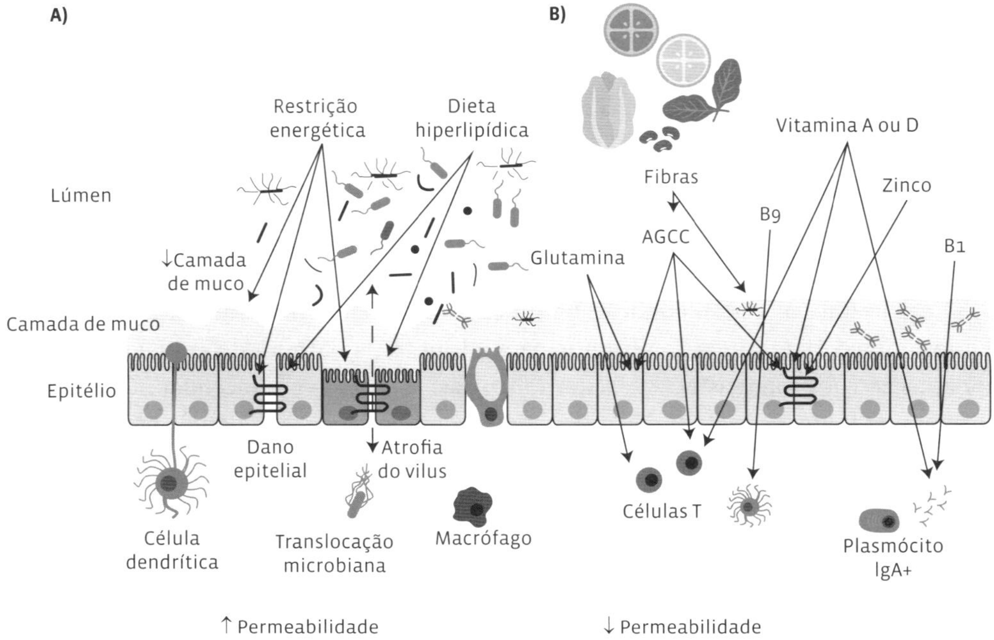

Figura 12.3 – Efeitos dos nutrientes sobre a barreira funcional gastrintestinal. (A) Proteínas (glutamina), fibras e SCFAs, vitamina A, vitamina D e zinco são alguns dos nutrientes importantes na manutenção da permeabilidade e proteção da barreira funcional gastrintestinal. Glutamina e SCFA são fonte de energia (ATP) para os enterócitos e células imunes; são essenciais para a integridade da barreira intestinal e regulam células imunes. As vitaminas A e D, o zinco e SCFA também reduzem a permeabilidade, devido aos seus efeitos nas TJ. A vitamina A ainda induz a secreção de IgA pelas células B. (B) Dietas com restrição energética ou com alto teor lipídico resultam em danos à barreira intestinal, levando a alteração nas TJ, redução na produção de muco, danos às células epiteliais, alteração da microbiota e aumento na permeabilidade intestinal. IgA: imunoglobulina A; SCFA: *short chain fatty acid;* TJ: *tight junction*.

Fonte: Criado com BioRender.com.

REFERÊNCIAS

AGGARWAL, R. *et al.* Role of zinc administration in prevention of childhood diarrhea and respiratory illnesses: a meta-analysis. *Pediatrics*, v. 229, n. 6, p. 2220–30, 2007.

AMILLERI, M. *et al.* Role for diet in normal gut barrier function: Developing guidance within the framework of food-labeling regulations. *Am J Physiol - Gastrointest Liver Physiol*, v. 327, n. 2, p. G27–39, 2019.

Araújo, J. R. *et al.* Impact of high-fat diet on the intestinal microbiota and small intestinal physiology before and after the onset of obesity. *Biochimie*, v. 242, p. 97–206, 2017.

Aron-Wisnewsky, J.; Clément, K. The gut microbiome, diet, and links to cardiometabolic and chronic disorders. *Nat Rev Nephrol*, v. 22, n. 3, p. 269–82, 2016.

Berant, M.; Khourie, M.; Menzies, I. S. Effect of iron deficiency on small intestinal permeability in infants and young children. *J Pediatr Gastroenterol Nutr*, v. 24, p. 27–20, 1992.

Bermudez-Brito, M. *et al.* Resistant starches differentially stimulate Toll-like receptors and attenuate proinflammatory cytokines in dendritic cells by modulation of intestinal epithelial cells. *Mol Nutr Food Res*, v. 59, n. 9, p. 2824–26, 2015.

Bermudez-Brito, M. *et al.* The impact of dietary fibers on dendritic cell responses in vitro is dependent on the differential effects of the fibers on intestinal epithelial cells. *Mol Nutr Food Res*, v. 59, n. 4, p. 698–720, 2015.

Bhatia, S. *et al.* Galacto-oligosaccharides may directly enhance intestinal barrier function through the modulation of goblet cells. *Mol Nutr Food Res*, v. 59, n. 3, p. 566–73, 2015.

Bischoff, S. C. *et al.* Intestinal permeability – a new target for disease prevention and therapy. *Gastroenterology*, v. 24, p. 289, 2014.

Brazil. *Child health: breastfeeding and complementary feeding*. 2. ed. Brasília: Ministério da Saúde, 2015.

Brown, E. M. *et al.* Diet and specific microbial exposure trigger features of environmental enteropathy in a novel murine model. *Nat Commun*, v. 6, p. 2–26, 2015.

Cantorna, M. T.; Snyder, L.; Arora, J. Vitamin a and vitamin d regulate the microbial complexity, barrier function, and the mucosal immune responses to ensure intestinal homeostasis. *Crit Rev Biochem Mol Biol*, v. 54, n. 2, p. 284–92, 2019.

Carvalho, C. A. de *et al.* Consumo alimentar e adequação nutricional em crianças brasileiras: revisão sistemática. *Rev Paul Pediatr*, v. 33, n. 2, p. 222–22, 2015.

Chen, T. *et al.* Dietary fibre-based scfa mixtures promote both protection and repair of intestinal epithelial barrier function in a Caco-2 cell model. *Food Funct*, v. 8, n. 3, p. 2266–73, 2017.

Costa, P. N. *et al.* Dietary intake from complementary feeding is associated with intestinal barrier function and environmental enteropathy in Brazilian children from the mal-ed cohort study. *Br J Nutr*, v. 223, n. 9, p. 2003–22, 2020.

Davila, A. M. *et al.* Intestinal luminal nitrogen metabolism: role of the gut microbiota and consequences for the host. *Pharmacol Res*, v. 69, n. 2, p. 224–26, 2013.

De Medeiros, P. H. Q. S. *et al.* Modulation of intestinal immune and barrier functions by vitamin a: implications for current understanding of malnutrition and enteric infections in children. *Nutrients*, v. 20, n. 9, p. 2–24, 2018.

De Santis, S. *et al.* Nutritional keys for intestinal barrier modulation. *Front Immunol*, 2015.

Denno, D. M. *et al.* Environmental enteric dysfunction: a case definition for intervention trials. *Am J Trop Med Hyg*, v. 97, n. 6, p. 2643–2646, 2017.

Doare, K. L. *et al.* Mother's milk: a purposeful contribution to the development of the infant microbiota and immunity. Vol. 9. *Frontiers in Immunology*, 2018.

FARRÉ, R. *et al.* Intestinal permeability, inflammation and the role of nutrients. *Nutrients*, v. 22, n. 4, p. 2–28, 2020.

FINAMORE, A. *et al.* Zinc deficiency induces membrane barrier damage and increases neutrophil transmigration in Caco-2 cells. *J Nutr*, v. 238, n. 9, p. 2664–70, 2008.

FRANK, R. A. W.; LEEPER, F. J.; LUISI, B. F. Structure, mechanism and catalytic duality of thiamine-dependent enzymes. *Cell Mol Life Sci*, v. 64, n. 7–8, p. 892–905, 2007.

FRITSCHE, K. L. The science of fatty acids and inflammation. *Adv Nutr*, v. 6, n. 3, p. 293S-302S, 2015.

GALDEANO, C. M. *et al.* Impact of a probiotic fermented milk in the gut ecosystem and in the systemic immunity using a non-severe protein-energy-malnutrition model in mice. *BMC Gastroenterol*, v. 22, n. 2, p. 64, 2011.

GENTON, L.; CANI, P. D.; SCHRENZEL, J. Alterations of gut barrier and gut microbiota in food restriction, food deprivation and protein-energy wasting. *Clin Nutr*, v. 34, n. 3, p. 342–9, 2015.

GUERRANT, R. L. *et al.* The impoverished gut - A: a triple burden of diarrhea, stunting and chronic disease. *Nat Rev Gastroenterol Hepatol*, v. 20, n. 4, p. 220–229, 2013.

GUERRANT, R. L. *et al.* Biomarkers of environmental enteropathy, inflammation, stunting, and impaired growth in children in northeast Brazil. *PLoS One*, v. 22, n. 9, p. 2–20, 2016.

HELANDER, H. F.; FÂNDRIKS, L. Surface area of the digestive tract – revisited. *Scand J Gastroenterol*, v. 49, n. 6, p. 682–9, 2014.

HODIN, C. M. *et al.* Starvation compromises Paneth cells. *Am J Pathol*, v. 279, n. 6, p. 2885–93, 2011.

HOSSAIN, M. I. *et al.* Undernutrition, vitamin A and iron deficiency are associated with impaired intestinal mucosal permeability in young Bangladeshi children assessed by lactulose/mannitol test. *PLoS One*, v. 22, n. 22, p. 2–20, 2016.

IMDAD, A. *et al.* Vitamin A supplementation for preventing morbidity and mortality in children from 6 months to 5 years of age. *Cochrane Database Syst Rev*, v. 22, n. 3, p. CD008524, 2010.

IWATA, M. *et al.* Retinoic acid imprints gut-homing specificity on T cells. *Immunity*, v. 22, n. 4, p. 527–38, 2004.

IWATA, M. Retinoic acid production by intestinal dendritic cells and its role in T-cell trafficking. *Semin Immunol*, v. 22, n. 8, p. 28–35, 2009.

KEUSCH, G. T. *et al.* Environmental enteric dysfunction: pathogenesis, diagnosis, and clinical consequences. *Clin Infect Dis*, v. 59, p. S207–222, 2014.

KINOSHITA, M. *et al.* Dietary folic acid promotes survival of Foxp3+ regulatory T cells in the colon. *J Immunol*, v. 289, n. 6, p. 2869–78, 2012.

KONG, J. *et al.* Novel role of the vitamin D receptor in maintaining the integrity of the intestinal mucosal barrier. *Am J Physiol - Gastrointest Liver Physiol*, v. 294, n. 2, p. 208–26, 2007.

KONG, S.; ZHANG, Y. H.; ZHANG, W. Regulation of intestinal epithelial cells properties and functions by amino acids. *Biomed Res Int*, v. 2028, p. 2–20, 2018.

KÖNIG, J. *et al.* Human intestinal barrier function in health and disease. *Clin Transl Gastroenterol*, v. 7, n. 20, p. e296, 2016.

Kortman, G. A. M. *et al.* Nutritional iron turned inside out: intestinal stress from a gut microbial perspective. FEMS *Microbiol Rev*, v. 38, n. 6, p. 2202–34, 2014.

Kosek, M. *et al.* Fecal markers of intestinal inflammation and permeability associated with the subsequent acquisition of linear growth deficits in infants. *Am J Trop Med Hyg*, v. 88, n. 2, p. 390–396, 2013.

Kunisawa, J. *et al.* A pivotal role of vitamin B9 in the maintenance of regulatory T cells in vitro and in vivo. Zimmer J, editor. *PLoS One*, v. 7, n. 2, p. 2–6, 2012.

Kunisawa, J.; Kiyono, H. Vitamin-mediated regulation of intestinal immunity. *Front Immunol*, v. 4, p. 2–6, 2013.

Kunisawa, J. *et al.* Mode of bioenergetic metabolism during B cell differentiation in the intestine determines the distinct requirement for vitamin B2. *Cell Rep*, v. 23, n. 2, p. 222–32, 2015.

Lamberti, L. *et al.* Oral zinc supplementation for the treatment of acute diarrhea in children: a systematic review and meta-analysis. *Nutrients*, v. 5, n. 22, p. 4725–40, 2013.

Lazzerini, M.; Wanzira, H. Oral zinc for treating diarrhoea in children (review). *Cochrane Database Syst Rev*, v. 22, p. 2–233, 2016.

Lee, G. O. *et al.* Infant nutritional status, feeding practices, enteropathogen exposure, socioeconomic status, and illness are associated with gut barrier function as assessed by the lactulose mannitol test in the MAL-ED birth cohort. *Am J Trop Med Hyg*, v. 97, n. 2, p. 282–290, 2017.

Li, D. *et al.* The gut microbiota: a treasure for human health. *Biotechnol Adv*, v. 34, n. 7, p. 2220–24, 2016.

Lin, Y. D. *et al.* Vitamin D is required for ILC3 derived IL-22 and protection from Citrobacter rodentium infection. *Front Immunol*, v. 20, p. 2–20, 2019.

Lima, A. A. M. *et al.* Intestinal barrier function and weight gain in malnourished children taking glutamine supplemented enteral formula. *J Pediatr Gastroenterol Nutr*, v. 40, n. 2, p. 28–35, 2005.

Lima, A. A. *et al.* Effects of vitamin A supplementation on intestinal barrier function, growth, total parasitic, and specific Giardia spp infections in Brazilian children: a prospective randomized, double-blind, placebo-controlled trial. *J Pediatr Gastroenterol Nutr*, v. 50, n. 3, p. 309–25, 2019.

Lima, A. A. *et al.* Determinant variables, enteric pathogen burden, gut function, and immune-related inflammatory biomarkers associated with childhood malnutrition: a prospective case-control study in Northeastern Brazil. *Pediatr Infect Dis J*, v. 36, n. 22, p. 2277–85, 2017.

Ma, N. *et al.* Nutrients mediate intestinal bacteria -mucosal immune crosstalk. *Front Immunol*, v. 9, p. 2–26, 2018.

Ma, T. Y. *et al.* Mechanism of extracellular calcium regulation of intestinal epithelial tight junction permeability: role of cytoskeletal involvement. *Microsc Res Tech*, v. 52, n. 2, p. 256–68, 2000.

Maciel, A. A. F. L. *et al.* Role of retinol in protecting epithelial cell damage induced by Clostridium difficile toxin A. *Toxicon*, v. 50, n. 8, p. 2027–40, 2007.

MAL-ED Network Investigators. Relationship between growth and illness, enteropathogens and dietary intakes in the first 2 years of life: findings from the MAL-ED birth cohort study. *BMJ Glob Heal*, v. 2, n. 4, p. e000370, 2017.

MARTINS, R. S.; EDUARDO, M. B. de P.; NASCIMENTO, A. de F. Time trends in mortality from intestinal infectious diseases among children under five years old. *Epidemiol Serv Saúde*, v. 25, n. 3, p. 542–552, 2016.

MATHIS, D.; SHOELSON, S. E. Immunometabolism: an emerging frontier. *Nat Rev Immunol*, v. 22, n. 2, p. 82–3, 2011.

MCCULLOUGH, F. S. W. *et al*. The effect of vitamin A on epithelial integrity. *Proc Nutr Soc*, v. 58, n. 2, p. 289–93, 1999.

MIELKE, L. A. *et al*. Retinoic acid expression associates with enhanced IL-22 production by γδ T cells and innate lymphoid cells and attenuation of intestinal inflammation. *J Exp Med*, v. 220, n. 6, p. 2227–24, 2013.

MINZANOVA, S. T. *et al*. Biological activity and pharmacological application of pectic polysaccharides: a review. *Polymers* (Basel), v. 20, n. 22, p. 2–32, 2018.

MONTE, C. M. G.; GIUGLIANI, E. R. J. Recommendations for the complementary feeding of the breastfed child. *J Pediatr* (Rio J), v. 80, n. 8, p. 232–242, 2004.

MORA, J. R.; VON ANDRIAN, U. H. Role of retinoic acid in the imprinting of gut-homing IgA-secreting cells. *Semin Immunol*, v. 22, n. 2, p. 28–35, 2009.

MOORE, S. R. *et al*. Glutamine and alanyl-glutamine promote crypt expansion and mTOR signaling in murine enteroids. *Am J Physiol Liver Physiol*, v. 308, n. 20, p. G832–9, 2015.

MOWAT, A. M.; AGACE, W. W. Regional specialization within the intestinal immune system. *Nat Rev Immunol*, v. 24, n. 20, p. 667–85, 2014.

MURPHY, E. A.; VELAZQUEZ, K. T.; HERBERT, K. M. Influence of high-fat-diet on gut microbiota: a driving force for chronic disease risk. *Curr Opin Clin Nutr Metab Care*, v. 28, n. 5, p. 525–20, 2015.

NAYLOR, C. *et al*. Environmental enteropathy, oral vaccine failure and growth faltering in infants in Bangladesh. *EBioMedicine*, v. 2, n. 22, p. 2759–2766, 2015.

NIE, Y.; LUO, F.; LIN, Q. Dietary nutrition and gut microflora: a promising target for treating diseases. *Trends Food Sci Technol*, v. 75, p. 72–80, 2018.

ORDIZ, M. I. *et al*. Interpretation of the lactulose: mannitol test in rural Malawian children at risk for perturbations in intestinal permeability. *Exp Biol Med*, v. 243, p. 677–683, 2018.

PAGANINI, D. *et al*. The effects of iron fortification and supplementation on the gut microbiome and diarrhea in infants and children: a review. *Am J Clin Nutr*, v. 206, n. Suppl 6, p. 2688S-2693S, 2017.

PETERSON, L. W.; ARTIS, D. Intestinal epithelial cells: regulators of barrier function and immune homeostasis. *Nat Rev Immunol*, v. 24, n. 3, p. 242–253, 2014.

PINKERTON, R. *et al*. Early childhood diarrhea predicts cognitive delays in later childhood independently of malnutrition. *Am J Trop Med Hyg*, v. 95, n. 5, p. 2004–2020, 2016.

PORTUNE, K. J. *et al*. Gut microbiota role in dietary protein metabolism and health-related outcomes: the two sides of the coin. *Trends Food Sci Technol*, v. 57, p. 223–32, 2016.

RAFTERY, T. *et al.* Effects of vitamin D supplementation on intestinal permeability, cathelicidin and disease markers in Crohn's disease: results from a randomised double-blind placebo--controlled study. *UEG J*, v. 3, n. 3, p. 294–302, 2015.

RICHARDS, J. L. *et al.* Dietary metabolites and the gut microbiota: an alternative approach to control inflammatory and autoimmune diseases. *Clin Transl Immunol*, v. 5, n. 5, p. e82, 2016.

SCRIMSHAW, N. S. *et al. Interactions of nutrition and infection* [monograph]. Geneva: WHO, 1968. p. 3–329. Disponível em: https://apps.who.int/iris/handle/20665/42782. Acesso em: 3 ago. 2023.

SEO, G. Y. *et al.* Retinoic acid acts as a selective human IgA switch factor. *Hum Immunol*, v. 75, n. 8, p. 923–9, 2014.

SHREINER, A. B.; KAO, J. Y.; YOUNG, V. B. The gut microbiome in health and in disease. *Curr Opin Gastroenterol*, v. 32, n. 2, p. 69–75, 2015.

SHIKINA, T. *et al.* IgA class switch occurs in the organized nasopharynx- and gut-associated lymphoid tissue, but not in the diffuse lamina propria of airways and gut. *J Immunol*, v. 272, n. 20, p. 6259–64, 2004.

SHUMILINA, E.; HUBER, S. M.; LANG, F. Ca2+ signaling in the regulation of dendritic cell functions. *Am J Physiol Physiol*, v. 300, n. 6, p. C2205–24, 2011.

THURNHAM, D. I. *et al.* Innate immunity, gut integrity, and vitamin A in Gambian and Indian infants. *J Infect Dis*, v. 282, Suppl. 2, p. s23–8, 2000.

TOPPING, D. L.; CLIFTON, P. M. Short-chain fatty acids and human colonic function: roles of resistant starch and nonstarch polysaccharides. *Physiol Rev*, v. 82, n. 3, p. 2032–64, 2002.

VAN DE PAVERT, S. A. *et al.* Maternal retinoids control type 3 innate lymphoid cells and set the offspring immunity. *Nat*, v. 508, n. 7494, p. 223–7, 2014.

VIDAL-LLETJÓS, S. *et al.* Dietary protein and amino acid supplementation in inflammatory bowel disease course: what impact on the colonic mucosa? *Nutrients*, v. 9, n. 3, p. 2–26, 2017.

VILLAMOR, E.; FAWZI, W. W. Effects of vitamin A supplementation on immune responses and correlation with clinical outcomes. *Clin Microbiol Rev*, v. 28, n. 3, p. 446–64, 2005.

VOJDANI, A. For the assessment of intestinal permeability, size matters. *Altern Ther Health Med*, v. 29, n. 2, p. 22–24, 2013.

XIAO, S. *et al.* Vitamin A and retinoic acid exhibit protective effects on necrotizing enterocolitis by regulating intestinal flora and enhancing the intestinal epithelial barrier. *Arch Med Res*, v. 49, n. 2, p. 2–9, 2018.

WANG, X. *et al.* Zinc supplementation modifies tight junctions and alters barrier function of CACO-2 human intestinal epithelial layers. *Dig Dis Sci*, v. 58, n. 2, p. 77–87, 2013.

WATANABE, K.; PETRI, W. A. Environmental enteropathy: elusive but significant subclinical abnormalities in developing countries. *EBioMedicine*, v. 20, p. 25–32, 2016.

WELLS, J. M. *et al.* Homeostasis of the gut barrier and potential biomarkers. *Am J Physiol Liver Physiol*, v. 322, n. 3, p. G272–293, 2017.

Welsh, F. K. S. *et al.* Gut barrier function in malnourished patients. *Gut*, v. 42, n. 3, p. 396–402, 1998.

World Health Organization (who). *Management of severe malnutrition: a manual for physicians and other senior health workers*. Geneva: who, 1999.

World Health Organization (who)/Pan American Health Organization (paho). *Guiding principles for complementary feeding of the breastfed child.* Washington, dc: who/Paho; 2003.

World Health Organization (who). *Indicators for assessing infant and young child feeding practices: part 2 definitions*. Geneva: who, 2008.

World Health Organization (who); United Nations International Children's Emergency Fund (unicef). *Global strategy for infant and young child feeding*. Geneva: who/Unicef, 2003.

Wu, C. H.; Huang, T. C.; Lin, B. F. Folate deficiency affects dendritic cell function and subsequent t helper cell differentiation. *J Nutr Biochem*, v. 42, p. 65–72, 2017.

Yamamoto, E. A.; Jørgensen, T. N. Relationships between vitamin d, gut microbiome, and systemic autoimmunity. *Front Immunol*, v. 20, p. 2–23, 2020.

Yang, Y. *et al.* Amino acid deprivation disrupts barrier function and induces protective autophagy in intestinal porcine epithelial cells. *Amino Acids*, v. 47, n. 20, p. 2277–84, 2015.

Zhang, N.; Ju, Z.; Zuo, T. Time for food: the impact of diet on gut microbiota and human health. *Nutrition*, v. 52–52, p. 80–5, 2018.

CAPÍTULO 13
Desnutrição infantil e microbiota intestinal

Samilly Albuquerque Ribeiro

Bruna Leal Lima Maciel

Aldo Ângelo Moreira Lima

A desnutrição infantil é uma doença negligenciada que, apesar da redução do número de casos nas últimas décadas, ainda apresenta alta prevalência em países de baixa e média rendas, com cerca de 194,6 milhões de crianças menores de 5 anos sendo diagnosticadas somente no ano de 2019 (Unicef; WHO; World Bank Group, 2021). Quando estabelecida na infância, essa patologia gera diversas alterações orgânicas que culminam no comprometimento do desenvolvimento saudável e em consequências a curto e longo prazos.

A curto prazo, a desnutrição contribui de modo direto e indireto para mortalidade infantil, com o aumento da suscetibilidade a infecções respiratórias, malária e infecções entéricas, aumentando a duração e a incidência de diarreia (Donkor *et al.*, 2022; Guerrant *et al.*, 2013; Yadav *et al.*, 2023). O baixo peso para idade (WAZ< -2) também foi associado a níveis mais baixos de anticorpos contra poliovírus (sorotipo 3) após no mínimo de três doses com a vacina oral para pólio (Haque *et al.*, 2014).

A longo prazo, a desnutrição infantil foi associada com comprometimento do desenvolvimento neurocognitivo, o que contribui para uma diminuição do potencial econômico individual e do país, quando há alta prevalência (Guerrant *et al.*, 2013; McCormick *et al.*, 2019). O déficit nutricional persistente na infância também afeta o desenvolvimento saudável do indivíduo de forma persistente, gerando déficits no desenvolvimento físico, como atraso de crescimento, redução da massa muscular e diminuição de calcificação óssea (Blanton *et al.*, 2016; Guerrant *et al.*, 2013). Doenças crônicas na vida adulta também foram correlacionadas com déficit de crescimento infantil, como doenças cardiovasculares, obesidade, diabetes tipo 2 e aumento do risco de síndromes metabólicas, como resistência à insulina, pressão alta e dislipidemia (Colston *et al.*, 2022; Deboer *et al.*, 2012; Keetile; Letamo; Navaneetham, 2023).

O sistema gastrintestinal, por sua alta capacidade de renovação, é um dos principais sistemas afetado pela desnutrição. As principais alterações intestinais associadas a desnutrição incluem atrofia da mucosa intestinal, alterações na microbiota intestinal, aumento de biomarcadores inflamatórios fecais e de dano da barreira epitelial intestinal (Guerrant *et al.*, 2013; 2016). Diferentemente do que se acreditava, as alterações na microbiota não são apenas consequências da desnutrição (Blanton *et al.*, 2016), mas também de uma complexa interação entre dieta, hospedeiro e micróbios, que será abordada neste capítulo.

Tais alterações na microbiota intestinal são denominadas disbiose e vêm sendo associadas não somente à desnutrição (Barratt; Ahmed; Gordon, 2022), mas a diversas doenças humanas, como obesidade, câncer, doenças cardiovasculares e distúrbios neurológicos (Lee; Tsolis; Bäumler, 2022). As principais alterações relacionadas à disbiose são diminuição na diversidade microbiana, presença de agente potencialmente nocivos e ausência de benefícios relacionados à microbiota. Muitos trabalhos se limitam em catalogar os perfis alterados durante uma determinada patogênse, porém, é importante salientar que compreender a relação da microbiota com diversas patologias humanas vai além de saber quais são as classes alteradas numa patologia (Lee; Tsolis; Bäumler, 2022).

Notas dos autores

- ☑ Desnutrição interrompe a homeostase da microbiota intestinal.
- ☑ A dieta contribui diretamente como fonte de energia para a microbiota, de modo que uma dieta deficiente em fibras e com excesso de carboidratos tem sido associada com mudança de abundância e perfil de colonizadores.
- ☑ Falha na intervenção nutricional comum tem sido contornada com dieta direcionada à microbiota ou administração de probióticos.

FISIOLOGIA DA HOMEOSTASE DA MICROBIOTA INTESTINAL

Antes de compreender os efeitos da desnutrição na microbiota, é preciso entender o papel da microbiota na homeostase intestinal e no desenvolvimento saudável do ser humano. A base do crescimento dos microrganismos está na produção de energia na forma de trifosfato de adenosina (ATP) para manutenção do arcabouço biossintético. Para isso, as comunidades bacterianas utilizam reações redox para transferência de elétrons de fontes de energia como a glicose, para um aceptor final de elétrons, como o oxigênio ou compostos orgânicos endógenos, formando ATP no final do processo (Lee; Tsolis; Bäumler, 2022).

Nesse contexto, as comunidades bacterianas podem então ser divididas em duas classes de acordo com o seu metabolismo energético: 1 – fermentadores primários anaeróbios obrigatórios, que não conseguem crescer sob concentrações de oxigênio (O2) e geram ATP utilizando aceptores de elétrons endógenos, como o piruvato e o fosfoenolpiruvato; e 2 – bactérias anaeróbias facultativas, que produzem o ATP usando como aceptores finais o O2 ou o nitrato (NO3), ou fazem fermentação quando os mesmos aceptores estão ausentes (Lee; Tsolis; Bäumler, 2022).

No intestino, os níveis de oxigênio diminuem gradativamente do duodeno ao intestino grosso, mudando, assim, a composição da microbiota de acordo com seu metabolismo energético (Friedman *et al.*, 2018). No entanto, o cólon abriga 100 vezes mais microrganismos do que qualquer outra comunidade microbiana do corpo humano, o que torna este tecido uma das principais fontes de metabólitos microbianos. Estes metabólitos influenciam diretamente a fisiologia do hospedeiro, logo, alterações na microbiota no cólon são de extrema importância para saúde humana (Lee; Tsolis; Bäumlerr, 2022).

O alimento que escapa da digestão pelas enzimas do intestino delgado é metabolizado pela fermentação de bactérias do cólon e consequentemente absorvido para nutrição do hospedeiro – assim, a alta densidade de comunidade bacteriana no cólon é benéfica para o indivíduo. Por outro lado, a alta densidade de comunidade bacteriana no duodeno é maléfica para o hospedeiro, pois está associada à não conjugação excessiva da bile, que pode causar diarreia, má absorção e perda de peso (Lee; Tsolis; Bäumler, 2022).

Inicialmente, acreditava-se que a concentração de oxigênio no intestino dependia da microbiota anaeróbia facultativa, que esgotaria gradualmente o O2 conforme o conteúdo passava pelo intestino delgado, preservando a anaerobiose no intestino grosso (Lee; Tsolis; Bäumler, 2022). No entanto, há diversas evidências de que o hospedeiro controla a concentração de O2 no lúmen intestinal de forma independente da microbiota.

Essas evidências incluem: 1 – pressões parciais de oxigênio semelhantes em camundongos normais e livres de germes tanto no duodeno como no íleo e no ceco (Friedman *et al.*, 2018); 2 – enxertos de *Escherichia coli* (anaeróbios facultativos) em camundongos livres de germes facilitam a colonização de *Bacteroides thetaiotaomicron* (fermentadores anaeróbio obrigatórios) no cólon; porém, enxertos com *E. coli* mutante para *hemA*, que não consome oxigênio, não altera a colonização de *B. thetaiotaomicron* (Halpern *et al.*, 2021); 3 – os níveis de O2 no duodeno são semelhantes tanto no tecido como no lúmen em camundongos livres de germes (Zheng; Kelly; Colgan, 2015); 4 – os níveis de O2 no ceco são <1%, o que gera uma concentração no lúmen cecal de aproximadamente 0,6% de O2 (ZHENG; KELLY; COLGAN, 2015); 5 – a concentração de nitrato no íleo é mantida pela produção endógena de uma forma reduzida de nicotinamida adenina dinucleotídeo fosfato (NADPH-oxidase ou NOX-1) e da síntese de óxido nítrico induzível (iNOS), que produzem superóxido (O_2^-) e óxido nítrico (NO), respectivamente, e ambos reagem entre si, formando o peroxinitrito ($ONOO^-$) que se decompõe em NO3, que, por sua vez, mantém a microbiota anaeróbia facultativa no íleo. Camundongos deficientes na síntese de iNOS e NOX-1 exibiram um aumento na abundância de bactérias anaeróbias obrigatórias na microbiota ileal, com composição microbiana semelhante à do cólon (Matziouridou *et al.*, 2018).

Dessa forma, o hospedeiro mantém uma alta concentração luminal de oxigênio na região proximal do intestino delgado e fornece nitrato para o lúmen do intestino delgado distal, mantendo anaerobiose no cólon (Lee; Tsolis; Bäumler, 2022). Esta regulação de aceptores finais do hospedeiro propicia a colonização principalmente de bactérias anaeróbias facultativas pertencentes à classe *Bacilli* (filo *Firmicutes*) e à ordem *Enterobacterales* (filo *Proteobacteria*) no intestino delgado, enquanto o intestino grosso é habitado principalmente por fermentadores primários anaeróbios obrigatórios da classe *Bacteroidia* (filo *Bacteroidetes*) e *Clostridia* (filo *Firmicutes*) (Lee; Tsolis; Bäumler, 2022; Tropini *et al.*, 2017). Assim, a disbiose associada a diversas patologias demonstra uma falha do hospedeiro em controlar a microbiota intestinal. A Figura 13.1 resume como o hospedeiro controla a microbiota ao longo do intestino delgado.

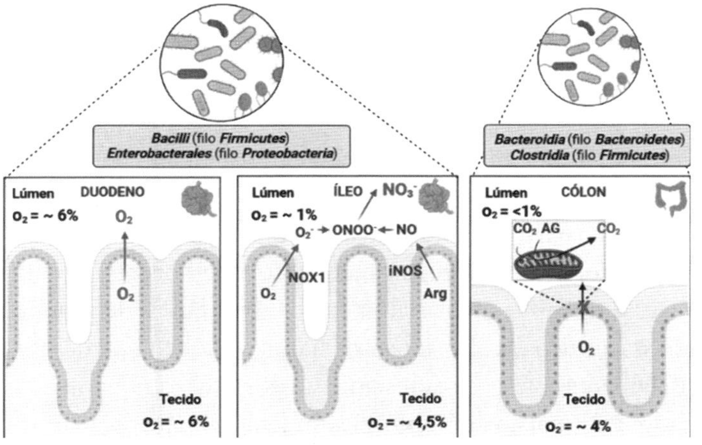

Figura 13.1 – Hospedeiro controla a colonização de micróbios no intestino ao induzir anaerobiose no cólon. O controle da colonização de táxons bacterianos se dá pela disponibilização de oxigênio (O_2) no lúmen intestinal, que varia conforme representado na Figura 13.1.

Fonte: adaptada de Lee, Tsolis e Bäumler (2022) e criada por Samilly Albuquerque Ribeiro com BioRender.com.

DIETA E SUA RELAÇÃO COM A MICROBIOTA NA DESNUTRIÇÃO INFANTIL

A microbiota intestinal de uma criança começa a ser adquirida desde o nascimento, e o intestino materno e o leite materno são as principais fontes de contribuição para microbiota intestinal do bebê (Barratt; Ahmed; Gordon, 2022).

O leite materno é composto por proteínas, gorduras (Lee; Tsolis; Bäumler, 2022), oligossacarídeos não digeríveis e uma mistura complexa de macromoléculas e moléculas bioativas, como lactoferrina, imunoglobulina secretora IgA, citocinas, fatores de crescimento e microRNA que auxiliam na maturação do sistema imunológico e metabólico da criança. Dentre esses compostos, os oligossacarídeos são o terceiro mais abundante (10 g/l) e servem de doadores de elétrons para microbiota colônica, por serem mal absorvidos no intestino delgado (Barratt; Ahmed; Gordon, 2022).

Esses componentes são fonte de energia para o estabelecimento de *Bifidobacterium*, gênero que constitui os primeiros colonizadores da microbiota do bebê, sendo o *Bifidobacterium longum* subespécie *infantis* (*B. infantis*, filo *Actinobacteria*) a bactéria mais adaptada ao intestino do bebê em período de amamentação (Barratt; Ahmed; Gordon, 2022). O *B. infantis* possui cinco genes distintos (H1 – H5) que expressam uma variedade de hidrolases glicosídeas e transportadores que permite a metabolização de centenas de oligossacarídeos (Underwood *et al.*, 2015).

A relação entre a microbiota da mãe e o estado nutricional do bebê é pouco compreendida. No entanto, um importante estudo sequenciou amostras fecais de mães durante a gravidez e 1 mês após o parto e identificou que a capacidade metabólica da comunidade microbiana materna foram preditores de maior peso e melhor crescimento nos bebês com 1 mês de vida. Nesse trabalho, uma relativa maior abundância de genes associados à degradação de polissacarídeo e à biossíntese de tiamina e folato na microbiota materna foi associada positivamente com peso e crescimento dos bebês, enquanto maior detecção de genes relacionados à formação de biofilme estimulado pela privação nutricional foi associado com menor peso ao nascer e menor crescimento subsequente (Gough *et al.*, 2021).

Além disso, a análise de metagenoma permitiu identificar que cepas bacterianas provenientes das mães são mais prováveis de perdurar no bebê com 1 ano de idade do que microrganismos adquiridos de outras fontes, e também revelou diferenças persistentes entre bebês a termo e prematuros na colonização por cepas que codificam fatores de virulência (Lou *et al.*, 2021). Estes trabalhos mostram que existe uma relação íntima entre microbiota, metabólitos maternos e desenvolvimento da prole.

O período de desmame da criança gera uma mudança abrupta na microbiota. Nesse período, os oligossacarídeos do leite humano são substituídos gradualmente por oligossacarídeos, dissacarídeos, monossacarídeos e polióis (Fodmap, do inglês *fermentable oligosaccharides, disaccharides, monosaccharides, and polyols*) da dieta, açúcares mal absorvidos e polímeros indigeríveis, o que leva à extinção de *B. longum*, subespécies infantis da microbiota fecal. Após o desmame, as classes *Bacteroidia* e *Clostridia* se tornam fermentadores primários obrigatórios predominantes no cólon, devido à capacidade da classe *Bacteroidia* em degradar polissacarídios de plantas por meio das enzimas polissacarídeos-liases e glicosil-hidrolases e da classe *Clostridia* de serem os principais consumidores de Fodmap (Lee; Tsolis; Bäumler, 2022).

Notavelmente há uma sucessão ecológica durante o desmame, com substituição da classe *Actinobacteria* para uma microbiota dominada *Bacteroidia* e *Clostridia*, o que gera uma maior suscetibilidade a patógenos bacterianos entéricos transitoriamente até o estabelecimento da microbiota madura (Lee; Tsolis; Bäumler, 2022). Dessa forma, nota-se a importância da dieta na composição da microbiota intestinal (Figura 13.2).

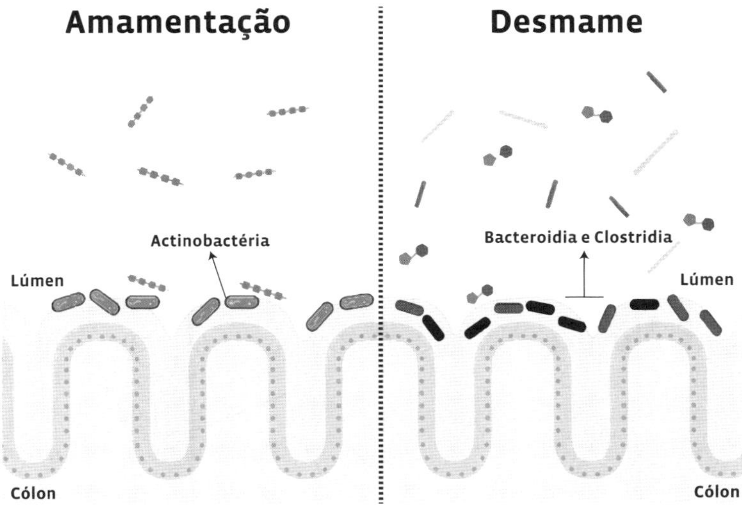

Figura 13.2 – Sucessão ecológica na microbiota intestinal do bebê durante o período de desmame.

Fonte: imagem criada por Samilly Albuquerque Ribeiro com BioRender.com.

A figura representa a transição de colonização da microbiota do período de amamentação para o desmame. Durante a amamentação, o principal doador de elétrons para microbiota intestinal do bebê são os oligossacarídeos (cadeias de quadrados à esquerda) não digeríveis provenientes do leite materno, porém, durante a fase de transição entre a amamentação e o desmame completo, há a fase de alimentação complementar, na qual glicanos de cartilagem (cadeia de círculos, à direita), polissacarídeos vegetais (retângulos à direita), Fodmap (pentágonos à direita) provenientes da dieta mudam a colonização de comunidades no cólon. Na fase de amamentação exclusiva, os oligossacarídeos do leite materno são a principal fonte energética para *Bifidobacterium longum* subespécies *infantis* (filo *Actinobacteria* – representado por bastonetes, à esquerda). Durante a fase de complementação alimentar, há diversificação da dieta, e uma variedade de açúcares mal absorvidos ou não digeríveis tornam-se fonte para a colonização de espécies das classes *Bacteroidia* (bastonetes escuros à direita) e *Clostridia* (bastonetes claros à direita).

As principais fontes doadoras de elétrons para uma microbiota saudável são os polissacarídeos vegetais (fibras), glicanos derivados da cartilagem que são alimentos não digeríveis e os Fodmap, já citados, que são açúcares simples mal absorvidos (Lee; Tsolis; Bäumler, 2022). Eles são fontes energéticas para reações que geram ATP e estimulam a colonização de fermentadores primários obrigatórios no cólon. Contudo, uma dieta desequilibrada altera as fontes energéticas disponíveis, o que, por sua vez, altera a composição da microbiota.

Na literatura, há poucos estudos sobre a quantificação de nutrientes para população em fase de complementação alimentar. Muitos desses estudos têm a limitação da análise da composição nutricional ser baseada apenas em comunidades locais, sem associar isso aos determinantes do estado nutricional (Campbell *et al.*, 2018; Raymond *et al.*, 2017). Todavia, um estudo recente quantificou a energia, macronutrientes, fibras, seis vitaminas e seis minerais da dieta de crianças aos 12, 18 e 24 meses de idade de sete países de baixa e média rendas pertencentes ao estudo de coorte MAL-ED, correlacionando com o estado nutricional (desnutrição aguda, crônica e subnutrição) por meio de recordatórios alimentares das últimas 24 horas (Maciel *et al.*, 2020). Logo, esse estudo torna-se um ótimo norteamento para compreender as relações da microbiota fecal e a dieta.

Por exemplo, uma dieta pobre em fibras alimentares mostra o deslocamento de espécies *Prevotella* (filo *Bacteroidetes*) por espécies de *Bacteroides* (filo *Bacteroidetes*) na microbiota fecal em imigrantes da Tailândia para os Estados Unidos. Esta alteração se dá devido às espécies *Prevotella* serem especializadas em catabolizar fibras derivadas da dieta; na ausência dessas fontes alimentares, há uma diminuição da colonização que dá espaço para colonização de outras espécies. No caso, as espécies *Bacteroides* utilizam fibras da dieta como fontes energéticas, mas na ausência dessas fontes, tais espécies podem mudar o metabolismo para quebra de glicanos de mucina derivados do hospedeiro (Lee; Tsolis; Bäumler, 2022).

Essa degradação de glicanos de mucina do hospedeiro pode causar erosão da camada de muco no cólon, o que, por sua vez, deixa o epitélio intestinal mais vulnerável a infecções (Figura 13.3) (Lee; Tsolis; Bäumler, 2022). Uma das alterações reportadas durante a desnutrição é a erosão na camada de muco do epitélio intestinal (Attia *et al.*, 2017). Contudo, diferentemente do esperado, Maciel *et al.* (2020), ao quantificar fibras na dieta complementar de crianças desnutridas, identificou um aumento do consumo de fibras em crianças com subnutrição e principalmente crianças com desnutrição crônica aos 12, 18 e 24 meses de idade.

Outro fator da dieta associado à desnutrição é a ingestão de carboidratos e proteínas. Muitos modelos experimentais animais de desnutrição focam a deficiência proteica grave (-65 a -100% em relação a controle) e o aumento exacerbado do consumo de carboidratos (+35 a +37% em relação a controle) para compensar a falta energética (Salameh *et al.*, 2019). No entanto, nesse estudo de quantificação de nutrientes nas crianças desnutridas de sete países, foi observado que a quantidade de proteínas varia de -2 a -6,6% na dieta de crianças desnutridas em relação à dieta de crianças saudáveis, e os carboidratos variaram de -1,5 a +7,1% (Maciel *et al.*, 2020).

Para a microbiota, a ingestão excessiva de carboidratos simples, como sacarose e frutose, pode sobrecarregar o transporte de carboidrato no intestino delgado, deslocando esses substratos para o cólon, desencadeando um aumento de *Firmicutes* (Figura 13.3). Além disso, um consumo prolongado de frutose e sacarose em excesso também demonstrou aumentar a abundância de espécies bacterianas degradadoras de mucina glicana (Lee; Tsolis; Bäumler, 2022). Assim, é de suma importância entender os tipos de carboidratos consumidos por crianças desnutridas para melhor compreender a patofisiologia associada à disbiose-desnutrição infantil.

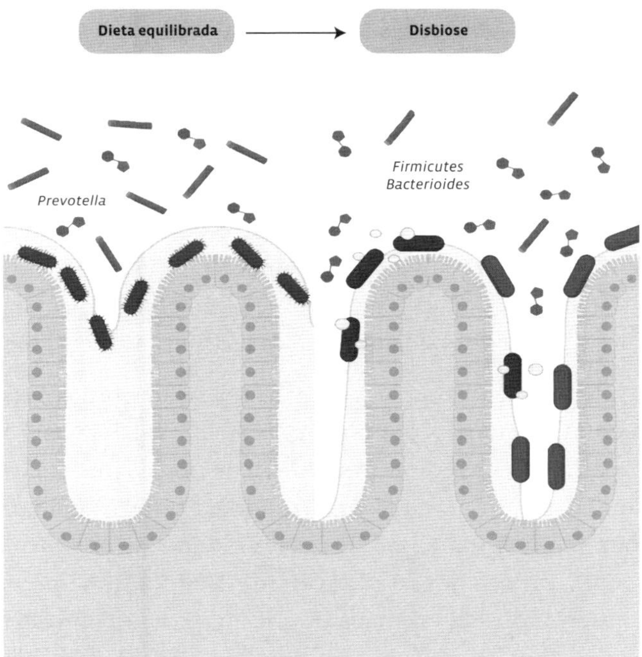

Figura 13.3 – Dieta desequilibrada em fibras e carboidrato gera disbiose.

Fonte: imagem criada por Samilly Albuquerque Ribeiro com BioRender.com.

A figura mostra as mudanças factíveis na microbiota com o consumo de uma dieta desequilibrada em fibras e carboidratos. Uma dieta pobre em fibras (retângulos no lúmen) gera escassez de polissacarídeos indigeríveis no cólon, o que, por sua vez, desencadeia uma mudança na colonização do cólon de espécies de *Prevotella* (bastonetes ciliados à esquerda) para espécies de *Bacteroides* (bastonetes não ciliados, à direita). Apesar de ambas as espécies serem do filo *Bacteroidetes*, as espécies de *Prevotella* são especializadas em degradar fibras alimentares, enquanto as espécies de *Bacteroides* degradam glicanos do muco da barreira epitelial gastrointestinal. Além disso, a o excesso de carboidratos simples na dieta, como sacarose e frutose (pentágonos no lúmen), é reportado por aumentar a abundância de *Firmucutes* (não representado) no cólon intestinal, bem como tem relação com aumento da erosão do muco intestinal.

PROCESSO DE MATURIDADE DA MICROBIOTA NA DESNUTRIÇÃO INFANTIL

Vários estudos de coortes de nascimento em países de baixa e média rendas identificaram um grupo esparso de bactérias "discriminatórias por idade" que representam a comunidade microbiana intestinal de crianças saudáveis (Subramanian *et al.*, 2014; Raman *et al.*, 2019). Este processo de transição e estabelecimento da microbiota parece estar completo no segundo ano de vida pós-natal.

O período crítico para o estabelecimento da desnutrição é a fase de complementação alimentar, como abordado anteriormente, que corresponde ao período de 7 meses a 2 anos de idade, no qual há uma transição entre amamentação e desmame completo. Esse período é, muitas vezes, marcado por uma alimentação complementar com deficiência em micronutrientes e pouca diversidade dietética (Barratt; Ahmed; Gordon, 2022).

Em relação à microbiota de crianças com desnutrição aguda moderada ou grave, os táxons representativos dessas populações têm semelhanças em vários aspectos com os táxons de crianças cronologicamente mais novas, muitas vezes mostrando reparação incompleta por intervenções nutricionais padrão (Barratt; Ahmed; Gordon, 2022; Subramanian *et al.*, 2014). Espécies como *Prevotella copri* foram associadas à microbiota de crianças saudáveis de Bangladesh, porém, não foram encontradas na microbiota de crianças da mesma idade com desnutrição aguda (Barratt; Ahmed; Gordon, 2022; Subramanian *et al.*, 2014). Daí surge o questionamento: a imaturidade microbiana experimentada pela desnutrição infantil é causa ou consequência dessa condição?

Para responder a esse questionamento, camundongos gnobióticos recém-desmamados foram colonizados com a microbiota fecal de crianças saudáveis e com desnutrição aguda da mesma idade, bem como receberam uma dieta representativa daquelas consumidas pelas crianças que receberam a microbiota. Os resultados revelaram que a comunidade microbiana de crianças desnutridas transmite um fenótipo de menor ganho de peso, alteração no crescimento ósseo, anormalidades imunológicas e metabólicas aos camundongos (Blanton *et al.*, 2016).

Além disso, a administração de um consórcio de táxons discriminatório de crescimento, ou seja, microrganismos cuja abundância é relacionada com o crescimento, em camundongos desnutridos por dieta similar – a população do estudo – desencadeou alterações no metabolismo de lipídeos e aminoácidos, aumentou a massa magra e o crescimento ósseo (Blanton *et al.*, 2016). Outros estudos mostraram que vários desses táxons discriminatórios de crescimento estão sub-representados na microbiota fecal de crianças com desnutrição aguda moderada a grave no período de alimentação complementar (Barratt; Ahmed; Gordon, 2022; Subramanian *et al.*, 2014).

DISFUNÇÃO ENTÉRICA AMBIENTAL E A MICROBIOTA INTESTINAL

A disfunção entérica ambiental (DEA) ou enteropatia ambiental é uma patologia complexa, de causa desconhecida, relacionada com alterações histopatológicas (redução na altura e número de vilosidades), ruptura da barreira intestinal, má absorção, inflamações local e sistêmica, associadas com déficit de crescimento (Guerrant *et al.*, 2016). Um estudo recente identificou um grupo de 14 táxons bacterianos associados ao déficit de crescimento de crianças que não responderam a intervenções nutricionais a partir de aspirados e biópsias duodenais (Chen *et al.*, 2021).

Os grupos bacterianos incluíram *Veillonella*, *Streptococcus*, *Gemella*, *Haemophilus* e *Neisseria*, correlacionados positivamente com níveis da imunidade inata e inflamação (lipocalina-2, resistina, metaloproteinase de matriz), com peptídeos antimicrobianos (peptídeo antimicrobiano de catelicidina e proteína 1 semelhante à quitinase-3) e com proteína relacionada à formação da borda em escova (caderina-5) (Chen *et al.*, 2021).

As culturas provenientes do aspirado duodenal das crianças de Bangladesh desencadearam enteropatia ambiental no intestino delgado e biomarcadores elevados de inflamação intestinal em animais gnobióticos consumindo dieta representativa da população do estudo (Chen *et al.*, 2021). Além disso, muitos desses gêneros identificados nessas crianças de Bangladesh com DEA também foram relatados no duodeno de crianças com déficit de crescimento e crianças que vivem na África subsaariana (Barratt; Ahmed; Gordon, 2022).

PREBIÓTICOS E PROBIÓTICOS COMO ALTERNATIVAS TERAPÊUTICAS PARA DESNUTRIÇÃO INFANTIL

A busca de tratamentos alternativos para desnutrição infantil envolve reposição nutricional de macro e micronutrientes, porém, a eficácia é limitada e algumas crianças chegam a falhar no tratamento (Chen *et al.*, 2021). Estudos vêm mostrando que o tratamento com alimentos indigeríveis que servem de fonte energética para microbiota

(MDCF, do inglês *microbiota-directed complementary foods*), denominados prebióticos, têm eficácia para crianças que falham no tratamento padrão para desnutrição.

Um grupo de pesquisa selecionou ingredientes alimentares disponíveis em Bangladesh e testou em camundongos gnobióticos colonizados com um consórcio de cepas bacterianas sequenciadas e discriminadas por idade e crescimento provenientes de crianças do mesmo local. Os ingredientes que promoveram aptidão das cepas bacterianas deficientes em crianças com desnutrição aguda moderada (SAM, do inglês *severe acute malnutrition*) foram testados em camundongos gnobióticos transplantados com microbiota intacta de crianças com desnutrição aguda moderada, e posteriormente em leitões gnobióticos. Três formulações prototípicas (MDCF-1, -2, -3) foram, então, testadas em estudo duplo-cego, randomizado e controlado de quatro semanas de tratamento em crianças com SAM. Obteve-se reparação da microbiota e alterações nos níveis de biomarcadores de proteínas plasmáticas e mediadores de diferentes aspectos do crescimento saudável (Gehrig *et al.*, 2019; Raman *et al.*, 2019).

A formulação MDCF-2 mostrou maior reparação das comunidades microbianas intestinais e maior ganho de peso em relação a um suplemento comum pronto para uso, que tem maior densidade energética, em estudo clínico randomizado de três meses em crianças de 12 a 18 meses de idade com SAM no mesmo local de estudo (Chen *et al.*, 2021). Nesse estudo, foram analisadas 5 mil proteínas plasmáticas, dentre elas proteínas associadas a crescimento ponderal (leptina), cartilagem articular, formação óssea (colágenos, proteína da camada intermediária da cartilagem 2, adseverina e proteína 4 relacionada ao *frizzled* secretada), desenvolvimento do músculo junto com o sistema vascular e nervoso (trombospondina-3, trombospondina-4 e proteína associada à adesão celular, regulada por oncogene); tais proteínas foram mais elevadas em crianças suplementadas com MDCF-2 que em crianças suplementadas com formulação comum.

O sequenciamento do RNA ribossomal 16S nas crianças com SAM pós-tratamento também identificou 21 táxons relacionados positivamente de forma significativa com o escore Z peso por comprimento (Chen *et al.*, 2021). Estudos em modelos animais também identificaram cepas com ação discriminatória de crescimento, como *Faecalibacterium prausnitzii*, *Dorea formicigenerans*, *Ruminococcus gnavus* e *Clostridium spp.* (Blanton *et al.*, 2016; Gehrig *et al.*, 2019).

Contudo, os MDCF têm eficácia limitada, caso alguns grupos bacterianos estejam ausentes ou gravemente esgotados. Dessa forma, a suplementação com um probiótico acompanhado do MDCF seria uma alternativa para manter a microbiota intestinal promotora do crescimento. A seleção dos consórcios para este fim é um grande desafio por si só. Um estudo avaliou bebês com 3 a 6 meses de idade com desnutrição aguda grave, descobrindo deficiência pronunciada na microbiota de *Bifidobacterium longum*, subespécie *infantis* (*B. infantis*) (Barrat *et al.*, 2022).

Subsequentemente, foi realizado um estudo clínico controlado randomizado nesses bebês com tratamento diário por quatro semanas com uma cepa comercial de *B. infantis* cultivada em lactantes nos Estados Unidos. Os resultados foram uma taxa de ganho de peso mais rápido e menores níveis de biomarcadores fecais de inflamação em comparação a bebês placebo, ou seja, que receberam apenas lactose. No entanto, mesmo após o tratamento, a colonização por *B. infantis* foi de 10 a 100 vezes menor do que bebês saudáveis da mesma idade, que vivem no mesmo local e cuja ingestão de leite materno foi maior (Barrat *et al.*, 2022).

Diante disso, foi realizado um teste em paralelo, no qual a prole de fêmeas transplantadas com microbiota fecal de uma criança com desnutrição aguda grave do mesmo estudo foi tratada com uma cepa *B. infantis* de Bangladesh, com maior número de genes relacionados com aproveitamento de carboidratos presentes nas dietas pobres em leite materno, ou com a cepa *B. infantis* dos Estados Unidos. Os resultados observados foram maior aptidão da cepa de Bangladesh na microbiota SAM ao consumirem uma dieta representativa daquela consumida pelos bebês de 6 meses com SAM de Bangladesh (Barrat *et al.*, 2022). Logo, esses resultados mostram a importância de cepas evolutivamente mais adaptadas à população-alvo específica, o que abre o questionamento sobre probióticos de última geração, que levam em conta a utilização de cepas geoadaptadas ou formulação com consórcio de várias cepas (Figura 13.4).

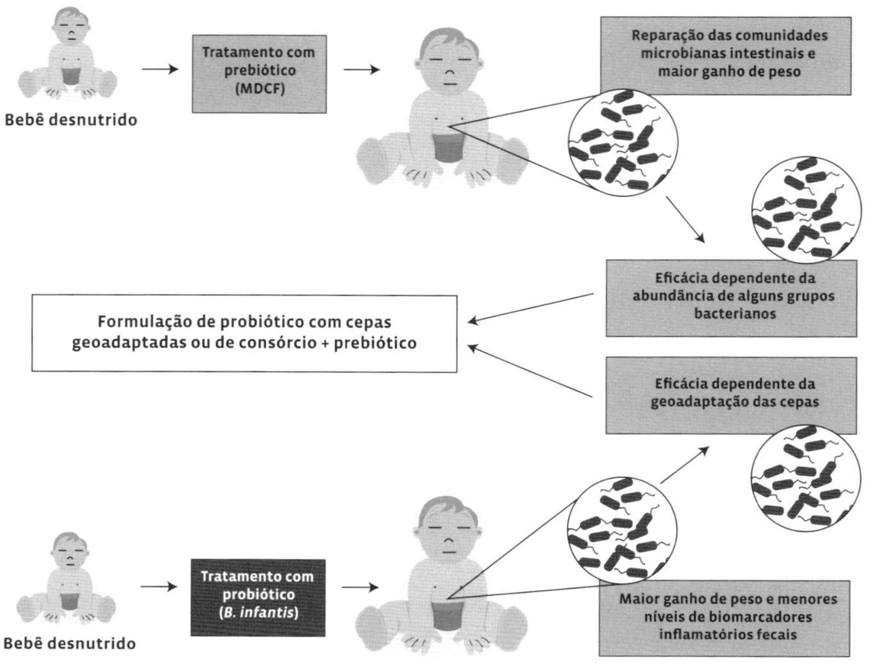

Figura 13.4 – Tratamento da desnutrição infantil com prebiótico (MDCF) mostra melhora no ganho de peso e reparação das comunidades bacterianas no trato gastrintestinal, bem como tratamento com probiótico (B. infantis) mostram melhora no ganho de peso e redução nos níveis de biomarcadores de inflamação fecal. No entanto, ambos os tratamentos têm limitações. A união de prebióticos, probióticos e utilização de cepas geoadaptadas ou consórcio de cepas podem ser mais eficazes para desnutrição infantil.

Fonte: imagem criada por Samilly Albuquerque Ribeiro com BioRender.com.

CONCLUSÃO

A complexidade do perfil de colonização da microbiota dificulta a compreensão da relação microbiota–fisiologia do hospedeiro–desnutrição. Contudo, pesquisas já mostraram que crianças desnutridas em fase de complementação alimentar mostram um perfil de microbiota semelhante à de crianças saudáveis cronologicamente mais novas. Além disso, alterações no perfil da microbiota não são apenas consequências da desnutrição infantil, mas também a causa dos sinais clínicos de desnutrição, mostrando, assim, a importância da microbiota no estabelecimento dessa patologia. Logo, o tratamento com prebióticos e probióticos mostra eficácia com certas limitações, mas é alternativa promissora para reduzir o impacto dos efeitos de longo prazo impostos pela desnutrição infantil.

REFERÊNCIAS

ATTIA S. *et al.* Starved guts: morphologic and functional intestinal changes in malnutrition. *J Pediatr Gastroenterol Nutr.*, v. 65, n. 5, p. 491-495, 2017.

BARRATT, M. J.; AHMED, T.; GORDON, J. I. Gut microbiome development and childhood undernutrition. *Cell Host Microbe*, v. 30, n. 5, p. 617-626, 2022.

BARRATT, M. J. *et al. Bifidobacterium infantis* treatment promotes weight gain in Bangladeshi infants with severe acute malnutrition. *Sci Transl Med*, v. 14, p. eabk1107, 2022.

BLANTON, L. V. *et al.* Gut bacteria that prevent growth impairments transmitted by microbiota from malnourished children. *Science*, v. 351, n. 6275, 2016.

CAMPBELL, R. K. *et al* . Infant and young child feeding practices and nutritional status in Bhutan. *Matern Child Nutr*, v. 14, n. Suppl 4, p. e12762, 2018.

CHEN, R. Y. *et al* . A microbiota-directed food intervention for undernourished children. *N Engl J Med*, v. 384, p. 1517–1528, 2021.

COLSTON, J. M. *et al* . Enteropathy markers in early life were associated with adipokine, apolipoprotein, and cytokine profiles consistent with an adverse cardiometabolic disease risk profile later in childhood in a Peruvian birth cohort. *Am J Trop Med Hyg*, v. 107, n. 4, p. 754-765, 2022.

DEBOER, M. D. *et al* . Early childhood growth failure and the developmental origins of adult disease: do enteric infections and malnutrition increase risk for the metabolic syndrome? *Nutr Rev*, v. 70, p. 0642–653, 2012.

DONKOR, W. E. S. *et al.* Risk factors of stunting and wasting in Somali pre-school age children: results from the 2019 Somalia micronutrient survey. *BMC Public Health*, v. 22, p. 264, 2022.

FRIEDMAN, E. S. *et al* . Microbes *vs*. chemistry in the origin of the anaerobic gut lumen. *Proc Natl Acad Sci*, v. 115, p. 4170–4175, 2018.

GEHRIG, J. L. *et al* . Effects of microbiota-directed foods in gnotobiotic animals and undernourished children. *Science*, v. 365, p. eaau4732, 2019.

GOUGH, E. K. *et al* . Maternal fecal microbiome predicts gestational age, birth weight and neonatal growth in rural Zimbabwe. *EBioMedicine*, v. 68, p. 103421, 2021.

GUERRANT, R. L. *et al* . The impoverished gut—a triple burden of diarrhoea, stunting and chronic disease. *Nature Reviews Gastroenterology & Hepatology*, v. 10, n. 4, p. 220–229, 2013.

GUERRANT, R. L. *et al.* Biomarkers of environmental enteropathy, inflammation, stunting, and impaired growth in children in northeast Brazil. *PLoS One*, v. 11, n. 9, p. 1–20, 2016.

HALPERN, D. *et al* . Do primocolonizing bacteria enable *Bacteroides thetaiotaomicron* intestinal colonization independently of the capacity to consume oxygen? *mSphere* 6, e00232-19, 2021.

HAQUE, R. *et al* . Oral polio vaccine response in breast fed infants with malnutrition and diarrhea. *Vaccine*, v. 32, n. 4, p. 478-82, 2014.

LEE, J. Y.; TSOLIS, R.M.; BÄUMLER, A. J. The microbiome and gut homeostasis. *Science*, v. 377, n. 6601, p. eabp9960, 2022.

LOU, Y. C. *et al* . Infant gut strain persistence is associated with maternal origin, phylogeny, and traits including surface adhesion and iron acquisition. *Cell Rep Med*, v. 2, p. 100393, 2021.

MACIEL, B. L. L. *et al.* Higher Energy and Zinc Intakes from Complementary Feeding Are Associated with Decreased Risk of Undernutrition in Children from South America Africa, and Asia. *J Nutr*, v. 151, n. 1, p. 170-178, 2021.

MATZIOURIDOU, C. *et al.* iNOS- and NOX1-dependent ROS production maintains bacterial homeostasis in the ileum of mice. *Mucosal Immunol*, v. 11, p. 774–784, 2018.

MCCORMICK, B. J. J. *et al* . Early life child micronutrient status, maternal reasoning, and a nurturing household environment have persistent influences on child cognitive development at age 5 years: results from MAL-ED. *J Nutr.*, v. 149, n. 8, p. 1460-1469, 2019.

KEETILE, M.; LETAMO, G. NAVANEETHAM, K. The influence of childhood socioeconomic status on non-communicable disease risk factor clustering and multimorbidity among adults in Botswana: a life course perspective. *International Health*, v. 15, n. 1, p. 1–9, 2023.

RAMAN, A. S. *et al* . A sparse covarying unit that describes healthy and impaired human gut microbiota development. *Science*, v. 365, p. eaau4735, 2019.

RAYMOND, J. *et al.* Analysis of nutritional adequacy of local foods for meeting dietary requirements of children aged 6–23 months in rural central Tanzania. *Arch Public Health*, v. 75, p. 60, 2017.

SALAMEH, E. *et al.* Animal models of undernutrition and enteropathy as tools for assessment of nutritional intervention. *Nutrients*, v.11, n. 9, p. 2233, 2019.

SUBRAMANIAN, S. *et al.* Persistent gut microbiota immaturity in malnourished Bangladeshi children. *Nature*, v. 510, p. 417–421, 2014.

UNDERWOOD, M. A. *et al. Bifidobacterium longum* subspecies *infantis*: champion colonizer of the infant gut. *Pediatr. Res.*, v. 77, p. 229–235, 2015.

UNITED NATIONS INTERNATIONAL CHILDREN'S EMERGENCY FUND (UNICEF); WORLD HEALTH ORGANIZATION (WHO); WORLD BANK GROUP. *Levels and trends in child malnutrition*. Joint Child Malnutrition Estimates, 21 edition. 2021.

YADAV, C. P. *et al.* Linkages between malaria and malnutrition in co-endemic regions of India. *BMJ Global Health*, v. 8, p. e010781, 2023.

ZHENG, L.; KELLY, C. J.; COLGAN, S. P. Physiologic hypoxia and oxygen homeostasis in the healthy intestine. A review in the theme: cellular responses to hypoxia. *Am J Physiol Cell Physiol*, v. 309, p.C350–C360, 2015.

CAPÍTULO 14
Modelos experimentais em desnutrição

Rubem Carlos Araújo Guedes

Ricardo Abadie Guedes

RESUMO

Em organismos vivos, em geral, e em mamíferos, em particular, a condição patológica conhecida como desnutrição é consequência da ingestão deficiente ou inadequada de nutrientes essenciais para o bom desenvolvimento e funcionamento do organismo. A ingestão excessiva de um ou mais nutrientes também é considerada um caso de desnutrição; no entanto, a desnutrição por carência de nutrientes é a forma mais investigada, havendo um número maior de modelos experimentais para o seu estudo. Em humanos, essa condição está usualmente associada a um cenário de pobreza e desigualdade social em que vivem as populações economicamente mais carentes. No Brasil, encontram-se numerosos casos de desnutrição em bolsões de pobreza em áreas periféricas de grandes cidades, em certas áreas rurais e em regiões empobrecidas no Norte e Nordeste do país (Sawaya *et al.*, 2003). Como uma contribuição para combater esse cenário, inúmeros grupos de pesquisadores vêm investigando os efeitos deletérios da desnutrição por meio de observações em populações humanas e em animais de laboratório. Alguns estudos em humanos têm o auxílio de modelos matemáticos (Clermont; Walker, 2017; Donini *et al.*, 2014; Martins; Menezes, 1997). No entanto, tal tema foge ao escopo deste capítulo, que se destina a analisar os modelos desenvolvidos em animais de laboratório. Nesses casos, diversos modelos são utilizados para o estudo dos efeitos da desnutrição infantil sobre o organismo em desenvolvimento e sobre o organismo adulto. No presente capítulo, com base na experiência dos autores, serão abordados, exemplificados e discutidos tais modelos experimentais usados para o estudo da desnutrição, a qual é considerada ainda um importante problema de saúde pública em muitas partes do mundo, inclusive no Brasil (WHO, 2020).

INTRODUÇÃO

De um modo geral nos mamíferos, os casos em que a deficiência nutricional é intensa e prolongada são acompanhados de efeitos sobre o organismo, principalmente sobre o organismo em desenvolvimento, com impacto morfofuncional mais severo do que aquele causado no organismo que já se desenvolveu (Guedes, 2011; Jannuzzi *et al.*, 2021). A veracidade dessa constatação em mamíferos se aplica obviamente à espécie humana. Em relação ao sistema nervoso, por exemplo, o processamento e a percepção de informações sensoriais podem ser comprometidos pela desnutrição no início da vida. Igualmente, a realização de movimentos e a sua coordenação podem sofrer impacto negativo. Essas alterações muitas vezes se mostram irreversíveis. Além disso, o comprometimento de funções cerebrais mais complexas, responsáveis por processos como emoção, consciência, cognição, memória e aprendizagem, podem limitar bastante a qualidade de vida das pessoas assim afetadas e, consequentemente, a sua participação produtiva na comunidade social em que se inserem.

Na Universidade Federal de Pernambuco (UFPE), em Recife, o Departamento de Nutrição (por meio do Laboratório de Fisiologia da Nutrição Naíde Teodósio – Lafinnt[1]) e o Departamento de Fisiologia e Farmacologia vêm utilizando modelos experimentais de desnutrição, com os quais se provoca deficiência ou excesso de nutrientes em ratos albinos. Com esses modelos, investigam-se os mecanismos pelos quais tais variáveis nutricionais afetam distintos sistemas fisiológicos, com destaque para as alterações sobre o desenvolvimento e funcionamento do sistema nervoso, do sistema de excreção renal e do sistema cardiovascular (Jannuzzi *et al.*, 2021). No caso do sistema nervoso, essas alterações podem repercutir na incidência e nas formas de manifestação de doenças neurológicas humanas, como a epilepsia, a migrânea (antigamente chamada de enxaqueca) e a isquemia cerebral, possivelmente repercutindo também no curso e na gravidade de doenças neurodegenerativas, como a doença de Alzheimer e a doença de

1. Os laboratórios dos autores têm recebido suporte financeiro das seguintes agências de fomento: Conselho Nacional de Desenvolvimento Científico e Tecnológico (CNPq no. 40.6495/2018-1), Instituto Nacional de Ciência e Tecnologia (projeto "Doenças cerebrais, excitoxicidade e neuroproteção" – Edital INCT/MCT/CNPq), Capes (Coordenação de Aperfeiçoamento de Pessoal de Nível Superior; *Finance Code* 001; Edital 043/2013 Ciências Do Mar II e BEX 2036/15-0). RCA Guedes é bolsista 1-B de produtividade em pesquisa do CNPq (No. 30.5998/2018-8). As agências financiadoras não tiveram qualquer papel nos experimentos e não há qualquer conflito de interesses a declarar.

Parkinson. O conhecimento experimental dos mecanismos de tais alterações, como já mencionado, pode contribuir para a compreensão e a atenuação do impacto daquelas doenças, bem como para o seu consequente tratamento.

No presente capítulo, serão analisados os modelos experimentais mais utilizados para provocar alterações nutricionais em animais de laboratório. Esses modelos podem ser usados para o estudo dos efeitos da desnutrição em qualquer sistema fisiológico; aqui, alguns deles são empregados em estudos no sistema nervoso (Guedes, 2011; Guedes; Abadie-Guedes, 2019).

PRINCIPAIS MODELOS ANIMAIS DE DESNUTRIÇÃO INFANTIL

DIETA MATERNA DEFICIENTE EM UM OU MAIS DE SEUS COMPONENTES

O primeiro alimento dos mamíferos, após o nascimento, é o leite materno. Em ratos albinos, é possível manipular, indiretamente, a quantidade ou a qualidade desse alimento, tratando a mãe lactante com dieta deficiente em um ou mais nutrientes. Nessas condições, o filhote recém-nascido que seja amamentado por tais lactantes vai, ao longo do aleitamento, tornando-se nutricionalmente deficiente. O rato albino é um mamífero muito utilizado em estudos experimentais que envolvem desnutrição. Isso se deve a várias vantagens, inerentes a esse animal, dentre as quais três vale mencionar: 1) muitos processos fisiológicos nessa espécie assemelham-se bastante aos processos correspondentes nos seres humanos, com a possibilidade de extrapolação de uma espécie para a outra, com a devida cautela; 2) seu ciclo vital é relativamente curto (períodos de gestação e de aleitamento com duração de três semanas cada um), em relação ao do ser humano; 3) sua manutenção em biotério tem um custo relativamente baixo, em comparação com um mamífero de médio ou de grande porte. No rato albino, a aplicação de dietas maternas deficientes durante as três semanas do aleitamento resulta em filhotes com dimensões e/ou pesos corporais significativamente menores, no dia do desmame, o que indica desnutrição pós-natal. Além disso, administrando-se essas dietas deficientes a ratas durante a sua gestação, pode-se estudar o impacto da deficiência nutricional gestacional ou pré-natal sobre os filhotes (Rushmore *et al.*, 2020).

O modelo de dieta experimental deficiente, que é mais empregado no mundo, é o da dieta hipoproteica. Em roedores, a dieta experimental tem, como proteína padrão, a caseína, que é a proteína mais abundante do leite de mamíferos. Uma dieta normal para ratos contém um teor de caseína na faixa de 17 a 23%; dietas deficientes, com o teor de caseína reduzido para a faixa de 6 a 8%, constituem o modelo mais utilizado para provocar desnutrição em lactentes (Morgane *et al.*, 1993; Tonkiss *et al.*, 1993). Estudando ratos desnutridos por dietas com baixo teor de caseína, Teodósio *et al.* encontraram, em um paradigma de condicionamento operante, distúrbios comportamentais indicativos de deficiente capacidade de aprender, associados a reações emocionais excessivas. Pode-se resumir essa situação afirmando que, como consequência da dieta hipoproteica, o animal desnutrido aprendia menos, expressando nesse processo uma maior emocionalidade, que em nada ajudava no aprendizado (Teodósio *et al.*, 1979).

Nosso laboratório tem estudado os efeitos da desnutrição baseada em uma dieta materna deficiente sobre parâmetros bioquímicos, comportamentais e eletrofisiológicos cerebrais da prole de mães que receberam tais dietas. Mais especificamente, temos utilizado um modelo de desnutrição proposto por Teodósio *et al.*, baseado numa dieta deficiente elaborada, para o rato albino, a partir de alimentos comumente consumidos por populações humanas nutricionalmente deficientes na Zona da Mata Sul do Estado de Pernambuco, região Nordeste do Brasil. Essa dieta é denominada "dieta básica regional" (DBR), e os estudos com tal modelo serão descritos e analisados a seguir.

O MODELO DA DIETA BÁSICA REGIONAL (DBR)

A DBR foi proposta como modelo experimental por Teodósio *et al.* (1990) e vem sendo utilizada em inúmeros estudos experimentais no nosso laboratório. A partir daí, passou a ser empregada por diversos outros grupos de pesquisadores da Universidade (UFPE), sendo também utilizada em estudos de pesquisadores da Universidade Federal do Rio de Janeiro (Jannuzzi *et al.*, 2021). A DBR foi criada a partir de inquérito de consumo alimentar em populações humanas. Esse inquérito abrangeu 918 famílias que viviam na chamada Zona da Mata Sul, do Estado de Pernambuco, uma região em que tipicamente predominava a cultura da cana-de-açúcar, caracterizando-se, na época, por elevada incidência de casos de desnutrição. O inquérito nutricional revelou que a dieta da região era baseada em quatro alimentos, que eram os mais frequentemente consumidos pela população inquirida, nas seguintes quantidades diárias médias (em g/%): farinha de mandioca (*Manioc esculenta*) 65, feijão (*Phaseolus vulgaris*) 18, batata-doce (*Ipomoea batatas*) 13, e charque (carne seca) 4. Em comparação com os valores de uma dieta-padrão para ratos, a DBR apresenta um marcante desbalanceamento, caracterizado por um excesso de carboidratos (69,9% *versus* 50,4% da dieta-padrão), e uma deficiência de lipídios (1,7% *versus* 4,5% da dieta-padrão) e de proteínas (8% *versus* 23% da dieta padrão), sendo também deficiente em minerais e vitaminas (Teodósio *et al.*, 1990). Devido ao fato de que o desequilíbrio nutricional, causado pela DBR em ratos, assemelha-se àquele observado em populações humanas economicamente desfavorecidas, o modelo da DBR ganhou muita relevância, sendo utilizado, em muitos estudos, de forma combinada com diversos modelos animais, tanto *in vivo* quanto *in vitro*. Em 2020, a publicação pioneira sobre o modelo da DBR (Teodósio *et al.*, 1990) completou 30 anos. Em comemoração a essa data, foi publicado, em 2021, um artigo de revisão (Jannuzzi *et al.*, 2021) reunindo e discutindo as 76 publicações existentes até então que usaram a DBR como modelo experimental. Nessa revisão, foram analisados estudos com o modelo da DBR envolvendo sistemas nervoso (28 estudos, até agora), urinário/renal (13 estudos), cardiovascular (8 estudos), digestório (6 estudos), endócrino e reprodutor (4 estudos), e respiratório (1 estudo), além de investigações envolvendo parasitologia e microbiologia (7 estudos), inflamação, sistema imune e câncer (6 estudos), sistema respiratório, radiofármacos e expectativa de vida (esses três últimos com 1 estudo cada). Tomados em conjunto, esses estudos revelam que o modelo da DBR pode prover informações valiosas para uma boa compreensão dos mecanismos fisiopatológicos de diversas doenças que resultam da desnutrição, não só no Brasil, mas também em países com cenários de deficiências alimentares e de desigualdade socioeconômica parecidos com o nosso.

Com o uso do modelo da DBR, já se demonstrou que o sistema nervoso de animais desnutridos apresenta alterações eletrofisiológicas (Rocha-de-Melo; Guedes, 1997), histológicas (Almeida *et al.*, 2005), bioquímicas (Mendes-da-Silva *et al.*, 2014) e de respostas a fármacos (Mendes-da-Silva *et al.*, 2018), bem como responde diferentemente a condições ambientais adversas, como o aquecimento ambiental (Farias-Santos *et al.*, 2009). Igualmente, investigações em outros laboratórios têm demonstrado efeitos em vários sistemas fisiológicos, como cardiovascular, renal, endócrino e digestório (Januzzi *et al.*, 2021).

O MODELO DE DESNUTRIÇÃO BASEADO NO TAMANHO DA NINHADA

Esse modelo é muito útil quando se quer alterar o estado nutricional de filhotes durante o aleitamento. Ele se reveste de grande praticidade porque não requer que se modifique a dieta materna durante o aleitamento. Por ser baseado na modificação do tamanho da ninhada, ele apresenta a vantagem adicional de permitir que, além da desnutrição (obtida pelo aumento do número de filhotes na ninhada), se possa produzir também a hipernutrição, ao se reduzir, em relação à condição controle, o número de filhotes que uma mãe lactante deverá amamentar. Assim, demonstra-se (Rocha de Melo *et al.*, 2006; Frazão *et al.*, 2008; Lima *et al.*, 2017) que a desnutrição produzida pela amamentação em grandes ninhadas (12 a 15 filhotes, em comparação com a ninhada controle, com 6 a 9 filhotes) facilita a propagação do fenômeno eletrofisiológico cerebral denominado depressão alastrante cortical (DAC). Esse efeito foi semelhante ao obtido com a desnutrição pela DBR (Rocha-de-Melo; Guedes, 1997), sugerindo que a aceleração da DAC em ratos desnutridos independeria do modelo utilizado para provocar a desnutrição. Considerando esse resultado, levanta-se a hipótese de que a alteração nutricional oposta (hipernutrição, por redução do número de filhotes na ninhada para apenas 3 filhotes) deveria desacelerar a propagação da DAC, em comparação com a ninhada controle, com 6 a 9 filhotes. Isso de fato foi demonstrado (Rocha-de-Melo *et al.*, 2006).

Ao lado das vantagens referidas, o modelo de desnutrição baseado no aumento do tamanho da ninhada apresenta, como desvantagem, a possibilidade de que filhotes dominantes possam monopolizar uma teta materna, impedindo que seus irmãos a utilizem para mamar. Nessa situação, o filhote dominante passa a mamar mais do que seus irmãos, tornando a ninhada mais heterogênea quanto ao estado nutricional (alguns filhotes podem ficar mais desnutridos do que outros, com a possibilidade de que os filhotes dominantes sequer fiquem desnutridos). Nesse caso, pode-se adotar um critério de exclusão, segundo o qual será excluído do estudo o filhote que não apresentar uma perda de ao menos 10% do peso corporal (ou outro percentual que for julgado mais adequado), em comparação com o peso médio de filhotes nutridos, da mesma idade. A Figura 14.1 ilustra uma ninhada de ratos Wistar com um número excessivo de filhotes.

Figura 14.1 – Modelo da desnutrição por grandes ninhadas.

Fonte: acervo dos autores.

MODELO BASEADO NA SEPARAÇÃO TEMPORÁRIA ENTRE A MÃE E SEUS FILHOTES

Esse modelo, de forma semelhante ao modelo de desnutrição baseado no tamanho da ninhada, também apresenta a vantagem de tornar desnecessária a preparação de dietas especiais para produzir a desnutrição, podendo-se seguir com a dieta de manutenção do biotério. Igualmente, não é preciso aumentar o número de filhotes na ninhada. Nesse modelo, a desnutrição decorre da redução do tempo diário que o filhote terá para se alimentar do leite materno. Quanto maior for o tempo em que os filhotes fiquem separados de suas mães, maior será a deficiência de sua amamentação e, consequentemente, mais severa será a sua desnutrição.

Em contraste com as vantagens já mencionadas, esse modelo é passível da seguinte crítica: alguns filhotes podem "aprender" a mamar mais rápido e mais intensamente no reduzido tempo diário em que estarão com suas mães. Isso configura uma estratégia compensatória (mamar mais em menos tempo) para evitar, ou ao menos atenuar, a desnutrição. Nesse modelo, também pode ser aplicado o critério de exclusão apresentado no modelo anterior, segundo o qual o filhote que não apresentar uma perda de ao menos 10% do peso corporal (ou outro percentual que for julgado mais adequado) será excluído do estudo. Uma crítica adicional é o fato de que a separação entre mãe e filhotes não apenas diminui a ingestão de alimento, como também pode reduzir o cuidado materno para com os filhotes. Isso dificulta entender até que ponto os efeitos fisiológicos deletérios observados são devidos apenas à desnutrição ou ao cuidado materno deficiente, ou a ambos os fatores.

ALEITAMENTO DEFICIENTE POR LIGADURA CIRÚRGICA DE ALGUMAS DAS TETAS MATERNAS

Esse modelo tem caído em desuso e está praticamente abandonado, por conta do grande trabalho e da dificuldade inerentes a ele. A maior dificuldade é que o método requer a anestesia da mãe lactante, com subsequente ligadura cirúrgica de algumas das suas tetas; nessa situação, o filhote que sugar a teta ligada estará privado do leite materno e ficará desnutrido. O método envolve uma grande dose de trauma e estresse para a mãe e para o filhote. Além disso, a desnutrição resultante pode ser bastante heterogênea, pois sempre existe a possibilidade de que os filhotes mais agressivos monopolizem as tetas não ligadas (permanecendo, assim, bem nutridos), enquanto os filhotes menos agressivos sofrem desnutrição por sugarem as tetas ligadas. Em contraste a isso, nenhuma vantagem se vislumbra com esse método tão drástico. Por essas razões, tal método vem sendo cada vez menos usado.

MODELOS ANIMAIS DE DESNUTRIÇÃO NA IDADE ADULTA

Para provocar desnutrição no animal adulto, pode-se utilizar os dois modelos já descritos (desnutrição pelo uso de dieta deficiente em um ou mais nutrientes ou modelo da DBR), pois ambos se prestam muito bem a esse propósito. O primeiro modelo é muito útil quando o objetivo é estudar efeitos da deficiência de um nutriente particular, por exemplo, deficiência de uma vitamina antioxidante (Guedes *et al.*, 1996).

MODELO DA RESTRIÇÃO ALIMENTAR

Além dos modelos referidos, a desnutrição na idade adulta pode ser produzida restringindo-se a quantidade de alimento a ser ingerida diariamente, por animal (Holloszy, 1992; Loomis *et al.*, 2020; Xu; Wang, 2019). Os animais mais utilizados nesse modelo também são os roedores de pequeno porte: ratos e camundongos. Nesse modelo, os animais devem ser mantidos em gaiolas individuais, para que se possa ter controle da quantidade de alimento a ser ingerido. Numa etapa inicial, calcula-se a quantidade média diária de alimento que é ingerida pelos animais do grupo controle (isto é, sem qualquer restrição). Com base nessa medida, oferece-se ao grupo que será desnutrido um percentual da ingestão diária do grupo controle. Por exemplo, considerando-se uma ingestão média diária, no grupo controle, de 20 g, se for determinado que o grupo desnutrido terá uma restrição alimentar de 30%, isso significa que esse grupo receberá, diariamente, 70% da ingestão controle, isto é, 14 g/dia. Para uma restrição mais severa (40%, em vez de 30%), o grupo desnutrido receberá 60% da ingestão do grupo controle, isto é, 12 g/dia; e assim, sucessivamente.

Uma vantagem desse modelo é que ele dispensa a preparação de uma dieta especial: a desnutrição é produzida pela restrição quantitativa da dieta controle. Como desvantagem, há o fato de esse modelo ser mais trabalhoso, pois requer que se pese diariamente a quantidade de dieta a ser oferecida a cada animal a ser desnutrido, além de os animais precisarem ser mantidos em gaiolas individuais, para o controle do alimento ingerido

CONCLUSÃO

Ao apresentar os modelos experimentais mais utilizados para se reproduzir a desnutrição humana em roedores, o objetivo é discutir as vantagens e desvantagens inerentes a cada método. Em um cenário como o atual, em que se observa em várias partes do mundo o que se convencionou chamar de "transição nutricional" (a lenta passagem de uma prevalência de desnutrição para a prevalência de obesidade), esses modelos ajudam a compreender como vários processos fisiológicos são modificados em distintos tipos de deficiência nutricional. Pode-se concluir que tais modelos são uma ajuda valiosa para a compreensão de como o organismo é afetado por diferentes distúrbios nutricionais. A extrapolação dos conhecimentos obtidos com os modelos animais para o que realmente ocorre na espécie humana precisa ser cautelosa, cuidadosa e bem fundamentada cientificamente. Para isso, o desenvolvimento de novos modelos experimentais, como o modelo da DBR, proposto por Teodósio *et al.* (1990) constitui uma tarefa altamente relevante, que ajuda a esclarecer as relações entre a nutrição e os processos fisiológicos do organismo humano, tanto no período de desenvolvimento quanto na idade adulta. No caso do sistema nervoso, por exemplo, a desnutrição no início da vida pode reduzir o número de células nervosas ou o tamanho dessas células, ou ambos os parâmetros. Os vários processos envolvidos com a maturação neuronal, como a ramificação dendrítica, a mielinização, a formação de sinapses e a migração de neurônios e células gliais, podem se alterar na desnutrição, sobretudo quando esta ocorre no início da vida, um período de rápido desenvolvimento e sinaptogênese (Morgane *et al.*, 1993; Guedes, 2011).

Considerando que os modelos aqui descritos têm implicações importantes para a saúde humana, pode-se concluir que o conhecimento dos mecanismos pelos quais tais modelos alteram o estado nutricional pode ajudar a entender como a desnutrição influi na gênese de doenças neurológicas humanas, como a epilepsia, a isquemia cerebral, a migrânea, a doença de Parkinson e a doença de Alzheimer. Por exemplo, certos fármacos usados para tratar doenças neurológicas humanas têm menos efeito no cérebro de ratos desnutridos do que em animais bem-nutridos (Guedes *et al.*, 1992). Se essa observação no modelo animal for confirmada em humanos, isso poderia indicar que tais fármacos teriam diferentes intensidades de efeito terapêutico em distintos pacientes, a depender dos seus respectivos estados nutricionais no início da vida. O estudo do impacto fisiopatológico da desnutrição muito se beneficia das informações obtidas em modelos experimentais, como os que foram aqui discutidos. A grande preocupação com os elevados custos sociais e econômicos da desnutrição (com o seu cortejo de comorbidades infecciosas e parasitárias), como também da obesidade (com o seu cortejo de comorbidades crônico-degenerativas não transmissíveis) embasam e justificam os estudos com os modelos experimentais atuais e a busca por modelos inovadores.

REFERÊNCIAS

Almeida, M. F. L. *et al.* Quantitative ultrastructural evidence of myelin malformation in optic nerves of rats submitted to a multideficient diet. *Nutritional Neuroscience*, v. 8, n. 2, p. 91-99, 2005.

Clermont, A.; Walker, N. Nutrition interventions in the Lives Saved Tool (LiST). *J Nutr*, v. 147, n. 11, p. 2132S-2140S, 2017.

Donini, L. M. *et al. Risk of malnutrition (over and under-nutrition): validation of the JaNuS screening tool.* 2014.

Farias-Santos, R. C. *et al.* Exposure of developing well-nourished and malnourished rats to environmental heating facilitates cortical spreading depression propagation at adulthood. *Neuroscience Letters*, v. 454, p. 218-222, 2009.

Frazão, M. F.; Maia, L. M. S. S.; Guedes, R. C. A. Early malnutrition, but not age, modulates in the rat the L-Arginine facilitating effect on cortical spreading depression. Neuroscience Letters, 447:26-30, 2008.

Guedes, R. C. A. Cortical spreading depression: a model for studying brain consequences of malnutrition. In: Preedy, V. V.; Watson, R. R.; Martin, C. R. (Eds.). Handbook of behavior, food and nutrition. London: Springer, 2011. p. 2343-2355.

Guedes, R. C. A.; Abadie-Guedes, R. Brain aging and electrophysiological signaling: revisiting the spreading depression model. *Frontiers in Aging Neuroscience*, v. 11, n. 136, p. 1-9, 2019.

Guedes, R. C. A.; Amorim, L. F.; Teodósio, N. R. Effect of aging on cortical spreading depression. *Braz J Med Biol Res,* v. 29, p. 1407-1412, 1996.

Guedes, R. C. A.; Cabral-Filho, J. E.; Teodósio, N. R. GABAergic mechanisms involved in cortical spreading depression in normal and malnourished rats. In: Do Carmo, R. J. (Ed.). *Spreading depression*. v. 23. Berlin: Springer, 1992. p. 17-26.

Holloszy, J. O. Exercise and food restriction in rats. *J Nutr*, v. 122, n. 3 Suppl, p. 774-777, 1992.

Jannuzzi, L. B. *et al.* Undernutrition – Thirty years of the Regional Basic Diet: the legacy of Naíde Teodósio in different fields of knowledge. *Nutr Neuroscience*, 2021.

Lima, D. S. C. *et al.* Neonatal L-glutamine modulates anxiety-like behavior, cortical spreading depression and microglial immunoreactivity: analysis in developing rats suckled on normal size and large size litters. *Amino Acids*, v. 49, p. 337-346, 2017.

Loomis, S. *et al.* Food restriction induces functional resilience to sleep restriction in rats. *Sleep*, v. 43, n. 10, p. zsaa079, 2020.

Martins, S. J.; Menezes, R. C. A mathematical approach for estimating reference values for weight-for-age, weight-for-height and height-for-age. *Growth Dev Aging*, v. 61, p. 3-10, 1997.

Mendes-Da-Silva, R. F. *et al.* Prooxidant versus antioxidant brain action of ascorbic acid in well-nourished and malnourished rats as a function of dose: a cortical spreading depression and malondialdehyde analysis. *Neuropharmacology*, v. 86, p. 155-160, 2014.

Mendes-Da-Silva, R. F.; Francisco, E. S.; Guedes, R. C. A. Pilocarpine/ascorbic acid interaction in the immature brain: electrophysiological and oxidative effects in well-nourished and malnourished rats. *Brain Research Bulletin*, v. 142, p. 414-421, 2018.

Morgane, P. J. *et al.* Prenatal malnutrition and development of the brain. *Neurosci Biobehav Rev*, v. 17, n. 1, p. 91-128, 1993.

Rocha-De-Melo, A. P.; Guedes, R. C. A. Spreading depression is facilitated in adult rats previously submitted to short episodes of malnutrition within the lactation period. *Braz J Med Biol Res,* v. 30, p. 663-670, 1997.

Rocha-De-Melo, A. P. *et al.* Manipulation of rat litter size during suckling influences cortical spreading depression after weaning and at adulthood. *Nutritional Neuroscience*, v. 9, p. 155-160, 2006.

RUSHMORE, R. J. *et al.* The neural basis of attentional alterations in prenatally protein malnourished rats. *Cerebral Cortex*, v. 2020, p. 1-16.

SAWAYA, A. L. *et al.* The link between childhood undernutrition and risk of chronic diseases in adulthood: a case study of Brazil. *Nutr Rev*, v. 61, p. 168-175, 2003.

TEODÓSIO, N. R. *et al.* Learned and emotional behavior in chronically malnourished rats. *Acta Phisiologica Latinoam*, v. 29, p. 255-262, 1979.

TEODÓSIO, N. R. *et al.* A regional basic diet from northeast Brazil as a dietary model of experimental malnutrition. *Arch Latinoam Nutr*, v. 40, p. 533-547, 1990.

TONKISS, J. *et al.* Prenatal protein malnutrition and postnatal brain function. *Ann N Y Acad Sci*, v. 678, p. 215-227, 1993.

WORLD HEALTH ORGANIZATION (WHO). *Malnutrition*. [Internet]. 2020. Disponível em: https://www.who.int/news-room/fact-sheets/detail/malnutrition. Acesso em: 16 mar. 2021.

XU, L.; WANG, J. Food restriction in adolescence increases emotional disorder-like behaviors in adult rats. *J Chem Neuroanat*, v. 104, p. 101731, 2019.

CAPÍTULO 15
Impacto da desnutrição e da disfunção entérica ambiental no desenvolvimento neurocognitivo

Synara Cavalcante Lopes
Adriana César da Silveira
Paola Caroline Lacerda Leocádio
Raul Sousa Freitas
Jacqueline Isaura Alvarez-Leite
Reinaldo Barreto Oriá

Apesar do declínio da prevalência da desnutrição infantil nas últimas décadas, sua importância clínica não deve ser negligenciada por profissionais de saúde e pesquisadores, devido a seus efeitos negativos de curto e longo prazos sobre o crescimento e o desenvolvimento neuropsicomotor. Tanto a desnutrição aguda grave como a crônica têm repercussão nesses processos. O desenvolvimento infantil saudável é um complexo processo que se refere à capacidade de realizar funções neuromotoras, em uma trajetória esperada de aquisição de domínios cognitivos, em um contexto social, atingindo o potencial genético pleno de um indivíduo. A nutrição desempenha importante papel nesse processo, sendo crítica para integridade do sistema nervoso, favorecendo a função de neurotransmissores, a integridade de membranas neurais, a mielinização, a formação de sinapses, a neurogênese, o crescimento de axônios e dendritos para estabelecimento de uma circuitaria sináptica funcional, com repercussões no desenvolvimento cognitivo e salvaguardando uma reserva cognitiva para a vida toda (Valentine, 2020).

A desnutrição é uma das principais causas de morbimortalidade em crianças em países em desenvolvimento, particularmente em regiões tropicais, que frequentemente sofrem de forma simultânea com desnutrição pré e pós-natal, decorrente de grave vulnerabilidade social e cultural das famílias, insegurança alimentar e doenças infectoparasitárias, relacionadas às más condições de saneamento e higiene. O ambiente desfavorável para a trajetória do desenvolvimento neurocognitivo saudável é um dos principais determinantes dessa condição. Um ambiente doméstico favorável, incluindo o núcleo familiar, com bons cuidadores, escolaridade materna e acesso à assistência de saúde, são fatores benéficos para a criança.

A desnutrição crônica, manifestada como baixo peso e retardo de crescimento linear, pode ter início no período pré-natal, levando ao retardo do crescimento intrauterino (RCIU), e prosseguir ao longo da vida da criança, com significativos déficits cognitivos e de desenvolvimento neuropsicomotor (Perkins *et al.*, 2017). Dessa forma, a desnutrição pode comprometer a ascensão econômica e social dos indivíduos afetados, sendo necessária atenção especial aos recém-nascidos de baixo peso, sobretudo aos prematuros, pela descontinuidade do suporte de nutrientes (Ottolini *et al.*, 2020).

Fatores clássicos como carências nutricionais pré e pós-natais contribuem claramente para prejuízos no crescimento e desenvolvimento infantil. Entretanto, a desnutrição infantil tem sido cada vez mais vista como um distúrbio complexo, de etiologia multifatorial, que envolve além de fatores nutricionais, também os fatores infecciosos, fisiológicos, econômicos e psicossociais. E cada um desses aspectos precisa ser considerado para reduzir efetivamente a mortalidade e a morbidade associadas a essa condição, especialmente nos dois primeiros anos de vida pós-natal (Robertson *et al.*, 2019). Nesse período, a criança muda da dieta do leite materno para outros alimentos, com possível exposição a patógenos ambientais, sendo uma janela de importantes eventos de plasticidade cerebral.

Importante considerar a tripla carga de morbidade da desnutrição infantil, incluindo déficits de crescimento linear/baixo peso, fome oculta (deficiência de micronutrientes) e sobrepeso/obesidade tardia, que se torna um gigantesco problema de saúde pública, associado à má qualidade/desequilíbrio da dieta (Unicef, 2019). A deficiência crônica de micronutrientes na infância é um evento grave, sobretudo quando ocorre precocemente, por comprometer de modo irreversível não só o crescimento, mas o desenvolvimento intelectual, impedindo a criança de desenvolver seu potencial genético. Crianças obesas também podem ter seu desenvolvimento comprometido, provavelmente devido a dietas desbalanceadas, ricas em calorias e pobres em micronutrientes.

Notas dos autores

- ☑ A desnutrição nas formas aguda e crônica apresenta efeitos negativos sobre o crescimento e o desenvolvimento neuropsicomotor infantil.
- ☑ A nutrição desempenha importante papel na função de neurotransmissores, membranas neurais, mielinização, formação de sinapses, proliferação de neurônios, crescimento de axônios e dendritos, repercutindo no desenvolvimento cognitivo.
- ☑ A desnutrição é cada vez mais vista como distúrbio complexo, de etiologia multifatorial, que envolve além de fatores nutricionais, os fatores infecciosos, fisiológicos, econômicos e psicossociais.
- ☑ A "tripla carga de má nutrição" é preocupante e está relacionada à qualidade da alimentação, envolvendo desnutrição (déficit de crescimento e baixo peso), fome oculta (deficiências de micronutrientes) e sobrepeso.

PAPEL DOS NUTRIENTES

Dieta desequilibrada, infecções e outras doenças são fatores que podem contribuir para as deficiências nutricionais na infância. Mesmo deficiências modestas de determinadas vitaminas e minerais podem ter efeitos notórios no desenvolvimento e na saúde, incluindo consequências físicas e cognitivas (Mayneris-Perxachs; Swann, 2019). Além da desnutrição energético-proteica, a deficiência de alguns nutrientes repercute negativamente na formação cerebral, e, portanto, na função cognitiva, devido à importância fundamental destes na estrutura de membrana e síntese celular, como ácidos graxos poli-insaturados de cadeia longa, ferro, zinco, vitamina A, folato, colina e iodo (Tabela 15.1).

Grande parte do peso seco do cérebro é composta de lipídios. Os ácidos graxos fazem parte da membrana fosfolipídica, e alguns não são produzidos pelo organismo humano. Por serem considerados essenciais, precisam estar na dieta para evitar sua deficiência. É o caso dos ácidos graxos poli-insaturados da série ômega-6 (ácido linoleico) e ômega-3 (ácido docosa-hexaenoico – DHA, ácido eicosapentaenoico – EPA e o ácido alfalinolênico – ALA). Os ômega-3 são fundamentais para o processo de mielinização.

O DHA é um componente estrutural das membranas celulares no sistema nervoso central. O acúmulo de DHA no cérebro fetal ocorre especialmente durante o último trimestre da gestação e segue em taxas elevadas até o final do segundo ano de vida. Uma vez que a formação endógena de DHA é geralmente baixa, a sua ingestão pode contribuir para condições ideais para o desenvolvimento do cérebro. Embora os níveis de DHA possam afetar o desenvolvimento cerebral inicial, os efeitos futuros na vida do indivíduo são cada vez mais reconhecidos, sugerindo um papel desse ácido graxo na proteção contra o declínio cognitivo e potenciais transtornos psiquiátricos (Lauritzen *et al.*, 2016).

Assim como os lipídios, o oligoelemento ferro também tem sua importância no neurodesenvolvimento. O ferro participa de processos vitais, dentre eles o transporte de oxigênio (O2), o metabolismo energético e a síntese proteica. A anemia ferropriva, carência nutricional mais prevalente no mundo, sobretudo em crianças entre 6 e 24 meses de vida, tem impacto negativo sobre o desenvolvimento infantil, com prejuízos na função cognitiva, alterações no hipocampo e mielinização. Clinicamente, a anemia ferropriva surge apenas no quarto estágio da deficiência de ferro, quando vários prejuízos já se instalaram. Além do ferro, anemia pode ocorrer ainda pela deficiência de outros nutrientes, como proteína, cobre, vitamina B12 e ácido fólico, mas também por doença crônica ou durante processos inflamatórios agudos.

Deficiência de vitamina A, ácido fólico e colina compromete o desenvolvimento devido à participação essencial desses micronutrientes na síntese proteica, proliferação celular, síntese e função de membranas celulares. O zinco, além de participar de alguns desses processos, exerce papel importante na atividade neural, na estrutura de enzimas e fatores de transcrição, além de exercer atividades modulatórias sobre receptores quando liberado em sinapses do córtex e hipocampo.

Para a confirmação de carências de micronutrientes, podem ser necessários outros marcadores além do próprio status do nutriente nas matrizes biológicas. Na deficiência de B12, observam-se alterações laboratoriais como o aumento do RDW-CV= coeficiente de variação da amplitude das hemácias e LDH = lactato desidrogenase. O caso clínico a seguir, de uma criança com 1 ano e 5 meses de idade apresenta a deficiência proteico-calórica e de vitamina B12 com as respectivas avaliações antropométricas e bioquímicas e seu impacto na saúde.

CASO CLÍNICO

Paciente X, 1 ano e 5 meses, foi internado com quadro de anemia grave, apresentando febre diária, náuseas, vômitos persistentes, adinamia, irritabilidade, perda de peso associada à recusa alimentar e constipação (há 20 dias sem evacuar). No momento da admissão, a mãe relatou que a criança estava aceitando apenas o leite materno e água. Andava somente com apoio. Criança nascida de parto normal, a termo, com peso adequado, sem complicações e em boas condições de saúde. A mãe enfrentou dificuldade para a introdução da alimentação complementar desde o início. A família se encontrava em insegurança alimentar há alguns meses.

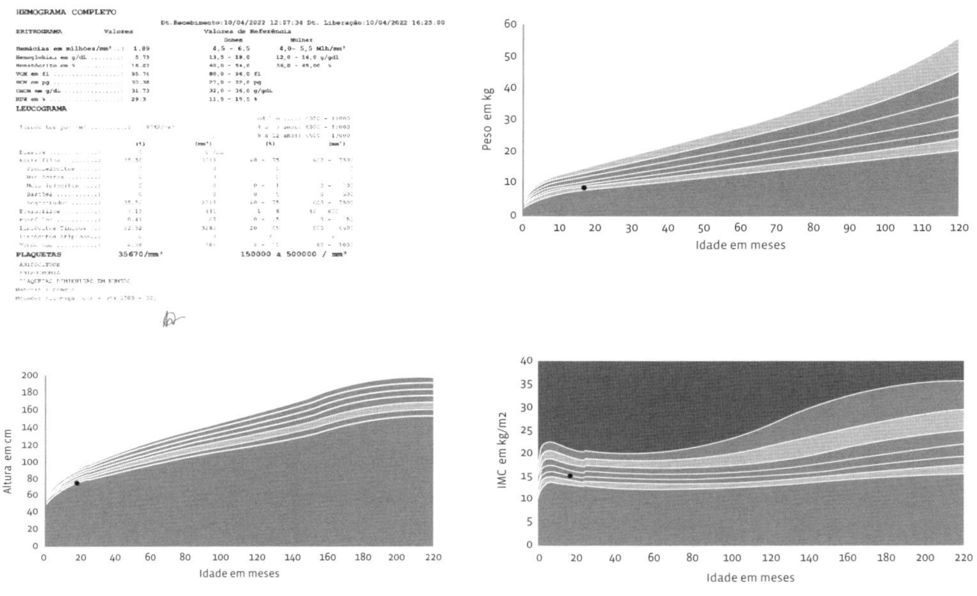

Figura 15.1 Gráficos peso por idade e comprimento por idade, segundo padrão de referência da OMS (2006). vr = valor de referência; vcm = volume corpuscular médio; rdw-cv = coeficiente de variação da amplitude das [ro1] hemácias; ldh = lactato desidrogenase.

Exame físico: hipocorado (3+/4+); presença de linfonodomegalias cervicais e inguinais; abdome globoso; fígado palpável a 2 cm do rebordo costal esquerdo.

Exames laboratoriais (Figura 15.1):

Hemoglobina = 5,7 g/dl (VR: > 11 g/dl)

Hematócrito = 18 % (VR: 40 a 54%)

VCM = fl (VR: 80 a 96 fl)

A avaliação antropométrica mostra baixo peso e comprimento para a idade e perda ponderal de 5,88%. Necessitou de transfusão de concentrado de hemácias, suporte nutricional por sonda nasoenteral, fonoterapia e fisioterapia. Após ampla investigação, além da desnutrição proteico-calórica, foi diagnosticada deficiência carencial de vitamina B12, que se encontrava com valor abaixo de 100 pg/mL). A criança recebeu tratamento adequado e foi encaminhada para seguimento ambulatorial com pediatra, nutricionista e fonoaudiólogo.

Tabela 15.1 – Principais nutrientes envolvidos no neurodesenvolvimento infantil e os impactos da deficiência em humanos e modelos animais

Nutriente	Ingestão dietética recomendada	Impacto
Proteínas	1-3 anos: 1,05 g/kg/dia 4-13 anos: 0,95 g/kg/dia	No RCIU, pode ocorrer diminuição de células cerebrais e do volume de substância cinzenta cortical cerebral. Bebês desnutridos apresentaram menos células cerebrais do que aqueles bem nutridos. A desnutrição pré e pós-natal em roedores resulta em menos sinapses, bem como alterações estruturais sinápticas.
Ácidos graxos essenciais	Ácido linoleico (ômega-6) 0-6 meses: 4,4 g/dia 7-12 meses: 4,6 g/dia 1-3 anos: 7 g/dia 4-8 anos: 10 g/dia 9-13 anos: 12 g/dia Ácido linolênico (ômega-3) 0-12 meses: 0,5 g/dia 1-3 anos: 0,7 g/dia 4-8 anos: 0,9 g/dia 9-13 anos meninos: 1,2 g/dia 9-13 anos meninas: 1 g/dia	A proliferação reduzida de neurônios foi demonstrada em animais com deficiência intrauterina de DHA. Tanto a deficiência pré-natal quanto pós-natal de AG em roedores reduz a quantidade e altera a composição da mielina.
Ferro	0-6 meses: 0,27 mg/dia 7-12 meses: 11 mg/dia 1-3 anos: 7 mg/dia 4-8 anos: 10 mg/dia 9-13 anos: 8 mg/dia	Redução da capacidade cognitiva, aprendizagem, concentração, memorização e alteração do estado emocional.

Nutriente	Ingestão dietética recomendada	Impacto
Ácido fólico e vitamina B12	Ácido fólico 0-6 meses: 65 μg/dia 7-12 meses: 80 μg/dia 1-3 anos: 150 μg/dia 4-8 anos: 200 μg/dia 9-13 anos: 300 μg/dia Vitamina B12 0-6 meses: 0,4 μg/dia 7-12 meses: 0,5 μg/dia 1-3 anos: 0,9 μg/dia 4-8 anos: 1,2 μg/dia 9-13 anos: 1,8 μg/dia	A deficiência materna em ácido fólico e vitamina B12 está associada a defeitos do tubo neural, como anencefalia e espinha bífida. O status de vitamina B12 na infância está associado ao desenvolvimento e desempenho em tarefas de percepção social e habilidades visuoespaciais aos 5 anos de idade.
Iodo	0-6 meses: 110 μg/dia 7-12 meses: 130 μg/dia 1-8 anos: 90 μg/dia 9-13 anos: 120 μg/dia	Alguns fetos abortados entre 6 e 8 meses de gestação em uma área com deficiência de iodo na China tiveram menor peso cerebral do que os fetos em uma área com iodo suficiente. A deficiência gestacional de iodo em ovelhas e saguis resultou em redução do peso cerebral e do número de células, que não foi corrigida com a reposição de iodo. Nenhum efeito sobre o peso cerebral ou número de células foi encontrado em roedores com deficiência gestacional de iodo, mas a migração celular foi prejudicada.
Zinco	0-6 meses: 2 mg/dia 7-12 meses: 3 mg/dia 1-3 anos: 3 mg/dia 4-8 anos: 5 mg/dia 9-13 anos: 8 mg/dia	O zinco é fundamental para a divisão celular devido ao seu papel na síntese de DNA. A deficiência gestacional de zinco em roedores resulta em diminuição do número de células, conforme refletido pelo DNA cerebral total e massa cerebral regional reduzida no cerebelo, sistema límbico e córtex cerebral.

Fonte: adaptada de Prado e Dewey (2014).

DISFUNÇÃO ENTÉRICA AMBIENTAL (DEA)

Um papel importante tem sido apontado para a disfunção entérica ambiental em crianças desnutridas que vivem em condições insalubres. A DEA é considerada um fator pandêmico em países pobres e tem sido definida como distúrbio generalizado da estrutura e função do intestino delgado, que tem sua origem em fatores ambientais e se apresenta com atrofia das vilosidades, infiltrados de células inflamatórias e hiperplasia das criptas do intestino.

Importante ressaltar que algumas alterações observadas na DEA, como aumento de permeabilidade intestinal, da barreira epitelial e inflamação da mucosa também estão presentes em doenças relativamente comuns na mesma faixa etária em que a DEA normalmente se desenvolve. Desse modo, a DEA deve ser diferenciada de outras enteropatias, como desnutrição energético-proteica, *sprue* tropical, doença celíaca, enteropatia autoimune, enteropatia induzida por anti-inflamatórios não hormonais, entre outras. Infelizmente, ainda é um desafio estabelecer com rigor as causas e consequências da DEA, uma vez que não há testes diagnósticos ou conjunto de critérios diagnósticos universalmente aceitos para essa patologia. Como resultado, é difícil estimar com precisão a distribuição, a carga e os mecanismos subjacentes que impulsionam a DEA.

No passado, a má absorção intestinal subclínica observada na DEA era apontada como o mecanismo mais importante para o comprometimento do estado nutricional e do crescimento. No entanto, estudos mais recentes têm destacado não somente o acometimento do intestino delgado como também a ocorrência de inflamação sistêmica. A inflamação sistêmica pode ser secundária ao aumento da permeabilidade intestinal, que permite translocação bacteriana e/ou passagem de substâncias com potencial de gerar uma resposta inflamatória. Outro aspecto importante são as mudanças na microbiota intestinal, abordadas mais adiante. A Figura 15.2 mostra os mecanismos que podem explicar a interferência da DEA no crescimento.

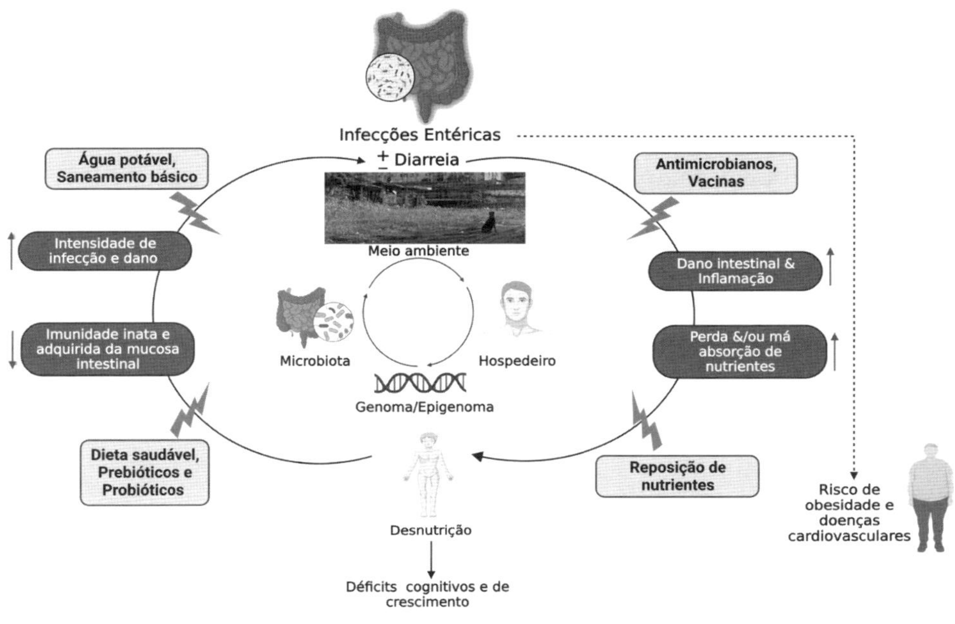

Figura 15.2 – Interações entre meio-ambiente, hospedeiro, genoma/epigenoma e intestino no desenvolvimento da desnutrição e doenças entéricas.

Fonte: imagem criada por Raul S. Freitas com BioRender.com.

Esquema ilustrando o impacto da DEA induzindo um ciclo de desnutrição e doença entérica (com ou sem diarreia) na infância. A DEA pode ter uma causa multifatorial, sendo mais frequente em bolsões de pobreza em países em desenvolvimento. Distúrbios da homeostase por uma dieta rica em calorias e pobre em proteínas e micronutrientes e ambiente desfavorável com contaminação de patógenos podem levar à DEA. O efeito deletério da DEA pode ser de curto ou longo prazo com aumento do risco de doenças neurodegenerativas, obesidade e eventos cardiovasculares com o envelhecimento. As consequências em longo prazo podem ter causas genéticas (em indivíduos mais suscetíveis) e epigenéticas com processos de metilação do DNA e reprogramação da expressão gênica. Intervenções com dieta saudável, reposição de nutrientes, antimicrobianos, vacinas e saneamento básico são ações preventivas e de tratamento para impedir/reduzir a reverberação desse ciclo na criança.

DEA ocorre com alta frequência em áreas com saneamento precário e recursos de saúde pública limitados, em associação com contaminação microbiana e parasitária de alimentos e água. É improvável que a ação de apenas um patógeno explique a patologia da DEA. Provavelmente, DEA representa a exposição frequente e de baixo inóculo a uma variedade de patógenos, o que pode ser considerado uma forma de disbiose.

DEA tem sido associada a mudanças na microbiota, uma vez que a perda da área da superfície intestinal e a inflamação entérica profunda alteram os nichos ecológicos que sustentam certos táxons bacterianos. A microbiota intestinal, com simbiose da flora intestinal/hospedeiro, contribui para múltiplos mecanismos homeostáticos (inclusive favorecendo respostas imunes às infecções entéricas), e crianças desnutridas demonstraram ter uma diversidade reduzida no microbioma entérico e uma diminuição nos táxons específicos associados ao crescimento infantil saudável (Blanton *et al.*, 2016; Nataro; Guerrant, 2017).

Notas dos autores

- ☑ DEA ocorre com alta frequência em áreas com saneamento precário e recursos de saúde pública limitados, em associação com contaminação microbiana e parasitária de alimentos e de água.
- ☑ A DEA tem sido definida como distúrbio generalizado da estrutura e função do intestino delgado, que tem sua origem em fatores ambientais e se apresenta com atrofia das vilosidades intestinais, infiltrados de células inflamatórias e hiperplasia das criptas do intestino.
- ☑ DEA tem sido associada à mudanças no microbioma, uma vez que a perda da área da superfície intestinal e a inflamação entérica profunda alteram os nichos ecológicos que sustentam certos táxons bacterianos.

ENTEROPATIA E MICROBIOTA INTESTINAL

A microbiota intestinal desempenha um papel crítico na integridade da barreira intestinal, absorção de nutrientes, homeostase metabólica e maturidade imunológica, particularmente nos primeiros anos de vida. A perturbação da microbiota intestinal por meio de nutrição insuficiente, ambientes insalubres ou antibióticos, tem sido relacionada a doenças intestinais, além de doenças metabólicas crônicas. Um microbioma saudável protege contra a colonização e invasão de patógenos, inclusive *Shigella* e outros patógenos diarreicos, e pode proteger contra a colonização de patógenos subclínicos e DEA. A microbiota também ajuda o corpo a liberar calorias dos alimentos ingeridos e a disbiose associada a DEA pode exacerbar as deficiências de nutrientes. Ainda há poucos estudos avaliando o papel da microbiota intestinal na trajetória de desenvolvimento cognitivo em crianças e escassos estudos com uso de prebióticos/probióticos, sendo ainda uma importante lacuna de conhecimento científico a ser preenchida no campo da pediatria.

Eventos pós-natais precoces determinam a estruturação do microbioma infantil nos primeiros estágios da vida. O tipo de parto, o aleitamento materno, a alimentação complementar e o uso de antibióticos influenciam de forma crítica a composição e a função do microbioma intestinal do bebê nos primeiros 2 a 3 anos de vida. Nessa fase, há muitas mudanças ocorrendo ao mesmo tempo, e as mudanças na alimentação são acompanhadas pela introdução de contaminantes e patógenos principalmente em locais de má higiene ambiental, facilitando o aparecimento de infecções entéricas precoces. A Figura 15.3 resume a fisiopatologia da DEA e seu impacto no desenvolvimento cognitivo na criança.

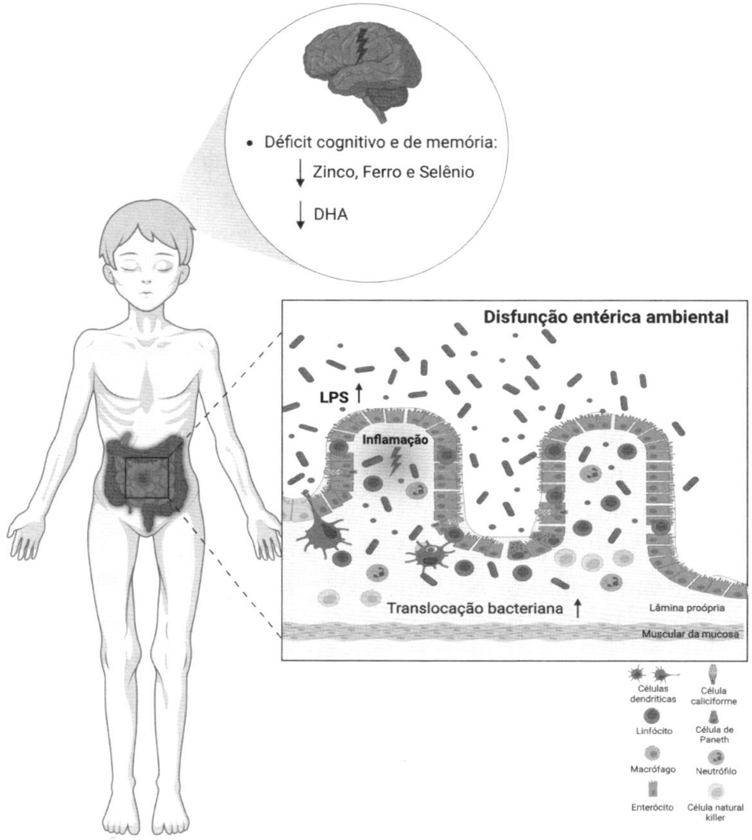

Figura 15.3 – Impacto da disfunção entérica ambiental no déficit cognitivo e de memória. A DEA é uma condição comum em áreas com falta de saneamento básico e higiene em bolsões de pobreza de países em desenvolvimento. A contaminação recorrente por patógenos entéricos (vírus, bactérias e protozoários) pode induzir uma doença inflamatória crônica no intestino delgado (muitas vezes de curso subclínico), com descontinuidade da barreira epitelial intestinal, translocação bacteriana (levando a disbiose) e ativação de linfócitos T por células dendríticas e macrófagos e envolvimento de células *natural killer*. Há comprometimento da arquitetura de vilos e criptas e redução da superfície total para absorção de nutrientes e vacinas, estabelecendo um ciclo de desnutrição/doença entérica na infância, com prejuízos no desenvolvimento cognitivo.

Fonte: imagem criada por Raul S. Freitas com BioRender.com.

Grande proporção da desnutrição infantil parece ter início no útero, e o microbioma materno também pode influenciar o crescimento da prole. A perturbação do microbioma intestinal no início da vida pode prejudicar os processos de crescimento e desenvolvimento, contribuindo assim para a desnutrição e a mortalidade infantil.

Microrganismos anaeróbios facultativos são os primeiros colonizadores do intestino infantil, seguidos por anaeróbios obrigatórios, como bifidobactérias, *Bacteroides* e *Clostridium*, que contêm enzimas essenciais para a digestão de oligossacarídeos do leite humano. Em bebês amamentados, as bifidobactérias compõem uma grande proporção do microbioma da primeira infância. O desmame e início da alimentação complementar desencadeiam uma expansão da diversidade do microbioma intestinal, por meio do qual *Faecalibacterium prausnitzii*, *Ruminococcus* e outras espécies proliferam. Por volta dos 2 a 3 anos de idade, o microbioma se estabiliza e se assemelha ao de um adulto (Subramanian *et al.*, 2014).

Tabela 15.2 – Composição normal da microbiota humana

Filo	Gênero
Bacteroidetes	*Bacteroides, Prevotella*
Proteobacteria	*Escherichia, Shigella*
Firmicutes	*Clostridium, Feacalibacterium, Enterococcus, Streptococcus, Roseburia, Lactobacillus, Bacillus, Eubacterium, Ruminococcus*
Actinobacteria	*Bifidobacterium*
Fusobacteria	*Fusobacterium*

Fonte: adaptada de Sakkas *et al.* (2020).

Novas evidências científicas indicam que a maturação do microbioma intestinal regula parcialmente o crescimento infantil e que a desregulação da sua estruturação pode contribuir para o déficit de crescimento na primeira infância. Ainda não está claro se as alterações na microbiota intestinal da criança desnutrida são consequências da dieta, da desnutrição ou de ambas. Embora dietas de crianças desnutridas sejam deficientes em proteínas, zinco e outros nutrientes, sabe-se que a dieta por si só não explica todo o espectro da desnutrição, mas fatores como o ambiente e o componente microbiano podem ser relevantes na desnutrição aguda grave.

Microrganismos parasitários cuja origem está no ambiente, em animais e na água são classificados como patógenos e introduzem variabilidade adicional à microbiota intestinal na infância. Vários patógenos, incluindo *Campylobacter*, *Shigella*, *Yersinia* e *Giardia*, parecem ter associações fortes com inflamação entérica e falha de crescimento linear.

As infecções entéricas prolongadas ou repetidas têm consequências duradouras, uma vez que seus efeitos podem se estender por toda a vida e podem inclusive ser multigeracionais, levando a um ciclo não resolvido de pobreza, baixa escolaridade e problemas de saúde e bem-estar dispendiosos aos indivíduos e à sociedade. Mais de 200 milhões de crianças em todo o mundo não estão desenvolvendo todo o seu potencial cognitivo. Esse desperdício de potencial humano está associado a uma perda de 20% na renda de indivíduos em idade adulta, com implicações extensas para o desenvolvimento das nações.

Notas dos autores

- ☑ A perturbação da microbiota intestinal por meio da nutrição insuficiente, ambientes insalubres ou antibióticos tem sido relacionada a doenças intestinais, além de doenças metabólicas crônicas.
- ☑ Um microbioma saudável protege contra a colonização e invasão de patógenos subclínicos e disfunção entérica ambiental.
- ☑ O tipo de parto, o aleitamento materno, a alimentação complementar e o uso de antibióticos influenciam de forma crítica a composição e a função do microbioma intestinal.
- ☑ É hipotetizado que a maturação do microbioma intestinal regula parcialmente o crescimento infantil e que a desregulação da sua estruturação pode contribuir para o déficit de crescimento na primeira infância.

DEFICIÊNCIAS NUTRICIONAIS E MICROBIOTA

As deficiências de macro e micronutrientes contribuem para o déficit de crescimento em crianças; no entanto, evidências sugerem que o microbioma intestinal pode mediar o efeito da dieta sobre o estado nutricional por meio de diversos mecanismos. O crescimento bacteriano depende do metabolismo específico de alguns micronutrientes, que, por sua vez, podem influenciar as interações hospedeiro-microbiota relacionadas à sensibilidade imunológica e ao crescimento.

Mayneris-Perxachs *et al.* (2016) investigaram dietas em camundongos desnutridos refletindo as principais deficiências nutricionais comuns em crianças que vivem em áreas pobres do mundo. O estudo incluiu uma dieta deficiente em proteína, que resultou em falha no crescimento e elevação de marcadores de inflamação intestinal, como lipocaína-2 e mieloperoxidase, quando comparada à dieta normal. Embora fosse plausível que a inflamação intestinal após deficiência de proteína pudesse modular o ambiente intestinal e alterar a composição bacteriana, não foi possível, com os dados do estudo, determinar se esse fator contribuiu para as alterações microbianas ou uma consequência de tais alterações.

Dentre os micronutrientes, pode-se citar a interação entre o metabolismo da vitamina A e a microbiota intestinal. De acordo com Robertson (2019), a interação entre a vitamina A e o táxon bacteriano promotor do crescimento *Bacteroides vulgatus* pode influenciar a composição da microbiota infantil no contexto da desnutrição. Lv *et al.* (2016) investigaram se a microbiota intestinal esteve associada aos níveis nutricionais de vitamina A em crianças chinesas com diarreia persistente e encontraram que a diversidade da microbiota intestinal e os filotipos bacterianos principais foram significativamente diferentes em crianças com diarreia persistente com diferentes níveis nutricionais de vitamina A.

Devido à influência epigenética na desnutrição infantil, o papel dos doadores de metil na dieta também parece ser importante. A deficiência nutricional de doadores de metil, como colina e folato, é capaz de reduzir a diversidade do microbioma e alterar a arquitetura intestinal em camundongos, além de prejudicar o crescimento dos animais.

É importante lembrar que o microbioma desnutrido pode não se beneficiar da suplementação de todos os micronutrientes. Por exemplo, vários microrganismos patogênicos metabolizam o ferro de maneira eficiente, o que pode piorar a carga infecciosa no contexto de desnutrição infantil. Em um estudo no Quênia, a fortificação com ferro levou ao aumento na inflamação intestinal e mudanças prejudiciais no microbioma intestinal das crianças, incluindo incremento de microrganismos patogênicos, como *E. coli* e outras enterobactérias (Jaeggi *et al.*, 2015).

Os efeitos da desnutrição podem ainda ser transgeracionais, explicados por características genéticas compartilhadas, efeitos epigenéticos, fatores socioculturais, entre outros. A baixa estatura materna pode levar ao baixo peso ao nascer, dentre outros desfechos reprodutivos indesejáveis. O impacto transgeracional da vulnerabilidade feminina à desnutrição é destacado na literatura e pode ser decorrente das altas demandas nutricionais da gravidez e lactação, associada às desigualdades de gênero e renda.

IMPACTO COGNITIVO

A capacidade cognitiva refere-se ao nível em que uma pessoa é capaz de pensar, raciocinar, entender e recordar informações, solucionar problemas e aprender. Essa capacidade na infância pode predizer resultados relevantes, como desempenho acadêmico, sucesso ocupacional e adaptação social. É durante os primeiros anos de vida que a base dos sistemas sensoriais e perceptivos que fundamentam a linguagem e o comportamento socioemocional são formados, e fatores que afetam o desenvolvimento do cérebro durante esses anos cruciais podem ter consequências permanentes para o futuro funcionamento do cérebro.

O cérebro humano se desenvolve em um processo lento que começa no útero e continua pelo menos até o final da adolescência (Figura 15.4). A primeira infância (primeiros 6 anos de vida) é um período de grande plasticidade cerebral, no qual modificações ambientais têm impacto sobre a formação do SNC. Da concepção até o fim do segundo ano de vida – os chamados "mil dias de vida" representam um período ainda mais crítico, fundamental para a maturação neuronal, com intensa remodelação dos circuitos sinápticos, processos ativos de sinaptogênese, poda sináptica e mielinização. Além disso, de acordo com o Estudo de Desnutrição e Doença Entérica (*Malnutrition and Enteric Disease Study*) (MAL-ED Network Investigators, 2014), existe uma relação ainda mais forte entre peso mais baixo nas primeiras 2 semanas de vida e as variáveis críticas relacionadas à cognição.

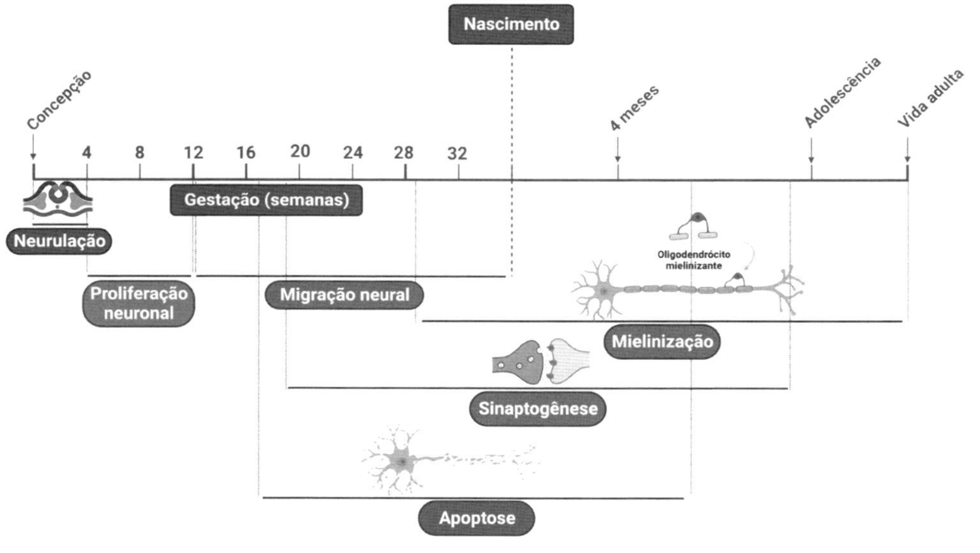

Figura 15.4 – Linha do tempo dos principais eventos durante o desenvolvimento cerebral.

Fonte: imagem criada por Raul S. Freitas com BioRender.com

O desenvolvimento do SNC e o do eixo cérebro-intestino parece sofrer influência da microbiota intestinal em uma relação bidirecional. À medida que a microbiota se desenvolve, aumenta a simbiose com hospedeiro e mudanças na sua composição podem influenciar negativamente.

A desnutrição e a infecção entérica de repetição nos primeiros 2 anos de vida podem causar aumento da permeabilidade da barreira intestinal. A disbiose intestinal facilita a translocação bacteriana patogênica luminal para o sangue e, consequentemente, a inflamação sistêmica de baixo grau. Produtos bacterianos circulantes podem ativar as células endoteliais, que formam a barreira hematoencefálica, para liberar citocinas pró-inflamatórias para preparar e ativar as células microgliais. Um estado neuroinflamatório subclínico no início da vida pode afetar o desenvolvimento cognitivo em crianças (Oriá *et al.*, 2016). A inflamação sistêmica na fase neonatal pode afetar a composição da substância branca no cérebro, levando a deficiências na maturação dos oligodendrócitos e circuitos neurais, provavelmente mais pronunciadas durante um período de vulnerabilidade aumentada nos primeiros anos de vida pós-natal.

Estudos com camundongos demonstraram que a maturação da barreira hematoencefálica (BHE) no início da vida também é regulada pela microbiota intestinal, e alterações na microbiota podem afetar as junções entre as células da BHE, podendo desencadear efeitos que duram até a idade adulta. Contudo, ainda não está claro como as infecções entéricas no início da vida afetam a função da BHE ao interromper a microbiota intestinal normal em seres humanos.

Populações microbianas intestinais no início da vida podem afetar a neurotransmissão cerebral, aumentando o risco de distúrbios neuropsiquiátricos de desenvolvimento, como autismo e esquizofrenia (Cenit *et al.*, 2017). Em modelos animais, a infecção sistêmica decorrente de infecções entéricas ou exposição ao lipopolissacarídeo (LPS) durante o período pós-natal afeta o desenvolvimento e a função cerebral ao longo da vida. O LPS é encontrado na bicamada lipídica externa da parede celular das bactérias Gram-negativas e é um forte mediador da inflamação intestinal. Foi sugerido que a ruptura da mucosa intestinal por aumento da translocação de bactérias Gram-negativas está associada à depressão. No entanto, ainda é incerto se baixas doses de LPS podem causar alterações na BHE significativas o suficiente para causar ativação microglial e neuroinflamação por longos períodos (Ohgi *et al.*, 2013; Dicks *et al.*, 2021).

A relação entre a composição da microbiota intestinal (especialmente o papel de microrganismos específicos) e o neurodesenvolvimento parece ser complexa e depender de diversos fatores. Em estudo comparando a microbiota de recém-nascidos de baixo peso com neurodesenvolvimento normal e comprometido, observou-se que a deficiência precoce de *Bifidobacterium* parece ser um marcador negativo de resultados neurológicos (Beghetti *et al.*, 2022). Contudo, no trabalho de Seki *et al.* (2021) – que traçaram o perfil da microbiota intestinal, imunológica e o desenvolvimento neurofisiológico de 60 bebês extremamente prematuros, que receberam cuidados hospitalares padrão, incluindo antibióticos e probióticos – dentre os 10 gêneros mais abundantes e prevalentes nas amostras analisadas, os autores observaram aumento de *Bifidobacterium* seis semanas após o parto em lactentes com lesões cerebrais graves. Ainda, o supercrescimento de *Klebsiella* foi altamente preditivo de dano cerebral e associado a um perfil pró-inflamatório. Já bebês sem lesões cerebrais graves apresentaram aumento de *Enterococcus*, *Escherichia-Shigella* e *Streptococcus* três dias após o parto, com um novo aumento de *Enterococcus* duas semanas após o parto.

Além da exposição a patógenos, o estado de hidratação e a dieta também desempenham um papel importante nas infecções entéricas e no desenvolvimento cerebral durante a primeira infância. O estudo de desnutrição e doença entérica MAL-ED demonstrou que crianças com piores escores de saúde e segurança ambiental e menor ingestão de nutrientes como vitamina B6 e folato apresentaram maiores taxas de enteropatógenos e mais longo período de doença. Por sua vez, as crianças que adoeceram mais apresentaram menores escores de desenvolvimento cognitivo.

O uso de antibióticos no início da vida é outro fator capaz de alterar a microbiota e, consequentemente, o desenvolvimento cognitivo. Sabe-se que a administração em massa de antibióticos em regiões mais pobres e com desnutrição prevalente reduz a mortalidade infantil. No entanto, a possibilidade de resistência antimicrobiana e a perturbação do microbioma decorrente do uso desses fármacos devem ser consideradas para o uso generalizado de antibióticos na ausência de infecção clínica. Slykerman *et al.* (2017) relataram em seu estudo que crianças que receberam antibióticos no primeiro ano de vida tiveram mais dificuldades comportamentais e mais sintomas de depressão subsequentes.

Notas dos autores

- ☑ O desenvolvimento do SNC e do eixo cérebro-intestino parece sofrer influência da microbiota intestinal em uma relação bidirecional.
- ☑ Patógenos entéricos podem alterar o equilíbrio da microbiota intestinal em direção a inflamação, má absorção e possível inflamação sistêmica de baixo grau.
- ☑ A inflamação sistêmica crônica pode então alterar o desenvolvimento do cérebro no início da vida e levar a consequências significativas para o metabolismo e o desenvolvimento cognitivo.
- ☑ O uso de antibióticos no início da vida é outro fator capaz de alterar a microbiota e, consequentemente, o desenvolvimento cognitivo.

POSSÍVEIS INTERVENÇÕES

Conforme demonstrado, é necessário garantir nutrição adequada, dentre outros fatores ambientais favoráveis para um desenvolvimento pleno, sendo oportuna a suplementação profilática individual e bem conduzida de alguns micronutrientes à gestante e à criança. A prevenção da desnutrição deve ser implementada efetivamente, pois a reabilitação, além de lenta, tem alto custo, por necessitar de ações intersetoriais e atendimento multidisciplinar, o que nem sempre está disponível para as populações mais afetadas.

Devido à crescente evidência de um papel causal da desregulação da microbiota na desnutrição infantil, as intervenções direcionadas ao microbioma intestinal apresentam potencial como novas terapias para melhorar o crescimento infantil e, consequentemente, o nível cognitivo. Entretanto, é importante destacar que o incentivo ao parto normal e ao aleitamento materno, condições de saúde e boa alimentação também são fundamentais nesse processo. Dentre as intervenções estudadas, pode-se citar a suplementação de prebióticos, probióticos e simbióticos, além do transplante de microbiota fecal (Anand, Gorantla; Chidambaram, 2023). O termo "psicobióticos" tem sido utilizado, caracterizando uma classe especial de probióticos que proporciona benefícios à saúde mental dos indivíduos (Sharma *et al.*, 2021).

Diversos estudos avaliaram os efeitos dessas intervenções em distúrbios neuropsiquiátricos, com resultados positivos tanto na redução de sintomas gastrintestinais quanto nos sintomas associados aos distúrbios, como observado nas revisões de Settanni *et al.* (2021), Alharthi *et al.* (2022) e Anand, Gorantla e Chidambaram (2023). A administração de *Bifidobacterium bifidum* e *Lactobacillus salivarius* durante todo o período gestacional em ratas grávidas que receberam LPS promoveu redução da neuroinflamação na prole (Kar *et al.*, 2022). Em estudo com camundongos expostos a estresse crônico, o tratamento com *Lactobacillus plantarum* WLPL04 promoveu redução do déficit cognitivo e de comportamentos tipo ansioso/depressivo (Sun *et al.*, 2021). A administração de *Clostridium butyricum* em camundongos com encefalopatia associada à sepse atenuou significativamente o comprometimento cognitivo e o dano neuronal, além de reduzir a disbiose nesses animais (Liu *et al.*, 2020). Contudo, a metanálise de Upadhyay *et al.* (2020), composta por trabalhos que avaliaram o uso de prebióticos e probióticos no neurodesenvolvimento em recém-nascidos prematuros ou com baixo peso ao nascer, apontou que as intervenções não alteraram o risco de comprometimento cognitivo e motor, paralisia cerebral, deficiência visual e auditiva nessas crianças. Desse modo, são necessários mais estudos para compreender o efeito dessas intervenções na criança e na desnutrição infantil.

CONCLUSÃO

Os distúrbios nas trajetórias de desenvolvimento neurocognitivo em crianças podem ser difíceis de identificar em populações pediátricas de países em desenvolvimento, expostas a um contexto sociodemográfico desfavorável, devido ao seu possível curso assintomático/subclínico, com subnotificação pelas autoridades de saúde pública. O declínio cognitivo pode ser irreversível com baixa produtividade escolar e no trabalho, comprometendo o potencial intelectual e outras consequências na saúde com o envelhecimento, incluindo risco cardiovascular e neurodegenerativo. Novos biomarcadores para identificação da DEA em crianças precocemente e políticas de saúde pública com mais segurança alimentar são estratégicas para restituir ou preservar o desenvolvimento cognitivo saudável em períodos críticos na infância.

REFERÊNCIAS

ALHARTHI, A. *et al.* The human gut microbiome as a potential factor in autism spectrum disorder. *International Journal of Molecular Sciences*, v. 23, n. 1363, 2022.

ANAND, N.; GORANTLA, V. R.; CHIDAMBARAM, S. B. The role of gut dysbiosis in the pathophysiology of neuropsychiatric disorders. *Cells*, v. 12, n. 54, 2023.

BEGHETTI, I. *et al.* Early-life gut microbiota and neurodevelopment in preterm infants: any role for Bifidobacterium? *European Journal of Pediatrics*, v. 181, p. 1773–1777, 2022.

BERTO, C. R. *et al.* Manifestações clínicas e laboratoriais dos pacientes com deficiência de vitamina B12 acompanhados em hospital terciário do Rio de Janeiro. *Hematology, Transfusion and Cell Therapy*, v. 43, p. 9-10, 2021.

BLANTON, L. V. *et al.* Childhood undernutrition, the gut microbiota, and microbiota-directed therapeutics. *Science*, v. 352, n. 6293, p. 1533, 2016.

CENIT, M. C. *et al.* Influence of gut microbiota on neuropsychiatric disorders. *World Journal of Gastroenterology*, v. 23, n. 30, p. 5486-5498, 2017.

DICKS, L. *et al.* Gut bacteria and neuropsychiatric disorders. *Microorganisms*, v. 9, n. 12, p. 2583, 2021.

ENNIS, K.; *et al.* Early-life iron deficiency alters glucose transporter-1 expression in the adult rodent hippocampus. *The Journal of Nutrition*, v. 149, n. 9, p. 1660–1666, 2019.

FUNDO DAS NAÇÕES UNIDAS PARA A INFÂNCIA (UNICEF). *Situação Mundial da Infância. Crianças, alimentação e nutrição: crescendo saudável em um mundo em transformação*. Sumário executivo, out. 2019.

JAEGGI, T. *et al.* Iron fortification adversely affects the gut microbiome, increases pathogen abundance and induces intestinal inflammation in Kenyan infants. *Gut*, v. 64, n. 5, p. 731-742, 2015.

KAR, F. *et al.* Probiotics ameliorate LPS-induced neuroinflammation injury on Aβ 1–42, APP, γ-β secretase and BDNF levels in maternal gut microbiota and fetal neurodevelopment processes. *Metabolic Brain Disease*, v. 37, p. 1387–1399, 2022.

KVESTAD, I. *et al.* Vitamin B-12 status in infancy is positively associated with development and cognitive functioning 5 y later in Nepalese children. *The American Journal of Clinical Nutrition*, v. 105, n. 5, p. 1122–1131, 2017.

LAURITZEN, L. *et al.* DHA effects in brain development and function. *Nutrients*, v. 8, n. 16, p. 4, 2016.

LIU, J. *et al.* Probiotics exert protective effect against sepsis-induced cognitive impairment by reversing gut microbiota abnormalities. *Journal of Agricultural and Food Chemistry*, v. 68, p. 14874-14883, 2020.

LV, Z. *et al.* Vitamin A deficiency impacts the structural segregation of gut microbiota in children with persistent diarrhea. *Journal of Clinical Biochemistry and Nutrition*, v. 59, n. 2, p. 113-121, 2016.

MAL-ED Network Investigators. The MAL-ED study: a multinational and multidisciplinary approach to understand the relationship between enteric pathogens, malnutrition, gut physiology, physical growth, cognitive development, and immune responses in infants and children up to 2 years of age in resource-poor environments. *Clinical Infectious Diseases: An Official Publication of the Infectious Diseases Society of America*, v. 59, p. 193-206, 2014.

MAYNERIS-PERXACHS, J. *et al.* Protein-and zinc-deficient diets modulate the murine microbiome and metabolic phenotype. *The American Journal of Clinical Nutrition*, v. 104, n. 5, p. 1253-1262, 2016.

MAYNERIS-PERXACHS, J.; SWANN, J. R. Metabolic phenotyping of malnutrition during the first 1000 days of life. *European Journal of Nutrition*, v. 58, n. 3, p. 909-930, 2019.

NATARO, J. P.; GUERRANT, R. L. Chronic consequences on human health induced by microbial pathogens: growth faltering among children in developing countries. *Vaccine*, v. 14, n. 35, p. 6807-6812, 2017.

NÚCLEO CIÊNCIA PELA INFÂNCIA (NCPI). Comitê Científico. *Funções executivas e desenvolvimento infantil: habilidades necessárias para a autonomia: estudo III*. São Paulo, 2016.

OHGI, Y. *et al.* Effects of antidepressants on alterations in serum cytokines and depressive-like behavior in mice after lipopolysaccharide administration. *Pharmacology, Biochemistry, and Behavior*, v. 103, p. 853–859, 2013.

ORIÁ, R. B. *et al.* Early-life enteric infections: relation between chronic systemic inflammation and poor cognition in children. *Nutrition Reviews*, v. 74, n. 6, p. 374-386, 2016.

OTTOLINI, K. M. *et al.* Nutrition and the developing brain: the road to optimizing early neurodevelopment: a systematic review. *Pediatric Research*, v. 87, p. 194–201, 2020.

OWINO, V. *et al.* Environmental enteric dysfunction and growth failure/stunting in global child health. *Pediatrics*, v. 138, n. 6, 2016.

PERKINS, J. M. *et al.* Understanding the association between stunting and child development in low- and middle-income countries: next steps for research and intervention. *Social Science & Medicine*, v. 193, p. 101-109, 2017.

PRADO, E. L.; DEWEY, K. G. Nutrition and brain development in early life. *Nutrition Reviews*, v. 72, n. 4, p. 267-284, 2014.

ROBERTSON, R. C. *et al.* The human microbiome and child growth: first 1000 days and beyond. *Trends in Microbiology*, v. 27, n. 2, p. 131-147, 2019.

SAKKAS, H. *et al.* Nutritional status and the influence of the vegan diet on the gut microbiota and human health. *Medicina*, v. 56, n. 2, p. 88, 2020.

SEKI, D. *et al.* Aberrant gut-microbiota-immune-brain axis development in premature neonates with brain damage. *Cell Host & Microbe*, v. 29, p. 1558–1572, 2021.

SETTANNI, C. R. *et al.* Gut microbiota alteration and modulation in psychiatric disorders: current evidence on fecal microbiota transplantation. *Progress in Neuropsychopharmacology & Biological Psychiatry*, v. 109, 110258, 2021.

SHARMA, R.; GUPTA, D.; MEHROTRA, R.; MAGO, P. Psychobiotics: The Next-Generation Probiotics for the Brain. Curr Microbiol, Feb;78(2):449-463, 2021.

SLYKERMAN, R. F. *et al.* Effect of Lactobacillus rhamnosus HN001 in pregnancy on postpartum symptoms of depression and anxiety: a randomised double-blind placebo-controlled trial. *EBioMedicine*, v. 24, p.159–165, 2017.

SUBRAMANIAN, S. *et al.* Persistent gut microbiota immaturity in malnourished Bangladeshi children. *Nature*, v. 510, p. 417-421.

SUN, X. *et al.* Alleviation of anxiety/depressive-like behaviors and improvement of cognitive functions by Lactobacillus plantarum WLPL04 in chronically stressed mice. *Canadian Journal of Infectious Diseases and Medical Microbiology*, 2021.

TICKELL, K. D.; ATLAS, H. E.; WALSON, J. L. Environmental enteric dysfunction: a review of potential mechanisms, consequences and management strategies. *BMC Medicine*, v. 17, n. 1, p. 181, 2019.

UPADHYAY, R. P. *et al.* Effect of prebiotic and probiotic supplementation on neurodevelopment in preterm very low birth weight infants: findings from a meta-analysis. *Pediatric Research*, v. 87, p. 811–822, 2020.

VALENTINE, C. J. Nutrition and the developing brain. *Pediatric Research*, v. 87, p. 190-191, 2020.

CAPÍTULO 16

Impactos da desnutrição infantil nos desenvolvimentos normal e patológico do sistema nervoso central

Claudio Alberto Serfaty

Patrícia Coelho de Velasco

Poliana Capucho Sandre

RESUMO

O desenvolvimento pós-natal do cérebro é fator determinante para um desenvolvimento infantil pleno. Nos primeiros anos de vida, consolidam-se o desenvolvimento dos sistemas sensoriais, motores e cognitivos, incluindo o desenvolvimento da linguagem e do pensamento abstrato. Isso ocorre em resposta à estimulação ambiental e à nutrição adequada. Neste capítulo, será discutido o papel de nutrientes essenciais – triptofano e ácidos graxos ômega-3 – no desenvolvimento de circuitos neurais plenamente funcionais e os efeitos do consumo de gorduras saturadas e alimentos ultraprocessados no processo de neuroinflamação e os impactos da má nutrição nos processos de aprendizado, essenciais ao desenvolvimento infantil. O objetivo é discutir a nutrição para além dos dados antropométricos do desenvolvimento, lançando luz sobre a importância da nutrição qualitativamente adequada na discussão de políticas públicas de segurança alimentar e nutricional.

INTRODUÇÃO

O cérebro humano (e de todos os vertebrados) é composto por dois tipos de células – neurônios e células gliais, que incluem astrócitos, oligodendrócitos e micróglia. Em particular, astrócitos e as células microgliais modulam a atividade neuronal e funcionam como uma interface entre o sistema imune e o tecido cerebral, mediando inúmeras respostas adaptativas que visam, em condições normais, promover a proteção e o funcionamento normal dos neurônios e suas sinapses.

O cérebro conta com cerca de 86 bilhões de neurônios e um número equivalente de células da glia. No entanto, como se nota durante o desenvolvimento infantil, o cérebro torna-se progressivamente funcional ao longo da primeira infância até a adolescência. Isso ocorre porque os bilhões de células do sistema nervoso central (SNC) precisam se conectar em centenas de trilhões de *sinapses*, formando *circuitos neurais* que possibilitam a percepção dos sentidos, a execução dos programas motores, de forma cada vez mais precisa, o desenvolvimento da linguagem e das funções cognitivas (Serfaty, 2021). Dessa forma, a nutrição adequada é um dos elementos essenciais para garantir o pleno desenvolvimento do cérebro.

O CONCEITO DE CIRCUITOS NEURAIS

A comprovação de que o cérebro depende, para seu funcionamento adequado, de conexões específicas, como dos circuitos eletrônicos, foi desenvolvida por Roger Sperry entre o final da década de 1940 e o início da década de 1960. Esse pesquisador, por meio de uma série de experimentos no sistema visual de anfíbios, mostrou que as conexões entre regiões visuais apresentavam uma ordem correta, necessária ao funcionamento das funções sensoriais e motoras. Sperry formulou a "teoria da quimioafinidade", na qual neurônios continham, em sua superfície, marcadores moleculares que reconheceriam moléculas similares nos alvos sinápticos, conferindo, assim, a especificidade necessária ao desenvolvimento dos circuitos neurais. Somente em meados da década de 1990 essas moléculas foram demonstradas de fato. Paralelamente, nas décadas de 1970 e 1980, muitos pesquisadores mostraram que a conectividade entre neurônios, seus axônios e os neurônios-alvo passava não apenas pela expressão de "moléculas de endereçamento", mas também por um processo de refinamento de circuitos dependente da atividade elétrica dos neurônios, e, portanto, da experiência sensorial, motora e cognitiva. Mais recentemente, foi demonstrado que não só estes mecanismos clássicos são a base do desenvolvimento, mas a nutrição e, em especial, os nutrientes essenciais, influenciam de forma marcante o correto desenvolvimento dessas conexões neurais.

O DESENVOLVIMENTO DO SISTEMA NERVOSO CENTRAL

Durante boa parte da gestação, neurônios e células gliais se multiplicam (fase de proliferação celular ou *neurogênese*) e migram para camadas e núcleos que vão formar as várias regiões do cérebro (fase de migração celular). Durante esse período, os neurônios se diferenciam, tornando-se células extremamente especializadas, capazes de gerar atividade elétrica e liberar neurotransmissores por meio das *sinapses*. Depois da migração para locais definitivos, os neurônios estendem seus prolongamentos – os axônios – em direção a outros neurônios (fase de crescimento axonal) para dar início à construção de vias de comunicação e aos circuitos neurais. Erros nos mecanismos de proliferação e de migração celular resultam em anomalias graves do desenvolvimento do cérebro. Condições como a microcefalia ou a anencefalia são resultantes de alterações nesses processos. Infecções virais (por exemplo, por zika vírus), anomalias genéticas ou carências nutricionais, como a deficiência de ácido fólico, afetam a fase de neurogênese (Heland *et al.*, 2022). Entretanto, alterações mais sutis, que resultam em erros de comunicação entre neurônios, são a chave para a compreensão da maioria dos distúrbios do desenvolvimento, como as deficiências mentais, o transtorno do espectro autista (TEA), o transtorno do déficit de atenção e hiperatividade (TDAH) e a esquizofrenia. No período pós-natal, a deficiência de iodo ou a deficiência de ferro podem comprometer o desenvolvimento cognitivo, afetando a diferenciação celular e a *plasticidade sináptica* (Chagas *et al.*, 2020).

Neste capítulo, o foco será o período pós-natal de desenvolvimento cerebral. Nesse período, a comunicação sináptica está apenas começando a se estabelecer, já que o processo de *sinaptogênese* se estenderá pela vida pós-natal, quando os circuitos neurais passam por ajustes dependentes da estimulação ambiental e da nutrição (Sandre *et al.*, 2021). Denomina-se "plasticidade neural" essa dinâmica das sinapses que ocorre durante o desenvolvimento pós-natal do SNC e, também, durante a vida. O cérebro continua a se desenvolver e a se modificar durante toda a infância e adolescência, mas também na vida adulta, na medida em que toda interação com o ambiente gera modificações em circuitos cerebrais.

No entanto, ao contrário do senso comum, a formação de sinapses não é um processo simples e linear. Do nascimento até o primeiro/segundo anos de vida, ocorre um grande aumento do número de sinapses que, no entanto, formam conexões imaturas e ainda pouco funcionais. Do segundo ano de vida em diante, observa-se a fase mais importante da maturação cerebral, quando sinapses adequadas passam a predominar enquanto as sinapses inapropriadas (e são muitas – cerca de 50% das sinapses originais) são eliminadas, dando lugar a circuitos neurais que se aprimoram funcionalmente com a estimulação ambiental. Esse processo passou a ser conhecido, nos últimos anos, como o período de *poda sináptica* (Figura 16.1), e se estende desde a infância (a partir dos 2 anos) até o final da adolescência.

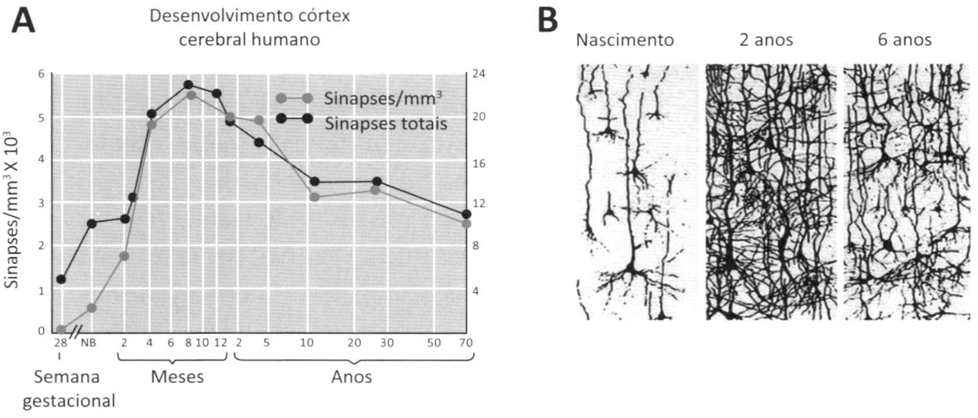

Figura 16.1 – Poda sináptica durante o desenvolvimento do córtex cerebral.

Fonte: adaptada de Purves *et al.*(2012).

O processo de *poda sináptica* é tão importante que a maioria dos distúrbios do desenvolvimento é acompanhada de alterações na sua magnitude: um excesso leva à deficiência intelectual ou distúrbios psiquiátricos, enquanto um déficit de eliminação sináptica está relacionado a TEA e TDAH (Filipello *et al.*, 2018).

De forma surpreendente, nos últimos anos também ficou claro o papel do sistema imune no desenvolvimento cerebral: sinapses pouco ativas são marcadas por moléculas do sistema imune inato (moléculas da cascada do *sistema complemento*) e, então, fagocitadas pelas células microgliais, as quais são semelhantes a macrófagos, mas se originam a partir do saco vitelínico embrionário. A micróglia, então, invade o cérebro em desenvolvimento nos períodos gestacionais precoces (entre a 4ª e a 5ª semanas gestacionais) e prolifera exercendo uma função de vigilância do parênquima cerebral durante toda a vida. Especificamente durante o período pós-natal, por volta dos 2 anos de idade, as células microgliais monitoram as sinapses em desenvolvimento e são responsáveis pelo processo de poda (ou eliminação) de sinapses imaturas ou pouco funcionais. As sinapses eficazes, por sua vez, são mantidas, e, dessa forma, os circuitos neurais se desenvolvem dando plena funcionalidade às funções cerebrais. A poda sináptica mediada pela micróglia permite, portanto, a maturação de circuitos neurais eficientes que medeiam o processamento neural (o reconhecimento) dos sentidos, o desenvolvimento das habilidades motoras, da linguagem e da cognição (Chagas *et al.*, 2020).

Esse papel funcional fisiológico das células microgliais pode ser drasticamente alterado durante a gestação/infância por respostas inflamatórias sistêmicas, resultantes da exposição de patógenos (vírus, bactérias, protozoários) ou de condições ambientais adversas, como desnutrição crônica, obesidade materna e infantil e exposição a agentes tóxicos (como o consumo de álcool na gestação/amamentação). Essas condições inflamatórias resultam em alteração do estado funcional fisiológico da micróglia que se torna menos capaz de realizar o processo de poda sináptica. Portanto, a desnutrição crônica, deve ser encarada como fator de risco ao desenvolvimento cerebral, impactando a capacidade de aprendizado e o pleno desenvolvimento das potencialidades humanas.

PERÍODOS CRÍTICOS DO DESENVOLVIMENTO DO CÉREBRO: PAPEL DA NUTRIÇÃO

Durante os primeiros anos de vida, o cérebro em desenvolvimento é uma estrutura extremamente adaptável, mas, por outro lado, extremamente sensível às condições ambientais. Essa grande capacidade de adaptação (ou plasticidade) ocorre, principalmente, durante uma janela temporal – o período crítico em que fatores ambientais modelam os circuitos neurais e dão a cada indivíduo as suas marcas identitárias. Entre os fatores que interferem com a formação dos circuitos neurais durante o período crítico, vale citar o padrão de estimulação, as condições socioeconômicas e a nutrição adequada – enfim, todo o meio ambiente imediato ao qual a criança é exposta. Lembrando que desnutrição e desigualdade social caminham juntas. Os aspectos qualitativos da nutrição são fundamentais para a compreensão do impacto da má nutrição no desenvolvimento do cérebro, e é essencial conhecer os conceitos fundamentais do desenvolvimento cerebral a fim de intervir, por meio de políticas públicas, em fases cruciais do desenvolvimento do cérebro.

O termo "período crítico" foi consolidado a partir dos estudos de Hubel e Wiesel na década de 1960. Esses pesquisadores, usando modelos experimentais em animais, determinaram que a falta de estimulação visual durante um período precoce do desenvolvimento pós-natal resultava em danos permanentes à visão. Mais recentemente, tem sido demonstrado que a privação nutricional grave, a privação sensorial induzida por condições precárias de vida e a privação afetiva induzida por institucionalização estão relacionadas a distúrbios do desenvolvimento neural.

Embora o conceito de períodos críticos tenha sido descrito no desenvolvimento dos sistemas sensoriais, essas janelas temporais também se aplicam ao desenvolvimento das habilidades motoras, da linguagem e da cognição. Como o desenvolvimento sensorial precede o desenvolvimento dos demais sistemas, atua como pré-requisito de desenvolvimento global do cérebro. É senso comum que os períodos críticos sensoriais e motores se estendem até os primeiros 5 a 7 anos de vida, enquanto os períodos críticos do desenvolvimento da linguagem e da cognição são mais longos, provavelmente até o final da adolescência. Contudo, sabe-se que tanto o padrão de estimulação ambiental quanto a nutrição concorrem para o correto estabelecimento dos circuitos neurais funcionais, e estas são condições necessárias para o bom termo do desenvolvimento das potencialidades de cada indivíduo. Mais ainda, é fato conhecido que não só a falta de estimulação, mas também a desnutrição, podem resultar em danos permanentes que trarão impactos durante toda a vida do indivíduo.

DESNUTRIÇÃO PROTEICO-ENERGÉTICA

A desnutrição prolongada durante os períodos críticos do desenvolvimento, principalmente na primeira infância, está associada a atrasos no desenvolvimento do SNC, na maturação psicomotora e na deficiência intelectual. Estudos mostram que a desnutrição provoca alterações na maturação de sistemas de neurotransmissores, nas *árvores dendríticas* e nos *espinhos dendríticos*, com impacto sobre o padrão normal de transmissão sináptica no córtex cerebral e no hipocampo, além de alterações no padrão de mielinização das vias sensoriais e motoras. Como a desnutrição proteico-energética vem normalmente acompanhada de condições socioeconômicas adversas, é comum que as crianças apresentem um quadro concomitante de deficiência na estimulação sensoriomotora e estresse crônico, o que agrava ainda mais o quadro induzido pela desnutrição *per se*. De modo geral, o atraso no desenvolvimento neuroquímico do SNC resulta em atrasos nas etapas do desenvolvimento psicomotor. Entretanto, cabe lembrar que essas alterações só resultam em danos permanentes em condições de desnutrição crônica, cuja duração se estenda além dos períodos críticos do desenvolvimento sensoriomotor. Estima-se que a suplementação nutricional na infância (presumivelmente até os 5 anos de idade) possa reverter parcial ou totalmente os déficits do desenvolvimento, já que os períodos críticos sensoriais se encerram depois dos 5 a 7 anos de idade (Serfaty, 2021). No entanto, é importante salientar que qualquer forma de desnutrição deve ser revertida na primeira infância para se evitar danos permanentes ao desenvolvimento neural. Além dos efeitos da desnutrição global, a carência pontual de certos nutrientes – como vitaminas do complexo B (ácido fólico) e colina, especialmente em períodos gestacionais – também está associada a atrasos no desenvolvimento. Além das carências nutricionais, o consumo de álcool durante a gestação/amamentação tem sido relacionado o distúrbio do espectro alcoólico fetal (FASD, do inglês *fetal alcohol spectrum disorder*), uma condição considerada potencialmente teratogênica que pode estar associada a diferentes graus de comprometimento do desenvolvimento infantil, desde disfunções leves até TDAH, TEA e retardo do desenvolvimento cognitivo (Chagas *et al.*, 2020).

PAPEL DE NUTRIENTES ESSENCIAIS NO DESENVOLVIMENTO DO SNC

É importante ressaltar que, mesmo em condições de aporte nutricional adequado do ponto de vista do conteúdo proteico e energético, é possível observar formas graves de desnutrição pela carência de nutrientes essenciais específicos. Nesse sentido, é fundamental destacar o papel do aminoácido triptofano (precursor do neurotransmissor serotonina) e dos ácidos graxos poli-insaturados ômega-3, ambos implicados nos diversos processos de desenvolvimento do cérebro, desde a neurogênese até os mecanismos de seleção de sinapses e construção dos circuitos neurais.

TRIPTOFANO COMO AMINOÁCIDO ESSENCIAL

A carência nutricional de proteínas de alto valor biológico (encontradas principalmente no leite, nos ovos e nas carnes) altera a disponibilidade de certos aminoácidos essenciais, como o triptofano, única fonte metabólica à síntese de serotonina, um neurotransmissor fundamental à maturação cerebral.

Foi demonstrado que dietas restritas no aminoácido triptofano resultam em conexões imaturas no sistema visual de roedores com um déficit no processo normal de poda sináptica, além de um grande comprometimento da plasticidade neural (Serfaty, 2011). A plasticidade neural é, essencialmente, a capacidade intrínseca dos circuitos neurais em se adaptarem às modificações impostas pelo ambiente. Essa propriedade é fundamental para o processo de aprendizado desde a primeira infância até a idade adulta, permitindo que a pessoa se torne melhor e mais habilitada a interagir com o ambiente social e com os desafios cognitivos a partir das experiências. É a base do que se chama "inteligência". Mostrou-se também que essa forma de desnutrição, induzida basicamente pelo consumo de alimentos carentes de proteínas de alto valor biológico, pode resultar em danos permanentes, mas que podem ser prevenidos pela realimentação precoce em uma janela temporal restrita aos estágios iniciais do desenvolvimento – os períodos críticos na primeira infância (Serfaty, 2011). Como a micróglia apresenta receptores para o neurotransmissor serotonina, a restrição de triptofano (e, portanto, de serotonina) altera a fisiologia microglial, interferindo com o processo de poda sináptica, a maturação de circuitos neurais e a plasticidade neural. Além disso, a serotonina é um neurotransmissor com grande importância para a plasticidade neural por meio da modulação da liberação de *fatores neurotróficos* como o BDNF, impactando não só o desenvolvimento dos circuitos neurais, mas também a remodelação estrutural das sinapses que possibilita o aprendizado e a memória, além dos efeitos clássicos sobre o controle do humor e cognição. Portanto, políticas públicas que incluam o acesso a proteínas de alto valor biológico, em especial, proteínas de origem animal, devem ser consideradas fundamentais ao desenvolvimento cerebral e, portanto, ao desenvolvimento de populações em risco nutricional elevado.

PAPEL DOS ÁCIDOS GRAXOS ÔMEGA-3 NO DESENVOLVIMENTO DO SNC

Outro nutriente essencial e de grande importância para o desenvolvimento do cérebro são os ácidos graxos (AG) ômega-3, cujo principal derivado é o ácido docosa-hexaenoico (DHA). O DHA é fundamental para a manutenção da sobrevivência neuronal, para a sinaptogênese e como um coadjuvante para a expressão gênica de proteínas relacionadas à plasticidade neural. O DHA também é um metabólito com atividade anti-inflamatória e, por esse motivo, atua no controle da neuroinflamação e a consequente ativação anormal das células microgliais (Sandre *et al.*, 2021). Em uma série de estudos, foi demonstrado que as carências nutricionais de ômega-3 e DHA alteram de forma significativa o padrão de poda sináptica, alterando não só a eficiência de circuitos neurais, mas os períodos críticos de plasticidade neural. Essas alterações estão relacionadas a déficits visuais, além de alterações cognitivas em bebês.

ÁCIDOS GRAXOS ESSENCIAIS

Os ácidos graxos essenciais (AGE) ômega-6 e ômega-3 são sintetizados, respectivamente, a partir do ácido oleico pelas enzimas dessaturases delta 12 e delta 15 (esta última, uma ômega-3 dessaturase), que estão presentes em algas, organismos unicelulares e plantas. Vertebrados e, portanto, humanos, não têm estas enzimas e, por esse motivo, AG ômega-6 e ômega-3 só podem ser obtidos pela dieta.

Quando presentes na alimentação, o ácido linoleico (ômega-6) e o ácido alfalinolênico (ômega-3) são absorvidos e utilizados como precursores de ácidos graxos poli-insaturados (AGPI) de cadeia longa pela ação de enzimas dessaturases e elongases. Uma vez que os AGE ômega-3 e ômega-6 compartilham a mesma maquinaria enzimática (elongases e dessaturases) para a produção dos seus derivados lipídicos, como o DHA e o ácido araquidônico (AA), respectivamente, a proporção desses AG na dieta é de extrema importância e influencia o acúmulo tecidual destes, com especial impacto no acúmulo de DHA (Sandre *et al.*, 2021). O AG ômega-3 é encontrado principalmente em azeitona, linhaça, castanhas, amêndoas e nozes, além de estar presente em alguns óleos vegetais. O DHA, por sua vez, encontra-se presente em peixes oceânicos, como salmão e sardinha. Já o ômega-6, muito mais abundante na natureza, é encontrado em alimentos como avelã, carnes e ovos, além de óleos vegetais como os de girassol, milho e soja.

Os AG ômega-3 e ômega-6 da dieta e seus derivados de cadeia longa, DHA e AA, participam de processos de sinalização química. Como os AG ômega-3 são menos frequentes nas fontes nutricionais, em que os AG ômega-6 predominam, a aquisição de DHA na dieta é fundamental para o crescimento e o desenvolvimento do SNC, uma vez que, nesses estágios iniciais do desenvolvimento, o suprimento de DHA ocorre via transferência placentária e por meio do leite materno.

O AA é precursor de eicosanoides como prostaglandinas e leucotrienos, dando origem, dessa forma, a mediadores inflamatórios, essenciais à homeostasia dos sistemas biológicos. Já o DHA acumulado no SNC é uma importante molécula de sinalização com funções em processos de neurogênese, diferenciação celular e sinaptogênese. Além disso, é um importante mediador anti-inflamatório com papel fundamental ao desenvolvimento dos circuitos neurais durante a primeira infância. De fato, sua carência nutricional está associada a fatores de risco para déficits de aprendizado, além de distúrbios do desenvolvimento como o TEA, a TDAH e até mesmo a esquizofrenia (Chagas *et al.*, 2020).

Devido à importância fisiológica e à essencialidade dos AGE, a Organização Mundial da Saúde (OMS) recomenda o equilíbrio da ingestão desses dois AG na dieta para a promoção da saúde (4% da ingestão total de energia de ômega 6 e 0,5% da ingestão total de energia de ômega 3). Como o ômega-3 é de difícil acesso nas fontes alimentares e o ômega-6 é encontrado em alimentos considerados mais palatáveis, frequentemente se observa um desequilíbrio na proporção destes AGE na dieta. Estudos mostram que a população consome, em média, cerca de 163 mg/dia de gorduras ômega-3 oriundas de frutos do mar (0,045% da ingestão total de energia). Já o consumo de AG ômega-6 compõe 5,9% da ingestão total de energia, podendo variar de 2,5 a 8,5% (Micha *et al.*, 2014). Tal aumento da proporção do ômega-6 em relação ao ômega-3 tem um grande impacto entre crianças (e gestantes), populações que necessitam de um maior aporte de ômega-3 e da sua conversão metabólica em DHA. Uma maior proporção da ingesta de AG ômega-6 sobre ômega-3, condição bastante comum, e que é induzida, por exemplo, no consumo de preparações ricas em óleos vegetais (por exemplo, as frituras) por si só podem induzir uma redução ao acúmulo de DHA, já que as enzimas de conversão destes AGE – dessaturases e elongases – são comuns a ambos os derivados lipídicos e processam preferencialmente aqueles precursores em maior concentração tecidual. Dessa forma, dietas com excesso de AG ômega-6 induzem redução da conversão de DHA a partir do ômega-3. A carência nutricional de ômega-3/DHA leva a um estado inflamatório que tem impacto no processo de refinamento sináptico por alteração no estado funcional da micróglia.

Estudos científicos já demonstraram que uma dieta carente em ômega-3, durante períodos pré e pós-natal foi capaz de alterar o perfil da micróglia para um perfil pró-inflamatório, o que pode impactar a sua capacidade de promover a correta eliminação (ou poda) de sinapses transitórias (Sandre *et al.*, 2021). Além disso, dietas com redução do conteúdo de DHA induzem uma alteração nos períodos críticos do desenvolvimento de formação dos circuitos neurais. Uma vez que o correto curso temporal das diferentes janelas de períodos críticos é fundamental para um desenvolvimento adequado, acredita-se que a desnutrição de ômega-3 em etapas precoces de desenvolvimento possa ser relacionada a prejuízos na correta funcionalidade do SNC observados em etapas mais tardias.

Para além de influenciar a atividade microglial, o DHA também tem capacidade de alterar funções de astrócitos e de componentes sinápticos. Estudos já demonstraram que, enquanto dietas com restrição nutricional de DHA materna promovem uma redução de moléculas envolvidas na sinalização do *sistema endocanabinoide*, a suplementação com esse AGPI é capaz de recuperar esses efeitos, bem como de promover um aumento de marcadores sinápticos em diferentes áreas cerebrais (Isaac *et al.*, 2021).

Há evidências de que, em casos de desnutrição de ômega-3, a suplementação com óleo de peixe no período de desenvolvimento que corresponde à primeira infância em humanos é capaz de recuperar os danos observados no desenvolvimento neural. No entanto, uma suplementação tardia, após esse período de desenvolvimento, pode resultar em danos permanentes (Sandre *et al.*, 2021). Esses dados fornecem indícios de que exista uma janela temporal ideal para a suplementação com ômega-3. Além disso, a ingestão materna de DHA foi relacionada com um melhor crescimento e desenvolvimento do cérebro em crianças, e uma suplementação na primeira infância teve efeito positivo nos testes de atenção. Dietas deficientes em AG ômega-3 promoveram alterações na sinalização pelos receptores de insulina no hipocampo, aumentando a peroxidação lipídica e interferindo no metabolismo energético e na plasticidade sináptica.

A suplementação com ômega-3 também já foi descrita como adjuvante no tratamento de ansiedade e depressão, uma vez que é capaz de aumentar o conteúdo de derivados de ômega-3 no plasma de pacientes com depressão (Lamon-Fava *et al.*, 2023) e melhorar o comportamento do tipo ansioso, bem como a inflamação observada em modelos animais de obesidade (Neto *et al.*, 2022).

Dessa forma, uma ingestão adequada desses AGPI deve ser priorizada, principalmente durante a gestação, lactação e infância, fases cruciais do desenvolvimento, nas quais a suplementação com AGPI derivados do ômega-3 pode ser considerada quando a ingestão dietética não for suficiente para garantir um desenvolvimento saudável (Tabela 16.1).

Tabela 16.1 - Ingestão adequada para AG ômega-3

Idade	Homens	Mulheres	Gravidez	Lactação
Nascimento até 6 meses	0,5 g	0,5 g		
7-12 meses	0,5 g	0,5 g		
1-3 anos	0,7 g	0,7 g		
4-8 anos	0,9 g	0,9 g		
9-13 anos	1,2 g	1 g		
14-18 anos	1,6 g	1,1 g	1,4 g	1,3 g
19-50 anos	1,6 g	1,1 g	1,4 g	1,3 g
Mais de 51 anos	1,6 g	1,1 g		

Fonte: Institute of Medicine, Food and Nutrition Board (2005).

ÁCIDOS GRAXOS SATURADOS E INFLAMAÇÃO: IMPACTOS NO DESENVOLVIMENTO DO CÉREBRO

No contexto de uma mudança no panorama nutricional mundial, influenciado por crescimento econômico, urbanização, alterações demográficas e processo de globalização, a epidemiologia registrou mudança significativa no estado nutricional populacional nas últimas décadas. O perfil nutricional moderno, descrito como o padrão de dieta ocidental, tipicamente rico em gorduras saturadas e açúcares refinados, é reconhecido como um importante fator contribuinte, somado à redução do consumo de alimentos *in natura* (i.e., vegetais e frutas) e da atividade física, para as atuais epidemias de distúrbios metabólicos.

Nas últimas décadas, tem-se observado o fenômeno denominado fardo duplo da nutrição inadequada, caracterizado pela coexistência de desnutrição (i.e., atraso no crescimento e/ou perda de peso na infância; deficiências de micronutrientes), junto com sobrepeso e obesidade, ou doenças crônicas não transmissíveis (DCNT) relacionadas à dieta, podendo ocorrer em todo o ciclo de vida. O estado nutricional inadequado de crianças associa-se a inúmeros desfechos desfavoráveis. A desnutrição promove prejuízos no crescimento e desenvolvimento; maior vulnerabilidade a doenças infecciosas; cicatrização mais lenta de feridas operatórias e tempo de internação prolongada.

Progressivamente, acompanham-se as mudanças no padrão alimentar e no estado nutricional de crianças e adolescentes, principalmente no que se refere ao aumento do índice de massa corporal (IMC) e da gordura visceral, embora as taxas de desnutrição na infância sempre se encontraram mais elevadas do que na população adulta. Apesar da prevalência de desnutrição infantil ter reduzido desde o início de 1990, o atraso no crescimento das últimas três a quatro décadas ainda poderá ter grandes repercussões ao longo dos anos. Assim, o fardo duplo da nutrição inadequada representa importante desafio para a comunidade internacional. No entanto, deve também ser visto como uma janela de oportunidades de intervenção (Popkin *et al.*, 2020).

As inter-relações entre os mecanismos do estresse oxidativo e inflamação e, ainda, disfunções no metabolismo mitocondrial, são cada vez mais reconhecidos como gatilhos para o desenvolvimento e progressão de DCNT. Particularmente, dietas ricas em ácidos graxos saturados (AGS) resultam em um maior acúmulo de gordura corporal e menor controle da saciedade, em comparação com dietas enriquecidas em AGPI. O consumo excessivo de AGS pode aumentar o conteúdo desses ácidos graxos na circulação, a expressão de genes envolvidos em processos inflamatórios no tecido adiposo, além de reduzir a sensibilidade à insulina e aumentar o conteúdo intra-hepático de triglicerídeos em humanos

Além disso, as complicações fisiológicas da obesidade incluem efeitos prejudiciais na fisiologia e função cerebral. O cérebro é altamente sensível a mediadores inflamatórios, e a ativação de células e marcadores inflamatórios, como as citocinas, pode desencadear efeitos clinicamente significativos na cognição e na homeostase neuronal. Já foram demonstrados diversos impactos da inflamação crônica em decorrência de um ambiente obesogênico e/ou pelo consumo de dietas com altas concentrações de AGS, podendo levar ao aumento da inflamação cerebral, gliose reativa e vulnerabilidade a lesões. Nesse sentido, elevações de citocinas no SNC podem, provavelmente, ser um fator importante no desenvolvimento de complicações neurológicas adversas da obesidade e do consumo de dietas rica em lipídios, especialmente em AGS (Gupta *et al.*, 2012).

Com relação aos AGS, o ácido palmítico pode induzir a ativação de receptores TLR4 na micróglia do hipotálamo e promover a estimulação e liberação de citocinas inflamatórias (Valdearcos *et al.*, 2014). Foi demonstrado que os ácidos láurico, palmítico e esteárico foram capazes de ativar NFkB e a expressão COX-2 e de marcadores inflamatórios em macrófagos, por uma via dependente de TLR4 (Lee *et al.*, 2001). Ainda, ácidos graxos administrados perifericamente se acumulam principalmente nos astrócitos e, devido a sua localização e seu papel estabelecido em fornecer nutrientes para os neurônios, torna os astrócitos um possível alvo para as ações de ácidos graxos elevados. O aumento da produção de espécies reativas de oxigênio, como consequência ao consumo de dietas ricas em AGS, pode reduzir a expressão do RNAm e do conteúdo proteico de BDNF no hipocampo.

Estudos epidemiológicos e experimentais vêm, nas últimas décadas, evidenciando a qualidade dos lipídios da dieta materna como um dos fatores determinantes para o adequado desenvolvimento do sistema nervoso central. A qualidade dos lipídios da dieta materna, principalmente nos períodos críticos do desenvolvimento, constitui fator ambiental nutricional capaz de promover alterações funcionais e estruturais no organismo, predispondo a modificações que podem se tornar permanentes e programando o indivíduo para o desenvolvimento, em longo prazo, de distúrbios metabólicos.

O consumo de dietas ricas em AGS durante a gestação, a lactação e o pós-desmame pode promover prejuízos no aprendizado e na eficácia sináptica, interferindo na sinalização de receptores da via insulínica e em mecanismos de transcrição gênica. Portanto, uma predisposição genética, modificações epigenéticas, deficiências nutricionais e exposição a agentes ambientais, em períodos críticos, compõem a gênese dos distúrbios no neurodesenvolvimento. Evidências crescentes indicam que vias do metabolismo lipídico, quando alteradas, promovem efeitos deletérios no funcionamento do SNC e podem predispor a distúrbios do desenvolvimento como, por exemplo, TEA (Madore *et al.*, 2016).

Estudos em modelos animais de TEA já demonstraram que a modulação de lipídios da dieta materna promove alterações no comportamento social, e essas modificações têm relação com prejuízos na regulação do eixo intestino-cérebro da prole. Relevante à bioatividade dos lipídios é o fato de que a composição, concentração e diversidade dos lipídios cerebrais podem ser moduladas por intervenção dietética, destacando um mecanismo que reforça a importância do eixo intestino-cérebro nas funções cerebrais e como um fator-chave da saúde humana. Alterações na qualidade dos lipídios na dieta podem melhorar os marcadores inflamatórios e proporcionar um equilíbrio intestinal, impedindo o desenvolvimento de doenças. Em geral, os protocolos terapêuticos sugerem que uma menor ingestão de alimentos ricos em gorduras saturadas, gorduras trans e açúcares e um aumento nas fontes alimentares de fibras e lipídios bioativos podem trazer efeitos positivos na regulação do eixo microbiota-intestino-cérebro. Além disso, é fundamental a ingestão de lipídios bioativos que incluem AG monoinsaturados e poli-insaturados, fitoesteróis e lipídios de cadeia média (De Velasco *et al.*, 2018).

A infância é um período crítico do desenvolvimento para a adequada maturação de órgãos e sistemas, além de ser uma importante fase para o estabelecimento e a consolidação de hábitos alimentares saudáveis. Alimentos altamente processados não são apenas problemáticos para a saúde nutricional (sendo deficientes em proteínas, fibras e micronutrientes e ricos em açúcar e gordura), mas também são relativamente baratos. As fontes lipídicas utilizadas atualmente pela indústria em substituição à gordura vegetal parcialmente hidrogenada não se apresentam como alternativas saudáveis, principalmente no que diz respeito ao metabolismo lipídico. O óleo de palma africana e a gordura interesterificada, particularmente em modelos animais, já foram associados ao aumento de vias inflamatórias cerebrais e prejuízos no controle central da ingestão alimentar (De Velasco *et al.*, 2017).

A mudança nos hábitos alimentares da população gerou um grande consumo de alimentos ultraprocessados com alta densidade de energia e gorduras. Esses alimentos incluem refrigerantes, salgadinhos de pacote, chocolates, produtos embalados de panificação e confeitaria, sorvetes, margarinas, misturas para bolos, cereais matinais, tortas, pratos de massa e pizzas pré-preparadas, empanados congelados, produtos de carne reconstituídos (salsichas e hambúrgueres), sopas, macarrão instantâneo e outros produtos que podem ser identificados por meio da presença de ingredientes de nenhum ou raro uso culinário (Monteiro *et al.*, 2019).

Por muitos anos, esses produtos foram constituídos por gordura parcialmente hidrogenada, rica em ácidos graxos trans industriais. Os ácidos graxos trans (AGT) são isômeros do seu correspondente na configuração cis e apresentam os dois átomos de hidrogênio em posições opostas da dupla ligação na cadeia carbônica e, por isso, apresentam ponto de fusão mais elevado, quando comparados com os isômeros cis correspondentes, porém inferior ao ácido graxo saturado, que apresenta o mesmo número de carbonos. Ao longo das últimas décadas, os estudos consolidaram o efeito aterogênico da gordura trans e associação do consumo de AGT com a disfunção endotelial, com aumento das concentrações plasmáticas de marcadores inflamatórios como o fator de necrose tumoral alfa (TNF-α), interleucina-6 (IL-6) e proteína-C reativa. Diante dos efeitos deletérios à saúde, a OMS preconizou e regulamentou a adoção de ações para restringir os AGT industriais dos alimentos. Nesse sentido, a indústria de alimentos recorreu a fontes lipídicas alternativas e, atualmente, os mais utilizados são o óleo de palma e a gordura interesterificada. A interesterificação consiste em misturar vários tipos de óleos e/ou gorduras vegetais, promovendo a redistribuição dos AG na molécula do triacilglicerol e formação de novas ligações nas moléculas glicerídicas. O resultado é a formação de gorduras com baixo teor ou desprovidas de AGT (Ribeiro *et al.*, 2007).

Os estudos ainda são escassos sobre o consumo em longo prazo dessas gorduras substitutas à gordura trans nos alimentos industrializados. Animais submetidos a dietas contendo gordura interesterificada, óleo de palma, assim como os que consumiram AGT, durante a gestação e lactação, apresentaram um aumento no perfil inflamatório do hipotálamo na idade adulta, com elevação nos níveis de rolamento e adesão de leucócitos no tecido cerebral, quando comparados ao grupo controle (óleo de soja) (Misan *et al.*, 2015). Ainda, o consumo durante a gestação e lactação de gordura interesterificada e de gordura vegetal parcialmente hidrogenada promoveu alterações na função mitocondrial hepática da prole, redução no controle respiratório e aumento na produção de espécies reativas de oxigênio, quando comparados aos grupos que consumiram dietas contendo óleo de palma ou a dieta controle (De Velasco *et al.*, 2017).

O nível socioeconômico das famílias é fator de risco ao consumo de alimentos ultraprocessados que, em geral, são de menor custo. Dados da Pesquisa de Orçamentos Familiares (POF) demonstram redução no comprometimento dos gastos das famílias com cereais e leguminosas, e aumento dos gastos com alimentos ultraprocessados (IBGE, 2019[1]). Ainda, o II Inquérito Nacional sobre Insegurança Alimentar no Contexto da Pandemia da Covid-19 no Brasil (Vigisan) reportou aumento na insegurança alimentar e nutricional das famílias brasileiras. O Vigisan apontou, ainda, insegurança alimentar moderada e grave (acima de 30%) nos domicílios com presença de menores de 10 anos, principalmente nas regiões Norte e Nordeste do país.

Dados sobre a população brasileira mostram que crianças têm consumido cada vez mais alimentos ultraprocessados (AUP) com baixa qualidade nutricional. A nutrição adequada é considerada um fator ambiental essencial na plasticidade cerebral de crianças e na aquisição das várias habilidades inerentes ao desenvolvimento saudável com efeitos a logo prazo. Em modelos experimentais, dietas contendo gordura interesterificada, óleo de palma e ácidos graxos trans (AGT) durante a gestação e lactação resultaram em um aumento no perfil inflamatório do hipotálamo na idade adulta (Misan *et al.*, 2015).

CONCLUSÃO

O desenvolvimento cerebral é dependente de fatores genéticos e ambientais. Nos períodos pós-natais, desenvolvimento das habilidades sensoriais, motoras e cognitivas ocorre de forma sequencial e em resposta à boa estimulação e à nutrição adequada. Neste capítulo, buscou-se discutir como a nutrição adequada pode interferir no desenvolvimento pleno a fim de possibilitar maximizar todo o potencial individual, tornando crianças e adolescentes mais aptos a aprender por toda a vida.

Mesmo reconhecendo a urgência da erradicação da fome, condição extrema com efeitos extremos ao desenvolvimento infantil, é necessário discutir as consequências das formas silenciosas da má nutrição, predominantes em populações com restrições de acesso à alimentação de qualidade. Nesse sentido, buscou-se destacar os nutrientes essenciais (triptofano e ácidos graxos essenciais) e a desnutrição relacionada ao consumo inadequado de gorduras saturadas e alimentos ultraprocessados, associados à obesidade infantil e à inflamação.

A introdução e a estimulação a uma alimentação saudável, diversificada, incluindo os diversos grupos de alimentos, corrobora com o proposto pelo Guia alimentar para crianças brasileiras menores de 2 anos (2019) e com o Guia alimentar para a população brasileira (2014). O direito a uma alimentação adequada e saudável vem ao encontro do reconhecimento de que alimentos saudáveis são determinantes primários da saúde. Nesse contexto, é preciso dar pleno apoio e instrumentalizar políticas públicas de segurança alimentar. O aprofundamento de estudos em nutrição experimental deve servir como substrato teórico para um melhor acompanhamento nutricional de crianças em

1. https://www.ibge.gov.br/estatisticas/sociais/saude/24786-pesquisa-de-orcamentos-familiares-2.html

idade pré-escolar e adolescentes, com vistas ao crescimento e desenvolvimento adequados e, por isso, profissionais de nutrição e demais profissionais de saúde devem estar atentos às consequências das várias formas de desnutrição na infância e as repercussões sobre o desenvolvimento de potencialidades individuais nas futuras gerações.

REFERÊNCIAS

CHAGAS, L. D. S. *et al.* Environmental signals on microglial function during brain development, neuroplasticity, and disease. *International Journal of Molecular Sciences*, v. 21, n. 6, 2020.

DE VELASCO, P. *et al.* Fatty acids, gut microbiota, and the genesis of obesity. *Biochemistry and Health Benefits of Fatty Acids*, 2018.

DE VELASCO, P. *et al.* Maternal intake of trans-unsaturated or interesterified fatty acids during pregnancy and lactation modifies mitochondrial bioenergetics in the liver of adult offspring in mice. *British Journal of Nutrition*, v. 118, n. 1, p. 41-52, 2017.

FILIPELLO, F. *et al.* The microglial innate immune receptor TREM2 is required for synapse elimination and normal brain connectivity. *Immunity*, v. 48, n. 5, p. 979-991, 2018.

GUPTA, S. *et al.* Saturated long-chain fatty acids activate inflammatory signaling in astrocytes. *Journal of Neurochemistry*, v. 120, n. 6, p. 1060-1071, 2012.

HELAND, S. *et al.* The role of nutrients in human neurodevelopment and their potential to prevent neurodevelopmental adversity. *Frontiers in Nutrition*, v. 9, p. 992120, 2022.

INSTITUTE OF MEDICINE, FOOD AND NUTRITION BOARD. *Dietary reference intakes for energy, carbohydrate, fiber, fat, fatty acids, cholesterol, protein, and amino acids (macronutrients).* Washington, DC: National Academy Press, 2005.

ISAAC, A. R. *et al.* Maternal omega-3 intake differentially affects the endocannabinoid system in the progeny's neocortex and hippocampus: impact on synaptic markers. *The Journal of Nutritional Biochemistry*, v. 96, p. 108782, 2021.

LAMON-FAVA, S. *et al.* Clinical response to EPA supplementation in patients with major depressive disorder is associated with higher plasma concentrations of pro-resolving lipid mediators. *Neuropsychopharmacology*, 2023.

LEE, J. Y. *et al.* Saturated fatty acids, but not unsaturated fatty acids, induce the expression of cyclooxygenase-2 mediated through Toll-like receptor 4. *Journal of Biological Chemistry*, v. 276, n. 20, p. 16683-16689, 2001.

MADORE, C. *et al.* Neuroinflammation in autism: plausible role of maternal inflammation, dietary omega 3, and microbiota. *Neural Plasticity*, 2016. 2016: 3597209.

MICHA, R. *et al.* Global, regional, and national consumption levels of dietary fats and oils in 1990 and 2010: a systematic analysis including 266 country-specific nutrition surveys. *BMJ* (Clinical Research Ed.), v. 348, 2014, p. 2272.

MISAN, V. *et al.* Interesterified fat or palm oil as substitutes for partially hydrogenated fat during the perinatal period produces changes in the brain fatty acids profile and increases leukocyte-endothelial interactions in the cerebral microcirculation from the male offspring in adult life. *Brain Research*, v. 1616, p. 123-133, 2015.

MONTEIRO, C. A. *et al.* Ultra-processed foods: what they are and how to identify them. *Public Health Nutrition*, v. 22, n. 5, p. 936-941, 2019.

NETO, J. *et al.* DHA/EPA supplementation decreases anxiety-like behaviour, but it does not ameliorate metabolic profile in obese male rats. *British Journal of Nutrition*, v. 128, p. 964-974, 2022.

POPKIN, B. M. *et al.* Dynamics of the double burden of malnutrition and the changing nutrition reality. *Lancet*, v. 395, n. 10217, p. 65-74, 2020

PURVES, D. *et al. Neuroscience*. 5th Ed. Sunderland: Sinauer, 2012.

RIBEIRO, A. P. B. *et al.* Interesterificação química: alternativa para obtenção de gorduras zero trans. *Química Nova*, v. 30, n. 5, p. 1295–1300, 2007.

SANDRE, P. C. *et al.* Chronic nutritional restriction of omega-3 fatty acids induces a pro-inflammatory profile during the development of the rat visual system. *Brain Research Bulletin*, v. 174, p. 366-378, 2021.

SERFATY, C. A. Tryptophan intake and the influence of serotonin on development and plasticity of sensory circuits. In: Preedy, V.; Watson, R. R.; Martin, C. R. (Eds.). *Handbook of Behavior, Food and Nutrition*. New York: Springer, 2011, v. 1, p. 2135-2151.

SERFATY, C. A. *Desenvolvimento do cérebro e seus períodos críticos: as bases neurais do desenvolvimento dos sistemas sensoriais motores e cognitivos*. Rio de Janeiro: Ebook, 2021.

VALDEARCOS, M. *et al.* Microglia dictate the impact of saturated fat consumption on hypothalamic inflammation and neuronal function. *Cell Reports*, v. 9, n. 6, p. 2124-2138, 2014.

CAPÍTULO 17
Impacto metabólico da desnutrição

Janayne Luihan Silva
Paola Caroline Lacerda Leocádio
Simone Fátima Gomes de Oliveira
Elandia Aparecida Santos
Jacqueline Isaura Alvarez Leite

IMPACTO DA DESNUTRIÇÃO NA VIDA INTRAUTERINA (PROGRAMAÇÃO FETAL)

A gestação é um fenômeno fisiológico caracterizado por alterações anatômicas, endócrinas, imunológicas e metabólicas que contribuem positivamente para a adaptação e o desenvolvimento do feto. Entretanto, trata-se de uma condição de modificações aceleradas que, se associadas a fatores de risco como a desnutrição, pode predispor tanto a mãe quanto o feto a condições de risco a curto e longo prazos.

Nos primeiros estágios da vida, os chamados "primeiros mil dias", que vão desde a pré-concepção até os 2 anos de idade, deficiências nutricionais podem alterar a trajetória do desenvolvimento fetal, levando a atrasos ou comprometimento imunológico, cognitivo, físico e metabólico dos descendentes. Durante o período gestacional, cerca de 280 dias, a gestante é a única fonte de nutrientes para o desenvolvimento e crescimento fetal e, por isso, seu estado nutricional, reservas de nutrientes e hábitos alimentares antes e durante a gestação são fatores determinantes para a nutrição fetal com consequente impacto no peso e no tamanho do recém-nascido.

Estima-se que a desnutrição materna esteja associada à restrição do crescimento intrauterino (RCIU), baixo peso ao nascer (BPN), parto prematuro, mortalidade infantil e comprometimento neuromotor, metabólico e mental dos filhos. Essas consequências estão associadas a má nutrição materna, caracterizada pela baixa ingestão calórica, consumo insuficiente de proteínas e carências de determinados micronutrientes como ferro, vitamina A, iodo, zinco e cálcio. Dessa forma, os distúrbios nutricionais maternos podem desencadear uma competição entre a mãe e o feto, limitando a disponibilidade de nutrientes necessários para o adequado crescimento fetal.

A placenta regula o crescimento fetal e a fisiologia materna. É o principal órgão respiratório, excretor, metabólico e endócrino durante a gestação, que desempenha um papel essencial para fornecer um ambiente intrauterino ideal e que regula os hormônios associados à gravidez e os fatores de crescimento. A subnutrição materna pode levar a mudanças na expressão de genes da placenta que podem prever adaptações metabólicas para a disponibilização de nutrientes ao feto.

Os efeitos da desnutrição intrauterina dependem da fase de desenvolvimento do feto, de uma maneira geral, ou de algum órgão específico como cérebro, coração, pâncreas, tecido adiposo e fígado. Os efeitos são mais intensos e permanentes quanto mais precocemente ocorrer e quanto mais tarde for iniciada a recuperação nutricional. O fato é que durante os períodos críticos do desenvolvimento fetal, mudanças permanentes nos sistemas molecular, celular, metabólico, neuroendócrino e fisiológico ocorrem como resultado de um ambiente nutricional e/ou hormonal desfavorável.

Estudos demonstram que uma dieta deficiente em proteínas durante o período embrionário reduz a insulina materna circulante e as concentrações de aminoácidos de cadeia ramificada (BCAA) no líquido luminal intrauterino, responsável por banhar os embriões antes da implantação. Como consequência, ocorre a ativação de respostas compensatórias nas linhagens extraembrionárias (trofectoderma; endoderma primitivo) do blastocisto. O trofectoderma torna-se mais proliferativo, adota um fenótipo migratório mais invasivo na implantação e promove o aumento da endocitose de proteínas do fluido luminal uterino materno como uma fonte alternativa de nutrientes, tornando a placenta mais eficiente na transferência de nutrientes para o feto. Da mesma forma, o endoderma primitivo ativa respostas compensatórias para aumentar a entrega de nutrientes por meio da placenta, mediada por mecanismos epigenéticos.

O período pré-concepcional, marcado pela transição do genoma parental para o embrionário, é uma etapa essencial da programação fetal pois desde a concepção até a implantação do blastocisto, apesar do número de células ainda ser pequeno, é uma etapa de intensas mudanças morfológicas e celulares, de alta plasticidade. Isso inclui a reestruturação global do epigenoma, principalmente metilação de DNA e modificações de histonas que controlam a expressão de genes, de modo que a expressão do novo genoma embrionário é distinta dos genomas parentais.

A reorganização epigenética permite que o embrião exiba um novo genoma, com novas expressões gênicas e vulnerável às condições metabólicas e nutricionais pré-concepcionais e intrauterinas. Dessa forma, a desnutrição materna durante esses períodos pode causar mudanças permanentes na estrutura dos órgãos, número de células e metabolismo, persistindo ao longo de ciclos celulares subsequentes que afetam o desenvolvimento e crescimento fetal durante a gestação e persiste ao longo da vida. Contudo, modificações epigenéticas no fígado, músculo e tecido adiposo em um feto em desenvolvimento podem aumentar o risco de obesidade e distúrbios metabólicos associados ao longo da vida.

No estudo de Lumey *et al.* (2007), modificações epigenéticas foram confirmadas em uma coorte holandesa que passou por má nutrição durante seis meses (média de 667 kcal/dia) com pouca variação no percentual de macronutrientes (12% de proteínas, dessas 4% de origem animal, 19% de lipídeos e 69% de carboidratos), no final da Segunda Guerra Mundial. As mulheres que engravidaram nesse período tiveram maior frequência de descendentes com comportamento mental característico de depressão e esquizofrenia, além de alterações metabólicas como maior índice de massa corporal (IMC), perfil lipídico alterado com propensão a doenças cardiovasculares e alteração da homeostase da glicose.

Além dessas alterações, a desnutrição materna também ativa mecanismos metabólicos de compensação para proteger tecidos importantes, especialmente do cérebro e, a partir disso, ocorre uma redistribuição do fluxo sanguíneo intrauterino, mas esse mecanismo protetor ainda pode afetar a estrutura do hipotálamo, levando ao comprometimento do controle da homeostase energética e da ingestão alimentar. Além do cérebro, outros órgãos podem ser prejudicados pela redução na capacidade funcional, como nos rins, pela redução no número de néfrons; no coração, pela redução de células do músculo cardíaco e no pâncreas, pela redução das células beta.

Essas adaptações a curto prazo garantem a sobrevivência em um ambiente com deficiência de nutrientes durante a vida intrauterina. No entanto, a abundância de nutrientes após o nascimento pode levar a efeitos prejudiciais no longo prazo, devido à incompatibilidade entre os ambientes pré e pós-natal, predispondo a obesidade e doenças associadas.

Durante os períodos críticos de desenvolvimento do feto, a desnutrição materna também está associada a mecanismos epigenéticos envolvidos na adipogênese e lipogênese, por programar o metabolismo dos adipócitos de forma a aumentar a suscetibilidade à obesidade a longo prazo na prole. Essa alteração está associada ao aumento da expressão de RNAm de proteínas-chave do metabolismo do adipócito como a proteína desacopladora 2 (UCP2) e o receptor ativado por proliferador de peroxissoma (PPAR) gama.

Todas as alterações associadas à desnutrição vistas no período pré-concepcional são mantidas ao longo da gestação, levando à redução do volume plasmático, com menor fluxo placentário e transporte de nutrientes e oxigênio para o feto contribuindo para o BPN e para a RCIU. A restrição sustentada de nutrientes e oxigênio, associada ao RCIU, ativa alterações cardiovasculares adaptativas como alterações na morfologia cardíaca, disfunção miocárdica, remodelação arterial e função endotelial prejudicada, o que resulta numa programação metabólica que pode aumentar o risco para síndrome metabólica e morbidade cardiovascular na vida adulta.

Ay *et al.* (2009) acompanharam 8.451 gestantes na Holanda e mediram o crescimento fetal em relação à antropometria materna. Eles observaram que o IMC materno afetou o crescimento fetal, uma vez que a diferença da taxa de crescimento fetal entre o quintil mais baixo de IMC e o mais alto foi 4,49 g/semana. Além disso, o baixo peso pré-gestacional foi associado à diferença de 88 g no peso ao nascer dos descendentes quando comparados com os filhos de mães com peso adequado. Em outro estudo com 2.670 mulheres grávidas, o IMC pré-gestacional menor que 18,5 kg/m^2 (desnutrição) foi associado ao peso ao nascer, com 51% de risco a mais de dar à luz um bebê com BPN quando comparado com o grupo de referência (IMC 18,5 a 24,9 kg/m^2).

Dessa forma, o ajuste do estado nutricional antes e durante a gravidez, junto com a adequação da ingestão proteica e de micronutrientes, pode melhorar o ambiente metabólico materno, o que pode reduzir os riscos de programação fetal de doenças metabólicas. Sendo assim, acompanhar o estado nutricional materno desde a preconcepção, pode silenciar eventuais doenças metabólicas, corrigir deficiências alimentares, fazer reservas nutricionais e adequar o peso pré-gestacional, ou seja, reverter o quadro de desnutrição antes mesmo da concepção pode ser fator determinante para a prevenção dessas doenças, conforme resumido na Figura 17.1.

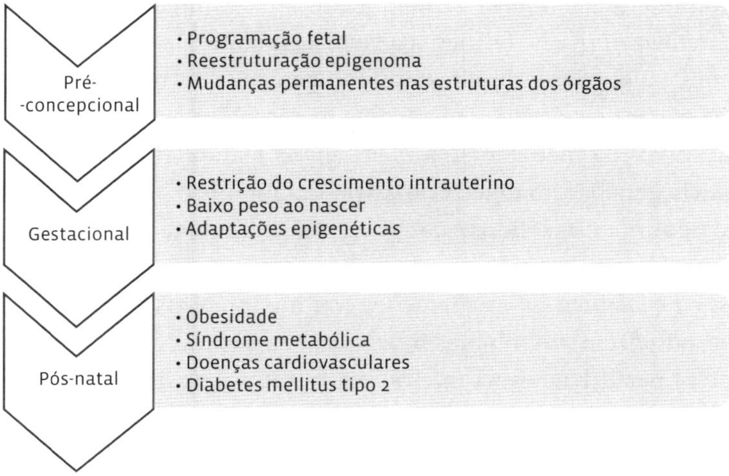

Figura 17.1 Impacto da desnutrição intrauterina e suas consequências a curto e longo prazos.

ALEITAMENTO MATERNO, MICROBIOTA INTESTINAL E DESNUTRIÇÃO

ALEITAMENTO MATERNO E MICROBIOTA INTESTINAL

A microbiota intestinal (MI) do bebê é estabelecida após o nascimento. Nas primeiras semanas e meses de vida a composição da microbiota sofre uma série de mudanças significativas, evoluindo para uma população adulta mais estável e diversa na infância. O modo de parto, a microbiota materna e fatores ambientais, incluindo a alimentação influenciam a colonização do recém-nascido. É interessante observar que a microbiota de bebês africanos e europeus é muito semelhante até a introdução de alimentos sólidos, demonstrando um papel importante da alimentação no desenvolvimento da microbiota infantil. A escolha da alimentação (aleitamento materno ou fórmulas infantis) apresenta grande impacto no desenvolvimento da microbiota intestinal (MI).

Logo após o nascimento, as primeiras bactérias presentes na MI do recém-nascido são aeróbias ou anaeróbias facultativas, como enterobactérias, enterococos e estafilococos. Essas bactérias consomem oxigênio, permitindo o desenvolvimento de bactérias anaeróbicas como bifidobactérias. O leite humano é uma fonte contínua de probióticos, influenciando no desenvolvimento da microbiota intestinal do bebê. O gênero predominante é *Bifidobacterium*, que retarda a implantação de *Enterobacteria* e fungos; e *Lactobacillus*, que fermenta a lactose, criando um meio ácido que suprime o crescimento de alguns microrganismos patogênicos. Outros micro-organismos são adicionados a partir do contato com a mama materna durante o aleitamento e até com bactérias intestinais da mãe que podem atingir as glândulas mamárias por meio dos macrófagos e chegar ao trato digestório do bebê. Durante o período de desmame, com a introdução de alimentos sólidos e continuação da alimentação com leite materno, há estabelecimento de um microbioma complexo do tipo adulto, dominado pelos filos *Bacteroidetes* e *Firmicutes*. Essas alterações continuam até os 3 anos de idade e, subsequentemente, adquirem microbiotas intestinais mais complexas e estáveis. Evidências apontam que as perturbações na microbiota intestinal na infância podem ter efeitos duradouros na saúde imunológica do indivíduo.

O leite materno contém também moduladores de crescimento e prebióticos, como fatores *bifidus*, que aumentam a maturação do trato gastrointestinal e estimulam o crescimento de bifidobactérias. Os oligossacarídeos do leite humano (HMO) são um dos principais componentes do leite materno. Mais de 100 HMO diferentes foram identificados, existindo uma grande variação na quantidade total e composição em cada mulher, mas ainda não se sabe quais fatores genéticos e ambientais são responsáveis por essas variações. A composição de HMO também é alterada ao longo da lactação, desse modo cada mãe fornece uma mistura distinta de HMO para seu bebê. Após serem ingeridos pelo bebê, resistem ao baixo pH do estômago e são apenas parcialmente digeridos no intestino delgado e atingem o cólon, onde são fermentados, principalmente por *Bifidobacterium*, para produzir ácidos graxos de cadeia curta (AGCC) e lactato. Atuam inibindo a adesão de patógenos à superfície da mucosa, evitando a proliferação de certas bactérias. Outros componentes com papel na formação da microbiota do bebê incluem os glicomacropeptídeos de caseína, imunoglobulina A (IgA) secretória, lactoferrina, defensinas, metabólitos de triptofano e componentes da resposta imunológica, como citocinas e receptores do tipo Toll (TLR). Os lipídeos presentes no leite materno podem fornecer energia para algumas bactérias e ainda estimular a secreção de hormônios e ácidos biliares, principais reguladores da microbiota intestinal.

Os prebióticos não estão presentes na mesma quantidade nas fórmulas infantis, o que provavelmente afeta a colonização intestinal. Houve aprimoramento das fórmulas lácteas, com inclusão de alguns oligossacarídeos, o que possibilita a uma criança estabelecer uma microbiota rica em *Bifidobacterium*. No entanto, em comparação com bebês amamentados, bebês alimentados com fórmula ainda têm características distintas de suas microbiotas. Estudos indicam que microbiotas de bebês alimentados com fórmula são enriquecidas com organismos anaeróbios, como *Bacteroides* e *Clostridium*, enquanto as de bebês amamentados são mais comumente colonizados por organismos aeróbios. Em estudo avaliando diferenças entre a microbiota intestinal de bebês amamentados exclusivamente (AME) ou não com leite materno, observou-se que a menor duração do AME nos seis primeiros meses de vida está associada à microbiota mais parecida com a de adultos. Além disso, curto período de AME levou a aumentos maiores e mais precoces da abundância relativa de *Bacteroidetes* e *Firmicutes* (e não da família benéfica *Bifidobacteriaceae*). Essas mudanças na microbiota podem ser desproporcionais ao desenvolvimento biológico e imunológico adequado para a idade do bebê. Um período mais longo de AME, por sua vez, foi associado a composição bacteriana mais estável e maior abundância de *Bifidobacteriaceae*. Ainda, os autores verificaram que a maior duração do AME está associada à redução da diarreia relacionada à disbiose. Esses resultados reforçam o papel benéfico do AME no desenvolvimento da microbiota infantil. A ação do leite materno sobre a microbiota intestinal do recém-nascido é sintetizada na Figura 17.2.

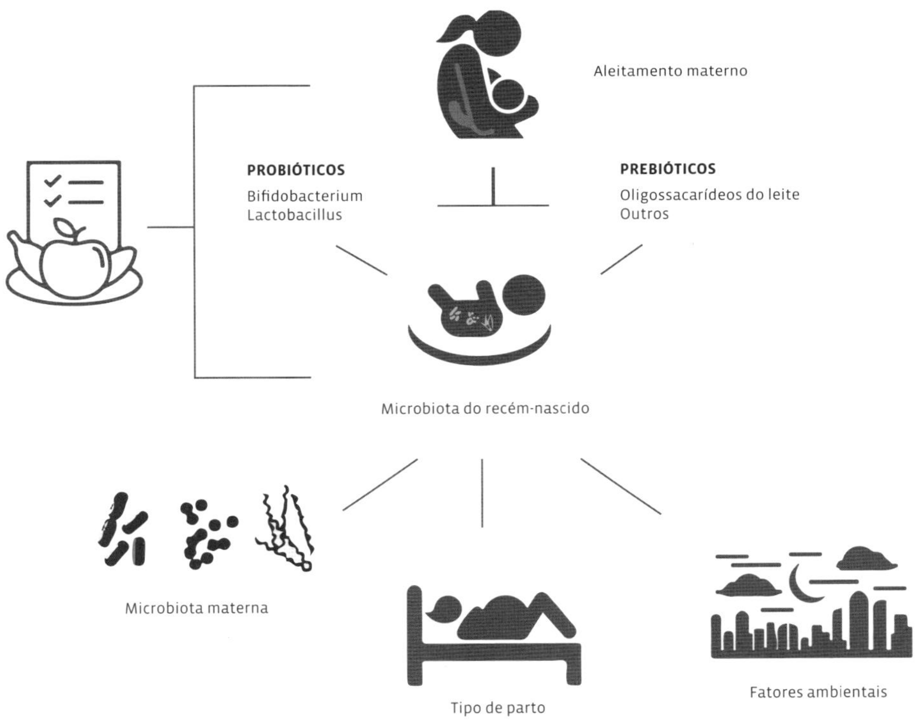

Figura 17.2 Papel do leite materno na composição da microbiota do recém-nascido.

IMPACTO DO ALEITAMENTO MATERNO E DA MICROBIOTA INTESTINAL DO LACTENTE NA DESNUTRIÇÃO

A desnutrição é responsável por aproximadamente 50% das mortes em crianças menores de 5 anos, afetando principalmente a África e a Ásia. O aleitamento materno exclusivo até os 6 meses de idade e complementar até os 24 meses ou mais é recomendado pela Organização Mundial de Saúde. O leite materno apresenta composição única, que se adapta às necessidades nutricionais da criança nos diferentes períodos após o nascimento. Sua composição também se altera entre o início e o final da mamada, inicialmente sendo mais rico em micronutrientes e aquoso para depois se tornar rico em gordura. Sua composição de macro e micronutrientes é a mais adequada para atender às necessidades nutricionais de bebês até os 6 meses de idade. O início tardio da amamentação ou sua substituição por outros alimentos são práticas que podem contribuir para a desnutrição e o aumento da morbimortalidade. Segundo Black *et al.* (2013), em países de baixa renda, a deficiência nas práticas de amamentação resulta em milhares de mortes por ano, correspondendo a aproximadamente 10% das mortes em crianças menores de 5 anos. Desse modo, a amamentação deve ser fortemente encorajada, especialmente para bebês com baixo peso ao nascer, que devem ser amamentados o mais rápido possível.

Ainda não está elucidado como as variações na composição do leite materno contribuem para a desnutrição infantil. Os estudos de Charbonneau *et al.* (2017) mostram que a composição do leite de mães de crianças saudáveis apresenta maior quantidade de HMO (que influenciam positivamente a MI) do que daquelas de criança com retardo de crescimento grave. Estudos em animais colonizados com microbiota dos bebês com retardo de crescimento mostraram que a suplementação dietética de HMO acelerou o ganho de peso e a maturação óssea dos animais, o que não ocorreu quando os oligossacarídeos foram ofertados para animais isentos de microbiota. Esses resultados sugerem que a ação dos HMO no desenvolvimento do bebê esteja mais relacionada à modulação da microbiota do que à alteração direta do metabolismo da criança.

A disbiose (ou desequilíbrio da microbiota) pode ser tanto uma causa como uma consequência da desnutrição. Tem sido descrito que o aumento no filo *Proteobacteria* e diminuição nas espécies de *Bifidobacterium* e *Lactobacillus* são associados a episódios de diarreia, importante causadora e agravante de desnutrição infantil. Ainda, essas alterações na MI podem persistir na criança desnutrida mesmo após intervenção nutricional, o que explicaria o maior risco de complicações no primeiro ano após o tratamento da desnutrição. Bebês extremamente prematuros com deficiência no crescimento pós-natal foram estudados por Younge *et al.* (2019) que mostraram que a microbiota desses bebês apresentava maturação interrompida, caracterizada por baixa diversidade, dominância persistente de *Enterobacteriaceae* e escassez de bactérias anaeróbicas estritas, em comparação com crianças com crescimento adequado. Houve também alteração na assinatura metabólica, com aumento de lipólise e oxidação de ácidos graxos, em um estado metabólico semelhante ao jejum. Esses resultados sugerem que pode haver deficiência no metabolismo de combustíveis não lipídicos, levando à dependência de ácidos graxos para atender às demandas metabólicas.

Kumar *et al.* (2018) observaram menor diversidade da microbiota nas crianças de países com alta de desnutrição (Malawi e Bangladesh) comparados a Suécia, com baixa prevalência de desnutrição. Ainda, a razão *Firmicutes/Bacteroidetes* foi significativamente menor nas crianças suecas comparada às demais, com variações principalmente na abundância de *Bacteroidetes*, que desempenham um papel importante na metabolização de HMO. O estudo também mostrou uma menor diversidade da MI nas crianças de Malawi e de Bangladesh comparadas às suecas, e em crianças desnutridas comparadas às saudáveis do mesmo país, sugerindo associação entre menor diversidade e risco de desnutrição.

Em síntese, a literatura aponta que a microbiota intestinal exerce papel importante na desnutrição infantil, sendo a alimentação – especialmente leite materno – essencial para o desenvolvimento e maturação adequados da microbiota da criança, exemplificado na Figura 17.3. A microbiota intestinal ainda é de grande relevância para o desenvolvimento imunológico da criança, consequentemente também atuando sobre a desnutrição. Desse modo, as intervenções para recuperação da criança desnutrida devem focar não somente nos nutrientes, mas também nos fatores que influenciam sua utilização.

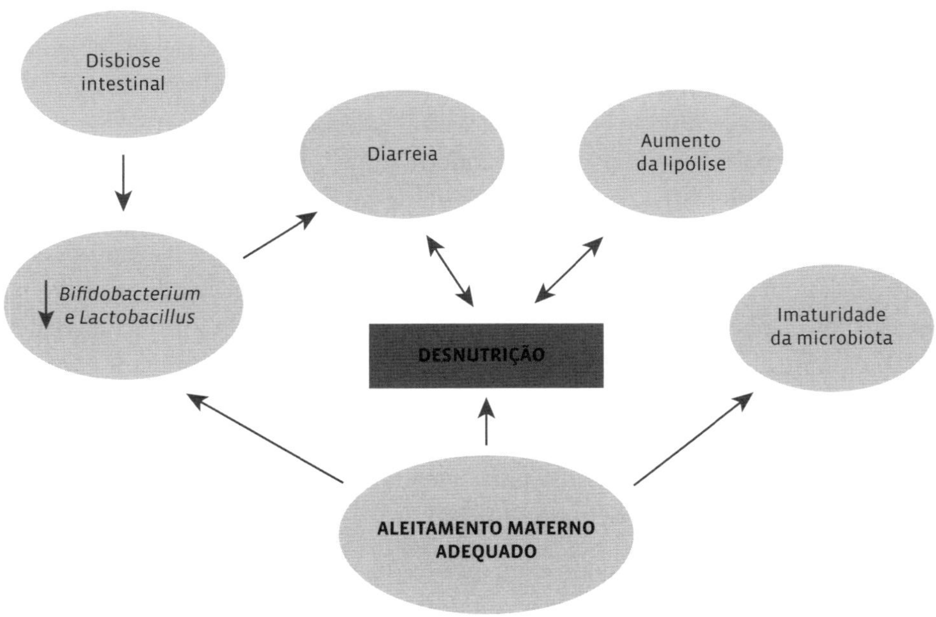

Figura 17.3 – Relação entre microbiota intestinal, desnutrição e aleitamento materno.

IMPACTO NAS VIAS BIOQUÍMICAS

PANORAMA METABÓLICO

A desnutrição leva a alterações bioquímicas e adaptações fisiológicas, incluindo restrição de crescimento, perda de gordura, músculo e massa visceral, redução da taxa metabólica basal e redução do gasto energético total. Na fase inicial da ingestão alimentar insuficiente, ocorre degradação do músculo esquelético para disponibilizar substrato para a gliconeogênese. Após a adaptação metabólica, a lipólise torna-se a principal fonte de energia para a disponibilidade de ácidos graxos livres para sua oxidação, reduzindo os estoques de gordura disponíveis do tecido adiposo. Quando os estoques de gordura começam a se esgotar, as proteínas miofibrilares quebram-se mais uma vez e de maneira extensiva, para manter os processos metabólicos essenciais.

A autofagia também participa da perda de massa muscular na desnutrição, uma vez que, quando ocorre de forma contínua, reduz componentes celulares importantes para o metabolismo e a contração muscular, como as mitocôndrias. Perturbações na homeostase mitocondrial geram desbalanços nos processos redox e depleção dos fatores antioxidantes celulares. Somam-se a isso as alterações eletrolíticas, incluindo retenção de sódio e depleção de potássio intracelular devido à diminuição da atividade da bomba de sódio, dependente de energia. Isso provoca o aumento da permeabilidade das membranas celulares, que contribui para o edema no caso do *kwashiorkor*, como parte da resposta adaptativa ineficiente.

A regulação de curto prazo da oxidação e síntese de macronutrientes depende da insulina e do glucagon, enquanto a regulação de longo prazo é mediada por outros hormônios, como do crescimento (GH), tireoidianos, catecolaminas e corticosteroides. As alterações incluem níveis reduzidos de tri-iodotiroxina (T3), fator de crescimento semelhante à insulina tipo 1 (IGF-1) e níveis elevados de GH e cortisol, em alguns casos.

Em estágios avançados de desnutrição, vários sistemas e órgãos são afetados. A imunidade celular é afetada pela atrofia do timo, dos gânglios linfáticos e das tonsilas palatinas. Há diferenciação reduzida de linfócitos T CD4+ e CD8+, prejuízo na fagocitose e redução da síntese e secreção de IgA. Consequentemente, a suscetibilidade a infecções torna-se maior. A liberação do fator de necrose tumoral (TNF), interleucina 1 (IL-1) e interleucina 6 (IL-6), além de interferir no funcionamento das próprias células imunes, favorece a redução do apetite, como parte da adaptação à fome, e o catabolismo no músculo esquelético e tecido adiposo.

A desnutrição grave causa redução no número de neurônios, sinapses, ramificações dendríticas e mielinização, que pode resultar na diminuição do tamanho e funções do encéfalo. O córtex cerebral fica mais fino e o crescimento do cérebro é reduzido. Atrasos na função global, motora e memória são associados à desnutrição infantil. Esses efeitos na primeira infância podem ser irreversíveis.

No sistema cardiovascular, o débito cardíaco é reduzido, sendo a bradicardia e hipotensão comuns nessas crianças. A combinação de bradicardia, comprometimento da contratilidade cardíaca e desequilíbrios eletrolíticos predispõe a arritmias e outros danos cardiovasculares, com repercussões a longo prazo.

No sistema digestório, atrofia das vilosidades, hipoplasia de cripta e permeabilidade intestinal aumentada levam à má absorção e a infecções recorrentes, devido ao sistema imune prejudicado. O metabolismo hepático de xenobióticos apresenta-se com redução na síntese das glicoproteínas responsáveis pela ligação às drogas e de síntese proteica.

Em resumo, a desnutrição infantil tem consequências graves na definição do desenvolvimento e da saúde a longo prazo do indivíduo, afetando órgãos e sistemas cruciais como coração, cérebro e fígado, como exemplificado na Figura 17.4.

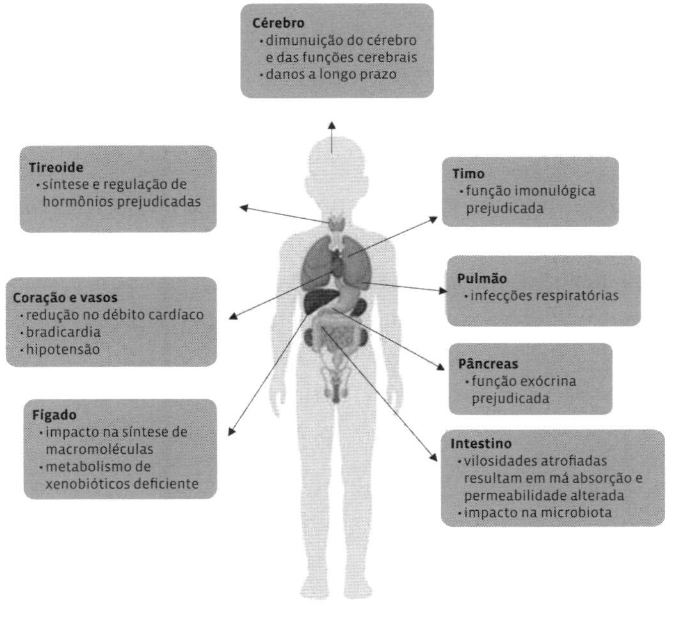

Figura 17.4 – Os sistemas orgânicos são variavelmente afetados pela desnutrição. As repercussões metabólicas podem resultar em adaptações fisiológicas e condições fisiopatológicas a longo prazo, mesmo após reabilitação nutricional.

ALTERAÇÕES NO METABOLISMO DE CARBOIDRATOS

A homeostase da glicose depende de sua absorção no intestino, captação e liberação pelo fígado, bem como de sua distribuição pelos tecidos periféricos. A insulina é anabólica na medida em que promove a síntese de proteínas, lipídios e glicogênio. O glucagon atua amplamente para aumentar os processos catabólicos. Entre as refeições ou durante o jejum, a liberação de glicose é regulada pelo fígado. Durante o jejum, a glicose é produzida a partir da sinalização desencadeada por glucagon, que estimula a glicogenólise e a gliconeogênese.

Sob condições de alimentação, os carboidratos dietéticos são digeridos e processados por várias glicosidases no trato digestório. Os monossacarídeos resultantes (principalmente glicose, frutose e galactose) são transportados para os tecidos como combustível primário para a geração de ATP.

Na maioria dos tecidos, o catabolismo da glicose em piruvato (glicólise), é preservado como principal via para suprimento de energia. Em tecidos com mitocôndrias abundantes, o piruvato citosólico é transportado para a matriz mitocondrial, convertido em acetil-CoA pelo complexo piruvato desidrogenase e incorporado ao ciclo do ácido tricarboxílico em conjunto com o oxaloacetato. O ciclo gera energia na forma de GTP (equivalente a ATP) bem como NADH e FADH2, que servem como importantes transportadores de elétrons para a fosforilação oxidativa, que finalmente resultam em ATP.

Em condições de restrição alimentar, como acontece na fome, o fígado gera glicose principalmente para encéfalo e hemácias. Inicialmente no jejum, o aumento do glucagon induz à sinalização de vias quinases relacionadas à liberação da glicose do glicogênio (glicogenólise). Como o glicogênio hepático se esgota nas primeiras 24 horas, no jejum prolongado a gliconeogênese se torna então responsável pela geração de glicose. Os principais precursores são o lactato, produzido nos tecidos periféricos; o glicerol, liberado pela lipólise; e aminoácidos de tecido muscular, a partir do seu esqueleto carbônico.

A glicose é o substrato mais importante para o metabolismo cerebral, e crianças têm uma tolerância reduzida à fome quando comparadas aos adultos, sendo mais propensas a desenvolver hipoglicemia, principalmente naquelas com desnutrição. Além disso, o potencial das membranas celulares fica mais polarizado, o que resulta em diminuição nos níveis de entrada de Ca^{2+} intracelular em resposta à glicose. A sensibilidade das células em resposta à insulina é afetada e dificulta a retirada da glicose sanguínea e absorção pelos tecidos (resistência à insulina). O glucagon tem seus níveis reduzidos, logo, há decréscimo na síntese endógena de glicose pelos hepatócitos.

Com a síntese endógena de glicose reduzida, vários tecidos passam a utilizar ácidos graxos ou corpos cetônicos, advindos da lipólise, como combustível celular. As concentrações do hormônio leptina são baixas em crianças com desnutrição grave, o que reflete a extensão da perda de tecido adiposo. A leptina tem papel direto na função imunológica, metabolismo e regulação do apetite, e seus níveis estão inversamente associados à mortalidade em crianças. O cortisol pode estar também aumentado, principalmente no *kwashiorkor*, e está relacionado com o desenvolvimento de resistência à insulina no período de recuperação.

Na desnutrição, à semelhança da obesidade, o excesso de ácidos graxos nos tecidos estimula o estresse oxidativo e leva a danos mitocondriais e morte celular. Essa disfunção pode levar a prejuízos na fosforilação oxidativa e produção de energia.

ALTERAÇÕES NO METABOLISMO DE PROTEÍNAS

Os danos à concentração de aminoácidos são importantes na desnutrição grave. Os aminoácidos são necessários à construção de toda a maquinaria celular e seu funcionamento. As taxas diárias de renovação de proteínas são maiores do que a ingestão proteica, e como crianças estão em fase de crescimento, há grande necessidade de síntese proteica e de energia para tal. Portanto, a disponibilidade energética é também fator crucial no metabolismo proteico.

O suprimento de aminoácidos pode ser derivado das proteínas exógenas após a digestão e a absorção, do processo de *turnover* de proteínas teciduais e da síntese *de novo*. Quando a ingestão de proteínas supera as necessidades fisiológicas, o excesso de aminoácidos é convertido em ureia, enquanto as cadeias carbônicas são transformadas em outros intermediários, principalmente glicose.

A síntese de glicose a partir de outros precursores não glicogênicos é um dos mecanismos essenciais para manutenção da vida. O fornecimento de aminoácidos para a gliconeogênese ocorre quando o suprimento de glicose de fontes exógenas (alimentos) e endógenas (glicogenólise) é insuficiente. Como já dito, a gliconeogênese a partir de aminoácidos contribui para a manutenção da homeostase da glicose.

A degradação do músculo para fornecer aminoácidos, peptídeos, proteínas e outras biomoléculas necessárias para a sobrevivência é inadequada em crianças desnutridas. Pelo fato de ainda haver ingestão de energia no *kwashiorkor*, essas crianças têm menor mobilização de proteínas para produção de glicose, quando comparadas a crianças com marasmo. Porém, o estresse oxidativo celular visto no *kwashiorkor* retarda as respostas enzimáticas necessárias para as adaptações fisiológicas em condições de desnutrição. Isso apoia o fato de que a adaptação à privação alimentar ocorre em menor extensão no *kwashiorkor*.

A hipoalbuminemia e a depleção de micronutrientes e antioxidantes são as principais responsáveis pelo edema em crianças com *kwashiorkor*. Há perda de água do intravascular para o interstício devido à baixa pressão oncótica, o que induz a retenção de água por um aumento da secreção de vasopressina. A retenção de sódio pelo aumento da atividade da renina plasmática e a supressão da liberação de peptídeos natriuréticos contribuem para a retenção de líquidos e edema.

Crianças com desnutrição grave exibem redução acentuada nos aminoácidos circulantes, como glutamina, arginina, tirosina, leucina, isoleucina, valina, triptofano e metabólitos, lisina, metionina e aspartato. Naquelas com *kwashiorkor,* as concentrações de lisina, metionina aspartato, triptofano e derivados, além de as taxas de renovação proteica serem ainda mais reduzidas em comparação àquelas com marasmo.

No caso do triptofano, sua maior parte é metabolizada em quinurenina por meio da enzima hepática triptofano 2,3-dioxigenase (TDO) ou da enzima indoleamina 2,3-dioxigenase (IDO), que é expressa em vários tecidos extra-hepáticos. Enquanto a TDO protege contra níveis tóxicos de triptofano no plasma, a IDO é aumentada em resposta à infecção e à inflamação. Metabólitos da quinurenina são produzidos em maiores níveis por crianças desnutridas, e estes suprimem a proliferação de células T, o que reduz efetivamente a resposta imune. Em crianças desnutridas, a proporção de quinurenina/triptofano plasmático é relacionada com os níveis plasmáticos de proteína de ligação de lipopolissacarídeo (LBP), que indica um estado pré-inflamatório em resposta às infecções bacterianas. De fato, a desnutrição grave pode se apresentar como um estado sistêmico de inflamação, decorrente da sinalização hormonal inadequada e do aumento na permeabilidade intestinal que provocam infecções persistentes. Dessa forma, as infecções frequentes associadas à ingestão reduzida e à má absorção esgotam a disponibilidade de aminoácidos para o hospedeiro. Esse efeito é drástico e mais prejudicial no contexto dos aminoácidos essenciais como o triptofano, necessário para imunomodulação e precursor para biossíntese de outros metabólitos, como a serotonina.

Outros compostos nitrogenados, como ornitina, taurina, dimetilarginina e carnitina, estão reduzidos em crianças desnutridas. Além do metabolismo proteico em si, a deficiência proteica, resulta em alterações em várias vias metabólicas, como alterações no ciclo do ácido tricarboxílico, metabolismo de neurotransmissores e de ácidos nucleicos pela deficiência de enzimas relacionadas a essas vias.

ALTERAÇÕES NO METABOLISMO LIPÍDICO

A lipólise nos adipócitos é um processo rigidamente regulado, com um papel central da insulina na inibição da lipase sensível a hormônio. Em crianças com desnutrição grave, a lipólise estimulada pelos níveis baixos de insulina aumenta a concentração de ácidos graxos livres, porém, há baixa disponibilidade de ácidos graxos poli-insaturados de cadeia longa, devido à deficiência dietética dos mesmos. Crianças com *kwashiorkor* podem apresentar marcadores da betaoxidação reduzidos, como o fluxo de glicerol, palmitato e taxas de oxidação, quando comparadas àquelas com marasmo (que possuem taxas reduzidas comparadas a crianças nutridas). Isso sugere que crianças com *kwashiorkor* têm capacidade insuficiente na mobilização e utilização de lipídios para produção de energia. Ainda que haja estímulo à lipólise, a atividade da lançadeira da carnitina (passo inicial para a betaoxidação) é reduzida, o que limita o transporte de ácidos graxos pela membrana mitocondrial e reduz a capacidade de betaoxidação. Esses fatores podem contribuir para o pior prognóstico de crianças com *kwashiorkor*.

A biossíntese de carnitina é um processo dependente de NAD$^+$ que requer aminoácidos como lisina e metionina, reduzidos nessas crianças. Diferenças na biodisponibilidade desses precursores podem limitar a flexibilidade nas estratégias de produção de energia e reduzir a sobrevida, conforme demonstrado em relação à betaoxidação na Figura 17.5. As esfingomielinas (um tipo de fosfolipídio), essenciais para a mielinização neural, não se recuperam após a estabilização nutricional.

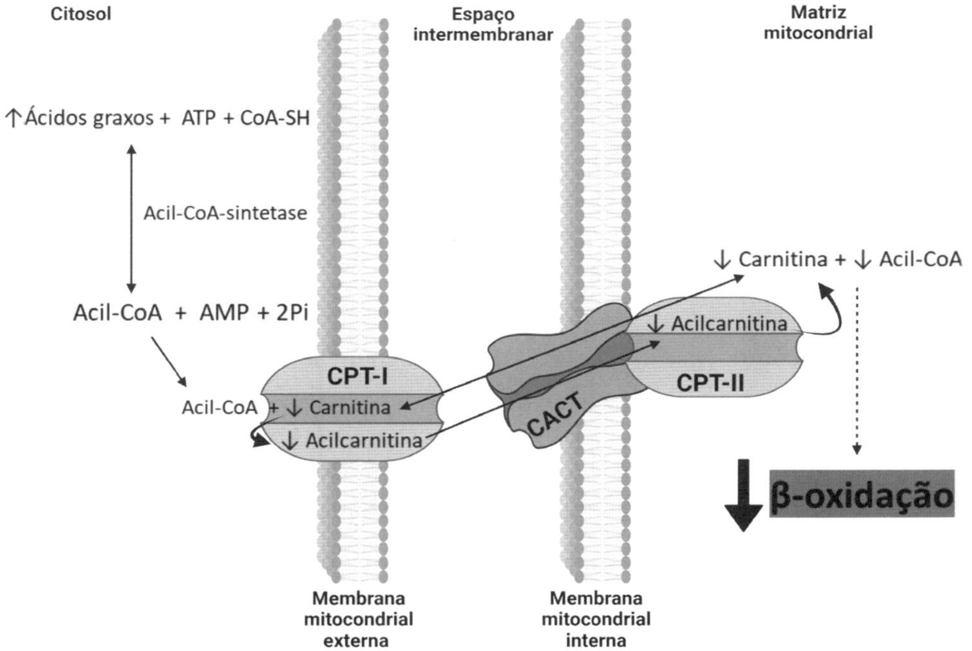

Figura 17.5 – Os ácidos graxos liberados na lipólise são transportados para o citoplasma celular. Os acil-CoA produzidos são transferidos para a matriz mitocondrial pelo sistema carnitina palmitoil transferase (CPT) I e II para serem utilizados na β -oxidação. Na desnutrição severa, há deficiência do sistema CPT que limita a β-oxidação.

Os ácidos graxos liberados na lipólise são transportados na corrente sanguínea principalmente ligados à albumina. Uma vez captados, adentram no citoplasma celular, onde são ativados pela enzima Acil-CoA sintetase (CoASH), formando os acil-CoA, que em seguida são transferidos para a carnitina por meio da enzima carnitina palmitoil transferase-I (CPT-I), localizada na membrana externa da mitocôndria. As acilcarnitinas são então transportadas para a matriz mitocondrial pelo transportador acil-carnitina carnitina (CACT), situado na membrana interna da mitocôndria. No interior da mitocôndria, as acilcarnitinas sofrem a ação da carnitina palmitoil transferase-II (CPT –II) regenerando as acil -CoA e liberando a carnitina, que retornará ao citoplasma, transportada pela CACT. Assim, as acil-CoA podem seguir para a via da beta-oxidação dos ácidos graxos, dentro das mitocôndrias. Na desnutrição severa, ainda com estímulo à lipólise e consequente geração de ácidos graxos, a limitação nos níveis da carnitina, limitam a beta-oxidação.

A desnutrição está associada a alterações na função hepática, particularmente no *kwashiorkor*, quando a deficiência proteica é o principal fator e a presença de esteatose hepática é marcante. Esta é relacionada a produção e secreção prejudicada de lipoproteínas pelo fígado e ao aumento na liberação de ácidos graxos do tecido adiposo com capacidade de betaoxidação reduzida. Além disso, a oxidação de ácidos graxos depende da função mitocondrial, que está prejudicada em crianças desnutridas, em especial naquelas com *kwashiorkor*, pelo aumento do estresse oxidativo e deficiência proteica, conforme demonstrado na Figura 17.6. Nessas crianças, o dano hepático é extenso e inclui redução na síntese de proteínas, como a albumina, que agrava o quadro.

As concentrações de fosfatidilcolina e fosfatidiletanolamina estão muito diminuídas na desnutrição, assim como várias oxilipinas, que são lipídios bioativos derivados da oxidação de ácidos graxos poli-insaturados. Enquanto os fosfolipídios são essenciais para a manutenção das membranas celulares, as oxilipinas desempenham funções como regulação imunológica, reparo tecidual e coagulação sanguínea.

Os ácidos graxos livres circulantes podem ser reduzidos após a reabilitação nutricional, o que denota menor lipólise e retorno à lipogênese. Em contrapartida, os aminoácidos plasmáticos podem ser aumentados, o que denota maior ingestão e disponibilidade para a síntese proteica em todo o organismo. Como a terapia nutricional melhora a abundância de vários metabólitos, incluindo aminoácidos circulantes e fosfolipídios, a deposição de gordura no tecido adiposo também pode ser estabelecida, resultando em ganho de peso.

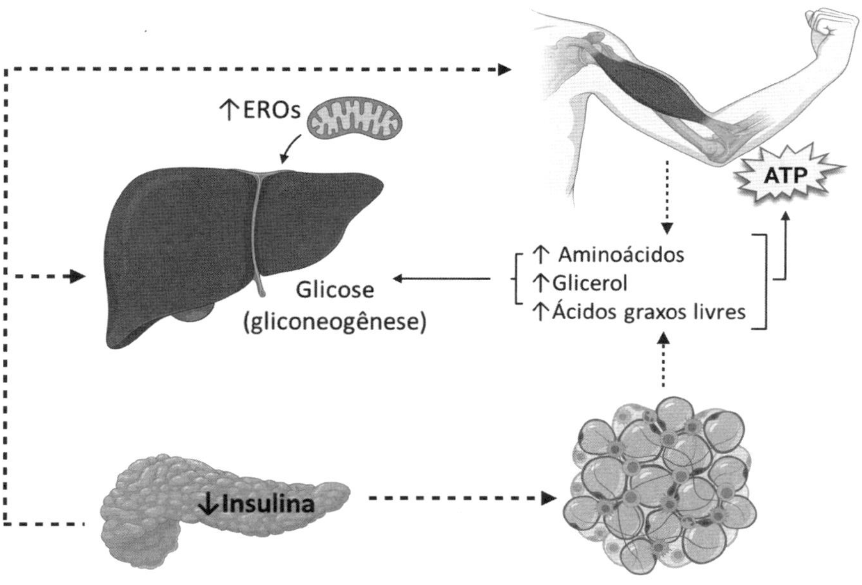

Figura 17.6 – Na desnutrição grave, a secreção reduzida de insulina leva a respostas lipolítica e proteolítica e à liberação de ácidos graxos (tecido adiposo) e aminoácidos (músculos) na corrente sanguínea. Os ácidos graxos e os aminoácidos liberados são utilizados nos músculos para oxidação e produção de glicose e energia (ATP). No fígado, os aminoácios e ácidos graxos são oxidados e utilizados para produção de glicose, ATP e outras proteínas essenciais. Como na desnutrição há redução no potencial de membrana mitocondrial e depleção de fatores antioxidantes, ocorre aumento das espécies reativas de oxigênio (EROs).

ALTERAÇÕES NO METABOLISMO DE COMPOSTOS NITROGENADOS

Os nucleotídeos são necessários para uma ampla variedade de processos biológicos. São constantemente sintetizados *de novo* em todas as células, como coenzimas, para regulação, ativação de substratos, fins anabólicos, bem como fornecer as subunidades dos ácidos nucléicos. Quando as células proliferam, como na fase de crescimento (acelerada em crianças na primeira infância), a síntese de nucleotídeos deve ser grande o suficiente para suprir a replicação do DNA e a produção de RNA para apoiar a síntese de proteínas. Para manter a homeostase do organismo, as células em divisão precisam dispor os nucleotídeos na mesma taxa da divisão celular. Assim, a progressão do ciclo celular é intimamente ligada à capacidade da célula de adquirir nutrientes, gerar energia e conduzir o anabolismo, incluindo a biossíntese de nucleotídeos e ácidos nucleicos.

Embora existam vias de salvamento e as células possam captar nucleotídeos, a maioria das células em proliferação sintetiza nucleotídeos e ácidos nucleicos *de novo*, principalmente a partir de glicose, glutamina e CO_2. A energia metabólica necessária para conduzir a biossíntese de nucleotídeos é, portanto, substancial e derivada da glicólise com fosforilação oxidativa.

Os substratos necessários para produção dos ácidos nucleicos e componentes da cromatina (principalmente as proteínas como as histonas) estão reduzidos em crianças com desnutrição grave, o que provoca redução no funcionamento da maquinaria celular de replicação e reparo, necessárias para manutenção do ciclo celular. A redução da disponibilidade de nutrientes pode provocar desregulação e até interrupção do ciclo. Além do aumento no risco de desenvolvimento de neoplasias, os danos imunológicos ocasionados pela desnutrição são evidentes, principalmente em momentos de necessidade de resposta imunológica rápida, como a expansão clonal.

As modificações no *turnover* do RNA quando há privação da alimentação tem ganhado destaque. Estudos experimentais revelaram que a privação de alimento pode provocar interrupção na transcrição e, consequentemente, a produção de espécies mais curtas de RNAm. Como consequência, a tradução dos RNAm mais curtos gerou proteínas com conformações tridimensionais ou atividades inadequadas. Ainda, na presença de restrição alimentar, a atividade da enzima polimerase II foi reduzida e a síntese proteica em outros órgãos, como fígado, rins, baço e timo, foi alterada.

Estudos experimentais sugerem também que dietas restritivas podem levar ao aumento da degradação de proteínas, nucleotídeos e excreção acelerada de compostos nitrogenados na urina e fezes. Esse efeito está relacionado à atividade aumentada da catepsina ácida e de RNAse A, relacionadas à degradação de proteínas e RNA, respectivamente.

A baixa disponibilidade de nutrientes e as vias metabólicas disfuncionais levam à menor produção de fatores antioxidantes como a glutationa, exemplificados na Figura 17.7. Em um contexto em que a demanda é acelerada para promover o crescimento, como em crianças, os danos do aumento do estresse oxidativo podem repercutir durante muito tempo, mesmo após o estabelecimento da alimentação adequada.

Diversos tipos de cânceres podem ser iniciados pela elevação dos níveis de espécies reativas de oxigênio (ERO), como visto na desnutrição, pelo favorecimento de mutações no DNA e sinalizações pró-oncogênicas. A biodisponibilidade da colina também é menor em crianças gravemente desnutridas, que excretam quantidades menores de metabólitos da colina como a betaína e dimetilglicina. Como esses compostos são importantes doadores de metila, isso pode prejudicar reações de metilação, como a metilação do DNA.

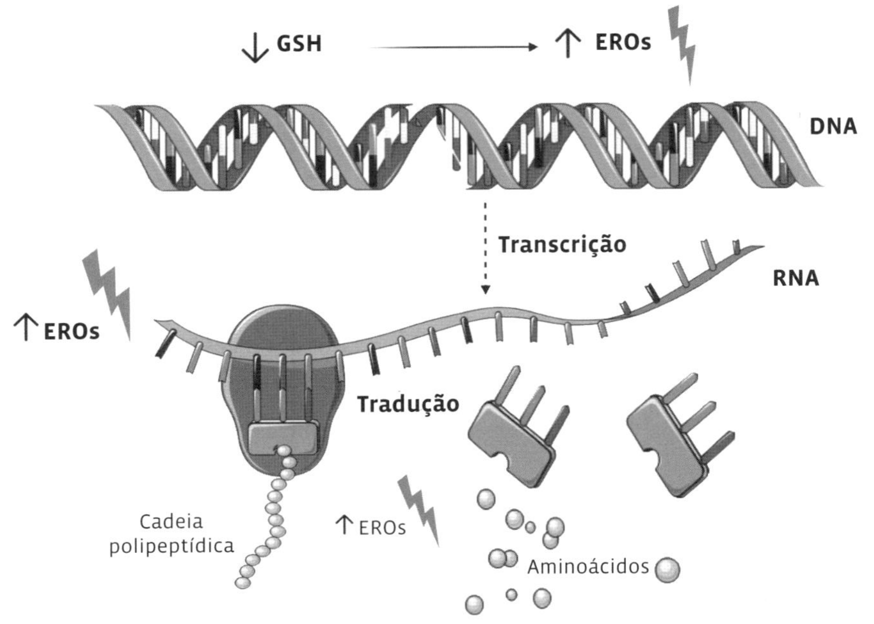

Figura 17.7 – Na desnutrição grave, a baixa disponibilidade de nutrientes resulta em menor produção de fatores antioxidades, como a glutationa (GSH). O aumento das espécies reativas de oxigênio (EROs) pode desencadear mutações no DNA, como sinalizações pró-oncogênicas e desarranjos na transcrição e na tradução.

O IMPACTO DA DESNUTRIÇÃO INFANTIL NA PROGRESSÃO DE DOENÇAS METABÓLICAS NA FASE ADULTA

A maioria das doenças metabólicas é causada por alterações epigenéticas desde seu período fetal. Porém, fatores ambientais como a nutrição e o estilo de vida determinam se a doença irá se manifestar e com qual gravidade. Nesse contexto, a desnutrição que ocorre no início da vida pode influenciar o aparecimento de doenças crônicas não transmissíveis (DCNT). De fato, estudos epidemiológicos mostram que a desnutrição infantil influencia a ocorrência de diabetes mellitus do tipo 2 (DM2), doenças cardiovasculares (DCV) e obesidade na vida adulta.

IMPACTO DA DESNUTRIÇÃO NO DIABETES MELLITUS TIPO 2

A DM2 é uma das DCNT mais comuns e constitui um grave problema social e econômico. É uma doença desencadeada por associação entre os fatores genéticos e ambientais, como sedentarismo, obesidade e alimentação ocidentalizada, rica em carboidratos simples e gordura saturada e pobre em fibras e micronutrientes (minerais e vitaminas). A predisposição da doença está também relacionada às condições de desenvolvimento inicial do indivíduo, estando, portanto, relacionada à desnutrição grave no início do desenvolvimento.

A desnutrição grave no início da vida pode causar alterações em órgãos-chave envolvidos na regulação dos processos metabólicos, como cérebro, fígado, pâncreas, tecido adiposo e muscular; essas alterações são conhecidas como respostas adaptativas preditivas (RAP).

Uma dessas alterações é a reprogramação do apetite e do comportamento alimentar em longo prazo. Em indivíduos que tiveram desnutrição na primeira infância, uma dieta rica em calorias, com excesso de lipídios pode induzir resistência à insulina na fase adulta devido à lesão das células beta pancreáticas, menor disponibilidade periférica de glicose e aumento da secreção hepática de glicose.

Além disso, o retardo no crescimento intrauterino durante a desnutrição materna promove adaptações no metabolismo energético e de glicose no feto, como aumento da sensibilidade à insulina para melhor utilização da glicose, ou aumento nas taxas de gliconeogênese no fígado e diminuição da sensibilidade muscular à insulina, além de desenvolvimento anormal do pâncreas, o que acarreta o desenvolvimento anormal dos tecidos muscular, subcutâneo e ósseo.

A reprogramação, cujo objetivo é garantir a capacidade de sobrevivência em ambiente de deficiência de nutrientes no período pós-natal, condiciona a criança a uma maior capacidade de acúmulo de gordura corporal em situações de baixa oferta de nutrientes. A maior capacidade de acúmulo de gordura, por sua vez, faz o metabolismo se voltar mais para reserva de energia, levando a prejuízos das taxas de crescimento devido à menor síntese proteica. Essas adaptações predispõem o indivíduo adulto à maior suscetibilidade de desenvolver resistência à insulina e DM2 em condições normais de nutrição e principalmente em nutrição excessiva. Crianças com baixo peso ao nascer têm propensão ao desenvolvimento de DM2 na fase adulta devido à disfunção do IGF-1 que ocorre em resposta ao aumento anormal do tecido adiposo e supressão da termogênese pelas readaptações no metabolismo do feto, já citadas.

É importante, portanto, que durante o período gestacional sejam abordadas estratégias de forma a diminuir as readaptações metabólicas causadas por desnutrição materna, que desencadeiam alterações em órgãos envolvidos com o metabolismo da glicose.

IMPACTO DA DESNUTRIÇÃO EM DOENÇAS CARDIOVASCULARES

A maior incidência de doenças cardiovasculares na vida adulta já foi associada à desnutrição na primeira infância. Há relatos de que crianças com baixo peso ao nascer são altamente predispostas a problemas cardiovasculares a partir de 60 anos de idade. Quando avaliado o perfil metabólico de adultos diagnosticados com desnutrição na primeira infância, foram notadas associações com fatores cardiometabólicos e com maior risco de desenvolvimento de DCNT. Crianças com desnutrição na primeira infância e que durante o restante da infância e adolescência apresentam um ganho de peso acima do ideal também apresentam risco aumentado para tais doenças.

O menor peso ao nascer vem sendo relacionado à disfunção endotelial e fatores relacionados às doenças cardiovasculares. Os mecanismos envolvidos na associação da desnutrição com as doenças cardiovasculares podem estar associados à epigenética, à má absorção de nutrientes e à inflamação causada por infecções (que também prejudicam a absorção de nutrientes). Quadros graves de desnutrição na primeira infância podem causar alterações permanentes na função e na estrutura cardíaca, fazendo com que o indivíduo tenha maior propensão a doenças metabólicas, especialmente às doenças cardiovasculares.

A DESNUTRIÇÃO NO INÍCIO DA VIDA E SUA INFLUÊNCIA NA OBESIDADE

A obesidade pode levar a hipertensão arterial, DM2, acidente vascular encefálico (AVE), distúrbios musculoesqueléticos, alguns tipos de câncer, doença coronariana e vesicular. Inatividade física, suscetibilidade genética, envelhecimento, dieta ocidentalizada e consumo excessivo de álcool estão entre as causas de obesidade. Diversos estudos sugerem que crianças com desnutrição na primeira infância comumente apresentam tendência à obesidade na adolescência e na fase adulta. Países de baixa renda, como os da África, têm apresentado aumento na população com sobrepeso e obesidade, apesar do cenário permanente de fome e desnutrição. Esse fenômeno é atribuído à maior propensão de crianças com baixo peso de desenvolver doenças metabólicas, associado às mudanças no estilo de vida, com urbanização, sedentarismo e maior oferta de alimento hipercalóricos e pouco nutritivos. A condição de coexistência de desnutrição e obesidade é chamada pela Organização Mundial de Saúde (OMS) de "dupla carga da desnutrição", apresentando um grande impacto aos sistemas de saúde. Países de baixa e média rendas apresentam nas últimas décadas um cenário de aumento simultâneo de sobrepeso e obesidade e deficiências de vitaminas e minerais, ou sobrepeso de adultos que foram submetidos à desnutrição na infância ou mesmo no feto, predispondo ao excesso de peso em longo prazo.

Embora a relação entre obesidade na vida adulta e desnutrição na primeira infância seja questionada por alguns, há hipóteses que tentam explicar essa associação. Uma delas é a alteração de alguns órgãos ocorrida na readaptação durante momentos críticos de seu desenvolvimento nessa fase da vida ou por diferenciação de centros no hipotálamo que regulam o apetite e/ou crescimento devido à privação nutricional nesse momento. Com a obesidade, esse indivíduo apresenta uma propensão a desenvolver doenças metabólicas e endócrinas. A obesidade em adultos que sofreram desnutrição infantil é vista especialmente no sexo feminino, possivelmente pela maior mortalidade de meninos desnutridos, por serem biologicamente mais vulneráveis à desnutrição.

A doença hepática gordurosa não alcoólica (NAFLD) está associada a obesidade, DM2 e resistência à insulina (RI) e, assim, a desnutrição na infância causa danos diretos no fígado e efeitos indiretos por meio da adiposidade e disfunção metabólica com prejuízos na função peroxissômica e mitocondrial hepática. Devido à maior propensão de crianças de baixo peso ao nascimento à NAFLD quando expostas às dietas ocidentalizadas e ao sedentarismo na fase adulta, campanhas educativas em relação a alimentação e atividade física nessa população devem ser elaboradas para atingir esse grupo da população.

Diante desses fatores, e do aumento de obesidade em nível mundial, medidas de prevenção da desnutrição durante a gravidez e na infância são importantes para evitar as DCNT, especialmente a obesidade, que tem associação com hipertensão arterial, DM2, DCV e outras alterações metabólicas. Alguns mecanismos propostos da relação entre desnutrição infantil e DCNT estão exemplificados na Figura 17.8.

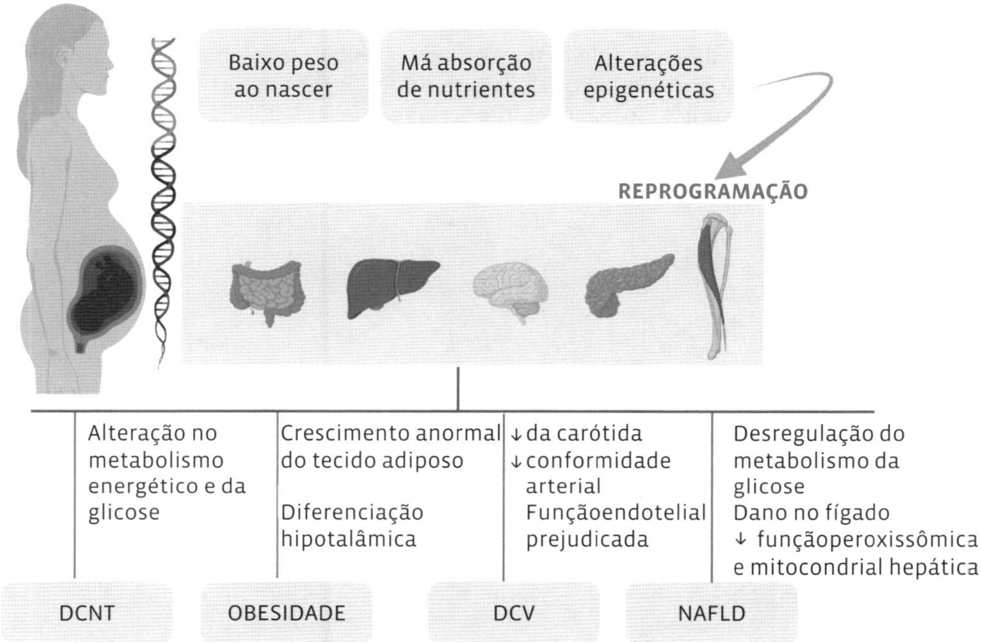

Figura 17.8 – Relação da desnutrição infantil e DCNT.

REFERÊNCIAS

Ay, L. *et al.* Maternal anthropometrics are associated with fetal size in different periods of pregnancy and at birth. The Generation R Study. *BJOG*, v. 116, n. 7, p. 953-963, 2009. Disponível em: https://www.ncbi.nlm.nih.gov/pubmed/19522798. Acesso em: 3 ago. 2023.

Black, R. E. *et al.* Maternal and child undernutrition and overweight in low-income and middle-income countries. *Lancet*, v. 382, p. 427-451, 2013.

Charbonneau, M. *et al.* Sialylated Milk Oligosaccharides Promote Microbiota-Dependent Growth in Models of Infant Undernutrition. Cell 164 (5): 85971, 2017. Disponível em: https://doi.org/10.1016/j.cell.2016.01.024.Sialylated.

Kumar, M. *et al.* Gut Microbiota Dysbiosis Is Associated with Malnutrition and Reduced Plasma Amino Acid Levels: Lessons from Genome-Scale Metabolic Modeling. *Metabolic Engineering 49* (September): 12842, 2018. Disponível em: https://doi.org/10.1016/J.YMBEN.2018.07.018.

Lumey, L. H. *et al.* Cohort profile: the Dutch Hunger Winter families study. *Int J Epidemiol*, v. 36, n. 6, p. 1196-1204, 2007. Disponível em: https://www.ncbi.nlm.nih.gov/pubmed/17591638. Acesso em: 3 ago. 2023.

Younge, N. *et al.* Disrupted Maturation of the Microbiota and Metabolome among Extremely Preterm Infants with Postnatal Growth Failure. *Scientific Reports*, 9 (1): 112, 2019. Disponível em: https://doi.org/10.1038/s41598-019-44547-y.

CAPÍTULO 18

Desnutrição infantil e distúrbios hematológicos

Ronald Feitosa Pinheiro Filho

Ronald Feitosa Pinheiro

A DESNUTRIÇÃO INFANTIL E A MEDULA ÓSSEA

A Organização Mundial de Saúde define desnutrição como as deficiências, os excessos ou desequilíbrios na ingestão de calorias e/ou nutrientes de um indivíduo. Na maior parte das vezes, a condição é associada com a subnutrição e pode envolver ingestão inadequada de macronutrientes, de vitaminas essenciais para o desenvolvimento neurológico (vitamina B12, por exemplo) ou minerais para a formação da molécula de hemoglobina (ferro, por exemplo).

As alterações hematológicas podem variar desde pequenas modificações no tamanho das hemácias como as microcitoses (no caso de deficiência de ferro) ou as macrocitoses (no caso de deficiência de B12 ou folato), ou até quadros graves de pancitopenia com redução da contagem global de leucócitos, de plaquetas e de hemácias (Figura 18.1).

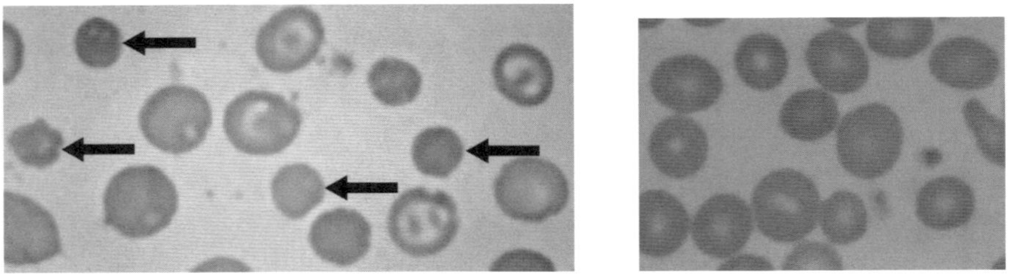

(a) (b)

Figura 18.1 – A) Hemácias microcíticas. B) Hemácias macrocíticas. Setas – A) Hemácias pequenas (microcíticas) devido ao reduzido conteúdo de hemoglobina por deficiência nutricional de ferro. O ferro é essencial para a síntese de hemoglobina. B) Hemácias grandes (macrocíticas) devido à deficiência de B12. A concentração adequada da vitamina B12 intracelular é fundamental para a correta maturação da célula-tronco hematopoética em linhagem eritroide. A deficiência de B12 leva à displasia eritroide com presença de hemácias macrocíticas.

Fonte: imagem elaborada por Ronald Feitosa Pinheiro.

A desnutrição infantil é um importante problema de saúde pública envolvendo uma ampla gama de consequências clínicas. Especialmente em jovens, sabe-se que contribui para o desenvolvimento de vários distúrbios hematológicos, como anemia, distúrbios hemorrágicos e imunodeficiência. A deficiência de ferro é a falta de micronutrientes mais prevalente e a principal causa de anemia em todo o mundo, expondo uma problemática da saúde significativa de uma dieta pobre em carne vermelha, feijão e verduras, principalmente em países em desenvolvimento. As crianças menores de 2 anos de idade estão entre os grupos mais vulneráveis à anemia (WHO, 2012) e, nas crianças menores de 5 anos, aproximadamente 42% das anemias são decorrentes da deficiência de ferro (WHO, 2017).

Muito já se sabe sobre os efeitos, a longo prazo, de uma dieta inadequada, que pode, inclusive, levar a importantes atrasos no desenvolvimento intelectual e ponderal. Crianças desnutridas podem apresentar significativa redução de atividade de neutrófilos, presença de linfopenia com menos atividade de linfócito T e linfócito B, levando a um maior risco de desenvolver infecções virais e bacterianas com consequente maiores taxas de hospitalização pelas infecções e aumento de taxa de mortalidade (Santos *et al.*, 2017). Todo esse processo começa pelo mau funcionamento da medula óssea.

A medula óssea é composta por células que se encontram em constante processo de proliferação celular e diferenciação celular para fornecer ao sangue periférico seus componentes, tradicionalmente vistos em um hemograma. Esse processo de proliferação da medula óssea, que necessita de um substrato de aminoácidos essenciais, utiliza-se de uma contínua síntese de proteínas que controlam a dinâmica do ciclo celular, como ciclina E, ciclina D1, Cdk2, Cdk4, Cdc25a e pRb (Santos *et al.*, 2017). Apenas se essas proteínas executarem sua atividade com perfeição haverá a progressão do ciclo celular com duplicação do material genômico e aumento de número de células. A deficiência de um único aminoácido que possa ser essencial para a síntese de qualquer uma dessas proteínas pode levar à parada de progressão do ciclo celular com diminuição de células hematopoéticas e consequente presença de pancitopenia no sangue.

Em relação ao processo de diferenciação das células-tronco hematopoéticas da medula óssea em seus produtos finais – neutrófilos, plaquetas e hemácias –, o processo é ainda mais dependente de uma nutrição saudável, equilibrada e sem produtos tóxicos. A diferenciação das células da medula óssea é extremamente dependente de vitamina B12, do ácido fólico, da vitamina C e de uma série de fatores de transcrição celular que agem como enzimas catalizadoras da maturação das células-tronco, por exemplo, os fatores de crescimento como GM-CSF e G-CSF (3C). Esse meticuloso processo é tão dependente da oferta desses elementos que a carência de um deles, por uma semana, já pode levar a quadros significativos de neutropenia e linfopenia. Considerando-se que o *pool* de neutrófilos do sangue é trocado a cada 6 a 8 horas, fica ainda mais evidente a plena dependência de uma alimentação rica nesses nutrientes (Figura 18.2).

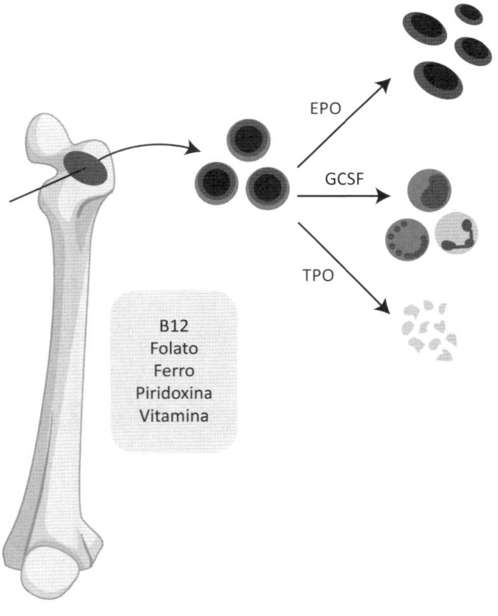

Figura 18.2 – A medula óssea é composta por células-tronco que se encontram em constante processo de proliferação celular e diferenciação celular em hemácias, neutrófilos, linfócitos e plaquetas. EPO – E: eritropoetina; G-CSF: fator estimulador de granulócitos; TPO – T: trombopoietina.

Outra alteração importante advinda da desnutrição é a atrofia de órgãos linfoides hematopoiéticos, colocando em risco a efetividade de respostas imunológicas, por exemplo, a atrofia do timo (4D). A maturação do setor mieloide é prejudicada e há um estado de imunossupressão por menor produção global de leucócitos. Quando não há infecções associadas à desnutrição, a leucopenia com linfopenia é achado bastante comum. A falta de nutrientes também interrompe atividades essenciais dos macrófagos, como a fagocitose e sua atividade antifúngica, predispondo a quadros infecciosos de maior gravidade. Esse processo de atrofia de órgãos linfoides parece estar associado a alterações na produção de citocinas pró-inflamatórias, como IL-1-alfa, IL-1-beta, IL-3, IL-6, IL-12 e TNF-alfa, essenciais para a efetividade de respostas imunes, podendo dificultar o controle de infecções bacterianas (Santos *et al.*, 2017). A desnutrição também afeta os reguladores hematopoéticos durante o processo de diferenciação da célula-tronco hematopoética. A deficiência de síntese de fatores de crescimento, como IL-1, IL-2, IL-3, c-kit, eritropoetina, GM-CSF, G-CSF, M-CSF e trombopoetina, pode levar a uma significativa redução de proliferação dos precursores hematopoéticos, assim como sua diferenciação, culminando com os quadros de leucopenia com linfopenia ou bicitopenia ou pancitopenia.

Outro fenômeno comum durante a desnutrição de crianças é atrofia patológica do timo. Há uma grande incidência de apoptose de timócitos e diminuição na proliferação celular devido à desnutrição com consequente disfunção na maturação das células T, que se originam na medula óssea e se diferenciam no timo, sendo a atividade dos linfócitos T CD4 e CD8 bastante prejudicada. Acredita-se que a atrofia do timo leva a um desequilíbrio entre a produção de leptina, que está diminuída, e hormônios glicocorticoides, que estão aumentados, com consequente quadro de imunossupressão. Esse fenômeno de atrofia do timo pode ser revertido diante de uma dieta apropriada (Savino; Dardenne, 2017) (Figura 18.3).

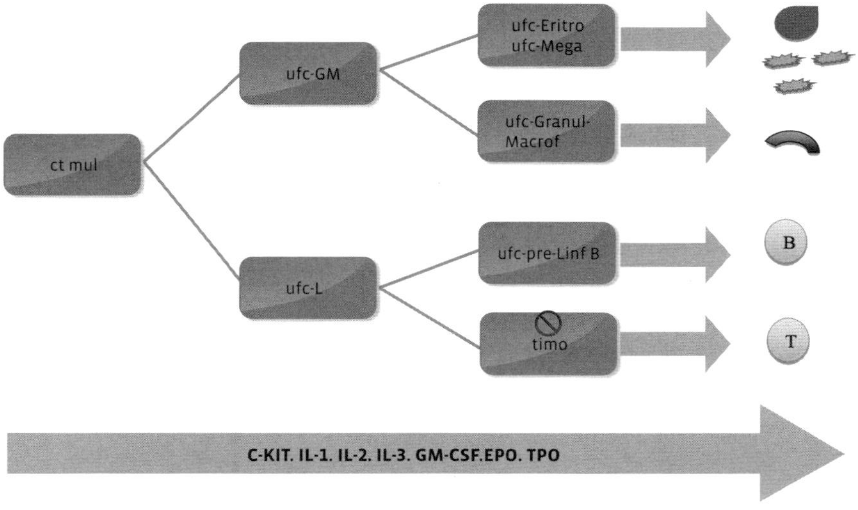

Legenda
ct mul = célula tronco multipoente
ufc = unidade formadora de colônia
GM = granulócito macrofágo
L = linfoide
⃠ = atrofia

Figura 18.3 – Reguladores hematopoiéticos durante diferenciação da célula-tronco hematopoiética. A atrofia do timo por desnutrição gera deficiência de linfócitos T com linfopenia e déficit de função de CD4 e CD8.

As alterações nos níveis de citocinas e de marcadores inflamatórios têm sido descritas em diversas condições clínicas que predispõem a desnutrição, como a doença renal crônica e a hepatopatia crônica. Em crianças com doença renal crônica, pesquisadores avaliaram a possível associação entre desnutrição, inflamação sistêmica e impedimento de crescimento com alterações de massa muscular (Sánchez Hernández *et al.*, 2019). Por meio de estudos de correlação entre os níveis séricos de interleucina-6 (IL-6) e proteína C ultrassensível com marcadores de status nutricional, foram detectadas significantes correlações negativas entre os níveis desses marcadores inflamatórios com peso inadequado para a idade com perda muscular. IL-6 aumentada foi associada com redução de até 35% do peso e do status nutricional e PCR ultrassensível previu até 35% da variação do status nutricional. Em um estudo com crianças com hepatopatia crônica por atresia biliar, com diversos graus de lesão hepática pelos critérios de Child--Pugh, os níveis séricos de IL-6 também foram significativamente correlacionados com maiores níveis de desnutrição. A concentração de IL-6 foi aumentada em crianças hepatopatas com desnutrição e, conforme maior a gravidade da lesão hepática pelos critérios de Child-Pugh, maiores eram os níveis séricos de IL-6. Muitas dessas crianças com doenças cônicas renais e hepáticas também apresentam anemia associada ao processo inflamatório crônico decorrente de IL-6, o que dificulta ainda mais o controle das infecções e a melhora do estado geral desses pacientes (Figuras 18.4 e 18.5).

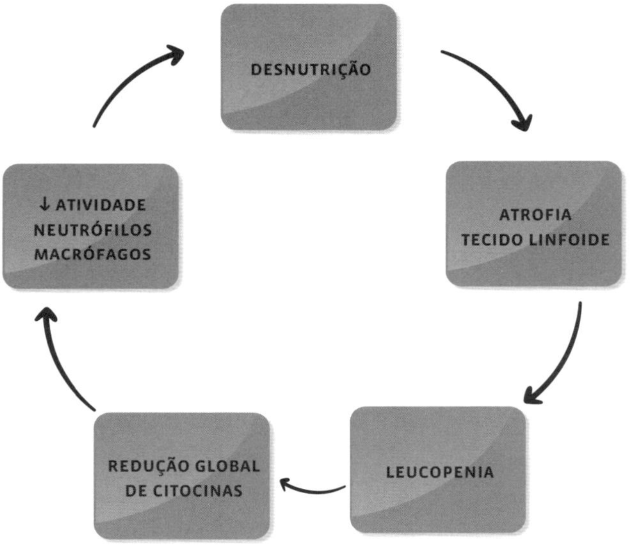

Figura 18.4 – A desnutrição encontrada em crianças com doença renal crônica e hepatopatia crônica pode predispor a infecções mais severas com maior risco de sepse.

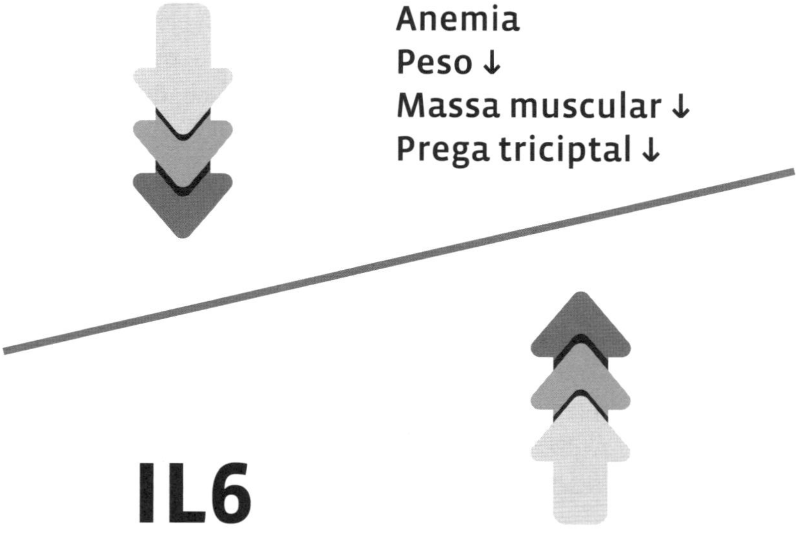

Figura 18.5 – Maiores níveis de IL-6 são associados a anemia da doença renal e hepática crônica e quadros de desnutrição mais severa.

Crianças desnutridas com neoplasias hematológicas apresentam grande morbidade e mortalidade associadas ao tratamento quimioterápico. Um dos cânceres mais comuns em pediatria é a leucemia linfoide aguda (LLA), doença que, quando adequadamente tratada, leva a chances de cura de 80% com os tradicionais esquemas quimioterápicos que costumam durar até três anos de tratamento, com inúmeras fases de indução, intensificação e consolidação. Logicamente, o status nutricional desses pacientes é de fundamental importância para sua tolerância aos diversos efeitos colaterais e maiores chances de cura. Durante o tratamento com quimioterapia, o desenvolvimento de neutropenia febril é comum, e esses tratamentos requerem um funcionamento normal da medula óssea, que depende de uma alta taxa de renovação e proliferação celular. Pesquisas demonstram períodos de neutropenias mais prolongados durante o tratamento com esquemas quimioterápicos para tratamento de LLA em crianças com histórico de desnutrição.

Outra faceta de crianças desnutridas na hematologia pediátrica é a presença de significativos distúrbios hemorrágicos que podem levar a complicações com sangramentos em cirurgias de médio e grande porte. Não são raras as hemorragias após traumas por deficiência de vitamina K ou alterações em exames laboratoriais, como tempo de protrombina (TP), tempo de tromboplastina parcial ativa (TTPA) e fibrinogênio. Fontes de vitamina K como verduras escuras (couve, brócolis e outras) não são de fácil acesso em países em desenvolvimento, gerando os típicos achados clínicos e laboratoriais de pacientes pediátricos com sangramento.

ANEMIA DA CRIANÇA DESNUTRIDA

A anemia em crianças desnutridas pode ter três grandes causas: ingesta inadequada de ferro, ingesta inadequada de vitamina B12 e folato ou doenças crônicas (hepáticas, renais, autoimunes). Crianças com anemia podem sentir fadiga, fraqueza e falta de concentração, o que pode afetar seu desenvolvimento geral e sua função cognitiva. De acordo com um estudo realizado na África subsaariana em cerca de 12 mil crianças entre 28 dias e 12 anos de idade, um aumento de 1 g/dl na hemoglobina reduziu o risco de morte infantil em 24%, provando a importância da atenção às diversas formas de anemia na infância em países em desenvolvimento (Scott *et al.*, 2014).

ANEMIA FERROPRIVA

Uma apresentação clínica comum de um estado de má nutrição é a anemia por deficiência de ferro, que é altamente prevalente em crianças. A anemia ferropriva é conhecidamente a principal causa de anemia por desnutrição em países em desenvolvimento. Comumente, esses pacientes apresentam palidez, fadiga, baixa capacidade de concentração, coiloníquia, infecções e frequente queda de cabelos. Essas apresentações clínicas são decorrentes da deficiência de ferro para a produção da molécula de hemoglobina e outras proteínas.

Diversos fatores, como socioeconômicos, tempo de amamentação, composição do solo e plantações, variações genéticas e infecções podem ser determinantes no desenvolvimento de anemia ferropriva. Porém, a causa mais comum em países em desenvolvimento é, indubitavelmente, a oferta inadequada de alimentos ricos em ferro, como a carne vermelha, o feijão e as verduras. Some-se a isso os ciclos menstruais que costumam ser abundantes nos primeiros anos pós-menarca, que acabam intensificando a perda de ferro nas meninas (ver caso clínico, mais adiante).

O diagnóstico de anemia ferropriva é baseado na redução da concentração dos níveis de hemoglobina (HB < 12 g/dl), baixo volume corpuscular médio (MCV < 80 fL), baixa concentração da hemoglobina corpuscular média (MCHC < 30 g/dl), reduzida ferritina, reduzida saturação de transferrina, redução do ferro sérico, da hepicidina e do ferro sérico.

O tratamento da anemia ferropriva baseia-se na reposição de ferro por meio de comprimidos ou gotas de sulfato ferroso tomadas de uma a duas horas antes das refeições concomitante à ingestão de bebida de frutas cítricas para facilitar a absorção do ferro ao nível dos enterócitos. A reposição de ferro concomitante ou pós-refeições prejudica a absorção do ferro e só deve ser utilizada em casos de intolerância, como dor no estômago, diarreia ou constipação. Pachuta Wegier *et al.* relataram, em um estudo intervencionista de reposição de ferro que o tratamento com uma dose diária de 2 mg/kg de sulfato ferroso oral foi capaz de normalizar os níveis de hemoglobina e ferritina em 95% e 84% dos pacientes, respectivamente, após três meses, com alta tolerabilidade em crianças que apresentavam anemia leve ou moderada por deficiência de ferro. Esse estudo demonstra que geralmente são necessários, em média, cerca de cem dias de suplementação de ferro via oral diariamente para correção da anemia ferropriva carencial.

A absorção do ferro passa por um meticuloso processo coordenado por diversas proteínas com atividade enzimática, como a transportadora de metal divalente (DNMT1), a hepicidina e a transferrina. O ferro não heme obtido pela dieta (Fe+3 oxidado) deve ser reduzido para Fe+2 pela enzima ferro redutase presente na borda dos enterócitos duodenais e é absorvido por uma proteína carreadora, a transportadora de metal divalente (DNMT1). Já o ferro derivado do componente heme é absorvido por uma enzima ainda não identificada. A internalização do ferro ocorre pelo receptor de transferrina. Nesse momento, a hepicidina age como um controlado do portão de internalização. Quando a hepicidina está alta, como em condições inflamatórias, não há captação do ferro. Quando a hepicidina está diminuida, como na anemia ferropriva, os portões de internalização do ferro são abertos, e este passa a ser absorvido avidamente pelos enterócitos (Figura 18.6).

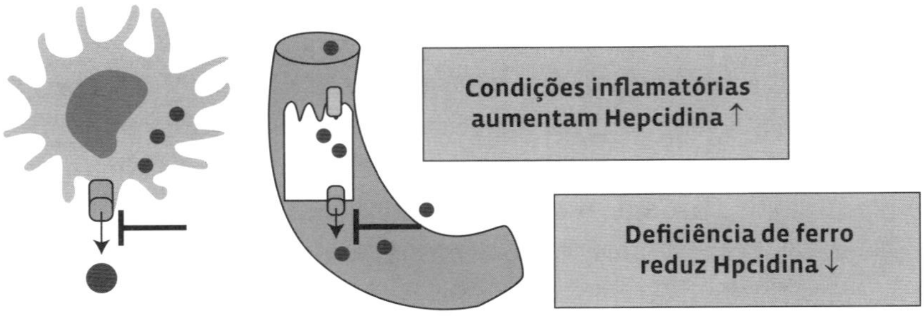

Internalização do ferro

Figura 18.6 – Durante anemia por falta de ferro, a baixa concentração de hepcidina permite a internalização do ferro. Durante a anemia por doenças crônicas em crianças com hepatopatia crônica e insuficiência renal crônica, o aumento da hepcidina leva a um bloqueio da internalização do ferro com consequente anemia. Legenda. = bloqueio da captação do ferro de macrófagos e enterócitos = captação do ferro para os tecidos corpóreos.

A necessidade diária de ferro gira em torno de 1 mg de ferro, com maiores necessidades em grávidas e mães lactantes. Isso é de extrema importância porque a única fonte de alimentação de crianças até os primeiros 4 a 6 meses de idade é o aleitamento materno, e mães adolescentes durante a lactação podem desenvolver desnutrição severa, caso não haja ingesta adequada de alimentos risco em ferro.

ANEMIA MEGALOBLÁSTICA

A anemia megaloblástica ocorre por um mecanismo de bloqueio de diferenciação da célula-tronco hematopoética no precursor eritroide em seus mais diversos estágios de maturação. O tempo médio de sobrevida de uma hemácia é de 90 a 120 dias, e diariamente necessita-se de vitamina B12 e ácido fólico em níveis adequados intracelular para a perfeita maturação do proeritroblasto em eritroblasto basofílico, em eritroblasto ortocromático, em eritroblasto policromático, em reticulócito, o qual fará exclusão de seu núcleo para se transformar em uma hemácia capaz de transportar o oxigênio aos tecidos.

A anemia por deficiência alimentar de B12 e folato em crianças desnutridas é menos comum que a deficiência de ferro, porém, peculiaridades típicas de países em desenvolvimento aumentam a incidência de anemia megaloblástica por má nutrição. Um exemplo importante dessa situação é encontrado em crianças do interior do Nordeste do Brasil que vivem em extrema pobreza e têm uma dieta baseada exclusivamente em leite de caprinos. Embora essa fonte de alimento possa ser interessante quando associada às outras fontes, o seu uso como fonte exclusiva de alimentação leva à deficiência de ácido fólico, o que comumente causa diarreia grave em crianças e desenvolvimento de anemia megaloblástica por deficiência de folato (Ribeiro; Ribeiro, 2004).

A vitamina B12 e o ácido fólico são essenciais para a correta duplicação do DNA. Folato e B12 são indispensáveis para a correta síntese de timidina, um dos nucleotídeos que compõem o DNA. O DNA é uma dupla fita composta de bases nitrogenadas que se complementam em ligação entre adenina-timina (timidina) e citosina-guanina. A falta de uma dessas bases bloqueia o processo de duplicação do material genético e a consequente proliferação celular. A deficiência de folato e B12 dificulta inicialmente o correto funcionamento dos tecidos corpóreos que estão com elevada atividade de proliferação e diferenciação, dentre eles, a medula óssea (Figura 18.7).

O folato, na forma de metilenotetraidrofolato, cede um radical metil (CH3) à desoxiuridinamonofosfato (dUMP), transformando-o em timidinamonofosfato (dTMP), que será incorporada ao DNA. A vitamina B12 funciona como coenzima da conversão de homocisteína em metionina, transformando o folato 5-metiltetraidrofolato em tetraidrofolato. O tetraidrofolato é a forma ativa do folato capaz de participar da conversão de dUMP em dMTP (timidina). Essa intrínseca relação entre B12 e folato se torna muito importante durante a reposição das suas deficiências, devendo-se repor ambos ao mesmo tempo durante a deficiência de um ou de outro.

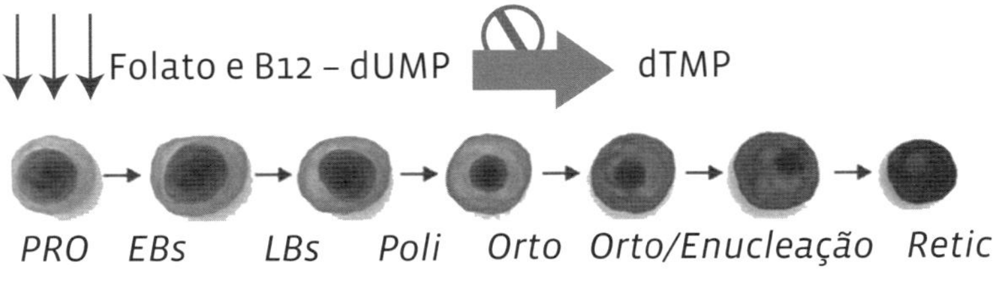

Figura 18.7 – A deficiência de timidina (timina) por falta de B12 e folato leva a um bloqueio de proliferação e diferenciação dos precursores eritroides. Pro = proeritroblasto; EB = eritroblasto basofílico inicial; LB = eritroblasto basofílico tardio; Poli = eritroblasto policromático; Orto = eritroblasto ortocromático; Retic = reticulócitos; dUMP = desoxiuridinamonofosfato; dRMP = timidinamonofosfato; ⦸ = bloqueio.

A deficiência de B12 e de folato gera anemia que pode ser leve, moderada ou grave, com graus variados de macrocitose, isto é, hemácias com grande volume corpuscular médio, fruto de um funcionamento da medula óssea com displasia. Os achados mais comuns da deficiência de vitamina B12 são formigamento ou dormência em membros, baixa capacidade de concentração e, em fases mais avançadas, marcha tabética e demência. Em relação à deficiência de folato, a diarreia é a apresentação mais comum.

O diagnóstico é baseado na hemoglobina baixa (HB < 12 g/dl), volume corpuscular médio alto (VCM > 100 fL), concentração da hemoglobina corpuscular média (MCHC) alta (MCHC > 33 g/dl), níveis séricos de B12 e folato baixos. Em algumas circunstâncias, um esfregaço de medula óssea pode ser necessário para avaliar a pancitopenia. Uma dica muito importante para o diagnóstico da anemia megaloblástica é a presença de pancitopenia com níveis muito elevados de LDH (enzima láctica desidrogenase), geralmente acima de 1.000 U/l.

O tratamento da anemia megaloblástica é composto por suplementação intramuscular de vitamina B12 e ácido fólico oral. A dose recomendada para suplementação de vitamina B12 em crianças é de 50 a 100 mcg por via parenteral uma vez por semana até que a deficiência seja corrigida. Quanto ao ácido fólico, recomenda-se 1 mg/dia, por via oral (preferencial), por via intramuscular ou IV. Casos resistentes podem requerer doses maiores. A dose de manutenção de ácido fólico em crianças menores de 4 anos é de 0,3 mg/dia e, em crianças de 4 anos ou mais, 0,4 mg por via oral.

DESFECHOS DE NEOPLASIAS PEDIÁTRICAS EM CRIANÇAS DESNUTRIDAS

As neoplasias hematológicas mais comuns em pediatria são a leucemia linfoide aguda (LLA) e a leucemia mieloide aguda (LMA). O tratamento dessas condições é muito intensivo, com altas doses de quimioterapia com até dois anos de tratamento, sendo importante o estado nutricional do paciente. A desnutrição é uma condição que pode predispor a uma maior incidência de neutropenia febril e morbidade. Em um estudo observacional prospectivo, Chaudhuri *et al.* (2016) avaliaram 48 crianças da Índia com neoplasia hematológica que apresentaram pelo menos um episódio de neutropenia febril. Os pacientes com idade inferior a 5 anos foram avaliados quanto ao estado nutricional e trinta casos (30/48, 62,5%) apresentaram desnutrição. Os autores detectaram uma associação muito importante entre desnutrição e morte com um *odds ratio* (OR) de 7 e complicações com risco de óbito com tendência moderada à significância com um *odds ratio* de 3,3. Esse estudo, realizado em um país marcado por baixas condições econômicas, onde a desnutrição é muito comum, demonstra a desnutrição como potencial preditor de mortalidade na neutropenia febril em crianças com neoplasias hematológicas.

Mais recentemente, Barakat *et al.* (2022) avaliaram o impacto da hipoalbuminemia como preditor de evolução desfavorável para crianças com LLA tratadas com altas doses de metotrexato, droga muito importante no tratamento da LLA. Os autores compararam os efeitos colaterais mais comuns do metotrexato entre casos com ou sem hipoalbuminemia, que consideraram o valor < 3,5 mg/dl. Trinta crianças egípcias com LLA foram consecutivamente incluídas no estudo com pacientes com idade variando de 2,3 a 13,3 anos no momento do diagnóstico tratadas com alta dose de metotrexato. De extrema importância, os autores detectaram anemia grave, trombocitopenia muito grave, neutropenia febril e mucosite oral significativamente mais frequentes em ciclos de metotrexato em pacientes com hipoalbuminemia pré-infusão do que naqueles com albumina pré-infusão normal. A hipoalbuminemia também foi significativamente associada à hospitalização adicional devido à toxicidade do metotrexato. Esse estudo demonstra a grande relevância de uma verificação de albumina sérica antes de iniciar os ciclos de metotrexato, especialmente em países onde a desnutrição é comum.

O estado nutricional em pacientes com câncer deve receber forte atenção. As crianças estão em um estágio de desenvolvimento em que a desnutrição pode afetar o crescimento adequado, o desenvolvimento intelectual e as chances de cura. A desnutrição é muito comum em crianças com câncer, ocorrendo em até 70% segundo a OMS, e seu impacto pode ser muito deletério. Para prevenir a desnutrição durante a quimioterapia , sugere-se que pacientes com leucemia sejam tratados com as mesmas necessidades de crianças da mesma idade e sexo. É muito importante aconselhar a família com informações sobre higiene alimentar, armazenamento de alimentos, preparo e forma de servir. A utilização de dieta neutropênica não deve ser feita, pela possibilidade de baixa ingestão proteica, e nada foi comprovado quanto aos seus benefícios até o momento.

DISTÚRBIOS HEMORRÁGICOS

A deficiência de vitamina K devido à desnutrição reduz os níveis de protrombina e de outros fatores de coagulação dependentes de vitamina K, levando a uma coagulação defeituosa e resultando em hematomas e sangramentos.

A vitamina K é essencial para a produção dos fatores de coagulação II (protrombina), VII, IX e X, que são de origem hepática. Há também relação do estado nutricional com o fibrinogênio plasmático, assim como doenças predispostas pela desnutrição também guardam relação com fibrinogênio reduzido. O fibrinogênio (fator I) é uma proteína essencial da coagulação e tem um papel importante na agregação plaquetária e na formação do coágulo. Durante um sangramento cirúrgico, por exemplo, o fibrinogênio é o primeiro fator hemostático a ser reduzido para níveis críticos. Dessa forma, o fibrinogênio foi identificado como um importante fator de risco para sangramento em crianças submetidas a procedimentos cirúrgicos.

Os achados de deficiência de vitamina K em crianças desnutridas costumam ser alterações laboratoriais, como alargamento de tempo de protrombina, tempo de tromboplastina e redução de fibrinogênio.

CONCLUSÃO

A desnutrição é responsável por uma ampla gama de distúrbios hematológicos muito prevalentes. A hematopoiese, que ocorre em tecidos com alta escala de renovação celular, requer uma dieta adequada como fator importante no desenvolvimento e evolução dos quadros clínicos. Além disso, a ingestão alimentar de alimentos ou suplementos contendo minerais essenciais, como ferro e vitamina B12, é imprescindível para o crescimento e desenvolvimento adequado das crianças. Além disso, é comum que o desenvolvimento de um distúrbio, como a anemia, predisponha muitas outras condições que podem ser fatais, como as infecções. Portanto, é fundamental estar ciente do papel da desnutrição no desenvolvimento dessas condições para que sejam mais bem compreendidas e tratadas, além de exigir uma melhor condição nutricional para as crianças em tratamentos oncológicos.

CASO CLÍNICO

Menina de 13 anos com baixo peso para idade apresenta cansaço. Relata dispneia progressiva há 90 dias, que inicialmente era perceptível ao realizar grandes esforços, como andar de bicicleta por alguns quilômetros, e agora afeta as atividades do dia a dia. Há 7 dias, a paciente apresentou palpitações e cefaleia pulsátil, principalmente ao subir escadas. O médico assistente perguntou sobre sua alimentação e a paciente relatou dieta a base de pão, biscoitos e salsichas. Ao ser questionada sobre a menstruação, a paciente relatou a necessidade de troca de absorventes cerca de 10 vezes ao dia. Ao exame físico, a paciente apresentava palidez subcutânea 3+/4+, sem gânglios palpáveis em cabeça ou pescoço. A ausculta cardíaca mostrava ritmo cardíaco regular (RCR) em 2 tempos (2T), taquicardia, ausência de frêmito, presença de sopro sistólico pancardíaco com predomínio em foco pulmonar, sem irradiações. A ausculta pulmonar mostrou murmúrios vesiculares presentes, sem ruídos adventícios. Seu abdome estava indolor à palpação e com ausência de visceromegalias. Seus membros não apresentavam edemas e seus pulsos periféricos eram palpáveis.

Diante desse quadro, foram solicitados:

- hemoglobina: 4,7 g/dl (ref: 11,5 a 13,5 g/dl);
- volume corpuscular médio (VCM): 62 fL (ref: 80 a 99 fL);
- concentração média de hemoglobina corpuscular (MCHC): 20 g/dl (ref: 27 a 32 g/dl).

Em seguida, foram solicitados ferro sérico, saturação de ferritina e transferrina:

- ferro sérico: 8 µg/dl (ref: 55-160 µg/dl);
- ferritina: 2 µg/l (ref: 11-307 µg/l (mulheres), 24-336 µg/l (homens);
- saturação da transferrina: 7% (ref: 20%-50%).

O diagnóstico de anemia ferropriva foi confirmado pela microcitose, hipocromia, reduzido ferro, baixa ferritina e baixa saturação da transferrina de etiologia associada ao sangramento decorrente de fluxo menstrual intenso e uma dieta pobre em ferro.

A conduta para a anemia consistiu em repouso e suplementação de sulfato ferroso 120 mg por via oral antes do almoço com copo de suco de fruta cítrica (acidose para aumentar a absorção de ferro) por um período de 90 dias.

Em retorno, hemograma se apresentava com Hb 12 g/dl, VCM 80, HCM 29.

O quadro de alimentação pobre em ferro em países em desenvolvimento muitas vezes passa desapercebido em crianças apresentando falta de concentração, irritabilidade e anemia, mas esta pode ser ainda mais exacerbada devido à menarca nas garotas. O tratamento da anemia ferropriva com suplementação de ferro e orientação alimentar resolve a maioria dos casos, mas, às vezes, existe a necessidade de controle do fluxo menstrual com bloqueio hormonal.

REFERÊNCIAS

Barakat, S. *et al.* Is hypoalbuminemia a risk factor for high-dose methotrexate toxicity in children with acute lymphoblastic leukemia? *Jornal do Instituto Nacional do Câncer do Egito*, v. 34, n. 1, p. 17, 2022.

Chaudhuri, J. *et al.* Evaluation of malnutrition as a predictor of adverse outcomes in febrile neutropenia associated with paediatric haematological malignancies. *Jornal de Pediatria*, v. 52, n. 7, p. 704-709, 2016.

Ribeiro, E. L. De A.; Ribeiro, H. J. S. S. Uso nutricional e terapêutico do leite de cabra. *Seminário: Ciências Agrárias*, v. 22, n. 2, p. 229, 2004.

Santos, E. W. *et al.* Hematological alterations in protein malnutrition. *Nutrition Reviews*, v. 75, n. 11, p. 909–919, 2017.

Savino, W.; Dardenne, M. Nutritional imbalances and infections affect the thymus: Consequences on T-cell-mediated immune responses. *Proceedings of the Nutrition Society*, v. 69, n. 4, p. 636–643, 2010.

Sánchez Hernández, K. V. *et al.* Interleukine 6 and C-reactive protein predict growth impairment and acute malnutrition in children and adolescents with chronic kidney disease. *Nutricion hospitalaria*, v. 36, n. 6, p. 1248–1253, 2019.

Scott, S. P. *et al.* O impacto da anemia na mortalidade infantil: uma revisão atualizada. *Nutrients*, v. 6, p. 5915-5932, 2014.

Wegier, L. P. *et al.* Ferrous sulfate oral solution in young children with iron deficiency anemia: An open-label trial of efficacy, safety, and acceptability. *Pediatrics International,* v. 62, n. 7, p. 820–827, 2020.

World Health Organization (who). *Guideline: daily iron and folic acid supplementation in pregnant women*. Geneva: who, 2012. Disponível em: http:/apps.who.int/iris/bitstream/10665/77770/1/9789241501996_eng.pdf. Acesso em: 3 ago. 2023.

World Health Organization (who). *Nutritional anaemias: tools for effective prevention and control*. Geneva: World Health Organization, 2017.

CAPÍTULO 19

Impacto da desnutrição infantil no desenvolvimento e na função pulmonar a longo prazo

Eanes Delgado Barros Pereira

Antonio George de Matos Cavalcante

INTRODUÇÃO

A desnutrição pode causar a interrupção do desenvolvimento pulmonar, o que contribui consideravelmente para o aparecimento precoce de doenças em adultos, como a doença pulmonar obstrutiva crônica (Dpoc). Com o advento da pandemia de covid-19, o Programa Mundial de Alimentos da ONU (Organização das Nações Unidas) estima que a fome possa dobrar de 135 milhões para 265 milhões de pessoas no mundo. Portanto, a desnutrição e o agravamento da fome no mundo devido à pandemia podem comprometer a saúde respiratória das crianças (Victora *et al.*, 2021).

A desnutrição infantil não é caracterizada somente pela extrema magreza, mas também pela deficiência de nutrientes no organismo. Crianças que não consomem alimentos ricos em vitaminas e minerais podem estar desnutridas. Geralmente essas crianças estão acima do peso ou apresentam algum grau de obesidade, sendo a alimentação de má qualidade o principal motivo da desnutrição infantil nos países desenvolvidos. Essas crianças também correm o risco de apresentar doenças respiratórias crônicas na vida adulta.

DESENVOLVIMENTO PULMONAR

O desenvolvimento do pulmão ocorre em várias etapas. Inicialmente, o sistema respiratório deriva do intestino primitivo formando seu primeiro esboço, o sulco laringotraqueal. Esse sulco se aprofunda formando o divertículo laringotraqueal, que cresce em sentido ventral e caudal, distanciando-se gradualmente do intestino anterior. Na extremidade do tubo laringotraqueal, desenvolve-se uma dilatação que logo se divide em dois brotos broncopulmonares: direito e esquerdo. Posteriormente, no broto direito, aparecem dois brotos secundários, e no broto esquerdo, somente um; por sua vez, cada broto broncopulmonar secundário se ramifica repetidas vezes por divisões dicotômicas (Moore; Persaud; Torchia, 2016).

As etapas do desenvolvimento dos segmentos respiratórios do pulmão se sobrepõem parcialmente, sendo elas (Quadro 19.1):

1) Fase inicial, que abrange o surgimento do divertículo respiratório até os segmentos broncopulmonares; conhecida como estágio embrionário, que vai da 4ª à 7ª semana de gestação.

2) Estágio pseudoglandular (da 8ª à 16ª semana). Esse nome se deve à aparência de glândula do pulmão, pois ocorre o crescimento dos ductos nos segmentos broncopulmonares.

3) Estágio canalicular, que vai da 17ª à 26ª semana; ocorre a formação dos bronquíolos respiratórios e o aumento da vascularização.

4) Estágio de saco terminal (26ª semana ao nascimento), fase em que os sacos alveolares se organizam nas extremidades dos bronquíolos respiratórios, e o epitélio dos alvéolos diferencia-se nos pneumócitos de tipos I e II, os quais secretam surfactante e cuja função principal é diminuir a tensão superficial da interfase ar-alvéolo, de modo a mantê-los distendidos e evitar seu colapso ou atelectasia. Por fim, ocorre o estágio pós-natal, momento em que as vias aéreas dobram de diâmetro e seu comprimento é triplicado até a vida adulta. Os alvéolos, por outro lado, iniciam seu desenvolvimento a partir das 36 semanas de gestação, chamada fase alveolar. Eles seguem se desenvolvendo no período pós-natal e se multiplicando e aumentando de volume até o início da vida adulta.

Por fim, é importante enfatizar que as vias aéreas e os alvéolos se desenvolvem de modos distintos. A ramificação das primeiras, até chegar aos bronquíolos terminais, está completa no segundo trimestre da vida intrauterina. Em contraste, a formação alveolar geralmente se inicia na 36ª semana de gestação. É importante considerar as diferentes etapas de desenvolvimento para entender como a desnutrição pode exercer efeitos negativos importantes nestas diferentes etapas que ocorrem durante a infância, podendo se prolongar na vida adulta. Portanto, durante a vida, o pulmão humano é exposto a múltiplos fatores (genéticos e ambientais) positivos e negativos, desde o período antes da concepção até o início da vida adulta, que contribuem para modular o desenvolvimento do sistema respiratório. O somatório desses fatores determina como será o desenvolvimento estrutural e funcional dos pulmões e a evolução de cada uma das fases da trajetória da função pulmonar.

Quadro 19.1 – Etapas do desenvolvimento pulmonar

Embrionário 4 a 7 semanas	→	Pseudoglandular 8 a 16 semanas	→	Canalicular 17 a 26 semanas	→	Sacular 26 a 36 semanas	→	Alveolar 36 semanas a 2 anos	→	Pós-natal ~ 18 anos
Divertículo respiratório até o início da segmentação broncopulmonar		Término da divisão das vias áereas, ocorrendo crescimento dos dutos e segmentos pulmonares		Bronquíolos respiratórios e vascularização pulmonar Diferenciação dos pneumócitos I e II		Pneumócitos tipo II secretam surfactante		Desenvolvimento dos alvéolos		Continua o crescimento e a expansão pulmonar

Fonte: adaptado de https://professor.ufrgs.br/simonemarcuzzo/files/desenvolvimento_do_sistema_respirator

Notas dos autores

- ☑ A desnutrição pode levar ao retardo no desenvolvimento pulmonar das crianças.
- ☑ Os fatores (genéticos e ambientais) positivos e negativos contribuem para modular o desenvolvimento do sistema respiratório.
- ☑ As alterações no desenvolvimento pulmonar ocorrem desde o período embrionário até o início da vida adulta.
- ☑ As crianças com desnutrição correm o risco de apresentar doenças respiratórias crônicas na vida adulta.

FUNÇÃO PULMONAR

O sistema respiratório é um conjunto de órgãos responsáveis pelo transporte do ar do meio ambiente para o interior dos pulmões (inspiração) e dos pulmões para o meio ambiente (expiração). Esse processo de entrada e saída do ar dos pulmões é denominado ventilação, e é a forma pela qual o ar dos alvéolos é renovado para permitir a difusão do oxigênio do espaço alveolar para o sangue e do gás carbônico no sentido inverso.

A função pulmonar pode ser avaliada por meio de vários testes denominados testes de função pulmonar (Jones *et al.*, 2020; McGowan *et al.*, 2022; Pellegrino *et al.*, 2005; Pereira, 2023). Tais testes incluem:

- Espirometria: o tipo mais comum de teste de função pulmonar. Mede a quantidade (volumes dinâmicos) e a rapidez com que o ar pode entrar e sair dos pulmões.
- Volumes pulmonares ou pletismografia: avalia os volumes pulmonares de uma forma mais detalhada do que a espirometria, já que estima também volumes estáticos, como capacidade pulmonar total e volume residual.
- Capacidade de difusão pulmonar (teste de difusão de monóxido de carbono – DLCO): avalia a habilidade dos pulmões para a transferência de gases (dos alvéolos para os capilares e dos capilares para os alvéolos).
- Gasometria arterial: mede os níveis de oxigênio e dióxido de carbono no sangue arterial e determina a acidez (pH) do sangue.
- Oximetria de pulso: mede a saturação de oxigênio (porcentagem de hemoglobina ligada a oxigênio) no sangue.
- Teste cardiopulmonar ou ergoespirometria: é a associação de um teste ergométrico convencional com a análise do ar expirado pelo paciente. Especifica medidas diretas de parâmetros respiratórios, como consumo de oxigênio, produção de gás carbônico, frequência respiratória e ventilação pulmonar.
- Teste da caminhada de seis minutos: avalia a distância que uma pessoa pode percorrer sobre uma superfície plana em seis minutos, e tem como principal objetivo determinar a tolerância ao exercício e a saturação de oxigênio durante um exercício submáximo.

A seleção do(s) teste(s) para avaliar a função pulmonar depende de quais parâmetros são considerados mais importantes para o caso em questão e da factibilidade do teste. Embora existam vários testes que avaliam a função pulmonar, o termo "teste de função pulmonar" é usado com mais frequência para se referir à espirometria, à pletismografia (volumes pulmonares) e à capacidade de difusão.

ESPIROMETRIA

O espirômetro é o principal equipamento utilizado para os testes básicos de função pulmonar. Ele é constituído basicamente de um microprocessador acoplado, por meio de um cabo, a um pneumotacógrafo (sensor de fluxo de ar) com um bocal em uma das extremidades (Figura 19.1).

Figura 19.1 – Equipamento de espirometria: pneumotacógrafo (1) com um filtro (2) e um bocal (3) conectado a um computador com um programa para espirometria instalado.

A maioria das crianças pode fazer espirometria, em geral, a partir dos 6 anos de idade, apesar de alguns pré-escolares já serem capazes de realizar o teste. Segundo Pellegrino *et al.* (2005), a espirometria é realizada com as seguintes orientações:

1) Permanecer sentado de forma confortável, com as costas eretas e as pernas não cruzadas.

2) Obstruir as narinas com um clipe nasal.

3) Colocar um bocal conectado ao pneumotacógrafo na boca, vedar bem os lábios para que todo ar passe pelo dispositivo.

4) Inspirar e expirar normalmente por algumas vezes.

5) Inspirar o mais profundamente possível e, em seguida, soprar o mais forte e rápido que puder durante, no mínimo, seis segundos.

Observação: o esforço máximo é muito importante e o teste será repetido pelo menos três vezes para obter os melhores resultados.

A espirometria é o teste mais utilizado para avaliar a função pulmonar e, por meio dela, são obtidos vários parâmetros que estimam o volume e a velocidade do ar que entra e sai dos pulmões. Vários parâmetros podem ser obtidos da espirometria, entretanto, para fins de interpretação, três deles apresentam menor variabilidade e são considerados os mais confiáveis.

- Capacidade vital (CV) ou capacidade vital forçada (CVF) representam o volume total, em litros, de ar expirado a partir da capacidade pulmonar total (CPT), ou seja, de uma inspiração máxima. A CV é obtida pela manobra da capacidade vital lenta (o indivíduo exala o máximo de ar sem velocidade máxima) e a CVF, pela manobra da capacidade vital forçada (o indivíduo exala o máximo de ar na velocidade máxima) (Pereira, 2023).
- Volume expiratório forçado no primeiro segundo (VEF1) representa o volume, em litros, do ar expirado no primeiro segundo na manobra da capacidade vital forçada.
- Relação VEF1/CVF representa o percentual da CVF medida, expirado no primeiro segundo (responde à pergunta "quantos por cento da CVF medida é eliminada no primeiro segundo").

TRAJETÓRIAS DA FUNÇÃO PULMONAR

A evolução da função pulmonar ao longo da vida é estudada por meio de medidas seriadas da função pulmonar (medidas de alguns parâmetros espirométricos) em diferentes faixas etárias. Os parâmetros VEF_1 e VEF_1/CVF são os mais usados para identificar os padrões de evolução da função pulmonar ou trajetórias da função pulmonar. São parâmetros bastante utilizados para avaliar o impacto da desnutrição na função pulmonar. Todos os padrões identificados mostram que a evolução do VEF_1 e da CVF apresenta três fases distintas (Karmaus *et al.*, 2019; Okyere *et al.*, 2021) (Figura 19.2).

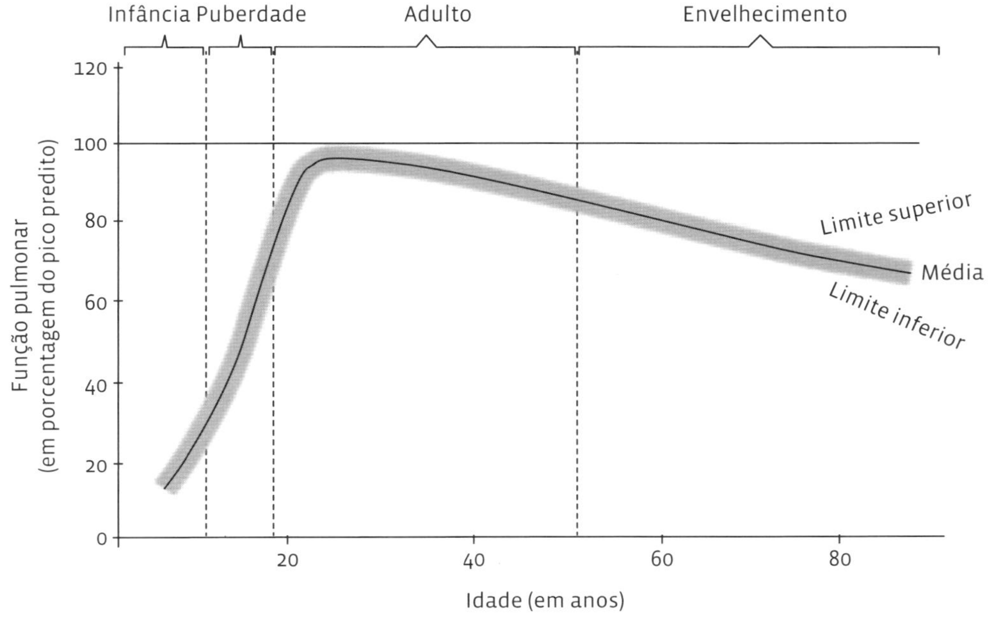

Figura 19.2 – Evolução da trajetória normal da função pulmonar em diferentes fases da vida. A linha preta contínua representa a média dos valores de referência; a faixa cinza delimitada pelas linhas pontilhadas representa o intervalo de confiança (limites superiores e inferiores da faixa de referência).

Fonte: adaptada de Rennard; Agustí; Vestbo (2015).

1) Fase de crescimento: do nascimento até aproximadamente os 20 anos de idade, quando ocorre um aumento progressivo da função pulmonar.

2) Fase de estabilidade ou platô: dos 20 aos 25 anos de idade, quando os parâmetros da função pulmonar atingem os valores máximos ou o pico para cada indivíduo. Nessa fase, ocorre pouca ou nenhuma mudança dos parâmetros ventilatórios.

3) Fase de declínio: após o breve período de estabilidade, ocorre uma redução lenta e progressiva da função pulmonar decorrente do processo natural de envelhecimento.

Nem todos os indivíduos apresentam o mesmo padrão de trajetória da função pulmonar durante o ciclo da vida. Vários estudos longitudinais, com medidas seriadas de alguns parâmetros da espirometria (a maioria usa o VEF1), identificam um número variado de padrões das trajetórias da função pulmonar e usam diferentes rótulos (denominações) para cada uma delas (Agusti; Faner, 2019; Çolak *et al.*, 2021; Marott *et al.*,

2020; Melén *et al.*, 2017). De forma prática e didática, os diversos padrões da trajetória da função pulmonar podem ser divididos em três grupos:

1) Trajetória normal: os parâmetros apresentam valores dentro da faixa de referência nas fases de crescimento, pico e declínio (Figura 19.2).
2) Trajetória supranormal: os parâmetros apresentam valores acima da faixa de referência nas fases de crescimento, pico e declínio (Figura 19.3).

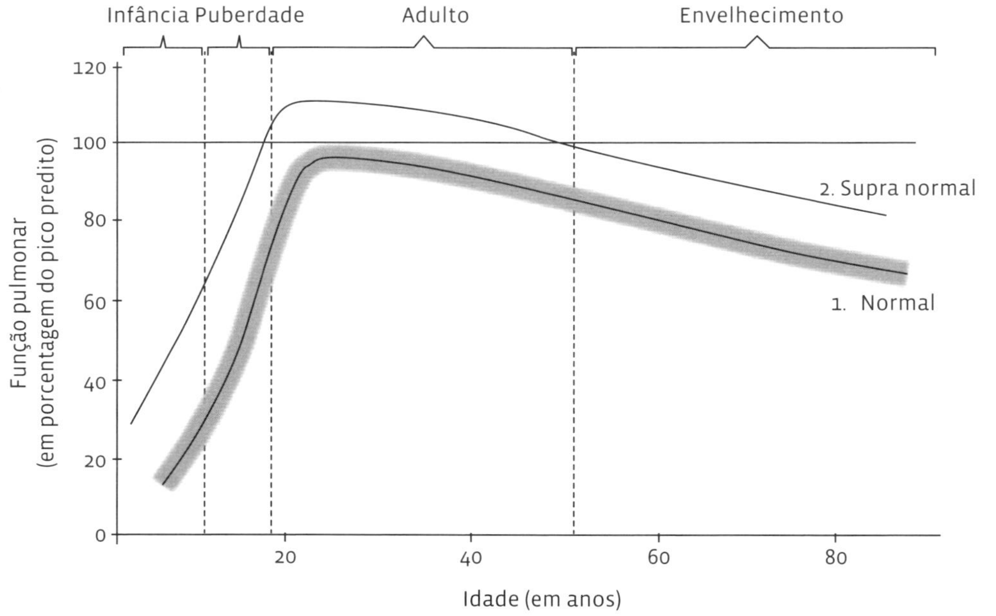

Figura 19.3 – Trajetórias da função pulmonar ao longo das fases da vida. A linha 1 representa uma trajetória normal. A área cinza delimitada pelas linhas pontilhadas, o intervalo de confiança. A linha 2 representa uma trajetória supranormal.

Fonte: adaptada de Çolak *et al.* (2021).

3) Trajetória subnormal: os parâmetros apresentam valores abaixo da faixa de referência em uma ou mais fases (crescimento, pico e declínio). As trajetórias subnormais do VEF1 podem ser caracterizadas em três tipos:
   a) Pico normal (pico atinge o valor esperado) e declínio acentuado do VEF1 (queda mais acentuada que o esperado) (Figura 19.4).
   b) Pico baixo (pico atinge o valor menor que o esperado) e declínio normal do VEF1 (queda não acelerada) (Figura 19.4).
   c) Pico baixo (pico atinge o valor menor que o esperado) e declínio acentuado do VEF1 (queda mais acentuada que o esperado) (Figura 19.4).

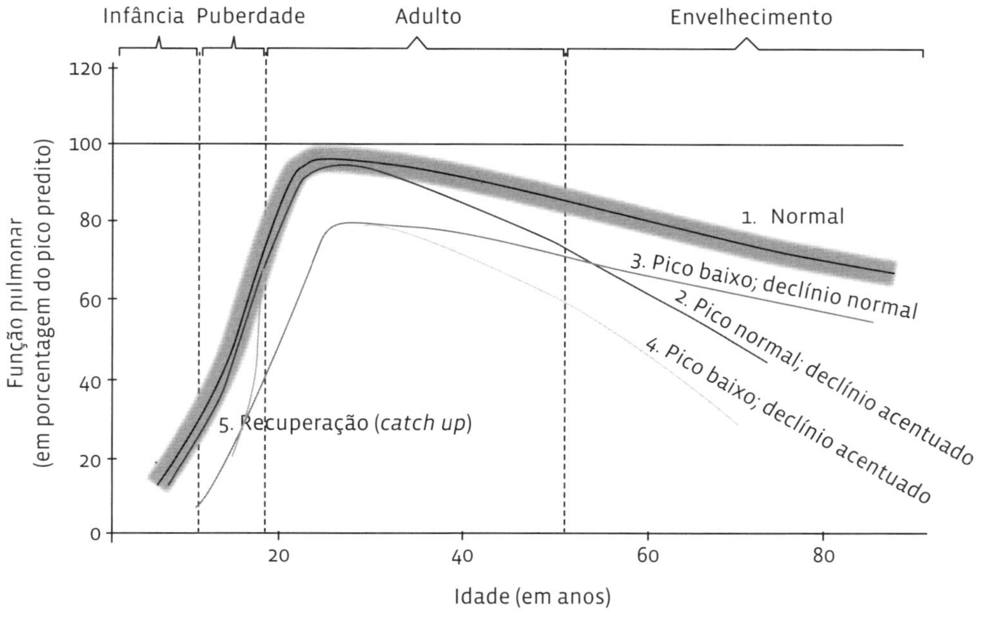

Figura 19.4 – Trajetórias da função pulmonar ao longo das fases da vida. A linha 1 contínua representa uma trajetória normal e a área cinza delimitada pelas linhas pontilhadas, o intervalo de confiança. A linha 2 representa uma trajetória subnormal com pico normal e declínio acentuado. A linha 3 representa uma trajetória subnormal com pico baixo e declínio normal. A linha 4 representa uma trajetória subnormal com pico baixo e declínio acentuado. A linha 5 representa uma trajetória de recuperação (*catch up*) (valores abaixo da referência no início da fase de crescimento e recuperação para a faixa normal).

Fonte: adaptada de Agusti; Faner (2019).

Nota: uma trajetória distinta das descritas, que é identificada em alguns estudos, é a trajetória de recuperação (do inglês *catch up*), na qual os valores dos parâmetros são inferiores aos da referência em parte da fase de crescimento, mas apresentam recuperação (valores voltam dentro da faixa de referência) (Figura 19.4).

A separação dos diversos tipos de trajetórias em grupos tem uma importância prática, pois aquelas do grupo subnormal estão frequentemente associadas a um risco aumentado de doenças caracterizadas por limitação do fluxo aéreo, incluindo Dpoc e asma. A identificação de indivíduos em risco é útil para guiar ações de saúde, como diagnóstico e tratamento precoce e orientações sobre os fatores considerados indutores e/ou agravantes das doenças obstrutivas, incluindo fatores nutricionais, tabagismos e outros irritantes ambientais.

Crianças prematuras frequentemente apresentam função pulmonar diminuída em comparação com controles saudáveis a termo. Algumas crianças – mas não todas – com função pulmonar baixa no início da fase de crescimento obtêm ganhos na função pulmonar à medida que crescem e apresentam recuperação (*catch up*). Em outras situações, as vias aéreas dessas crianças não acompanham essa recuperação pulmonar, resultando na redução persistente dos fluxos expiratórios (Arigliani *et al.*, 2018; Ferdous *et al.*, 2021; Jordan; McEvoy,, 2020). O caso clínico a seguir representa uma criança de 8 anos desnutrida com redução dos fluxos aéreos de caráter obstrutivo sem resposta ao broncodilatador.

Caso clínico

Criança de 8 anos de idade na data do exame (11/4/2021), do sexo masculino, altura 1,26 m, peso 23 kg, IMC 14,5 (desnutrido). Realizou as manobras da espirometria de forma correta e com critérios de aceitabilidade satisfatória.

O resultado mostra um "distúrbio obstrutivo de grau leve sem variação significativa após broncodilatador".

- CVF = 1,43 l (88%)] no teste pré-broncodilatador, e CVF = 1,43 l (88%)] no teste pós-broncodilatador]: NORMAL.
- VEF_1 = 0,97 l (63,9%) no teste pré-broncodilatador, e VEF_1 = 0,97 l (64%) no teste pós-broncodilatador: REDUZIDA.
- Relação VEF_1/CVF = 67,74%: REDUZIDA.

Hospital Geral Cesar Cals - Serviço de Pneumologia
Avenida Imperador 545 - Centro
Fortaleza - CE

Identification:	HGCC1732863		
Last Name:		First Name:	
Date of Birth:	24/05/2013	Age:	8 Years
Weight:	23,0 kg	Sex:	male
Height:	126,0 cm	Race:	Hispânico
Smoker:		Diagnosis:	Asma
BSA:	0,91 m²	Profession:	

Flow-Volume / Volume-Tempo

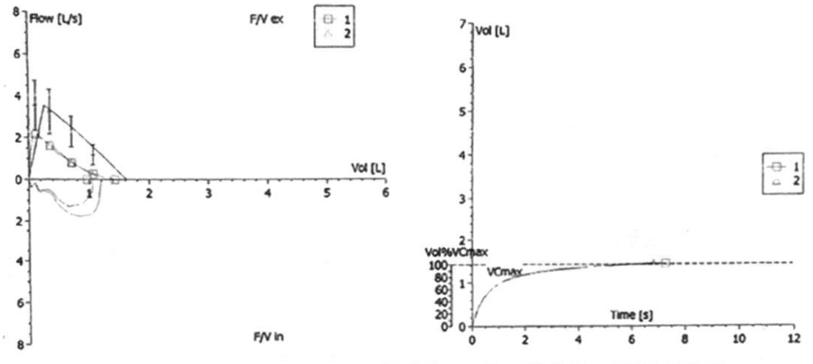

		Pred	Pre-BD	% Pre	Pos BD	% Pos	Dif %	Dif mL
VC EX	[L]	1.83	1.43	78.2	1.43	78.1	-0.11	0.00
FVC	[L]	1.62	1.43	88.2	1.43	88.1	-0.12	0.00
FEV 1	[L]	1.52	0.97	63.9	0.97	64.0	0.13	0.00
FEV 1 % FVC	[%]	93.00	67.74	72.8	67.97	73.1	0.25	0.23
MMEF 75/25	[L/s]	1.39	0.59	42.6	0.58	41.5	-1.16	-0.02
PEF	[L/s]	3.53	2.15	61.0	2.00	56.7	-4.25	-0.15
IC	[L]	1.28						
V backextrapolation ex	[L]		0.01		0.02			0.00
Measuring date			11/04/22		11/04/22			

INTERPRETACAO

* Técnica: satisfatória.

* Interpretação: Disstúrbio obstrutivo de grau leve sem variação significativa após BD.

Figura 19.5 – Espirometria.

A displasia broncopulmonar (DBP) é uma forma de doença pulmonar crônica que afeta recém-nascidos, mais frequentemente aqueles que nascem prematuramente e precisam de oxigenoterapia. No DBP, ocorrem danos em vias aéreas, alvéolos e pequenos vasos sanguíneos alveolares. Diversos fatores estão associados a DBP, entre eles, as infecções pré-natais ou complicações maternas como tabagismo, uso de drogas, anormalidades placentárias (pré-eclâmpsia), inflamação das membranas fetais (corioamnionite) e desnutrição materna e do recém-nascido. A desnutrição perinatal aumenta a lesão pulmonar pós-natal e retarda o reparo pulmonar. Essas alterações repercutem na função pulmonar na primeira infância que pode perdurar durante a idade escolar, adolescência até a idade adulta. A falha de crescimento em bebês com DBP se deve sobretudo à desnutrição. Um manejo adequado da nutrição da gestante e do bebê é fundamental na prevenção e no tratamento da DBP (Arigliani *et al.*, 2018).

Notas dos autores

- ☑ A espirometria é utilizada para avaliar a função pulmonar em diferentes faixas etárias.
- ☑ Os parâmetros VEF_1 e CVF são utilizados para avaliar o impacto da desnutrição na função pulmonar.
- ☑ Crianças prematuras e de baixo peso podem apresentar redução persistente dos fluxos respiratórios, que se mantêm na vida adulta.
- ☑ Algumas crianças com função pulmonar baixa no início da fase de crescimento obtêm ganhos na função pulmonar à medida que crescem e apresentam recuperação (*catch up*).

DESNUTRIÇÃO E O CRESCIMENTO PULMONAR PRÉ-NATAL E APÓS O NASCIMENTO

Os efeitos da desnutrição no período pré-natal e entre os lactentes ou crianças no desenvolvimento pulmonar é um assunto pouco investigado. Este é um campo de pesquisa que apresenta maior relevância para países de baixa renda devido à elevada prevalência de desnutrição.

O conhecimento sobre os efeitos da desnutrição pré-natal no crescimento pulmonar é atribuído a modelos de estudos em animais, principalmente camundongos. Nesse cenário, as condições de insuficiência placentária e restrição nutricional materna são reproduzidas em diferentes etapas da gravidez. Nesses modelos, foi observado que a desnutrição durante os períodos sacular e alveolar reduz a alveolização e leva à alteração na expressão proteica do surfactante, redução da vascularização pulmonar, deposição de fibras elásticas na matriz extracelular e espessamento da membrana alveolocapilar, causando a redução na complacência pulmonar e na capacidade de difusão. Modelos experimentais de restrição do crescimento intrauterino (RCIU) realizadas em animais também evidenciaram comprometimento das vias aéreas condutivas.

Poucos estudos investigaram o impacto da RCIU na função pulmonar subsequente em adultos. O estudo "*generation R*" é um estudo de coorte prospectivo, baseado em uma população urbana multiétnica em Roterdã, na Holanda, desde a vida fetal até a idade adulta jovem. O estudo foi desenvolvido para identificar causas ambientais e genéticas precoces de crescimento, desenvolvimento e saúde. Nesse estudo, os autores observaram uma correlação entre RCIU e aumento da resistência das vias aéreas em crianças de 6 anos de idade. Também foi observado o impacto negativo do retardo do crescimento fetal nos volumes pulmonares; no entanto, não foi observada associação com asma ou sibilância em crianças com até 10 anos de idade (Den Dekker *et al.*, 2018).

A RCIU pode exacerbar o impacto negativo da prematuridade na função pulmonar de crianças na idade escolar. Os principais parâmetros alterados são o volume expiratório forçado no primeiro segundo (VEF_1) e a difusão pulmonar do monóxido de carbono (DLCO). Estudos de coorte têm mostrado que bebês de baixo peso ao nascer apresentam redução da capacidade e elasticidade pulmonar, situação semelhante ao fenótipo Dpoc.

Após o nascimento, a nutrição exerce um papel importante no desenvolvimento pulmonar de bebês prematuros e com baixo peso. Esse é um período crítico, quando ocorre a maturação sacular e alveolar. Na vigência da desnutrição, ocorre um comprometimento da alveolização e efeitos negativos sobre o epitélio bronquiolar com a redução da divisão de células brônquicas e conversão de células claras para células ciliadas. Bebês de baixo peso e prematuros apresentam alto risco para DBP, condição que agrava a saúde respiratória.

A amamentação exerce um efeito protetor sobre a maturação pulmonar. Crianças amamentadas por pelo menos quatro meses apresentam ganhos na CVF e no VEF_1 em relação a crianças amamentadas por fórmula. Esse fator protetor ocorre pela ação de citocinas e fatores de crescimento (TGF-β) e a indução de alterações epigenéticas modulando a expressão dos genes.

INFLUÊNCIA DE MICRONUTRIENTES E HORMÔNIOS NO CRESCIMENTO PULMONAR

Os micronutrientes com impacto importante no desenvolvimento pulmonar são: vitaminas A, D, E, selênio e ômega-3 (ácido docosa-hexaenoico – DHA) (Fandiño *et al.*, 2019; Karim; Muhit; Khandaker, 2017) (Quadro 19.2).

VITAMINA A

Em modelos animais, o ácido retinoico contribui para morfogênese dos brônquios, formação dos alvéolos e regulação da proliferação dos pneumócitos tipo II e a síntese das proteínas surfactante pulmonar B e C (SP-B e SP-C). Existem evidências de que a suplementação de vitamina A em mulheres grávidas melhora a função pulmonar das crianças de 9 aos 11 anos de idade (Checkley *et al.*, 2010).

VITAMINA D

A vitamina D contribui para maturação dos pneumócitos tipo II e aumenta a síntese e a liberação do surfactante. A deficiência materna de vitamina D durante a gravidez está associada a uma redução da função pulmonar em suas crianças na idade de 6 anos. Recentemente, numa revisão sistemática, foi observado que a suplementação materna de vitamina D durante a gravidez reduziu o risco de sibilância em crianças de 3 anos de idade (Roth *et al.*, 2017). Crianças desnutridas com baixos níveis de vitamina D e leptina apresentam um desbalanço na relação Th1-Th2, resultando em um aumento da IL-4 e IgE, podendo apresentar um risco para asma (Sapartini *et al.*, 2022).

VITAMINA E

A vitamina E não é sintetizada no corpo humano e precisa de fontes alimentícias, principalmente os óleos. Uma metanálise mostrou que uma dieta materna rica em vitamina E reduziu a ocorrência de sibilos nas crianças, embora não ocorresse associação com asma. A vitamina E é um antioxidante e exerce um papel protetor contra a toxicidade do oxigênio. Portanto, prematuros com síndrome da angústia respiratória e baixos níveis de vitamina E e selênio apresentam maior risco para displasia broncopulmonar (Stone *et al.*, 2018). Um estudo de coorte mostrou uma relação indireta entre os níveis maternos, durante primeiro trimestre de gestação, de vitamina E com VEF_1 e CVF nas crianças aos 5 anos de idade (Turner *et al.*, 2010).

SELÊNIO

A associação de selênio e vitamina E previne a formação de peróxido. Em modelos animais, a sua ação se dá principalmente na septação dos alvéolos. Em lactentes de baixo peso, os baixos níveis séricos de selênio estão associados à alta morbidade respiratória (Baïz *et al.*, 2016).

ZINCO

Em três estudos de coorte, foi observado que a ingestão de zinco durante a gravidez reduziu a chance de sibilância em crianças na idade pré-escolar (West *et al.*, 2012).

ÔMEGA-3 (ÁCIDO DOCOSA-HEXAENOICO – DHA)

Os ácidos graxos poli-insaturados de cadeia longa ômega-3 exercem um papel na maturação do pulmão e como modulador da inflamação. Alguns estudos revelaram que a suplementação com ômega-3 no terceiro trimestre de gestação reduziu o risco absoluto de distúrbios respiratórios, asma e infecções do trato respiratório inferior em crianças (Bédard *et al.*, 2018; Bisgaard *et al.*, 2016).

A desnutrição materna durante a gravidez compromete o equilíbrio hormonal tão importante para seu desenvolvimento pulmonar. A redução de retinol e colecalciferol são frequentes, principalmente em gestantes suscetíveis. A leptina e a grelina são basicamente hormônios produzidos por células armazenadoras de gordura que cumprem função importante no controle da composição de gordura do corpo. Na vigência da desnutrição durante a gravidez, ocorre redução dos depósitos de gordura, diminuindo os estoques de grelina e leptina. Estes hormônios têm ação importante na morfogênese e estrutura do pulmão, proliferação celular, produção de surfactante e ação no tônus vascular pulmonar. Glicocorticoides, insulina e hormônio da tireoide exercem uma ação importante na síntese do surfactante pulmonar. A leptina e a insulina são hormônios importantes para o crescimento pulmonar durante a gravidez. Esses dois fatores endócrinos desencadeiam uma cascata inflamatória com liberação de citocinas levando ao comprometimento da alveolização, angiogênese e remodelação da matriz extracelular e posterior comprometimento da função pulmonar. Esses hormônios e os mediadores inflamatórios exercem um mecanismo importante na origem de doenças pulmonares. Tanto a obesidade quanto a restrição do crescimento intrauterino (RCIU) levam a uma inflamação crônica e aumento da insulina com liberação de moléculas mTOR (*mechanistic target of rapamycin*), TNF (*tumor necrosis factor alpha*), PAI-1 (*plasminogen activator inhibitor-1*), IL-6, HIF (*hypoxia inducible hypoxia-inducible factor alpha*), causando uma sequência de alterações no desenvolvimento pulmonar e subsequente suscetibilidade para doenças crônicas do pulmão com comprometimento da função pulmonar (Den Dekker *et al.*, 2018; Fandiño *et al.*, 2019; Kuiper-Makris *et al.*, 2021).

Quadro 19.2 – Resumo dos efeitos do déficit de nutrientes no desenvolvimento, morbidades e função pulmonar

Nutriente	Ação no desenvolvimento pulmonar	Morbidade respiratória / comprometimento da função pulmonar
Vitamina A	Morfogênese dos brônquios, formação dos alvéolos, regulação dos pneumócitos tipo II e síntese de surfactante pulmonar	Redução do VEF_1 e CVF
Vitamina D	Maturação do pneumócito tipo II, aumento da síntese e da liberação do surfactante	Redução do VEF_1 e risco de sibilância
Vitamina E e selênio	Prevenção da formação de peróxido, septação dos alvéolos	Relação indireta com VEF_1 e CVF
Zinco	Maturação dos brônquios	Suplementação com zinco durante a gestação reduz risco de sibilância
Ômega-3 (ácido docosa-hexaenoico)	Modulador da inflamação	Suplementação com ômega-3 na gestação reduz o risco absoluto de asma e infecções respiratórias em crianças
Alterações hormonais grelina / leptina /insulina	Proliferação celular, produção de surfactante e ação no tônus vascular pulmonar. Liberação de citocinas, comprometendo alveolização, angiogênese e remodelação da matriz extracelular	Maior risco de DPOC e asma

Fonte: Arigliani, M. *et al.* (2018).

Notas dos autores

- ☑ Modelos experimentais de restrição do crescimento intrauterino (RCIU) realizados em animais, evidenciaram redução da complacência pulmonar e capacidade de difusão, assim como comprometimento das vias aéreas condutivas.
- ☑ O estudo "generation R" observou uma correlação entre RCIU e aumento da resitência das vias aéreas em crianças de 6 anos de idade.
- ☑ A amamentação exerce um efeito protetor sobre a maturação pulmonar pela ação de citocinas e fatores de crescimento (TGF-β) e a indução de alterações epigenéticas, modulando a expressão dos genes.
- ☑ Os micronutrientes, principalmente vitaminas A, D, E, *selenium* e ômega 3 DHA (ácido docosahexaenoico) são essenciais para maturação pulmonar. Também é importante o equilíbrio hormonal para a maturação pulmonar.

CONCLUSÃO

É importante conhecer os mecanismos fisiopatológicos da desnutrição sobre as diferentes fases do crescimento pulmonar, valorizando a importância de uma identificação precoce de uma função pulmonar subnormal para avaliar a correlação com o surgimento de sintomas e doenças respiratórias em fases posteriores. Há uma crescente valorização da importância dos fatores que atuam no início da vida, em especial os fatores perinatais, que afetam a evolução inicial da trajetória do desenvolvimento pulmonar.

Algumas intervenções perinatais, incluindo a correção de carências nutricionais, podem atenuar os modificadores negativos ou aumentar os modificadores positivos da função pulmonar e induzir uma recuperação (*catch up)* da trajetória subnormal para normal.

REFERÊNCIAS

AGUSTI, A.; FANER, R. Lung function trajectories in health and disease. *Lancet Respiratory Medicine*, v. 7, n. 4, p. 358-364, 2019.

ARIGLIANI, M. *et al.* Nutrition and lung growth. *Nutrients*, v. 18, n. 10, p. 919, 2018.

BAÏZ, N. *et al.* Prenatal exposure to selenium may protect against wheezing in children by the age of 3. *Immun Inflamm Dis*, v. 5, n. 1, p. 37-44, 2016.

BÉDARD, A. *et al.* Maternal dietary antioxidant intake in pregnancy and childhood respiratory and atopic outcomes: birth cohort study. *Eur Respir J*, v. 30, n. 2, p. 18, 2018.

Bisgaard, H. *et al.* Fish oil-derived fatty acids in pregnancy and wheeze and asthma in offspring. *N Engl J of Med*, v. 375, n. 26, p. 2530-2538, 2016.

Checkley, W. *et al.* Maternal vitamin A supplementation and lung function in offspring. *N Engl J Med*, v. 362, n. 19, p. 1784-1794, 2010.

Çolak, Y. *et al.* Supernormal lung function and risk of copd: a contemporary population-based cohort study. *EClinicalMedicine*, v. 18, n. 6, p. 37-74, 2021.

Den Dekker, H. T. *et al.* Fetal and infant growth patterns and risk of lower lung function and asthma: the Generation R Study. *Am J Respir Crit Care Med*, v. 15, n. 2, p. 183-192, 2018.

Fandiño, J. *et al.* Perinatal undernutrition, metabolic hormones, and lung development. *Nutrients*, v. 12, n. 11, p. 2870, 2019.

Ferdous, F. *et al.* Early childhood malnutrition trajectory and lung function at preadolescence. *Public Health Nutr*, v. 24, n. 5, p. 1009-1020, 2021.

Jones, M. H. *et al.* Reference values for spirometry in Brazilian children. *J Bras Pneumol*, v. 46, n. 3, p. 1-8, 2020.

Jordan, B. K.; Mcevoy, C. T. Trajectories of lung function in infants and children: setting a course for lifelong lung health. *Pediatrics*, v. 146, n. 4, p. 1-14, 2020.

Karim, T.; Muhit, M.; Khandaker, G. Interventions to prevent respiratory diseases - Nutrition and the developing world. *Paediatr Respir Rev*, v. 22, n. 4, p. 31-37, 2017.

Karmaus, W. *et al.* Distinctive lung function trajectories from age 10 to 26 years in men and women and associated early life risk factors: a birth cohort study. *Respiratory Research*, v. 20, n. 1, p. 1-13, 2019.

Kuiper-Makris, C. *et al.* Perinatal nutritional and metabolic pathways: early origins of chronic lung diseases. *Front Med*, v. 8, n. 6, p. 66, 2021.

Marott, J. L. *et al.* Lung function trajectories leading to chronic obstructive pulmonary disease as predictors of exacerbations and mortality. *Am J Respir Crit Care Med*, v. 15, n. 2, p. 210-218, 2020.

Mcgowan, A. *et al.* International consensus on lung function testing during the Covid-19 pandemic and beyond. *erj Open Res*, v. 8, n. 1, p. 1-24, 2022.

Melén, E.; Guerra, S. Recent advances in understanding lung function development. *F1000Research*, v. 6, n. 5, p. 726, 2017.

Moore, K. L.; Persaud, T. V. N.; Torchia, M. G. *Embriologia clínica*. 10. ed. Rio de Janeiro: Elsevier, 2016.

Okyere, D. O. *et al.* Predictors of lung function trajectories in population-based studies: a systematic review. *Respirology*, v. 26, n. 10, p. 938–59, 2021.

Pellegrino, R. G. V. *et al.* Series "ats/ers task force: standardization of lung function testing". Interpretative strategies for lung function tests. *Eur Respir J*, v. 26, n. 5, p. 948–968, 2005.

Pereira, C. A. C. *Guia prático de medicina respiratória*. São Paulo: Atheneu, 2023.

Rennard, S. I.; Agustí, A.; Vestbo, J. The natural history of copd: beyond Fletcher and Peto. *brn Rev*, v. 44, n. 2, p. 116–130, 2015.

Roth, D. E. *et al.* Vitamin D supplementation during pregnancy: state of the evidence from a systematic review of randomised trials. *bmj*, v. 29, n. 11, p. 359, 2017.

SAPARTINI, G. *et al.* Stunting as a risk factor for asthma: the role of vitamin D, leptin, IL-4, and CD23. *Medicina* (Kaunas), v. 58, n. 9, p. 1236, 2022.

STONE, C. A. *et al.* Update on vitamin E and its potential role in preventing or treating bronchopulmonary dysplasia. *Neonatology*, v. 113, n. 4, p. 366-378, 2018.

TURNER, S. W. *et al.* Associations between fetal size, maternal α-tocopherol and childhood asthma. *Thorax*, v. 65, n. 5, p. 391–397, 2010.

VICTORA, C. G. *et al.* Maternal and child undernutrition progress. *Lancet*, v. 397, n. 10282, p. 1329, 2021.

WEST, C. E. *et al.* Associations between maternal antioxidant intakes in pregnancy and infant allergic outcomes. *Nutrients*, v. 11, n. 4, p. 1747-1758, 2012.

CAPÍTULO 20

Alterações epigenéticas induzidas pela desnutrição infantil

Natália Yumi Noronha

Heitor Bernardes Pereira Delfino

Guilherme da Silva Rodrigues

Luísa Maria Diani

Lígia Moriguchi Watanabe

Marcela Augusta de Souza Pinhel

Carla Barbosa Nonino

INTRODUÇÃO

A insegurança alimentar é uma das principais causas da desnutrição infantil, uma condição de saúde caracterizada pela falta de nutrientes essenciais para o crescimento e desenvolvimento adequado das crianças (Watanabe *et al.*, 2022; Katoch, 2022). Tal condição de saúde associa-se com elevadas taxas de morbimortalidade, podendo acarretar consequências na infância, e também na fase adulta, como o aumento da predisposição para ocorrência de doenças crônicas não transmissíveis (DCNT). Estudos recentes apontam os efeitos da desnutrição precoce em uma perspectiva transgeracional, na qual a impressão da marca da desnutrição no código genético amplifica as consequências na saúde do indivíduo (Schwarzenberg; Georgieff, 2018).

Nesse sentido, torna-se essencial o estudo da epigenética, um campo emergente da ciência que estuda as mudanças nas células e na expressão dos genes que podem ocorrer sem alterações na sequência de DNA (Peixoto *et al.*, 2020). A metilação do DNA é uma das modificações epigenéticas mais estudadas e pode ser influenciada por fatores ambientais como a alimentação, devido à capacidade de certos nutrientes e compostos presentes nos alimentos em interagir com as enzimas envolvidas na metilação do DNA resultando em consequências para a saúde (Bartke; Schneider, 2020).

Portanto, compreender a relação entre a alimentação e as alterações na metilação do DNA pode ter implicações importantes para a saúde infantil, especialmente no contexto de desnutrição infantil (Figura 20.1).

Neste capítulo, o foco será como a desnutrição infantil pode afetar a metilação do DNA e como a compreensão da epigenética pode levar a intervenções mais eficazes para esse problema de saúde pública (Figura 20.2).

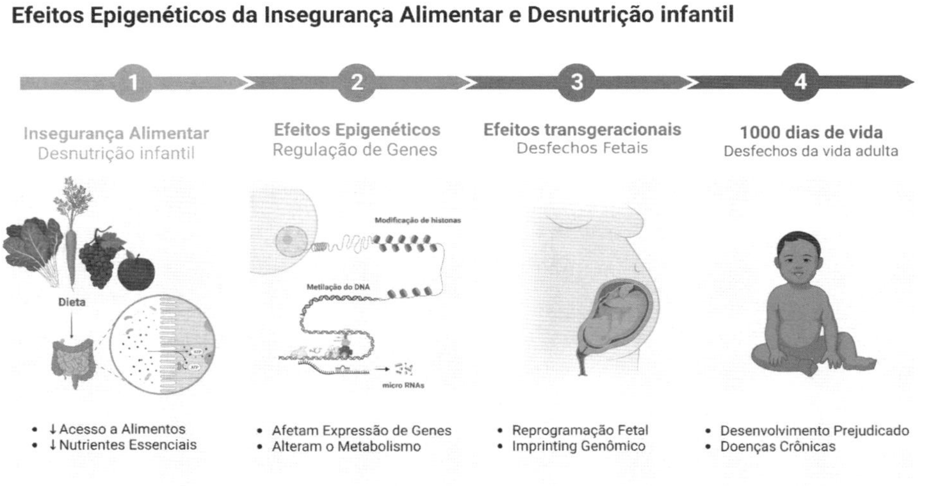

Figura 20.1 – Efeitos epigenéticos da insegurança alimentar e da desnutrição infantil.

Fonte: Adaptado de Schwarzenberg; Georgieff (2018); Katoch (2022); Likhar; Patil (2022).

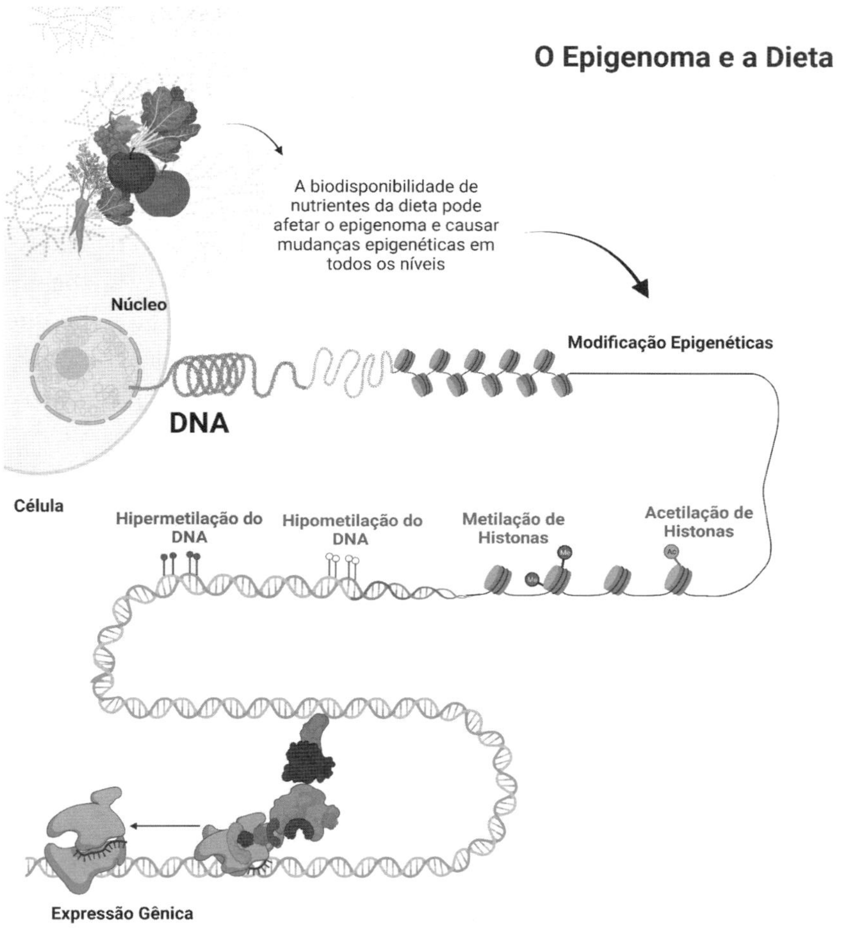

Figura 20.2 – Epigenoma e mecanismos epigenéticos. A alimentação pode afetar a metilação do DNA de várias maneiras, incluindo a regulação da atividade de enzimas envolvidas na metilação, a disponibilidade de nutrientes e compostos que são substratos para a metilação do DNA, e a interação com outros fatores ambientais.

Fonte: Adaptado de Bannister; Kouzarides (2011); Iderabdullah; Zeisel (2018).

EPIGENÉTICA

O INTERMÉDIO DA INSEGURANÇA ALIMENTAR NAS ALTERAÇÕES EPIGENÉTICAS EM DECORRÊNCIA DA DESNUTRIÇÃO INFANTIL

A segurança alimentar é a garantia do direito de todos ao acesso regular e permanente a alimentos de qualidade e em quantidade suficiente, tendo como base práticas alimentares promotoras de saúde que respeitem a diversidade cultural e que sejam ambiental, cultural, econômica e socialmente sustentáveis. Já a insegurança alimentar relaciona-se com o processo de produção e distribuição assimétrica de bens e serviços, expressando, portanto, uma manifestação de iniquidade social (Vieira; Souza; Cervato-Mancuso, 2010).

Tal insegurança alimentar reflete em uma ingestão inadequada de nutrientes ocasionada pela baixa oferta nutricional que pode levar ao quadro de desnutrição (Schwarzenberg; Georgieff, 2018). O fator desnutrição se agrava no âmbito infantil, uma vez que pode trazer consequências negativas para a saúde da criança, como retardo no crescimento e desenvolvimento e comprometimento do sistema imunológico (Schwarzenberg; Georgieff, 2018; Barker, 2007). A desnutrição infantil ainda constitui importante problema de saúde pública em todo o mundo, sobretudo em países com condições socioeconômicas desfavoráveis à parcela significativa da população (Barker, 2007).

Sabe-se que o ambiente nutricional durante a pré-concepção, gravidez e início da vida é crucial para o desenvolvimento ideal da prole e saúde a longo prazo. Nesse sentido, a nutrição pré-natal materna e a nutrição da criança nos primeiros 2 anos de vida (1.000 dias) são fatores determinantes na capacidade de uma criança se desenvolver, aprender e prosperar. Além disso, estudos têm demonstrado que os riscos à saúde de crianças e adultos, incluindo obesidade, hipertensão e diabetes, podem ser programados pelo estado nutricional durante esse período (Schwarzenberg; Georgieff, 2018; Gabbinelli; Damiani, 2018; Likhar; Patil, 2022).

Nesse sentido, destaca-se a hipótese do "fenótipo econômico", cujo argumento é que a desnutrição fetal leva a adaptações metabólicas que otimizam a utilização da disponibilidade limitada de macronutrientes e, portanto, aumentam as oportunidades de sobrevivência em condições precárias contínuas após o nascimento. No entanto, essas adaptações aumentam o risco de alterações metabólicas quando expostas a um ambiente pós-natal abundante em macronutrientes, processo denominado "reprogramação fetal" (Figura 20.3) (Campisano *et al.*, 2019).

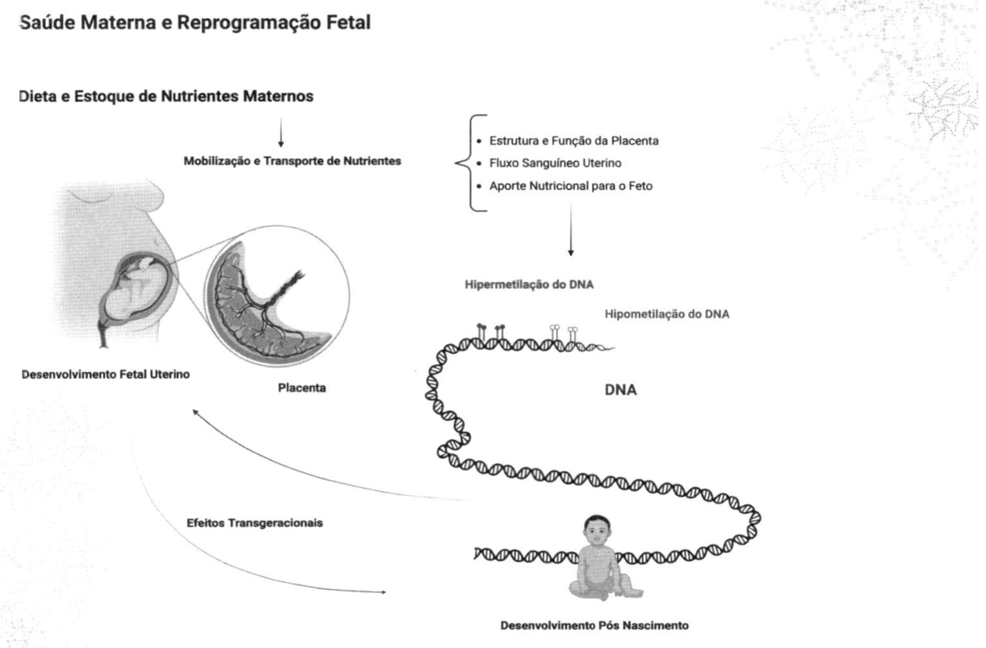

Figura 20.3 – Reprogramação fetal. A metilação do DNA é um processo em que grupos de metil são adicionados ou removidos do DNA, afetando a maneira como os genes são ativados ou desativados. A nutrição durante a gestação e a primeira infância podem afetar a metilação do DNA em genes relacionados a crescimento, desenvolvimento e metabolismo.

Fonte: Adaptado de Vansant *et al.* (2016); Likhar; Patil (2022).

Dentre os mecanismos que poderiam influenciar a reprogramação fetal, destacam-se as alterações epigenéticas que se referem a todas as mudanças químicas e estruturais que ocorrem no DNA e nas proteínas associadas a ele sem alterar a sequência de DNA. As alterações epigenéticas decorrentes da desnutrição infantil podem incluir a metilação do DNA e a modificação das histonas. Tais alterações epigenéticas podem ocorrer sobretudo devido à carência de nutrientes essenciais, como proteínas, vitaminas, minerais e ácidos graxos (Schwarzenberg; Georgieff, 2018; Gabbinelli; Damiani, 2018; Dominguez-Salas *et al.*, 2011).

A metilação do DNA é uma das modificações epigenéticas mais estudadas; consiste na adição de grupos metil (CH_3) no DNA e pode ter um papel importante na regulação da expressão gênica (Iderabdullah; Zeisel, 2018). A desnutrição pode levar a hipometilação ou hipermetilação de genes específicos, dependendo do tipo e da duração da desnutrição, bem como de outros fatores ambientais e genéticos envolvidos(Schwarzenberg; Georgieff, 2018). Estudos têm demonstrado as consequências da desnutrição infantil na metilação do DNA, promovendo alterações importantes na expressão de genes relacionados a desenvolvimento, metabolismo e crescimento. Além disso, as alterações na metilação do DNA causadas pela desnutrição infantil podem ter efeitos duradouros na saúde da criança, implicando o risco de desenvolver DCNT na idade adulta (Schwarzenberg; Georgieff, 2018; Dominguez-Salas *et al.*, 2011).

Um agravante é que as alterações epigenéticas causadas pela desnutrição infantil podem ser transmitidas para as próximas gerações, o que pode ter um impacto transgeracional na saúde e no bem-estar (Schwarzenberg; Georgieff, 2018; Gabbinelli; Damiani, 2018; Dominguez-Salas *et al.*, 2011). O *imprinting* genômico é um processo de silenciamento de genes por meio da metilação do DNA, em que o alelo reprimido é metilado e o alelo ativo, não. Ainda não são bem esclarecidos os mecanismos pelos quais a restrição alimentar e a privação de nutrientes afetam o *imprinting* genômico nos descendentes, no entanto há estudos que mostram diferentes padrões de *imprinting*, por exemplo, em indivíduos cujos pais passaram por privação de nutrientes (Vansant *et al.*, 2016). A Figura 20.4 ilustra a dieta como um dos fatores que influenciam o *imprinting* genômico dos descendentes.

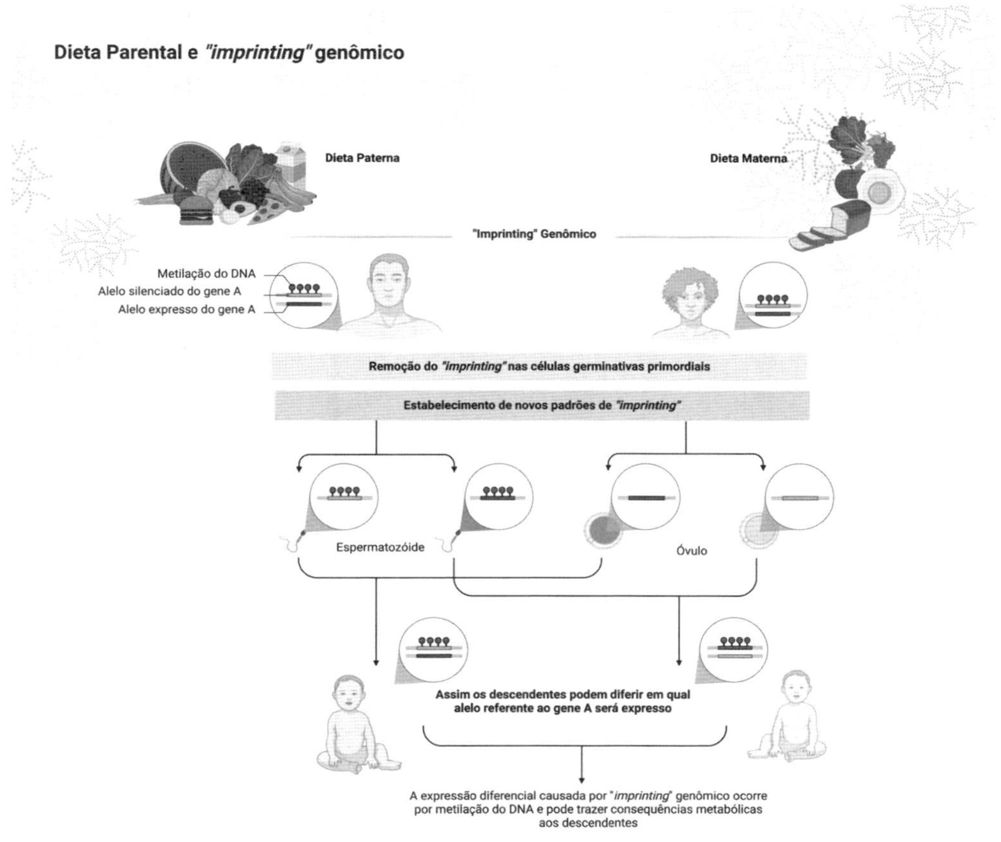

Figura 20.4 – Dieta parental e *imprinting* genômico dos descendentes. Algumas regiões genômicas podem sofrer efeito da dieta. O padrão de *imprinting* genômico pode estar relacionado com tamanho, crescimento e composição corporal dos descendentes.

Fonte: Adaptado de Bannister; Kouzarides (2011); Vansant *et al.* (2016); Iderabdullah; Zeisel (2018); Likhar; Patil (2022).

As histonas são proteínas básicas pequenas que consistem em um domínio globular em que o filamento de DNA se enrola, e de uma cauda aminoterminal flexível, que sobressai do conjunto, formando a cromatina. As modificações nas histonas incluem acetilação, metilação, fosforilação, ubiquitinação e outras, que são mais conhecidas por seu papel na regulação da estrutura da cromatina e, portanto, na atividade transcricional e na expressão gênica. Alterações na estrutura da cromatina podem afetar a acessibilidade dos genes e sua expressão (Bannister; Kouzarides, 2011).

É relevante destacar que as alterações epigenéticas causadas pela desnutrição não são permanentes. Intervenções nutricionais adequadas e precoces podem ajudar a reverter ou minimizar as alterações epigenéticas causadas pela desnutrição, contribuindo para um desenvolvimento saudável e uma vida adulta mais saudável. A promoção de uma alimentação adequada durante os primeiros 1.000 dias de vida, que inclui gestação, lactação e primeira infância, é fundamental para prevenir a desnutrição e seus efeitos negativos no epigenoma e na saúde a longo prazo das crianças (Figura 20.5) (Schwarzenberg; Georgieff, 2018; Gabbinelli; Damiani, 2018; Dominguez-Salas *et al.*, 2011).

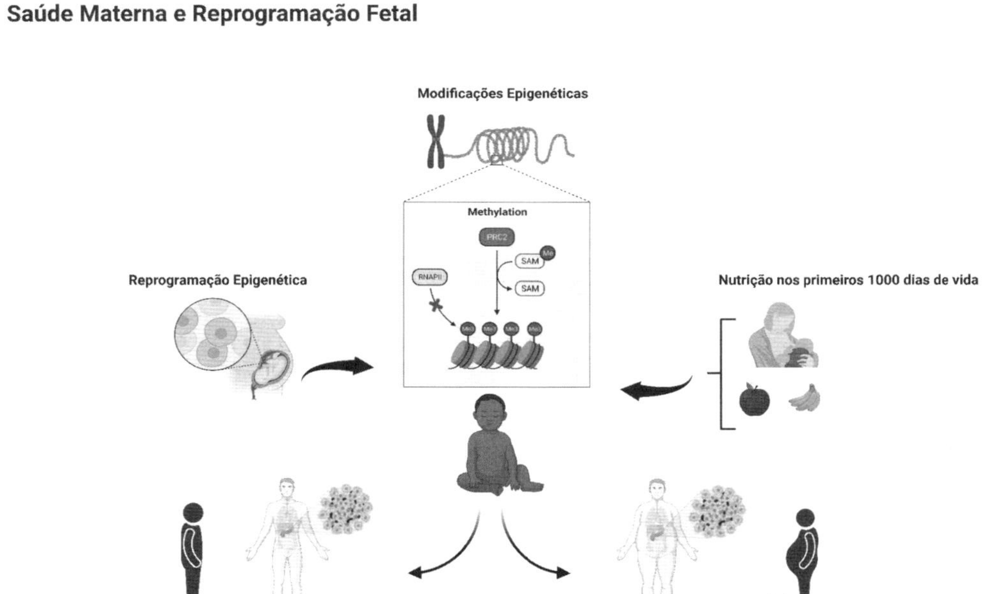

Figura 20.5 – Principais fatores que influenciam a programação epigenética do feto/bebê. A reprogramação epigenética do feto/bebê, associada com a nutrição nos primeiros 1.000 dias de vida, podem contribuir para possíveis alterações futuras na saúde do indivíduo, como predisposição para a obesidade e outras doenças crônicas. Por outro lado, podem ser um fator protetor para o desenvolvimento dessas condições clínicas.

Fonte: Adaptado de Tiffon (2018); Bartke; Schneider (2020); Schwarzenberg; Georgieff (2018); Likhar; Patil (2022).

Entretanto, é importante ressaltar que a relação entre a desnutrição infantil e o epigenoma é complexa e ainda está sendo amplamente estudada. Mais pesquisas são necessárias para entender completamente os mecanismos epigenéticos envolvidos na desnutrição infantil e como eles podem afetar a saúde e o desenvolvimento das crianças em longo prazo.

EPIGENÉTICA NUTRICIONAL

A nutrição é um dos fatores epigenéticos ambientais mais estudados e mais bem compreendidos. Associações foram observadas entre condições nutricionais pré-natais adversas, saúde pós-natal e aumento do risco de doenças. Os nutrientes podem induzir mudanças de longo prazo na metilação do DNA, que podem atuar diretamente inibindo enzimas epigenéticas ou alterando a disponibilidade de substratos necessários para essas reações enzimáticas. Isso, por sua vez, modifica a expressão de genes críticos que podem afetar a saúde geral e a longevidade (Tiffon, 2018).

O metabolismo do folato está ligado a alterações fenotípicas por meio da metilação do DNA, uma vez que o folato é uma fonte de um carbono para a síntese de S-adenosil-L-metionina, necessário para a metilação do DNA. Outros nutrientes doadores de metil, como a colina, também podem alterar o status de metilação do DNA e, subsequentemente, afetar a expressão gênica (Tiffon, 2018). De Paula *et al.* (2022) observaram que os padrões de metilação e expressão dos genes *Peroxisome Proliferator Activated Receptor Gamma (Pparγ)* e *Forkhead box protein O1* (*Foxo1)* foram modulados em proles de ratos submetidos a diferentes concentrações de folato na dieta. Além disso, já foi demonstrado que a deficiência de colina pode alterar a metilação do DNA de forma global e também gene-específica. Um estudo avaliou os efeitos de uma dieta deficiente em colina e observou em ratos que, no dia 17 da gestação, houve um aumento de inibidores do ciclo celular (p15INK4b e Kap) nas zonas ventriculares e subventriculares do hipocampo (Niculescu *et al.*, 2006).

A betaína foi positivamente associada à metilação do DNA de sítios CpG do gene da leptina (LEP) em amostras de cordão umbilical humano. O hormônio leptina tem várias funções, incluindo regulação da ingestão de alimentos, peso corporal e homeostase energética. Foi demonstrado que o promotor da LEP está sujeito à programação epigenética e que a expressão da leptina pode ser modulada pela metilação do DNA, trazendo consequências para saúde da mãe e para feto (Lesseur et al., 2014).

Baixos níveis maternos de vitamina B12 foram correlacionados com a metilação do DNA de genes da prole. Esses genes estavam envolvidos com metabolismo de ácidos graxos, especialmente na via de betaoxidação. O gene acetil-CoA acil transferase 2 (Acaa2), que catalisa a última etapa da betaoxidação nas mitocôndrias, foi hipermetilado no grupo deficiente em B12, possivelmente sugerindo menor expressão na prole (Tanwar *et al.*, 2020).

Nutrientes e componentes alimentares bioativos podem, portanto, alterar, de modo reversível, o estado de metilação do DNA, modificações de histonas e remodelação da cromatina, alterando subsequentemente a expressão gênica e tendo um impacto na saúde geral. No entanto, a epigenética nutricional é um subcampo bastante recente da epigenética, portanto, o conhecimento atual sobre os efeitos precisos dos componentes bioativos dos alimentos na epigenética e suas associações com os fenótipos é limitado (Tiffon, 2018).

TERAPIAS COMPLEMENTARES AO TRATAMENTO DA DESNUTRIÇÃO E EFEITOS EPIGENÉTICOS RELACIONADOS

No longo prazo, a desnutrição infantil pode trazer efeitos importantes na composição corporal do indivíduo e, consequentemente, aumentar o risco de desenvolvimento de doenças crônicas e sarcopenia. Uma vez que os efeitos metabólicos referentes à desnutrição infantil se instalam, estratégias de saúde são necessárias, sobretudo para evitar comorbidades ao longo da vida. Durante a infância e a adolescência, são formados os gostos e hábitos dos indivíduos, sendo importante promover a adequação dietética e também monitorar o nível de atividade física de crianças. A desnutrição na primeira infância pode resultar em prejuízo das habilidades motoras, fadiga, dificuldades em realizar movimentos e falta de flexibilidade (Bekele; Janakiraman, 2016).

Exercício físico/atividade física apresenta-se como uma terapia complementar no tratamento da desnutrição, visando, sobretudo, aos benefícios físicos. Porém, mais recentemente, estudos têm demonstrado os efeitos epigenéticos proporcionados por uma intervenção de exercício no processo da desnutrição. Nesse sentido, um estudo com biópsia de músculo esquelético de crianças severamente malnutridas revelou 63 sítios do DNA cujo nível de metilação esteve relacionado com genes em sistema imunológico, composição corporal, metabolismo, crescimento musculoesquelético, função neuronal e vias cardiovasculares (Bekele; Janakiraman, 2016).

Por fim, sabe-se que o exercício físico é capaz de "apagar" as marcas epigenéticas ocasionadas pela desnutrição infantil e pode ser associado a uma melhora no prognóstico de crianças malnutridas. A intervenção fisioterapêutica em crianças desnutridas é de suma importância para reduzir as deficiências neuromusculoesqueléticas e de desenvolvimento. Idealmente, as intervenções físicas devem começar depois que as condições clínicas da criança estiverem estáveis (Figura 20.6) (Bekele; Janakiraman, 2016).

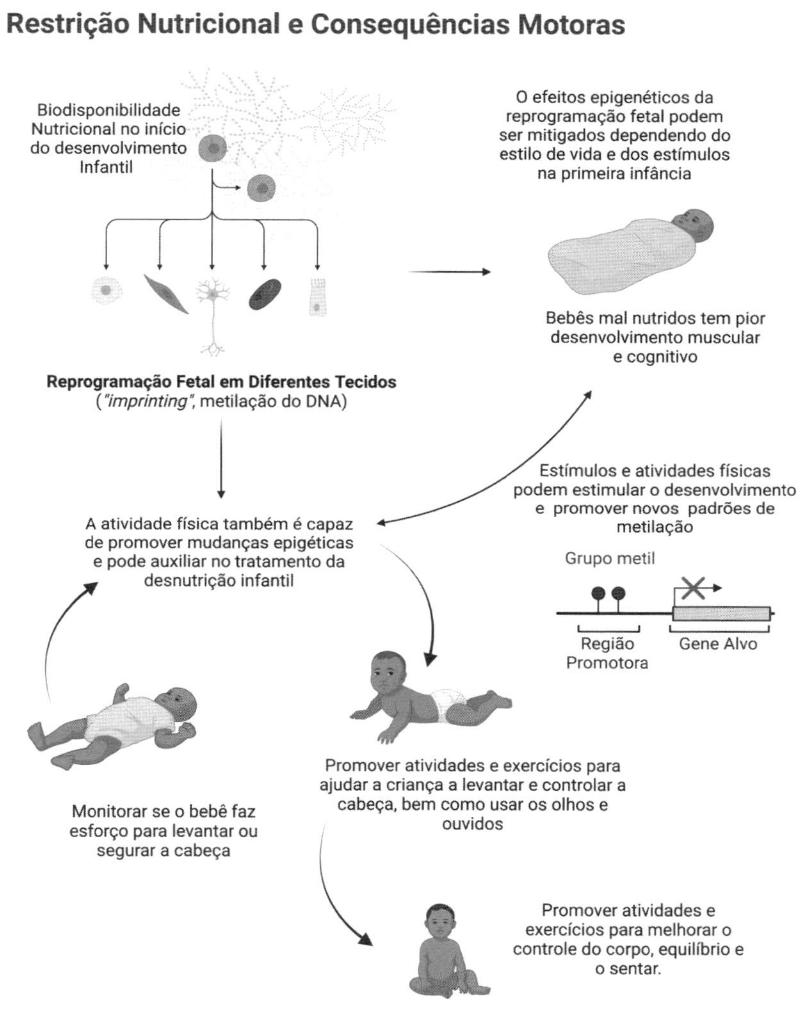

Figura 20.6 – A desnutrição infantil afeta as capacidades motora e cognitiva.

Fonte: Adaptado de Bekele; Janakiraman (2016).

CONCLUSÃO

A epigenética relaciona as interações entre o ambiente e o genótipo, que resultam em um fenótipo. Nesse sentido, a privação de nutrientes na primeira infância, que caracteriza a desnutrição infantil, pode promover, além de seus efeitos devastadores sobre a saúde e a sobrevivência, alterações importantes no estado epigenético das crianças, que podem resultar em aumento no risco para desenvolvimento de doenças metabólicas na vida adulta.

A dieta é um dos principais influenciadores de alterações epigenéticas, uma vez que nutrientes e componentes orgânicos ou inorgânicos presentes em alguns alimentos podem moldar o genoma humano. As alterações epigenéticas nutricionais podem começar durante o desenvolvimento embrionário e persistir na idade adulta, sendo que algumas dessas modificações podem persistir por gerações. Decifrar as assinaturas epigenéticas desencadeadas pela desnutrição pode abrir caminho para intervenções nutricionais personalizadas e ajudar na compreensão de como nossos corpos respondem a restrições alimentares ou de nutrientes específicos. A identificação de tais diferenças é o primeiro passo para uma nutrição personalizada.

REFERÊNCIAS

Bannister, A. J.; Kouzarides, T. Regulation of chromatin by histone modifications. *Cell Res*, v. 21, p. 381-395, 2011.

Barker, D. J. The origins of the developmental origins theory. *J Intern Med*, v. 261, n. 5, p. 412-417, 2007.

Bartke, T.; Schneider, R. You are what you eat – how nutrition and metabolism shape the genome through epigenetics. *Mol Metab*, v. 38, 2020.

Bekele, A.; Janakiraman, B. Physical therapy guideline for children with malnutrition in low-income countries: clinical commentary. *J Exerc Rehabil*, v. 12, n. 4, p. 266-275, 2016.

Campisano, S. *et al.* Interplay between early-life malnutrition, epigenetic modulation of the immune function and liver diseases. *Nutr Res Rev*, v. 32, n. 1, p. 128-145, 2019.

De Paula, B. M. *et al.* Folic acid supplementation modulates offspring genes involved in energy metabolism: in vivo study. *Clin Nutr*, v. 44, p. 15-27, 2022.

Dominguez-Salas, P. *et al.* Maternal nutritional status, C1 metabolism and offspring DNA methylation: a review of current evidence in human subjects. *Proc Nutr Soc*, v. 71, n. 1, p. 154-165, 2011.

Gabbinelli, R.; Damiani, E. Epigenetics and neurodegeneration: role of early-life nutrition. *J Nutr Biochem*, v. 57, p. 1-13, 2018.

Iderabdullah, F. Y.; Zeisel, S. H. Dietary modulation of the epigenome. *Physiol Rev*, 2018.

Katoch, O. R. Determinants of malnutrition among children: a systematic review. *Nutr*, 2022.

LESSEUR, C. *et al.* Maternal obesity and gestational diabetes are associated with placental leptin DNA methylation. AJOG, v. 211, n. 6, p. 654, 2014.

LIKHAR, A.; PATIL, M. S. Importance of maternal nutrition in the first 1000 days of life and its effects on child development: a narrative review. *Cureus*, v. 14, n. 10, 2022.

NICULESCU, M. D. *et al.* Dietary choline deficiency alters global and gene-specific DNA methylation in the developing hippocampus of mouse fetal brains. *FASEB J*, v. 20, n. 1, p. 43-49, 2006.

PEIXOTO, P. *et al.* From 1957 to nowadays: a brief history of epigenetics. *Int J Mol Sci*, v. 21, p. 7571, 2020.

SCHWARZENBERG, S. J.; GEORGIEFF, M. K. Advocacy for improving nutrition in the first 1000 days to support childhood development and adult health. *Pediatr*, v. 141, n. 2, 2018.

TANWAR, V. S. *et al.* Maternal vitamin B12 deficiency in rats alters DNA methylation in metabolically important genes in their offspring. *Mol Cell Biochem*, v. 468, p. 83-96, 2020.

TIFFON, C. The impact of nutrition and environmental epigenetics on human health and disease. *Int J Mol Sci*, v. 19, p. 3425, 2018.

VANSANT, G. *et al.* Effect of maternal and paternal nutrition on DNA methylation in the offspring: a systematic review of human and animal studies. *Adv Obes Weight Manag Control*, v. 4, n. 4, p. 81-97, 2016.

VIEIRA, V. L.; SOUZA, M. P.; CERVATO-MANCUSO, A. M. Insegurança alimentar, vínculo mãe-filho e desnutrição infantil em área de alta vulnerabilidade social. *Rev Bras Saude Mater Infant*, v. 10, n. 2, 2010.

WATANABE, L. M. *et al.* Food and nutrition public policies in Brazil: from malnutrition to obesity. *Nutrients*, v. 14, n. 12, p. 2472, 2022.

CAPÍTULO 21

Efeitos da desnutrição infantil na fertilidade e na saúde reprodutiva

Gabriella Cunha Vieira Ciurleo

Carlos Meton de Alencar Gadelha Vieira

Mônica Oliveira Batista Oriá

Anne Fayma Lopes Chaves

Ana Paula Lázaro

Reinaldo Barreto Oriá

Apesar dos avanços nos indicadores de redução da desnutrição infantil em alguns continentes, nenhum país está a caminho de atender a todas as metas globais de nutrição da Assembleia de Saúde até 2025. O ODS Fome Zero e Agricultura Sustentável visa acabar com a fome, alcançar a segurança alimentar e melhorar a nutrição, além de acabar com todas as formas de má nutrição, incluindo atingir até 2025 as metas relacionadas a nanismo e caquexia em crianças menores de 5 anos de idade e atender às necessidades nutricionais de adolescentes, mulheres grávidas e lactantes e pessoas idosas (United Nations, 2013).

As taxas de desnutrição infantil concentram-se desproporcionalmente nas camadas mais pobres em todo o mundo, como mostra a maioria das estimativas nas regiões sul e leste da Ásia e na África subsaariana: nanismo (47%) e desnutrição (50%) (Figura 21.1) (Alao *et al.*, 2021).

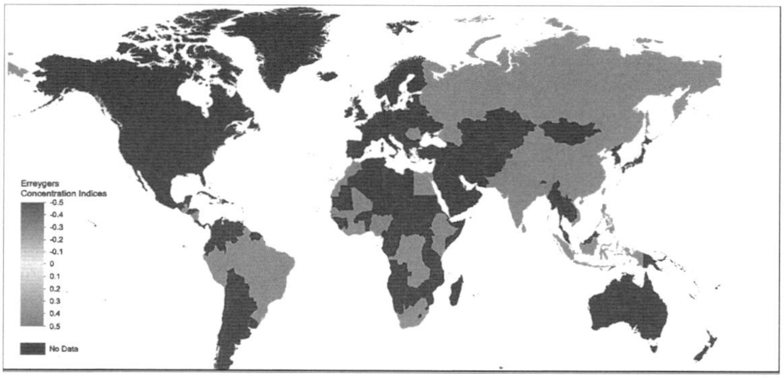

Figura 21.1 – Mapa dos índices de concentração para prevalência de nanismo e desnutrição infantil. A coloração cinza clara representa o índice de concentração de nanismo e desnutrição em cada país representado. Países em cinza escuro não possuem dados publicados para esses índices.

Fonte: Alao *et al.* (2021).

Uma nutrição adequada durante a infância é fundamental para o desenvolvimento do peso e da estatura da criança, bem como para a evolução de uma puberdade normal. A desnutrição é caracterizada por um desequilíbrio entre as necessidades nutricionais e o consumo de nutrientes, resultando em déficits acumulativos de energia, proteínas e micronutrientes. A desnutrição ainda é um problema de saúde pública global, especialmente em países em desenvolvimento, embora a obesidade e os distúrbios alimentares estejam se tornando cada vez mais prevalentes tanto em países em desenvolvimento quanto em países desenvolvidos (Mehta, 2013).

A hipótese da "origem fetal" proposta por Barker sugere que desnutrição durante a vida *in utero* exerce um impacto adverso na saúde do feto e, consequentemente, leva a risco aumentado de adoecer no futuro (Almond; Currie, 2011; Barker, 1990). Outra hipótese, chamada "resposta preditiva adaptada" (PAR, do inglês *Predictive Adapted Response*), sugere que essa adaptação confere ao indivíduo mais chances de sobrevivência durante o desenvolvimento; por exemplo, se o indivíduo estiver exposto a um ambiente adverso durante a fase inicial de desenvolvimento, seu metabolismo se adaptará para sobreviver em condições de desnutrição. Porém, quando mais tarde esse indivíduo estiver em um ambiente nutricionalmente rico, esse fenótipo pode levar a doenças, já que há uma incompatibilidade entre o fenótipo inicial adquirido e o novo ambiente (Gluckman; Hanson, 2004; Burnham, 2008).

Um estudo empírico avaliando dados da fome na Finlândia entre 1866-1868, ou seja, na era pré-industrial, revelou que ambiente adverso durante a fase inicial da vida está relacionado com piores taxas de sobrevivência e reprodução, sugerindo que, em vez de haver uma resposta adaptada ao ambiente que irá conferir vantagem durante a vida adulta, condições de má nutrição durante o desenvolvimento podem restringir a sobrevivência e reprodução no futuro (Hayward *et al.*, 2013).

Muitos órgãos são afetados durante mecanismos epigenéticos, como as gônadas, pois a gametogênese ocorre durante a fase embrionária, e o estado nutricional materno pode influenciar a fertilidade da prole e a qualidade e assinatura epigenética de seus gametas, promovendo um efeito transgeracional (Sharpe; Franks, 2002; Dunn; Bale, 2011). Durante o desenvolvimento fetal masculino, as células germinativas adquirem uma nova metilação do DNA durante a multiplicação, e em mulheres, isso ocorre durante o crescimento e a maturação de ovócitos antes de cada ovulação (Chehab, 2014), sugerindo que fetos masculinos são mais sensíveis a influências epigenéticas, enquanto essa suscetibilidade também ocorre na puberdade para meninas e mulheres.

Na puberdade, há o desenvolvimento de características sexuais secundárias, crescimento linear acelerado e ganho da capacidade reprodutiva (Parent *et al.*, 2003). Esse processo é regulado primordialmente pelo sistema nervoso central, denominado eixo hipotálamo-hipófise-gonadal (Kalantaridou; Chrousos, 2002). Esse eixo é responsável pela produção de hormônios fundamentais para a regulação do desenvolvimento pôndero-estatural e sexual, reprodução, metabolismo energético e resposta ao estresse, entre outras funções. A desnutrição proteico-calórica durante as fases iniciais da vida pode levar a alterações em todos os processos desse eixo hormonal e exercer um impacto significativo na saúde do indivíduo ao longo de seu curso de vida. A ingestão insuficiente de calorias e proteínas na infância acarreta diversas disfunções, como restrição do crescimento e do desempenho físico, atraso da puberdade, infertilidade, redução da massa muscular, diminuição da taxa metabólica basal e redução do gasto energético total (Ahmed *et al.*, 2012).

Obesidade e puberdade precoce estão fortemente alinhadas com o aumento no acúmulo de gordura, o gatilho para puberdade precoce em crianças (De Leonibus *et al.*, 2014; Sanchez-Garrido; Tena-Sempere, 2013). Uma dieta rica em gordura afeta não somente a obesidade, mas o processo de neurogênese (Mclean *et al.*, 2018). Um estudo em camundongos revelou que uma dieta rica em gordura levou ao desenvolvimento precoce da puberdade. Animais com puberdade precoce devido a uma dieta rica em gordura apresentaram folículo com volume aumentado e surgimento do corpo lúteo, que é um marco da maturação ovariana. Além disso, esses animais apresentaram altos níveis de kisspeptina 1 nos ovários e no hipotálamo, além de aumento do hormônio GnRH, que representa o início da puberdade (Bo *et al.*, 2021; Teles *et al.*, 2011; Chehab, 2014). Outros hormônios, como hormônio luteinizante (LH) e estradiol (E2), também aumentaram com a dieta rica em gordura. Os níveis de tirosina hidroxilase (TH) e arginina vasopressina (AV) no hipotálamo estavam elevados. Todos os indicadores avaliados reforçam a ativação do eixo hipotálamo-hipófise-gonadal e, embora o retorno a uma dieta normal restaure os níveis de gordura no corpo a valores aceitáveis , os danos neuronais são irreversíveis (Bo *et al.*, 2021). A restrição proteica durante a puberdade em ratos resultou em redução na eficiência alimentar, aumento da absorção calórica, redução na espessura do endométrio uterino, com aumento no número de folículos ovarianos primários e atrésicos. Essa restrição levou, ainda, à redução nos receptores andrógenos (AR) e aumento dos receptores de estrogênio ß (ERß) no ovário. Toda essa modificação resulta numa falha na foliculogênese e na fertilidade durante o período reprodutivo (Figura 21.2) (De Morais Oliveira *et al.*, 2021).

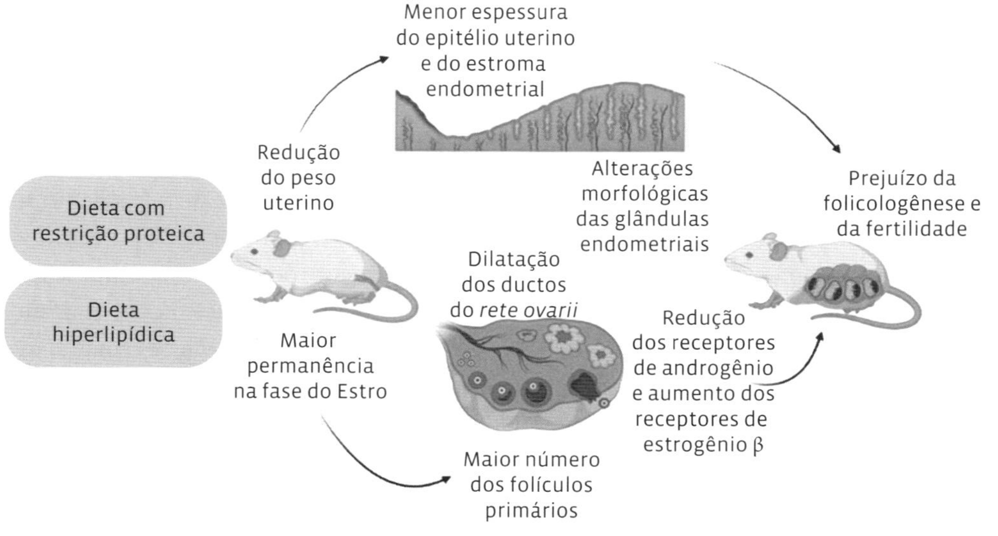

Figura 21.2 – Dieta com restrição proteica e dieta hiperlipídica prejudicam a fertilidade em modelo animal.

Fonte: Oliveira, 2021, criado com BioRender.com

Entre 2003 e 2019, 372 milhões de crianças em idade pré-escolar, e 1,2 bilhão de mulheres não grávidas em idade reprodutiva apresentavam deficiência de um ou mais micronutrientes. Apesar dessa deficiência prevalecer em países em desenvolvimento, em torno de 50% de crianças e mulheres em países ricos tinham pelo menos uma deficiência micronutricional. O padrão de deficiência micronutricional varia entre países, portanto, é importante determinar esse perfil não somente entre países, mas entre regiões em cada país, para melhor estabelecer programas e políticas públicas no combate à desnutrição (Stevens *et al.*, 2022). A nutrição tem um papel essencial na saúde reprodutiva, pela modulação genômica, epigenômica e composição da microbiota e em resposta ao histórico genético individual (Kohil *et al.*, 2022). A Tabela 21.1 descreve a recomendação nutricional do nascimento aos 18 anos.

Tabela 21.1 – Recomendação nutricional diária para indivíduos de 0 a 18 anos

Recomendação nutricional de nutrientes para ingestão individual								
	Valor recomendado por dia (com base em RDA)							
Micronutriente (unidade)	**0 a 3 meses**	**4 a 6 meses**	**7 a 9 meses**	**10 a 12 meses**	**1 a 3 anos**	**4 a 8 anos**	**9 a 13 anos**	**14 a 18 anos**
Cálcio (mg)	210	210	270	270	500	800	1.300	1.300
Fósforo (mg)	100	100	275	275	460	500	1.250	1.250
Ferro (mg)	0,27	0,27	11	11	7	10	8	11
Cromo (µg)	0,2	0,2	5,5	5,5	11	15	25	35
Magnésio (mg)	30	30	75	75	80	130	240	410
Flúor (mg)	0,01	0,01	0,5	0,5	0,7	1	2	3
Zinco (mg)	2	2	3	3	3	5	8	11
Vitamina K (µg)	2	2	2,5	2,5	30	55	60	75
Vitamina A (µg)	400	400	500	500	300	400	600	900
Tiamina (B1) (mg)	0,2	0,2	0,3	0,3	0,5	0,6	0,9	1,2
Riboflavina (B2) (mg)	0,3	0,3	0,4	0,4	0,5	0,6	0,9	1,3
Niacina (B3) (mg/1.000 kcal)	2	2	4	4	6	8	12	16
Vitamina B6 (mg)	0,1	0,1	0,3	0,3	0,5	0,6	1	1,3

Recomendação nutricional de nutrientes para ingestão individual								
	Valor recomendado por dia (com base em RDA)							
Vitamina B12 (µg)	0,4	0,4	0,5	0,5	0,9	1,2	1,8	2,4
Vitamina E (mg)	4	4	5	5	6	7	11	15
Folato (µg)	65	65	80	80	150	200	300	400
Vitamina C (mg)	40	40	50	50	15	25	45	75
Vitamina D (µg)	5	5	5	5	5	5	5	5
Carboidrato (g)	60	60	95	95	130	130	130	130
Proteína (g)	9,1	9,1	11	11	13	19	34	52

RDA: *Recommended Dietary Allowance*.

Fonte: adaptada de Padovani *et al.* (2006).[1]

IMPACTO DA DESNUTRIÇÃO INFANTIL NO DESENVOLVIMENTO DOS CARACTERES SEXUAIS E NA FERTILIDADE EM MENINAS

Vitaminas e minerais são componentes essenciais da dieta que influenciam diferentes processos catabólicos e anabólicos da reprodução feminina (Schaefer; Nock, 2019). Folato, por exemplo, tem um papel essencial na reprodução feminina, uma vez que interfere na síntese de DNA, aminoácidos e metionina. Níveis reduzidos desse micronutriente estão associados à redução da fertilidade (Ebisch *et al.*, 2007).

Revisão sistemática e metanálise revelaram que 46,25% das mulheres sofrem com infertilidade no mundo, com 51,5% delas sofrendo infertilidade primária (Nik Hazlina *et al.*, 2022). Infertilidade primária é quando nunca houve sucesso na concepção; porém, quando há concepção pelo menos uma vez, mas não há mais futuras concepções, considera-se infertilidade secundária (Larsen, 2005). Em países em desenvolvimento, como os do leste da África, a desnutrição e a obesidade têm um impacto significativo na infertilidade feminina, com fatores agravantes como baixa educação, condições adversas de moradia, suscetibilidade a infecções, insegurança alimentar e falta de acesso a sistemas de saúde (Roba *et al.*, 2022).

A desnutrição em países pobres e em desenvolvimento tem consequências imediatas e severas, como as observadas durante a fome na Índia em 1974, quando a ocorrência de mulheres grávidas expostas à falta de alimentação, além de outros fatores como

1. Os autores agradecem à assessoria de Dra. Synara Cavalcante Lopes Braga e de Camila Gonçalves Monteiro Carvalho pelo auxílio na elaboração da tabela nutricional.

estresse, acesso limitado a serviços de saúde e exposição a doenças infecciosas, resultou em um aumento na mortalidade de neonatos até o primeiro mês de vida, principalmente do sexo masculino. A exposição de mulheres a esse ambiente adverso também aumentou a probabilidade de natimortos na era pós-fome, evidenciando que a desnutrição tem consequências negativas no processo reprodutivo das mulheres a longo prazo (Hernández-Julián; Mansour; Peters, 2014).

Um estudo com um modelo animal de desnutrição revelou que a prole oriunda de animais desnutridos apresentava níveis glicêmicos elevados e intolerância a glicose e insulina alterados. Há uma redução na metilação global em ovócitos de prole exposta à desnutrição *in utero*, e regiões diferencialmente metiladas em regiões promotoras do DNA podem introduzir distúrbios metabólicos, e ainda muitas destas alterações são transmitidas às gerações subsequentes (Tang *et al.*, 2023).

Estudos prévios evidenciaram que condições socioeconômicas desfavoráveis dos pais e baixo peso ao nascer favorecem o desenvolvimento de obesidade no futuro e têm relação com maior incidência de doenças metabólicas e cardiovasculares na vida adulta, como diabetes tipo 2 e hipertensão arterial (Sánchez-Muniz *et al.*, 2013). O excesso de peso está relacionado a desenvolvimento de resistência à insulina e níveis elevados de hormônios androgênios. Essas alterações hormonais da obesidade, por sua vez, exercem um impacto prejudicial na maturação adequada dos óvulos e aumentam o risco de abortos espontâneos e infertilidade (Jokela; Elovainio; Kivimäki, 2008). Uma dieta rica em carboidratos com picos glicêmicos está associada a riscos aumentados de infertilidade feminina (Chavarro *et al.*, 2009). De forma semelhante, uma dieta rica em fibras está associada a redução de níveis de hormônio folículo estimulante (FSH), hormônio luteinizante (LH), progesterona e estradiol, e aumento de ciclos anovulatórios (Gaskins *et al.*, 2009).

Em mulheres, o conjunto de ovócitos é completo e definitivo antes do nascimento, bem como a foliculogênese e esteroidogênese, dependendo, assim, da reserva em repouso de folículos primordiais estabelecidos durante o desenvolvimento fetal, que representa a reserva vitalícia de ovócitos fertilizáveis (Dupont *et al.*, 2012). Quando um feto sofre retardo no crescimento intrauterino, isso pode levar ao desenvolvimento gonadal e ovariano incompleto, e mais tarde, durante a puberdade, o início da menarca pode ser adiantado em 5 a 10 meses, com algumas meninas ainda tendo altos níveis de FSH com ovários e útero menores (Dupont *et al.*, 2012; Ibáñez; De Zegher, 2006). Vários estudos propõem uma relação entre ambiente *in utero* e o desenvolvimento de ovário micropolicístico na adolescência, quando retardo no crescimento intrauterino e crescimento espontâneo na infância levam ao aumento da resistência insulínica e adiposidade visceral, junto com níveis plasmáticos elevados de sulfato de dehidroepiandrosterona e reduzidos de hormônios sexuais em meninas de 8 anos de idade, que consequentemente podem levar a essa predisposição (Sloboda *et al.*, 2011; Ibáñez *et al.*, 2009; Verkauskiene *et al.*, 2007).

A fertilidade está estreitamente interligada ao estado nutricional dos indivíduos, especialmente no sexo feminino. Para as mulheres, a reprodução envolve um gasto de energia muito maior do que para os homens. A má ingestão alimentar está associada à redução do desempenho reprodutivo nas mulheres, pois está associada a menores níveis de secreção de gonadotropina, com alterações da ciclicidade fisiológica dos ovários e aumento da infertilidade (Silvestris; Lovero; Palmirotta, 2019). Isso é evidenciado pelo fato de que tanto a bulimia nervosa quanto a anorexia, duas condições patológicas que afetam cerca de 5% das mulheres em idade fértil, são causas indiscutíveis de amenorreia, infertilidade e abortos espontâneos (Baird *et al.*, 2006). A oscilação do peso corporal desde a desnutrição, sobrepeso ou obesidade pode levar a interferências no processo reprodutivo da mulher (Rich-Edwards *et al.*, 1994).

IMPACTO DA DESNUTRIÇÃO INFANTIL NO DESENVOLVIMENTO DOS CARACTERES SEXUAIS E FERTILIDADE EM MENINOS

Durante a puberdade, a contínua produção de espermatozoides requer a proliferação e a manutenção de uma reserva de espermatogônias. As células de Sertoli têm um papel fundamental nesse processo, e durante a fase embrionária e pós-natal, coordenam o desenvolvimento testicular. Impactos no desenvolvimento efetivo das células de Sertoli podem afetar outros componentes testiculares, como células germinativas fetais e de Leydig, e interferir nos níveis de FSH, hormônios da tireoide T3 e T4, hormônio do crescimento (GH) e estrógeno (Sharpe *et al.*, 2003). O retardo no crescimento intrauterino pode ainda aumentar o risco de altos níveis plasmáticos de FSH na adolescência, com volume testicular reduzido (Ibáñez *et al.*, 2009; Cicognani *et al.*, 2002).

Em meninos, a desnutrição proteico-calórica pode afetar a produção de hormônios sexuais masculinos, como testosterona. Meninos desnutridos têm menor concentração de testosterona em comparação com meninos saudáveis, o que pode levar a atrasos no desenvolvimento dos caracteres sexuais masculinos, como o crescimento dos testículos e a voz mais grave (Smith *et al.*, 1975). Além disso, essa desnutrição pode levar a uma diminuição na produção de espermatozoides e na qualidade do sêmen. Homens desnutridos apresentam menor contagem de espermatozoides e menor motilidade espermática em comparação com homens saudáveis. Além disso, a desnutrição pode afetar a qualidade do DNA espermático, o que pode levar a problemas de fertilidade e a aumento do risco de abortos espontâneos e de malformações congênitas em seus filhos (Skoracka *et al.*, 2020). A dieta paterna também pode determinar a anormalidade transgeracional da expressão gênica metabólica e obesidade intergeracional (Drake; Walker, 2004; Ng *et al.*, 2010). Por exemplo, homens pré-diabéticos sofrem alterações no metiloma do esperma, e essas alterações podem ser transmitidas à geração subsequente (Pembrey *et al.*, 2006).A Figura 21.3 resume a desnutrição em cada etapa da vida humana discutida neste capítulo e suas consequências para o desenvolvimento e a fertilidade.

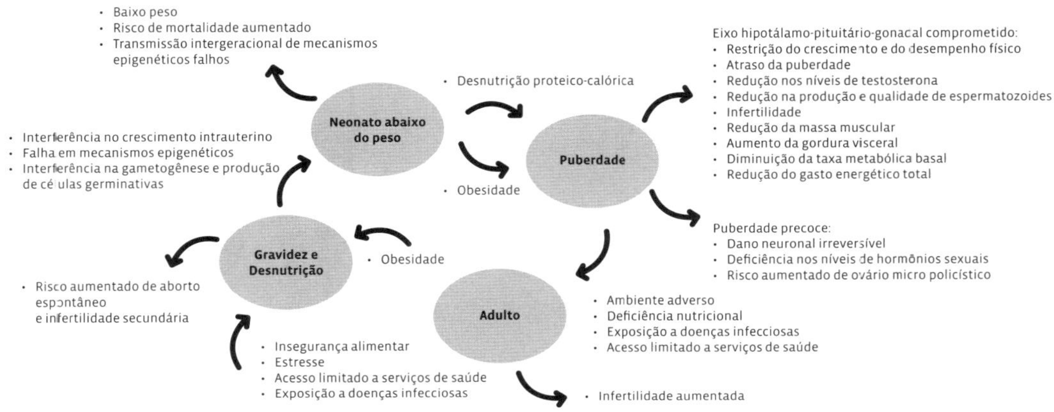

Figura 21.3 – Ciclo da desnutrição e as consequências para o desenvolvimento e a fertilidade.

É notório que ações de promoção a saúde com foco em educação e intervenção nutricional são fundamentais para prevenir e tratar a desnutrição na infância e na vida adulta, inclusive com impacto na saúde. É válido destacar que aleitamento materno também é uma estratégia importante para prevenir a desnutrição na infância e melhorar a saúde da prole (Bhutta *et al.*, 2008; Victora *et al.*, 2008). Dessa forma, é imperativo que as políticas públicas que visam a atuar na promoção da saúde sexual e reprodutiva não se limitem aos cuidados na vida adulta, pois vislumbra-se a intersetorialidade ao intervir na promoção do crescimento econômico do país, levando em consideração o investimento adequado na saúde materno-infantil (Figura 21.4).

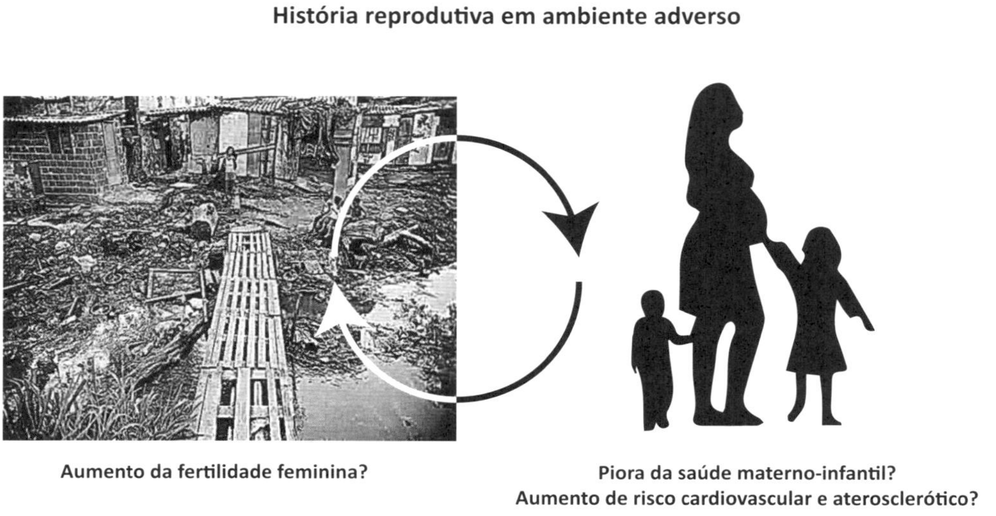

Figura 21.4 – Ambiente adverso como grande influência na saúde do indivíduo desde a vida *in utero* até a vida adulta.

REFERÊNCIAS

Ahmed, T. *et al.* Malnutrition: report of the Fispghan Working Group. *J Pediatr Gastroenterol Nutr*, v. 55, n. 5, 2012.

Alao, R. *et al.* Economic inequality in malnutrition: a global systematic review and meta-analysis. *BMJ Glob Health*, v. 6, n. 12, 2021.

Almond, D.; Currie, J. Killing me softly: the fetal origins hypothesis. *Journal of Economic Perspectives*, v. 25, n. 3, 2011.

Baird, D. T. *et al.* Nutrition and reproduction in women. *Human Reproduction Update*, v. 12, 2006.

Barker, D. J. P. The fetal and infant origins of adult disease. *British Medical Journal*, v. 301, 1990.

Bhutta, Z. A. *et al.* What works? Interventions for maternal and child undernutrition and survival. *Lancet*, v. 371, 2008.

Bo, T. *et al.* Influence of HFD-induced precocious puberty on neurodevelopment in mice. *Nutr Metab*, v. 18, n. 1, 2021.

Burnham, T. C. Review of mismatch: why our world no longer fits our bodies. *Evolution and Human Behavior*, v. 29, n. 5, 2008.

Chavarro, J. E. *et al.* A prospective study of dietary carbohydrate quantity and quality in relation to risk of ovulatory infertility. *Eur J Clin Nutr*, v. 63, n. 1, 2009.

Chehab, F. F. Leptin and reproduction: past milestones, present undertakings, and future endeavors. *Journal of Endocrinology*, v. 223, 2014.

Cicognani, A. *et al.* Low birth weight for gestational age and subsequent male gonadal function. *Journal of Pediatrics*, v. 141, n. 3, 2002.

De Leonibus, C. *et al.* Timing of puberty and physical growth in obese children: a longitudinal study in boys and girls. *Pediatr Obes*, v. 9, n. 4, 2014.

De Morais Oliveira, D. A. *et al.* Protein restriction during puberty alters nutritional parameters and affects ovarian and uterine histomorphometry in adulthood in rats. *International Journal of Experimental Pathology*, v. 102, n. 2, 2021.

Drake, A.; Walker, B. The intergenerational effects of fetal programming: non-genomic mechanisms for the inheritance of low birth weight and cardiovascular risk. *Journal of Endocrinology*, v. 180, n. 1, 2004.

Dunn, G. A.; Bale, T. L. Maternal high-fat diet effects on third-generation female body size via the paternal lineage. *Endocrinology*, v. 152, n. 6, 2011.

Dupont, C. *et al.* Maternal environment and the reproductive function of the offspring. *Theriogenology*, v. 78, 2012.

Ebisch, I. M. W. *et al.* The importance of folate, zinc and antioxidants in the pathogenesis and prevention of subfertility. *Human Reproduction Update*, v. 13, 2007.

Gaskins, A. J. *et al.* Effect of daily fiber intake on reproductive function: the BioCycle Study. *American Journal of Clinical Nutrition*, v. 90, n. 4, 2009.

Gluckman, P. D.; Hanson, M. A. Living with the past: evolution, development, and patterns of disease. *Science*, v. 305, 2004.

Hayward, A. D. *et al.* Influence of early-life nutrition on mortality and reproductive success during a subsequent famine in a preindustrial population. *Proc Natl Acad Sci USA*, v. 110, n. 34, 2013.

Hernández-Julián, R.; Mansour, H.; Peters, C. The effects of intrauterine malnutrition on birth and fertility outcomes: evidence from the 1974 Bangladesh famine. *Demography*, v. 51, n. 5, 2014.

Ibáñez, L.; De Zegher, F. Puberty and prenatal growth. *Mol Cell Endocrinol*, v. 254-255, 2006.

Ibáñez, L. *et al.* Low-birth weight children develop lower sex hormone binding globulin and higher dehydroepiandrosterone sulfate levels and aggravate their visceral adiposity and hypoadiponectinemia between six and eight years of age. *Journal of Clinical Endocrinology and Metabolism*, v. 94, n. 10, 2009.

Ipea. ODS 10. Reduzir a desigualdade dentro dos países e entre eles. Cadernos ODS. 2019.

Jokela, M.; Elovainio, M.; Kivimäki, M. Lower fertility associated with obesity and underweight: The US National Longitudinal Survey of Youth. *American Journal of Clinical Nutrition*, v. 88, n. 4, 2008.

Kalantaridou, S. N.; Chrousos, G. P. Clinical review 148: monogenic disorders of puberty. *Journal of Clinical Endocrinology and Metabolism*, v. 87, 2002.

KOHIL, A. *et al.* Female infertility and diet, is there a role for a personalized nutritional approach in assisted reproductive technologies? A narrative review. *Frontiers in Nutrition*, v. 9, 2022.

LARSEN, U. Research on infertility: which definition should we use? *Fertil Steril*, v. 83, n. 4, 2005.

MCLEAN, F. H. *et al.* Rapid and reversible impairment of episodic memory by a high-fat diet in mice. *Sci Rep*, v. 8, n. 1, 2018.

MEHTA, N. M. *et al.* Defining pediatric malnutrition. *Journal of Parenteral and Enteral Nutrition*, v. 37, n. 4, p. 460–481, 2013.

NG, S. F. *et al.* Chronic high-fat diet in fathers programs β-cell dysfunction in female rat offspring. *Nature*, v. 467, n. 7318, 2010.

NIK HAZLINA, N. H. *et al.* Worldwide prevalence, risk factors and psychological impact of infertility among women: a systematic review and meta-analysis. *BMJ Open*, v. 12, n. 3, 2022.

PADOVANI, R. M. *et al.* Dietary reference intakes: aplicabilidade das tabelas em estudos nutricionais. *Revista de Nutrição*, v. 19, n. 6, 2006.

PARENT, A. S. *et al.* The timing of normal puberty and the age limits of sexual precoc variations around the world, secular trends, and changes after migration. *Endocrine Reviews*, v. 24, 2003.

PEMBREY, M. E. *et al.* Sex-specific, male-line transgenerational responses in humans. *European Journal of Human Genetics*, v. 14, n. 2, 2006.

RICH-EDWARDS, J. W. *et al.* Adolescent body mass index and infertility caused by ovulatory disorder. *Am J Obstet Gynecol*, v. 171, n. 1, 1994.

ROBA, K. T. *et al.* Association of undernutrition and female infertility in East Africa: finding from multi-country demographic and health surveys. *Front Glob Womens Health*, v. 3, 2022.

SANCHEZ-GARRIDO, M. A.; TENA-SEMPERE, M. Metabolic control of puberty: roles of leptin and kisspeptins. *Hormones and Behavior*, v. 64, 2013.

SÁNCHEZ-MUNIZ, F. J. *et al.* La alimentación de la madre durante el embarazo condiciona el desarrollo pancreático, el estatus hormonal del feto y la concentración de biomarcadores al nacimiento de diabetes mellitus y síndrome metabólico. *Nutricion Hospitalaria*, v. 28, 2013.

SCHAEFER, E.; NOCK, D. The impact of preconceptional multiple-micronutrient suppleon female fertility. clinical medicine insights. *Women's Health*, v. 12, 2019.

SILVESTRIS, E.; LOVERO, D.; PALMIROTTA, R. Nutrition and female fertility: an interdependent correlation. *Frontiers in Endocrinology*, v. 10, 2019.

SHARPE, R. M.; FRANKS, S. Environment, lifestyle and infertility: an inter-generational issue. *Nat Cell Biol*, v. 4, 2002.

SHARPE, R. M. *et al.* Proliferation and functional maturation of Sertoli cells, and their relevance to disorders of testis function in adulthood. *Reproduction*, v. 125, 2003.

SKORACKA, K. *et al.* Diet and nutritional factors in male (in)fertility—underestimated factors. *Journal of Clinical Medicine*, v. 9, 2020.

SLOBODA, D. M. *et al.* Reproduction in females: the role of the early life environment. *Human Reproduction Update*, v. 17, 2011.

SMITH, S. R. *et al.* The pituitary-gonadal axis in men with protein-calorie malnutrition. *Journal of Clinical Endocrinology and Metabolism*, v. 41, n. 1, 1975.

STEVENS, G. A. *et al.* Micronutrient deficiencies among preschool-aged children and women of reproductive age worldwide: a pooled analysis of individual-level data from population-representative surveys. *Lancet Glob Health*, v. 10, n. 11, 2022.

TANG, S. B. *et al.* Inheritance of perturbed methylation and metabolism caused by uterine malnutrition via oocytes. BMC Biol, v. 21, n. 1, 2023.

TELES, M. G. *et al.* New genetic factors implicated in human GnRH-dependent precocious puberty: The role of kisspeptin system. *Molecular and Cellular Endocrinology*, v. 346, 2011.

VERKAUSKIENE, R. *et al.* Impact of fetal growth restriction on body composition and hormonal status at birth in infants of small and appropriate weight for gestational age. *Eur J Endocrinol*, v. 157, n. 5, 2007.

VICTORA, C. G. *et al.* Maternal and child undernutrition: consequences for adult health and human capital. *Lancet*, v. 371, 2008.

CAPÍTULO 22

Infecção por *Clostridioides difficile* na população pediátrica

Renata Ferreira de Carvalho Leitão

Reinaldo Barreto Oriá

Raul Sousa Freitas

Gerly Anne de Castro Brito

INFECÇÃO POR *CLOSTRIDIOIDES DIFFICILE*

Clostridioides difficile é um bacilo Gram-positivo anaeróbio estrito, formador de esporos e produtor de toxinas. Foi descrito pela primeira vez em 1935, a partir de isolamento dessas bactérias em fezes de recém-nascidos saudáveis. Inicialmente denominado *Bacillus difficilis* devido à dificuldade em isolá-lo e mantê-lo, posteriormente foi renomeado para *Clostridium difficile* devido às suas características morfológicas e fisiológicas do gênero *Clostridium*. Em 2016, foi oficialmente renomeado para *Clostridioides difficile* (*C. difficile*) para refletir as diferenças taxonômicas entre essa espécie e outros membros do gênero *Clostridium*.

Apenas na década de 1970, o *C. difficile* começou a ser relacionado à colite pseudomembranosa e à diarreia associada a antibióticos em adultos, e passou a ser estudado mais intensamente. Nas últimas décadas, emergiu como a principal causa de diarreia infecciosa associada à assistência à saúde e ao uso de antibióticos, tornando-se rapidamente uma ameaça urgente para a saúde pública global, incluindo o Brasil. A infecção por *C. difficile* (ICD) pode resultar no aumento da duração da internação hospitalar, da morbidade e mortalidade, com consequente elevação de gastos com saúde.

A infecção começa com a ingestão de esporos, principalmente em ambientes hospitalares. Quando as formas vegetativas do *C. difficile* são expostas a estímulos ambientais específicos, como a privação de nutrientes, elas iniciam uma via de esporulação para produzir esporos dormentes. A esporulação é uma estratégia de sobrevivência do *C. difficile*, permitindo a sua persistência no ambiente até encontrar um novo hospedeiro para a germinação dos esporos e reinício do ciclo de infecção. Os esporos de *C. difficile* podem persistir no ambiente por períodos prolongados. Eles têm a capacidade de resistir às medidas tradicionais de limpeza e desinfecção, bem como à maioria dos desinfetantes disponíveis comercialmente. Estas características explicam a sua difícil erradicação do meio hospitalar. Além do ambiente contaminado, reservatórios potenciais para o *C. difficile* incluem portadores assintomáticos, pacientes infectados e o trato intestinal de animais.

Na última década, tem havido relatos crescentes de contaminação de alimentos e meio ambiente pelo *C. difficile* (Rodriguez Diaz; Seyboldt, 2018; Knight; Riley, 2019; Lim; Knight; Riley, 2020). Graças aos avanços nas tecnologias de sequenciamento completo do genoma, foi possível constatar que muitas cepas de *C. difficile* encontradas em humanos, animais, alimentos e meio ambiente são geneticamente semelhantes e, em alguns casos, praticamente indistinguíveis. Isso sugere a possibilidade de transmissão zoonótica e/ou antroponótica entre animais e humanos, com alimentos e o ambiente contaminados atuando como possíveis vias de transmissão entre as duas populações.

Os esporos do *C. difficile,* uma vez deglutidos, resistem à acidez do estômago e seguem para o intestino, onde se transformam em formas vegetativas.

COLONIZAÇÃO E PATOGENICIDADE DO *CLOSTRIDIOIDES DIFFICILE*: O PAPEL ESSENCIAL DA MICROBIOTA INTESTINAL

O limiar entre colonização por *C. difficile* e instalação da doença não está completamente esclarecido. No entanto, várias teorias têm sido debatidas na literatura, sendo a função da microbiota intestinal de grande relevância. A microbiota desempenha um papel fundamental na saúde humana, oferecendo proteção contra patógenos e contribuindo para a manutenção do equilíbrio no ambiente intestinal.

Evidências crescentes demonstram que uma alteração permanente da composição ou da função da microbiota (disbiose) pode alterar as respostas imunológicas, o metabolismo, a permeabilidade intestinal e a motilidade digestiva, promovendo, dessa maneira, um estado pró-inflamatório, propiciando o desenvolvimento de doenças inflamatórias do intestino. A doença causada pelo *C. difficile* é desencadeada por um desequilíbrio na microbiota intestinal saudável, causado por fatores externos, como o uso de antibióticos, isto é, medicamentos utilizados para tratar infecções bacterianas, sem seletividade e que podem afetar tanto as bactérias patogênicas quanto as bactérias benéficas presentes na microbiota intestinal. As alterações na microbiota intestinal podem levar a redução ou supressão de espécies bacterianas benéficas, criando um ambiente propício para a germinação dos esporos de *C. difficile* e sua adesão à mucosa intestinal.

Durante a primeira fase do processo de instalação da doença por *C. difficile*, as formas vegetativas da bactéria aderem às células do revestimento intestinal por meio de suas adesinas, proteínas presentes na superfície bacteriana. Para penetrar nos enterócitos, o *C. difficile* utiliza seus flagelos e secreta proteases que facilitam a invasão. Essa etapa é conhecida como colonização, em que o *C. difficile* estabelece sua presença na mucosa intestinal. Na segunda fase do processo de instalação da doença, ocorre a produção e a liberação de toxinas pela bactéria (Figura 22.1).

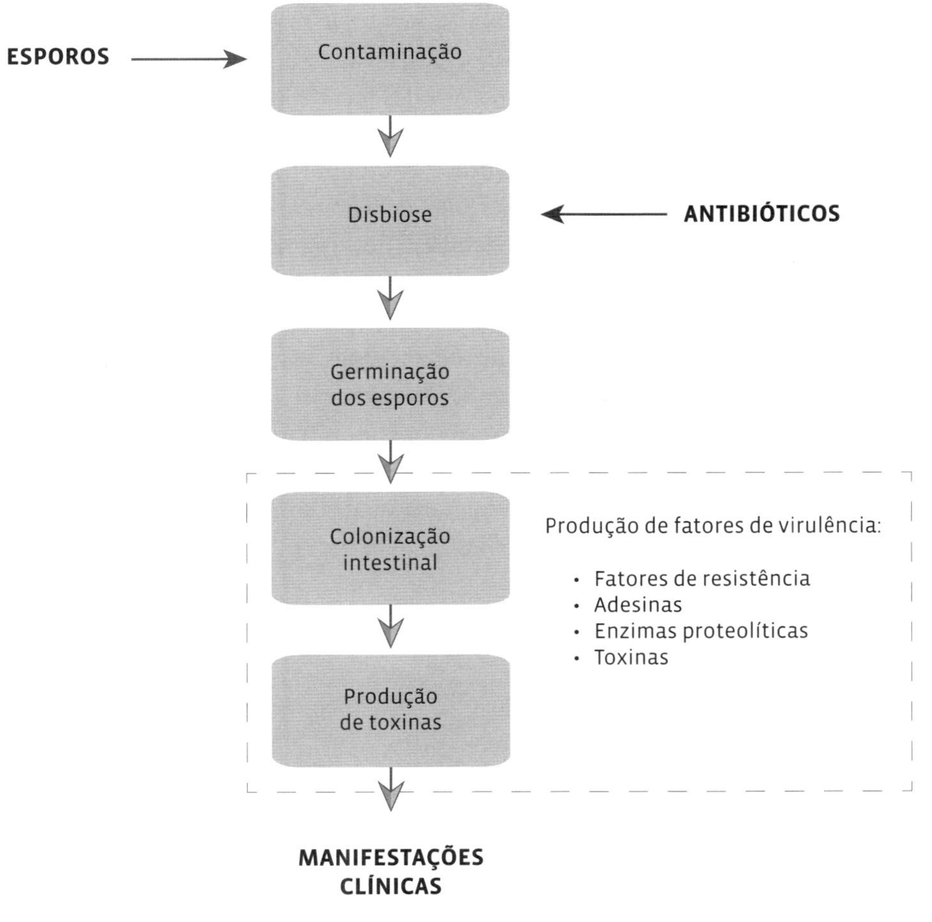

Figura 22.1 – Diagrama esquemático do processo de instalação da doença por *C. difficile*.

Fonte: Nogueira (2019).

As principais toxinas associadas ao *C. difficile* são a toxina A (*TcdA*), inicialmente chamada enterotoxina, por causar inflamação em intestino de murinos, e a toxina B (*TcdB*), considerada uma citotoxina mil vezes mais potente que a toxina A em sua ação citótoxica e citopática. Essas toxinas são liberadas no lúmen intestinal e têm um papel crucial na patogenicidade da bactéria. Todas as cepas que causam doença possuem a toxina *TcdB*, enquanto algumas também possuem a *TcdA*. No entanto, nem todas as cepas de *C. difficile* produzem toxinas. As cepas denominadas não toxigênicas em geral não causam doença.

A *TcdA* e a *TcdB* estão diretamente relacionadas à lesão das células e a inflamação do cólon, conhecida como colite. Essas toxinas penetram no citoplasma dos enterócitos, células epiteliais intestinais, ligando-se a receptores localizados no lado luminal dessas células. Uma vez dentro das células, essas toxinas inativam diversas proteínas responsáveis pela organização do citoesqueleto, levando à morte celular por apoptose ou necrose (Brito *et al.*, 2002). Esse processo desencadeia uma resposta inflamatória aguda e pode levar a uma ampla gama de sintomas, desde diarreia leve e aquosa até condições graves, como colite pseudomembranosa, colite fulminante e até mesmo óbito (Kuehne *et al.*, 2010). Algumas cepas de *C. difficile* secretam uma terceira toxina, a *Clostridioides difficile* transferase (CDT), que também desorganiza o citoesqueleto dos enterócitos, induzindo perda de líquido e morte celular. Dados da literatura sugerem que as cepas que produzem CDT causam doença mais grave (Shen, 2012). Além disso, as toxinas produzidas pelo *C. difficile* desencadeiam uma cascata inflamatória, que agrava ainda mais os danos nos tecidos intestinais. Esse processo inflamatório contribui para o aparecimento dos sintomas como diarreia, dor abdominal e febre, e pode evoluir para colite pseudomembranosa, caracterizada pelo achado na colonoscopia de placas amarelo-esbranquiçadas na parede do cólon que se caracterizam histologicamente pela presença de muco, células mortas e neutrófilos (Figura 22.2).

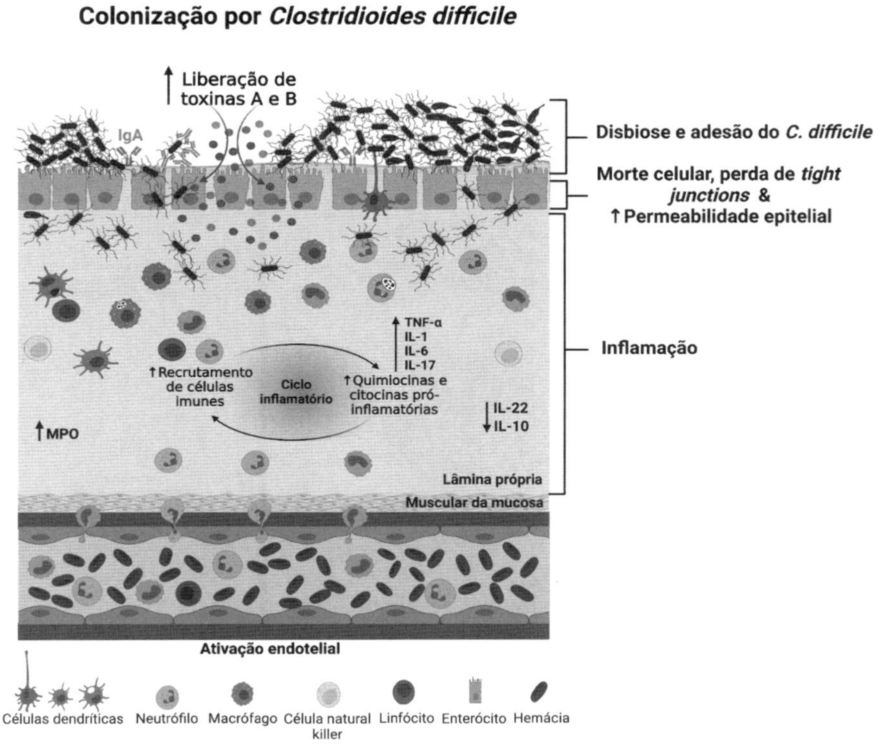

Figura 22.2 – Diagrama esquemático da fisiopatologia da infecção por *Clostridioides difficile* com disbiose, adesão do *C. difficile* e liberação de toxinas A e B, levando a morte celular, perda de junções de oclusão no epitélio intestinal, aumento de permeabilidade e ativação de citocinas pró-inflamatórias, com aumento da atividade de monócitos, neutrófilos, macrófagos e células dendríticas.

Fonte: imagem criada por Raul S. Freitas com BioRender.com.

Além das toxinas, outras moléculas, como adesinas, enzimas proteolíticas e outras proteínas, desempenham um papel importante no processo de infecção por *C. difficile* e no surgimento dos sintomas. Esses elementos são responsáveis por facilitar a adesão da bactéria às células intestinais e impedir a resposta imunológica do hospedeiro, contribuindo para a capacidade do *C. difficile* de estabelecer-se no cólon e causar danos ao hospedeiro.

Os principais fatores de risco para ICD são uso de antibióticos, hospitalização, idade avançada, imunossupressão, uso de inibidores de bomba de prótons e comorbidades como doenças inflamatórias intestinais (Figura 22.3).

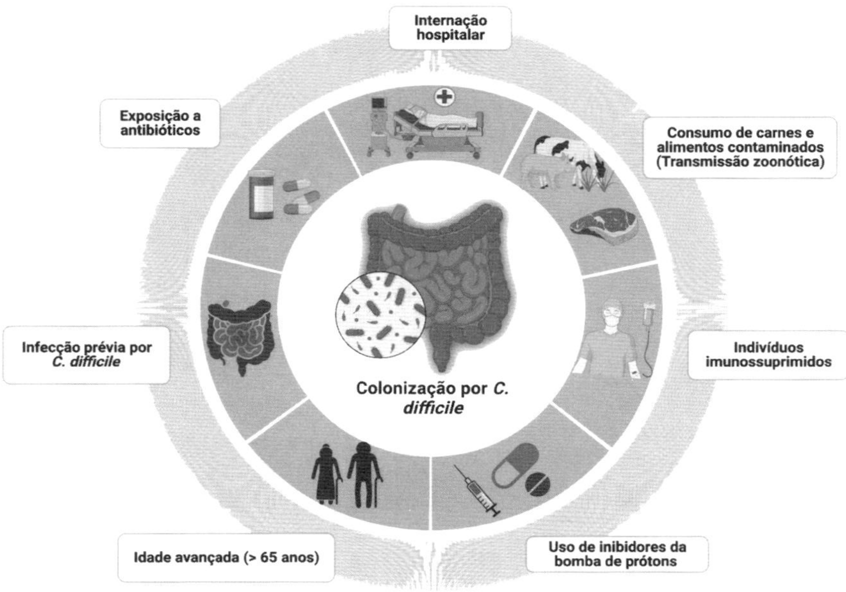

Figura 22.3 – Fatores de risco associados a infecção e colonização por *Clostridioides difficile*.

Fonte: imagem criada por Raul S. Freitas com BioRender.com.

RELAÇÃO ENTRE A MICROBIOTA E A INFECÇÃO POR *C. DIFFICILE* EM CRIANÇAS

Nas últimas décadas, tem sido relatado um aumento significativo na incidência de ICD, inclusive em populações anteriormente consideradas de baixo risco, como crianças. Apesar do crescente número de casos de ICD em crianças, com um aumento na morbidade relacionada a recorrências frequentes (Davidovics *et al.*, 2019), e das evidências de que a infecção em crianças hospitalizadas tem um impacto econômico semelhante ao observado em adultos (Mehrotra *et al.*, 2017), a pesquisa sobre ICD pediátrica é ainda muito limitada em comparação com a pesquisa em adultos.

Uma melhor compreensão dos fatores de risco, da epidemiologia e dos desfechos clínicos da ICD em crianças é de extrema importância para o desenvolvimento de estratégias mais eficazes de prevenção, diagnóstico e tratamento direcionadas a essa população. A falta de conhecimento nessa área é uma lacuna que precisa ser preenchida para melhorar os cuidados de saúde e o manejo da ICD em crianças.

Historicamente, acredita-se que o intestino do feto seja um ambiente estéril, desprovido de bactérias. A colonização começa durante o parto. As principais fontes de colonização são a mãe e o meio ambiente. À medida que as bactérias se estabelecem, ocorrem mudanças no ambiente intestinal, incluindo uma redução do oxigênio disponível. Isso cria condições favoráveis para o crescimento subsequente de bactérias anaeróbias. A colonização por *C. difficile* parece ocorrer logo após o nascimento e é mais frequente em bebês prematuros do que em bebês nascidos a termo (Enoch *et al.*, 2011).

Inúmeras variáveis influenciam o processo complexo de colonização intestinal, como o local e o tipo de nascimento (hospitalar ou domiciliar, parto vaginal ou cesariano), exposição a antibióticos, alimentação (leite materno ou fórmula para lactentes) e a genética do hospedeiro (Senn *et al.*, 2020), conforme ilustra a Figura 22.4.

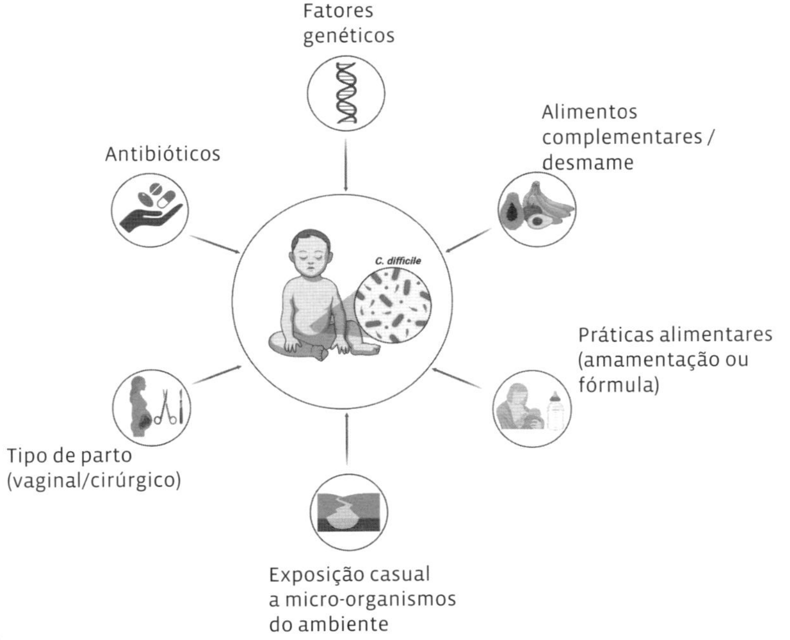

Figura 22.4 – Ilustração dos principais fatores que afetam a colonização intestinal por *Clostridioides difficile* em bebês.

Fonte: imagem criada por Raul S. Freitas com BioRender.com.

Bebês nascidos por cesárea apresentam uma microbiota intestinal semelhante à da pele materna e do ambiente hospitalar, têm menor diversidade de bactérias, sendo principalmente de *Staphylococcus, Streptococcus* e *Clostridium* (Coelho *et al.*, 2021). Os recém-nascidos que nascem por via vaginal apresentam nos primeiros dias de vida uma maior concentração de *Bacteroides, Bifidobacterias* e *Lactobacillus,* que são as principais comunidades bacterianas encontradas na vagina materna. Com o passar das semanas, a diversidade microbiana desses bebês também aumenta.

A dieta desempenha um papel significativo nas mudanças do ecossistema intestinal em crianças. Estudos demonstram que lactentes amamentados apresentam menor prevalência e contagem de *C. difficile* em comparação com aqueles alimentados com fórmulas, indicando um fator protetor do leite materno. De fato, a presença de oligossacarídeos no leite materno contribui para a diversidade da microbiota intestinal, favorecendo o crescimento de bactérias benéficas, como as bifidobactérias, que desempenham um papel essencial na saúde intestinal. Essas bactérias competem com os patógenos por recursos e espaço, diminuindo sua capacidade de se estabelecer no intestino.

Aproximadamente 41% dos lactentes de 6 a 12 meses são colonizados por cepas toxigênicas e não toxigênicas de *C. difficile* (Tougas *et al.*, 2021). Apesar da alta taxa de colonização, o desenvolvimento da doença é extremamente raro em recém-nascidos e lactentes jovens (Kuiper *et al.*, 2017), indicando que essa bactéria é principalmente comensal nessa faixa etária.

É interessante notar que crianças, sobretudo recém-nascidos e lactentes jovens, podem servir como reservatório de cepas toxigênicas e desempenhar um papel na disseminação de esporos de *C. difficile.* Um estudo recente constatou que a taxa de colonização por cepas toxigênicas de *C. difficile* em lactentes de 6 a 12 meses é de aproximadamente 14% (Tougas *et al.*, 2021). Esses resultados são semelhantes às taxas de colonização toxigênica encontradas em adultos, estimadas em 8,1% (Zacharioudakis *et al.*, 2015).

A colonização por cepas toxigênicas de *C. difficile* em bebês ocorre de forma semelhante aos adultos, por meio da contaminação ambiental em hospitais, creches ou ambientes domésticos, em vez de ser transmitida verticalmente da mãe para o bebê ou por transmissão na comunidade. Por motivos ainda desconhecidos, esses bebês colonizados com *C. difficile* toxigênico raramente desenvolvem sintomas clínicos, ao contrário de crianças mais velhas e adultos, que são suscetíveis a diarreia e colite graves.

O mecanismo exato de proteção dos bebês contra as toxinas de *C. difficile* não é claro, mas várias teorias foram propostas, incluindo a imaturidade do sistema imunológico, a falta de receptores de toxinas na superfície das células intestinais de lactentes, a ação protetora do leite materno e a defesa fornecida pela microbiota neonatal, dificultando o crescimento e a adesão de *C. difficile* às células intestinais.

As taxas de colonização por *C. difficile* na população pediátrica diminuem gradualmente nos primeiros dois anos de vida, à medida que a microbiota intestinal se desenvolve e se torna mais semelhante à de adultos. Isso sugere que a maturação da comunidade microbiana está associada à eliminação do *C. difficile*. Uma recente revisão sistemática com metanálise, conduzida para avaliar a prevalência da detecção de *C. difficile* em crianças assintomáticas de todas as faixas etárias, detectou que a colonização por *C. difficile* atinge seu pico mais alto, com uma taxa de detecção de 41%, entre 6 e 12 meses de idade. Posteriormente, essa taxa diminui para 22% no final do segundo ano de vida (Tougas *et al.*, 2021).

O processo patogênico do *C. difficile* tem início com a germinação dos esporos e a multiplicação das formas vegetativas, principalmente no cólon. Estudos têm demonstrado que os ácidos biliares desempenham um papel crucial no ciclo de vida desse microrganismo, com os ácidos biliares primários sendo especialmente importantes na germinação dos esporos no trato gastrintestinal de mamíferos (Zhu; Sorg; Sun, 2018). Além dos ácidos biliares, vários aminoácidos atuam como cogerminantes, sendo a glicina considerada o mais eficaz na germinação dos esporos do *C. difficile* (Zhu; Sorg; Sun, 2018). Além disso, a presença de cálcio é essencial para o processo de germinação desses esporos.

Os ácidos biliares primários são liberados no duodeno em resposta à ingestão de alimentos. A maior parte deles (~95%) é reabsorvida no íleo terminal e retorna ao fígado por meio da recirculação entero-hepática. No entanto, cerca de 5% dos ácidos biliares primários alcançam o intestino grosso, onde são biotransformados por membros específicos da microbiota intestinal em ácidos biliares secundários.

Os ácidos biliares secundários, encontrados em concentrações relativamente altas no intestino grosso, desempenham uma função inibitória na germinação e colonização do *C. difficile* na mucosa intestinal, ajudando a prevenir sua proliferação e reduzindo o risco de infecção. Essa relação entre os ácidos biliares secundários e o ciclo de vida do *C. difficile* destaca a importância da microbiota intestinal na modulação da colonização bacteriana e na manutenção do equilíbrio da saúde intestinal. Estudos têm reforçado o papel protetor da microbiota ao demonstrar que a redução de bactérias responsáveis pela conversão de ácidos biliares primários em ácidos biliares secundários resulta em uma menor resistência contra ICD no intestino grosso (Winston; Theriot, 2016).

Além da regulação da homeostase dos ácidos biliares, a microbiota pode influenciar a virulência do patógeno por meio de outros mecanismos: produção de bacteriocinas, antibióticos que inibem diretamente o crescimento de *C. difficile*, estimulação de respostas imunes inatas e competição com o *C. difficile* por recursos limitados, como fontes de carbono e micronutrientes, fatores que modulam o crescimento do *C. difficile* e a produção de seus fatores de virulência (Girinathan *et al.*, 2021).

Além disso, a microbiota intestinal desempenha um papel crucial na regulação do funcionamento intestinal e na interação com o sistema neuroendócrino. Ela influencia ainda a proliferação e a diferenciação dos enterócitos, contribuindo para a manutenção da integridade do tecido intestinal, além de estar envolvida na regulação da atividade motora do intestino, desempenhando um papel importante nesse processo.

PREVALÊNCIA DA INFECÇÃO POR *CLOSTRIDIOIDES DIFFICILE* NA POPULAÇÃO PEDIÁTRICA

Historicamente, o *C. difficile* era considerado apenas um colonizador inofensivo presente no trato gastrointestinal de crianças pequenas, com importância limitada na população pediátrica. No entanto, a presença do *C. difficile* no trato digestório de neonatos e crianças pequenas tem importância epidemiológica, já que esses bebês, embora não desenvolvam doença, podem ser fonte de contaminação para suas mães no período puerperal. Nos últimos anos, a ocorrência de doenças gastrintestinais causadas por *C. difficile* em crianças tem aumentado, assim como sua associação com períodos prolongados de hospitalização, maiores custos e desfechos desfavoráveis, indicando que a epidemiologia dessa doença está se modificando na infância (Klein *et al.*, 2006; Benson *et al.*, 2007; Kim *et al.*, 2008; Zilberberg *et al.*, 2008; Zilberberg *et al.*, 2010; Khanna *et al.*, 2013; Borali; De Giacomo, 2016; Wendt *et al.*, 2014).

Nos Estados Unidos, embora o porte assintomático permaneça alto entre os lactentes, observou-se um notável aumento na prevalência de ICD, particularmente em crianças de 1 a 5 anos de idade, alcançando 85% (Khalaf *et al.*, 2012). Um estudo recente realizado no Quênia, entre 2015 e 2018, com crianças com menos de 5 anos e apresentando diarreia, revelou que o *C. difficile* é mais prevalente do que o rotavírus e o *Cryptosporidium*, que são duas das principais causas de diarreia infantil (Plants-Paris *et al.*, 2019).

Por outro lado, um estudo conduzido no Brasil, com crianças de 0 a 5 anos e hospitalizadas na cidade de São Paulo, não detectou uma presença significativa de *C. difficile*. Esses resultados sugerem que outros patógenos intestinais, como o rotavírus, Epec, Etec ou *Vibrio cholerae*, podem estar relacionados ao desenvolvimento da diarreia em crianças brasileiras (Ferreira *et al.*, 2003). Nessa pesquisa, o *C. difficile* foi detectado em apenas 5,5% das amostras de fezes analisadas. É relevante destacar que esse estudo pioneiro foi o primeiro a documentar a presença de uma cepa do *C. difficile* produtora exclusivamente da toxina B (A-B+), no Brasil. Essa descoberta representa um avanço significativo no conhecimento da epidemiologia e diversidade das cepas de *C. difficile* no país. Outra pesquisa realizada no Rio de Janeiro por Pinto *et al.* (2003), envolvendo crianças entre 3 meses e 7 anos de idade, hospitalizadas e não hospitalizadas, revelou a presença de *C. difficile* em 6,7% das amostras de fezes com diarreia.

As diferenças nos resultados entre os estudos podem ser atribuídas a uma combinação de fatores. O estudo do Quênia foi realizado entre 2015 e 2018, enquanto as investigações brasileiras foram conduzidas no início dos anos 2000. Durante esse intervalo de tempo, podem ter ocorrido mudanças nas condições de saúde, práticas de higiene, uso de antibióticos, surgimento de novas cepas e outros fatores que afetam a prevalência de *C. difficile* e outros patógenos intestinais.

Ademais, a epidemiologia da diarreia associada ao *C. difficile* pode variar significativamente entre diferentes países e regiões devido a uma série de fatores, como características demográficas, padrões de higiene, padrões de tratamento médico e disponibilidade de diagnóstico laboratorial. Essas diferenças podem influenciar a prevalência da ICD, os tipos de cepas predominantes, a gravidade dos casos e até mesmo os fatores de risco associados à doença. Portanto, é essencial que cada região realize seus próprios estudos epidemiológicos, os quais devem levar em consideração as peculiaridades locais para fornecer informações relevantes e específicas para a região. Dessa forma, haverá uma compreensão mais precisa da epidemiologia da diarreia associada ao *C. difficile* em cada país, permitindo a implementação de medidas preventivas e estratégias de tratamento adequadas para minimizar o impacto dessa infecção na população pediátrica.

A escassez de levantamentos e análises sobre a diarreia associada ao *C. difficile* em crianças brasileiras limita o conhecimento sobre incidência, prevalência e características da ICD na infância no Brasil ao longo do tempo. Por isso, o aumento dos casos de ICD em crianças, relatado em alguns países, não pode ser extrapolado para a realidade brasileira. Para obter uma compreensão mais abrangente e atualizada, seriam necessárias pesquisas epidemiológicas mais recentes, englobando uma amostra representativa da população infantil brasileira, utilizando critérios de diagnóstico claros e métodos adequados de coleta de dados.

Entre os adultos, a incidência e a gravidade da ICD também aumentaram significativamente na última década, o que tem sido atribuído em parte ao surgimento de cepas hipervirulentas, como a BI/NAP1/027. Estudos mostram que essa cepa, reconhecida por causar surtos em adultos em vários países da América do Norte, Europa e Ásia, é raramente encontrada em populações pediátricas, e a ocorrência de surtos em crianças é menos comum (McFarland *et al.*, 2016).

Essa discrepância na ocorrência de ICD entre adultos e crianças sugere a existência de fatores distintos que influenciam a epidemiologia dessa infecção em cada grupo. Uma possível explicação para a ocorrência menos frequente da cepa BI/NAP1/027 em crianças está relacionada à restrição do uso de fluoroquinolonas nessa população, o que tem sido apontado como fator importante no surgimento da cepa BI/NAP1/027 e sua colonização em adultos. Contudo, seu uso é limitado em crianças devido a preocupações com efeitos colaterais e resistência antimicrobiana. Portanto, a menor exposição a esse tipo de antibiótico em crianças pode contribuir para a menor incidência da cepa BI/NAP1/027 e sua menor relevância na doença nessa faixa etária.

Embora a incidência da ICD em crianças tenha aumentado na última década, ainda há uma escassez de pesquisas sobre a doença nessa faixa etária. A maioria dos estudos realizados até o momento tem se concentrado principalmente em pacientes adultos, resultando em uma lacuna significativa de conhecimento sobre epidemiologia, fatores de risco e manejo da ICD em crianças.

Além disso, o aumento de casos de ICD em crianças sem histórico de hospitalização, indicando aquisição da infecção na comunidade, ressalta a importância de investigar e compreender melhor essa tendência preocupante (Khanna *et al.*, 2013; Wendt *et al.*, 2014; McFarland *et al.*, 2016; Miranda-Katz *et al.*, 2020). Um amplo estudo de vigilância populacional de ICD pediátrica nos Estados Unidos constatou que 71% dos casos eram de ICD adquirida na comunidade. Não foram observadas diferenças significativas em relação a características demográficas, exposições e características clínicas entre os diferentes grupos etários. No entanto, o grupo de crianças de 1 a 3 anos de idade apresentou uma maior proporção de casos, sugerindo a presença de doença ativa e não apenas colonização assintomática nesse grupo (Wendt *et al.*, 2014).

Tradicionalmente, a ICD tem sido associada a ambientes hospitalares, o que torna esse novo cenário de infecção adquirida na comunidade um aspecto significativo e que requer maior atenção por parte dos pesquisadores e profissionais de saúde. Fontes comunitárias para casos pediátricos de ICD podem incluir creches ou transmissão de familiares hospitalizados recentemente (McFarland *et al.*, 2016).

FATORES DE RISCO PARA A INFECÇÃO POR *CLOSTRIDIOIDES DIFFICILE* EM CRIANÇAS

A ICD em crianças tem sido associada a vários fatores, sendo o uso de antibióticos um dos mais destacados. Na literatura, é amplamente reconhecida a relação entre o uso de clindamicina e a ocorrência de ICD (Adams *et al.*, 2017; Miranda-Katz *et al.*, 2020; Wendt *et al.*, 2014). Além disso, estudos apontam uma conexão entre a exposição a antibióticos contendo inibidores de betalactamase e cefalosporinas estáveis à betalactamase e a ocorrência de ICD em crianças e adolescentes (Miranda-Katz *et al.*, 2020; Wendt *et al.*, 2014). Esses achados sustentam a hipótese de que antibióticos com atividade contra anaeróbios têm maior probabilidade de causar essa infecção.

No entanto, é importante ressaltar que vários estudos com crianças não identificaram a exposição a antibióticos como um fator de risco para a ocorrência de ICD adquirida na comunidade (Benson *et al.*, 2007; Wendt *et al.*, 2014; Miranda-Katz *et al.*, 2020).

Os resultados de uma análise retrospectiva realizada recentemente nos Estados Unidos constataram que apenas 52,9% das crianças diagnosticadas com ICD adquirida na comunidade haviam recebido antibióticos prescritos nas 12 semanas anteriores ao diagnóstico (Miranda-Katz *et al.*, 2020). O estudo não oferece, no entanto, uma explicação para o aumento das taxas de ICD adquirida na comunidade, especialmente em crianças saudáveis sem histórico de uso de antibióticos.

Outros fatores de risco frequentes para a ICD incluem características individuais, como comorbidades, além de histórico de hospitalização, seja recente ou atual. Em crianças, em particular, as condições associadas ao aumento do risco de ICD incluem câncer, transplante, doença inflamatória intestinal, doença de Hirschsprung e distúrbios intestinais estruturais ou pós-operatórios (McFarland *et al.*, 2016; Alvarez; Rathore, 2019). No que diz respeito aos inibidores da bomba de prótons, há divergência nos estudos quanto ao risco associado, com alguns indicando um risco significativo e outros, não (McFarland *et al.*, 2016).

Uma pesquisa realizada com crianças hospitalizadas identificou diferenças entre a ICD adquirida na comunidade e a ICD adquirida em ambiente hospitalar. A ICD adquirida na comunidade é mais comum em crianças previamente saudáveis, sem histórico de exposição a antibióticos ou comorbidades. Surpreendentemente, complicações graves e recorrências de ICD parecem ser mais comuns em pacientes admitidos com doença associada à comunidade (Tschudin-Sutter *et al.*, 2013). Esses resultados ressaltam a importância de considerar o diagnóstico de ICD em crianças saudáveis, mesmo na ausência de exposição recente a antibióticos, desde que sintomas clínicos relevantes estejam presentes. Estudos adicionais são necessários para identificar os fatores que contribuem para o aumento das taxas de doenças associadas à comunidade, uma vez que essa tendência pode não ser explicada apenas pelos fatores de risco tradicionais.

A maior conscientização entre os profissionais de saúde sobre ICD e o desenvolvimento de métodos altamente sensíveis para detecção da doença são fatores que podem estar relacionados ao aumento no número de casos notificados de ICD na população pediátrica.

Um conhecimento mais aprofundado dos sintomas e dos fatores de risco associados à ICD pode levar a maior vigilância e monitoramento da doença por parte dos profissionais de saúde, deixando-os mais atentos à possibilidade dessa infecção em seus pacientes. Esse maior nível de consciência pode resultar em uma maior solicitação de testes de diagnóstico específicos para a detecção da doença, resultando em identificação e notificação de casos que anteriormente poderiam passar despercebidos ou ser subnotificados.

Caso clínico que ilustra a infecção por *Clostridioides difficile*

Figura 22.5 – Análise longitudinal da resposta terapêutica na infecção por *C. difficile*, ilustrando a normalização da temperatura corporal 4 dias após o inicio do tratamento.

DESAFIOS NO DIAGNÓSTICO DA INFECÇÃO POR *CLOSTRIDIOIDES DIFFICILE* EM CRIANÇAS

O diagnóstico de ICD em crianças apresenta desafios na distinção entre colonização assintomática e infecção sintomática. Muitas vezes, crianças com resultados positivos para *C. difficile* em amostras fecais estão apenas colonizadas, e não verdadeiramente infectadas. Portanto, testar todas as crianças com diarreia para ICD não é recomendado, pois pode levar a erros de diagnóstico e tratamento inadequado e desnecessário.

A *Infectious Disease Society of America* desaconselha realizar testes laboratoriais de rotina para *C. difficile* em crianças com menos de 12 meses de idade, devido à alta taxa de colonização nessa faixa etária. Para crianças de 12 a 24 meses, o teste pode ser considerado após descartar outras possíveis causas de diarreia. É importante ressaltar que as doenças diarreicas são frequentes em crianças e geralmente são causadas por agentes virais. Diferenciar a infecção por *C. difficile* de outras causas virais de diarreia pode ser um desafio, mas sintomas como febre, náusea e vômito são mais comuns em infecções virais do que na ICD (Alvarez; Rathore, 2019).

As indicações para realizar o teste devem considerar diversos fatores, como apresentação clínica, idade da criança, histórico de exposição a antibióticos ou medicamentos supressores de ácido gástrico, além das condições predisponentes que podem aumentar o risco de ICD, como câncer, histórico de transplante e doenças inflamatórias intestinais (Alvarez; Rathore, 2019).

As várias abordagens diagnósticas disponíveis incluem testes laboratoriais para identificar toxinas de *C. difficile* nas fezes, ensaios moleculares para detectar genes específicos das toxinas, cultivo e isolamento da bactéria e colonoscopia com biópsia e exame histopatológico para avaliar a presença de colite pseudomembranosa (Alvarez; Rathore; Crobach *et al.*, 2018). A escolha do teste e os critérios de interpretação podem influenciar a proporção de pacientes considerados colonizados assintomáticos *versus* portadores de ICD sintomática.

A literatura destaca a crescente importância e o desafio de distinguir entre doença e colonização em crianças, especialmente com a disponibilidade cada vez maior de painéis moleculares multiplex para o diagnóstico de infecções gastrintestinais (Ramanan *et al.*, 2017). Esses painéis permitem detectar vários patógenos em uma única amostra, e os resultados são fornecidos mesmo quando não são clinicamente indicados ou solicitados, o que pode levar a resultados falso-positivos. Embora seja possível identificar o material genético de *C. difficile* nas fezes, esses testes não são capazes de distinguir entre colonização assintomática e infecção ativa. Essa falta de diferenciação pode levar a tratamentos inadequados, ou seja, administração de medicamentos para tratar uma infecção que, na verdade, não está presente. Além disso, pode resultar em testes subsequentes desnecessários, aumentando a carga de exames e procedimentos para a criança. Tais situações podem gerar ansiedade e preocupação nos pais ou responsáveis, diante da incerteza em relação à saúde da criança (Ramanan *et al.*, 2017). Diante desse cenário, é fundamental realizar uma avaliação clínica cuidadosa e personalizada, considerando não apenas os resultados dos testes laboratoriais. É necessário analisar o histórico de saúde da criança, avaliar os sintomas apresentados e analisar o quadro clínico como um todo. Somente assim será possível obter um diagnóstico preciso e tomar decisões de tratamento adequadas.

A falta de consenso na definição de diarreia, que é o principal sintoma clínico da ICD, combinada com a variação nos critérios de diagnóstico para diferenciar portadores assintomáticos de *C. difficile* de indivíduos com infecção ativa, pode levar a discrepâncias na comparação dos resultados entre os estudos, dificultando a obtenção de estimativas precisas sobre prevalência e incidência da colonização *por C. difficile*.

As diretrizes da Sociedade de Doenças Infecciosas da América (Idsa) e da Sociedade Europeia de Microbiologia Clínica e Doenças Infecciosas (Escmid) apresentam divergências em suas definições de ICD (Cohen *et al.*, 2010; Crobach *et al.*, 2016). De acordo com as diretrizes da Idsa, um diagnóstico de ICD é estabelecido quando são identificados sintomas em conjunto com a presença de uma cepa toxigênica, toxina livre nas fezes ou evidência histopatológica de colite pseudomembranosa. Esses critérios são mais inclusivos e permitem a classificação de um maior número de pacientes com diagnóstico de ICD. Por outro lado, as diretrizes recentes da Escmid adotam uma abordagem mais restritiva, exigindo a exclusão de outras causas alternativas para a diarreia. Dessa forma, apenas os casos em que não há explicação clara para os sintomas de diarreia podem ser classificados como ICD. Essa definição mais rigorosa pode resultar numa menor proporção de pacientes com ICD.

Essa falta de uniformidade também prejudica a interpretação dos dados epidemiológicos, limitando a compreensão completa do impacto da colonização assintomática na transmissão da infecção e nas medidas de prevenção e controle. Portanto, é fundamental buscar uma definição mais uniforme e critérios de diagnóstico padronizados para a identificação da colonização assintomática por *C. difficile*. Isso ajudará a melhorar a comparabilidade dos estudos e a qualidade dos dados epidemiológicos, proporcionando uma visão mais precisa do impacto dessa colonização na transmissão da infecção e nas medidas de prevenção e controle.

REFERÊNCIAS

ADAMS, D. J. *et al.* Risk factors for community-associated Clostridium difficile infection in children. *J Pediatr*, v. 186, p. 105-109, 2017.

ALVAREZ, A. M.; RATHORE, M. H. Clostridium difficile infection in children. *Adv Pediatr*, v. 66, p. 263-280, 2019.

BENSON, L. *et al.* Changing epidemiology of Clostridium difficile–associated disease in children. *Infect Control Hosp Epidemiol*, v. 28, n. 11, p. 1233-1235, 2007.

BORALI, E.; DE GIACOMO, C. Clostridium difficile infection in children: a review. *J Pediatr Gastroenterol Nutr.*, v. 63, n. 6, p. e130-e140, 2016.

BRITO, G. A. *et al.* Mechanism of Clostridium difficile toxin A-induced apoptosis in T84 cells. *J Infect Dis*, v. 186, n. 10, p. 1438-1447, 2002.

COELHO, G. P. D. *et al.* Acquisition of microbiota according to the type of birth: an integrative review. *Rev Lat Am Enfermagem*, v. 19, n. 29, p. 3446, 2021.

COHEN, S. H. *et al.* Clinical practice guidelines for Clostridium difficile infection in adults: 2010 update by the Society for Healthcare Epidemiology of America (Shea) and the Infectious Diseases Society of America (Idsa). *Infect Control Hosp Epidemiol*, v. 31, p. 431-455, 2010.

CROBACH, M. J. T. *et al.* European Society of Clinical Microbiology and Infectious Diseases: update of the diagnostic guidance document for Clostridium difficile infection. *Clin Microbiol Infect*, v. 22, n. 4, p. S63-S81, 2016.

CROBACH, M. J. T. *et al.* Understanding Clostridium difficile colonization. *Clin Microbiol Rev*, v. 31, n. 2, p. e00021-e17, 2018.

DAVIDOVICS, Z. H. *et al.* Fecal microbiota transplantation for recurrent Clostridium difficile infection and other conditions in children: a joint position paper from the North American Society for Pediatric Gastroenterology, Hepatology, and Nutrition and the European Society for Pediatric Gastroenterology, Hepatology, and Nutrition. *J Pediatr Gastroenterol Nutr.*, v. 68, p. 130-143, 2019.

ENOCH, D. A. *et al.* Clostridium difficile in children: colonization and disease. *J Infect*, v. 63, p. 105-113, 2011.

FERREIRA, C. E. *et al.* Prevalence of Clostridium spp. and Clostridium difficile in children with acute diarrhea in São Paulo city, Brazil. *Mem Inst Oswaldo Cruz*, v. 98, p. 451-454, 2003.

GIRINATHAN, B. P. *et al.* In vivo commensal control of Clostridioides difficile virulence. *Cell Host Microbe*, v. 29, n. 11, p. 1693-1708.e7, 2021.

KHALAF, N. *et al.* Clostridium difficile: an emerging pathogen in children. *Discov Med*, v. 14, n. 75, p. 105-113, 2012.

KHANNA, S. *et al.* The epidemiology of Clostridium difficile infection in children: a population--based study. *Clin Infect Dis*, v. 56, p. 1401-1406, 2013.

KIM, J. *et al.* Epidemiological features of Clostridium difficile–associated disease among inpatients at children's hospitals in the United States, 2001-2006. *Pediatrics*, v. 122, n. 6, p. 1266-1270, 2008.

KLEIN, E. J. *et al.* Diarrhea etiology in a children's hospital emergency department: a prospective cohort study. *Clin Infect Dis*, v. 43, v. 7, p. 807-813, 2006.

KNIGHT, D. R.; RILEY, T. V. Genomic delineation of zoonotic origins of Clostridium difficile. *Front Public Health*, v. 7, p. 164, 2019.

KUEHNE S. A. *et al.* The role of toxin A and toxin B in Clostridium difficile infection. *Nature*, 2010 Oct. 7.

KUIPER, G. A. *et al.* Clostridium difficile infections in young infants: case presentations and literature review. *IDCases*, v. 10, p. 7-11, 2017.

LIM, S. C.; KNIGHT, D. R.; RILEY, T. V. Clostridium difficile and One Health. *Clin Microbiol Infect.*, v. 26, n. 7, p. 857-863, 2020.

MCFARLAND, L. V. *et al.* Comparison of pediatric and adult antibiotic-associated diarrhea and Clostridium difficile infections. *World J Gastroenterol*, v. 22, n. 11, p. 3078-3104, 2016.

MEHROTRA, P. *et al.* Attributable cost of Clostridium difficile infection in pediatric patients. *Infect Control Hosp Epidemiol*, v. 38, n. 12, p. 1472-1477, 2017.

MIRANDA-KATZ, M. *et al.* Epidemiology and risk factors for community-associated Clostridioides difficile in children. *J Pediatr*, v. 221, p. 99-106, 2020.

NOGUEIRA, H. B. R. *Clostridioides difficile em crianças com diarreia atendidas em hospital pediátrico em Fortaleza, Ceará.* (Tese de Doutorado). Fortaleza: Universidade Federal do Ceará, 2019.

PINTO, L. J. F. *et al.* Incidence and importance of Clostridium difficile in paediatric diarrhoea in Brazil. *J Med Microbiol*, v. 52, p. 1095-1099, 2003.

PLANTS-PARIS, K. *et al.* Prevalence of Clostridium difficile infections among Kenyan children with diarrhea. *Int J Infect Dis*, v. 81, p. 66-72, 2019.

RAMANAN, P. *et al.* Syndromic panel-based testing in clinical microbiology. *Clin Microbiol Rev*, v. 31, n. 1, p. e00024-17, 2017.

RODRIGUEZ DIAZ, C.; SEYBOLDT, C. M. R. Non-human C. difficile reservoirs and sources: Animals, food, environment. *Adv Exp Med Biol*, v. 1050, p. 227-43, 2018.

SENN, V. *et al.* Microbial colonization from the fetus to early childhood: a comprehensive review. *Front Cell Infect Microbiol*, v. 10, p. 573735, 2020.

SHEN, A. Clostridium difficile toxins: mediators of inflammation. *J Innate Immun*, v. 4, p. 149–158, 2012.

TOUGAS, S. R. *et al.* Prevalence of detection of Clostridioides difficile among asymptomatic children: a systematic review and meta-analysis. JAMA *Pediatr*, v. 175, n. 10, p. e212328, 2021.

TSCHUDIN-SUTTER, S. *et al.* Distinguishing community-associated from hospital-associated Clostridium difficile infections in children: implications for public health surveillance. *Clin Infect Dis*, v. 57, p. 1665-72, 2013.

WENDT, J. M. *et al.* Clostridium difficile infection among children across diverse US geographic locations. *Pediatrics*, v. 133, n. 4, p. 651-658, 2014.

WINSTON, J. A.; THERIOT, C. M. Impact of microbial derived secondary bile acids on colonization resistance against Clostridium difficile in the gastrointestinal tract. *Anaerobe*, v. 41, p. 44–50, 2016.

ZACHARIOUDAKIS, I. M. *et al.* Colonization with toxinogenic C. difficile upon hospital admission, and risk of infection: a systematic review and meta-analysis. *Am J Gastroenterol*, v. 110, n. 3, p. 381-390, 2015.

ZHU, D.; SORG, J. A.; SUN, X. Clostridioides difficile biology: sporulation, germination, and corresponding therapies for C. difficile infection. *Front Cell Infect Microbiol*, v. 8, p. 29., 2018.

ZILBERBERG, M. D. *et al.* Increase in Clostridium difficile–related hospitalizations among infants in the United States, 2000-2005. *Pediatr Infect Dis J*, v. 27, n. 12, p. 1111-1113, 2008.

ZILBERBERG, M. D. *et al.* Clostridium difficile infections among hospitalized children, United States, 1997-2006. *Emerg Infect Dis*, v. 16, n. 4, p. 604-609, 2010.

CAPÍTULO 23

Desnutrição infantil como problema de saúde pública

Claudia Saunders

Karina dos Santos

Gabriella Pinto Belfort

Katherine Bittencourt Mendes Leitão de Jesus

Letícia Barbosa Gabriel da Silva

Notas dos autores

- ☑ A desnutrição infantil atinge cerca de 149,2 milhões de crianças menores de 5 anos no mundo.
- ☑ As crianças menores de 5 anos são mais vulneráveis à desnutrição, acarretando maior risco para o seu desenvolvimento, de comorbidades e mortalidade.
- ☑ Estima-se hipoteticamente que a pandemia de covid-19 tenha causado a perda de peso em 11,2 milhões a 16,3 milhões crianças menores de 5 anos. O déficit estatural pode ter acometido cerca de 3,4 a 4,5 milhões de crianças no mundo.
- ☑ A guerra na Ucrânia vem afetando o estado nutricional das crianças no Oriente Médio e Norte da África, devido à escassez de alimentos, além da elevação do preço dos alimentos.
- ☑ A desnutrição no Brasil diminuiu na última década.

Notas dos autores

- ☑ O conjunto de políticas públicas brasileiras foi fundamental para a queda da taxa de desnutrição no país.
- ☑ O Brasil apresenta iniquidades regionais, e a região Norte do Brasil apresenta maior taxa de déficit de estatura para a idade.
- ☑ Em 2021, 67% dos domicílios brasileiros com crianças menores de 10 anos apresentavam algum nível de insegurança alimentar.
- ☑ A pandemia de covid-19 impactou mais fortemente a saúde da população de baixa renda no Brasil.

DEFINIÇÕES DE DESNUTRIÇÃO

A Organização Mundial de Saúde (OMS) considera a desnutrição (*undernutrition*) uma das formas de má nutrição (*malnutrition*) existentes no atual cenário global. De acordo com essa organização, a desnutrição pode se manifestar sob quatro formas: magreza (*wasting*), caracterizada pelo baixo peso para estatura/comprimento; déficit de crescimento, caracterizado pela baixa estatura para a idade (*stunting*); baixo peso, caracterizado pelo baixo peso para a idade (*underweight*) ou por deficiência de micronutrientes (Unicef; WHO; World Bank, 2021; WHO, 2023a; 2023b).

Essas diferentes formas da desnutrição podem coexistir e ter origem tanto na ingestão deficiente de energia e/ou nutrientes quanto em doenças que possam comprometer a nutrição, como as diarreias agudas infecciosas. Enquanto a magreza se relaciona também com modificações agudas na ingestão alimentar ou nutrição, o déficit linear ocorre diante de alterações crônicas ou recorrentes (Unicef; WHO; World Bank, 2021). A desnutrição é agravada pelas condições socioeconômicas, pelas mudanças climáticas, políticas, econômicas e sociais, além de situações de guerras ou conflitos, dentre outras (Wali; Agho; Renzaho, 2022; Katoch, 2022).

O termo desnutrição energético-proteica (DEP), já muito utilizado na literatura científica, refere-se à deficiência de energia e proteínas que acarreta prejuízos para saúde e desenvolvimento da criança, e dessa forma, está englobado no conceito mais recente e amplo de desnutrição proposto pela OMS (WHO, 2023b). Anteriormente, o termo DEP era utilizado como sinônimo de má nutrição, mas atualmente o termo má nutrição considera não só a deficiência, mas também o excesso de nutrientes, não sendo, portanto, mais adequado utilizá-lo como sinônimo de desnutrição (Unicef; WHO; World Bank, 2021; Wali; Agho; Renzaho, 2022; Katoch, 2022; WHO, 1997). As crianças menores de 5 anos são mais vulneráveis a esse distúrbio nutricional que acarreta maior risco para o desenvolvimento de doenças e para mortalidade. A intensidade e a duração da desnutrição se relacionam com a gravidade e a complexidade das repercussões clínicas, metabólicas e antropométricas. As consequências podem ocorrer em curto e longo prazos, e variam desde o prejuízo no desenvolvimento físico e cognitivo até o maior risco para doenças crônicas não transmissíveis (DCNT) na vida adulta (Unicef; WHO; World Bank, 2021; WHO, 1997; Grey *et al.*, 2021).

A etiologia da desnutrição infantil é multifatorial e envolve fatores de ordem socioeconômica, ambiental e biológica. Alguns desses fatores estão descritos no Quadro 23.1.

Quadro 23.1 – Principais fatores associados à ocorrência da desnutrição em crianças menores de 5 anos

Fatores maternos	Fatores biológicos relacionados à criança	Fatores relacionados à alimentação da criança
Baixo índice de massa corporal (IMC) gestacional	Baixo peso ao nascer (<2.500 g)	Ausência do aleitamento materno exclusivo
Idade materna (< 18 anos ou ≥ 35 anos) Assistência pré-natal precária	Sexo masculino Prematuridade Presença de diarreia aguda Faixa etária de lactente	Alimentação complementar inadequada Baixa diversidade da dieta
Menor nível de escolaridade	Presença de deficiência de micronutrientes	
Baixa renda familiar	Inadequado acesso à serviços de saúde	
Falta de acesso à instalação sanitária		
Insegurança alimentar		

Fonte: Katoch (2022) e Wali; Agho; Renzaho (2022).

DESNUTRIÇÃO INFANTIL COMO PROBLEMA DE SAÚDE PÚBLICA

EPIDEMIOLOGIA DA DESNUTRIÇÃO NO MUNDO

Segundo as estimativas globais da World Health Statistics (WHS), 149,2 milhões (144,4 a 154,2 milhões) de crianças menores de 5 anos, ou 22% (21,3 a 22,7%) de todas as crianças menores de 5 anos, apresentavam baixa estatura para a idade (*stunting*) em 2020. Os dados refletem uma redução de 27% no número de crianças afetadas por atraso no crescimento em comparação com os dados de 2000, e uma redução de 34% na taxa de prevalência de nanismo. As prevalências mais altas de nanismo infantil em 2020 foram descritas na África (31,7%), sudeste asiático (30,1%) e regiões leste do Mediterrâneo (26,2%) (WHO, 2022).

De acordo com o Fundo das Nações Unidas para a Infância (Unicef), a desnutrição é associada à morte em 45% das crianças menores de 5 anos do mundo e afeta principalmente aquelas residentes nas regiões da África e Ásia. Em 2020, mais de dois terços das crianças menores de 5 anos que apresentavam magreza residiam na Ásia, e mais de um quarto residia na África (Tabela 23.1) (Unicef; WHO; World Bank, 2021).

Tabela 23.1 – Evolução da prevalência de desnutrição em crianças menores de 5 anos entre 2000 e 2020, por regiões, segundo os indicadores de estatura/idade (baixa estatura) e IMC/idade (magreza) em 2020.

2000-2020			2020	
Regiões do mundo	**% Baixa estatura (*stunted*) moderada e grave**	**% Baixa (*stunted*) moderada e grave**	**% Magreza (*wasted*) leve e moderada**	**% Magreza acentuada (*wasted*)**
África	41,5	30,7	6	1,5
Ásia	37	21,8	8,9	2,9
América Latina e Caribe	18	11,3	1,3	0,3
América do Norte	3,2	3,2	0,2	< 0,1
Europa	6,6	4,5	-	-
Austrália e Nova Zelândia	1,9	2,3	-	-
Oceania (exceto Austrália e Nova Zelândia)	35,6	41,4	9	3,5
Global	33,1	22	6,7	2

Fonte: Unicef/WHO/World Bank Group (2021).

Embora tenha ocorrido redução na prevalência da desnutrição infantil em todos os continentes avaliados nas últimas décadas, esse distúrbio nutricional ainda é um problema de saúde pública, contudo, são observadas variações na gravidade da sua prevalência de acordo com as regiões do mundo (WHO, 1997). Para a OMS, prevalências de baixa estatura para idade e magreza maiores ou iguais a 20% e 5%, respectivamente, caracterizam prevalências médias para o problema (WHO, 1997). Em 2020, cerca de 7% da população infantil mundial menor de 5 anos se encontrava com magreza e 22% com déficit linear, segundo dados da Unicef/WHO/World Bank Group (Unicef; WHO; World Bank, 2021).

Os países de rendas média a alta, que apresentam menores prevalências de desnutrição infantil, conseguiram reduzir em 50% o número de crianças com baixa estatura em comparação a países de baixo desenvolvimento que apresentaram redução equivalente a 23%. Setenta e dois por cento das crianças que apresentam magreza residem em países de baixo-médio desenvolvimento. A desnutrição em todas as suas formas acaba por se concentrar em locais de pobreza (Unicef; WHO; World Bank, 2021; Wali; Agho; Renzaho, 2022).

As formas graves de desnutrição conhecidas como marasmo (desnutrição crônica) e *kwashiorkor* (desnutrição aguda) são menos presentes, no entanto, em estudo realizado no Sudão com 593 crianças menores de 5 anos e que apresentavam desnutrição grave, foi verificado que 68,6% apresentavam marasmo, 23,8% tinham *kwashiorkor* e 7,6% tinham *kwashiorkor* marasmático (WHO, 1997; Kanan; Swar, 2016).

Em relação às crianças maiores, de acordo com dados disponíveis no Observatório Global de Saúde da OMS (WHO, 2023a), a prevalência mediana bruta de crianças entre 5 e 9 anos de idade, no mundo, com magreza (< – 2 escore Z no indicador índice de massa corporal – IMC por idade) em 2015 variou de 1,5 a 22,8%, dependendo da região. Khan *et al.*, em revisão sistemática que incluiu estudos com escolares e adolescentes entre 5 e 15 anos de idade que residiam na Ásia, identificaram prevalência agrupada de 23% para baixa estatura e 24% para magreza (Khan *et al.*, 2022).

IMPACTO DA PANDEMIA DE COVID-19 E DA GUERRA DA UCRÂNIA NA DESNUTRIÇÃO INFANTIL

A pandemia de covid-19 impactou a saúde das populações e especialmente a saúde do grupo materno-infantil. Segundo o relatório da World Health Statistics (WHO, 2022a), a doença do coronavírus (covid-19) continua sendo uma ameaça global à saúde, declarada como emergência de saúde pública internacional pela OMS em 2020. Segundo os dados da WHO (2022a), em abril de 2022, havia 50,4 milhões de casos confirmados de covid-19, incluindo 6,2 milhões de mortes diretamente atribuíveis à covid-19. No entanto, considerando a capacidade de teste limitada e estatísticas vitais ou sistemas de registro incompletos de alguns países, estima-se que o número global de casos e mortes por covid-19 seja subnotificado. Destaca-se que, na região das Américas e na Europa, foram notificados quase 72% de todos os casos e 75% das mortes por covid-19.

Os dados acerca do impacto da pandemia de covid-19 na desnutrição infantil ainda não estão disponíveis (WHO, 2022a). Segundo um estudo realizado em 2021, com cenários hipotéticos e modelados estatisticamente, considerando diferentes trajetórias de recuperação econômica, do sistema alimentar e do serviço de saúde devido à pandemia no período de 2021–2022, estimou-se o potencial impacto na desnutrição infantil, em 135 países de baixa e média rendas, comparando-os com um cenário hipotético sem covid-19. Os resultados do estudo mostraram que o adicional de crianças menores de 5 anos afetadas pela perda de peso de 2020 a 2022 seria de 11,2 milhões a 16,3 milhões. Segundo os resultados em relação ao déficit estatural, o modelo estimou um adicional de 3,4 a 4,5 milhões de crianças afetadas em 2022 (WHO, 2022a).

A guerra na Ucrânia iniciada em fevereiro de 2022 gerou no país uma grave crise humanitária, deixando mais de 7,9 milhões de refugiados da Ucrânia na Europa em extrema necessidade, além da dificuldade de acesso aos serviços de saúde pela população, inclusive gestantes e crianças (WHO, 2022b).

A guerra vem afetando o estado nutricional das crianças no Oriente Médio e Norte da África, devido à interrupção nas importações causada pelo conflito que resulta em escassez de alimentos, além da elevação do preço dos alimentos, incluindo trigo, óleos comestíveis e combustível. Como consequência, as crianças residentes no Egito, Líbano, Líbia, Sudão, Síria e Iêmen são as mais afetadas, pois esses países já estavam enfrentando conflitos, crises econômicas e forte aumento nos preços globais dos alimentos em 2021, mesmo antes da guerra na Ucrânia (United Nations, 2022).

Na Ucrânia, com a instabilidade política, além da pandemia de covid-19, observa-se o efeito cascata da guerra na região, que está agravando os impactos negativos de dois anos da pandemia na economia, empregos e pobreza na região, além das crises em curso – mudanças climáticas e de energia (FAO, 2022). A região está passando por aumento nos preços dos alimentos associado com baixo poder de compra pela população, destacando-se que em torno de 90% dos alimentos são importados. Com isso, a Unicef (2022) declara que é provável que o número de crianças desnutridas aumente drasticamente.

Segundo registros da Unicef (2022), as taxas de desnutrição nas crianças nos países mais afetados pela guerra na Ucrânia são: no Iêmen, 45% apresentam raquitismo e mais de 86% têm anemia; no Sudão, 13,6% têm perda de peso (*wasting*), 36,4% têm déficit de estatura (*stunting*) e quase 50% têm anemia; no Líbano, 94% das crianças pequenas não recebem dietas adequadas e mais de 40% das mulheres e crianças menores de 5 anos têm anemia; na Síria, apenas uma em cada quatro crianças recebe dieta adequada.

Segundo os relatórios da Unicef (2022), o comitê vem coordenando a consolidação de esforços para fornecer e ampliar medidas de prevenção, detecção precoce e tratamento da desnutrição para atender às necessidades das crianças e mulheres dos países mais afetados pela crise causada pela guerra. Dentre as ações descritas que são implementadas com os parceiros da Unicef, estão a ampliação dos serviços de prevenção e tratamento para crianças menores de 5 anos com emaciação severa (*severe wasting*), distribuição de suplementos de micronutrientes, monitoramento de crescimento, aconselhamento e apoio à amamentação e à alimentação complementar adequada à idade. Com isso, pretende-se evitar uma crise de desnutrição maciça para crianças das regiões (Unicef, 2022).

EPIDEMIOLOGIA DA DESNUTRIÇÃO NO BRASIL

O médico e ativista político brasileiro Josué de Castro (1908-1973), nascido na cidade de Recife, Pernambuco, Brasil, foi um dos maiores estudiosos na área de alimentação e nutrição do país. Na década de 1930, foi pioneiro na inclusão dos problemas sociais relacionados à fome e à desnutrição na agenda política do país, pois afirmava que somente seria possível mitigar agravos nutricionais relacionados à fome por meio de ações coletivas e sociais (Haack *et al.*, 2018).

O direito humano à alimentação adequada (DHAA) é um direito constitucional no Brasil, que se refere à garantia de acesso físico e econômico de forma regular e permanente a alimentos adequados quali e quantitativamente, seguros e saudáveis, em conformidade com as tradições culturais do seu povo (Brasil, 2010). A Política Nacional de Alimentação e Nutrição (Pnan), lançada em 1999 e revisada em 2011, tem como diretriz central a organização da atenção nutricional no Sistema Único de Saúde (SUS) e a garantia do DHAA como ação transversal em suas diretrizes (Brasil, 2013).

O conjunto de esforços empreendidos no âmbito das políticas públicas brasileiras promoveu uma queda da prevalência de desnutrição no país nas últimas décadas. Destacam-se as ações no âmbito social e econômico, para além do campo da alimentação e nutrição, diretamente relacionados à desnutrição infantil, como o aumento da escolaridade materna, da renda familiar, maior abrangência dos serviços de saúde e melhoria do saneamento básico (UFRJ, 2019).

Entretanto, os dados evidenciam as iniquidades regionais; mesmo com a redução da desnutrição crônica no Brasil, observam-se elevadas taxas de déficit de estatura para a idade em crianças das regiões Norte e Nordeste ao longo da série histórica, sempre superiores às médias do país, que foram: para crianças de 0 a 5 anos, 13,4% em 2011 e 11,63% em 2021; para crianças de 5 a 10 anos, 11,69% em 2011 e 8,34% em 2021 (Figuras 23.1 e 23.2) (Brasil, 2023).

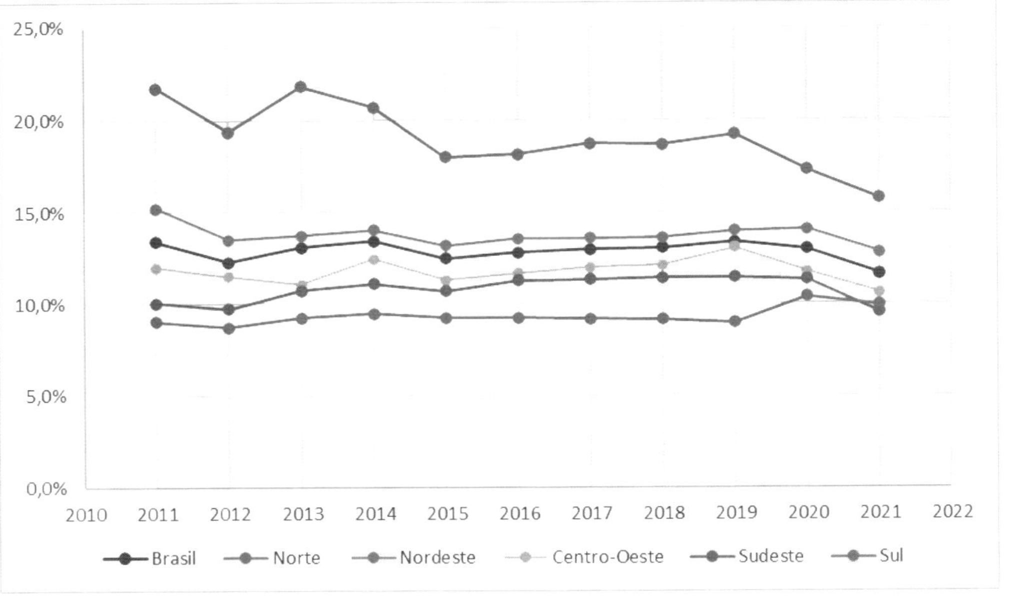

Figura 23.1 – Série histórica da prevalência de desnutrição crônica (muito baixa ou baixa estatura para idade – *stunting*) em crianças brasileiras de 0 a 5 anos, por região do país (Brasil, 2011 a 2021).

Fonte: Elaborada com base nos dados do Sistema de Vigilância Alimentar e Nutricional (Sisvan Web) (Brasil, 2023).

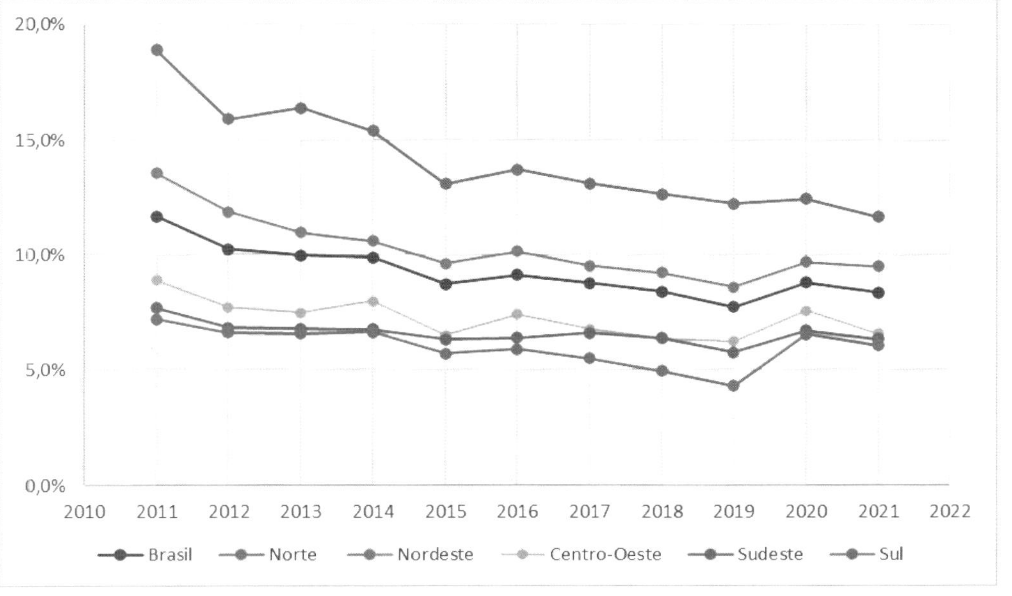

Figura 23.2 – Série histórica da prevalência de desnutrição crônica (baixa estatura para idade – *stunting*) em crianças brasileiras de 5 a 10 anos, por região do país (Brasil, 2011 a 2021).

Fonte: Elaborada com base nos dados do Sistema de Vigilância Alimentar e Nutricional (Sisvan Web) (Brasil, 2023).

De acordo com dados do Sistema de Vigilância Alimentar e Nutricional (SISVAN) (BRASIL, 2023), no ano de 2021, das cerca de 4,5 milhões de crianças brasileiras entre 0 e 5 anos de idade acompanhadas no âmbito da atenção primária do SUS, 4,3% apresentavam peso muito baixo para a idade ou peso baixo para a idade. Entre 5 e 10 anos de idade, de aproximadamente 3,5 milhões de crianças, 4,5% tinham peso muito baixo para a idade ou peso baixo para a idade. Para o mesmo ano, somente cerca de 20% das crianças realizavam pelo menos três refeições por dia. Ao avaliar o parâmetro índice de massa corporal (IMC kg/m2) para a idade, igualmente observam-se as maiores prevalências de magreza e magreza acentuada nas regiões Norte e Nordeste (Figuras 23.3 e 23.4), que são as regiões com menor índice de desenvolvimento humano (IDH) do país.

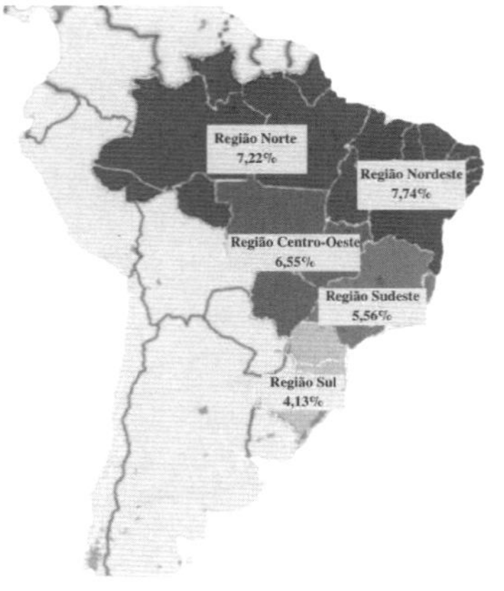

Figura 23.3 – Prevalência de magreza e magreza acentuada segundo o indicador antropométrico IMC para idade em crianças brasileiras de 0 a 5 anos, por região do país (Brasil, 2021).

Fonte: Elaborada com base nos dados do Sistema de Vigilância Alimentar e Nutricional (Sisvan Web) (Brasil, 2023).

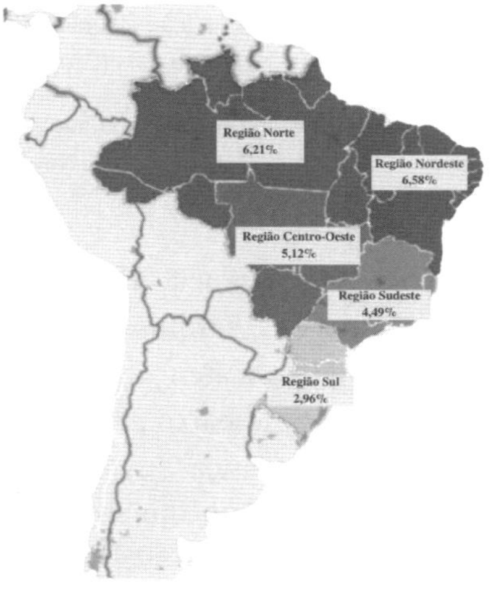

Figura 23.4 – Prevalência de magreza e magreza acentuada segundo o indicador antropométrico IMC para idade em crianças brasileiras de 5 a 10 anos, por região do país (Brasil, 2021).

Fonte: Elaborada com base nos dados do Sistema de Vigilância Alimentar e Nutricional (Sisvan Web) (Brasil, 2023).

Em países de baixa e média rendas, como o Brasil, estima-se que uma em cada dez mortes em crianças menores de 5 anos decorra de desnutrição severa, uma vez que estas estão mais suscetíveis à mortalidade por doenças infecciosas (Headey *et al.*, 2020). É pertinente destacar que, desde a década de 1980, o Brasil apresenta-se com sucesso no cenário mundial por ter um conjunto de políticas de promoção, proteção e apoio ao aleitamento materno (AM) (Brasil, 2008). O aleitamento materno exclusivo (AME) até os 6 meses de idade e continuado até os primeiros 2 anos de vida é forte protetor para desnutrição e mortalidade infantil, especialmente por infecções (Ministério da Saúde, 2021).

Em 2019, a prevalência de AME aos 6 meses de idade no Brasil, de acordo com o Estudo Nacional de Alimentação e Nutrição Infantil (Enani), foi de 45,8% e de AM continuado no fim do segundo ano de vida foi de 35,5%, demonstrando um grande incremento em relação aos inquéritos nacionais anteriores. A prevalência de AME aos 6 meses era de cerca de 3% na década de 1980, 24% na década de 1990, passando para a faixa de 30 a 40% nos anos 2000, quando o AM continuado aos 2 anos estava faixa de 20 a 30% (UFRJ, 2019).

Os dados mais recentes sobre carências nutricionais em crianças menores de 5 anos são também do Enani. A prevalência de anemia (hemoglobina < 11 g/dl) foi de 10% e de hipovitaminose A (retinol sérico < 0,7 µmol/l) de 6%, ambas com redução expressiva em relação ao inquérito anterior, de 2006 (20,9% e 17,4%, respectivamente). O Brasil tem programas nacionais de suplementação de ferro e vitamina A desde 2005, o que provavelmente se associa com a mudança no cenário epidemiológico (UFRJ, 2019).

As prevalências de deficiência de vitamina B12 (14,2%) e de zinco (17,8%) chamaram atenção nos resultados do Enani. Outro fator de destaque é que somente um terço dos casos de anemia era de anemia ferropriva, o que pode ser explicado por outras formas de carências afetando as crianças no cenário atual, como a relação com as deficiências de vitamina B12 e zinco e a inflamação sistêmica causada pelo excesso de peso no cenário epidemiológico atual (UFRJ, 2019).

O fenômeno da transição nutricional é observado em todo o mundo nas últimas décadas, inclusive no Brasil, onde nitidamente afeta a alimentação infantil. Apenas cerca de 55% das crianças menores de 5 anos atendem ao critério de diversidade alimentar mínima, que se refere ao consumo de alimentos de pelo menos cinco grupos alimentares em um dia. De 20 a 30% das crianças não consomem frutas e hortaliças. Enquanto isso, o consumo de alimentos ultraprocessados (AUP) é verificado em 80% das crianças < 2 anos e mais de 90% das crianças entre 2 e 5 anos de idade e escolares (UFRJ, 2019; Souza *et al.*, 2016).

A Unicef aponta para o déficit no consumo de alimentos de origem animal em crianças, o que pode estar relacionado tanto com crenças e mitos sobre a alimentação infantil quanto com a falta de acesso a esses alimentos (Unicef, 2019). Tal fato pode refletir nas deficiências de vitamina B12 e zinco verificadas no Enani (UFRJ, 2019).

Enquanto o Brasil reduziu a pobreza e a desnutrição, que são intimamente relacionadas, houve aumento da obesidade e do consumo de AUP, ou seja, há maneiras eficientes de reduzir o extremo da escassez por meio de políticas públicas, porém, o resultado tem sido o outro extremo, com consumo de alimentos não saudáveis e não apropriados para crianças, configurando um grande desafio atual para o país, especialmente no contexto da pandemia de covid-19 (Unicef; WHO; World Bank, 2021).

A potencial deterioração econômica e o aumento da pobreza em razão da pandemia de covid-19 fizeram com que o cenário de insegurança alimentar (IA) aumentasse, restringindo o acesso a dietas diversificadas e nutritivas (WHO, 2022a). Com isso, inúmeras famílias passaram a consumir alimentos mais acessíveis economicamente, como os ricos em amido e AUP, evitando alimentos mais caros ou perecíveis, como frutas, vegetais e alimentos de fonte animal (Unicef, 2019).

No Brasil, a pandemia de covid-19 deixou mais de 100 mil crianças órfãs de pai ou mãe, e mais de 90% da população teve alguma redução de renda e/ou poder de compra, impacto que é sentido muito mais fortemente na população de baixa renda. Dados de 2017-2018 indicaram 36,7% dos domicílios com algum grau de IA. Em 2019, o Enani encontrou que 47,1% dos domicílios com crianças menores de 5 anos estavam em IA. Inquérito nacional realizado em dezembro de 2020, já no período pandêmico, verificou que 55% dos domicílios estavam em algum grau de IA, sendo 9% grave, com presença de fome. Em 2021, verificou-se 67% dos domicílios brasileiros com crianças menores de 10 anos em IA, sendo 37,8% moderada a grave (IBGE, 2021; Rede Penssan, 2022; UFRJ, 2019).

Assim, o cenário epidemiológico da desnutrição no Brasil mostra-se complexo, com melhora de indicadores ao longo dos últimos anos, porém, com uma transição nutricional importante relacionada ao padrão alimentar das crianças e um potencial efeito da pandemia de covid-19 sobre o estado nutricional da população.

REFERÊNCIAS

Brasil. Ministério da Saúde (MS). *Pesquisa Nacional de Demografia e Saúde da Criança e da Mulher (PNDS-2006).* [Internet] 2008. Disponível em: https://bvsms.saude.gov.br/bvs/publicacoes/pnds_crianca_mulher.pdf. Acesso em: 3 ago. 2023.

Brasil. Constituição (1988). *Emenda constitucional n.º 64, de 4 de fevereiro de 2010.* Dá nova redação ao art. 6 da Constituição Federal, alterando para introduzir a alimentação como direito social. 2010.

Brasil. Ministério da Saúde (MS). Secretaria de Atenção à Saúde. Departamento de Atenção Básica. *Política Nacional de Alimentação e Nutrição.* Brasília: Ministério da Saúde, 2013.

BRASIL. MINISTÉRIO DA SAÚDE. *Sisvan web: informações gerais para navegar no acesso restrito.* [Internet]. 2023. Disponível em: https://sisaps.saude.gov.br/sisvan/relatoriopublico/index. Acesso em: 3 ago. 2023.

FOOD AND AGRICULTURE ORGANIZATION (FAO). *A importância da Ucrânia e da Federação Russa para os mercados agrícolas globais e os riscos associados à guerra na Ucrânia.* Nota Informativa. Rome, 2022. Disponível em: https://www.fao.org/documents/card/en/c/cb9013en/. Acesso em: 3 ago. 2023

GREY, K. *et al.* Severe malnutrition or famine exposure in childhood and cardiometabolic non-communicable disease later in life: a systematic review. *BMJ Glob Heal*, v. 6, n. 3, 2021.

HAACK, A. *et al.* Políticas e programas de nutrição no Brasil da década de 30 até 2018: uma revisão da literatura. *Com. Ciências Saúde,* v. 29, 2018.

HEADEY, D. *et al.* Impacts of COVID-19 on childhood malnutrition and nutrition-related mortality. *Lancet*, v. 396, n. 10250, p. 519–521, 2020.

IBGE. *Pesquisa de Orçamentos Familiares: 2017-2018: perfil das despesas no Brasil: indicadores de qualidade de vida.* Rio de Janeiro: IBGE, 2021. 59 p. Disponível em: https://biblioteca.ibge.gov.br/visualizacao/livros/liv101886.pdf. Acesso em: 3 ago. 2023.

KANAN, S. O. H.; SWAR, M. O. Prevalence and outcome of severe malnutrition in children less than five-year-old in Omdurman Paediatric Hospital, Sudan. *Sudan J Paediatr* [Internet], v. 16, n. 1, p. 23–30, 2016. Disponível em: http://www.ncbi.nlm.nih.gov/pubmed/27651550%0Ahttp://www.pubmedcentral.nih.gov/articlerender.fcgi?artid=PMC5025929. Acesso em: 3 ago. 2023.

KATOCH, O. R. Determinants of malnutrition among children: a systematic review. *Nutrition* [Internet], v. 96, p. 111565, 2022. Disponível em: https://doi.org/10.1016/j.nut.2021.111565. Acesso em: 3 ago. 2023.

KHAN, D. S. A. *et al.* Nutritional status and dietary intake of school-age children and early adolescents: systematic review in a developing country and lessons for the global perspective. *Front Nutr,* v. 8, 2022.

MINISTÉRIO DA SAÚDE (MS). *Guia alimentar para crianças brasileiras menores de 2 anos* [Internet]. 2. ed. Brasília.: Ministério da Saúde, 2021 Disponível em: https://bvsms.saude.gov.br/bvs/publicacoes/guia_alimentar_populacao_brasileira_2ed.pdf. Acesso em: 3 ago. 2023.

REDE BRASILEIRA DE PESQUISA EM SOBERANIA E SEGURANÇA ALIMENTAR E NUTRICIONAL (REDE PENSSAN). *Inquérito Nacional sobre Insegurança Alimentar no Contexto da Pandemia da Covid-19 no Brasil: ii Vigisan.* 2022. e-book. Disponível em: https://www12.senado.leg.br/noticias/arquivos/2022/10/14/olheestados-diagramacao-v4-r01-1-14-09-2022.pdf. Acesso em: 3 ago. 2023.

SOUZA, A. M. *et al.* ERICA: intake of macro and micronutrients of Brazilian adolescents. *Rev Saúde Pública*, v. 50, p. (suppl. 1), 2016.

UNIVERSIDADE FEDERAL DO RIO DE JANEIRO (UFRJ). *Estado Nutricional Antropométrico da Criança e da Mãe: prevalência de indicadores antropométrico de crianças brasileiras menores de 5 anos de idade e suas mães biológicas: Enani 2019* [Internet]. 2019. Disponível em: https://enani.nutricao.ufrj.br/index.php/relatorios/. Acesso em: 3 ago. 2023.

UNITED NATIONS INTERNATIONAL CHILDREN'S EMERGENCY FUND (UNICEF). Situação Mundial da Infância 2019. *Sumário Executivo Crescendo saudável em um mundo em transformação.*

[Internet]. 2019. Disponível em: https://www.unicef.org/brazil/media/5566/file/Situacao_Mundial_da_Infancia_2019_ResumoExecutivo.pdf. Acesso em: 3 ago. 2023.

United Nations International Children's Emergency Fund (UNICEF); World Health Organization (WHO); World Bank Group. Levels and trends in child malnutrition Unicef/WHO/World Bank Group Joint Child Malnutrition Estimates Key findings of the 2021 edition. *World Heal Organ* [Internet]. 2021,1–32. Disponível em: https://www.who.int/publications/i/item/9789240025257. Acesso em: 3 ago. 2023.

United Nations International Children's Emergency Fund (UNICEF). *As the war in Ukraine continues, millions of children in the Middle East and North Africa at increased risk of malnutrition amid food price hikes* [Internet]. 2022. Disponível em: https://www.unicef.org/mena/press-releases/war-ukraine-continues-millions-children-middle-east-and-north-africa-increased-risk#_ftn1. Acesso em: 3 ago. 2023.

United Nations. *Brief nº.1: impact of war in Ukraine on food, energy and finance systems* [Internet]. 2022. Disponível em: https://news.un.org/pages/wp-content/uploads/2022/04/UN-GCRG-Brief-1.pdf?utm_source=United+Nations&utm_medium=Brief&utm_campaign=Global+Crisis+Response. Acesso em: 3 ago. 2023.

Wali, N.; Agho, K.; Renzaho, A. M. Hidden hunger and child undernutrition in South Asia: A meta-ethnographic systematic review. *Asia Pac J Clin Nutr*, v. 31, n. 4, p. 713–739, 2022.

World Health Organization (WHO). *Who Global Database on Child Growth and Malnutrition. Programme of Nutrition*. Geneva. Geneva: WHO, 1997.

World Health Organization (WHO). *World Health Statistics 2022: monitoring health for the SDGs, sustainable development goals*. Geneva: World Health Organization, 2022a. Licence: CC BY-NC-SA 3.0 IGO.WHS. World Health Statistics. 2022.

World Health Organization (WHO). *Who response to the Ukraine crisis: November 2022 bulletin*. WHO/EURO: 2022b. p. 6172-45937-67791.

World Health Organization (WHO). *Global Health Observatory: p Prevalence of thinness among children and adolescents, bmi < -2 standard deviations below the median (crude estimate) (%)*. 2023a.

World Health Organization (WHO). Malnutrition [Internet]. WHO, 2023b. Disponível em: https://www.who.int/health-topics/malnutrition#tab=tab_1. Acesso em: 3 ago. 2023.

CAPÍTULO 24

Papel do SUS na prevenção e no tratamento da desnutrição infantil

Cláudia Machado Coelho Souza de Vasconcelos

Amanda Gomes Queiroz Freitas

Débora Wanderley de Melo

INTRODUÇÃO

O Sistema Único de Saúde (SUS) tem como um de seus objetivos a assistência às pessoas por meio de ações de promoção, proteção e recuperação da saúde mediante ações assistenciais e atividades preventivas (Brasil, 1990).

Nesse sentido, a prevenção e o tratamento da desnutrição infantil e também materna são responsabilidades do SUS, por meio da oferta de ações e serviços como consultas de pré-natal, puericultura, suplementação profilática de micronutrientes, acompanhamento do estado nutricional, acompanhamento sistemático na atenção primária à saúde (APS), por meio da Estratégia Saúde da Família (ESF), com o apoio das equipes multidisciplinares. Cabe ao SUS, portanto, ordenar e coordenar, por meio das redes de atenção à saúde (RAS), o cuidado relacionado a esse agravo nutricional (Brasil, 2012a; Jaime; Gabe, 2019; Brasil, 2022a).

A identificação e a divulgação dos fatores condicionantes e determinantes de saúde, bem como a formulação e execução de políticas públicas que reduzam riscos de doenças e de outros agravos, também são objetivos do SUS. Desse modo, devem ser criadas condições que assegurem acesso universal e igualitário aos serviços e às ações para promoção, proteção e recuperação da saúde (Brasil, 1990).

No contexto da desnutrição infantil, este capítulo aborda como o SUS tem se organizado e o que tem proposto para o manejo desse relevante agravo nutricional. É importante ressaltar que desde a sua regulamentação, a vigilância nutricional e a orientação alimentar são campos de atuação do SUS, além de assistência terapêutica integral. Ademais, compete à direção nacional do SUS formular, avaliar e apoiar políticas de alimentação e nutrição (Brasil, 1990).

A Política Nacional de Alimentação e Nutrição (Pnan), criada em 1999 e atualizada em 2011, apresenta nove diretrizes e tem por objetivo melhorar as condições de alimentação, saúde e nutrição da população brasileira. Sua publicação reforçou o compromisso brasileiro com as ações de alimentação e nutrição no SUS. A referida política aponta a desnutrição entre as demandas prioritárias da atenção nutricional nos territórios (Brasil, 2012b).

A organização e o fortalecimento do SUS para o enfrentamento da desnutrição infantil reassume relevância singular na atual conjuntura em que se observa maior preocupação com essa condição nutricional na infância (Brasil, 2022b), embora o déficit de altura para idade nunca tenha saído da agenda da saúde pública, em especial de populações vulnerabilizadas.

No entanto, é primordial destacar que o SUS tem um enorme desafio, pois ao lado da desnutrição, estão o excesso de peso e as carências nutricionais, configurando um cenário de múltipla carga de má nutrição. Tal contexto, decorrente das transições demográfica, nutricional e epidemiológica, ocorridas simultaneamente, afetam diferentes faixas etárias, incluindo crianças.

Considerando que o delineamento de intervenções em saúde pública requer a compreensão do que representa o problema, pode-se conceituar a desnutrição infantil ou desnutrição energético-proteica (DEP) como uma condição física que ocorre quando o organismo não recebe a energia e os nutrientes necessários para seu crescimento (Jaime; Gabe, 2019). Pode-se afirmar que a DEP expressa vários balanços negativos advindos de funções e estruturas distorcidas do organismo social, assim como uma condição fisiopatológica, problema epidemiológico ou doença social (Batista Filho; Rissin, 2016). Desse modo, a prevenção da desnutrição infantil requer políticas públicas intersetoriais, que ultrapassam o escopo de atuação do SUS.

Medidas antropométricas, exames laboratoriais, aspectos clínicos e alimentares, isolados ou associados, são utilizados para diagnóstico de desnutrição, que apresenta formas clássicas mais graves, de acordo com as suas manifestações clínicas. São elas: *kwashiorkor*, cuja deficiência predominante é proteica; marasmo, em que ocorre deficiência energético-proteica equilibrada; e *kwashiorkor* marasmático, que é a forma mista, coexistindo deficiência de energia e proteína, mas desequilibrada (Vitolo, 2008).

Além das formas mais graves, a desnutrição se manifesta em formas mais leves e moderadas, sendo mais comuns e produzindo um impacto maior em termos de riscos associados às suas consequências, incluindo mortes e limitações funcionais em nível populacional (Batista Filho; Rissin, 2016). Destaca-se que a DEP raramente se difunde como processo único, pois se associa, simultaneamente, a outras carências nutricionais, como anemias, deficiência de vitamina A, além de carências menos evidentes de complexo B, cálcio, iodo e zinco, configurando-se como processos multicarenciais (Kac; Sichieri; Gigante, 2007).

A desnutrição é multicausal, envolvendo fatores biológicos (consumo inadequado, ausência de aleitamento materno ou presença de doenças infecciosas e de outras morbidades, como síndromes de má absorção), socioeconômicos, culturais e ambientais. Tais fatores compõem um ciclo que envolve pobreza, doença e insegurança alimentar (IA) que interagem entre si, contribuindo um para a persistência do outro (Jaime; Gabe, 2019). Crianças em situação de vulnerabilidade social apresentam maior risco de desenvolver desnutrição (Brasil, 2021a). Portanto, tal agravo é sensível ao contexto social e ambiental (Jaime; Gabe, 2019).Uma prevalência significativa de crianças no mundo cresce e se desenvolve manifestando desnutrição, o que implica consequências a curto, médio e longo prazos, como aumento do risco de morbimortalidade por causas evitáveis, atrasos no desenvolvimento neuropsicomotor, desempenho escolar reduzido e diminuição do capital humano, da capacidade produtiva futura, isto é, capacidade para o trabalho, e dos anos de vida ajustados pela qualidade (Brasil, 2021a; Black *et al.*, 2008; Victora *et al.*, 2008). Existem estudos relacionando o desenvolvimento de doenças crônicas, que respondem por boa parte de todas as causas de morte, ao efeito prolongado de predisposições geradas pela DEP na infância, efeitos que caracterizam o chamado "*imprinting* metabólico" (Pais; Carrera, 2009).

Em 2017-2018, já se observava que a insegurança alimentar piorava e era mais prevalente no Brasil (IBGE, 2019), agravando-se com a pandemia de covid-19 (Rede Penssan, 2022), o que possivelmente contribuiu para o aumento das taxas entre as crianças brasileiras de todas as formas de má nutrição, incluindo desnutrição (Brasil, 2022b; Akseer *et al.*, 2020; Fore *et al.*, 2020).

No Brasil, existem inquéritos populacionais com menores de 5 anos há décadas, os quais revelavam redução da prevalência de desnutrição infantil, mas apontam piora nos últimos anos. Os inquéritos historicamente apontam iniquidades regionais, com pior situação nas regiões Norte e Nordeste, bem como em crianças indígenas, pardas e pretas.

A desnutrição aguda (peso por idade) em menores de 5 anos reduziu de 7,1% em 1989 para 1,7% em 2006 (Brasil, 2006). No entanto, dados do Sisvan apontam piora do quadro, pois a magreza e magreza acentuada (IMC/idade) alcançaram, em 2020, as prevalências de 5,4%, 6,8% e 5,6% em crianças menores de 2 anos, de 2 a 4 anos e de 5 a 9 anos, respectivamente (Brasil, 2022b).

A baixa estatura ou muito baixa estatura por idade em menores de 5 anos era de 15,2% em 1989, reduziu para 13,4% em 1996, chegando a 7% em 2006. No entanto, em 2020, a análise do mesmo índice, com crianças acompanhadas pela APS, revelou 12,8%, 13,1% e 8,8% em crianças menores de 2 anos, de 2 a 4 anos e de 5 a 9 anos, respectivamente (Brasil, 2022b), revelando piora da situação.

Globalmente, a prevalência de atraso no crescimento em crianças menores de 5 anos está em declínio e em 2018 afetou 21,9%. O número de crianças atrofiadas também diminuiu de 165,8 milhões em 2012 para 148,9 milhões em 2018. Embora represente uma queda de 10,1% durante este período de seis anos, não atingiu a redução de 20% do número de crianças como meta proposta até 2030 em relação ao valor de referência de 2012. Globalmente, 7,3% das crianças menores de 5 anos sofrem desnutrição aguda, o que fica aquém do objetivo de reduzir para menos de 5% até 2025 e 3% até 2030 (FAO *et al.*, 2019).

Um em cada sete nascidos vivos nasceram com baixo peso em 2015 no mundo. Os dados mostram que pouco progresso foi feito desde 2012, quando se estima que 14,6% de todos os bebês do mundo nasceram com baixo peso. Se as tendências atuais continuarem, o objetivo de reduzir em 30% a prevalência de baixo peso ao nascer até 2025 não será alcançado (FAO *et al.*, 2019). Portanto, não há muito otimismo quanto ao alcance das metas globais de diminuição da desnutrição, tendo em vista o processo lento que se observa (Idec, 2019).

O direito a alimentação e nutrição adequadas faz parte das agendas internacionais desde 1948 com a Declaração Universal dos Direitos Humanos. Apesar de esforços por parte de algumas nações e organizações internacionais, como Organização Mundial de Saúde (OMS), Organização Pan-Americana de Saúde (Opas) e Fundo das Nações Unidades para Infância (Unicef), a desnutrição continua a ser um problema de saúde pública na maioria dos países em desenvolvimento e prioridade da agenda nacional de saúde, das agendas estaduais e municipais, bem como das agendas internacionais.

Dentre os compromissos internacionais, destacam-se "A Década de Ação em Nutrição (2016-2025)", promovida pela Organização das Nações Unidas (ONU), e Objetivos de Desenvolvimento Sustentáveis (ODS) a serem atingidos até 2030, que almejam o alcance da saúde e qualidade de vida pela população e, consequentemente, a erradicação da desnutrição no mundo. Seis dos 17 ODS permeiam a "Década de Ação em Nutrição", os quais visam a acabar com a fome, alcançar segurança alimentar e nutricional e melhorar a nutrição, e promover agricultura sustentável. Destaca-se a relevância da cobertura universal de ações em nutrição nos sistemas de saúde e da proteção social como pilares da "Década de Ação" (Pedraza *et al.*, 2020).

A desnutrição infantil configura-se como um desafio global complexo e multidimensional, que necessita de articulação intersetorial, a fim de prevenir e tratar suas causas e consequências (Brasil, 2012a).

Quanto ao manejo da desnutrição infantil, surgiu em 2012, por meio da Portaria GM nº 2.387, de 18 de outubro de 2012, do Ministério da Saúde, a Agenda para Intensificação da Atenção Nutricional à Desnutrição Infantil (Andi). O seu surgimento decorre da necessidade de impulsionar o enfrentamento da desnutrição em municípios brasileiros com maior prevalência desse agravo em crianças menores de 5 anos de idade, tomando como base os dados do Sisvan. Propõe estruturação e qualificação de ações de atenção à saúde da criança e de organização da atenção nutricional na RAS, em especial no âmbito da APS e em consonância com a Pnan (Brasil, 2012a).

A Andi foi implementada e financiada de 2012 a 2015 e teve como objetivo principal induzir a elaboração de um Projeto de Saúde do Território voltado para desnutrição infantil, envolvendo as seguintes ações: vigilância alimentar e nutricional da população infantil; investigação dos casos de desnutrição e atraso do desenvolvimento infantil; organização do cuidado à criança com desnutrição; acompanhamento das condicionalidades do Programa Bolsa Família; promoção da alimentação saudável; e prevenção de carências de micronutrientes (Jaime; Gabe, 2019). Essa agenda fomentou a atenção nutricional e a regionalização da rede de atenção à saúde e nutrição infantil para a população nutricionalmente vulnerável; e estimulou a organização do cuidado compartilhado entre a APS e a atenção especializada em saúde (Brasil, 2012a).

Portanto, a Andi previu ações de prevenção e tratamento da desnutrição infantil, que serão abordadas a seguir, ao lado de outras estratégias, ações e outros documentos elaborados no âmbito do SUS para direcionar o manejo desse importante agravo nutricional.

PREVENÇÃO DA DESNUTRIÇÃO INFANTIL

A prevenção é um conjunto de medidas cujo objetivo é evitar o aparecimento de doenças e que devem ser mobilizadas a nível de indivíduo, coletivo e ambiente em que se vive. No caso da prevenção da desnutrição energético-proteica, deve-se partir das causas que condicionam essa situação (Batista Filho; Bleil; Van Eysden, 1989).

Os estudos sobre identificação dos determinantes do estado nutricional individual e familiar observam que a desnutrição é o resultado da interação de diversas variáveis ambientais, econômicas e sociais. O estado nutricional tem sido relacionado à renda e tamanho familiar, nível educacional dos pais, preço dos alimentos, valor nutricional da alimentação disponível, crenças e costumes dos consumidores e disponibilidade de serviços e equipamentos de saúde. Em relação à renda familiar, tem-se demonstrado ser um dos principais determinantes da quantidade de dieta (Valente, 2022).

Outras pesquisas levantaram os efeitos danosos de crenças e costumes e de algumas adaptações comuns à modernização, como a substituição do aleitamento materno por leites artificiais, porém, ainda são poucos os autores que efetivamente discutem as variáveis a nível macro (Valente, 2022).

Portanto, a desnutrição infantil tem múltiplas etiologias e envolve a violação de direitos básicos devido às condições socioeconômicas, contexto familiar, presença de doenças, ingestão inadequada e/ou insuficiente de alimentos *in natura* e minimamente processados, baixa qualidade nutricional da alimentação e biodisponibilidade de micronutrientes (Brasil, 2022c; Brasil, 2019).

No entanto, a desnutrição é geralmente tratada como um fenômeno inerte que não tem relação com mudanças que ocorrem na maioria dos países em desenvolvimento. Essas amplas mudanças não são neutras, assim como as mudanças socioeconômicas, que beneficiam certos indivíduos, grupos ou classes enquanto outros são prejudicados. Há também falhas de certos investigadores em não considerarem tais processos históricos em suas pesquisas e também não investigarem adequadamente as ações políticas governamentais, resultando em explicações incompletas e insatisfatórias da causalidade da desnutrição. As causas da desnutrição são encontradas primordialmente entre os desnutridos, e não na ordem social em que eles vivem (Valente, 2022).

Os cuidados relativos à desnutrição infantil no SUS, com ênfase na APS, consistem nas ações relativas a alimentação e nutrição voltados à promoção e proteção da saúde, diagnóstico e tratamento da desnutrição, e outros agravos nutricionais que possam existir, associados às demais ações de atenção à saúde da criança menor de 5 anos de idade (Brasil, 2012a).

No âmbito dos cuidados em alimentação e nutrição na APS, os profissionais de saúde dispõem de uma matriz para organização, cuja proposição revela uma preocupação do SUS com a estruturação dessas ações, na qual a prevenção e o tratamento da desnutrição infantil se inserem. A matriz focaliza aspectos relativos à prevenção e aponta as RAS para garantir a integralidade do cuidado (Brasil, 2021b), como nos casos em que se instala uma desnutrição grave.

Entre os diversos fatores necessários à prevenção da desnutrição infantil, destaca-se a alimentação adequada durante o período gestacional, pois a desnutrição ou ganho de peso insuficiente na gestação podem levar ao baixo peso ao nascer, condição que prejudica o crescimento e o desenvolvimento da criança, como também deficiências imunológicas, e aumentam a chance de parto prematuro (Brasil, 2021a).

Na gestação, é importante o consumo de uma grande variedade de alimentos *in natura* e minimamente processados e água potável, pois uma alimentação saudável favorece o bom desenvolvimento fetal, a saúde e o bem-estar da gestante. É importante que o profissional de saúde esteja atento aos aspectos relacionados à vulnerabilidade social e renda, à rede de apoio, à idade e às condições de trabalho da pessoa gestante atendida, quando for orientar quanto à alimentação (Brasil, 2021b).

A orientação alimentar das gestantes na APS deve seguir as recomendações do Guia Alimentar para População Brasileira (GAPB). Recentemente, o Ministério da Saúde publicou um protocolo de uso do guia alimentar na orientação alimentar de gestantes para auxiliar profissionais de saúde no manejo da alimentação saudável nesse período (Brasil, 2021b).

O protocolo referido aborda orientações importantes, por exemplo, estimular o consumo de água potável pela gestante nos intervalos entre as refeições; consumo de peixes ricos em ômega 3; realizar pequenos lanches ao longo do dia, baseados em alimentos *in natura* e minimamente processados; higienizar corretamente legumes, verduras e frutas, quando consumidos crus; consumir cafeína de forma segura, não ultrapassando 100 mg/dia e preferencialmente sem a adição de açúcar ou com o mínimo possível. São recomendadas vísceras como o fígado, que são alimentos fontes de ferro e vitamina A, nutriente essencial nessa fase da vida (Brasil, 2021b).

Outra importante estratégia de prevenção à desnutrição infantil é a promoção do aleitamento materno. Para que este seja bem-sucedido, é importante que a mãe esteja motivada e que o profissional de saúde saiba orientá-la e apresente propostas para resolver os problemas mais comuns enfrentados durante a amamentação.

É recomendado o aleitamento materno exclusivo até o 6º mês de vida e adequação das práticas da alimentação complementar ao leite materno a partir dessa idade. Após os 6 meses de vida, para que o bebê continue crescendo bem, ele necessita receber outros alimentos além do leite materno, porém, mesmo recebendo outros alimentos, a criança deve continuar a mamar no peito até os 2 anos ou mais, pois o leite materno continua alimentando a criança e protegendo-a contra doenças (Brasil, 2019).

Para promoção da amamentação, como importante iniciativa no SUS, destaca-se a Estratégia Amamenta e Alimenta Brasil (EAAB), criada em 2012 visando a qualificar as ações de promoção do aleitamento materno e da alimentação complementar saudável para crianças menores de 2 anos de idade, como também aprimorar as competências e as habilidades dos profissionais de saúde para a promoção do aleitamento materno e da alimentação complementar como atividade de rotina das unidades básicas de saúde (UBS) (Brasil, 2013), garantindo um forte compromisso com a prevenção da desnutrição infantil.

No contexto da prevenção, é igualmente relevante o diagnóstico e a identificação de possíveis riscos de atraso no desenvolvimento e crescimento da criança, que devem ser realizados o mais precocemente possível, pois o impacto será menor e a intervenção, mais efetiva. A APS, como porta de entrada do SUS, tem papel essencial na identificação de gestantes e crianças com desnutrição, na avaliação de fatores de risco, na orientação e no acompanhamento (Brasil, 2021a).

Gestantes e crianças menores de 2 anos estão entre os grupos mais vulneráveis e podem ter repercussões em sua saúde e nutrição, embora as deficiências de micronutrientes possam ocorrer ao longo da vida. Nas crianças, a anemia tem um impacto negativo no desenvolvimento cognitivo e motor, e em casos graves, aumenta o risco de mortalidade infantil. Em relação à prevalência, a anemia é mais comum entre as crianças na faixa etária de 6 a 23 meses (19,0%), de acordo com os dados do Estudo Nacional de Alimentação e Nutrição Infantil (Enani), sendo a ocorrência da anemia em menores de 2 anos mais elevada na região Norte (30,3%) (Brasil, 2022c).

Em relação à deficiência de vitamina A, observou-se que a prevalência é maior na região Centro-Oeste (9,5%), seguida pelas regiões Sul (8,9%), Norte (8,3%), Nordeste (5,2%) e Sudeste (4,3%) (Brasil, 2022c).

O Ministério da Saúde recomenda uma série de ações voltadas para a prevenção e o cuidado de deficiências nutricionais. Atualmente, o SUS conta com três estratégias voltadas a prevenção e atenção às deficiências de micronutrientes por meio da suplementação profilática: fortificação da alimentação infantil com micronutrientes em pó (NutriSUS), Programa Nacional de Suplementação de Ferro (PNSF) e Programa Nacional de Suplementação de Vitamina A (PNSVA) (Brasil, 2022c).

O NutriSUS prevê a suplementação com micronutrientes em pó (15 vitaminas e minerais) para potencializar o pleno desenvolvimento infantil, a prevenção e o cuidado da anemia e outras deficiências nutricionais, e é recomendado pela OMS como estratégia para aumentar o teor de micronutrientes da alimentação da criança, prevenindo as deficiências de nutrientes (vitaminas e minerais) (Brasil, 2022c).

Em relação à suplementação de ferro diariamente, a OMS recomenda a suplementação como uma intervenção de saúde pública para a prevenção da deficiência de ferro e anemia em lactentes e crianças de 6 a 24 meses, que vivem em locais onde a anemia é altamente prevalente (acima de 40%). Já durante a gestação, as suplementações de ferro e de ácido fólico são recomendadas como parte do cuidado no pré-natal para reduzir o risco de baixo peso ao nascer da criança, anemia e deficiência de ferro na gestante, além da prevenção da ocorrência de defeitos do tubo neural (DTN), e devem estar disponíveis nas farmácias das UBS, em todos os municípios brasileiros (Brasil, 2022c).

Em relação à vitamina A, a OMS recomenda a suplementação em altas doses (megadose) para crianças de 6 a 59 meses de idade em locais onde a deficiência de vitamina A é um problema de saúde pública (acima de 20%). Elas são adquiridas pelo Ministério da Saúde e encaminhadas aos estados, que distribuem conforme logística local em cápsulas em duas dosagens: de 100.000 UI e de 200.000 UI. É importante ressaltar que a megadose de vitamina A deve ser administrada na UBS. A criança que recebe suplementação pelo NutriSUS não deve receber outro suplemento de ferro, como o sulfato ferroso, e não necessita receber a megadose de vitamina A (Brasil, 2022c).

Além das ações já citadas, como a EAAB e os programas de suplementação, o acompanhamento do estado nutricional de crianças menores de 5 anos, por meio do Sistema Nacional de Vigilância Alimentar e Nutricional (Sisvan), com especial atenção às crianças pertencentes a famílias beneficiárias do Programa Bolsa Família (PBF), é fundamental para a prevenção e o controle da desnutrição.

A vigilância alimentar e nutricional (VAN) é uma das ações de gestão dos cuidados na APS, especialmente para a organização da atenção nutricional no SUS. Esses dados são relevantes para subsidiar ações e decisões que irão afetar a prevenção, o cuidado e o tratamento da desnutrição, reduzindo assim os efeitos deletérios à saúde infantil, por meio de iniciativas mais focalizadas (Brasil, 2020). O diagnóstico para as diferentes formas de desnutrição em crianças, proposto pelo MS, ocorre mediante pontos de referência de IMC para idade, estatura para idade, peso para idade e peso para estatura (Brasil, 2021a).

No âmbito da vigilância, ressalta-se que o SUS tem o desafio de compreender mais amplamente os cenários em que há a persistência de quadros de desnutrição infantil, com VAN implementada em populações específicas e povos e comunidades tradicionais, como indígenas e quilombolas, entre outros.

O PBF, por sua vez, relaciona-se à prevenção e ao tratamento da desnutrição infantil, por ser um programa federal de transferência direta de renda destinado às famílias em situação de pobreza e extrema pobreza, no qual o recebimento do auxílio está vinculado ao cumprimento de compromissos assumidos pelas famílias e pelo poder público nas áreas de saúde, educação e assistência social. Suas condicionalidades de saúde incluem o acompanhamento da imunização e da antropometria das crianças menores de 7 anos e da assistência ao pré-natal das gestantes (Brasil, 2020). Diversas pesquisas evidenciam melhorias nas condições de saúde das famílias do PBF associadas ao acompanhamento periódico pela saúde, por meio da ESF, como redução da mortalidade infantil em crianças menores de 5 anos, especialmente as mortes relacionadas à pobreza como desnutrição (Jaime *et al.*, 2014).

As ações de promoção da alimentação adequada e saudável (PAAS), que é uma diretriz da Pnan, tem como principal referencial a segunda edição do Guia Alimentar para a População Brasileira, lançado em 2014 pelo Ministério da Saúde, e a atualização do Guia Alimentar para Crianças Brasileiras Menores de 2 Anos, ocorrida em 2019. Ambos os guias abordam a importância de priorizar a alimentação baseada em alimentos *in natura* e minimamente processados, e a importância do aleitamento materno. Esses documentos são a base de recomendações para as ações de alimentação e nutrição, desenvolvidas pelos profissionais e equipes de saúde do SUS, e induzem outras políticas setoriais, como a de alimentação escolar (Brasil, 2020).

A implementação de políticas públicas intersetoriais, o desenvolvimento de estratégias e elaboração de diretrizes que foquem a primeira infância e principalmente o combate à desnutrição infantil são indispensáveis para reforçar a importância dessa fase da vida na formação de hábitos e de um correto crescimento e desenvolvimento. No entanto, há diversos desafios a serem superados para se garantir a prática de uma alimentação adequada e saudável no início da vida (Brasil, 2019).

É importante que se fortaleça a intersetorialidade, envolvendo diferentes atores, incluindo os(as) usuários(as) do SUS em todas as etapas do ciclo de gestão do cuidado (coleta de dados e informações da população, análise e decisão, ação, monitoramento e avaliação), planejando as ações a partir das realidades de cada território e população, pois a articulação entre diferentes setores é tida como pressuposto para o alcance da integralidade na atenção nutricional e para responder aos agravos decorrentes da má nutrição. Ações desenvolvidas em parceria com outros setores sociais (universidades, instâncias de controle social, educação, meio ambiente, agricultura e abastecimento etc.) são importantes fortalecedores na prevenção e controle de agravos nutricionais (Brasil, 2022c).

Na atualidade, a discussão do enfrentamento da desnutrição tem sido mais abrangente e interligada a outros dois problemas, que são a obesidade e as mudanças climáticas, compondo o que se denomina sindemia global. São consideradas três pandemias que interagem umas com as outras e exercem uma influência mútua em sua carga para a sociedade, e compartilham determinantes. Soluções urgentes devem ser consideradas conjuntamente, pois várias recomendações atuais para reduzir os índices de desnutrição também serão benéficas para reduzir obesidade e a mitigação e adaptação às mudanças climáticas, e vice-versa. Abordagens mais sistêmicas embasam soluções mais robustas, que demandam ações coletivas de diversos atores, para combate às diferentes formas de má nutrição, incluindo a desnutrição infantil (Idec, 2019).

No escopo da agenda governamental, devem ser fortalecidas as ações de estímulo ao desenvolvimento infantil como parte dos investimentos para a redução das desigualdades e promoção de oportunidades para uma geração de brasileiros (Brasil, 2012a).

TRATAMENTO DA DESNUTRIÇÃO INFANTIL

O tratamento da desnutrição infantil requer a elaboração de fluxos e procedimentos para o acolhimento adequado às demandas espontâneas e aos casos identificados por busca ativa. A APS, como porta de entrada do SUS, tem papel essencial na identificação de gestantes e crianças com desnutrição, avaliação de fatores de risco, orientação e acompanhamento (Brasil, 2012a; Brasil, 2021a).

Em 2011, a Rede Cegonha foi lançada pelas Portarias nº 1.459, de 24 de julho de 2011, e nº 2.351, de 5 de outubro de 2011. Ela consiste em uma rede de cuidados para assegurar à mulher e à criança o direito à atenção humanizada durante pré-natal, parto/nascimento, puerpério, e atenção infantil em toda a RAS. A Rede Cegonha objetiva estruturar e organizar a atenção à saúde materno-infantil, garantindo acesso, acolhimento e resolutividade. As ações desenvolvidas nessa rede são divididas em quatro componentes, compreendendo uma série de ações de atenção à saúde, entre elas o pré-natal e a atenção integral à saúde da criança (Brasil, 2011).

A Rede Cegonha aborda a qualificação e a implantação dos programas de prevenção e combate às carências nutricionais específicas (anemia ferropriva e hipovitaminose A) em suas ações de saúde. Essas ações vão ao encontro do Programa Nacional de Suplementação de Vitamina A e do Programa Nacional de Suplementação de Ferro (PNSF), além de propor o acompanhamento da VAN com recomendações, que posteriormente foram instituídas nos fluxos estabelecidos pela Andi e no "Guia rápido para o acompanhamento de gestantes e crianças com desnutrição na atenção primária à saúde" (Brasil, 2021a; Brasil, 2011).

Em 2012, o SUS implementou a Andi, citada anteriormente, que incorporou, nos processos de trabalho da APS, a atenção à criança de baixo peso e muito baixo peso (Figura 24.1). Nessa linha de cuidado, está incluído o processo de captação, por meio das visitas domiciliares pela ESF, encaminhamentos por creches, escolas e Cras, acolhimento, atendimento da UBS, demanda espontânea, acompanhamento de egressos hospitalares e chamadas nutricionais nas áreas de risco, avaliação nutricional e acompanhamento dessas crianças (Brasil, 2012a).

Mais recentemente, o MS publicou o "Guia rápido para o acompanhamento de gestantes e crianças com desnutrição na atenção primária à saúde" (Brasil, 2021a) e o instrutivo "Insegurança alimentar na atenção primária à saúde: manual de identificação dos domicílios e organização da rede" (Brasil, 2022d). Esses documentos são atualmente as referências principais para o manejo de desnutrição no SUS, com foco na APS.

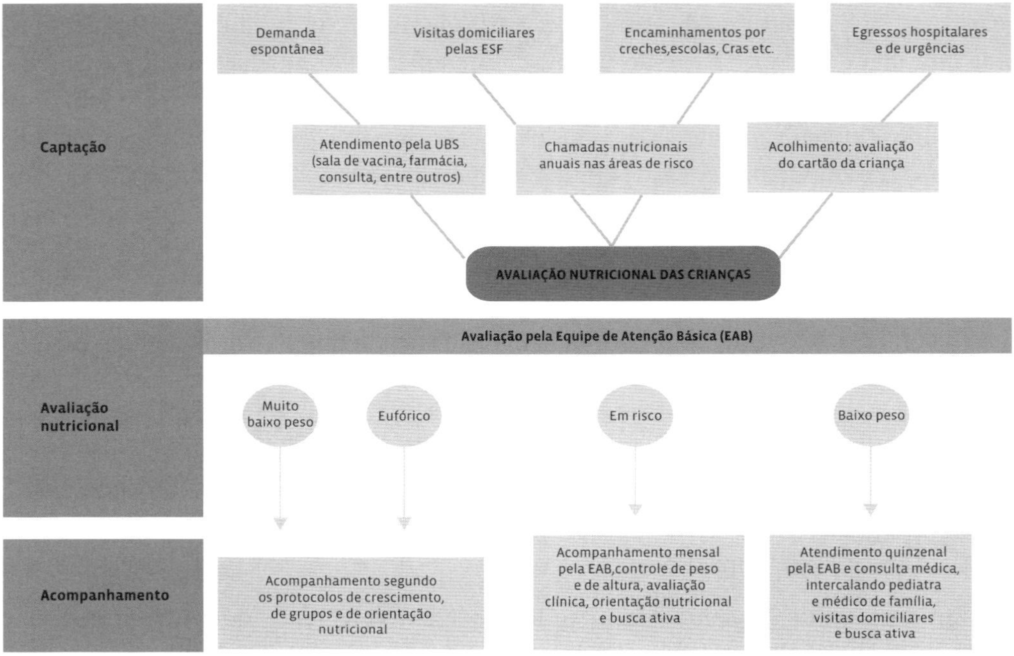

Figura 24.1 – Linha de cuidado: atenção à criança de baixo peso e muito baixo peso.

Fonte: adaptada de Brasil (2013).

Apesar de a Andi só ter sido financiada até 2015, discorremos um pouco sobre essa agenda, pois é um importante documento orientador para municípios organizarem seus processos de trabalho. Duas ferramentas, trazidas pela Andi, que podem contribuir para a melhor resolutividade da APS no cuidado às crianças desnutridas, são o Projeto de Saúde do Território (PST) e o Projeto Terapêutico Singular (PST) (Brasil, 2012a).

O PST com foco na desnutrição infantil pode ser uma potente ferramenta de nível municipal, funcionando como catalisador de ações locais para a melhoria da qualidade de vida e redução das vulnerabilidades. O projeto deve ser construído considerando-se aspectos da promoção da saúde, da participação social e da intersetorialidade e, para seu desenvolvimento, devem ser estabelecidos espaços coletivos e permanentes de discussão, em que sejam analisadas as necessidades de saúde da população adscrita, bem como seus determinantes e, por fim, estabelecer as estratégias de abordagem e enfrentamento dos problemas (Brasil, 2012a).

Quando voltado para atenção nutricional e desnutrição infantil, o PTS pode ser iniciado pela VAN ou por um PTS, realizado pela unidade ou equipe, os quais podem subsidiar a análise dos fatores ambientais pertinentes para a construção do PTS (Brasil, 2012a).

Com o intuito de atender ao enfrentamento da desnutrição infantil e contemplar a singularidade do sujeito e do território, é recomendada a aplicação do PTS. Ele é um forte aliado para a identificação de estratégias que possam convergir para a redução das iniquidades relacionadas à desnutrição. Para sua realização, é necessária a articulação de vários profissionais da equipe de referência da APS, bem como outros profissionais que desenvolvam apoio matricial às equipes. O PTS tem no diálogo sua ferramenta mais importante, tendo em vista a necessidade de pactuação com o sujeito das práticas terapêuticas que orientarão o seu cuidado. Para isso, sugere-se o cumprimento dos passos conforme a Figura 24.2 (Brasil, 2012a).

Projeto Terapêutico Singular (PTS)

1. **Convocação** — Reunir a família envolvida, a equipe de referência da atenção básica e, possivelmente, equipe de apoio multiprofissional, para realizarem o diagnóstico da criança com desnutrição,com base em uma visão ampliada
2. **Diagnóstico** — Realizar, com todos que compõem o grupo, uma avaliação orgânica, psicológica e social, que possibilite uma conclusão a respeito dos riscos e vulnerabilidades sofridos pela criança que apresenta desnutrição
3. **Definição de metas** — Realização de propostas de curto, médio e longo prazos, que deverão ser negociadas com a família, mediada pelo membro da equipe que tiver melhor vínculo com a família e que possa ficar responsável por monitorar o cumprimento das ofertas propostas de cuidado
4. **Divisão de responsabilidades** — Definição das tarefas de cada um, com clareza, reconhecendo os limites de conhecimento dos profissionais de saúde e das tecnologias empregadas por eles
5. **Reavaliação** — Momento de discussão sobre a evolução do PTS e sobre a necessidade de correções da trajetória do cuidado. Esse momento é definido na construção do PTS

Figura 24.2 – Etapas para pactuação do Projeto Terapêutico Singular (PTS) na APS.

Fonte: adaptada de Brasil (2013).

Em documento mais recente, o Ministério da Saúde propôs uma organização do fluxo realizado na APS em casos de crianças e gestantes com desnutrição, conforme Figura 24.3, que é semelhante em relação à proposta da Andi. Inicialmente, a avaliação nutricional deve ser realizada no acolhimento, por meio da aferição de peso e estatura. Posteriormente, deve ser realizada a avaliação de marcadores de consumo alimentar, ou seja, o preenchimento de dados do Sisvan que subsidia o diagnóstico e o acompanhamento dos casos de desnutrição. Em caso de afirmativa para as duas avaliações, deve-se seguir para a investigação de fatores relacionados à desnutrição, fatores de IA, exames clínicos e bioquímicos. Por meio da triagem, detecta-se se há presença de desnutrição, e, em caso afirmativo, segue-se o fluxo de atendimento na APS. Se detectada a necessidade, como nos casos de desnutrição grave, é realizado o encaminhamento para atenção especializada (AE). Ou seja, esse cuidado é feito por toda a rede, e deve obedecer a fluxos e linhas de cuidado para que a atenção percorra toda a rede de atenção à saúde, garantindo resolutividade nos casos de desnutrição (Brasil, 2021a).

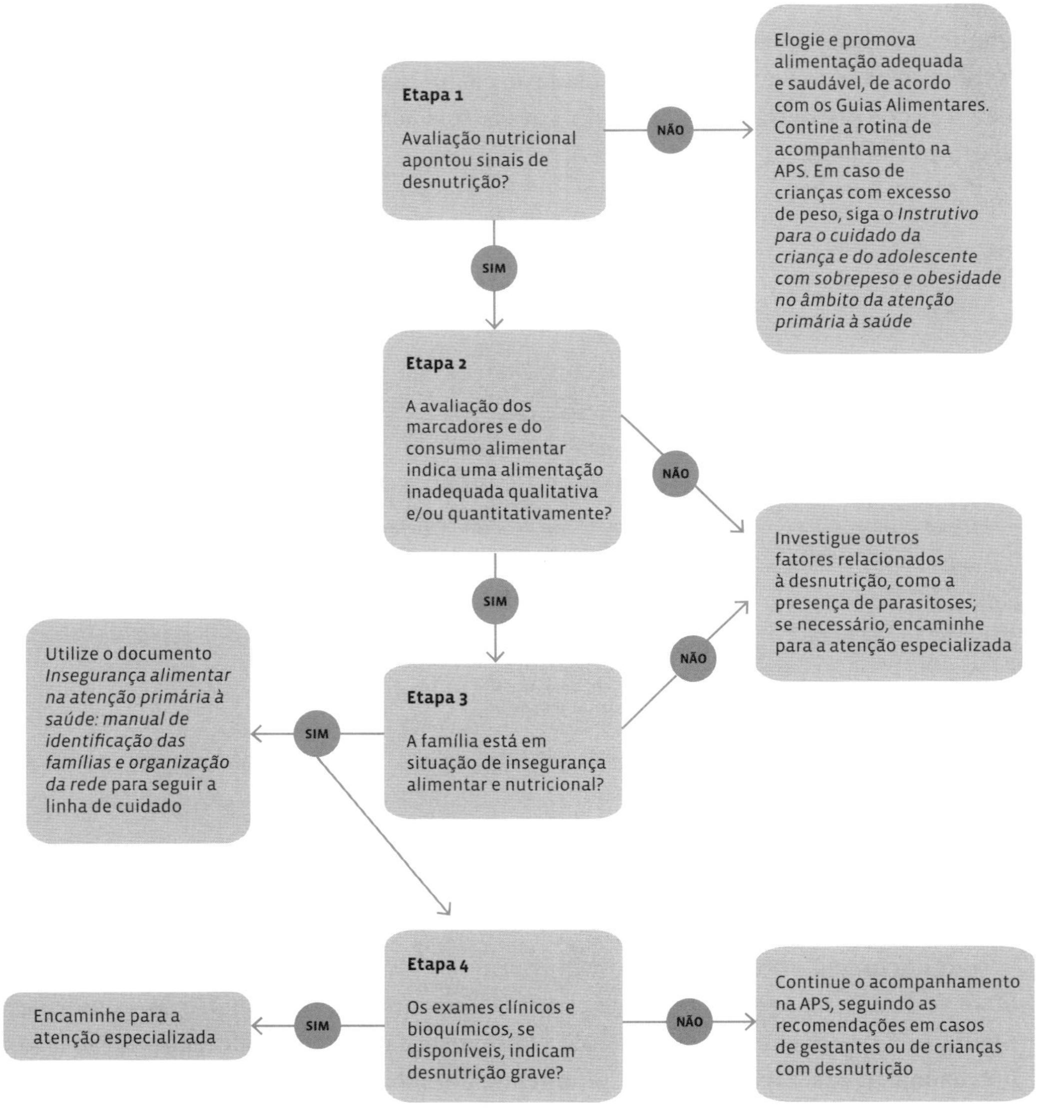

Figura 24.3 – Organização do fluxo na APS em casos de crianças e gestantes com desnutrição.

Fonte: Brasil (2022a).

É importante ressaltar que todos os profissionais das equipes de APS devem oferecer cuidados em alimentação e nutrição, incluindo atenção à desnutrição infantil, de acordo com as necessidades de saúde da população sob sua responsabilidade e a capacidade técnica dos profissionais que as compõem. Com essa diversidade profissional, almeja-se ampliar a capacidade da APS de identificar e lidar com as demandas de saúde da população sob sua responsabilidade, aumentando assim sua resolutividade (Brasil, 2022a).

Portanto, tem-se a alimentação e o estado nutricional das pessoas como elementos que podem atravessar de alguma forma a prática de todos os(as) profissionais de saúde, independentemente da categoria, especialmente se suas práticas de atenção à saúde ocorrerem a partir da perspectiva da clínica ampliada. Portanto, toda a equipe de APS precisa desenvolver capacidade de comunicação sobre alimentação para praticar um diálogo com escuta qualificada e sem julgamentos, sensível a diferentes saberes e práticas, reconhecendo as singularidades das experiências das pessoas para construção compartilhada de melhores formas de enfrentar dificuldades e sofrimentos relacionados à alimentação (Brasil, 2022a).

Desse modo, qualquer profissional da APS deve realizar as seguintes etapas para acompanhar crianças e detectar, monitorar e avaliar os agravos relacionados à desnutrição infantil.

1) Durante o acompanhamento de crescimento e desenvolvimento, fazer a aferição do peso e da estatura, calcular o índice de massa corporal (IMC) da criança (peso/estatura) (Brasil, 2012a) e classificar o estado nutricional segundo os índices: peso para a idade, estatura para a idade e IMC para a idade (todos os gráficos estão na Caderneta da Criança).
2) Registrar os dados de antropometria (peso e altura) na ficha de atendimento individual, ficha de atividade coletiva ou ficha de visita domiciliar e territorial com a identificação do Cartão Nacional de Saúde (CNS) ou CPF e na Caderneta da Criança.
3) Avaliar os hábitos alimentares da criança com base nos marcadores de consumo alimentar.
4) Avaliar a situação de insegurança alimentar e nutricional no domicílio a partir da escala de dois itens: Triagem para Risco de Insegurança Alimentar (TRIA).
5) Avaliar a disponibilidade e variedade de alimentos na família, o recebimento de benefício proveniente de programas de transferência de renda e outros tipos de auxílio (cesta básica, gás etc.).
6) Realizar exames clínicos e solicitar exames bioquímicos, se disponíveis, incluindo hemoglobina sérica para investigação de anemia.

7) Avaliar outros dados clínicos, como sinais de deficiências de micronutrientes, edema, funcionamento intestinal etc.

8) Ao observar desnutrição ou ganho ponderal insuficiente, identificar medidas corretivas com atenção para o reconhecimento das causas para esse agravo, que podem ser falta de acesso a alimentos em quantidade e qualidade suficientes, doenças infecciosas e diarreicas, parasitoses, alergias e intolerâncias, por exemplo. Avaliar também a prescrição de suplementos de micronutrientes.

9) Casos graves de desnutrição, com presença de edema, emagrecimento acentuado visível, atrofia muscular, hipotermia ou hipoglicemia devem ser encaminhados para a atenção especializada secundária ou terciária a depender da gravidade da desnutrição e da presença de intercorrências.

10) As crianças que se enquadram no item anterior devem continuar sendo acompanhadas pela APS, conforme preconizado pelo SUS, por meio da referência e contrarreferência.

Ao detectar casos de desnutrição materno-infantil leve e/ou moderada, a orientação alimentar e nutricional deve ser baseada nas recomendações do "Guia Alimentar para Crianças Brasileiras Menores de 2 Anos" (Brasil, 2019) ou GAPB, visando à promoção do peso adequado e de hábitos alimentares saudáveis, seguindo os seguintes passos:

- Promoção da alimentação saudável e adequada.
- Aumento da densidade energética dos alimentos: redução do conteúdo de água da comida – orientar sobre os alimentos na consistência pastosa/purê para crianças menores de 1 ano; orientar sobre a adição de óleo ou gordura (1 colher de sopa) em cada refeição principal (almoço e jantar); não oferecer alimentos que contenham açúcar para crianças menores de 2 anos de vida e evitar bebidas adoçadas e comidas prontas para aumentar a densidade energética.
- Esquema alimentar: verificar a necessidade de aumentar o fracionamento da alimentação, a fim de garantir as principais refeições com densidade energética adequada.
- Micronutrientes: garantir a oferta da suplementação de micronutrientes para gestantes e crianças, de acordo com os programas de suplementação de micronutrientes vigentes.

Nos casos de insegurança alimentar e nutricional (IAN), é importante, também, a articulação intersetorial com outros equipamentos de segurança alimentar e nutricional e o encaminhamento para o Centro de Referência de Assistência Social (Cras) do território (Brasil, 2022d).

Em casos de desnutrição grave ou quando não é possível o cuidado na APS, o paciente deve ser encaminhado para os serviços de atenção especializada secundária ou terciária, a depender da gravidade da desnutrição e da presença de intercorrências (Brasil, 2021a).

No tocante à desnutrição grave, em 1999 a OMS lançou um protocolo para tratamento de desnutrição infantil a nível hospitalar. Como reflexo dessa recomendação, em 2005 o MS lançou o "Manual de atendimento da criança com desnutrição grave em nível hospitalar", que contém diretrizes práticas para o cuidado de crianças em nível hospitalar, como uma forma de organizar e orientar o cuidado da criança desnutrida grave. O cuidado adequado está associado à redução da taxa de letalidade e do tempo de permanência hospitalar, bem como assegura o início da retomada do crescimento da criança, criando condições para a sua completa reabilitação nutricional em outros níveis de atenção à saúde (Brasil, 2005).

O protocolo da OMS prevê a recuperação do estado nutricional em um período relativamente curto (aproximadamente seis semanas). Esse documento apresenta 10 passos para recuperação nutricional de crianças com desnutrição grave. Os passos 1 a 5 são referentes à fase de estabilização; os passos de 6 a 9 são da fase de reabilitação; e o passo 10, de acompanhamento pós-recuperação (Brasil, 2005).

- Passos 1 e 2: tratar/prevenir hipoglicemia e hipotermia.

Alimentar a criança imediatamente e a cada 2 horas, dia e noite. Caso tenha hipoglicemia, dar 50 ml de glicose (sacarose) a 10%; evitar exposição a correntes de ar. Caso esteja com hipotermia, cobrir a criança com cobertor aquecido ou térmico

- Passo 3: tratar a desidratação e o choque séptico.

Utilizar SRO especial para desnutrido, não utilizar a via venosa, a não ser em caso de choque. Se já estiver desidratada: 5 ml/kg (SRO p/ desnutrido) a cada 30 minutos, por 2 horas. Depois, 5 a 10 ml/kg/hora durante as próximas 4 a 10 horas.

- Passo 4: corrigir os distúrbios hidreletrolíticos.

Administrar potássio (2 a 4 mmol/kg/dia) e magnésio (0,3 a 0,6 mmol/kg/dia).

- Passo 5: tratar infecção.

Administrar rotineiramente, em todas as admissões, antibiótico de largo espectro e vacina contra sarampo, caso a criança não tenha sido imunizada.

- Passo 6: corrigir as deficiências de micronutrientes.

Administrar diariamente: ácido fólico (1 mg/dia), zinco (2 mg/kg/dia), cobre (0,2 mg/kg/dia), vitamina A somente no primeiro dia. Não administrar ferro no início do tratamento, e sim após iniciar a fase de crescimento (recuperação).

- Passo 7: reiniciar a alimentação cautelosamente.

Oferecer, na fase inicial do tratamento, refeições pequenas e frequentes, com 75 kcal/100 ml (fórmula F75). Dependendo da resposta, passar a administrar a dieta de reabilitação, que fornece 100 kcal/100 ml (F100). Se a criança está sendo amamentada, deve ser encorajada a continuar. Na fase inicial do tratamento, a criança deve receber 100 kcal/kg/dia e 1 a 1,5 g de proteína/kg/dia. Iniciar com volumes de 120 a 140 ml/kg/dia, a cada 2 horas, inclusive à noite. A partir do terceiro dia, pode ser a cada 3 horas.

- Passo 8: reconstruir os tecidos perdidos (fase de reabilitação ou de crescimento rápido).

Oferecer refeições rápidas, que forneçam 150 a 220 kcal/kg/dia e 4 a 5 g de proteína/kg/dia. Se a criança está sendo amamentada, deve ser encorajada a continuar.

- Passo 9: afetividade, estimulação, recreação e cuidado.

É importante a estimulação e carinho dispensados a essa criança. Toda a equipe de saúde deve se envolver no tratamento para estimular a criança e orientar os familiares sobre como eles podem estimular a criança em casa.

- Passo 10: preparar para a alta e o acompanhamento após a alta.

Esse protocolo prevê que a criança permaneça hospitalizada até que: esteja se alimentando bem; com estado mental melhorado (sorri, responde a estímulos, interessa-se pelo ambiente ao redor); com temperatura normal (36,7 a 37 °C), sem vômitos ou diarreia; sem edema e com ganho de peso maior que 10 g/kg de peso por dia em três dias consecutivos. Essa fase dura aproximadamente 2 a 3 semanas. Após isso, deverá ser acompanhada por mais 7 a 26 semanas, dependendo de cada caso. O tratamento em semi-internato ou em unidades de recuperação nutricional é uma alternativa intermediária entre o hospital e o ambulatório.

Deve-se destacar que o encaminhamento para serviços de AE deve ser realizado após o esgotamento das possibilidades terapêuticas na APS, e deve ser mantida a coordenação do cuidado e acompanhamento nesse nível de atenção, com o intuito de manter a longitudinalidade do cuidado, mediante ações preventivas e de promoção da saúde (Brasil, 2012a).

Além disso, outras ações e estratégias têm sido desempenhadas pela Coordenadoria Geral de Alimentação e Nutrição (Cgan) do MS, a fim de apoiar ações relacionadas à desnutrição infantil. Em 2022, foram realizadas 16 oficinas com estados e municípios sobre a Portaria n.º 894, de 11 de maio de 2021, que institui incentivo financeiro para ações relacionadas ao enfrentamento da má nutrição (desnutrição e obesidade), com foco em crianças e gestantes do Programa Bolsa Família com desnutrição, no âmbito da APS (Brasil, 2021c).

Essa portaria demonstra a necessidade de se olhar para o problema da desnutrição, em tempos atuais, com vista a assegurar o direito humano à alimentação adequada e saudável. Surgiu no contexto do enfrentamento da emergência em saúde pública de importância nacional (Espin) decorrente da covid-19, priorizando as crianças menores de 7 anos de idade e gestantes do Programa Bolsa Família com desnutrição, conforme a análise do estado nutricional obtida no Sisvan, condicionadas aos atendimentos individuais nas UBS. Esse número de atendimentos serviu como indicador para o monitoramento.

Portanto, o SUS tem um importante papel no tratamento da desnutrição infantil mediante a constituição de uma rede de atenção à saúde que inclua a saúde e outros setores, a fim de prevenir complicações e sequelas decorrentes de longos períodos de desnutrição na infância.

Em síntese, as medidas de controle da desnutrição de responsabilidade mais direta do setor saúde incluem: melhoria na atenção à saúde da mulher em idade fértil; melhoria na atenção pré-natal, com ênfase na nutrição materna; monitoramento do crescimento e desenvolvimento até os 5 anos; incentivo e apoio ao aleitamento materno; orientação adequada na introdução da alimentação complementar; imunização; tratamento das infecções de forma adequada; reforço da alimentação da criança após períodos de doença; práticas de educação para a saúde e de educação alimentar na comunidade; enfrentamento de determinantes sociais pelo setor saúde que deve atuar junto à comunidade e órgãos governamentais competentes no sentido de melhoria de vida da população, em aspectos referentes a moradia, saneamento básico, educação, saúde, renda e lazer.

CASO CLÍNICO APLICADO

Lívia mora em uma comunidade próxima a UBS. Tem 4 anos e não frequenta a unidade de saúde. Sua mãe, Camila, é vizinha e amiga da agente comunitária de saúde (ACS) Luciana. A ACS escuta a queixa de baixo peso da filha de Camila e a dificuldade em acessar alimentos em quantidade e qualidade, por considerar a alimentação saudável cara. A mãe está desempregada e a família está passando por dificuldades financeiras. A ACS Luciana orienta Camila a agendar uma consulta para Lívia na UBS. Ao chegar na unidade, Lívia é avaliada (antropometria, exames) e tem o diagnóstico de desnutrição moderada.

Após a realização da antropometria, deve-se inserir os dados no sistema; assim, tem-se a notificação do caso de desnutrição. É verificado o estado de saúde de Lívia, o calendário de imunização, a suplementação de micronutrientes, realizado o encaminhamento para o Cras para realizar o cadastro único para que a equipe identifique quais benefícios sociais a família poderá acessar, incluindo o PBF. Por meio da territorialização, o profissional sabe quais as feiras livres disponíveis no território e orienta a paciente a buscar esses equipamentos. Realiza o encaminhamento para o nutricionista fazer a adequação nutricional, conforme a realidade e as possibilidades da família. Orienta sobre a existência de equipamentos de segurança alimentar e nutricional.

CONCLUSÃO

Os casos de desnutrição por déficit de estatura predominam no cenário epidemiológico, e o déficit de peso volta a crescer. A persistência da desnutrição, em especial entre crianças indígenas e quilombolas, e seu agravamento no contexto de crise econômica e pandemia, sinalizam a necessidade de mais investimentos sociais e de uma atenção focalizada. O setor da saúde visa a identificar e monitorar casos de desnutrição persistentes nos territórios, oferecendo atenção adequada aos casos identificados.

A prevenção e o tratamento da desnutrição infantil requerem políticas públicas que promovam a universalização do acesso da população brasileira a serviços essenciais como saúde, educação e saneamento, por meio de investimentos, agenda pública, leis, portarias e linhas de cuidado, pois o desenvolvimento socioeconômico, aliado às intervenções de saúde, relaciona-se à melhoria no estado nutricional das crianças, importante indicador de saúde da população.

Além disso, é válido lembrar que a piora das prevalências de desnutrição em um país como o Brasil diz muito sobre os fundamentos éticos da própria civilização, como lembra Josué de Castro (1992). Assim, mais do que uma doença com manifestações clínicas e bioquímicas sérias, é um problema de natureza política, econômica e social, e requer enfrentamento dos seus determinantes sociais e políticos orientado à equidade. Fortalecer o enfrentamento da desnutrição infantil é um desafio político, ético e moral para o Brasil.

REFERÊNCIAS

AKSEER, N. *et al.* Covid-19 pandemic and mitigation strategies: implications for maternal and child health and nutrition. *Am J Clin Nutr*, v. 112, n. 2, p. 251-256, 2020.

BATISTA FILHO, M.; BLEIL, S. I.; VAN EYSDEN, L. M. Prevenção da desnutrição energético-protéica. *Cad Saúde Pública* [Internet], v. 5, n. 3, p. 276-283, 1989.

BATISTA FILHO, M.; RISSIN, A. Desnutrição energético-proteica. In: TADDEI, J. A. A. C. *et al. Nutrição em saúde pública.* 2. ed. Rio de Janeiro: Rubio, 2016. p. 153-160.

BLACK, R. E. *et al.* Maternal and child undernutrition: global and regional exposures and health consequences. *Lancet*, v. 371, n. 9608, p. 243-260, 2008.

BRASIL. *Lei nº 8080, de 19 de setembro de 1990.* Dispõe sobre as condições para a promoção, proteção e recuperação da saúde, a organização e o funcionamento dos serviços correspondentes e dá outras providências (Marco Civil da Internet). Diário oficial da União.

1990 Set 2; (seção 1): 18055. Disponível em: https://www.planalto.gov.br/ccivil_03/LEIS/L8080.htm. Acesso em: 9 maio 2023.

Brasil. Ministério da Saúde. *Manual de atendimento da criança com desnutrição grave em nível hospitalar.* [Internet] 2005. Disponível em: https://bvsms.saude.gov.br/bvs/publicacoes/manual_desnutricao_criancas.pdf. Acesso em: 9 maio 2023.

Brasil. Ministério da Saúde. *Pesquisa Nacional de Demografia e Saúde da Criança e da Mulher.* Brasília: Ministério da Saúde, 2006.

Brasil. Ministério da Saúde. *Portaria nº 1.459, de 24 de junho de 2011.* Institui, no âmbito do Sistema Único de Saúde (SUS) – a Rede Cegonha [Internet]. Brasília: Ministério da Saúde, 2011. Disponível em: https://bvsms.saude.gov.br/bvs/saudelegis/gm/2011/prt1459_24_06_2011.html. Acesso em: 9 maio 2023.

Brasil. Ministério da Saúde. *Portaria nº 2.387, de 18 de outubro de 2012.* Dispõe sobre Manual Instrutivo para Implementação da Agenda para Intensificação da Atenção Nutricional à Desnutrição Infantil [Internet]. Brasília: Ministério da Saúde, 2012a. Disponível em: https://bvsms.saude.gov.br/bvs/publicacoes/manual_instrutivo_implementacao_agenda.pdf. Acesso em: 9 maio 2023.

Brasil. Ministério da Saúde (MS). Secretaria de Atenção à Saúde. Departamento de Atenção Básica. Política Nacional de Alimentação e Nutrição [Internet]. Brasília: Ministério da Saúde, 2012b. Disponível em: https://bvsms.saude.gov.br/bvs/publicacoes/politica_nacional_alimentacao_nutricao.pdf. Acesso em: 9 maio 2023.

Brasil. Ministério da Saúde. *Portaria nº 1.920, de 5 de setembro de 2013.* Institui a Estratégia Nacional para Promoção do Aleitamento Materno e Alimentação Complementar Saudável no Sistema Único de Saúde (SUS) – Estratégia Amamenta e Alimenta Brasil [Internet]. Brasília: Ministério da Saúde, 2013. Disponível em: https://bvsms.saude.gov.br/bvs/saudelegis/gm/2013/prt1920_05_09_2013.html. Acesso em: 9 maio 2023.

Brasil. Ministério da Saúde. Secretaria de Atenção Primária à Saúde. Departamento de Promoção da Saúde. *Guia alimentar para crianças brasileiras menores de 2 anos* [Internet]. 2019. Disponível em: http://189.28.128.100/dab/docs/portaldab/publicacoes/guia_da_crianca_2019.pdf. Acesso em: 9 maio 2023.

Brasil. Ministério da Saúde. *Plano Nacional de Saúde 2020 - 2023* [Internet]. Brasília: Ministério da Saúde, 2020. Disponível em: https://bvsms.saude.gov.br/bvs/publicacoes/plano_nacional_saude_2020_2023.pdf. Acesso em: 9 maio 2023.

Brasil. Ministério da Saúde. *Guia rápido para o acompanhamento de gestantes e crianças com desnutrição na atenção primária à saúde* [Internet]. Brasília: Ministério da Saúde, 2021a. Disponível em: https://www.saude.rj.gov.br/comum/code/MostrarArquivo.php?C=NDY4OTE%2C. Acesso em: 9 maio 2023.

Brasil. Ministério da Saúde. Fascículo 3. *Protocolos de uso do Guia alimentar para a população brasileira na orientação alimentar de gestantes* [Internet]. 2021b. Disponível em: http://bvsms.saude.gov.br/bvs/publicacoes/protocolos_guia_alimentar_fasciculo3.pdf. Acesso em: 9 maio 2023.

Brasil. Ministério da Saúde. *Relatório de atividades 2021. Coordenação Geral de Alimentação e Nutrição.* [Internet] 2021c. Disponível em: https://bvsms.saude.gov.br/bvs/publicacoes/relatorio_atividades_2021_cgan.pdf. Acesso em: 9 maio 2023.

Brasil. Ministério da Saúde. *Matriz para organização dos cuidados em alimentação e nutrição na atenção primária à saúde* [Internet]. Brasília: Ministério da saúde, 2022a. Disponível em: https://bvsms.saude.gov.br/bvs/publicacoes/matriz_organizacao_cuidados_alimentacao_aps.pdf. Acesso em: 9 maio 2023.

Brasil. Ministério da Saúde. Secretaria de Atenção Primária à Saúde. Departamento de Promoção da Saúde. *Situação alimentar e nutricional de crianças na atenção primária à saúde no Brasil* [Internet]. Brasília: Ministério da Saúde, 2022b. Disponível em: http://bvsms.saude.gov.br/bvs/publicacoes/situacao_alimentar_nutricional_criancas_atencao.pdf. Acesso em: 9 maio 2023.

Brasil. Ministério da Saúde. Secretaria de Atenção Primária à Saúde. Departamento de Promoção da Saúde. *Caderno dos programas nacionais de suplementação de micronutrientes* [Internet]. 2022c. Disponível em: https://bvsms.saude.gov.br/bvs/publicacoes/caderno_programas_nacionais_suplementacao_micronutrientes.pdf. Acesso em: 9 maio 2023.

Brasil. Ministério da Saúde. *Insegurança alimentar na atenção primária à saúde manual de identificação dos domicílios e organização da rede* [Internet]. 2022d. Disponível em: http://189.28.128.100/dab/docs/portaldab/publicacoes/instrutivo_inseguranca_alimentar_aps.pdf. Acesso em: 9 maio 2023.

Castro, J. *Geografia da fome – O dilema brasileiro: pão ou aço*. 11. ed. Rio de Janeiro: Griphus, 1992.

Fore, H. H. *et al.* Child malnutrition and Covid-19: the time to act is now. *Lancet*, v. 396, n. 10250, p. 517-518, 2020.

Instituto Brasileiro de Defesa do Consumidor (idec). *A sindemia global da obesidade, desnutrição e mudanças climáticas* – relatório da Comissão *The Lancet*, 2019. Disponível em: https://alimentandopoliticas.org.br/wp-content/uploads/2019/08/idec-the_lancet-sumario_executivo-baixa.pdf. Acesso em: 9 maio 2023.

Instituto Brasileiro de Geografia e Estatística (ibge). *Pesquisa de Orçamentos Familiares 2017-2018 – POF*. Rio de Janeiro: ibge, 2019.

Jaime, P. C. *et al.* Desnutrição em crianças de até cinco anos beneficiárias do Programa Bolsa Família: análise transversal e painel longitudinal de 2008 a 2012. *Cadernos de Estudo – Secretaria de Avaliação e Gestão da Informação*, v. 17, p. 49-63, 2014.

Jaime, P. C.; Gabe, K. T. Políticas públicas de alimentação e nutrição voltadas à desnutrição. In: Jaime, P. C. (Org.). *Políticas públicas de alimentação e nutrição*. Rio de Janeiro: Atheneu, 2019. p. 113-121.

Kac, G.; Sichieri, R.; Gigante, D.P. *Epidemiologia nutricional*. Rio de Janeiro: Fiocruz, 2007.

Food And Agriculture Organization (fao) *et al.* *El estado de la seguridad alimentaria y la nutritión en el mundo 2019:* protegerse frente a la desaceleración de la economia [Internet]. Roma: Organización de las Naciones Unidas para la Alimentación y la Agricultura, 2019. Disponível em: http://www.fao.org/3/ca5162es/ca5162es.pdf. Acesso em: 9 maio 2023.

Pais, A. B.; Carrera, E. F. de. Necessidades básicas insatisfeitas, desnutrição infantil e risco de doenças na vida. *Rev Paul Pediatr* [Internet], v. 27, n. 2, p. 127-132, 2009. Disponível em: https://doi.org/10.1590/S0103-05822009000200002. Acesso em: 9 maio 2023.

Pedraza, D. F. *et al.* Década de ação em nutrição: reflexões sobre a conjuntura brasileira. *Demetra*, v. 15, p. e43167, 2020.

REDE BRASILEIRA DE PESQUISA EM SOBERANIA E SEGURANÇA ALIMENTAR (PENSSAN). *Insegurança alimentar e Covid-19 no Brasil* [Internet]. Rede Penssan, 2022. Disponível em: https://olheparaafome.com.br/wp-content/uploads/2022/06/Relatorio-II-VIGISAN-2022.pdf. Acesso em: 9 maio 2023.

VALENTE, F. L. *Fome e desnutrição: determinantes sociais.* 21. ed. Campina Grande: A União, 2022. 152p.

VICTORA, C. G. *et al.* Maternal and child undernutrition: consequences for adult health and human capital. *Lancet*, v. 371, n. 9609, p. 340-357, 2008.

VITOLO, M. R. *Nutrição: da gestação ao envelhecimento.* Rio de Janeiro: Rubio, 2008. p. 234-242.

CAPÍTULO 25

Aleitamento materno e enfrentamento da insegurança alimentar e nutricional

Mariana Cavalcante Martins

Mirna Albuquerque Frota

Marly Augusto Cardoso

Maria Amanda Mesquita Fernandes

Camila Biazus Dalcin

Márcia Maria Tavares Machado

IMPORTÂNCIA DO ALEITAMENTO MATERNO

A alimentação é vital para a sobrevivência do ser humano, em todas as fases da vida, especialmente na infância, período durante o qual a alimentação interfere nos processos de crescimento, desenvolvimento e formação de hábitos.

Na década de 1930, o médico Josué de Castro explanou sobre a importância da alimentação diante da fome e da má nutrição que ecoava no Brasil e sua repercussão na vida das pessoas. Em 1988, o princípio do direito humano à alimentação adequada foi garantido pela Constituição Federal, passando a ser obrigação do Estado provê-la, assim como foi instituída a Política Nacional de Segurança Alimentar e Nutricional (Brasil, 2010).

Os primeiros anos de vida são primordiais para o desenvolvimento humano, por isso foi instituído, em 2016, o Marco Legal da Primeira Infância (constituído pelas idades de 6 meses a 6 anos), que define saúde, alimentação e nutrição como prioridades para as ações de proteção social voltadas a essa fase, bem como a primeiríssima infância (da gestação aos 3 anos), sendo o aleitamento materno recomendado como alimentação exclusiva durante os 6 primeiros meses e de maneira complementar a partir dessa idade, devendo se estender até, pelo menos, 2 anos de idade, oferecendo-se, junto à amamentação, alimentos oportunos, saudáveis e sem açúcares livres na alimentação infantil (Brasil, 2016).

O aleitamento materno, graças à sua excelência na composição de nutrientes, é comprovadamente reconhecido como o alimento mais completo e adequado para a criança até 2 anos ou mais. O ato de amamentar vai além da promoção da alimentação; a amamentação elucida inúmeros estímulos e sentimentos nesse binômio mãe e filho, como o olhar, o toque, o cheiro, a segurança, o som, o aconchego, a paz e o alimentar (WHO, 2008).

Os principais componentes do leite materno são: vitaminas, minerais, lipídios, carboidratos, enzimas, gorduras, anticorpos específicos e energia. Todos esses componentes contribuem para o crescimento, o desenvolvimento e as necessidades imunológicas da criança, de forma natural e única (Pérez-Escamilla *et al.*, 2023).

Evidências são apresentadas atestando que uma duração mais longa da amamentação reduz a probabilidade de a criança adquirir alguns enteropatógenos bacterianos que mais comumente causam diarreia e promovem um aumento do tempo para a primeira infecção por algumas bactérias, mesmo em ambientes com altas taxas de exposição a enteropatógenos.

Ressalta-se ainda que a composição do leite pode variar de acordo com alguns fatores: idade da mãe quando a criança nasceu; se o leite é colostro (3 a 5 dias) ou maduro (26 a 29 dias); alterações na composição devido a sobrepeso, tabagismo e hipertensão maternos (Pérez-Escamilla *et al.*, 2023).

A Organização Mundial da Saúde (OMS), a Organização Pan-americana de Saúde (Opas) e o Ministério da Saúde do Brasil recomendam o aleitamento materno exclusivo até a criança completar 6 meses de idade. Para tanto, outras práticas de aleitamento materno são definidas, seguindo critérios, terminologias e exemplos apresentados na Figura 25.1 (WHO, 2008).

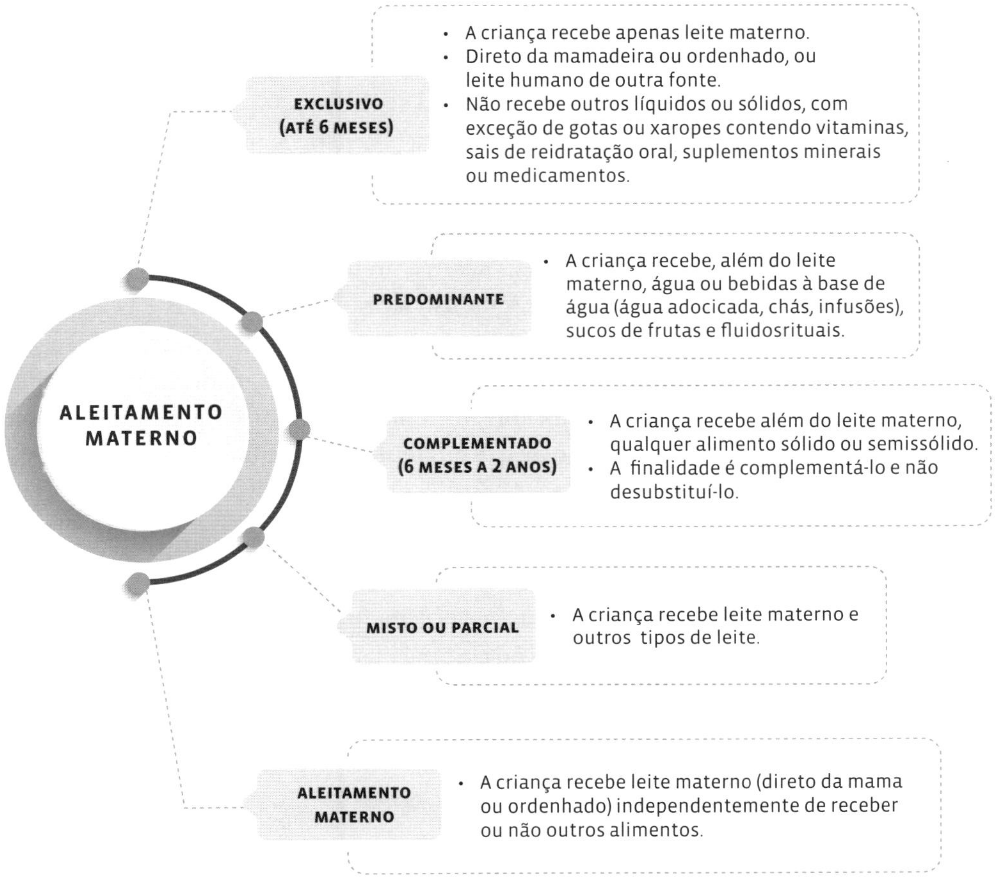

Figura 25.1 – Classificação dos tipos de aleitamento materno.

Fonte: World Health Organization (2008).

PROMOÇÃO, PROTEÇÃO E APOIO AO ALEITAMENTO MATERNO

Um dos marcos iniciais da promoção, proteção e apoio ao aleitamento materno no Brasil foi apresentado na Consolidação das Leis do Trabalho (CLT), em 1943, na qual, em um capítulo dedicado à proteção do trabalho da mulher, foram incluídos artigos abrangendo o direito da mulher que amamenta a um local e a um horário adequados para o período da amamentação, além de locais destinados à guarda dos filhos durante esse período, como berçários, para garantia do bem-estar das crianças (Brasil, 1943).

Já em 1974, o Ministério da Saúde criou o Programa Materno Infantil (PMI), em um período em que existiam diversas demandas de atenção médica, valorizando a atuação na atenção básica e a utilização de tecnologias simplificadas. O PMI surge com a proposta de estimular a prática da amamentação mediante a sensibilização das mães sobre a importância do ato para o desenvolvimento da criança (Oliveira; Moreira, 2013).

No final do século XIX, houve um declínio da prática do aleitamento materno, consequência de diversos fatores, como a inserção da mulher no mercado de trabalho, as crenças errôneas sobre a amamentação e as ações e práticas hospitalares contrárias ao aleitamento materno por livre demanda. A industrialização de produtos e a criação de demandas por influência do *marketing* utilizado pelas indústrias e distribuidores de alimentos artificiais impactou a prática do aleitamento materno. O declínio no aleitamento materno teve um impacto significante no aumento da mortalidade infantil. Esse cenário foi essencial para o surgimento de um movimento que atuava em prol do apoio e do retorno da prática da amamentação (Brasil, 2017a).

A regulamentação do Programa Nacional de Incentivo ao Aleitamento Materno (Pniam), em 1981, possuía uma diversidade de ações visando à promoção, à proteção e ao apoio ao aleitamento materno, sendo uma das principais ações as campanhas publicitárias nos diversos meios de comunicação e a criação de grupos de apoio à amamentação na comunidade, com o objetivo de disseminar as vantagens que o aleitamento materno proporciona, já que, em relação à nutrição, é fator protetor imunológico (Oliveira; Moreira, 2013).

Em 1983, a resolução n° 18/Inamps estabeleceu a obrigatoriedade, em todos os hospitais privados e públicos, da permanência de mãe e filho juntos, 24 horas por dia, por meio do alojamento conjunto, favorecendo a manutenção do aleitamento materno exclusivo e por livre demanda (Brasil, 2017a).

A Constituição Brasileira, promulgada em 1988, trouxe um marco significativo para as políticas de promoção, proteção e apoio ao aleitamento materno às mulheres inseridas no mercado de trabalho, trazendo em seu texto o direito da mulher a 120 dias de licença-maternidade e o direito ao pai a cinco dias de licença-paternidade, além de garantir o direito das mulheres privadas de liberdade de permanecer com o filho durante o período de amamentação (Brasil, 2017a). Em tempo, tem-se a criação da Rede Nacional de Bancos de Leite Humano (BLH), que propõe a promoção do aleitamento materno natural com o objetivo de reduzir a mortalidade infantil decorrente da desnutrição associada à oferta do leite artificial (Oliveira; Moreira, 2013).

É nesse entremeio que as carências nutricionais começam a ter evidência e foco no combate à desnutrição infantil. A amamentação não era mais vista somente como importante e necessária, e passou a ter grande visibilidade no combate aos problemas nutricionais da infância.

Em 1991, foi criada a Iniciativa Hospital Amigo da Criança (IHAC), cujo funcionamento se dá no âmbito de acreditação para que as instituições seguissem os "dez passos para o sucesso da amamentação" e não aceitassem a doação de substitutos do leite materno, trabalhando com a meta de resgatar o direito da mulher de amamentar; lançou-se, também, a Semana Mundial de Aleitamento Materno (SMAM) pela *World Alliance for Breastfeeding Action* (Waba), aliança criada com a intenção de cumprir os compromissos assumidos pelos países que assinaram a "Declaração de Innocenti" (Brasil, 2017a).

A regulamentação da Norma Brasileira para Comercialização de Alimentos para Lactentes (NBCAL), em 1992, foi um marco na história da promoção, da proteção e do apoio ao AM no Brasil, proporcionando maior atenção e controle quanto à comercialização de alimentos substitutos do leite materno, incluindo produtos acessórios envolvidos na prática, como mamadeiras, bicos e chupetas (Brasil, 2017a), bem como a implementação no Brasil do Método Mãe Canguru (MMC), como assistência e terapia voltadas para recém-nascidos com baixo peso, baseadas no contato pele a pele e na promoção do aleitamento materno (Oliveira; Moreira, 2013).

Já em 2006, foi instituído o Comitê Nacional de Aleitamento Materno do Ministério da Saúde, objetivando a assessoria e o apoio na implementação de ações voltadas ao AM no país (Brasil, 2017a). Aprovou-se também, baseada na NBCAL, a Lei Federal nº. 11.265, representando um avanço importante em relação ao controle das estratégias de publicidade e comercialização de alimentos para lactentes e crianças de primeira infância e produtos como mamadeiras, bicos e chupetas (Figueiró, 2010).

Por meio da capacitação e sensibilização de profissionais de saúde que atuam nas unidades básicas de saúde (UBS) quanto à promoção, à proteção e ao apoio ao aleitamento materno, a Rede Amamenta Brasil (RAB) foi criada em 2008, apoiada nos princípios da educação crítico-reflexiva e com a finalidade de diminuir os índices de desnutrição infantil. Ainda nesse ano, o Congresso Nacional promulgou a lei a Lei nº 11.770, que instituiu o aumento do período de licença maternidade de 120 para 180 dias (Oliveira; Moreira, 2013).

Em 2010, foi implementado mais um avanço nas políticas de promoção, proteção e apoio ao aleitamento materno da mulher trabalhadora: as salas de apoio à amamentação. Por meio da nota técnica conjunta nº 01/2010 da Agência Nacional de Vigilância Sanitária (Anvisa) e do Ministério da Saúde, o texto trata da instalação de salas adequadas para ordenha e armazenamento do leite ordenhado e sua fiscalização pela vigilância sanitária (Brasil, 2017a).

Em 2017, como incentivo à amamentação e reforço de sua relevância para a saúde da criança, o Congresso Nacional instituiu agosto como o "mês do aleitamento materno", por meio da Lei nº 13.435/2017, com a finalidade de intensificar as ações intersetoriais de conscientização e de esclarecimento sobre a importância do aleitamento materno

(Brasil, 2017b). Com a aprovação da Portaria nº 604, de 10 de maio de 2017 do Ministério da Educação (MEC), passou a valer o direito de lactantes e lactentes à amamentação nas áreas de livre acesso ao público ou de uso coletivo nas instituições do sistema federal de ensino, garantindo o direito da criança ao aleitamento materno (Brasil, 2017c).

A Figura 25.2 mostra a linha histórica das estratégias/marcos para promoção, proteção e apoio ao aleitamento materno aqui citados.

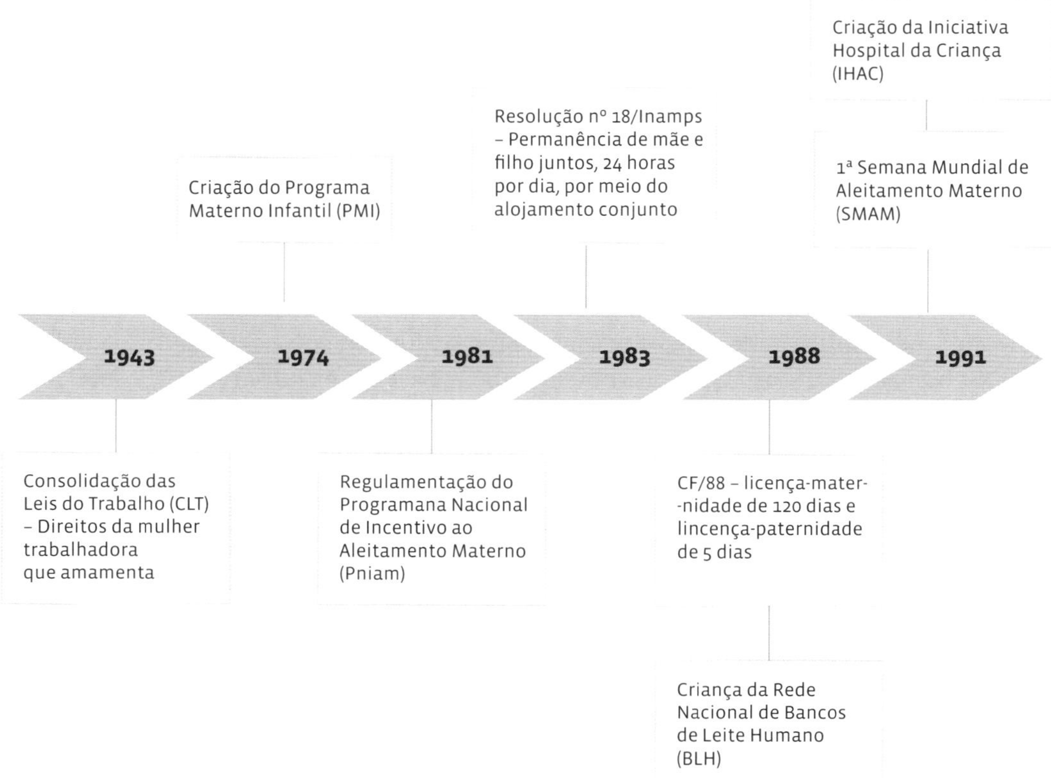

Figura 25.2 – Linha do tempo: evolução das políticas públicas de apoio, promoção e proteção ao aleitamento materno no Brasil.

O ALEITAMENTO MATERNO E A INSEGURANÇA ALIMENTAR

O caminhar para o apoio, a promoção e a proteção do aleitamento materno vem de longas datas, mediante políticas implementadas por meio de estratégias diversificadas; para tanto, a implementação dessas medidas não depende somente do binômio mãe-filho, e sim de toda a sociedade, sobretudo de políticas estatais eficazes, cuja ausência faz com que haja um desmonte no Brasil.

No mundo, a prática da amamentação de forma exclusiva nos primeiros 6 meses é de apenas quatro crianças em cada dez (44%). Nas Américas, essa taxa é de 38%, e somente 32% das crianças continuam amamentadas até os 2 anos. Especificamente na América Latina e no Caribe, menos da metade dos bebês (48%) são amamentados em sua primeira hora de vida (Opas, 2021).

O número de pessoas afetadas pela fome no mundo subiu para cerca de 828 milhões em 2021, um aumento de 46 milhões desde 2020 e de 150 milhões desde 2019, sendo diretamente proporcional a ocorrência da desnutrição infantil, que apresentou a maior taxa de hospitalizações de crianças menores de 1 ano por motivos associados a ela (113 hospitalizações para cada 100 mil nascidos vivos) em 2021, aumento de 51% quando comparado com 2011, sendo as crianças do Nordeste as mais acometidas (Unicef, 2022).

Em consequência direta da fome e da desnutrição, a população global também vem enfrentando insegurança alimentar em níveis graves, na faixa de 11,7%. O Brasil possui 125,2 milhões de pessoas residentes em domicílios vivendo em insegurança alimentar e mais de 33 milhões em situação de fome e de insegurança alimentar grave (2020-2022), realidade que não se via desde a década de 1990. O relatório das Nações Unidas fornece novas evidências de que o mundo está se afastando cada vez mais do objetivo de erradicar a fome, bem como a insegurança alimentar e a má nutrição em todas as formas até 2030 (Unicef, 2022).

Assim, para melhor entendimento desse contexto e suas especificações, é válido explanar alguns conceitos. Segurança alimentar (SA) é definida quando a família/domicílio tem acesso regular e permanente a alimentos de qualidade, em quantidade suficiente, sem comprometer o acesso a outras necessidades essenciais. Quando essa quantidade/qualidade não é suficiente, caracteriza-se a insegurança alimentar (IA) (Brasil, 2014). As definições/níveis de SA e IA, bem como suas formas de avaliação, são apresentados na Figura 25.3.

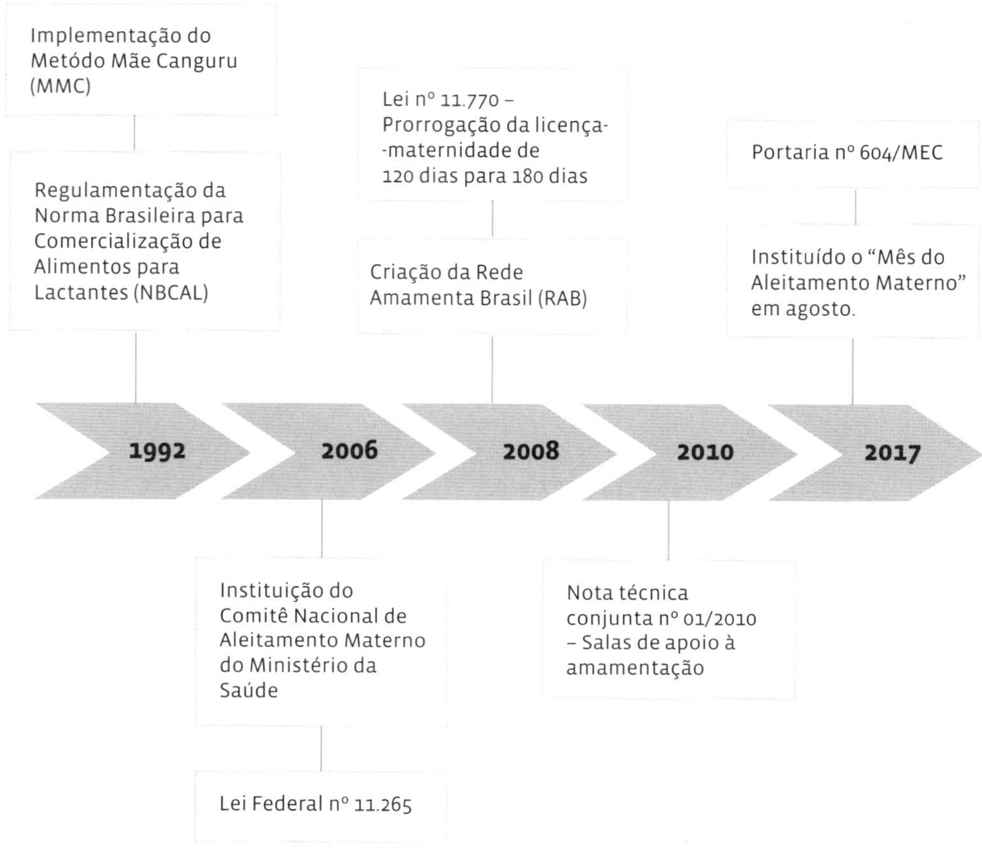

Figura 25.3 – Níveis, definições e instrumentos de avaliação de segurança alimentar e insegurança alimentar.

Fonte: Brasil (2014; 2021).

Diante dessas definições, o Ministério da Saúde elaborou instrumentos que viabilizam quantificar essas classificações. A Escala Brasileira de Insegurança Alimentar (Ebia) mede diretamente a percepção e a vivência de insegurança alimentar e fome no âmbito domiciliar. É uma medida que expressa acesso aos alimentos e proporciona alta confiabilidade da escala, pois traduz a experiência de vida com a insegurança alimentar e a fome dos componentes do domicílio (Brasil, 2014).

A Triagem para Risco de Insegurança Alimentar (Tria) é um instrumento que deve ser utilizado quando o tempo, as restrições financeiras ou a carga ao respondente impedirem a utilização da Ebia, recomendada pelo Ministério da Saúde. Esse instrumento rápido e fácil identifica famílias em risco para IA quando o indivíduo responde afirmativamente a duas perguntas, sendo este um aliado da atenção primária à saúde (Brasil, 2021).

Conhecer com exatidão os determinantes relacionados à insegurança alimentar, avaliando a localização, a distribuição, o comportamento social e o impacto de suas consequências na vida das pessoas, é essencial para seu controle. Diante disso, destaca-se a importância da utilização de indicadores válidos e confiáveis, que possibilitem dimensionar a magnitude desse fenômeno.

A segurança alimentar e nutricional (SAN) é um aspecto indispensável para a garantia da proteção social, dos cuidados e da promoção do desenvolvimento de crianças, devendo ser garantida desde os primeiros estágios da gestação, prolongando-se por todas as fases do desenvolvimento infantil (Brasil, 2017d). As consequências da insegurança alimentar são inúmeras, sendo os principais os distúrbios nutricionais que envolvem a desnutrição e as carências nutricionais, o que pode levar a quadros de anemia, carências de vitaminas e minerais e chegar à morte.

O impacto desfavorável da insegurança na nutrição infantil é preocupante, dado o significado dessa fase da vida para o crescimento e o desenvolvimento ideais, assim como o estabelecimento de comportamentos alimentares que podem persistir na idade adulta. Os primeiros 5 anos de vida de uma criança são cruciais para estabelecer as bases de sua trajetória de saúde, crescimento e desenvolvimento.

Entre crianças, a exposição à insegurança alimentar está associada a inadequações alimentares, comprometimento do crescimento e desenvolvimento, baixa escolaridade, déficits cognitivos, problemas crônicos de saúde física e mental, resultados comportamentais adversos, além de estar relacionada à ocorrência da anemia ferropriva e morte. Assim, crianças que vivem em situação de insegurança alimentar possuem maior vulnerabilidade à diarreia, em decorrência do contexto no qual estão inseridas: condições de higiene precárias e situação de pobreza, na maioria das vezes (Paslakis *et al.*, 2021; Wolfson; Leung, 2020).

Para tanto, diante do contexto, perguntas emergem, originando reflexões: por que a insegurança alimentar é tão presente em nosso país? Se a prática do aleitamento materno é uma estratégia de enfrentamento que pode influenciar nesse contexto, por que não há uma queda mais rápida no padrão da IA no Brasil?

A Opas, em 2022, enfatizou que a pandemia de covid-19, os conflitos geopolíticos, o aumento do desemprego e a precarização do trabalho exacerbaram as desigualdades, levando mais pessoas a não praticar o aleitamento materno, o que contribui para o aumento da insegurança alimentar e, consequentemente, da fome (Turner, 2022).

O enfrentamento e o combate à insegurança alimentar e à fome mundiais é uma preocupação latente e emergente. Inúmeros fatores, como acesso aos alimentos, rendimentos familiares/desemprego, escolaridade, condições de emprego, existência de crianças no domicílio, endividamento das famílias, acesso aos programas atuais de transferência de renda, região em que se vive, raça, dentre outros, estão envolvidos nesse processo e perpassam o campo de criação de políticas públicas inaplicáveis e dimensões da pobreza incalculáveis (Rede Penssan, 2022).

O resgate histórico que se apresentou do surgimento e da implementação do aleitamento materno, bem como o direito à segurança alimentar, remete a muitas reflexões diante do contexto atual da fome. Os indicadores sociais e as condições de acesso atuais, fatores que são interdependentes, difundem a necessidade da revisitação das políticas públicas estabelecidas, sob o olhar da universalidade, da igualdade e da aplicabilidade em diversos contextos, exigindo ações abrangentes e intersetoriais.

Entre todos esses fatores, as análises do último inquérito nacional realizado em 2022 mostraram que, em qualquer estado do Brasil, as famílias mais propensas ao acesso inadequado aos alimentos e, portanto, mais vulneráveis à IA são aquelas com renda inferior a ½ salário mínimo (Rede Penssan, 2022).

Para além da renda, inúmeros fatores já mencionados interferem na dinâmica da segurança alimentar, porém é salutar e primordial enfatizar que a prática da alimentação saudável por meio da amamentação deve ser uma das metas iniciais e essenciais, já que se trata de uma prática protetora em lactentes cujas famílias vivem em condições de dificuldade de acesso a alimentos em quantidade e qualidade de nutrição adequada (insegurança alimentar e nutricional), por ser acessível e não gerar custos a essas famílias.

Logo, garantir as seguranças alimentar e nutricional por meio da amamentação e de acesso ao leite humano de qualidade, com direcionamento especial às crianças em situação de risco e de vulnerabilidades social e individual, a exemplo de recém-nascidos de baixo peso/muito baixo peso, é uma discussão necessária como meta de ação junto ao Ministério da Saúde (Brasil, 2017a).

O aleitamento materno, nesse contexto da promoção a SAN, relaciona-se diretamente com o direito do ser humano de acesso a uma alimentação adequada e saudável, assim como deve ser o leite materno o primeiro alimento ofertado a ele. Sob essa mesma ótica, trata-se de uma prática sustentável, acessível e segura, como já mencionado (Brasil, 2019a).

Assim, a prática do AM e seus avanços são incontestáveis, porém está longe de atingir a meta mundial, estimada para uma prevalência de 50% das crianças menores de 6 meses em aleitamento materno exclusivo até 2025.

Ainda no contexto de vulnerabilidade socioeconômica, é necessário compreender os impactos e a influência da IA sobre a percepção da mulher quanto ao próprio leite materno (LM). Avaliar o que as mulheres pensam sobre essa relação é fundamental, pois pesquisas mostram que as mães, ao observarem a pouca diversidade nutritiva de sua alimentação – devido à situação socioeconômica da família –, manifestaram preocupações quanto à qualidade ou à quantidade do LM produzido, levando-as a optar por iniciar o uso de fórmulas infantis ou outros leites, agravando ainda mais a situação de insegurança alimentar em seus domicílios (Gross *et al.*, 2019b).

Para além dos fatores/níveis socioeconômicos e demográficos que circundam a insegurança alimentar, tem-se o fator cultural, que é enraizado na tradição, nas características sociais dos povos, nas vivências, nas influências e nas realidades múltiplas, que se entrelaçam com os multiníveis e multicomponentes existentes.

Dentro desse eixo, é pertinente mencionar um dos grandes causadores da redução da prática do aleitamento materno: a substituição do LM por fórmulas infantis e/ou leites integrais, *prelacteal feeds* (alimentação pré-láctea). Essa introdução precoce é um dos maiores motivos do desmame; observando-a sob o contexto da IA, traz consigo inúmeras desvantagens, como oferta inadequada da quantidade e qualidade, podendo ocasionar déficits de ingestão de nutrientes como ferro, ácido fólico, zinco, vitamina C e B12, além do risco de diluições inadequadas e de contaminação de utensílios (Garcia *et al.*, 2011; Perez *et al.*, 2023).

A legislação da Norma Brasileira de Comercialização de Alimentos para Lactentes e Crianças de Primeira Infância, Bicos, Chupetas e Mamadeiras está vigente e foi um marco no caminhar do aleitamento materno, porém ainda é pouco disseminada e incorporada pela população, que necessita de empoderamento para serem parceiros nesse combate.

O consumo reduzido de alimentos saudáveis e a priorização dos alimentos processados (como enlatados, queijos e conservas) e/ou ultraprocessados (como biscoitos e bolachas, sucos artificiais, refrigerantes, salgadinhos de pacote, macarrão instantâneo, guloseimas) é adversário na luta da prática do aleitamento materno, favorecendo o surgimento das carências nutricionais que envolvem uma gama de multicausalidades, como: ambientes que cooperam com o seu consumo; falta de tempo da família para o preparo das refeições; ausência de rede de apoio às mulheres trabalhadoras e a suas famílias para o cuidado com as crianças; e perda ou diminuição da tradição de cozinhar e da transmissão das habilidades culinárias entre as gerações, dentre outras (Brasil, 2019a).

Os impactos na saúde mental da população em geral, decorrentes da pandemia de covid-19 , em especial das mulheres que amamentam, merecem destaque. Mães referem diminuição na produção láctea devido ao estresse emocional sofrido no período, levando a um sentimento de insegurança quanto à capacidade de nutrição do LM e a dúvidas quanto à manutenção do AME, portanto, fator agravante para a continuidade do AM e preservação da SAN (Lutterbach, 2021).

Assim, a importância vital da amamentação está cada vez mais ameaçada, mesmo diante de inúmeras comprovações de que o leite materno promove a segurança alimentar aos lactentes e a toda família. Para tanto, uma força-tarefa deve ser realizada, pois a mãe não é a única responsável nesse processo.

As campanhas da Semana da Amamentação da OMS são conhecidas mundialmente; em 2022, o tema foi: *Step up for breastfeeding – educate and support* (Fortalecer a amamentação – educando e apoiando), por acreditarem que as mulheres precisam de apoio e educação em diversos contextos, serviços de saúde, no local de trabalho, família e comunidade, viabilizando a amamentação de forma aperfeiçoada e consciente, pautados na base da educação transformadora das políticas públicas existentes e da sociedade, garantindo aplicabilidade e resolubilidade da prática da amamentação com foco na saúde, na nutrição e na promoção da saúde (Waba, 2016).

Em 2023, a campanha segue na mesma vertente: *Enabling breastfeeding: making a difference for working parents* (Facilitando a amamentação: fazendo a diferença para os pais que trabalham), com finalidade de evidenciar o impacto da licença remunerada, do apoio no local de trabalho e das normas parentais emergentes sobre a amamentação por meio das lentes dos próprios pais (Waba, 2023).

Em vista dos argumentos, das reflexões e das indagações apresentados, entende-se que o leite materno é um alimento completo de incontestáveis benefícios, e que a prática do aleitamento materno é incentivada desde 1943 até os dias atuais. Porém, a perseverança no processo de amamentação não tem sido uma realidade mundial, decorrente de inúmeros fatores, causas, níveis e classes; essa multidimensionalidade é cógnita, como mencionado neste capítulo, e ultrapassa o desejo isolado, o querer amamentar.

A insegurança alimentar, cada vez maior, traz um reflexo não somente sobre a pandemia, mas sobretudo o aporte das políticas criadas e pouco elucidadas, junto com o desarticular atual; leis que envolvam o direito das mulheres trabalhadoras, da participação dos pais em todas as etapas da gravidez, do parto e do posterior acompanhamento, bem como o papel sistemático de visitas domiciliárias realizadas pela equipe de saúde e por agentes comunitários, são eixos que darão suporte à promoção, à proteção e ao apoio para a amamentação.

Essa relação da díade aleitamento materno–insegurança alimentar remete à magnitude e à complexidade dessa associação, com a certeza de que essa prática é imprescindível para a promoção das seguranças alimentar e nutricional da criança.

REFERÊNCIAS

BRASIL. *Decreto nº 5.452, de 1º de maio de 1943.* Aprova as consolidações das Leis do Trabalho, que a este decreto-lei acompanha, com as alterações por ela introduzidas na legislação vigente. Diário Oficial da União - Seção 1. Presidência da República, 1943.

BRASIL. Constituição (1998). *Emenda constitucional n.º64, de 4 de fevereiro de 2010.* Altera o art. 6º da Constituição Federal, para introduzir a alimentação como direito social. Brasília: Senado Federal; 2010.

BRASIL. Ministério do Desenvolvimento Social e Combate à Fome. Secretaria de Avaliação e Gestão da Informação (Sagi). *Escala Brasileira de Insegurança Alimentar - (Ebia): análise psicométrica de uma dimensão da Segurança Alimentar e Nutricional.* Brasília: Ministério da Saúde, 2014.

BRASIL. *Lei nº 13.257, de 8 de março de 2016.* Dispõe sobre as políticas públicas para a primeira infância e altera a Lei nº 8.069, de 13 de julho de 1990 (Estatuto da Criança e do Adolescente). Brasília: Diário Oficial da União. Presidência da República, 2016.

BRASIL. Ministério da Saúde. *Bases para a discussão da Política Nacional de Promoção, Proteção e Apoio ao Aleitamento Materno.* Brasília: Ministério da Saúde, 2017a.

BRASIL. *Lei nº 13.435, de 12 de abril de 2017.* Institui o mês de agosto como o Mês do Aleitamento Materno. Diário Oficial da União - Seção 1. Presidência da República, 2017b.

BRASIL. Ministério da Educação. *Portaria Nº 603, de 9 de maio de 2017.* Garante o direito de lactantes e lactentes à amamentação nas áreas de livre acesso ao público ou de uso coletivo nas instituições do sistema federal de ensino. Diário Oficial da União. 11 de maio de 2017c.

BRASIL. Ministério do Desenvolvimento Social e Agrário (MDSA). Câmara Interministerial de Segurança Alimentar e Nutricional. *Plano Nacional de Segurança Alimentar Nutricional (Plansan) 2016-2019.* Brasília: Ministério do Desenvolvimento Social e Agrário, 2017d.

BRASIL. Ministério da Saúde. *Guia alimentar para crianças brasileiras menores de 2 anos* [Internet]. Brasília: Ministério da Saúde, 2019. Disponível em: http://189.28.128.100/dab/docs/portaldab/publicacoes/guia_da_crianca_2019.pdf.

BRASIL. Ministério da Saúde. Secretaria de Atenção Primária à Saúde. Departamento de Promoção da Saúde. Insegurança alimentar na atenção primária à saúde: manual de identificação dos domicílios e organização da rede [recurso eletrônico]. Brasília: Ministério da Saúde, 2021.

BRASIL. Ministério do Desenvolvimento Social e Combate à Fome. Secretaria de Avaliação e Gestão da Informação (Sagi). *Escala Brasileira de Insegurança Alimentar - (Ebia): análise psicométrica de uma dimensão da Segurança Alimentar e Nutricional.* Brasília: Ministério da Saúde, 2014.

FIGUEIRÓ, M. B. Aleitamento materno: fatores que levam ao desmame precoce. Minas Gerais. Monografia [Especialização em Atenção Básica em Saúde da Família]. Belo Horizonte: Universidade Federal de Minas Gerais, 2010.

GARCIA, M. T.; GRANADO, F. S.; CARDOSO, M. A. Alimentação complementar e estado nutricional de crianças menores de dois anos atendidas no Programa Saúde da Família em Acrelândia, Acre, Amazônia Ocidental Brasileira. *Cad Saúde Pública*, v. 27, n. 2, 2011.

Gross, R. S. *et al.* Food insecurity during pregnancy and breastfeeding by low-income hispanic mothers. Pediatrics, v. 143, n. 6, p. e20184113, 2019.

Lutterbach, F. G. C. *Aleitamento materno à luz da segurança alimentar e nutricional: construção de material educativo pela voz das mães.* Dissertação [Mestrado em Segurança Alimentar e Nutricional]. Rio de Janeiro: Universidade Federal do Estado do Rio de Janeiro, 2021.

Oliveira, N. J.; Moreira, M. A. Políticas públicas nacionais de incentivo à amamentação: a in(visibilidade) das mulheres. *Arq Ciênc Saúde*, v. 20, n. 3, p. 95-100, 2013.

Organização Pan-Americana da Saúde (Opas). *Opas destaca importância de participação de toda sociedade na promoção do aleitamento materno, em lançamento de campanha no Brasil.* 2023. Disponível em: https://www.paho.org/pt/noticias/29-7-2021-opas-destaca-importancia-participacao-toda-sociedade-na-promocao-do-aleitamento. Acesso em 12 fev 2023.

Paslakis, G.; Dimitropoulos, G.; Katzman, D. K. A call to action to address Covid-19-induced global food insecurity to prevent hunger, malnutrition, and eating pathology. *Nutr Rev*, v. 79, n. 1, p. 114-116, 2021.

Pérez-Escamilla, R. *et al.* Breastfeeding: crucially important, but increasingly challenged in a market-driven world. *Lancet,* 2023. Available from: https://www.thelancet.com/action/showPdf?pii=S0140-6736%2822%2901932-8.

Rede Brasileira de Pesquisa Nacional em Soberania e Segurança Alimentar e Nutricional. Suplemento I Insegurança Alimentar nos estados. *II Vigisan Inquérito Nacional sobre Insegurança Alimentar no Contexto da Pandemia da Covid-19 no Brasil* [Internet]. Disponível em: https://www12.senado.leg.br/noticias/arquivos/2022/10/14/olheestados-diagramacao-v4-r01-1-14-09-2022.pdf.

Turner, S.; McGann, B.; Brockway, M. A review of the disruption of breastfeeding supports in response to the Covid-19 pandemic in five Western countries and applications for clinical practice. *International Breastfeeding Journal*, v. 17, n. 1, 2022.

United Nations International Children's Emergency Fund (unicef). *Relatório da onu: números globais de fome subiram para cerca de 828 milhões em 2021.* Disponível em: https://www.unicef.org/brazil/comunicados-de-imprensa/relatorio-da-onu-numeros-globais-de-fome-subiram-para-cerca-de-828-milhoes-em-2021. Acesso em 12 fev 2023.

Wolfson, J. A.; Leung, C. W. Food insecurity during Covid-19: an acute crisis with long-term health implications. *Am J Public Health*, v. 110, n. 12, p. 1763-1765, 2020.

World Alliance for Breastfeeding Action. *World Breastfeeding Week (wbw)* [Internet]. Available from: https://waba.org.my/wbw/#previous-wbws

World Alliance for Breastfeeding Action. *World Breastfeeding Week 2023. Making a difference for working parents* [Internet]. Available from: https://worldbreastfeedingweek.org/

World Health Organization (who). *Indicators for assessing infant and young child feeding practices. Conclusions of consensus meeting held 6-8 November 2007.* Geneva, Switzerland: who, 2008.

Sobre os autores

Adriana César da Silveira é graduada em Nutrição pela Universidade Estadual do Ceará (UECE). Possui residência em Nutrição pelo Hospital das Clínicas da Universidade Federal de Pernambuco (HC-UFPE). Especialista em Nutrição Clínica pela Asbran. Mestre e Doutora em Nutrição pelo Programa de Pós-graduação em Nutrição da UFPE. Nutricionista da Unidade da Criança e do Adolescente do Hospital Universitário Walter Cantídio, da Universidade Federal do Ceará (HUWC-UFC). Membro da Comissão de Gerenciamento de Resíduos Sólidos em Saúde do Complexo Hospitalar da UFC.

Aldo Ângelo Moreira Lima é professor titular de Farmacologia e decano do Departamento de Fisiologia e Farmacologia da Faculdade de Medicina da Universidade Federal do Ceará (UFC).

Amanda Gomes Queiroz Freitas é nutricionista pela Universidade Estadual do Ceará (UECE). Mestranda do Programa de Pós-graduação em Nutrição e Saúde (PPGNS) da UECE.

Ana Paula Pires Lázaro é médica pela Universidade do Estado do Rio de Janeiro (UERJ). Mestre em Saúde Pública no Programa de Pós-graduação em Saúde Coletiva da Universidade Federal do Ceará (UFC).

Aniceto Mateus é doutor em Saúde Global e Sustentabilidade pela Faculdade de Saúde Pública da Universidade de São Paulo (FSP-USP).

Andressa Freire Salviano é nutricionista pela Universidade Estadual do Ceará (UECE). Doutoranda do Programa de Pós-graduação em Nutrição em Saúde Pública da Faculdade de Saúde Pública da Universidade de São Paulo (FSP-USP).

Anderson Marliere Navarro é professor do curso de Nutrição e Metabolismo do Departamento de Ciências da Saúde da Faculdade de Medicina de Ribeirão Preto da Universidade de São Paulo (FMRP-USP). Doutor em Ciências Médicas pela Universidade de São Paulo (USP).

Anne Fayma Lopes Chaves é doutora em Enfermagem pela Universidade Federal do Ceará (UFC). Professora adjunta da Universidade da Integração Internacional da Lusofonia Afro-brasileira (Unilab).

Arune João Estavela é doutor em Processos de Desenvolvimento Humano e Saúde pela Universidade de Brasília (UnB). *In-country coordinator* da Malaria Care – Moçambique.

Antonio George de Matos Cavalcante é doutor em Medicina/Pneumologia pela Universidade Federal do Ceará (UFC). Médico da UFC e da Secretaria de Saúde do Estado do Ceará.

Bárbara Hatzlhoffer Lourenço é professora doutora do Departamento de Nutrição da Faculdade de Saúde Pública da Universidade de São Paulo (FSP-USP).

Beatriz Guimarães Lemos Barde é mestranda do Programa de Pós-graduação em Saúde Coletiva – Epidemiologia, do Instituto de Medicina Social da Universidade do Estado do Rio de Janeiro (UERJ).

Bruna Leal Lima Maciel é professora associada do Departamento de Nutrição da Universidade Federal do Rio Grande do Norte (UFRN). Doutora em Bioquímica pela UFRN. Membro afiliado da Academia Brasileira de Ciências (ABC).

Camila Biazus Dalcin é professora da School of Health Sciences, University of Dundee, Escócia, Reino Unido. Doutora em Enfermagem pela Universidade Federal de Santa Catarina (UFSC). Membro da Faculty of Public Health (FPH), Reino Unido, e do Peripheries Research Team, Escócia.

Camila Gonçalves Monteiro Carvalho é doutoranda em Ciências Médicas pela Universidade Federal do Ceará (UFC). Nutricionista clínica na área de Neuronutrição e Consultoria de Alimentos em Segurança Alimentar.

Carla Barbosa Nonino é professora associada da Faculdade de Medicina de Ribeirão Preto da Universidade de São Paulo (FMRP-USP). Coordenadora do Laboratório de Estudos em Nutrigenômica (LEN) da instituição.

Carla Soraya Costa Maia é professora associada de graduação e pós-graduação da Universidade Estadual do Ceará (UECE). Coordenadora do Grupo de Pesquisa em Micronutrientes e Doenças Crônicas (GMIC).

Carlos Meton de Alencar Gadelha Vieira é médico pela Universidade Federal do Ceará (UFC). Mestre em Genética e Biologia Molecular pela Universidade Federal do Rio Grande do Sul (UFRGS). Doutorando em Ciências Médicas pela Universidade Federal do Ceará (UFC).

Caroline Zani Rodrigues é nutricionista e doutoranda do Programa de Nutrição em Saúde Pública da Faculdade de Saúde Pública da Universidade de São Paulo (FSP-USP).

Cássia Rodrigues Roque é graduada em Farmácia pela Universidade Federal do Ceará (UFC). Mestra em Patologia e Doutora em Farmacologia pela UFC.

Cinthia Baú Betim Cazarin é professora doutora do Departamento de Ciência de Alimentos e Nutrição da Faculdade de Engenharia de Alimentos da Universidade de Campinas (FEA-Unicamp).

Claudia Machado Coelho Souza de Vasconcelos é professora adjunta da Universidade Estadual do Ceará (UECE) do curso de Nutrição e do Programa de Pós-graduação em Nutrição e Saúde. Coordenadora do Grupo de Estudos em Políticas de Segurança Alimentar e Nutricional.

Cláudia Saunders é professora titular do Departamento de Nutrição e Dietética do Instituto de Nutrição Josué de Castro (INJC) da Universidade Federal do Rio de Janeiro (UFRJ). Coordenadora do Grupo de Pesquisa em Saúde Materna e Infantil da UFRJ.

Claudio Alberto Serfaty é professor titular do Departamento de Neurobiologia da Universidade Federal Fluminense (UFF) e coordenador do Laboratório de Plasticidade Neural.

Cristiano Mendes da Silva é professor associado do Departamento de Biociências do Instituto Saúde e Sociedade da Universidade Federal de São Paulo (Unifesp-Campus Baixada Santista). Coordenador do Laboratório de Neurociência e Nutrição (LabNeuN) da Unifesp-Campus Baixada Santista.

Debora Wanderley de Melo é nutricionista pela Faculdade Estácio do Ceará. Pós-graduada em Gestão de Unidades de Alimentação e Nutrição pelo Instituto de Pesquisa, Ensino e Gestão em Saúde (IPGS). Mestranda do Programa de Pós-graduação em Nutrição e Saúde (PPGNS) da Universidade Estadual do Ceará (UECE).

Eanes Delgado Barros Pereira é professora titular da Faculdade de Medicina da Universidade Federal do Ceará (UFC). Coordenadora da disciplina de Pneumologia e Cirurgia Torácica da UFC.

Elandia Aparecida Santos é nutricionista, mestre em Nutrição e Saúde e doutora em Imunologia pela Universidade Federal de Minas Gerais (UFMG).

Fábio da Veiga Ued é doutor em Saúde da Criança e do Adolescente pela Faculdade de Medicina de Ribeirão Preto da Universidade de São Paulo (FMRP-USP). Professor do Curso de Especialização em Nutrição Clínica Pediátrica da FMRP-USP.

Gabriella Araújo Matos é biomédica com habilitação em Patologia Clínica (Análises Clínicas). Doutoranda em Ciências Médicas pela Universidade Federal do Ceará (UFC).

Gabriella Cunha Vieira Ciurleo é pós-doutoranda em Ciências Médicas no Laboratório da Biologia da Cicatrização, Ontogenia e Nutrição de Tecidos da Universidade Federal do Ceará (Labiconte-UFC). Mestra em Farmacologia pela UFC. Doutora pela Universidade de Bristol, Reino Unido, em Medicina Celular e Molecular.

Gabriella Pinto Belfort Araujo é professora adjunta na Universidade Federal do Estado do Rio de Janeiro (Unirio). Doutora em Ciências Nutricionais e Mestre em Nutrição Humana pela Universidade Federal do Rio de Janeiro (UFRJ). Especialista em Saúde da Criança e do Adolescente Cronicamente Adoecidos (IFF-Fiocruz).

Gerly Anne de Castro Brito é professora titular do Departamento de Morfologia da Faculdade de Medicina da Universidade Federal do Ceará (UFC). Doutora em Farmacologia pela UFC. Pós-doutorado pela Universidade de Virginia, EUA.

Guilherme da Silva Rodrigues é mestre e doutorando pela Faculdade de Medicina de Ribeirão Preto da Universidade de São Paulo (FMRP-USP) pelo Programa de Pós-graduação em Clínica Médica.

Heitor Bernardes Pereira Delfino é doutor em Medicina (Clínica Médica) pela Faculdade de Medicina de Ribeirão Preto da Universidade de São Paulo (FMRP-USP). Professor da Ânima Educação.

Ilana Nogueira Bezerra é professora adjunta do Curso de Nutrição da Universidade Estadual do Ceará (UECE) e membro do Programa de Pós-graduação de Nutrição e Saúde da UECE.

Isabel Giacomini é nutricionista pela Faculdade de Saúde Pública da Universidade de São Paulo (FSP-USP). Doutoranda no Programa de Pós-graduação em Nutrição em Saúde Pública (FSP-USP).

Jacqueline Isaura Alvarez Leite é professora titular do Departamento de Bioquímica e Imunologia da Universidade Federal de Minas Gerais (UFMG). Chefe do Laboratório de Aterosclerose e Bioquímica Nutricional (Labin-UFMG).

Janayne Luihan Silva é mestra em Bioquímica e Imunologia pelo Departamento de Bioquímica e Imunologia da Universidade Federal de Minas Gerais (ICB-UFMG).

Janete Ismael Mabuie Gove é doutoranda em Nutrição e Saúde Pública pela Universidade Eduardo Mondlane; Universidade Gavle da Suécia em parceria com a Universidade Federal do Paraná (UFPR). Mestre em Nutrição e Segurança Alimentar e Nutricional pela UFPR.

Jonas Baltazar Daniel é doutor em Saúde Pública, na área de concentração em Epidemiologia pelo Instituto de Saúde Coletiva da Universidade Federal da Bahia (ISC-UFBA).

Karina dos Santos é professora no Departamento de Nutrição e Saúde Pública da Escola de Nutrição da Universidade Federal do Estado do Rio de Janeiro (Unirio). Membro do Grupo de Pesquisa em Saúde Materna e Infantil na Universidade Federal do Rio de Janeiro (UFRJ).

Katherine Bittencourt Mendes Leitão de Jesus é nutricionista. Mestranda do Programa de Pós-graduação em Nutrição da Universidade Federal do Rio de Janeiro (PPGN-UFRJ). Pesquisadora do Grupo de Pesquisa em Saúde Materna e Infantil (GPSMI-UFRJ).

Letícia Barbosa Gabriel da Silva é nutricionista. Doutoranda em Ciências Nutricionais pelo Programa de Pós-graduação em Nutrição da Universidade Federal do Rio de Janeiro (PPGN-UFRJ). Pesquisadora do Grupo de Pesquisa em Saúde Materna e Infantil (GPSMI-UFRJ).

Lígia Moriguchi Watanabe é nutricionista. Doutora pela Faculdade de Medicina de Ribeirão Preto da Universidade de São Paulo (FMRP-USP). Pós-doutorado pela FMRP-USP no Laboratório de Estudos em Nutrigenômica e pela Faculdade de Ciências da Universidade de Lisboa, Portugal.

Luana Monteiro Barros é nutricionista pela Universidade Estadual do Ceará (UECE). Pós-graduada em Nutrição Materno-infantil pelo Instituto de Pesquisa, Ensino e Gestão em Saúde (IPGS). Mestranda do Programa de Nutrição em Saúde Pública da Faculdade de Saúde Pública da Universidade de São Paulo (FSP-USP).

Marcela Augusta de Souza Pinhel é doutora no Programa de Pós-graduação em Ciências da Saúde pela Faculdade de Medicina de São José do Rio Preto (Famerp).

Márcia Maria Tavares Machado é professora associada do Departamento de Saúde Comunitária da Faculdade de Medicina da Universidade Federal do Ceará (UFC). Cientista Chefe da Proteção Social, Funcap.

Marcos Antônio Ferreira Caetano é farmacêutico pela Universidade Federal de Goiás (UFG). Doutorando em Ciências pelo Programa de Pós-graduação em Biologia de Sistemas – Biologia Morfofuncional do Departamento de Anatomia da Universidade de São Paulo (USP).

Maria Amanda Mesquita Fernandes é mestranda do Programa de Pós-graduação em Enfermagem da Universidade Federal do Ceará (UFC). Preceptora da Liga Acadêmica em Doenças Estigmatizantes (Lades-UFC).

Mariana Cavalcante Martins é professora associada 2 do curso de enfermagem da UFC e professora permanente do Programa de Pós-graduação em Saúde da Família. Professora Colaboradora do Programa de Pós-graduação em Enfermagem da UFC.

Marly Augusto Cardoso é professora titular do Departamento de Nutrição da Faculdade de Saúde Pública da Universidade de São Paulo (USP). Doutora em Ciências dos Alimentos pela USP.

Mirna Albuquerque Frota é enfermeira. Pós-doutorado em Pédopsychiatrie pela Universidade de Rouen, França. Coordenadora do Programa de Pós-graduação em Saúde Coletiva da Universidade de Fortaleza (Unifor).

Mônica Oliveira Batista Oriá é professora associada da Universidade Federal do Ceará (UFC). Coordenadora do Programa de Pós-graduação em Enfermagem. Coordenadora do Núcleo de Estudo e Pesquisa em Promoção da Saúde Sexual e Reprodutiva (NEPPSS)/CNPq.

Natália Yumi Noronha é bacharela em Ciências Biológicas pela Universidade de São Paulo (USP). Doutorado direto em Ciências Médicas na modalidade Dupla Titulação entre a Universidade de São Paulo (USP) e a Universidade de Groningen (RUG, Holanda).

Paola Caroline Lacerda Leocádio é nutricionista. Doutora em Imunologia. Pós-doutorado pelo Programa de Pós-graduação em Nutrição e Saúde da Universidade Federal de Minas Gerais (UFMG).

Patrícia Castelucci é professora associada do Departamento de Anatomia do Instituto de Ciências Biomédicas da Universidade de São Paulo (ICB-USP). Doutora em Anatomia Funcional pelo ICB-USP. Pós-doutorado pelo Department of Anatomy and Cell Biology da University of Melbourne, Austrália.

Patrícia Coelho de Velasco é professora adjunta em Nutrição Clínica em Pediatria do Instituto de Nutrição da Universidade do Estado do Rio de Janeiro (UERJ). Coordenadora de Pós-graduação *Lato Sensu* de Nutrição Clínica na modalidade Residência.

Pedro Marcos Gomes Soares é professor associado do Departamento de Morfologia da Faculdade de Medicina da Universidade Federal do Ceará (UFC). Doutor em Farmacologia pela UFC.

Poliana Capucho Sandre é doutora em Neurociências pelo Programa de Pós-graduação em Neurociências da Universidade Federal Fluminense (UFF). Pós-doutorado em Neuroimunologia pela Fundação Oswaldo Cruz (Fiocruz) no Laboratório de Pesquisas sobre o Timo (LPT).

Priscila Nunes Costa é mestra em Nutrição pelo Programa de Pós-graduação em Nutrição pela Universidade Federal do Rio Grande do Norte (UFRN). Nutricionista clínica da Empresa Brasileira de Serviços Hospitalares (EBSERH).

Primavera Borelli é professora titular de Hematologia da Faculdade de Ciências Farmacêuticas da Universidade de São Paulo (FCF-USP). Coordenadora e fundadora do laboratório de Hematologia Experimental da FCF-USP.

Raul Sousa Freitas é biomédico pela Universidade Federal do Piauí (UFPI). Doutor em Ciências Morfofuncionais pela Universidade Federal do Ceará (UFC). *Staff scientist* da Tulane University, EUA.

Reinaldo Barreto Oriá é professor titular do Departamento de Morfologia da Faculdade de Medicina da Universidade Federal do Ceará (FM-UFC). Doutor em Farmacologia e Pós-doutorado em Doenças Infecciosas e Saúde Global pela Universidade da Virginia.

Renata Ferreira de Carvalho Leitão é professora associada do Departamento de Morfologia da Universidade Federal do Ceará (UFC). Doutora em Farmacologia e Pós-doutorado pela Universidade de Harvard, EUA.

Ricardo Abadie Guedes é professor adjunto do Departamento de Fisiologia e Farmacologia da Universidade Federal de Pernambuco (UFPE). Professor credenciado no Programa de Pós-graduação Multicêntrico em Ciências Fisiológicas/SBFis. Doutor em Bioquímica e Fisiologia pela UFPE.

Ronald Feitosa Pinheiro é professor associado do Departamento de Medicina Clínica da Faculdade de Medicina da Universidade Federal do Ceará (UFC). Doutor em Medicina Clínica e livre docente pela Universidade de São Paulo (USP).

Ronald Feitosa Pinheiro Filho é graduando em Medicina pela Universidade Federal do Ceará (UFC). Bolsista de Iniciação Científica do CNPq pelo Laboratório de Citogenômica do Câncer no Núcleo de Pesquisa e Desenvolvimento de Medicamentos (NPDM-UFC).

Rosely Sichieri é professora titular da Universidade do Estado do Rio de Janeiro (UERJ). Pós-doutorado em Epidemiologia no National Institutes of Health (NIH-USA) e na Harvard School of Public Health.

Rubem Carlos Araújo Guedes é professor titular do Departamento de Nutrição da Universidade Federal de Pernambuco (UFPE). Doutor em Medicina pela Georg-August-Universität Göttingen, Alemanha.

Samilly Albuquerque Ribeiro é pós-doutoranda em Ciências Médicas na Universidade Federal do Ceará (UFC). Doutora em Farmacologia pela UFC. Bacharela em Ciências Biológicas pela UFC.

Simone Fátima Gomes de Oliveira é professora da Pós-graduação de Nutrição Esportiva da Pontifícia Universidade Católica de Minas Gerais (PUC-MG). Doutora em Bioquímica e Imunologia pela Universidade Federal de Minas Gerais (UFMG).

Synara Cavalcante Lopes Braga é graduada em Nutrição pela Universidade Estadual do Ceará (UECE). Especialista em Políticas de Saúde Informada por Evidências pelo Instituto de Ensino e Pesquisa do Hospital Sírio Libanês (HSL-SP). Mestre em Farmacologia pela Faculdade de Medicina da Universidade Federal do Ceará (UFC), com atuação no Laboratório de Produtos Naturais. Doutora em Ciências Médicas pela Faculdade de Medicina da UFC, com atuação no Laboratório da Biologia da Cicatrização, Ontogenia e Nutrição de Tecidos (Labiconte). Nutricionista clínica no Hospital Universitário Walter Cantídio, da Universidade Federal do Ceará (HUWC-UFC), pela rede EBSERH (Empresa Brasileira de Serviços Hospitalares), com atuação na Unidade de Transplante Renal e Hepático. Preceptora da Residência Multiprofissional em Transplante Renal e Hepático no HUWC.

Thaís Otranto Dias é nutricionista pela Universidade Federal de Mato Grosso do Sul (UFMS). Doutoranda em Alimentos e Nutrição na Faculdade de Engenharia de Alimentos da Universidade de Campinas (FEA-Unicamp).

Thalita Cremonesi Pereira Bachelli é nutricionista pela Pontifícia Universidade Católica de Campinas (PUC-Campinas). Doutoranda em Alimentos e Nutrição na Faculdade de Engenharia de Alimentos da Universidade de Campinhas (FEA-Unicamp).

Thaynan dos Santos Dias é nutricionista pela Universidade Estadual do Ceará (UECE). Mestranda do Programa de Pós-graduação em Nutrição e Saúde pela UECE.

GRÁFICA PAYM
Tel. [11] 4392-3344
paym@graficapaym.com.br